Forschungsstelle für den Handel Berlin (FfH) e.V.
Trommsdorff (Hrsg.)
Handelsforschung 1997/98 – Kundenorientierung im Handel

Forschungsstelle für den Handel Berlin (FfH) e.V.
Volker Trommsdorff (Hrsg.)

Handelsforschung 1997/98

Kundenorientierung im Handel

Jahrbuch der Forschungsstelle
für den Handel Berlin (FfH) e.V.

GABLER

Herausgeber:
Forschungsstelle für den Handel Berlin (FfH) e.V.
Fehrbelliner Platz 3, 10707 Berlin, Tel.: 030/86 30 94-0
Wissenschaftlicher Direktor: Prof. Dr. Volker Trommsdorff
Geschäftsführer: Dr. Helmut Bunge

Schriftleitung:
Dipl.-Kauffrau Andrea Bookhagen

Die Deutsche Bibliothek – CIP-Einheitsaufnahme

Handelsforschung … : Jahrbuch der Forschungsstelle für den Handel Berlin (FfH) e.V. – Wiesbaden : Gabler
Erscheint jährl. – Früher im Physica-Verl., Heidelberg. – Aufnahme nach 1993/94 (1993)
Forts. von: Forschungsstelle für den Handel <Berlin, West>: FfH-Mitteilungen
ISSN 0931-5926
1997/98. Kundenorientierung im Handel. – 1997
Kundenorientierung im Handel / Forschungsstelle für den Handel Berlin (FfH) e.V. Volker Trommsdorff (Hrsg.). – Wiesbaden : Gabler, 1997
(Handelsforschung … ; 1997/98)
ISBN 3-409-12255-9

Lektorat: Annegret Heckmann

Der Gabler Verlag ist ein Unternehmen der Bertelsmann Fachinformation.

http://www.gabler-online.de

Höchste inhaltliche und technische Qualität unserer Produkte ist unser Ziel. Bei der Produktion und Verbreitung unserer Bücher wollen wir die Umwelt schonen: Dieses Buch ist auf säurefreiem und chlorfrei gebleichtem Papier gedruckt. Die Einschweißfolie besteht aus Polyäthylen und damit aus organischen Grundstoffen, die weder bei der Herstellung noch bei der Verbrennung Schadstoffe freisetzen.

Textverarbeitung und Layout: Textverarbeitung N. Behrens, Berlin
Druck und Buchbinder: Lengericher Handelsdruckerei, Lengerich/Westf.
Printed in Germany

ISBN 3-409-12255-9

Vorwort des Herausgebers

Das zwölfte Jahrbuch der Forschungsstelle für den Handel Berlin (FfH) e.V. ist im Schwerpunkt wiederum einem wettbewerbserfolgsentscheidenden Thema gewidmet, der **Kundenorientierung** und den damit eng zusammenhängenden Faktoren wie Kundenbindung, Zufriedenheit, Qualität und Profilierung.

Es ist sehr schwer, mit dem Kopf des Kunden zu denken, schwer genug schon, mit dem eigenen Kopf zu denken. „Taking the role of the other" ist keine biologisch programmierte Eigenschaft, aber man kann sie entwickeln. Andererseits sind letztlich Erfolg und Mißerfolg einer Handelseinheit (Geschäft, Unternehmen, Region, Einkaufszentrum, Betriebsform, Betriebstyp, Handelssystem usw.) davon abhängig, Akzeptanz beim Kunden und den Wettbewerbsvorteil gegenüber anderen Einheiten zu finden. In Deutschland ist, zuletzt durch das deutsche „Kundenbarometer" 1997 verdeutlicht worden, daß gerade im Dienstleistungs- und Handelsbereich enorme Verbesserungspotentiale der Kundenorientierung und der Kundenzufriedenheit bestehen, insbesondere im internationalen Vergleich.

Kundenorientierung im Handel fängt mit der strategischen Ausrichtung auf Marktsegmente an (Marketing ist auch die Kunst, sich die richtigen Kunden auszusuchen), setzt sich fort in den strategischen Optionen einer Handelseinheit, z. B. der Standortpolitik, dem Positionierungsmanagement, der Sortimentspolitik, dem Logistiksystem und besonders dem Informations- und Kommunikationsmanagement. Kundenorientierung endet nicht am Point of Sales, z. B. bei der Serviceorientierung und dem Verkäuferverhalten, sondern setzt sich im Nachkaufmarketing und im Beziehungsmanagement fort.

Fortschritte auf dem Weg zur kundenorientierten Handelseinheit sind erwartungsgemäß aus unterschiedlichsten Bereichen der Handelsforschung entwickelt worden. Beiträge mit betriebswirtschaftlichen, marktforschungsmethodischen, informations- und kommunikationstechnischen, verhaltenswissenschaftlichen und wettbewerbsrechtlichen Bezügen zur Kundenorientierung von Handelseinheiten sind im diesem Jahrbuch enthalten. Sie sind in sieben Rubriken gegliedert:

- Kundenorientierung — Übersichtsbeiträge
- Kundenorientierung — Spezifische Ansätze
- Marketingstrategische Analysen
- Kundenverhalten
- Informationssysteme
- Online-Medien
- Konzentration
- Kundenorientierung — Übersichtsbeiträge

Zwei Beiträge dieses Jahrbuchs können als Einführung in das Schwerpunktthema verstanden werden, die das Vorwort des Herausgebers fast überflüssig erscheinen lassen, es jedenfalls knapp zu halten erlauben.

Kundenorientierung — Übersichtsbeiträge

Barth, K.; Stoffl, M., Hat das Marketing im Handel versagt? — Die Kundenorientierung als Ansatz einer Neubesinnung — Die Autoren stellen heraus, daß Kundenorientierung immer schon im Mittelpunkt des Marketinggedankens gestanden hat, sie resümieren entsprechende strategische Optionen und wenden das „Drei-Säulen-Konzept" auf den Handel an, das bei den Kosten, der Leistung und der Flexibilität ansetzt. Das Marketing im Handel hat nicht versagt, wenn die Zufriedenheit des Kunden Ausgangspunkt allen Handelns ist.

Schenk, H.-O., Ansatzstellen der Kundenorientierung im Einzelhandel und ihre Implikationen, setzt sich konstruktiv-kritisch mit dem Schlagwort und Konstrukt „Kundenorientierung“ auseinander. Es läßt sich weder in die operationale Ziel-Mittel-Hierarchie einordnen noch ist das Konstrukt theoretisch begründet. Andererseits war Kundenorientierung schon immer Voraussetzung für erfolgreiche Handelsbetriebsführung, wofür zahlreiche Beispiele sprechen. Dem Konstrukt kommt der Stellenwert eines wertvollen heuristischen Prinzips zu.

Kundenorientierung — Spezifische Ansätze

Bruhn, M., Kundenorientierung im Handel durch professionelles Qualitätsmanagement — das Fallbeispiel Migros, stellt das Qualitätsmanagement als einen entscheidenden „Baustein“ der Kundenorientierung heraus, mit dem die Kundenzufriedenheit gesteigert werden kann. Das Problembewußtsein dafür sei im Handel vorhanden, aber die Implementierung ist offenbar nicht einfach. Das Beispiel des schweizerischen LEH-Marktführers Migros zeigt, wie Qualitätsmanagement erfolgreich konzipiert und umgesetzt werden kann.

Haedrich, G.; Hoffmann-Linhard, A.; Olavarria, M., Zielgruppenorientierte Kundenbindungsstrategien im Lebensmitteleinzelhandel — Ergebnisse einer empirischen Untersuchung, untersuchen mit dem Ziel, segmentspezifische Kundenbindungsstrategien und -maßnahmen zu gewinnen, Vor- und Nachteile von Geschäftstreue aus Kundensicht. Verkürzt ausgedrückt, muß den Ergebnissen zufolge die Strategie einerseits darauf ausgerichtet sein, die richtigen Kunden zu binden, andererseits darauf, sie richtig zu binden.

Marschner, H.F., IBIHS — Ein modulares Such- und Entscheidungsmodell zur Handhabung internationaler Handelsbarrieren im Rahmen internationaler Kundenorientierung, befaßt sich mit den nach wie vor vielfältigen internationalen Handelsbarrieren aus Sicht der strategischen Planung von Handelshäusern, die solche Barrieren durch Meiden, Umgehen, Bewältigen oder Abwälzen berücksichtigen müssen. Aus empirischen Untersuchungen entstand ein modulares integrierbares „*I*nternationales *B*arriere*i*nformations- und *H*andhabungs-*S*ystem“ zur Optimierung der Kundenorientierung internationaler Handelsunternehmen.

Möhlenbruch, D., Kundenorientierung durch Category Management — Kritische Analyse eines Kooperationsmodells zwischen Industrie und Handel, behandelt das Category Management als Kooperationsmodell zur kundenorientierten Führung von Warengruppen und als organisatorische Voraussetzung von ECR. Das Konzept wird grundlegend beschrieben und aufgrund vorliegender Erfahrungen hinsichtlich seiner Leistungsfähigkeit aus der Sicht von Händlern und ihren Marktpartnern (Herstellern und Kunden) diskutiert. Die Entwicklungspotentiale des Category Management werden wegen diverser Zielkonflikte vorsichtig bewertet.

Schmäh, M., Integrative Wertschöpfungsprozesse als Umsetzung einer zunehmenden Kundenorientierung im technischen Handel — Der Produktionsverbindungshandel praktiziert Kundenorientierung zunehmend durch Ausrichtung seiner Wertschöpfung an technischen Problemen, insbesondere durch die Übernahme von Prozeßelementen der Kunden (Anarbeitung). Diese Tendenz wird an Kernkompetenzen orientiert erörtert, zu denen im technischen Handel außer Anarbeitungsleistungen auch technische Dienstleistungen und After-Sales-Services gehören.

Schröder, H.; Tenberg, I., Zufriedenheit interner Kunden in mehrstufigen Handelssystemen — Auf der Grundlage einer Analyse der Leistungsbeziehungen im mehrstufigen Handelssystem wird die Hypothese aufgestellt und bekräftigt, daß die Endkundenzufriedenheit über bessere Leistungen im System von der Zufriedenheit der systeminternen Kunden abhängt. Es wird herausgearbeitet, daß die interne Kundenzufriedenheit andere Determinanten hat und anders gemessen werden muß als die Endkundenzufriedenheit.

Töpfer, A.; Beck, P., Die Umsetzung einer Customer-Focus-Strategie in Franchising-Systemen — Kundenorientierung sollte bereits bei der Konzeption eines Vertriebssystems als Ziel beachtet werden. Der Transaktionskostenansatz eignet sich dazu als Analyseraster, hilft aber wenig bei der praktischen Umsetzung. Elemente des Total Quality Management können bei der Gestaltung von Franchising-Verträgen helfen, insbesondere um opportunistisches Verhalten der Franchisingpartner einzudämmen.

Marketingstrategische Analysen

Benkenstein, M.; Bastian, A., Ansätze zur Profilierung von Einkaufszentren — Konzeptionelle Grundlagen und empirische Analysen: Ein Einkaufszentrum zu profilieren, wird zunächst problematisiert und dann theoriegeleitet angegangen — über ein Profilierungsmodell mit den Dimensionen Convenience, Versorgung und Erlebnis. Das Meßmodell wird kausalanalytisch an Befragungsdaten über sechs Rostocker Einkaufszentren validiert. Exemplarisch werden empirisch gemessene Profile abgebildet.

Greiner, H., Standortbewertung im Einzelhandel — Organisation und Durchführung der Standortselektion am Beispiel der REWE-Gruppe, beschreibt dezidiert, wie Standortentscheidungen für neue Geschäfte bei einem expandierenden LEH-Filialsystem vorbereitet werden, nämlich durch eine mehrstufige Analyse mit einem qualitativen und quantitativen Bewertungssystem — unter Nutzung der subjektiven Expertise von eigenen Spezialisten. Das auch wissenschaftlich interessante System enthält wesentliche Elemente aus der Standorttheorie.

Mattmüller, R., Strategische Geschäftsfelder für Handelsbetriebe: Ein systemspezifischer Segmentierungsansatz, geht davon aus, daß strategische Entscheidungen im Handel lange Zeit (und immer noch) ungenügend durch strategische Analysen gestützt wurden. Er entwickelt aus der Strategieforschung ein System zur SGF-Abgrenzung im Handel mit den zentralen Kriterien Zielgruppe, Sortimentsteil und Art der Andienung. Vorschläge zur differenzierten Anwendung des Systems nach Handelstypen werden gemacht und beispielhaft erörtert.

Meyer, G.; Meyer, J.-A., Vom traditionellen Betriebsvergleich zum Benchmarking — Chancen und Grenzen im mittelständischen Fachhandel, schlagen (wie Müller-Hagedorn in der Handelsforschung 1995/96) eine Brücke zwischen dem klassischen und dem modernen Vergleichsinstrumentarium. Während jedoch Müller-Hagedorn den Betriebsvergleich in die Richtung des Benchmarking weiterentwickelt, betrachten die Autoren den Betriebsvergleich als Mittel der Erkennung von handelsbetrieblichen Problemen, denen dann durch gezieltes Benchmarking nachzugehen ist. Der Beitrag enthält vier anschauliche Beispiele.

Kundenverhalten

Esch, F.-R.; Thelen, E., Ein konzeptionelles Modell zum Suchverhalten von Kunden in Einzelhandelsunternehmen — Kunden finden sich im Laden oft nicht zurecht. Eine dieser bekannten Wahrheit folgende Warenplazierung basiert bisher eher auf Intuition als auf verallgemeinerbaren verhaltenswissenschaftlichen Erkenntnissen. Die

Autoren legen ein theoretisch begründetes Konzept vor, auf welchem die empirische Forschung über das Suchverhalten im Laden und dann eine wissenschaftlich fundierte Warenplazierung aufbauen kann.

Swoboda, B., Auswirkungen der Ladenwahrnehmung auf Kaufverhalten und Einkaufszufriedenheit — Ergebnisse einer situativen Analyse, stellt nach einer theoretischen Einführung die Ergebnisse einer empirischen Untersuchung vor, in welcher Ladenumweltfaktoren (Einkaufsmöglichkeiten, Orientierungsfreundlichkeit und Angebotsleistung) und die ursprüngliche Kaufabsicht als Determinanten des Kaufverhaltens und der Zufriedenheit untersucht werden. Die ernüchternden kausalanalytischen Befunde werden interpretiert.

Informationssysteme

Becker, J.; Schütte, R., Handelsinformationssysteme — intra- und interorganisationale Aspekte — Deutsche Handelsunternehmen nutzen die Möglichkeiten der Informationstechnik noch nicht genügend. Der Beitrag erörtert Schwächen vorliegender Handelsinformationssysteme und formuliert entsprechende Anforderungen. Das „Handels-H-Modell" strukturiert die EDV-relevanten Aufgaben des Handels und erleichtert die Gestaltung innerbetrieblicher Handeslsinformationssysteme und deren Außen-Schnittstellen in Richtung Electronic Commerce.

Hansen, H. R.; Marent, Ch., Referenzmodellierung warenwirtschaftlicher Geschäftsprozesse in Handelssystemen, zielt auf das gleiche Problem. Die Autoren stellen ein allgemeines Modell vor, das zur Modellierung von Warenwirtschaftssystemen für Handelssysteme, z. B. Filialisten, genutzt werden kann. Es vermeidet Nachteile vorliegender Referenzmodellierungen und ist unter ORACLE dokumentiert und implementiert, kann also vom Systementwickler unmittelbar genutzt werden.

Online-Medien

Fantapié Altobelli, C.; Fittkau, S., Formen und Erfolgsfaktoren der Online-Distribution — Die neuen Online-Medien werden auf ihre Eignung als Distributionsmedien untersucht. Dazu geben die Autorinnen eine sehr systematische Übersicht über distributionsrelevante Entwicklungen und Rahmenbedingungen. Vor- und Nachteile aus Sicht der Anbieter und ihrer Kunden werden herausgearbeitet. Strategische wie operative Erfolgsfaktoren für den Einsatz der neuen Online-Medien zur Distribution werden identifiziert.

Geppert, D.; Müller, S., Interaktive Medien als Kommunikations- und Distributionskanal für Güter und Dienstleistungen: Die Akzeptanz bei Handel und Herstellern — Der Beitrag untersucht empirisch die Bedeutung und die Potentiale interaktiver Medien als Kommunikations- und Distributionskanal aus der Sicht von Herstellern und Händlern. Online-Diensten und dem Electronic Shopping werden demnach mittelfristig große Chancen eingeräumt. Konsequenzen für den Handel und für die Distributionsstrategien der Hersteller werden diskutiert.

Konzentration

Olbrich, R., Evaluation von Konzentrationsprozessen im Konsumgüterhandel — Ein Meßinstrumentarium zur Identifizierung von Austausch- und Verkrustungsprozessen in der Spitzengruppe von hochkonzentrierten Märkten — Klassische Indikatoren zur Erfassung von Konzentration geben keine Auskunft über das Verhalten der Unternehmen in der Spitzengruppe. Olbrich diskutiert die Konzentration im LEH und entwickelt ein Maß zur Erfassung von Austausch- und Verkrustungsprozessen, das Konzentrationseffekte differenzierter erfaßt.

LITERATURDIENST

Den Abschluß bildet wieder ein umfangreicher Literaturservice, den der Lehrstuhl Marketing I der Technischen Universität Berlin zusammen mit dem Herausgeber erarbeitet hat. Von Jahr zu Jahr hat die Flut der Veröffentlichungen zur Handelsforschung weiter zugenommen. Der gestiegenen Input-Menge wollten wir aber bei der Output-Menge nicht folgen, sondern im Interesse der Leser stattdessen schärfer selektieren.

DANKSAGUNGEN

Allen AUTOREN sei herzlich für ihr Engagement gedankt, das sie der Handelsforschung, der Forschungsstelle für den Handel Berlin e.V. (FfH) und dem Schwerpunktthema entgegengebracht haben, indem sie nicht nur über Kundenorientierung geschrieben, sondern sie auch praktiziert haben: Dank nicht nur für die hohe wissenschaftliche Qualität und leserorientierte Darstellung ihrer Beiträge, sondern diesmal besonders auch für die formale und zeitliche Disziplin. Sie gibt Hoffnung, daß der Band erstmals pünktlich zur Frankfurter Buchmesse erscheint, wenn der Gabler-Verlag ebenso zügig wird arbeiten können wie die Autoren und Mitarbeiter. Dafür und für die langjährige gute Betreuung danke ich Herrn Dr. Roski und seinen Mitarbeitern.

Mein Dank gilt ganz besonders Frau Andrea BOOKHAGEN, die zum dritten Mal selbständig und wie stets mit großer Sorgfalt und Kompetenz, die Schriftleitung innehatte. Herzlich gedankt sei allen Mitarbeitern für die Beiträge zum Literaturdienst, die überwiegend außerhalb der eigenen Forschungsinteressen und in der Regel außerhalb der amtlich vorgeschriebenen Arbeitszeit geleistet wurden: Margit BINSACK (die das Projekt wieder geleitet hat), Andrea BOOKHAGEN, Constanze HESS, Oliver JOST, Ulrich KOPPELT und Marcel PAULSSEN. Für die professionelle und mitdenkende Ausführung der Korrekturarbeiten und des Layouts hat Herr Norbert BEHRENS Dank und Anerkennung verdient.

Wieder hat die STIFTUNG BAYRITEX die Entstehung des Jahrbuchs finanziell unterstützt. Persönlich möchte ich dafür Herrn SAND herzlich danken. Einem weiteren Spender, der nicht namentlich genannt werden möchte, danke ich für den Druckkostenzuschuß, ohne welchen der Verlag den Ladenpreis hätte weiter erhöhen müssen.

Call for Papers „Handelsforschung 1998/99"

Das 13. Jahrbuch der FfH Berlin ist dem Schwerpunktthema gewidmet:

Innovation im Handel

Auch der Handel ist in den letzten Jahren von einer beispiellosen Rationalisierungswelle ergriffen worden. „Knallharte" Kostensenkungsprogramme haben manchmal den Blick dafür etwas getrübt, daß eine einseitige Preis-Mengen-Strategie hohe Risiken birgt und vielfach keine dauerhafte Wettbewerbsvorteilsposition gewährleistet. Wie in der Industrie zeigt sich auch im Handel: Erstens ist die Präferenzstrategie für viele, insbesondere für mittelständische Unternehmen sicherer und ertragreicher, aber sie stellt besonders hohe Anforderungen an Ideen für Innovation und intelligentes Marketing. Zweitens sind viele Unternehmen, die sich bisher auf Kostensenkung konzentriert haben, angesichts weiter steigenden Wettbewerbsdrucks darauf angewiesen, ihre Strategie um Präferenzbildungsmaßnahmen zu ergänzen. An die Stelle der Entweder-oder-Entscheidung für die Preis-Mengen-Strategie oder die Präferenzstrategie ist bei besonders erfolgreichen Unternehmen die Sowohl-als-auch-Entscheidung für günstige Preise und zugleich hohe Leistungsqualität getreten („Outpacing-Strategie"). Damit gewinnt Innovation gegenüber Kostensenkung auch im Handel an Bedeutung.

Das Innovationsmanagement unterscheidet Prozeßinnovationen und Produktinnovationen, die jedoch im Handel stärker ineinandergreifen als in der Industrie. Die meisten *Prozeßinnovationen*, die der Handel in den letzten Jahren vollzogen hat, waren Rationalisierungsinnovationen. Ein stärkeres Bemühen um wertschöpfungssteigernde Prozeßinnovationen weist Potentiale auf, die nachhaltigere Wettbewerbsvorteile versprechen. Dabei ist selbstverständlich, aber keineswegs ausschließlich, an den Einsatz der neuen Informations- und Kommunikationstechniken zu denken. Der dienstleistungsgeprägte Handel hat weiterhin ungenutzte Potentiale der Prozeßinnovation im Bereich des Humankapitals. *Produktinnovationen* im Handel setzen oftmals derartige Prozeßinnovationen voraus. Sie bieten sich insbesondere dort an, wo systemisch statt komponentenhaft auf Kundenbedürfnisse eingegangen werden kann, sei es bei den Sortimenten, der Geschäfts- und Betriebsformengestaltung, dem Service, der Kommunikation oder dem Nachkaufmarketing. Die Innovationspotentiale des Handels sind bei weitem nicht ausgeschöpft.

Mit diesem Call for Papers sind Handelsforscher aus Wissenschaft und Praxis eingeladen, Beiträge zu Innovationen und zum Innovationsmanagement im Handel einzureichen. Die Spannweite dieses Themas ist groß. Sie reicht von technischen über verhaltenswissenschaftliche und betriebswirtschaftliche bis zu volkswirtschaftlichen und rechtlichen Aspekten. Neben methodischen und empirischen Beiträgen sind auch konzeptionelle und grundsätzliche Betrachtungen erwünscht. Wie immer können auch andere aktuelle Themen aus der betriebswirtschaftlichen und volkswirtschaftlichen Handelsforschung veröffentlicht werden.

AUTORENHINWEIS

Auszug aus dem **Merkblatt für Autoren**, das auf Anforderung gern zugesandt wird: Die Beiträge sollen einschließlich Literaturverzeichnis und Abbildungen 15 bis maximal 20 Word for Windows-Seiten lang sein (Times New Roman 12 Punkt, einzeilig, Seitenränder: links/rechts 3 *cm*, oben 3,5 *cm* unten 4 *cm*, *kein* Blocksatz, *ohne* Trennung). Erbeten wird ein Ausdruck und eine Diskette, Texte in Word for Windows, Tabellen in Excel, Grafiken in Corel Draw oder Power Point. Die meiste Redaktionsarbeit entsteht durch Abweichungen von den im Merkblatt genannten Regeln. Das erfordert Nacharbeiten der Autoren und gefährdet die Erscheinungstermintreue. Umfangsüberschreitungen können leider nicht akzeptiert werden.

Redaktionsschluß ist der 30. April 1998

Kontaktadressen:

Dipl.-Kffr. Andrea Bookhagen: E-Mail: a.bookhagen@ww.tu-berlin.de
Professor Dr. Volker Trommsdorff, E-Mail: v.trommsdorff@ww.tu-berlin.de
Technische Universität Berlin, Lehrstuhl Marketing I
Wilmersdorfer Straße 148, D-10585 Berlin
Tel. 030-314-22266 oder -25734, Fax -22664

Berlin, im Juli 1997 Volker Trommsdorff

Inhaltsverzeichnis

Marketingstrategische Analysen

Kundenverhalten

Informationssysteme

Online-Medien

Kundenorientierung — Übersichtsbeiträge

Hat das Marketing im Handel versagt? Die Kundenorientierung als Ansatz einer Neubesinnung

Klaus Barth und Michaela Stoffl, Duisburg

In Zeiten stark fragmentierter Märkte, vagabundierender Nachfrage sowie neuer elektronisch gestützter Vertriebsschienen häufen sich die Aufforderungen, dem Kunden mehr Aufmerksamkeit zu widmen. Nur wem es gelingt, Bedarf zu stimulieren und die Kauffähigkeit und -bereitschaft der Kunden auszuschöpfen, wird seine Marktstellung behaupten bzw. ausbauen können. Das Konsumverhalten zeichnet sich durch Zurückhaltung aus, die Einkaufsmentalität des deutschen Verbrauchers hat sich gewandelt. Sinkende Kundenbindungswerte und abnehmende Kundenzufriedenheit schlagen sich nieder in Kaufzurückhaltung und Wechsel zu anderen Anbietern. Von zentraler Bedeutung ist daher die Schaffung von Alleinstellungsmerkmalen, die dem Kunden einen im Vergleich zu substitutiven Konkurrenzangeboten höheren Nutzen bieten. Vor den Erfolg der Kundenbindung hat man den Schweiß des Marketing gesetzt, ein Zusammenhang, der bereits 1954 von E. Gutenberg mit dem Begriff des akquisitorischen Potentials verdeutlicht worden ist.

1 SITUATIONSANALYSE

Das derzeitige Marktklima wird von alarmierenden Schlagworten geprägt: Umsatzstagnation, Ergebnisrückgänge, Klagen aus der Kundenecke, Servicewüste Deutschland. Das Kundenbarometer 1996 zeigt, daß vor allem Handelsunternehmungen aufgefordert sind, konsequent an der Kundenorientierung ihres Geschäfts zu arbeiten (o. V. 1996, S. 84).

Im deutschen Lebensmitteleinzelhandel wird seit geraumer Zeit der Preis als wichtigster Faktor für den Markterfolg betrachtet, was nicht zuletzt darauf zurückzuführen ist, daß die deutsche Hausfrau viele Known Value Items kennt (Bauwens 1997, S. 46). Der aus dieser Überlegung resultierende Preiswettbewerb führt jedoch zu einem einseitigen Kostendenken und fördert letztlich den Abbau von Dienstleistungen und Personal. Der sich aus dem rigorosen Trading down ergebende Kundenentfremdungseffekt muß zwangsläufig in eine Renditeschmälerung münden. Ziel sollte es aber vielmehr sein, kontinuierlich eine Performance- und Ergebnisverbesserung anzustreben. Dies gelingt nicht durch einen eindimensionalen Ansatz, sondern fordert eine am Kundennutzen ausgerichtete Optimierung sämtlicher Aktivitäten in der Wertkette (Meffert 1994, S. 41 ff.).

In diesem Zusammenhang wird häufig die Etablierung eines Total Quality Management diskutiert, das auf eine kontinuierliche Leistungsverbesserung auf allen Wertschöpfungsstufen zur Sicherung von Alleinstellungsmerkmalen und Customer Satisfaction (Stoffl 1997, S. 348 ff.) ausgerichtet ist.

2 MARKETING: KUNDE STEHT IM MITTELPUNKT

Marketing ist zu begreifen als das Management von komparativen strategischen Konkurrenzvorteilen, um im Wahrnehmungsfeld der Nachfrager besser als die relevanten Wettbewerberangebote beurteilt zu werden (Backhaus 1995, S. 7). Folglich umschließt Marketing nicht nur die Optimierung einzelner absatzpolitischer Instrumente, sondern beginnt bereits bei der Marktforschung mit dem Ziel, Informationsvorsprünge sicherzustellen, und hat im Sinne einer prozeßgeleiteten Kundenfokussierung alle funktionalen Teilbereiche der Unternehmung unter Einschluß auch externer Leistungspartner zu integrieren. Allzuoft versickert jedoch die eigentliche Marketingaufgabe in einer Stabsabteilung und wird auf den instrumentellen, vornehmlich den kommunikationspolitischen Aspekt begrenzt. Marketing als Ausprägung marktorientierter Unternehmungsführung muß sich aber über die gesamte Wertschöpfungskette erstrecken.

Es liegt auf der Hand, daß eine am vergangenen Wirtschaftswachstum orientierte Marketingausrichtung in Zeiten zunehmenden Wettbewerbsdrucks und abnehmender

Handlungsspielräume auf Unternehmerseite wenig erfolgversprechend ist. Zur Erzielung relativer Wettbewerbsvorteile muß der Kunde stärker denn je in den Mittelpunkt sämtlicher Marketingüberlegungen rücken. Das Erlangen von profitablem Wachstum ist nicht mehr Sache eines Massenmarketing, sondern bedarf einer stärkeren Kundenintegration durch Individual-Marketing (Hausruckinger/Wunderlich 1997, S. 35 ff.).

Kundenorientierung als Denkhaltung, die sich in Verhalten und Leistung gegenüber den Kunden ausdrückt, basiert also keineswegs auf einem gänzlich neuen Marketing-Verständnis. Vielmehr wird damit lediglich erneut betont, daß sämtliche Aktivitäten und Ressourcen auf eine kundennutzenorientierte Leistungserstellung zu lenken sind.

2.1 Ziele der Kundenorientierung

Kundenorientierung ist im außerökonomischen Bereich der Marketingziele einzuordnen und zielt darauf ab, Kunden zu gewinnen und diese an die Einkaufsstätte zu binden. Der Facheinzelhandel hat mit dem alten Begriff der Stammkunden dieser Zielsetzung immer schon einen hohen Stellenwert beigemessen. Ursache dafür ist nicht zuletzt die Erkenntnis, daß durch Kundenbindung Wirkungseffekte wie Ladentreue, Kaufintensität oder Kauffrequenz, Wiederkaufrate, Weiterempfehlungen usw. erzeugt und damit erhebliche Kostensenkungs- und Wachstumspotentiale mobilisiert werden können (Diller 1996, S. 82). Der Weg zur Kundenbindung führt zweifellos nur über die Kundenzufriedenheit — ein Phänomen mit neuen Spielregeln. Der Kunde von heute ist qualitätsverwöhnt, sensibel und kritisch-emanzipatorisch. Weder an Betriebsstätten noch an Marken gebunden, tritt er als Qualitätskäufer, Schnäppchenjäger und in zunehmendem Maße auch als Smart Shopper (Grey 1996, S. 12) auf. Er ist weder geizig noch verschwenderisch, er kauft nicht ausschließlich einkommensabhängig; denn Qualität, Preisleistung und Zeit bestimmen gleichermaßen die Kaufbereitschaft. Kundenloyalität gewinnt man nur über Leistungsmerkmale, die wichtig, nachprüfbar und für relativ lange Zeit konservierbar sind.

Ziel der Kundenorientierung ist es insofern, der Emanzipation des Kunden und den Abwerbungsversuchen der Wettbewerber entgegenzuwirken, indem der Entscheidungsspielraum in bezug auf die Wahl von Einkaufsstätten über ausgelobte und akzeptierte Nutzenvorteile auf das Geschäft des erfolgreichen Planungsträgers verengt wird. Im Ergebnis erreicht man ein ausgewogenes Kundenportfolio, das neben Neukunden auch einen genügend großen Anteil an Wiederholungskäufern aufweist und die Anfälligkeit gegenüber Konkurrenz verringert.

Zum Zwecke einer Überprüfung des Zielerreichungsgrades ist es schließlich erforderlich, die Leistungsfähigkeit der unternehmungsspezifischen Kundenorientierung zu messen. Die vom Kunden subjektiv empfundene Kundenorientierung läßt sich zwar schwer quantifizieren, es können aber durchaus Leistungsgrößen gefunden werden, die die Leistungsfähigkeit zumindest näherungsweise erfassen. Als Beispiel sei Marks & Spencer genannt, die vor zwei Jahren ein Customer Service Audit entwickelt haben (Bauwens 1997, S. 46 f.). Zweimal im Jahr werden Größen wie Warenverfügbarkeit, Wartezeit am Checkout, Anzahl der Klingelzeichen bis zur Annahme eines Kundenanrufs, Anteil der freundlich begrüßten Kunden, Anzahl der Tage bis zur Beantwortung eines Kundenbriefes usw. erfaßt, um das Ausmaß der Kundenorientierung zu messen. Als weitere Indikatoren können beispielsweise der Bekanntheitsgrad oder die Häufigkeit an Kundenempfehlungen herangezogen werden (Homburg/Werner 1996, S. 92).

Natürlich erfüllt Kundenorientierung keinen Selbstzweck, sondern dient letztlich als Mittel zur Erreichung ökonomischer Ziele. In diesem Sinne bestimmt sich die Kundenorientierung an Effektivitäts- und Effizienzmaßen. Effektivität als externes Leistungsmaß gibt an, in welchem Umfang eine Handelsunternehmung den Erwartungen der Marktpartner entspricht. Sie ist operationalisierbar über Größen wie Umsatz, Zahl der Kunden pro Zeiteinheit, Kauffrequenz, Cross Buying-Rate, Stammkundenanteil oder Besuchsdauer. Effizienz als internes Leistungsmaß macht das Verhältnis von Input und Output deutlich und ist über Wirtschaftlichkeitsgrößen wie z. B. Rendite, Umschlaghäufigkeit oder Deckungsbeitrag pro Kunde erfaßbar.

2.2 Strategische Optionen zur Sicherung von Wettbewerbsvorteilen

Vor dem Hintergrund der veränderten Verbrauchermentalität kann eine stärkere Kundenbindung nur auf Basis eines multidimensionalen Ansatzes erreicht werden. Grundsätzlich bieten sich drei Anknüpfungspunkte zur Erlangung von komparativen Konkurrenzvorteilen: besser (1), preisgünstiger (2), schneller (3) sein!

Die Option einer qualitativen Überlegenheit ist im Rahmen einer Qualitätsführerschaft anzustreben. Ziel ist ein möglichst hoher Übereinstimmungsgrad zwischen Qualitätserwartung der Konsumenten und Qualitätsanmutung der Leistung. Im Sinne des Mehrwert-Konzeptes wird davon ausgegangen, daß sich die preispolitischen Spielräume mit zunehmender Qualität erhöhen. Andererseits sind auch Qualitätsverbesserungen (Freundlichkeit, soziale Kompetenz der Mitarbeiter) ohne Kostensteigerungen möglich. Die Handelsleistung stellt bekanntermaßen eine Kombination aus Sach- und Dienstleistung dar. Neben der Qualitätsführerschaft im Hinblick auf die reine Sachleistung kommt daher im Handel vor allem der Serviceführerschaft, aber auch der Technologieführerschaft eine zentrale Rolle zu.

Die Erzielung von Wettbewerbsvorsprüngen durch Preisführerschaft setzt voraus, daß Kostenvorsprünge realisiert werden. Es müssen sunk costs für den Kunden erzielt werden, die eine Kaufentscheidung aus rein ökonomischen Überlegungen heraus begründen. Möglicherweise ist der Kunde in bestimmten Warenbereichen bereit, bei besonders niedrigem Preis zumindest in vertretbarem Maße qualitätsbedingte Nutzeneinbußen in Kauf zu nehmen. Erscheint der Preis attraktiv genug, wird in dem Fall von Qualitätswünschen nach dem Motto „Preis schlägt Qualität“ Abstand genommen. Dies gilt insbesondere für den Low Involvement-Bereich.

Die Überlegenheit durch Zeitführerschaft fordert eine Organisation schneller Abläufe sowie eine hohe Flexibilität, um erfolgversprechende Veränderungspotentiale aggressiv zu nutzen (time to market). Handelsunternehmungen, die Marktnischen, neue Märkte oder neue Kundengruppen als erster bearbeiten, sichern sich eine Vorzugsstellung gegenüber der Konkurrenz und damit Bindungspotentiale. Und wer Marktführer bleiben will, ist zu raschen Innovationsschüben verdammt, die Quantensprünge in der Differenzierung ermöglichen.

Im Hinblick auf das Anspruchsprofil der Kunden sind diese drei Anknüpfungspunkte nicht alternierend, sondern komplementär zu begreifen. So würde ein Handelsbetrieb bei ausschließlicher Betrachtung der Qualitätsdimension beispielsweise Gefahr laufen, Qualität ohne entsprechende Nachfrage zu produzieren oder mehr Kundenzufriedenheit über abnehmende Wirtschaftlichkeit zu erkaufen. Ebenso wird ein „Everyday Low Pricing“ nur dann zum gewünschten Erfolg führen, wenn die Balance zwischen Preis und Leistung stimmt. Das bestätigt auch der GDI-Monitor, ein Informationsdienst des Gottlieb-Duttweiler-Instituts (Zentes 1996, S. 20 f.): Das Topmanagement im Handel schätzt den Kunden als sehr preis- und qualitätsbewußt ein. Wettbewerbsvorteile sind insofern nur über eine Ablösung der Politik des *entweder-oder* einer Qualitäts- bzw. Preisführerschaft möglich. Vielmehr geht es nach der Devise „High Tech and Low Price“ darum, mehr Nutzen für weniger Geld anzubieten, wobei die Nutzeneinschätzung von Faktoren wie Produktleistung, Zeit, Service und Convenience gleichermaßen bestimmt wird.

3 DREI-SÄULEN-KONZEPT DER KUNDENORIENTIERUNG

Die Architektur zur Kundenbindung ruht auf drei Säulen, denn zur Identifizierung von Optimierungsfeldern kann die handelsbetriebliche Leistungserstellung grundsätzlich in drei Komponenten zerlegt werden, an denen Maßnahmen zur Stärkung der Kundenorientierung anknüpfen müssen: am Leistungsergebnis (insbesondere Sach- und Dienstleistungsangebot), an den Leistungsfaktoren (z. B. Mitarbeiter, Standort) oder an den Leistungserstellungsprozessen (z. B. Verkaufsprozesse). In Anknüpfung an die oben aufgeführten marktstrategischen Optionen können die drei Säulen zur Stützung der Kundenbindung aber auch durch die Schlagworte Kostensenkung, Leistungsverbesserung und Flexibilitätssteigerung beschrieben werden.

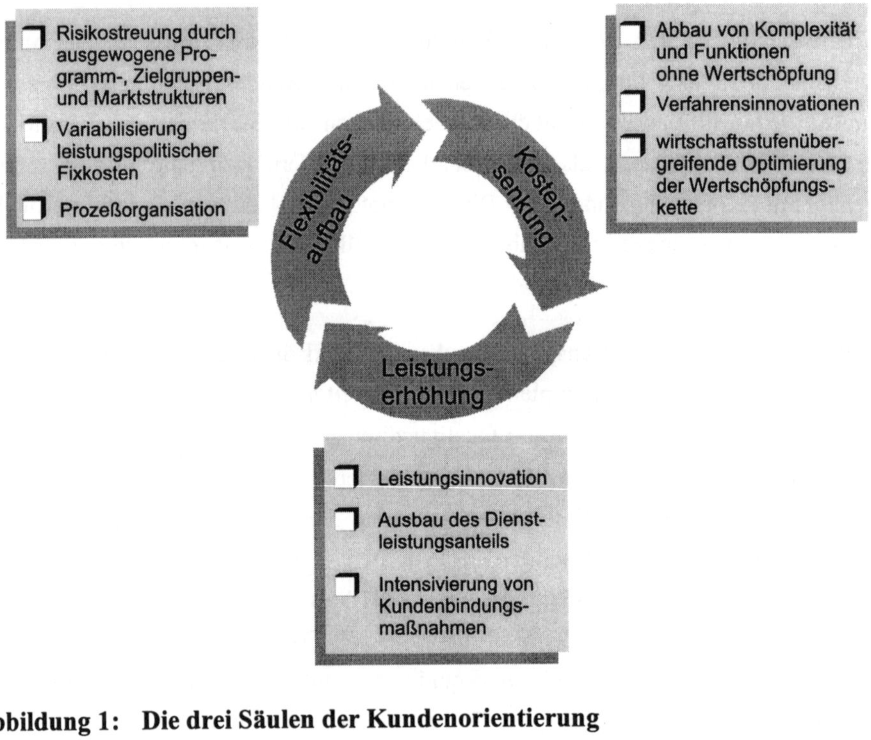

Abbildung 1: Die drei Säulen der Kundenorientierung

3.1 Kostensenkung

Die Realisierung von Kostensenkungsprogrammen ist eine vordringliche Aufgabe im Rahmen der Kundenfokussierung, denn eine Verbesserung der Kostensituation eröffnet neben der Liquiditätssicherung Preissenkungspotentiale im Wettbewerb. Dabei ist jedoch stets zu prüfen, ob die Kosteneinsparungen mit Qualitätseinbußen oder mitarbeiterseitigen Motivationsverlusten verbunden sind. Andernfalls besteht die Gefahr, daß die unmittelbaren Vorteile der Kosteneinsparungen von qualitäts- oder flexibilitätsbezogenen Nutzeneinbußen überkompensiert werden.

Handelsunternehmungen, deren Bemühungen um Kostensenkung sich bislang primär auf konsequente Optimierung von Beschaffungskonditionen konzentriert haben, müssen heute zunehmend erkennen, daß die Degressionspotentiale auf Seiten der Hersteller häufig erschöpft sind. Hier sind neue Sourcing-Strategien in Erwägung zu ziehen, um weitere Konditionenverbesserungen erreichen zu können. In Zeiten zunehmender Internationalisierung ist hier vor allem ein Global Sourcing anzustreben, um neue Einsparpotentiale im Beschaffungsbereich zu erlangen. Denkbar ist die Aufnahme ausländischer Hersteller in das Lieferanten-Portfeuille, um den Handelsmarkenanteil vor allem in preissensiblen Sortimentsbereichen auszubauen.

Überlegungen sind vor allem auch dahingehend anzustellen, wie der Leistungserstellungsaufwand abgebaut und die Unternehmungsstruktur im Sinne einer höheren Effektivität und Effizienz angepaßt werden können. Intraorganisational ist eine Optimierung von Bearbeitungs- und Durchlaufzeiten, die Lieferung einwandfreier Leistungen im internen Kunden-Lieferanten-Verhältnis, die Reduktion von Warenprozeßkosten und die Eliminierung nicht wertschöpfender Aktivitäten anzustreben.

Dem sind gleichermaßen Anstrengungen zu Verfahrensinnovationen gegenüberzustellen, um Ressourceneinsparungen zu ermöglichen. Die Einrichtung von Online-Diensten für die Kundenberatung oder interaktive Informations- und Transaktionssysteme führen über die Substitution des Faktors Arbeit durch den Faktor Technologie zu einer beachtlichen Kürzung des Personalkostenblocks. In der Regel tragen diese Maßnahmen gleichzeitig aber auch zu einer Kundennutzenverbesserung bei (Swoboda 1995, S. 32). In diesem Zusammenhang ist ferner auf Entscheidungsunterstützungssysteme wie beispielsweise das Data Warehouse zu verweisen, das über einen längeren Zeitraum Daten aus einer Vielzahl von Quellen zur Verfügung stellt und insofern bei bestimmten Fragestellungen eine aktuelle und schnelle Datenanalyse und -integration ermöglicht. Filialisierenden Handelsunternehmungen bieten sich zusätzliche Kostensenkungspotentiale, wenn konzerninterne Synergien in bezug auf Bedarfsforschung und Kundenakquisition genutzt werden.

Einsparreserven bietet auch der Faktor Raum, der im Handel den zweitgrößten Kostenfaktor darstellt. Ziel muß es sein, Leerkosten durch suboptimal genutzte Raumbereiche abzubauen, indem die Verkaufsflächenrentabilität unter Berücksichtigung betriebswirtschaftlicher Kennzahlen *und* verhaltensorientierter Regeln optimiert wird. Voraussetzung ist die Verknüpfung von Kundendaten mit entsprechenden Transaktionen im Verkaufsraum im Rahmen des Data Mining. Kundenorientierung fordert ein Micromarketing, das im Einzelhandel nur über Warenkorb- und darauf aufbauenden Trendanalysen realisierbar ist. Die Nutzung vollelektronischer Systeme zur Steuerung des Wareneinsatzes im Sinne eines kundennahen Micromerchandising wird in Zukunft daher kaum noch verzichtbar sein. Neben Promotionplanprogrammen ist vor allem auf die zunehmende Verbreitung von Spacemanagement-Systemen zu verweisen. Hier werden in Zukunft noch Entwicklungen in Richtung einer mehr verhaltensorientierten Ausrichtung nötig sein, die sich beispielsweise in der Berücksichtigung von Suchlogiken oder der Layoutgestaltung nach einer Mental Map widerspiegeln müssen.

Kostensenkungspotentiale können schließlich durch eine wirtschaftsstufenübergreifende Optimierung der Wertschöpfungskette im Sinne eines Efficient Response erschlossen werden, um kürzere Reaktionszeiten auf Kundenwünsche zu realisieren. Voraussetzung ist die Investition in neuere Informations- und Kommunikationssysteme, um effiziente Netzwerkpartnerschaften und Logistiksysteme aufzubauen. Zur Optimierung der Informationslogistik hat vor allem EDI erheblich an Bedeutung erlangt. Nutzeneffekte sind die Beschleunigung und Kostensenkung bei der physischen Warendistribution, die sich durch Auslastungsverbesserung der Transportkapazitäten, Vermeidung von Lieferengpässen und Out-of-stocks einstellen. Erhebliche Einsparungspotentiale bei den Lagerhaltungskosten bieten in diesem Zusammenhang auch die Just-in-Time-Konzepte oder die Einrichtung von Zentrallagern. Beispielhaft sei auf Albert Heijn hingewiesen, der durch ein DV-gestütztes Bestell- und Logistiksystem eine dreimalige Anlieferung pro Tag realisiert (Biehl 1996, S. 43). Erhebliche Vorteile ergeben sich nicht nur daraus, daß Flächenproduktivität und Umschlag maximiert und die Bestände minimiert werden. Vor allem bieten sich zwei Nutzenaspekte, die eine höhere Kundenfokussierung sicherstellen: Zum einen kann dem Kunden eine größere Sortimentsbreite aufgrund des geringen Flächenbedarfs je Artikel geboten werden, zum anderen wird eine angenehme Einkaufsatmosphäre mit Platz und Übersichtlichkeit sichergestellt.

Ein Zusatznutzen der neueren Technologien ergibt sich daraus, daß die Mitarbeiter von monotonen Routinearbeiten entlastet und dadurch Motivationsschübe und mitarbeiterspezifische Leistungsverbesserungen bewirkt werden. Nicht zuletzt gewinnt das Verkaufspersonal Zeit, um sich den Kunden zu widmen.

3.2 Nachfrageerhöhung durch Leistungsvorteile

Aus Kundensicht setzt sich die Handelsleistung aus einem Bündel an Teilleistungen zusammen, so daß der Gesamtnutzen von mehreren Faktoren abhängt. Neben den technisch-funktionalen Eigenschaften oder dem Fitness for Use bestimmen beispielsweise das Preis-Leistungsverhältnis, die Angebotsaktualität oder auch die Verfügbarkeit von Konkurrenzangeboten im Sinne eines Auswahlverbundes das Qualitätsempfinden der Kunden. In Anbetracht der Dualität der Handelsleistung sind Leistungsvorteile darüber hinaus vor allem über den Dienstleistungsteil anzustreben.

Leistungsoptimierung bzw. -innovation

Der Aufbau von Innovations- bzw. Zeitvorteilen ist darauf auszurichten, einer sinkenden Kundenakzeptanz frühzeitig entgegenzuwirken. Ziel darf allerdings nicht sein, einen Leistungsvorsprung um jeden Preis anzustreben, sondern Verbesserungen mit Kundenakzeptanz zu entwickeln. Sofern die Leistungsverbesserung mit einem Kostenanstieg verbunden ist, sollte sie sich auf die Warenbereiche begrenzen, in denen die ausgewählte Zielgruppe für einen Mehrwert höhere Preise akzeptiert. Zu denken ist hier beispielsweise an Sortimentsbereiche wie Textil, Schmuck oder Augenoptik, in denen die Preissensibilität beim Übergang vom Massenangebot (Beispiel: Anzug von der Stange) zur Einzelfertigung (Beispiel: Maßanzug) abnimmt.

Neben innovativen Sachleistungen sind neuartige Dienstleistungen oder neuartige Kombinationen aus Sach- und Dienstleistungen (Möhlenbruch/Nickel 1995, S. 110) zu suchen. Leistungsorientierte Vorteile können demzufolge sowohl über die Ware bzw. das Sortiment, als auch über den Betriebstyp als Leistungsprodukt erzielt werden. Und es ist davon auszugehen, daß sich personalgestützte Dienstleistungen in der Regel deutlicher unterscheiden als Waren und insofern auch größere Profilierungspotentiale liefern; denn im Handel verschafft die Qualität des Mitarbeiters die für den Markterfolg so wichtigen Imitationsbarrieren.

In vielen Handelsbetrieben sind Verbesserungspotentiale bereits über einen drastischen Abbau von Wartezeiten oder eine höchste Warenverfügbarkeit erreichbar. Der Nutzen aus Handelssicht dürfte allerdings recht kurzfristig sein, da eher einer Unzufriedenheitsreduktion denn einer Zufriedenheitsstiftung Rechnung getragen wird.

Gerade mit Blick auf interaktionsintensive Problemlösungsbedürfnisse der Handelskunden spielen die Mitarbeiter eine ganz wesentliche Rolle. Nicht selten bietet der Faktor Personal die größten Chancen zur Heterogenisierung und Präferenzbildung im Handel und damit zur Bekämpfung des immer wieder beklagten Kundenentfremdungseffektes. Voraussetzung ist zum einen, daß das Personal auf der Sachebene eine solide Fachkompetenz und auf der Beziehungsebene eine entsprechende Sozialkompetenz unter Beweis stellt.

Die *qualitative* Leistungskomponente spielt eine zentrale Rolle für den Transaktionserfolg. So kann den vielseitigen Wünschen der Verbraucher nur im Rahmen eines mehrdimensionalen Kundenumgangs hinreichend Rechnung getragen werden. Hier ist die Personalentwicklung gefordert, eine lernende Organisation, die sich flexibel an die Veränderungen von Markt und Umfeld anpassen kann, sicherzustellen. Dann erst ist gewährleistet, daß der Handel langfristig kunden- und ergebnisorientiert agieren kann.

Zum anderen muß der Personaleinsatz auch in *quantitativer* Hinsicht den Markterfordernissen entsprechen. Eine Untersuchung der Entwicklungen im Einzelhandel zeigt, daß ein Verkaufsmitarbeiter in 1994 nur noch 77 Prozent der Zeit aufwendet wie im Jahre 1985 (Kirchner 1996, S. 196). Auch die aktive Verkaufszeit pro Stunde ist rückläufig. Insgesamt steht also weniger Zeit für Beratung und Bedienung zur Verfügung — ein Aspekt, der bei dem verfolgten Ziel einer stärkeren Kundenorientierung und bei entsprechenden Konsumentenbedürfnissen inakzeptabel ist.

Beachtliche Bedeutung kommt auch dem Faktor Raum, der eine Kontakt- und Präsentationsfunktion wahrzunehmen hat, im Hinblick auf seine intralokale Gestaltung zu. Wichtig sind kundenansprechende Lösungen bei Ladenlayout und Warenpräsentation. Analog zur Mehrdimensionalität der Verbraucherwünsche kommen dabei sämtliche Positionierungsausrichtungen zwischen Einkaufsrationalisierung und Fantasy-Shopping in Frage. Ein Sortimentsaufbau nach Verwendungsanlässen trägt zur Einsparung von Suchzeiten und Förderung von Impulskäufen bei. Zur Erhöhung des Cross-Selling sind gestützt auf Analysen von Initial- und Folgekaufartikeln präsentationspolitisch Verbundeffekte zu berücksichtigen. Kurz: Dem hybriden Konsumenten muß mit multitoptimalen Angeboten und verschiedenen Erlebnisdimensionen zwischen Vorteils-, Marken-, Conveniencestraßen oder auch einem Entertainment-Marktplatz begegnet werden, um den spezifischen Interessen gerecht zu werden.

Ausbau des Dienstleistungsanteils

Bedenkt man, daß eine Differenzierungspolitik über die Sachleistung bei zunehmender Homogenisierung und exponentieller Steigerung von Produktneueinführungen und -variationen kaum noch möglich ist, finden sich neue Profilierungschancen eher im immateriellen Teil der Handelsleistung. Nicht zuletzt ist auch zu bedenken, daß der auf die Handelsware gerichtete Preisdruck reduziert werden kann, wenn die angebotenen Leistungen um sinnvolle und vor allem auch erkennbare Zusatzdienste ergänzt werden. Dies bedeutet also keineswegs, ein Maximum an Added Values, sondern effektiven Service zu bieten. Dazu müssen Prioritäten gesetzt werden, um einen wirklichen Wettbewerbsvorteil zu erzielen und damit die Kundenloyalität bzw. die Verkaufsproduktivität zu sichern.

Eine aus Kundensicht unmittelbar erkennbare Nutzenverbesserung wird durch eine liberale Umtauschpolitik oder spezifische Garantieleistungen erreicht. Beispielhaft sei auf die Angebotsgarantie in den SB-Warenhäusern von Globus verwiesen, die die tatsächliche Vorrätigkeit beworbener Artikel verspricht. Bei einem Out-of-stock erhält der Kunde eine gleichartige Ware der nächst höheren Preisgruppe, allerdings zum Angebotspreis aus der Werbung. Die sog. „Fair-Preis“-Garantie verspricht dem Kunden, daß ein Markenartikel in einem Umkreis von 30 km nicht zu einem niedrigeren Preis angeboten wird (Meyer 1996, S. 14).

Zur Erhöhung von Einkaufsbequemlichkeit und Lieferbereitschaft bieten sich kundenspezifische Bring- und Abholkonzepte an. Sogenannte Shopping Box-Systeme ermöglichen beispielsweise den streßfreien Einkauf nach Ladenschluß, multimodale Informations- und Transaktionskioske unterstützen die Kunden bei der Einkaufsentscheidung und -abwicklung. Die zunehmende Berufstätigkeit und die gestiegene Bedeutung des Seniorenmarktes bieten zudem die Chance, sich über Heimdienste zu profilieren. In zeitlicher Hinsicht ist auch an eine Optimierung der aktiven Verkaufszeit zu denken. Mit Blick auf das Emporkommen der Convenience Stores zeigt sich sehr deutlich, daß entsprechende Marktbedürfnisse vorhanden sind. Insofern verwundert es um so mehr, daß die liberalisierten Ladenöffnungszeiten auf Unternehmerseite aufgrund eines kurzfristigen Kostendenkens bislang noch immer auf nicht unerhebliche Barrieren stoßen.

Kundenbindung

In die *Pre-Sales-Phase* werden beträchtliche Summen investiert, denn die Erstkonfrontation des Kunden mit der Leistung einer Handelsunternehmung ist zweifelsohne ein entscheidender Moment. Eine Intensivierung der Kundenbindung kann zudem über Frequent Shopper Clubs mit Kundenkarten umgesetzt werden. Hierbei wird der Kunde über ein intelligentes Punktsystem zum Beitritt in den Club und zu Käufen animiert. Zusätzlich kann das Einkaufsverhalten durch Vergabe unterschiedlicher Bonuspunkte artikelspezifisch gesteuert werden. Ein solches Individual-Marketing birgt beachtliche Vorteile insofern, als Längsschnittanalysen angelegt werden können, die kundenspezifische Informationen über das Kaufverhalten im Zeitablauf zur Verfügung stellen. Nicht zuletzt können aufgrund einer besseren Zielung vor allem auch Werbeaufwendungen reduziert werden.

Kontinuität der Kundenbeziehungen verlangt darüber hinaus vor allem Aktivitäten in der *After-Sales-Phase*. Denn in der Regel beeinflussen die Kundenerlebnisse in der Nachkaufphase den Entscheid des nächsten Kaufaktes. Gerade hier wird der Grundstein für eine dauerhafte Kundenbindung gelegt. Zu denken ist dabei an kommunikative Nachbetreuung, eine Zufriedenheitsbefragung, postalische Mitteilungen über Sonderaktionen, Einladungen für Modeschauen usw.

Besondere Bedeutung kommt in diesem Zusammenhang vor allem dem *Beschwerdemanagement* zu. Ziel eines Beschwerdemanagement als Instrument des After-sales-Marketing ist die Handhabung von Kundenunzufriedenheit durch die Handelsunternehmung. Seine Bedeutung ergibt sich daraus, daß Beschwerden nicht nur mit Kosten verbunden, sondern Teil der handelsbetrieblichen Wertschöpfung sind und insofern Chancen für Erlöse bieten. Bedenkt man, daß Anlässe für Kundenreklamationen nicht nur direkte Beschwerdeanlässe, sondern auch andere unerfüllte Wünsche sind, wird der Informationsnutzen offenkundig.

Im ersten Schritt ist sicherzustellen, daß Kunden ausreichend Möglichkeiten haben, ihre Unzufriedenheit kund zu tun, indem Beschwerdekanäle geöffnet bzw. Beschwerdebarrieren abgebaut werden. Dabei ist neben dem Verkaufsmitarbeiter an der Front auch an Ansprechpartner außerhalb der Ladenöffnungszeiten, Kundenkonferenzen oder Kundenforen zu denken (Stauss/Seidel 1996, S. 7 ff.). Möglicherweise empfiehlt sich auch der Einsatz von Testkunden — ein Instrument, das sich beispielsweise im Touristikbereich großer Beliebtheit erfreut.

Zwecks konfliktfreier Beschwerdehandhabung ist der betroffene Mitarbeiter mit den entsprechenden Kompetenzen bzw. Kulanzspielräumen auszustatten. Empowerment des Kundenkontaktpersonals fordert nicht nur Training zur Sicherstellung der erforderlichen sozialen Kompetenz, sondern stellt vor allem auch Anforderungen an die Personalführung. Denn nur wenn der erste Ansprechpartner die Beschwerde lösen kann *und* darf, sind maximale Nutzeneffekte in Form von Einsparungen bei Bearbeitungs- und Managementzeit, Mitarbeitermotivation und schneller Wiederherstellung von Kundenzufriedenheit erzielbar. Vor allem sind auch Standards in Form von Verhaltensregeln, Fristen, Verantwortlichkeiten etc. zu schaffen, die eine kundenorientierte Beschwerderesponse seitens der Mitarbeiter sicherstellen. Als Maxime sollte dabei stets gelten: In Zweifelsfällen ist die Entscheidung immer zugunsten des Kunden zu treffen.

Beschwerden als aktuelle Informationen über die Unzufriedenheit der Kunden dienen aber nicht nur einer reaktiven Behebung von Problemen, sondern geben langfristig auch Anstoß für eine Verbesserung handelsbetrieblicher Leistungserstellung (Günter 1995, S. 280 ff.). Zu diesem Zweck sind Auswertungs-Reports zu erstellen, die einer Ursachenanalyse dienlich sind und auf deren Basis Leistungsdefizite als Ansatzpunkte für Innovationen und Leistungsverbesserungen transparent werden. Ein so verstandenes aktives Beschwerdemanagement trägt einer kontinuierlichen und kundennahen Leistungsverbesserung Rechnung.

3.3 Flexibilität

Gerade in Zeiten hoher Dynamik ist es ein Muß, auf Markt- und Wettbewerbsveränderungen möglichst flexibel und damit rasch reagieren zu können.

Zwecks Handhabung von Umwelteinflüssen empfiehlt sich vor allem die *Diversifikation* zur optimalen Mischung von Märkten. Durch eine regionale Diversifikation bzw. eine Internationalisierung kann die zeitliche Verlagerung von Konjunkturschwächen in unterschiedlichen Märkten genutzt werden. Eine höhere Sortimentsflexibilität wird dann erreicht, wenn eine zentrale Sortimentspolitik um regionalspezifische Sortimente ergänzt wird, so daß einzelmarktbezogen eine schnelle Reaktion auf Anspruchsveränderungen möglich ist. Eine ausgewogene Programmischung über sequentielle und alternative Systemvermarktung trägt zudem dazu bei, daß möglichst viel in die Zielgruppen hineinverkauft werden kann. In diesem Zusammenhang ist auch auf die Möglichkeit des Price Bundling hinzuweisen, das den Systemkauf über eine Ergänzung der artikelbezogenen Leistungsangebote um Warenpakete fördert. Im Sinne einer größeren Unabhängigkeit von aktuellen Zielgruppen empfiehlt sich schließlich die permanente Suche nach neuen interessanten Zielgruppen durch bedarfsorientierte Sortimentsergänzungen.

Vor allem in Zeiten abnehmender Kostentragfähigkeit kommt den Ansätzen zur Variabilisierung von Fixkosten großes Interesse zu. In der Vergangenheit hat man sich hier vor allem dem Outsourcing gewidmet, um Funktionen, die nicht zu den Kernkompetenzen zählen, auszulagern. Dadurch werden fixe in variable Kosten umgewandelt, deren Ausmaß vom Beschäftigungsgrad bestimmt wird. Einer solchen Entscheidung muß allerdings ein detaillierter Kosten-Nutzen-Vergleich vorangehen, um auch Fremdbezugsnachteile wie Know-how-Verlust, Marktverdrängung oder Zunahme an Schnittstellen etc. mit in das Kalkül einzubeziehen.

Flexible Personaleinsatzsysteme als weiterer Ansatz sind im Einzelhandel heute kaum noch wegzudenken. Das deutliche Auseinanderklaffen von Arbeits- und Lieferbereitschaftszeiten sowie unterschiedliche „Fertigungszeiten" je Kunde machen es dringlich, Kapazitäten im Verkauf kurzfristig auf- und abbauen zu können. Nur dann können Leerkosten vermieden und die erforderliche Orientierung am Kunden sichergestellt werden. Die Verkaufsmitarbeiter müssen sich flexibel auf den Kundenrhythmus einstellen. Die entsprechenden zeitlichen Spielräume können beispielsweise über Zeitkonten geschaffen werden. Neben der zeitlichen ist gleichsam eine inhaltliche und örtliche Flexibilität der Verkaufsmitarbeiter anzustreben. So sind die Verbraucherbedürfnisse morgens anders als abends, Kunden sind in Eile oder haben Zeit, die Mitarbeiter einer Abteilung oder Filiale sind überfordert, während andere Geschäftsbereiche schwach frequentiert und überbesetzt sind. Hier ist einerseits die Personalentwicklung gefordert, andererseits wird ein polyvalenter Einsatz erst durch bereichsübergreifende Einsatzsysteme optimiert (Stoffl 1996, S. 267 ff.).

Flexibilität fordert schließlich entsprechende organisatorische Konzepte und das nicht nur im Sinne leaner Strukturen. Wichtig ist der Aufbau flexibler Organisationen, die eine Kundenzentrierung und rasche Anpassung an Marktdiskontinuitäten sicherstellen. Der Gedanke des Profit- oder Service-Center muß sich widerspiegeln in kleinen selbstlernenden Einheiten, die vom Markt nach innen denken und über Qualitätszirkel oder andere Entwicklungsmaßnahmen im Sinne eines Continuous Improvement optimiert werden. Eine Steuerung über leistungsbezogene und strategisch wirkende Vergütungssysteme ist schließlich unentbehrlich, um die erforderliche Kompatibilität von Individual- und Unternehmungszielen sicherzustellen.

Die Ausrichtung aller Leistungserstellungsprozesse unter dem Blickwinkel des Kundennutzens fordert zudem einen Wandel von der Verrichtungs- oder Objektorientierung hin zur Prozeßorganisation, wobei zu den handelsbetrieblichen Prozessen sowohl die materiellen Wertschöpfungsprozesse als auch sämtliche Marketingprozesse zählen. Eine Kundenorientierung führt also zu einer horizontalen Gliederung der Handelsbetriebe. Dieser Gedanke ist in Handelsforschung und -praxis nicht neu. So wurde die funktionale Trennung von Einkauf und Verkauf bereits im Merchandising-Konzept aufgehoben (Barth/Helpup 1994, S. 233). In Zeiten computergestützter Warenwirtschaftssysteme wird diese Idee im Category Management Konzept aufgegriffen, um über flexible und warengruppenbezogene Vermarktungsmaßnahmen zielgruppenspezifische Absatzpotentiale auszuschöpfen. Als Nebeneffekt stellt sich eine Verbesserung der internen Kommunikation ein, die motivationsfördernd und damit leistungsintensivierend wirkt.

4 SCHLUSSBEMERKUNGEN

Kundenzufriedenheit ist ein sehr komplexes Erscheinungsbild, das durch markt-, leistungs-, kosten- und vor allem personalpolitische Aspekte geprägt wird. Eine Ignoranz der Kundenbedürfnisse wird über kurz oder lang zu einer Destabilisierung des Leistungssystems führen. Offenkundig ist die Kundenorientierung kein kurzfristiges Wettbewerbsziel. Sie entfaltet ihre eigentliche Zielsetzung erst dann, wenn sie im Marketingkonzept einen kontinuierlich höheren Stellenwert erlangt. Und das gelingt nur, wenn die heute zahlreich diskutierten und angewandten Unternehmungsführungskonzepte wie Lean-Management, Total Quality Management, Kostenmanagement oder Kundenbindungsmanagement eines gemein haben: den Kunden fokussieren. Und damit ist man letztlich wieder bei der Ursprungsidee des Marketingkonzeptes. Wichtig ist, daß die

Kundenorientierung einen proaktiven Charakter erhält, indem nicht erst die Leistungserstellung und dann die Kundenorientierung kommt, sondern der Kunde Ausgangsbasis jedweden Tuns wird.

LITERATUR

Backhaus, K.: Investitionsgütermarketing, 4. Aufl., München 1995.

Barth, K.: Betriebswirtschaftslehre des Handels, 3. Aufl., Wiesbaden 1996.

Barth, K.; Helpup, A.: Die Relevanz des Lean-Management-Ansatzes für Handelsunternehmungen. In: Trommsdorff, V. (Hrsg.): Handelsforschung 1994/95, Wiesbaden 1994, S. 223-240.

Bauwens, M.: Serviceleistungen sind meßbar. In: LZ 11, 14. März 1997, S. 46-48.

Biehl, B.: Der Supermarkt als Theater. In: LZ 40. 4. Oktober 1996, S. 42-43.

Diller, H.: Kundenbindung als Marketingziel. In: Marketing ZFP, Heft 2, 2. Quartal 1996, S. 81-94.

Grey Strategic Planning: » Smart Shopping «. In: Marketing Journal, Heft 1, 1996, S. 10-12.

Günter, B.: Beschwerdemanagement. In: Simon, H.; Homburg, Ch., Kundenzufriedenheit, Wiesbaden 1995, S. 275-291.

Hausruckinger, G.; Wunderlich, F.: Customizing — Individualisiertes Leistungspaket. In: BAG Handelsmagazin, Heft 3, 1997, S. 34-40.

Homburg, Ch.; Werner, Harald: Ein Meßsystem für Kundenzufriedenheit. In: asw, Heft 11, 1996, S. 92-100.

Kirchner, J. D.: Beziehungskrise ohne Personal. In: asw, Sondernummer Oktober 1996, S. 194-197.

Meffert, H.: Erfolgreiches Marketing in der Rezession, Wien 1994.

Meyer, A.: Schwachstelle Kundenbindung. In: MHM, Heft 4, 1996, S. 8-14.

Möhlenbruch, D.; Nickel, S.: Innovationen und Informationsmanagement — Ansatzpunkte zur Entwicklung innovativer Strategien im Einzelhandel. In: Trommsdorff, V. (Hrsg.), Handelsforschung 1995/96, Wiesbaden 1995, S. 107-122.

o. V.: Die Talfahrt ist so nicht aufzuhalten. In: LZ 43, 25. Oktober 1996, S. 84.

Stauss, B.; Seidel, W.: Beschwerdemanagement, München; Wien 1996.

Stoffl, M.: Personalmanagement in Großbetrieben des Einzelhandels, Wiesbaden 1996.

Stoffl, M.: Total Quality Management im Handel. In: WISU, 26. Jg., Heft 4 1997, S. 340-352.

Swoboda, B.: Kaufimpulse per Touch-Screen. In: LZ 29, 21. Juli 1995, S. 32-34.

Zentes, J.: GDI-Monitor: Fakten, Trends, Visionen. In: Zentes, J.; Liebmann, H.-P. (Hrsg.), GDI-Trendbuch Handel, No. 1, Düsseldorf-München 1996, S. 10-36.

Ansatzstellen der Kundenorientierung im Einzelhandel und ihre Implikationen

Hans-Otto Schenk, Duisburg

Kundenorientierung und ihre operationalisierbaren Strategieansätze werden einer methodenkritischen Analyse unterzogen. Kundenorientierung kann weder als eigenständiges Ziel noch als eigenständiges Mittel, sondern muß als Prüffilter zur Entscheidungsverbesserung der Handelsbetriebsführung gelten. Trotz empirischer und methodologischer Implikationen der Strategieansätze — erschwerte Meßbarkeit, Gefahr des unendlichen Regresses, Ausklammerung der Kaufphase, Dominanz der Präskription, vorschnelle Generalisierung, Gefahr irreführender Analogie, zu starke Abstraktion, Ersatz der Theorie durch Beispiele — und trotz unbefriedigender Hypothesenbildung und -sicherung bewährt sich Kundenorientierung als heuristisches Prinzip und schärft das Bewußtsein für die erste Tugend des Einzelhandels: den Kunden zu dienen.

1 KUNDENORIENTIERUNG — EIN VERNACHLÄSSIGTES PROBLEM?

Kaum ein anderes Reizwort beherrscht die Einzelhandelspraxis und die deutschsprachige Handelsliteratur der letzten drei Jahre so stark wie „Kundenorientierung“. Das gilt zumindest für die Aufsatzveröffentlichungen in den handels- und absatzwirtschaftlichen Zeitschriften, die sich Praxisnähe zugute halten. Im Medienzeitalter ist die rasche Diffusion griffiger Schlagwörter gewährleistet, namentlich wenn sich als Guru gebärdende Berater alle Register der Publizität ziehen. Man denke nur an „lean management“,

„Erlebniskauf“, „Direkte Produktrentabilität (DPR)“, „electronic data interchange (EDI)“ oder „efficient consumer response (ECR)“. Und wenn die meisten Praktiker und Marketing-Wissenschaftler eines gemein haben, dann ist es ihre Vorliebe, die neuesten Reizwörter rasch aufzugreifen und zu verbreiten: das early adaptor-Syndrom.

Die *Herrschaft der Schlagwörter* bringt es mit sich, daß mit der Häufigkeit ihrer Erwähnung auch der Glaube an ihre Relevanz zunimmt. Manche Schlagwörter haben ein kurzes Leben — die Meister der Schlagwort-Technik würden selbstverständlich eher vom kurzen Lebenszyklus reden (ohne noch zu reflektieren, was ein Zyklus überhaupt ist) —, manche geraten derart in den Vordergrund des fachlichen Interesses, daß geradezu ein Benutzungszwang eintritt. Zu jenen zählen etwa „fraktales Marketing“ oder „Reverse Marketing“, zu diesen ohne Zweifel die „Kundenorientierung“. Aussichten auf breite Akzeptanz haben Schlagwörter umso eher, je mehr sie Erfolg versprechen. Wenn nur an einem einzigen Exempel ein Wettbewerbsvorsprung statuiert werden kann, der auf das neue Schlagwort zurückgeführt wird, dann ist der Schritt zur Generalisierung klein; dann wird der neue Begriff zum allgemeinen Heilmittel gegen strukturelle, Branchen- oder Firmenkrisen; dann kommt eine lebhafte Diskussion in Gang; dann will niemand den Zug verpassen — kaum ein Manager, der sich den verlockenden Redistributionseffekt, und kaum ein Wissenschaftler, der sich die Medaille des Frontkämpfers entgehen lassen will. Schlagwörter üben jedoch nicht nur einen kommerziellen oder intellektuellen Reiz aus, sich mit etwas Neuem zu beschäftigen.

Die durch Schlagwörter leicht ausgelöste *Polarisierung des Denkens und Handelns* ist immer auch von der Gefahr begleitet, der höchst differenzierten und komplexen Wirklichkeit nicht mehr gerecht zu werden. Das wird z. B. deutlich, wenn im Zusammenhang mit Kundenorientierung postuliert wird, im Einzelhandel könne nur über den Preis (vermeintlich ohne Kundenorientierung) oder nur über den Service (vermeintlich ohne Preisorientierung) verkauft werden: „In der Mitte funktioniert gar nichts. Jedes Unternehmen, das versucht, ein bißchen über den Preis mitzumischen und ein bißchen über den Service, wird in der Mitte zerrieben werden. Entweder Preis oder Service. Sie werden sich entscheiden müssen.“ (Geffroy 1997, S. 96 f.) Wahrscheinlich werden die meisten Handelsunternehmen jedoch „zerrieben“, würden sie sich auf diese Alternative einlassen. Schließlich kann kein Händler auf aktive Preispolitik verzichten und keiner auf Service. Ist nicht die Strategie, primär über attraktive (Verkaufs-)Preise zu agieren, auch eine Form der Kundenorientierung, nämlich die dominante Ausrichtung der Absatzmarktgestaltung an den preisbewußten Kunden? Wer jedoch über ein unbefriedigendes Sortiment oder über demotiviertes Personal oder über einen miserablen Standort oder über unstimmige Präsentationsformen oder über sonstige ungünstige Voraussetzungen für sein Handelsmarketing verfügt, der kann sogar unter Einstandspreisen anbieten, der kann in (Kunden-)Clubsesseln ein Gläschen Champagner zur Kleinen Nachtmusik kredenzen — und wird doch keinen neuen Kunden anziehen oder alte Kunden an sein Geschäft binden! Daß es im Einzelfall, d.h. sortiment-, betriebstyp- und standortbezogen, auf die *richtige Mischung von Preisen und Service* ankommt — immer unter Berücksichtigung der Mischkalkulation und der relativen Stärken und Schwächen am lokalen Markt —, versteht sich eigentlich von selbst. Heinz-Horst Deichmann, erfolgreicher und sozialethischen Prinzipien verpflichteter Handelsunternehmer, umreißt diese Selbstverständlichkeit wie folgt: Ein Handelsunternehmen muß den Menschen dienen — außer den Herstellern, den Mitarbeitern und der Allgemeinheit zuallererst „dem Kunden durch eine bestmögliche Qualität bei günstigstem Preis und Service". (Deichmann 1997, S. 44) Dennoch setzen sich Heilslehren bzw. Heilslehrer über die kaufmännische Kunst der Individualisierung und der profilierenden „differenzierten Leistungserstellung" (Alfred Gutersohn) hinweg und verbreiten die Vorstellung, man brauche nur niedrigen Preise oder nur hohen Service als vermeintlich allgemeingültigen, objektiven „Erfolgsfaktor" einzusetzen oder ein vorgefundenes erfolgreiches Konzept der Kundenorientierung nur zu adaptieren oder zu imitieren; dann stelle sich der Erfolg von selbst ein.

Ganz abgesehen davon, daß „ immer irgendetwas dran ist", und sei es nur die seltsam späte Erkenntnis der Servicevernachlässigung vornehmlich in Großbetrieben des Einzelhandels („Service-Wüste Deutschland"), ist der in Mode geratenen Diskussion um Kundenorientierung etwas Positives nicht abzusprechen: Für den Praktiker schärft sie das Problembewußtsein, dient als Handlungsanstoß in möglicherweise vernachlässigten Entscheidungsfeldern, und dem Wissenschaftler gereicht sie zum Denkanstoß für neue Systematisierungsversuche. So kann sich auch die Handelsbetriebslehre — vor modischen Schlagwort-Torheiten und Eitelkeiten nicht gefeit — als Fachwissenschaft des Schlagworts „Kundenorientierung" annehmen. Für sie wird es zum heuristischen Prinzip und zur Herausforderung, die dahinter stehenden Phänomene aufzuspüren und den empirischen Forschungsverfahren zu unterziehen, wie sie sich etwa mit ABC-Kundenanalyse, Imageanalyse oder Portfoliotechnik anbieten.

Daß ein Schlagwort wie „Kundenorientierung“ überhaupt soviel betriebswirtschaftliches Interesse auf sich ziehen kann, verblüfft allerdings — ist Kundenorientierung doch das ureigene Betätigungsfeld für Händler und folglich traditioneller Gegenstand der *Handelsbetriebslehre*! Was anderes als die Ausrichtung aller Aktivitäten am Potential des Absatzmarktes ist denn seit eh und je oberste Leitlinie für Handelsbetriebe? Daran ändert auch die Tatsache nichts, daß Händler immer zumindest bipolar die Interessen ihrer Kunden und ihrer Lieferanten wahrnehmen und zum Spannungsausgleich zwischen den beiden Marktseiten beitragen müssen. Die Interessen der Kunden sind jedoch primär, die der Lieferanten sekundär. „What is good for my customers is good for my business“ ist seit einem halben Jahrhundert eine angelsächsische Binsenweisheit. Und im deutschsprachigen Raum sind die „Handelsdiener“ schon im ausgehenden Mittelalter, in den kaufmännischen Rechenschulen des 16. Jahrhunderts oder in den Handelsakademien des 18. Jahrhunderts gelehrt worden, die Absatzchancen genau zu erkunden, Stammkunden heranzuziehen und den Kunden die Wünsche von den Lippen abzulesen: „der macht nit werschafft uff dem merkt wer nit uff kunftig blonung werkt“ (Sebastian Brannt, 1494). „Einem beständigen Kundmanne muß der Kaufmann, des Preises halber, zuweilen etwas fugen, und lieber mit wenigem Gewinne verkaufen, als daß er ihn weggehen, und sich an anderer gewöhnen lasse“ (Carl Günther Ludovici, 1756). „Ein tüchtiger Weinhändler muß es einem Menschen gleich ansehen können, ob er Franzwein oder Rheinwein trinkt, ob er trockene oder süße Weine liebt“ (Arnold Lindwurm, 1878), (vgl. hierzu Schenk, 1991). Vieles von dem, was sich heute um den Begriff „Kundenorientierung“ rankt, spielte in den 20er Jahren dieses Jahrhunderts, der ersten Blütezeit des modernen Handels, schon eine Rolle. Ein Blick in das von Rudolf Seyffert herausgegebene „Handbuch des Einzelhandels“ (1932) genügt, um zu sehen, wie intensiv die Handelsforschung sich seinerzeit bereits mit Problemen der Werbekontrolle, der Kundenbedienung, des Nichtkaufs, der Reklamation, des Umtauschs, der Kundenzufriedenheit oder des Kontrollkunden beschäftigt hat. (Seyffert 1932, S. 453-532) Kundenorientierung also alter Wein in neuen Schläuchen?

Auch in der jüngeren *Marketinglehre* ist „Marketing als Unternehmensphilosophie traditionell mit Kundenorientierung gleichgesetzt“ worden (Grunert 1995, Sp. 1226). Man wundert sich mit Recht, daß „Orientierung an der Zufriedenheit der Kunden als innovative strategische Vision angepriesen wird“, war man sich doch immer „darüber einig, daß die konstituierende Idee des Marketing gerade in einer marktorientierten und damit vorrangig kundenorientierten Unternehmungsführung liegt“. Das „Neue“ liege nicht in einer Revitalisierung, sondern in einer Reinterpretation im Sinne situativ anders zu gestaltender Marketingaktivitäten (Hansen/Jeschke/Schöber 1995, S. 77). Daß die Konsumenten für das „klassische Marketing“ zwar in der Regel die strategischen Zieleinheiten, aber — mit Ausnahme des Direktvertriebs und der Direktkontaktmöglichkeit über das Internet — gar keine echten Kunden der Konsumgüterhersteller sind, sondern daß deren Kunden Kaufleute aus Groß- und Einzelhandel, Gastronomie oder Handwerk sind, also gerade Nicht-Konsumenten, muß sich wohl noch herumsprechen. Nur wenige Marketing-Autoren tragen dieser Realität Rechnung, etwa durch die Unterscheidung in Consumer Marketing und Trade Marketing (Böhlke 1995, Sp. 2487 f.).

Alles in allem erweist sich kundenorientierte Unternehmensführung im Einzelhandel als nichts Neues. Kundenorientierung ist allenfalls als ein leicht vernachlässigtes Problem zu sehen — eine Folge des dominanten und für die meisten Branchen und für die Betriebstypen des Nichtdiscounthandels irreführenden Strategiekonzepts, „nur noch über den Preis zu verkaufen“.

2 KUNDENORIENTIERUNG IM HANDELSBETRIEBLICHEN ZIEL-MITTEL-SYSTEM

Kundenorientierung als Ausrichtung der Absatzmarktgestaltung an den potentiellen und effektiven Kunden stellt auf den ersten Blick eine Zielgröße für Unternehmen dar. Versucht man die Frage zu beantworten, auf welcher Stufe der Zielhierarchie (hier von Einzelhandelsbetrieben) die Kundenorientierung einzuordnen ist, dann wird die Antwort schon schwierig. Die meisten praxisbezogenen Darstellungen erwecken den Anschein, Kundenorientierung müsse oberstes Gebot für die Handelsunternehmen sein, also *oberstes Unternehmensziel*. Dem wird manch ein Praktiker leicht zustimmen, geraten die meisten Einzelhandelsunternehmen doch zunehmend in eine Klemme zwischen intensivem inter- und intraformalen Preiswettbewerb einerseits und bindungs- und präferenzarmen Verbrauchern andererseits. Die Situation ist immer „ungemütlicher“ geworden, seit immer mehr Verbraucher nicht mehr den Typen „Qualitätskäufer“ oder „Schnäppchenjäger“, sondern dem Typus „Smart Shopper“ zuzurechnen sind. „Der Smart Shopper aber scheint es geradezu darauf angelegt zu haben, den Handel zu ruinieren, und dafür nimmt er sich noch nicht einmal viel Zeit.“ (Schmitz 1997, S. 52). Um sich aus dieser Klemme zu befreien, müßten der Kundenorientierung scheinbar alle anderen Ziele untergeordnet sein.

Kundenorientierung kann jedoch kaum das oberste Ziel eines Unternehmens, eine Art Selbstzweck, sein. Auf der obersten Stufe des handelsbetrieblichen Zielsystems mögen Gewinn, Umsatz, Sicherheit, Selbständigkeit, Wachstum, gesellschaftliche Anerkennung, Zahlungsfähigkeit rangieren (Falk/Wolf 1992, S. 217). Aber ein oberstes Ziel Kundenorientierung ist unlogisch. Wenn ein Unternehmer/Manager sich an jemandem oder an etwas „orientiert", dann kann dies nur im Hinblick auf ein Ziel oder einen Zweck geschehen. Kundenorientierung ist also selbst zielgerichtetes, Planung und Handeln begleitendes teleologisches Denken. Könnte Kundenorientierung dann als *Zwischenziel* zur Erreichung übergeordneter Ziele fungieren? Auf der Ebene der Zwischen- oder Bereichsziele des Handelsbetriebs, wie z. B. der Beschaffungs-, Lagerungs-, Absatz-, finanzwirtschaftlichen und personalwirtschaftlichen Ziele, kann Kundenorientierung jedoch auch nicht angesiedelt werden, jedenfalls nicht als eigenständiges Bereichsziel; denn die Zwischenziele — namentlich die verkaufsorientierten Zwischenziele des Handelsmarketings, wie z. B. sortiments-, preis-, kommunikations- und servicepolitische Ziele — stehen selbst alle unter dem Gebot der Kundenorientierung. Dasselbe gilt schließlich auch für die aus ihnen abgeleiteten, konkretisierten *Unterziele*, zu deren Erreichung die geeigneten Mittel bzw. Mittelausprägungen ausgewählt und kombiniert eingesetzt werden müssen.

Betrachtet man schließlich die strategischen und die taktisch-operativen *Mittel*, so wird man feststellen müssen, daß auch ihr Einsatz an den konjekturalen Verhaltensweisen der Kunden ausgerichtet ist. Wenn ein operationales, sortimentspolitisches Unterziel beispielsweise lautet „Senkung der Lagerbestände in der Spielwarenabteilung im kommenden Tertial um 10 Prozent" und als Maßnahmen a) Preisabschriften bei 20 Kernartikeln um 15 Prozent und b) herausgehobene Präsentation bei diesen Artikeln gewählt werden, dann werden die Aktionsartikel sinnvollerweise nach den mutmaßlichen Preiselastizitäten der Kunden ausgewählt.

Kundenorientierung besitzt also bei näherem Hinsehen weder eine eigenständige Zielqualität noch hat sie Mittelcharakter. Einige Autoren stufen Kundenorientierung daher als eine *Nebenbedingung* zur Erreichung der Unternehmensziele ein oder als ein — allerdings wichtiges — *Antecedens* für den zielführenden Mitteleinsatz. Insoweit ähnelt der Kundenorientierungsansatz dem Ansatz der Handelspsychologie. So wie psychologische Handelsbetriebsführung kein eigenes Ziel(system) und kein eigenständiges Instrumentarium darstellt, sondern einen mentalen *Prüffilter zur Entscheidungsverbesse-*

rung — nämlich systematische Überprüfung des Zielsystems und des Mitteleinsatzes an psychologischen Kategorien (vgl. Schenk 1995, S. 9) —, so stellt Kundenorientierung einen mentalen Prüffilter zur Effizienzsteigerung von Handelsbetrieben dar: systematische Überprüfung des Zielsystems und des Mitteleinsatzes an den Wünschen und Belangen der Kunden.

3 ANSATZSTELLEN DER KUNDENORIENTIERUNG

Dieser hergeleitete Zusammenhang und die mangelnde Operationalität des Begriffs „Kundenorientierung" schließen eindeutige Ursache-Wirkungs-Aussagen aus. So wäre etwa eine Kausalannahme „Wenn Kundenorientierung — dann Mehrumsatz" (oder Imageverbesserung oder sonstige positive Veränderungen) nicht begründbar. Gleichwohl werden in der Fachliteratur zahlreiche Strategieansätze thematisiert, deren Einführung oder verstärkte Beachtung zur Besserstellung von Einzelhandelsbetrieben führen soll (*Übersicht 1*). Dabei ist es gleichgültig, ob sie als Mittel oder als Erscheinungsformen der Kundenorientierung bezeichnet werden. Die Reihe der Stichwörter, hier nur alphabetisch geordnet, ließe sich unschwer fortsetzen.

Die Beispiele entstammen den unterschiedlichsten handelsbetrieblichen Aktionsfeldern, wie z. B. der *Servicepolitik* (Fahrservice, Kinderbetreuung, Umtausch, Zustellservice), der *Organisation* (Beschwerdemanagement, Kundenleitsystem, Ladenbau, Selfscanning, Warenanordnung, Workshops), der *Marktforschung* (Kassenbon-Analyse, Kundenfrequenz-, Kundenlauf- und Kundenpotentialanalyse, Kundenzufriedenheit, Nichtkundenforschung) oder der *Kommunikation* (CD-ROM, Kundenforum, virtuelles Kaufhaus, Telefonkauf). Seit den 80er Jahren sind einige dieser Stichwörter Gegenstand intensiver modelltheoretischer Analysen mit entsprechend hohem Abstraktionsniveau (und manchmal geringer empirischer Fundierung) geworden. Zu nennen sind beispielsweise die Analysefelder Verbraucher-/Kundenverhalten (Kroeber-Riel; Trommsdorff), Kundenbeschwerde und Kundenzufriedenheit (Best; Bruhn; Riemer), Beziehungsmarketing (Diller; Shani/Chalasani), Kundenbindung (Diller), Nachkaufmarketing (Hansen/Jeschke; Vavra; Jeschke), Total Quality Management (Schildknecht); (vgl. dazu die Bibliographie bei Hansen/Jeschke/Schöber 1995, S. 86-88).

Übersicht 1: Strategieansätze zur Kundenorientierung in der Literatur

- Beschwerdemanagement
- „data base marketing", Kundendatenbank, Direktmarketing, Dialogmarketing
- „efficient consumer response" (ECR)
- „event marketing"
- Fahrservice.
- Informationstechnologie, CD-ROM, Internet, digitales/virtuelles Kaufhaus, Cybershopping
- Kinderbetreuung
- Kundenbindung, Kundenloyalität, Kundentreue
- Kundenclub; Kundenforum
- Kundenfrequenzanalyse
- Kundenkarte, Kundenkreditkarte, Geldkarte, Chipkarte
- Kundenkommunikation, Kiosk-System, Telefonkauf
- Kundenlaufanalyse, Kunden(lauf)führung, Kundenleitsystem
- Kundenpotentialanalyse
- Kundenzufriedenheit
- Ladenbau, Warenanordnung
- Nichtkundenforschung
- Selfscanning
- Treueprogramm
- Umtausch, Rücknahme-Garantie, Bonus-System
- Verkäuferschulung, Kundenansprache; Mitarbeiterbesprechung; Workshops
- Warenwirtschaftssystem, Kassenbon-Analyse
- Zustellservice

Greift man als einen solchen Modellansatz den Analysevorschlag zur *Kundenbindung (KB)* von Diller heraus, dann wird deutlich, wie komplex und multidimensional die Phänomene hinter dem intendierten Ergebnis der Kundenbindung sind. Diller führt das Beziehungsgeschehen zwischen Anbieter und Kunde — ganz allgemein, ohne Spezifikation für den Einzelhandel — analytisch auf ein Geflecht aus drei Beziehungsebenen (Sach-, Organisations- und Emotionsebene) und drei prinzipiellen Gestaltungsmedien

(Macht, Recht und Vertrauen) zurück. Daraus ergibt sich eine Matrix mit den neun Feldern (1) Sachressourcen, (2) Leistungsverträge, (3) Sachkompetenz, (4) Organisationsressourcen, (5) Organisationsrechte, (6) Organisationskompetenz, (7) Angst, (8) Kumpanei und (9) Sympathie. An jeder Schnittstelle bzw. in jedem Matrixfeld „lassen sich spezifische Ansatzpunkte für Formen der KB festmachen" (Diller 1996, S. 90). Die Multidimensionalität ist offensichtlich: Es werden sowohl objektive und subjektive Kriterien als auch ökonomische, rechtliche, soziologische und psychologische Kriterien herangezogen. Manches ist objektiv meßbar (z. B. Preisnachlässe als ein Ausdruck der „Leistungsverträge" oder schneller Zustelldienst oder Bestellservice als Ausdruck der „Organisationsressourcen"), manches nur subjektiv bewertbar, allenfalls durch psychologisch abgesicherte Tiefeninterviews zu eruieren (z. B. Angst und Befürchtungen, verdeckte persönliche Beförderungen im Sinne der „Kumpanei" oder hohes/geringes Involvement aufgrund persönlicher Sympathien/Antipathien).

Übersicht 2: Der Kompetenzkranz des kundenorientierten Verkäufers

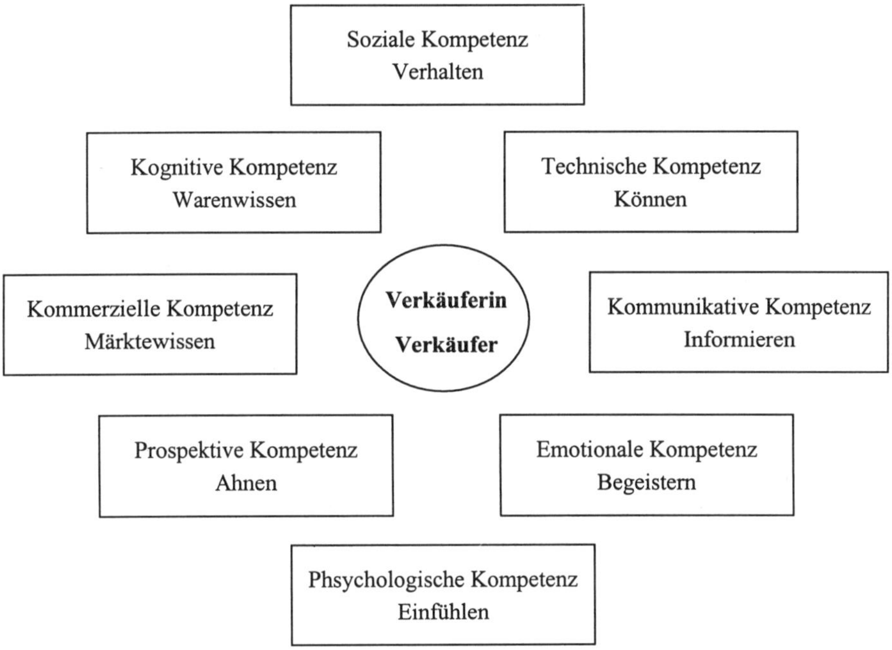

Greift man aus diesem multidimensionalen Modellansatz wiederum lediglich das Kriterium *„Kompetenz"* heraus, dem Diller in den Ausprägungen „Sachkompetenz" und „Organisastionskompetenz" KB-bildende Kraft zuweist, dann zieht am Horizont die methodologische *Gefahr des unendlichen Regresses* herauf: Kompetenz ist unbestreitbar eine wichtige, vertrauensbildende Voraussetzung zur Kundenbindung, ergo zur Kundenorientierung des Verkaufspersonals. Kompetenz hat ihrerseits zahlreiche Voraussetzungen, auch ist sie nicht auf Sachleistung (Beraterkompetenz) und organisatorische Zuverlässigkeit (Organisationskompetenz) begrenzt. Die Beraterkompetenz z. B. hat kognitive, affektive und konative Voraussetzungen in der Person des Beraters. Die kognitiven Voraussetzungen — Fachwissen als objektive und Lernfähigkeit als subjektive Komponente — haben weitere Voraussetzungen usw.

Im Einzelhandel ist jeder Verkäufer sozusagen von einem Kranz von Kompetenzanforderungen umgeben. In *Übersicht 2* werden hier acht Kompetenzbereiche mit entsprechenden Fähigkeiten bzw. Tätigkeiten der Verkäufer(innen) bei der Interaktion mit den unterschiedlichen Kund(inn)en vorgeschlagen.

Welche Fülle von Problemen und Voraussetzungen steckt hinter jeder dieser Kompetenzen! Fraglos ist der eine oder andere Verkaufsmitarbeiter oder Vorgesetzte hier oder da aus Begabung kompetent, als „Naturtalent" sozusagen. Nur, auf allen acht Segmenten des „Kompetenzkranzes" gleichermaßen meisterlich, vorbildlich und damit zu ungemein flexiblem Eingehen auf jeden individuellen Kunden, seine Wünsche und Ängste befähigt zu sein, das dürfte eher eine ideale Ausnahmebegabung, wenn nicht eine Chimäre beschreiben. Fraglos lassen sich alle Kompetenzen mehr oder weniger genau überprüfen und ggf. verbessern, etwa durch Schulungen, Mitarbeitergespräche oder Testkäufe. Die sich anschließenden Fragen „Wer schult wen, wann und wie?" und „Wer kontrolliert wann und wie den Schulungserfolg?" lassen nicht nur den damit verbundenen Aufwand, sondern auch die Implikationen dieses isolierten Regreß-Dreisprungs — über Schulung-Kompetenz-Kundenbindung zur Kundenorientierung — ahnen. Man müßte nicht nur die Schulungs- und Kontrollphase theoretisch fundieren, sondern auch eine Theorie der Kompetenzen entwickeln, die die Kompetenzursachen, -arten und -formen und ihre Effekte erfaßt — und verlöre sich am Ende in den unübersehbar vielen, induktiv ohnehin nie zu Gesetzmäßigkeiten führenden und daher auch nicht prognostizierbaren menschlichen Verhaltensweisen auf Seiten der Verkäufer und der Käufer.

Die oben genannten Strategieansätze können immerhin als *Heuristiken*, als „nicht-nomologische Problemlösungshilfen ohne Lösungsgarantie" (Hans Raffée) verstanden werden. Sie sind geprägt durch eine *Verlagerung des Erkenntnis- und Forschungsinter-*

esses weg von der Vorkaufphase hin zur Nachkaufphase der marktlichen Aktivitäten. Hansen/Jeschke verstehen die Kundenorientierung explizit als „dauerhafte Befriedigung vor- und nachkaufspezifischer Konsumentenbedürfnisse" (Hansen/Jeschke 1995, Sp. 1927). Diese neue Interessenfokussierung des (konsumgüter-)industriellen Marketings ist ohne Zweifel auch für den Einzelhandel von größter Bedeutung. Im Einzelhandel muß das neue Erkenntnis- und Forschungsinteresse allerdings nicht nur modifiziert, sondern auch extendiert werden; denn ebenso wie für den Einzelhandelsbetrieb nicht Produkttreue oder (Hersteller-)Markentreue, sondern Firmentreue existentiell wichtig ist, ist für ihn unter dem Blickwinkel der Kundenorientierung die *Kaufphase* als solche, die Verkäufer-Käufer-Interaktion, in der Regel noch wichtiger als die Vor- und die Nachkaufphase.

Praxisnahe Veröffentlichungen tragen dem durchaus Rechnung. Auch wenn es an dem „großen Wurf" einer umfassenden Theorie mangelt und die Aspekte der Kundenorientierung in der praxisbezogenen Literatur eher *punktuell* behandelt werden, so weisen sie doch in die zutreffende(re) Richtung. So plädieren die einen für eine geistige Überwindung der „menschlich-emotionalen Defizite in den vielfältigen alltäglichen Bedienungsvorgängen" und für ein neues Verständnis für den zweischichtigen rückgekoppelten Prozeß a) des Wirkens von innen nach außen (Botschafteraufgabe des Verkaufspersonals) und b) des Wirkens von außen nach innen (Kundschafteraufgabe des Verkaufspersonals) (Volk 1992, S. 15). Andere sehen in Führungsfehlern wie falscher Informationspolitik, mangelndem Einfühlungsvermögen, fehlender Anerkennung bei guter Leistung und zu wenig Förderung durch Vorgesetzte die Motivationsbarrieren des Personals, die aus Mitarbeiter- und Kundengesprächen evaluiert werden müssen. Daraus haben dann die Führungskräfte die notwendigen Schlußfolgerungen zu ziehen (Wolff 1994, S. 16). Wieder andere erkennen in der Überwindung der einzelhandelstypischen „Schnittstellen-Problematik" zwischen Einkauf und Vertrieb, nämlich in stärkerer Dezentralisierung und Kundennähe der Managerentscheidungen, den Hebel zur Kundenorientierung (Hanke 1995, S. 4).

4 DIE IMPLIKATIONEN DES KONZEPTS DER KUNDENORIENTIERUNG

Wie sich schon angedeutet hat, liegt die fundamentale methodologische Implikation in der *erschwerten Meßbarkeit der Kundenorientierung* als komplexem und qualitativem

Phänomen. Was nicht gemessen oder wenigstens hilfsweise anhand verläßlicher Indikatoren bewertet werden kann, das kann auch nicht rational eingesetzt und einer Erfolgskontrolle unterzogen werden. Darüber hinaus sind andere erkenntnistheoretische und empirische Implikationen auszumachen, von denen hier nur Dominanz der Präskription, vorschnelle Generalisierung, zu starke Abstraktion und Ersatz von Theorie durch Beispiele kurz beleuchtet werden sollen.

4.1 Meßprobleme

Kundenorientierung ist eine unternehmerische *Haltung* („Unternehmensphilosophie"), eine *unspezifische Grundeinstellung*. Das reichhaltige und erprobte Instrumentarium der sozialwissenschaftlichen Einstellungsforschung setzt jedoch konkrete und spezifische Objekte, Meinungsgegenstände und/oder Prozesse voraus. Selbstverständlich kann versucht werden, das *Bewußtsein* für die Notwendigkeit der Kundenorientierung auf dem Befragungswege, also *demoskopisch* zu ermitteln. Bekannterweise bekommt man durch Befragungen *immer* Ergebnisse; sie sind im allgemeinen auch rechnerisch genau — wenn es opportun erscheint sogar genau bis in die zweite Dezimalstelle hinter dem Komma. Nur hängen Qualität und Validität der Befragungsergebnisse von der Qualität des Untersuchungsdesigns und von den konkreten Befragungssituationen ab, die in der Regel nicht mehr überprüfbar sind. Die Unternehmensberatung Droege & Comp., Düsseldorf, teilt in ihrer Studie „Triebfeder Kunde II — In Search of Service Excellence" mit, daß 86% der 700 befragten deutschen Unternehmen aus Handel, Industrie und Dienstleistung im Jahre 1996 (gegenüber 73% im Jahre 1995) die Bedeutung des Service sehr hoch bewerten, daß es mit der praktischen Umsetzung jedoch noch nicht weit her sei. (Kürten 1997, S. 40) Und wenn die Befragung der Unternehmen nach der Kenntnis der Wünsche ihrer Kunden für das Jahr 1995 die Verteilung 1% „gar nicht", 8% „zum Teil", 45% „genau" und 46% „sehr genau" ergab, dann mag man kritische Folgerungen aus dieser Unternehmerhaltung bzw. den Selbsteinschätzungen ziehen. Ergibt die Wiederholungsbefragung im Jahr 1996 eine entsprechende Verteilung von 1%, 27%, 48% und 24% (beinahe Halbierung der Unternehmen mit „sehr genauer" Kundenkenntnis innerhalb nur eines Jahres, in dem bereits vernehmlich über Kundenorientierung diskutiert wurde!), dann muß man daraus wohl ganz andere Folgerungen ziehen, nämlich methodenkritische...

Nicht daß die demoskopische Analyse ungeeignet wäre — manches an subjektiven Absichten, Wünschen, Ängsten oder Kritik der Kunden kann nur so ermittelt werden —

aber vielfach ist die *ökoskopische Analyse,* die systematische Sammlung, Aufbereitung und Auswertung von objektiven Tatsachen, doch verläßlicher, auch im Hinblick auf Informationen zur Kundenorientierung. Man denke nur an Kundenlaufstudien, Besucher- und Passantenzählungen, Warteschlangenanalyse, kunden(typ)bezogene Scanner-Auswertungen, Auswertung der Zahlungsarten usw. Heutzutage können Kundenfrequenz und Kundenverweildauer schon mittels elektronischer Sensoren in den Gängen des Ladenlokals oder in den Schaufenstern gemessen werden. Radarsensoren können von der Ladendecke aus unauffällig die Personenströme überwachen. Infrarotsensoren können am Ladeneingang die hereinkommenden und hinausgehenden Kunden zählen; mehrere Sensorköpfe melden über einen „Master" getrennte Bewegungsrichtungen mit Datum und Uhrzeit für jeden einzelnen Kunden an den PC; diese Daten werden permanent aufbereitet und an die Kassenzone übermittelt, wo bei Überschreiten einer kritischen Kundenkennzahl eine weitere Kasse geöffnet wird (vgl. o.V. 1996, S. 46). Auch vor den Schaufenstern können Anzahl und Laufrichtung der Passanten nach Aufmerksamkeitskriterien (Nichtbeachtung, flüchtige oder intensive Beachtung der Auslagen) gemessen werden — eine wichtige Information über (Noch-) Nichtkunden. Meßbar ist vieles — die Indikatoren und Ausgangsgrößen der Kundenorientierung, aber nicht die Kundenorientierung selbst.

Kundenorientierung hat keinen binären Charakter („gegeben" vs. „nicht gegeben"). Alle Erfahrung spricht dafür, daß Kundenorientierung, sei es als originäre Haltung, sei es als erlerntes Verhaltensgebot, sich auf einem *Kontinuum* bewegt und daß sie von Unternehmern, leitenden und ausführenden Mitarbeitern mehr oder minder streng beherzigt wird. Welches sollte indes der Maßstab sein, um das Ausmaß und die Auswirkungen der Kundenorientierung auf einem Kontinuum zwischen Null und Unendlich abzubilden? Wenn gleichwohl das Handelsmanagement verstärkt zur Kundenorientierung angehalten wird und womöglich konkrete Handlungsempfehlungen ausgesprochen werden, dann resultiert daraus eine theoretisch wenig befriedigende Situation: Die Kundenorientierung soll erhöht werden, aber weder ist ihr Grad bekannt noch sind ihre Wirkungen genau prognostizierbar.

Die Theoretiker der Kundenorientierung benutzen daher gern den Ausweg über *operationale Indikatoren*, etwa Determinanten des Verkäuferverhaltens und Determinanten des Kundenverhaltens, von denen *Übersicht 1* einige wiedergibt. Diese lassen sich einigermaßen verläßlich situativ festmachen. Als Beispiele seien *Kundenbindung* und

Kundenzufriedenheit herausgegriffen. Man kann prinzipiell aus Kundenbefragungen ermitteln, wer wann und warum welche Einkaufsstätten wählt bzw. die Einkaufsstätten wechselt.

So wurden etwa am Lehrstuhl für Konsumgüter- und Dienstleistungsmarketing der Freien Universität Berlin vier dominante Verhaltensweisen festgestellt: das notorische Ladenwechselverhalten, der unregelmäßige Ladenwechsel, die eingefahrene Ladentreue und das unvermeidbare Ladenwechseln (Hoffmann-Linhard/Olavarria 1997, S. 67). Auch kann eine betriebsindividuelle, örtlich und zeitlich bedingte Präferenz für konkrete Kundenbindungsinstrumente eruiert werden (Rabattsysteme, Kundenzeitschriften, Kundenclubs usw.).

Was die Kundenzufriedenheit betrifft, so stehen für ihre Messung nach Töpfer grundsätzlich merkmalsbezogene und ereignisbezogene Analyseverfahren zur Verfügung. Determinanten für eine vierstufige ereignisbezogene Analyse könnten etwa sein: 1. Lage der Kontaktpunkte des Kunden mit dem Unternehmen, 2. Eindrucksbeschreibung der Kontaktpunkte durch den Kunden, 3. Bericht über die positiven und negativen Ereignispunkte nach dem Gedächtnis des Kunden und 4. Beschwerde-Mitteilungen des Kunden (Töpfer 1996, S. 60-62). Solche Indikatoren lassen sich durch Beobachtung oder Befragung messen, zieladäquat einsetzen (oder vermeiden) und korrigieren, und ihre Einsatz- (oder ihre Vermeidungs-) und ihre Korrektureffinzienz lassen sich kontrollieren.

Auf diesem (Aus-)Weg werden Kundenbindung und Kundenzufriedenheit als Indikatoren für Kundenorientierung dann doch rationaler Unternehmensführung bzw. ihrer rationalen Verbesserung zugänglich, vor allem durch zeitlichen und/oder zwischenbetrieblichen Situationsvergleich in Systemunternehmen des Einzelhandels wie Filialunternehmen, Franchisenehmer-Betrieben, genossenschaftlichen und nichtgenossenschaftlichen Verbundunternehmen (Schratzberger 1996, S. 20).

4.2 Dominanz der Präskription

Viele theoretische Bemühungen um Kundenorientierung zielen darauf ab, praktisch verwertbare *Handlungsempfehlungen* auszusprechen. Mit der sich darin manifestierenden *Dominanz der Präskription* bei Vernachlässigung von Deskription und Explikation ist eine fundamentale erkenntnistheoretische Implikation verbunden. Empfehlungen können sinnvollerweise nur ausgesprochen werden, wenn ihnen eine verläßliche Prognosendeduktion vorausgegangen ist, d.h. wenn zunächst eine *Hypothese* als allgemeiner Satz und *Randbedingungen* als besondere Sätze, die für den Einzelfall gelten, formuliert wurden. Aus allgemeinen Sätzen kann man dann mit Hilfe der Randbedingungen den konkreten praxisrelevanten Satz, die Empfehlung oder — in der Sprache der Erkenntnislogik — die besondere oder singuläre *Prognose* deduzieren (Popper 1969, S. 32). Meist entbehren die Empfehlungen der Theorie jedoch einer solchen strengen „kausalen Erklärung".

Der herrschende Theorieansatz der entscheidungsorientierten oder aktionsanalytischen Betriebswirtschaftslehre verleitet geradezu, der Präskription den Vorrang vor Deskription und Explikation zu gewähren. Unternehmerentscheidungen verbessern zu helfen ist zweifellos nichts Ehrenrühriges, und der Zustrom zur betriebswirtschaftlichen Hochschulausbildung prämiiert eine solche Lehr- und Forschungsausrichtung nicht ohne Grund. Ohne genaue und differenzierte empirische Beschreibung (Problem der Isomorphie) und ohne Erklärung (Kausalität), ohne Analyse der logischen Struktur, der Erscheinungsformen der Kundenorientierung, ihrer Gestaltbarkeit und ihrer situativen Bedingungslage (Problem der Validität) lauern jedoch weitere Gefahren für die Theorie: vorschnelle Generalisierung, (zu) starke Abstrahierung und Ersatz von Theorie durch Beispiele.

4.3 Generalisierung

Aus verhaltenstheoretischer Sicht entspricht die den meisten Strategieansätzen der Kundenorientierung zugrundeliegende *Unterstellung gleichförmigen Kundenverhaltens* nicht der Realität. Wo sonst könnte die empirische Unhaltbarkeit von einfachen S-R-Modellen (stimulus-response-Modellen) leichter nachgewiesen werden als im Einzelhandel mit seinen ungezählten, unterschiedlichen Reaktionsweisen der Kunden auf bestimmte Stimuli des Handelsmarketings? Für den einen Kunden mag betont freundliche Bedienung zur Kundenzufriedenheit führen, ein anderer registriert sie gar nicht — vielleicht empfindet er sie als selbstverständlich -, während sie einem dritten „zuviel des Guten" bedeutet. Der eine nutzt die Zahlungsmöglichkeit per Kundenkreditkarte gern, der andere mutmaßt argwöhnisch dahinter nur eine Überrumpelungsstrategie. Der technologisch interessierte jüngere oder der kranke oder der behinderte Kunde nutzt die Möglichkeiten der Internet-Bestellung oder des Telefonkaufs dankbar, andere meiden solche unpersönlichen Kommunikationsformen eher (aus welchen Gründen auch immer). Der „sensationelle" Erfolg von Jeffrey Bezos' größtem Internet-Buchladen „Amazon.com“ — Steigerung des Weltumsatzes mit 2,5 Millionen lieferbaren englischsprachigen Titeln von 511.000 $ im Jahre 1995 auf 16 Mio. $ im Jahre 1996 — in allen Ehren (Baumann 1997, S. 64). Er hat ja auch bereits online-Konkurrenten auf den Plan gerufen. Aber eine Verallgemeinerung oder eine Übertragbarkeit dieses Erfolgs auf andere Branchen oder Länder, namentlich auf Deutschland mit seinem dichten Buchhandelsnetz (und seiner Preisbindung für Verlagserzeugnisse), wäre nicht statthaft.

Alles, was von einem Einzelhandelsunternehmen erfolgreich als zusätzlicher, womöglich innovativer Service eingeführt wird, trägt zu einer *Steigerung des Anspruchsniveaus* der Kunden bei (von der Steigerung des Kostenniveaus ganz abgesehen), und zwar nicht nur gegenüber dem betreffenden Unternehmen, sondern wegen der Konkurrenzreaktion (Service-Imitation) gegenüber der Branche oder dem Betriebstyp. Für die betreffenden Unternehmen können solche Serviceformen, besonders die profilierenden, schlecht wieder abgebaut werden. Ähnlich wie bei der „Remanenz der Fixkosten“ (Erich Schmalenbach) könnte man von einer *„Remanenz des Serviceangebots“* sprechen. Wenn an den US-amerikanischen Einzelhandelsbetrieben die im Vergleich zu deutschen SB-Märkten ausgeprägtere Kundenfreundlichkeit gerühmt wird — z. B. die dort übliche Hilfstellung beim Einpacken der gekauften Lebensmittel in der Kassenzone der supermarkets -, dann ist dies auch Ausdruck eines gelernten massenpsychologischen Verhaltens. Wer in den USA dagegen verstieße, würde bestraft durch Kundenentzug. Wer denselben Service in Deutschland propagiert oder gar einführt, wird nicht automatisch belohnt durch zusätzliche oder zufriedenere Kunden. Wer den neu eingeführten Service wieder aufgibt — etwa wegen „schlechter Erfahrungen“ -, hat wiederum mit negativen Sanktionen seitens einiger servicebewußter Kunden zu rechnen.

Die Verallgemeinerung einzelner erfolgreicher Strategieansätze muß auch dann als vorschnell kritisiert werden, wenn sie die *Kundendynamik* außer Betracht läßt. Die verhaltensbestimmenden Faktoren der Kunden verändern sich permanent. Man denke nur an Kundenzahl, Alterszusammensetzung, Haushaltsgrößen- und Einkommensverteilung, Arbeits- und Berufsverständnis, Gesundheits-, Zeit- und Preisbewußtsein oder Lebensstil. Die beliebte (und beliebige!) Kombination von Kundenmerkmalen zu *Kundentypologien* mögen in dem einen oder anderen Fall, z. B. für ein Fach- oder Spezialgeschäft, hilfreich sein bei der Bestimmung der Kundenzielgruppe. Statisch konzipierte und generelle Kundentypologien sind als offene und willkürliche Konstrukte jedoch theoretisch wie praktisch wenig ergiebig. Der Wirklichkeit mit sich immer rascher wandelnden Märkten und Verhaltensweisen der Kunden kommt man im Einzelhandel allenfalls näher, wenn man die (stark altersschichtenspezifische!) Akzeptanzdynamik mit Trickle-down- und Trickle-up-Effekten des Konsumentenverhaltens sowie die Reaktanzdynamik in die Kundenorientierung einbezieht (Tietz 1993, S. 112).

Und wenn hier und da aufsehenerregende Erfolge mit „electronic shopping", mit virtuellen Kaufhäusern bekannt werden, die nicht nur den Kunden den größten Auswahl- und Bequemlichkeitsnutzen, sondern auch den Unternehmen betriebswirtschaftlich-organisatorische Pluspunkte versprechen (Lageroptimierung, Personaleinsparung, geringere Leerkosten, keine Streuverluste der Werbung, Zugang zu Kundenandressen usw.), dann wären Verallgemeinerungen gleichwohl vorschnell. Denn zum einen dürfen die betriebswirtschaftlichen Risiken (Inkassoprobleme, Probleme der Scheinbestellungen und/oder der Bestellungen durch Minderjährige, Logistikkosten usw.) nicht übersehen werden, zum anderen steht das Kundenverhalten in den Sternen. „Manch einen kümmert es wenig, was technisch möglich ist. Er will die wirkliche Welt statt deren Abglanz auf dem Bildschirm erleben. Er möchte Menschen, nicht Zeichen begegnen, sich von Atmosphäre und Ambiente, nicht von Animation einfangen lassen." (Dichtl 1997, S. 66)

4.4 Abstrahierung

Wo sonst, wenn nicht in der Wissenschaft wären Generalisierung und Abstraktion geboten? Um einen gewissen Abstraktionsgrad kommt die handelswissenschaftliche Beschäftigung mit dem Phänomen der Kundenorientierung deshalb nicht herum. Aber der Abstraktionsgrad kann leicht zu groß werden. Handelt es sich bei der „Kundenorientierung" schon um einen komplexen *Begriff mit relativ hohem Abstraktionsgrad*, so besteht bei seiner „Verdeutlichung" durch Indikatoren und ihr Zusammenspiel die dreifache Gefahr, daß 1. nur weitere abstrakte Begriffe eingeführt werden (Kundenloyalität, Kundenzufriedenheit usw.), daß 2. in einer Metasprache nicht mehr über konkrete Tatbestände, sondern über gedankliche Vorstellungen von Tatbeständen diskutiert wird und daß 3. ein sich selbst genügender „Modellplatonismus" (Hans Albert) Einzug in die Handeisbetriebslehre hält.

Auch ist auf die methodologische *Gefahr der irreführenden Analogie*, der Annahme einer ohne weiteres gegebenen Anwendbarkeit industrieller Analyse- und Planungskonzepte im Einzelhandel hinzuweisen. Was als Konzept der Kundenorientierung auf die

Konsumgüterindustrie zugeschnitten ist, kann wegen des bipolaren Charakters der Handelstätigkeit und der weitgehend immateriellen Handelsleistung nicht problemlos auf den Handel übertragen werden. „Mögliche Analogieschlüsse führen hier sehr schnell zu Abstrahierungen ohne jeglichen Praxisbezug." (Möhlenbruch 1994, S. 83).

Die theoretische und praktische Beschäftigung mit Kundenorientierung ist als solche gewiß legitim. Das Wissenschaftler- wie das Unternehmer-, Manager- und Mitarbeiterbewußtsein in dieser Hinsicht zu schärfen, kann nicht schädlich sein. Abgesehen davon, daß Kundenorientierung für den Einzelhandel selbstverständlich ist, muß jedoch gesehen werden, daß ausschließliche Fokussierung auf die Absatzseite und damit die *Abstrahierung von den anderen drei Märkten des Handelsbetriebs* (Beschaffungs-, Konkurrenz- und internem Markt) dem spezifischen Handelsmarketing in keiner Weise entspricht. Muß wieder an die alte Kaufmannsweisheit erinnert werden „Im Einkauf liegt der Gewinn"? In der Kundenorientierung mögen sich alle Einzelhändler gegenseitig überbieten. Damit steigen auf jeden Fall das Anspruchsniveau der Kunden und der Nichtkunden sowie das Kostenniveau der Betriebe. Eine Profilierung wird dank größter Anpassungs- und Imitationsgeschwindigkeit dann immer schwieriger. Wer hingegen auf seinem *Beschaffungsmarkt* Lieferantenorientierung mit entsprechenden Instrumenten betreibt (Exklusivmarken; Vertragsvertrieb; Platzschutz; Lieferantenservice usw.), wer den *Konkurrenzmarkt* systematisch beobachtet und geschickt gestaltet (Kooperation; Gemeinschaftsaktionen; Gemeinschaftswerbung usw.) und wer seinen *internen Markt,* seinen Handelsbetrieb, individuell und mitarbeiterfreundlich gestaltet (Ladenlayout und -design; kooperativer Führungsstil; Mitarbeiterverantwortung usw.), der hat womöglich die stärker profilierenden Mittel an der Hand. Wenn schon vom Marketing-Mix oder vom Beziehungs-Mix die Rede ist, dann wird man auch einen „*Märkteorientierungs-Mix*" in die Diskussion einführen dürfen: die zu optimierende Mischung aus Kunden-, Lieferanten-, Konkurrenten- und Mitarbeiterorientierung.

Theoretische Abstrahierung vom realen, höchst differenzierten *Kundenverhalten* kann im gar nicht seltenen Extremfall in der Praxis in die Irre führen. Man greife nur den Indikatoren „Kundenfreundlichkeit" und „technische Kompetenz" aus dem vermeintlichen Instrumentarium der Kundenorientierung heraus. Für das eine Warenhaus, in dem die Kunden vom Verkaufspersonal fast als lästig empfunden und entsprechend harsch „abgefertigt" werden, mögen entsprechende Schulungen, Mitarbeiterkonferenzen und Workshops vieles zum Besseren wenden. Wenn sämtliche Mitarbeiter aller Mieter des

„CentrO“ intensiv in Sachen Freundlichkeit geschult werden, dann bedeutet dies ohne Zweifel einen Image-Pluspunkt für das gesamte Oberhausener Shopping Center, vielleicht auch einen zusätzlichen Kaufanreiz. Und wenn in der Lebensmittelabteilung des Kölner Marks & Spencer-Hauses jeder Kunde vom „Einpacker“ mit einem Lächeln begrüßt und verabschiedet wird, dann dient dies der Profilierung des Hauses. Dieselbe, durchaus traditionelle Kundenfreundlichkeit und Kompetenz in mittelständischen Fachgeschäften (oder gar noch ausgeprägtere Freundlichkeit und Kompetenz) wird hingegen von mehr und mehr „Kunden“ schamlos ausgenutzt. Sie lassen sich intensiv beraten, um die empfohlene, für ihre Bedarfslage optimale Mikrowelle, das geeignetste Farbfernsehgerät oder die sinnvollste Spiegelreflexkamera dann bei einem beratungsarmen Großdiscounter zu erwerben. Im Fachhandel geht bereits das Wort vom „Beratungsdiebstahl“ um — die dunkle Kehrseite der (zu?) hellen Seite „kundenorientierter Service“? Jedenfalls die Falsifikation der Hypothese, Kundenfreundlichkeit und Kompetenz seien Garanten des Erfolgs. Sie sind notwendige, aber nicht hinreichende Bedingungen des Erfolgs.

4.5 Beispiele als Theorieersatz

Mit den „überzeugenden“, „vorbildlichen“ Beispielen praktizierter Kundenorientierung, die in großer Zahl in den Fachzeitschriften vorgestellt werden, sind gleichermaßen Chancen wie Gefahren verbunden. Die *Chancen* werden vor allem *von den Praktikern* des Einzelhandels gesehen: Mit Übernahme, Modifikation oder Ausbau des neuen Ansatzes bieten sich grundsätzlich Möglichkeiten, das eigene Unternehmen an die Innovatoren oder an die Branchenbesten heranzuführen (benchmarking). Die Beispiele sind stets lehrreich, sei es der Service-Counter im Düsseldorfer Karstadt-Haus, sei es das Teamtraining im Frankfurter Hertie-Haus, sei es die Spielecke in den IKEA-Häusern oder sei es die 5-Mark-Belohnung im Kelkheimer Minimal-Supermarkt für Kunden, die länger als zehn Minuten an der Kasse oder an der Wursttheke stehen, oder seien es tausend andere Beispiele für Profilierung durch kundenorientiertes Handeln. Auch wenn sich im Einzelhandel die erfolgreichen Beispiele nicht unbesehen von einer Branche auf eine andere, von einem Betriebstyp auf einen anderen oder von einem Standort auf einen anderen unmodifiziert übertragen lassen, so stellen sie doch Anregung und Herausforderung, mitunter auch Anpassungszwang für das Management dar.

Gefahren drohen eher *der Theorie*. Neben den Irrwegen der Induktion (Ableitung einer allgemeingültigen Gesetzmäßigkeit aus Einzelbeispielen) und der Modell- und Hypothesenbildung ohne prognostische Relevanz ist hier der *Ersatz von Theorie durch Beispiele* zu nennen. Die bloße Kompilation von „empirisch gesicherten“ Befunden, die bloße Sammlung von Fallbeispielen, die sich in ihrer Vielgestaltigkeit nicht klassifikatorisch, sondern allenfalls typologisch ordnen lassen, (ver)führt zum Verzicht auf Theorie. Freilich besteht ein *Dilemma*: Will die Theorie praktisch hilfreich sein, „praxisnah“, dann muß sie auf den Einzelfall anwendbar sein; denn die Unternehmen entwickeln immer nur situativ, d.h. sachlich, örtlich und zeitlich bestimmte Einzelfall-Lösungen. Theorie muß jedoch verdichten, generalisieren und von Einzelfall-Situationen gerade abstrahieren. Was Diller auf seinen theoretischen Ansatz der Kundenbindung bezieht, gilt wohl auch für die anderen Ansätze zur Kundenorientierung: Aus Mangel an empirischen Untersuchungen, anhand deren Stärke, Monotonie und Stetigkeit der Wirkungszusammenhänge überprüft werden könnten, und aus zu geringer Kenntnis moderierender Umstände seien daher die analytischen Aussagen „eher als *vorläufige Hypothesensammlung* denn als gesichertes Wissen“ zu interpretieren (Diller 1996, S. 92).

Wenn eine empirisch fundierte, allgemeingültige und praktischer Überprüfung standhaltende Theorie der Kundenorientierung nicht existiert, dann sind freilich Einzelbeispiele im Sinne der „theory of the second best“ nicht die schlechteste Schule. Man sollte nicht vergessen, daß *jeder* praktischen Maßnahme, auch derjenigen, die eine Boutique-Inhaberin im Sinne der Kundenorientierung trifft, eine gedankliche Antizipation zugrundeliegt. Über die mutmaßliche(n) Wirkung(en) seiner Entscheidungen stellt jeder rational Handelnde Erwägungen an. Er nennt sie nicht Theorie, nicht Hypothese und nicht gedankliches Konstrukt — trotzdem liegen seiner Planung theoretische Annahmen oder Hypothesen über Struktur- und Prozeßänderungen und über das Verhalten der Marktteilnehmer und -partner zugrunde. So gesehen, stellt sich der Erfolg einer „kundenorientierten“ Maßnahme im Einzelhandel als gelungener Hypothesen-Test dar.

5 FAZIT

Am Ende wird man wohl zugestehen müssen, daß sich die Handelswissenschaft in puncto Kundenorientierung auf ein unstrukturiertes Feld irgendwo zwischen purem Modellplatonismus und theoriearmer Beispielsammlung begeben hat. Womöglich muß sie sich dort auch weiterhin bewegen — wegen der aufgezeigten methodologischen und empirischen Implikationen.

Als positives Ergebnis ist auf jeden Fall festzuhalten, daß das Stichwort „Kundenorientierung“ als *movens rerum* zur verstärkten wissenschaftlichen und praktischen Beschäftigung mit einem Stück Handelsmarketing geführt hat und zugleich zur Rückbesinnung auf die ureigene und erste kaufmännische Tugend des Einzelhandels: den Kunden zu dienen. Da die Theorie ihre Erkenntnisse der Praxis verdankt, sei abschließend auch ein Praktiker zitiert. Marc Bauwens, Mitgeschäftsführer der Marks & Spencer GmbH, sieht den besten Weg zur Kundenorientierung in der Identifikation aller Mitarbeiter mit dem eigenen Betrieb, in ihrem Engagement und in der Überwindung der 3-K-Methode (Kommandieren, Kontrollieren, Korrigieren) durch Übergabe von Verantwortung und Mitentscheidung: „Wenn Menschen in einem Geschäft arbeiten, weil sie dort gern arbeiten — und dies könnte auch bedeuten, daß sie gern für ihren Chef arbeiten -, dann handelt es sich um ein glückliches Geschäft, in dem automatisch auch für den Kunden gearbeitet wird.“ (Bauwens 1997, S. 46).

LITERATUR

Baumann, M.: Wo Bill Gates einkauft. In: Wirtschaftswoche, (1997), Heft 15, S. 64.

Bauwens, M.: Serviceleistungen sind meßbar. In: Lebensmittel-Zeitung (1997), Heft 11, S. 46-48.

Böhlke, E.: Trade Marketing. In: Tietz, B.; Köhler, R.; Zentes, J. (Hrsg.), Handwörterbuch des Marketing, 2. Aufl., Stuttgart 1995, Sp. 2483-2494.

Deichmann, H.-H.: Göttliche Ökonomie nicht allein zu Ostern: Mir gehört nur, was ich verschenke. In: Welt am Sonntag, Nr. 13 vom 30.3.1997, S. 44.

Dichtl, E.: Meilensteine oder kostspieliger Irrtum. In: Lebensmittel-Zeitung, (1997), Heft 14, S. 66.

Diller, H.: Kundenbindung als Marketingziel. In: Marketing ZFP, (1996), Heft 2, S. 81-94.

Falk, B.; Wolf, J.: Handelsbetriebslehre, 11. Aufl., Landsberg 1992.

Geffroy, E. K.: Wie zu Omas Zeiten. In: Wirtschaftswoche, (1997), Heft 13, S. 96-98, und „Zu Tode langweilen“ (1997). In: Wirtschaftswoche, Heft 14, S. 103-106 (Buchvorabdrucke aus Geffroy, E. K.: Abschied vom Verkaufen, Frankfurt a. M. 1997).

Grunert, K. G.: Konkurrentenanalyse. In: Tietz, B.; Köhler, R.; Zentes, J. (Hrsg.), Handwörterbuch des Marketing, 2. Aufl., Stuttgart 1995, Sp. 1226-1234.

Hanke, G.: „Quantensprung“ hin zum Kunden. In: Lebensmittel Zeitung (1995), Heft 30, S. 4.

Hansen, U.; Jeschke, K.: Nachkaufmarketing. In: Tietz, B.; Köhler, R.; Zentes, J. (Hrsg.), Handwörterbuch des Marketing, 2. Aufl., Stuttgart 1995, Sp. 1919-1929.

Hansen, U.; Jeschke, K.; Schöber, P.: Beschwerdemanagement — Die Karriere einer kundenorientierten Unternehmensstrategie im Konsumgütersektor. In: Marketing ZFP (1995), Heft 2, S. 77-88.

Hoffmann-Linhard, A.; Olavarria, M.: Ein treuer Kunde aus Bequemlichkeit. In: Lebensmittel Zeitung, (1997), Heft 14, S.67

Kürten, T.: Kundenorientierung — Sträflich vernachlässigt. In: Der Handel (1997), Heft 2, S. 40 f.

Möhlenbruch, D.: Sortimentspolitik im Einzelhandel. Planung und Steuerung, Wiesbaden 1994.

o.V.: Frequenz-Messung. Den Kunden auf der Spur. In: Der Handel, (1996), Heft1-2, S. 46.

Popper, K. R.: Logik der Forschung, 3. Aufl., Tübingen 1969.

Schenk, H.-O.: Marktwirtschaftslehre des Handels, Wiesbaden 1991.

Schenk, H.-O.: Handelspsychologie, Göttingen 1995.

Schmitz, C. A.: Vorsicht: Smart Shopper! In: Handelsjournal, (1997), Heft 3, S. 49-52.

Schratzberger, F.: Kundenorientierung im Handel — ein Dienstleistungsfeld für Verbundgruppen. In: Der Verbund, (1996), Heft 4, S. 16-20.

Seyffert, R. (Hrsg.): Handbuch des Einzelhandels, Stuttgart 1932.

Tietz, B.: Der Handelsbetrieb, 2. Aufl., Stuttgart 1993.

Töpfer, A.: Kundenzufriedenheit durch klare Positionierung. In: Trommsdorff, V. (Hrsg.), Handelsforschung 1996/97, Wiesbaden 1996, S. 49-66.

Volk, H.: Die Achtung kommt zu kurz. In: LZ-Journal (1992), Heft 21, S. J 15.

Wolff, G.: Die Praxis zählt. Kundenorientierung ist oft nur ein Lippenbekenntnis. In: LZ-Journal (1994), Heft 28, S. J 16.

Kundenorientierung — Spezifische Ansätze

Kundenorientierung im Handel durch professionelles Qualitätsmanagement – das Fallbeispiel Migros

Manfred Bruhn, Basel

Ausgangspunkt des vorliegenden Beitrages ist die Hypothese, daß die in den letzten Jahren in der Industrie intensiv geführte Diskussion über die Notwendigkeit der Implementierung von Qualitätsmanagementsystemen zur Steigerung der Kundenorientierung vom Handel verspätet und teilweise unzureichend aufgegriffen wurde. Am Beispiel der Migros (Schweiz) soll dargestellt werden, wie ein professionelles Qualitätsmanagementsystem im Handel ausgestaltet sein kann und welche Anforderungen zur Umsetzung eines Qualitätsmanagementsystems erfüllt werden müssen.

1 QUALITÄT ALS BAUSTEIN DER KUNDENORIENTIERUNG IM HANDEL

Die in den letzten Jahren zu beobachtenden Veränderungen im Umfeld von Unternehmen haben die Diskussion um eine marktorientierte Unternehmensführung erweitert. Neben der Forderung nach einer kundenorientierten Strategieausrichtung treten vermehrt Aspekte der Konkurrenz-, Anspruchsgruppen-, Mitarbeiter- und in letzter Zeit auch verstärkt die Anteilseignerorientierung in den Vordergrund. Die Sicherung und der Ausbau von Wettbewerbsvorteilen wird dementsprechend komplex und vielschichtig.

Der Aufbau von Wettbewerbsvorteilen bedeutet, in der Wahrnehmung des Kunden besser zu sein als die Konkurrenz. Das Management von Wettbewerbsvorteilen muß sich somit schwerpunktmäßig auf die Befriedigung der Kundenwünsche konzentrieren, um den Markterfolg langfristig zu sichern.

Im Tagesgeschäft von Unternehmen besteht vielfach eine Diskrepanz zwischen Anspruch und Wirklichkeit; dies belegen immer wieder Erhebungen zur Kundenzufriedenheit im Handel (EMNID 1994; Meyer/Dornach 1996; MGM 1996). Bei der Ursachenforschung der bestehenden Lücke zwischen Leistungserwartung und Leistungserfüllung ist auffallend, daß nur selten die Frage analysiert wird, welche Tatbestände es letztlich zulassen, ein Handelsunternehmen als kundenorientiert zu bezeichnen. Häufig beschränkt sich die Analyse auf die Darstellung von Negativ- beziehungsweise Positivbeispielen, die das Konstrukt Kundenorientierung beschreiben sollen (Althaus 1995). Aus diesem Grunde soll aus der Inside-Out-Perspektive der Begriff *Kundenorientierung* wie folgt definiert werden:

Kundenorientierung ist die systematische Umsetzung der Kundenerwartungen in leistungs- und interaktionsbezogene Maßnahmen mit dem Ziel, den Kundennutzen zu erhöhen und langfristig stabile Kundenbeziehungen zu etablieren.

Bei dieser Interpretation sind drei Aspekte besonders hervorzuheben: Entgegen der Auffassung anderer Autoren (Jaworski/Kohli 1992) wird bei der vorliegenden Definition die kontinuierliche Ermittlung, Analyse und Auswertung kundenbezogener Informationen als Voraussetzung für Kundenorientierung und nicht als deren zentrales Element verstanden. Es wird zum einen der Kultur- und Philosophieaspekt der Kundenorientierung in den Vordergrund gestellt, der die Ausrichtung aller Mitglieder des Unternehmens am Kundennutzen beziehungsweise an den Kundenerwartungen fokussiert. Zum anderen werden das Leistungsprogramm des Handelsunternehmens, in Form des Sortimentsangebotes und der angebotenen Dienstleistungen, sowie die Art und Weise der Kommunikation mit dem Kunden (Interaktionsverhalten) als zentrale und bestimmende Elemente der Kundenorientierung verstanden. Der *Grad der Kundenorientierung* findet letztlich Niederschlag im individuellen Zufriedenheitsniveau des einzelnen Kunden.

Folgt man der von Homburg (1995) vorgenommenen Systematisierung von Kundennähe für den industriellen Bereich und nimmt eine Übertragung auf die für Handelsunternehmen bedeutsamen Aspekte vor, können die in *Abbildung 1* dargestellten Dimensionen der Kundenorientierung im Handel und deren instrumentelle Umsetzung herausgestellt werden.

Servicequalität: Handelsunternehmen haben sich dem Dienst am Kunden verschrieben. Die Servicequalität umfaßt das Angebot von sogenannten Kann-Serviceleistungen, zum Beispiel den Einpackservice an der Kasse eines Supermarktes, ein Zulieferservice oder ein Geschenk-Verpackungsservice. Diese Serviceleistungen reichen über das eigentlich zu erwartende Serviceangebot hinaus und sind geeignet, Wettbewerbsvorteile aufzubauen. Die sogenannten Muß-Serviceleistungen, wie beispielsweise das Beratungsgespräch zwischen Verkäufer und Kunde, werden vom Kunden als Standardleistung erwartet und sind somit als Indikatoren für einen Zusatznutzen nicht primär relevant. Die Art und Weise, wie diese Muß-Serviceleistungen durch das Verkaufspersonal ausgeführt werden, sind jedoch qualitätsrelevant.

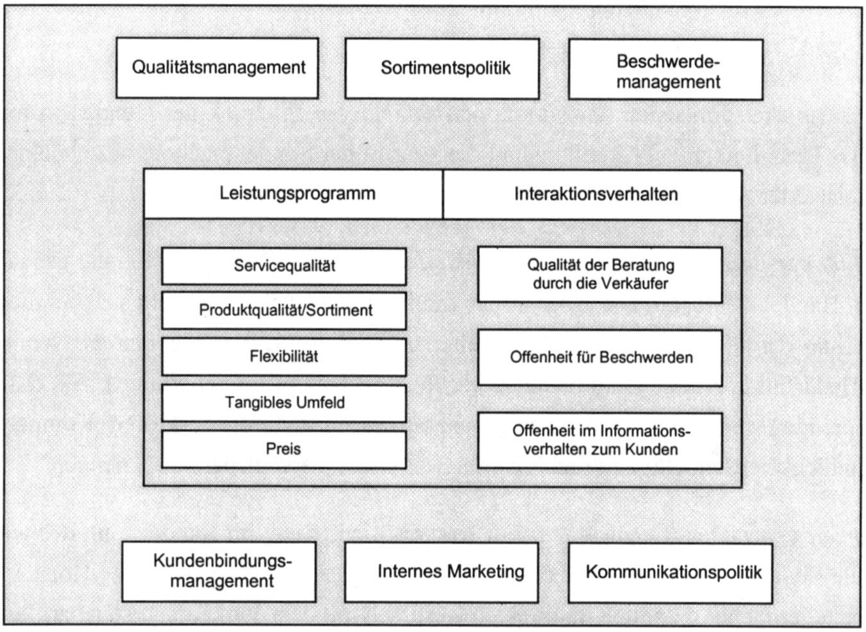

Abbildung 1: Dimensionen der Kundenorientierung im Handel

Produktqualität/Sortimentskompetenz: Der Faktor Produktqualität ist insbesondere im Frischebereich vieler Handelsunternehmen relevant. Produktqualität bezieht sich im wesentlichen auf Haltbarkeit, Geschmack und Aussehen der Frischeprodukte. Die Sortimentskompetenz stellt hingegen auf die Fähigkeit des Handelbetriebes ab, das für diesen Standort „richtige" Sortimentsmix auszuwählen beziehungsweise eine bestimmte

Anzahl von Markenartikeln zwingend zu listen, um einem Einkaufsstättenwechsel des Kunden entgegenzuwirken.

Flexibilität: Dieses Kriterium umfaßt die Leistungsfähigkeit und auch -bereitschaft des Handelsunternehmens, auf Sonderwünsche des Kunden einzugehen sowie das flexible Verhalten des Verkaufspersonals beim Auftreten unvorhersehbarer Probleme. Auch die zeitliche Dimension, im Sinne von flexiblen, kundenorientierten Ladenöffnungszeiten, ist diesem Bereich zuzuordnen (Stoffl 1997, S. 346).

Annehmlichkeit des tangiblen Umfeldes: In diese Kategorie fallen sämtliche Aspekte des physischen Umfeldes, die der Kunde bei einem Einkauf wahrnimmt. Zu nennen wären beispielsweise die Warenanordnung, die Parkplatzsituation, die Erscheinung der Mitarbeiter, die Wartezeiten an der Kasse etc.

Preis: Die Preisdimension wird durch den subjektiven Eindruck der Kunden in bezug auf das Preis-Leistungs-Verhältnis und die Anzahl der Sonderangebote beziehungsweise preiswerter Artikel in der Filiale bestimmt.

Qualität der Beratung durch das Kundenkontaktpersonal: Der Faktor Beratungsqualität ist im Handel elementar. Die Analyse des Interaktionsverhaltens bezieht sich bei diesem Kriterium darauf, inwieweit die Mitarbeiter im Dialog mit dem Kunden die Wünsche und Bedürfnisse erfassen und bedarfsgerechte Angebote offerieren können. Als charakterisierende Merkmale der Beratungsqualität lassen sich die Faktoren Kompetenz, Freundlichkeit, Schnelligkeit und Zuverlässigkeit des Verkaufspersonals nennen.

Offenheit gegenüber Beschwerden: Zur Kundenorientierung im Handel zählt des weiteren die Behandlung von Beschwerden, die, im Vergleich beispielsweise zu Konsumgüterherstellern, eher mündlich im direkten Gespräch mit dem Verkaufspersonal artikuliert werden und auf die dementsprechend sensibel und einfühlsam reagiert werden muß.

Offene Information: Dieses Kriterium bezieht sich auf ein grundsätzlich offenes Informationsverhalten des Handelsunternehmens. Offenheit beinhaltet in diesem Zusammenhang beispielsweise eine umfangreiche Warenauszeichnung und Datierung, Informationen über Lieferanten des Handelsunternehmens und deren Produktionsverfahren oder Informationen über die eigenen Verhaltensweisen, beispielsweise in bezug auf ökologische Aspekte des Unternehmensverhaltens.

Die dargestellten Dimensionen der Kundenorientierung verdeutlichen, daß Qualitätsfragen nahezu jeden Bereich des Unternehmen tangieren. Die Bedeutung der Qualität als Baustein der Kundenorientierung im Handel ist somit unbestritten. Eine Studie im österreichischen Einzelhandel bestätigte in diesem Zusammenhang, daß 85 Prozent der befragten Handelsmanager die Qualität als besonders bedeutsamen Erfolgsfaktor ansehen. Ferner gaben 87,5 Prozent der Befragten an, daß der Stellenwert von Qualität in den vergangenen Jahren „stark gestiegen" ist (Kreimel/Kolleth 1995, S. 206). Es liegt daher nahe, die Kundenerwartungen durch die Etablierung eines Qualitätsmanagementsystems umzusetzen. Dieses kann als ein Baustein der Kundenorientierung betrachtet werden, der den Weg zu einer kundenorientierten Unternehmenskultur ebnet. Neben diesem Baustein sind weitere Maßnahmen, wie beispielsweise die Umsetzung eines Kundenbindungsmanagements, Beschwerdemanagements oder Maßnahmen des Internen Marketing (Bruhn 1995) denkbar, die im Handel zur Steigerung der Kundenorientierung ergriffen werden können.

Unter dem Begriff *Qualitätsmanagement* wird im folgenden die Zusammenfügung verschiedener Bausteine unter sachlogischen Gesichtspunkten verstanden, um unternehmensintern und -extern eine systematische Analyse, Planung, Organisation, Durchführung und Kontrolle von qualitätsrelevanten Aspekten eines Unternehmens sicherzustellen (Bruhn 1997a, S. 125 f.).

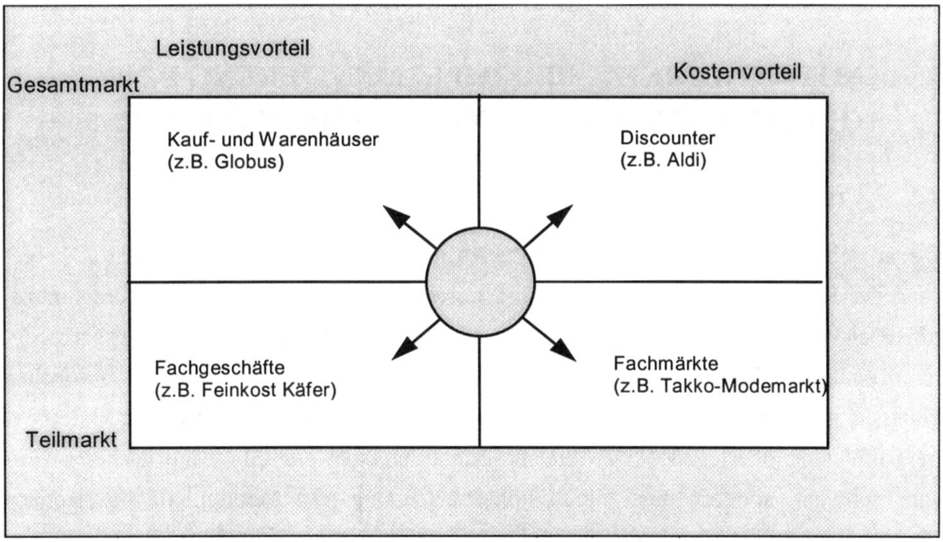

Abbildung 2: Positionierung von Betriebsformen im Handel nach Porter

Ob die Sicherstellung qualitätsrelevanter Aspekte jedoch für sämtliche Betriebstypen des Handels gleichermaßen Gültigkeit besitzt, ist vorab zu klären. Betrachtet man die Positionierung von Handelsunternehmen nach der strategischen Grundkonzeption von Porter in *Abbildung 2*, dann ist eine Wettbewerbsprofilierung auf dem Gesamtmarkt entweder über Leistungs- oder Kostenvorteile möglich. Ferner kann die Konzentration auf eine Marktnische den Erfolg des Unternehmens begründen (Porter 1992).

Mit Bezug auf ein Qualitätsmanagement bedeutet dies, daß sich die *Qualitätsinhalte* in Abhängigkeit von der angestrebten Wettbewerbsdifferenzierung ergeben. In Anlehnung an *Abbildung 1* werden jene Handelsunternehmen, die eine Leistungsdifferenzierung anstreben, sich sowohl den qualitätsrelevanten Aspekten des Leistungsprogramms als auch des Interaktionsverhaltens widmen. Demgegenüber beschäftigen sich Handelsunternehmen bei einer Profilierung durch Kostenvorteile weniger mit dem Interaktionsverhalten, als primär mit der Qualitätssicherung des Leistungsprogramms.

Alternativ kann – im Sinne einer Outpacing-Strategie – eine spürbare Verbesserung in sämtlichen Dimensionen der Kundenorientierung angestrebt werden. Auch dieser Weg ist durchaus gangbar; dies zeigt das später dargestellte Beispiel der Migros, die durch die Etablierung eines professionellen Qualitätsmanagements nicht nur einzelne Aspekte der Produkt- oder Servicequalität, sondern auch darüber hinausgehende Fragen der Flexibilität, Information und insbesondere Interaktion mit dem Kunden gelöst hat.

2 NOTWENDIGKEIT DER IMPLEMENTIERUNG EINES QUALITÄTSMANAGEMENTSYSTEMS IM HANDEL

2.1 Ergebnisse zum Zusammenhang von Qualität und Kundenorientierung

Der ausschlaggebende Grund für die hohe Aufmerksamkeit, die Maßnahmen zur Steigerung der Kundenzufriedenheit und Kundenorientierung sowohl in der Unternehmenspraxis als auch in der Wissenschaft erhalten, ist der Zusammenhang zwischen zufriedenen Kunden und dem langfristigen Erfolg eines Unternehmens. Bereits die empirischen Untersuchungen im Rahmen des PIMS-Projektes zeigten deutlich, daß sich Unternehmen mit einer überlegenen Dienstleistungsqualität nicht nur durch ein größeres Umsatzwachstum, sondern auch durch höhere Gewinne und Marktanteile auszeichnen (Buzell/Gale 1989). Auch die psychologischen Wirkungseffekte des induktiven Zusammenhangs zwischen Qualität, Kundenzufriedenheit und Kundenbindung wurden in zahlreichen Publikationen beschrieben (Reicheld/Sasser 1991).

Eine vom General Accounting Office (GAO) veröffentlichte Studie analysierte vor diesem Hintergrund die Erfolgswirksamkeit von Qualitätsprogrammen bei 20 amerikanischen Unternehmen (GAO 1991). Sämtliche an der Studie teilnehmenden Unternehmen hatten sich Ende der 80er Jahre um den Malcolm Baldrige Award beworben und überdurchschnittliche Bewertungen erhalten. Ziel der Studie war es, den Ursache-Wirkungs-Zusammenhang zwischen dem ökonomischen Erfolg und der Einführung von Qualitätsmanagementsystemen herzustellen. Methodisch wurde dies durch Interviews zu speziellen Qualitätsfragen und anhand eines detaillierten Fragebogens durchgeführt. *Abbildung 3* zeigt die festgestellten Wirkungszusammenhänge im Überblick; in Bezug auf die Kunden wurden positive Entwicklungen bei den Kriterien Globalzufriedenheit, Kundenbindung und Beschwerden festgestellt.

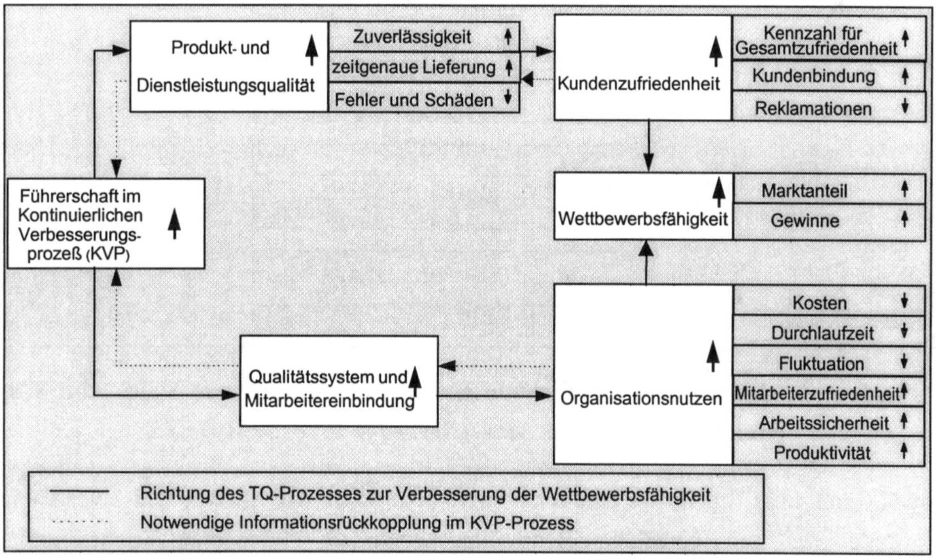

Abbildung 3: Wirkungszusammenhänge von Qualitätsprogrammen und Wettbewerbsfähigkeit (Quelle: GAO 1991)

Betrachtet man daraufhin die Ergebnisse des *Deutschen Kundenbarometers*, so ist festzuhalten, daß sich in den letzten Jahren im Handel keine wesentlichen Verbesserungen abgezeichnet haben. Die Ergebnisse zur Globalzufriedenheit, beispielsweise im

Lebensmittelmärkten/-geschäften, befinden sich mit dem 1996 erreichten Wert von 2,49 eher im Mittelfeld der Branchen (1 = hohe Zufriedenheit/5 = vollkommen unzufrieden). Betrachtet man die Zahlen im Zeitablauf, so konnten keine wesentlichen Steigerungsraten (2,45 in 1995; 2,43 in 1994) erreicht werden (Meyer/Dornach 1996).

Ein wesentlicher Grund für die Unzufriedenheit von Konsumenten im Handel ist in der mangelnden Servicebereitschaft der Mitarbeiter und in einer unzureichenden fachlichen Beratung zu sehen. *Abbildung 4* zeigt beispielhaft die Zufriedenheitswerte mit relevanten Leistungsmerkmalen in Kauf- und Warenhäusern, in der diese Kundeneinschätzung zum Ausdruck kommt (Meyer/Dornach 1996, S. 91).

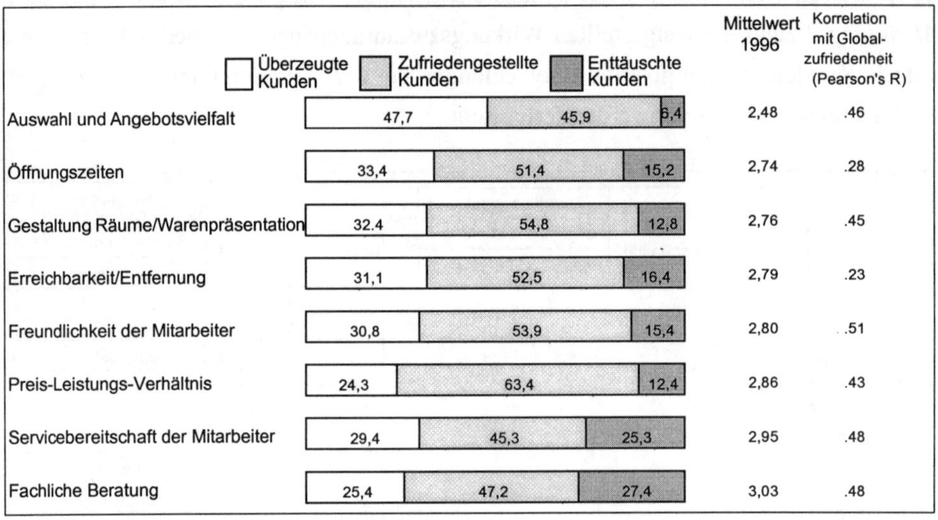

Abbildung 4: Kundenzufriedenheit im Handel am Beispiel von Kauf- und Warenhäusern (Quelle: Meyer/Dornach 1996, S. 91)

Auch wenn diese Ergebnisse eine hoch aggregierte Form der Analyse und Beurteilung darstellen und in einzelnen Beurteilungskategorien (Wiederkaufabsicht, Preis-Leistungs-Verhältnis) durchaus auch positive Tendenzen für einzelne Handelsbereiche ersichtlich sind, so ist für den Handel allgemein eine Notwendigkeit zur Umsetzung von Gesamtkonzepten unverkennbar, die die Unternehmensziele der Kundenorientierung, Kundenzufriedenheit und Kundenbindung konsequent verfolgen und in den Mittelpunkt der Aktivitäten stellen.

2.2 Implementierungsbarrieren eines Qualitätsmanagements im Handel

Sicherlich werden vom Handel die Defizite in der Erfüllung der Qualitätserwartungen ihrer Kunden erkannt. Die Gründe für die nur rudimentär ausgeprägten Systeme des Qualitätsmanagements im Handel liegen weniger in dem Problembewußtsein, als vielmehr in den Schwierigkeiten der Implementierung.

Diese *Implementierungsbarrieren* gelten generell für Dienstleistungsunternehmen (Bruhn 1997a), sind aber speziell im Handel ausgeprägt. Die Bedeutung eines umfassenden Qualitätsmanagements für die Verbesserung der internen und externen Leistungen scheint für viele Handelstypen (z.B. Kauf- und Warenhäuser, Supermärkte, Verbrauchermärkte) als Wettbewerbsfaktor noch nicht erkannt worden zu sein. In diesen Betriebsformen dominiert eine insgesamt stark sortimentsbezogene Führung der Handelsunternehmen, während die verschiedenen Aspekte des Interaktionsverhaltens (vgl. *Abbildung 1*) sehr stark vernachlässigt wurden.

Analysiert man die zentralen Barrieren in der Umsetzung eines Qualitätsmanagements im Handel, dann sind vor allem konzeptionelle, strukturelle und kulturelle Defizite zu beobachten. Entsprechend soll eine Kategorisierung in inhaltlich-konzeptionelle, organisatorisch-strukturelle und personell-kulturelle Barrieren erfolgen (Bruhn 1997a, S. 140 f.).

Inhaltlich-konzeptionelle Barrieren stehen direkt mit der Realisierung des Qualitätsmanagements in Verbindung und ergeben sich häufig aus einem unterschiedlichen Verständnis der am Umsetzungsprozeß beteiligten Mitarbeiter über den Begriff der Qualität und des Qualitätsmanagements. Auch divergierende Vorstellungen über Ziele und Inhalte eines für das Unternehmen zweckmäßigen Qualitätsmanagementsystems können eine uneinheitliche Ausrichtung und fehlende Abstimmung der qualitätsbezogenen Maßnahmen bewirken.

Aufgrund der notwendigen organisatorischen Verankerung des Qualitätsmanagements können dementsprechend auch *organisatorisch-strukturelle Barrieren* auftreten. Eine fehlende organisatorisch verankerte, zentrale Qualitätsverantwortung sowie die mangelnde Zusammenarbeit zwischen Abteilungen, die sich mit Service, Qualitätssicherung u.ä. befassen, kann zu einem „Ressortdenken" führen, das die Umsetzung eines umfassenden Qualitätsmanagements be- oder sogar verhindert. Auch fehlende institutionalisierte und formelle Abstimmungs- und Entscheidungsprozesse in bezug auf qualitätsbezogene Maßnahmen zählen zu den möglichen Barrieren.

Personell-kulturelle Barrieren können sich aufgrund von mitarbeiterindividuellen Wertvorstellungen, Denk- und Verhaltensweisen sowie durch die bestehende Unternehmenskultur ergeben. Bereichsdenken, Angst vor Kompetenzverlusten oder verstärkter Kontrolle und die Existenz unterschiedlicher Subkulturen können die Entwicklung und Umsetzung eines Qualitätsmanagements in Handelsunternehmen erschweren oder hemmen. Das sogenannte „Not invented here-Syndrom“ gilt vor allem dann, wenn Konzepte, die von der Handelszentrale entwickelt und getestet wurden, in den einzelnen Filialen eingesetzt werden sollen und dabei auf Desinteresse oder auch Widerstand bei den Mitarbeitern stoßen.

Ziel des Handelsunternehmens muß es schließlich sein, die genannten Barrieren soweit wie möglich abzubauen. Zur Schließung der Implementierungslücke muß eine bestimmte Systematik in der Konzeptionierung und Umsetzung des Qualitätsmanagements zugrundegelegt werden. Vor allem müssen die folgenden Fragestellungen für ein Qualitätsmanagement im Handel beantwortet werden:

- Wie sieht ein Konzept/Gesamtsystem des Qualitätsmanagements im Handel aus? Welche Strukturen, Elemente und Inhalte (z.B. Produkte, Service, Beratung) müssen zugrundegelegt und miteinander verbunden werden?
- Wie soll das Qualitätsmanagement im Handel organisiert werden? Welche Aufgaben übernimmt die Handelszentrale, die einzelnen Filialen beziehungsweise die Mitarbeiter? Wie erfolgt die Abstimmung beispielsweise zwischen der Marketingabteilung und Warenkontrolle in bezug auf qualitätsorientierte Fragen?
- Welche Instrumente der Qualitätsplanung, -steuerung oder -kontrolle werden wann, von wem, wo und in welcher Form im Qualitätsmanagement eingesetzt? Wie greifen die verschiedenen Instrumente untereinander? Wie werden qualitätsrelevante Informationen erhoben, weitergegeben und verarbeitet?
- Welche spezifischen Maßnahmen und Programme sind zur permanenten Umsetzung erforderlich? Welche Konsequenzen ergeben sich zum Beispiel für den Einsatz von Technologien, für die Personalauswahl und -entwicklung oder für die Organisationsstrukturen im Unternehmen?

Als Beispiel für eine erfolgreiche Konzeptionierung und Umsetzung eines Qualitätsmanagementsystems im Handel soll im folgenden das Fallbeispiel Migros dargestellt werden.

3 UMSETZUNG EINES QUALITÄTSMANAGEMENTS IM HANDEL AM BEISPIEL DER MIGROS

3.1 Strategische Ansatzpunkte und Zielsetzungen einer qualitätsorientierten Wettbewerbsdifferenzierung der Migros

Zur dauerhaften Sicherung von Wettbewerbsvorteilen müssen Unternehmen ihre individuellen Erfolgsfaktoren identifizieren und in der Lage sein, diese auch umzusetzen. Die Migros – Marktführer des Lebensmitteleinzelhandels der Schweiz – hat die Bedeutung des Faktors Qualität für den Erfolg des Unternehmens erkannt und durch die Etablierung eines Qualitätsmanagementsystems realisiert. Das Kerngeschäft der Migros bildet der Einzelhandel, der in einen Food- und Non-Food-Bereich unterteilt ist und ein Sortimentsangebot von ca. 35.000 Artikeln umfaßt (EuroHandelsinstitut 1994). Die Migros kann jedoch nicht als klassisches Handelsunternehmen bezeichnet werden, da das Sortiment zu 95 Prozent aus Eigenmarken besteht, die weitgehend in eigenen Produktionsstätten hergestellt werden (Hasen 1997).

Verfolgt man die Qualitätsdiskussion, so ist festzustellen, daß sich das Thema von der Qualitätssicherung in der Produktion hin zu einem die gesamte Wertschöpfungskette umfassenden *Total Quality Management* wandelt (Stauss 1994). Beim Total Quality Management handelt es sich um eine auf der Mitwirkung aller Mitglieder des Leistungserstellungsprozesses basierende Führungsmethode eines Unternehmens, die Qualität und Kundenzufriedenheit in den Mittelpunkt stellt und somit auf langfristigen Geschäftserfolg und den Nutzen für die Mitglieder des Unternehmens zielt. Diese Philosophie entspricht dem Führungsanspruch der Migros. Aus diesem Grunde wurde folgendes *Qualitätsverständnis* verbindlich fixiert:

Das Qualitätsverständnis der Migros ist umfassend. Es schließt Waren, Dienstleistungen, Prozesse sowie Beziehungen innerhalb und außerhalb des Unternehmens ein. Die Qualität wird auf allen Stufen der Wertschöpfungskette gesichert und gefördert. Der Konsument hat ein Recht auf Qualität. Die Migros bietet im Rahmen ihrer Geschäftstätigkeit das beste Preis-Leistungs-Verhältnis, wobei der Qualitätsaspekt stets Vorrang hat. Jeder Migros-Mitarbeiter ist Träger des Qualitätsgedankens (MGB 1995).

Auf dieser Basis lassen sich drei *Zielsetzungen der Migros* besonders hervorheben:

- Ständige Verbesserung der Produkt- und Servicequalität

  Um die Marktführerschaft behaupten zu können, ist die ständige Verbesserung der Produkt- und Servicequalität ein zentrales Ziel der Migros. Sämtliche Mitarbeiter – aber auch die durch Kooperationen am Leistungsprozeß beteiligten Lieferanten – sollen im Rahmen der Unternehmensführung dazu motiviert werden, Fehler zu vermeiden beziehungsweise Fehlerquellen zu identifizieren, um die qualitätsorientierten Prozesse kontinuierlich zu verbessern.

- Erzielung von höchstmöglicher Kundenzufriedenheit

  Ziel der qualitätsorientierten Strategieausrichtung ist die Erzielung eines hohen Grades an Kundenzufriedenheit, um die bestehenden Kunden langfristig an die Migros-Marken sowie die Einkaufsstätte zu binden. Dies kann nur dann sichergestellt werden, wenn die Erwartungen der Kunden nicht nur erfüllt, sondern permanent übertroffen werden.

- Verbesserung der Prozeßeffizienz

  Als weiteres Ziel kann die Verbesserung der Prozeßeffizienz herausgestellt werden. Die generelle Grundlage der Prozeßorientierung bildet der Gedanke einer Wertschöpfungskette, auf dessen Basis der direkte Kundenkontakt in der Migros-Filiale geplant und realisiert werden muß. Um die Prozesse unter Wirtschaftlichkeitsaspekten optimal zu gestalten, wird eine ständige Analyse und Verbesserung der einzelnen Teilprozesse angestrebt.

3.2 Struktur des Qualitätsmanagements der Migros

Das Qualitätsmanagement der Migros soll den definierten Qualitätsanspruch für alle Bereiche der Wertschöpfungskette prozeßorientiert formulieren und umsetzen. Der

Wertschöpfungsprozeß beginnt bei der Migros mit der Produktentwicklung und reicht über die Beschaffung, Produktion und Vermarktung des Leistungsangebotes bis zum direkten Kundenkontakt am Point-of-Sale. Der Vorteil der prozeßorientierten Sichtweise ist darin zu sehen, daß mögliche Synergiepotentiale auf allen Leistungsstufen des Unternehmens systematisch ausgeschöpft werden können. Die Migros unterscheidet fünf *Teilprozesse* (Bruhn 1997b):

(1) Managementprozeß,

(2) Beschaffungsprozeß,

(3) Laborprozeß,

(4) Logistikprozeß,

(5) Dienstleistungsprozeß.

Abbildung 5 zeigt die Struktur des Qualitätsmanagements der Migros im Überblick.

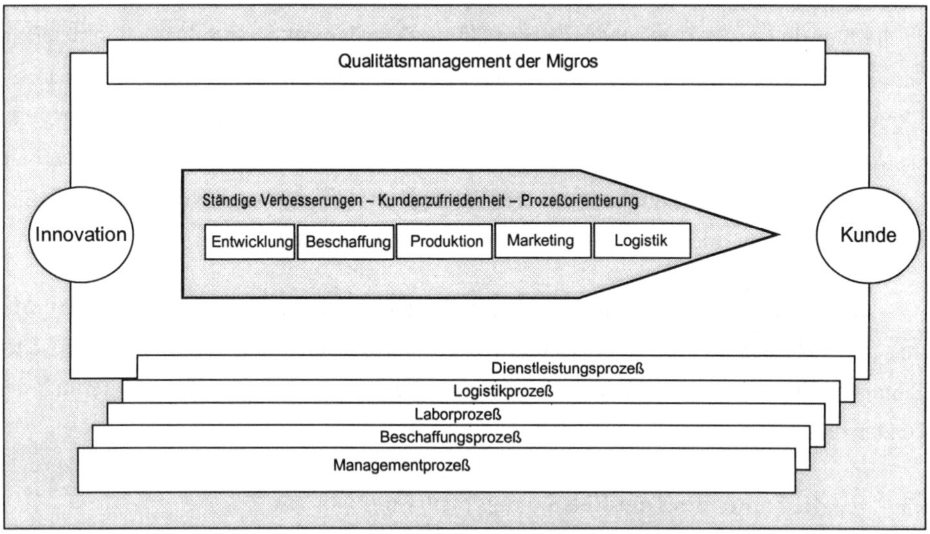

Abbildung 5: Struktur des Qualitätsmanagements der Migros

Im *Managementprozeß* werden die Grundlagen der Migros-Qualitätsstrategie festgelegt. Die klare Darstellung der Qualitätsziele sowie die eindeutige Zuordnung der Verantwortlichkeiten in den qualitätsrelevanten Prozessen stehen im Vordergrund und werden im Migros-Qualitätssicherungs-Handbuch dokumentiert. Ausgehend von den entsprechenden Normen ISO 9001 bis 9003 werden die Qualitätsanforderungen in der Produktion, im Verkauf sowie für die Dienstleistungen der Migros geplant und umgesetzt.

Der *Beschaffungsprozeß* enthält jene relevanten Faktoren, die erforderlich sind, um eine einwandfreie und vollständige Belieferung der Migros zu gewährleisten. Durch eine systematische Lieferantenbeurteilung wird sichergestellt, daß nur diejenigen Lieferanten akzeptiert werden, die den qualitätsorientierten Anforderungen der Migros gerecht werden.

Zentrale Aufgabe des *Laborprozesses* ist es, die Qualität der Waren zu überwachen und zu fördern. Die Laboratorien der Migros nehmen innerhalb des Qualitätsmanagements eine herausragende Stellung ein. Sie führen physikalische Messungen, mikrobiologische und chemische Analysen sowie Praxistests durch und analysieren Konkurrenzprodukte hinsichtlich ihrer Qualitätsmerkmale.

Der *Logistikprozeß* umfaßt sämtliche Aktivitäten innerhalb der Wertschöpfungskette, die die räumliche, zeitliche und mengenmäßige Distribution der Produkte von der Produktion bis in die Migros-Filialen betreffen. Hierbei werden bei der Migros zwei Logistikprozesse unterschieden. Zum einen der physische Logistikprozeß, der beispielsweise Aspekte des Transportes, der Verpackung oder der Normierung von Produkten enthält. Zum anderen der informationsorientierte Logistikprozeß, der zum Beispiel die Codierung, Etikettierung oder Aspekte des EDV-Systems beinhaltet.

Der *Dienstleistungsprozeß* umfaßt letztlich die angebotenen Dienstleistungen der Migros unter Berücksichtigung wirtschaftlicher, ökologischer, qualitativer und ethischer Rahmenbedingungen. Innerhalb des Dienstleistungsprozesses hat die Steigerung der Kundenzufriedenheit oberste Priorität.

3.3 Instrumente des Qualitätsmanagements der Migros

Zur Umsetzung einer umfassenden Qualitätsphilosophie wird der Einsatz verschiedener Instrumente erforderlich, die das Unternehmen in die Lage versetzen sollen, eine optimale Qualität im Wertschöpfungsprozeß sicherzustellen (Seghezzi 1996). In diesem Zusammenhang wird meistens von einen *Regelkreis des Qualitätsmanagements* ausgegangen, der sich in vier Phasen – Qualitätsplanung, Qualitätslenkung, Qualitätsprüfung und Qualitätsmanagementdarlegung – unterscheiden läßt und in denen die unterschiedlichen Instrumente zum Einsatz gelangen (Bruhn 1995, S. 142). *Abbildung 6* gibt einen

Gesamtüberblick der eingesetzten Instrumente des Migros-Qualitätsmanagementsystems (MGB 1995).

3.3.1 Instrumente im Managementprozeß der Migros

Der erste Baustein des Managementprozesses beinhaltet die strategische Qualitätsplanung. Hierbei werden diejenigen Komponenten festgelegt, die den grundlegenden Handlungsrahmen der Qualitätspolitik bestimmen. Mit der Festlegung von *Qualitätszielen, Qualitätsgrundsätzen, Qualitätsanforderungen* und der von der Migros zu verfolgenden *Qualitätsstrategie* wird ein umfassendes Qualitätskonzept für das Unternehmen erarbeitet.

Teilprozeß / Phase	**Management-prozeß**	**Beschaf-fungs-prozeß**	**Laborprozeß**	**Logistik-prozeß**	**Dienstleistungs-prozeß**
Quali-tätspla-nung	•Qualitätsziele •Qualitäts-strategie •Qualitätsgrund-sätze •Qualitätsstan-dards	•Beschaf-fungsplan •Risikoanaly-se	•Richlinien der Zusammenar-beit zwischen Laboratorien und Marke-ting	•Just-in-time-Management	•Projektgruppe „Welcome" •Serviceleitbild
Quali-tätslen-kung	•Personalaus-wahl •Personalent-wicklung •Qualitätsorien-tierte Informa-tionsphiloso-phie	•Qualitätssi-cherungs-vereinba-rungen	•Qualitätsnor-men/Euro Norm 45001	•Rahmenver-träge mit Logistik-dienstleistern	•Sevice-Leitfaden: –Service-Minute –Pernönliches Gespräch –Problemlösungs-gruppe –Diskussionsrunde •Aus-/Weiterbildung
Quali-tätsprü-fung	•Qualitätsaudit •Prüfungssitzung zur Bewertung des Qualitäts-managements	•Lieferanten-beurteilung	•Qualitätskon-trolle von Produkten und Dienstlei-stungen	•Logistik-Kontrollsy-stem	•Mystery Shopping
Quali-tätsma-nagement-darle-gung	•Migros-Qualitätssiche-rungs-Handbuch	•Migros-Qualitätssi-cherungs-Handbuch	•Migros-Qualitätssi-cherungs-Handbuch	•Migros-Qualitätssi-cherungs-Handbuch	•Migros-Qualitätssiche-rungs-Handbuch •Service-Handbuch

Abbildung 6: Instrumente des Qualitätsmanagements der Migros im Überblick

Darauf aufbauend folgt die Phase der Qualitätslenkung. Diese beinhaltet sämtliche Maßnahmen zur Realisierung und Steuerung des Qualitätskonzeptes. Bei der Migros stehen in dieser Phase die personalpolitischen Maßnahmen einer qualitätsorientierten Personalauswahl und -entwicklung im Vordergrund. Die Personalauswahl beinhaltet, daß bei der Neueinstellung von Mitarbeitern besonderer Wert darauf gelegt wird, daß neben der fachlichen Qualifikation ein hoher Grad an Serviceorientierung und Kommunikationsfähigkeit vorhanden ist. Zudem wird bei der Migros durch eine gezielte interne und externe Aus- und Weiterbildung der Mitarbeiter, beispielsweise im Rahmen von Qualitätsseminaren, eine permanente Weiterqualifizierung der Mitarbeiter gewährleistet.

Neben der Ausbildung der Mitarbeiter spielt im Handel die Leistungsfähigkeit des Informationssystems als Voraussetzung der Kundenorientierung eine entscheidende Rolle. Zur Sicherung eines optimalen Informationsflusses wurde bei der Migros eine *qualitätsorientierte Informationsphilosophie* implementiert, bei der jeder Sender und Empfänger einer Information im Unternehmen für dessen Qualität selbst verantwortlich ist. Dies bedeutet, daß jeder Mitarbeiter permanent zwei Fragen beantworten muß:

(1) Bekomme ich von meinen externen oder „internen Lieferanten" die für meine Zwecke richtigen Informationen?

(2) Gebe ich die richtigen Informationen an meine externen und „internen Kunden" weiter?

Die konsequente Einhaltung dieser Informationsphilosophie hat im Tagesgeschäft dazu geführt, daß eine wesentliche Verbesserung und Beschleunigung des Informationsflusses innerhalb der Wertschöpfungskette erzielt werden konnte. Ferner ermöglicht ein neu eingeführtes Informationssystem – das *Migros-Data-Discovery (MDD)* – neben der Erhebung von Kundeninformationen durch computergestützte Warenwirtschaftssysteme eine genaue Analyse des Abverkaufsstandes einer Filiale innerhalb weniger Minuten.

Die Qualitätsprüfung wird bei der Migros durch den Einsatz interner *Qualitätsaudits* realisiert, die in periodischen Abständen die Vollständigkeit, Wirksamkeit und Zweckmäßigkeit des Qualitätsmanagements in sämtlichen Dimensionen kontrolliert sowie vorhandene Mängel und Abweichungen feststellt und korrigiert. Die Ergebnisse der Qualitätsaudits dienen der Geschäftsleitung als Basisinformation zur Bewertung des

Qualitätsmanagements insgesamt, die auf Geschäftsführungsebene einmal jährlich im Rahmen einer „*Prüfungssitzung zur Beurteilung des Qualitätsmanagements*" erfolgt. Im Rahmen dieser Sitzung werden die einzelnen Strategien und Maßnahmen in der Retrospektive betrachtet und abschließend beurteilt.

Die Qualitätsmanagementdarlegung als letzte Phase des Regelkreises wird mit Hilfe des *Migros-Qualitätssicherungs-Handbuches* sichergestellt. In diesem Handbuch sind sämtliche Teilprozesse des Qualitätsmanagements verbindlich und im Detail dokumentiert.

3.3.2 Instrumente im Beschaffungsprozeß der Migros

Innerhalb des Beschaffungsprozesses kommen primär zwei Instrumente – der Beschaffungsplan und die Risikoanalyse – zum Einsatz. Der *Beschaffungsplan* beinhaltet sämtliche Vorgaben für die Lieferanten der Migros, wie beispielsweise Angaben zur Produktauswahl, zur Warenbestellung oder zu den unterschiedlichen Kontraktarten zwischen Lieferant und Unternehmen, die eingehalten werden müssen, um eine einwandfreie und vollständige Lieferung sicherzustellen. Für die Erstellung des Beschaffungsplans und die Festlegung der Anforderungen an die zu beschaffenden Produkte ist die Marketingabteilung der Migros verantwortlich.

Unterstützend wird im Beschaffungsprozeß das Instrument der *Risikoanalyse* eingesetzt. Bei der Risikoanalyse handelt es sich um eine Planungsmethode (in Anlehnung an die Fehlermöglichkeits- und -einflußanalyse, FMEA), die für die einzelnen Warengruppen der Migros abschätzt, mit welcher Wahrscheinlichkeit ein schwerwiegendes Schadensereignis durch die Beschaffung bei externen Unternehmen eintreten kann. Zielsetzung der Risikoanalyse ist es, die Prioritäten, mit denen qualitätssichernde Maßnahmen zu verfolgen sind, besser bestimmen zu können. Die Eintrittswahrscheinlichkeit des Risikopotentials einer Warengruppe wird dabei unter Berücksichtigung der verkauften Stückzahlen, der Erfahrungen am Point-of-Sale und auf Grundlage der Hinweise des Lieferanten individuell berechnet. Auf Basis der Berechnungen wird eine Risikomatrix erstellt, die Grundlage dafür ist, ob konstruktive (technische Änderungen) oder instruktive (Verpackung, Bedienungsanleitung, Gefahrenhinweise) Maßnahmen ergriffen werden müssen.

Instrument der Qualitätslenkung sind die sogenannten *Qualitätssicherungsvereinbarungen*. Ziel der Vereinbarungen ist es, die Eigenverantwortlichkeit der Lieferanten zu fördern, um auf eigene interne Warenkontrollen weitgehend verzichten zu können. Die Qualitätssicherungsvereinbarungen enthalten Angaben zu qualitätssichernden Maßnahmen, die ein Migros-Lieferant treffen muß, konkretisieren die Qualitätssicherungsplanung für die zu liefernden Produkte, geben Anweisungen zur Qualitätsdokumentation, regeln die Qualitätssicherung im Herstellungsprozeß des Lieferanten und beschreiben detailliert, wie die Produkte durch den Lieferanten gekennzeichnet werden müssen.

Als Prüfinstrument des Beschaffungsprozesses spielt die *Lieferantenbeurteilung* eine zentrale Rolle. Durch sie wird sichergestellt, daß ausschließlich hochqualifizierte und qualitätsorientierte Lieferanten die Migros beliefern. Die Lieferantenbeurteilung erfolgt dabei einerseits durch den Lieferanten selbst, der in Form einer Selbstbeurteilung die Verhältnisse in seinem Betrieb offenlegt. Andererseits wird der Lieferant anhand unternehmensindividueller Kriterien, wie zum Beispiel Kapazität, finanzielle Situation, Qualitätsimage, Einhaltung von Qualitätsnormen, Kommunikation, Zusammenarbeit etc. beurteilt. Der Migros steht mit der Lieferantenbeurteilung ein Werkzeug zur umfassenden Kontrolle der Qualitätsfähigkeit eines jeden Lieferanten zur Verfügung.

3.3.3 Instrumente im Laborprozeß der Migros

Die Grundlage des Laborprozesses bildet der abgeschlossene Genossenschaftsvertrag der Migros, der vorschreibt, daß Stichproben eines jeden Artikels (Eigenproduktion und auch zugekaufte Produkte) den Migros-Laboratorien zur Prüfung vorgelegt werden müssen, bevor ein Verkauf möglich ist. Dies bedeutet, daß sowohl Food- als auch Non-Food- beziehungsweise Dienstleistungsangebote von den Migros-Laboratorien getestet werden. Zur Koordination von Planungs- und Kontrollaktivitäten wurden zwischen Labor- und Marketingabteilung der Migros *Richtlinien der Zusammenarbeit* festgelegt. Die Richtlinien dienen der Vereinfachung der täglichen Zusammenarbeit und befassen sich primär mit dem Thema Produkthaftung. Innerhalb der Richtlinien ist festgeschrieben, in welchen Situationen die Laboratorien über die Entscheidungsbefugnis verfügen, den Verkauf von Produkten zu untersagen oder Rückrufaktionen anzuordnen. Die Richtlinien der Zusammenarbeit zählen somit zu den qualitätslenkenden Instrumenten des Laborprozesses.

3.3.4 Instrumente im Logistikprozeß der Migros

Der Logistikprozeß umfaßt sämtliche Aktivitäten, die den räumlichen, zeitlichen und mengenmäßigen Transfer der Produkte, von der Produktion bis zur Warenannahme in den Migros-Filialen, betreffen. Die Grundlage in diesem Bereich bildet die Philosophie des *Just-in-time-Management*. Beim Just-in-time-Prinzip handelt es sich um eine nachfragesynchrone Bedarfsdeckung, die sicherstellen soll, daß innerhalb der Wertschöpfungskette immer nur gerade soviel beschafft, produziert und verteilt wird, wie die Migros-Filialen nachfragen. Das Ziel der Realisierung eines Just-in-time- Logistikprozesses bildet zudem die Grundlage der Qualitätslenkung. Diese wird durch *Rahmenverträge* mit den Zulieferern umgesetzt, innerhalb derer die von den Lieferanten zu liefernden Mengen festgeschrieben werden. Als Instrument der Qualitätsprüfung wurde ein umfassendes *Logistik-Kontrollsystem* eingeführt. Bei der Warenlieferung durch Lieferanten finden beispielsweise Prüfungen der Liefermenge, der Lesbarkeit des EAN-Codes, eine Identifikation der Artikel sowie eine Prüfung der Ware auf äußere Transportschäden statt.

3.3.5 Instrumente im Dienstleistungsprozeß der Migros

Eine weitere Möglichkeit zur Differenzierung gegenüber den Wettbewerbern und zur Steigerung der Kundenzufriedenheit besteht im Angebot von Serviceleistungen. Um eine Optimierung der Servicequalität in den Filialen der Migros zu erreichen, wurde eine interne *Projektgruppe „Welcome"* gebildet, die für die Erarbeitung eines serviceorientierten Instrumentariums verantwortlich war. Diese Projektgruppe, bestehend aus Führungskräften der Migros sowie Kunden und externen Unternehmensberatern, verfolgte das Ziel, konkrete und umsetzbare Hilfestellungen zur Verbesserung der Servicequalität im Tagesgeschäft zu erarbeiten. Das Ergebnis der Projektarbeit war ein umfassendes Servicekonzept, das 1996 sukzessive umgesetzt wurde. Das Servicekonzept umfaßt verschiedene Maßnahmen für die unterschiedlichen Hierarchieebenen der Migros, die im folgenden näher beschrieben werden.

Als Ausgangspunkt wurde ein *Serviceleitbild* mit dem Ziel erarbeitet, die Grundhaltung der Migros hinsichtlich der angestrebten Servicequalität zu dokumentieren. Das Serviceleitbild der Migros lautet: „Tag für Tag stehen wir Ihnen zu Diensten. Wir sind sympathisch, glaubwürdig, vorteilhaft und praktisch."

Zur *Qualitätslenkung auf Filialebene* wurden zahlreiche Maßnahmen zur Steigerung der Servicequalität eingeführt. Zu nennen wären beispielsweise:

Die Serviceminute: In den Verkaufsstellen der Migros soll mindestens dreimal pro Woche eine Serviceminute stattfinden. Diese entspricht einer kurzen Teamsitzung der entsprechenden Verkaufsstelle und dient der Sensibilisierung für ein bestimmtes aktuelles Servicethema.

Das persönliche Gespräch: Wird ein fehlerhaftes Verhalten eines Mitarbeiters hinsichtlich des Serviceverhaltens beobachtet und dauert dies über eine längere Zeit an, kommt das persönliche Gespräch als konstruktives Führungsinstrument zum Einsatz. Es hat zum Ziel, den Mitarbeiter direkt auf ein verbesserungsfähiges Serviceverhalten aufmerksam zu machen und gemeinsam mit dem Mitarbeiter Lösungsmöglichkeiten zu erarbeiten.

Problemlösungsgruppen: Ferner sind Problemlösungsgruppen, bestehend aus 4 bis 5 Mitarbeitern unterschiedlicher Hierarchieebenen, vorgesehen, die sich mit komplexen Service- oder Qualitätsproblemen einer Verkaufsstelle beschäftigen.

Diskussionsrunde zum Service am Kunden: Zudem ermöglicht eine wöchentliche Sitzung der Verkaufsstellen- und Abteilungsleiter, alle relevanten Verbesserungsvorschläge oder Anregungen bezüglich der Servicequalität intensiv zu diskutieren. Am Ende eines Monats werden die für die nahe Zukunft vorgesehenen Maßnahmen in einem Monatsplan erfaßt.

Die *serviceorientierte Aus- und Weiterbildung* des Verkaufspersonals ist ein weiteres Element der Qualitätslenkung. Zu den zentralen Bausteinen zählen ein intensives *Servicetraining* für das Kundenkontaktpersonal, innerhalb derer das richtige Verhalten im direkten Kundenkontakt, beispielsweise in Form von Rollenspielen, geschult wird. Die Führungskräfte der Migros erlernen in Coaching-Seminaren die Anwendung der bestehenden Qualitätsmanagementinstrumente sowie die selbständige Moderation von Problemlösungsgruppen.

Zur Überprüfung, inwieweit die Erwartungen der Kunden erfüllt werden, müssen Instrumente zur Messung der Qualität zum Einsatz kommen. Die Migros wählte mit dem Einsatz von „*Mystery Shoppern*" einen objektiv-kundenorientierten Meßansatz der Dienstleistungsqualität (Bruhn 1997a, S. 62 ff.). Beim Konzept des „Mystery Shopping" handelt es sich um anonyme Testkäufer, die die jeweilige Verkaufsstelle anhand eines vorgegebenen Fragebogens auf Merkmale der Serviceorientierung überprüfen. Die Qualitätskontrolle wird in jeder Migros-Filiale zweimal pro Jahr durchgeführt. Die Verkaufsstellenleiter erhalten die Ergebnisse in regelmäßigen Abständen und haben die

Aufgabe, die Maßnahmen in ihren Serviceplan zu integrieren. Als Anreizsystem zur Steigerung der Serviceorientierung werden monetäre Zusatzleistungen in Aussicht gestellt.

Das Beispiel Migros zeigt die Notwendigkeit, daß ein Gesamtsystem des Qualitätsmanagements notwendig ist, das in verschiedenen Phasen aufeinander aufbaut. In diesem integrierten Qualitätsmanagementsystem werden verschiedene Instrumente der Qualitätsplanung, -steuerung, -kontrolle und -managementdarlegung regelmäßig eingesetzt.

Zentral ist dabei, daß das Qualitätsmanagementsystem als permanenter Verbesserungsprozeß eine Eigendynamik entwickelt und von den Mitarbeitern täglich gelebt wird. Dies setzt voraus, daß die Rahmenbedingungen für die Weiterentwicklung des Qualitätsmanagementsystems gegeben sind (in technologischer, organisatorischer und personeller Hinsicht). Das Top-Management im Handel muß daher die Anforderungen an ein Qualitätsmanagement sicherstellen.

4 ANFORDERUNGEN AN EIN QUALITÄTSMANAGEMENT IM HANDEL

Für Handelsunternehmen, die eine Qualitätsführerschaft anstreben, wird es in Zukunft vermehrt darauf ankommen, die bestehenden Möglichkeiten zum Auf- beziehungsweise Ausbau eines professionellen Qualitätsmanagements zu nutzen. Um die Rahmenbedingungen für ein Qualitätsmanagement im Handel sicherzustellen, sind die folgenden Anforderungen zu beachten (Meffert/Bruhn 1997, S. 252 ff.):

- Kulturelle Anforderungen,
- Organisatorische Anforderungen,
- Technologische Anforderungen,
- Personelle Anforderungen.

Kulturelle Anforderungen: Sämtliche am Wertschöpfungsprozeß beteiligten Mitarbeiter sollten sich der Notwendigkeit zur Kunden- und Qualitätsorientierung bewußt sein. Diese Forderung impliziert die Entwicklung einer „Servicekultur" im Unternehmen, die fest verankert, aber auch entwicklungsfähig ist. Ferner ist es notwendig, ein einheitliches Qualitätsverständnis zu erarbeiten und verbindlich festzulegen.

Organisatorische Anforderungen: Ein professionelles Qualitätsmanagementsystem erfordert eine verbindliche Verankerung in der Aufbauorganisation des Handelsunternehmens mit der definitiven Zuweisung der Verantwortlichkeiten der Handelszentrale, der Regionalleitungen, der Filialleitungen und der Filialmitarbeiter. Diese Verankerung sichert die Kontinuität im Einsatz der qualitätsbezogenen Maßnahmen auf unterschiedlichen Ebenen, ohne die sich der Erfolg im Sinne einer Steigerung der Kundenzufriedenheit nur bedingt einstellen wird.

Technologische Anforderungen: Handelsunternehmen, die den Grad der Erfüllung der Kundenwünsche messen wollen, müssen ein umfangreiches Informationssystem etablieren. Die systematische Gewinnung, Aufbereitung und Nutzung kundenbezogener Informationen, beispielsweise im Rahmen von kontinuierlichen Kundenzufriedenheitsstudien oder des Einsatzes computergestützter Warenwirtschaftssysteme, sollte für jedes Handelsunternehmen zum Standard gehören, da ohne diese Informationen eine Ableitung von kundenorientierten Strategien nicht möglich ist (Zentes/Opgenhoff 1995, S. 14). Ferner ist in diesem Zusammenhang an die Einführung eines elektronischen Warenaustausches (EDI) zwischen Handel, Hersteller, Lieferanten u.a. zu denken (Ahlert/Olbrich 1994).

Personelle Anforderungen: Das größte Potential zur Sicherung von Wettbewerbsvorteilen im Handel birgt die Ressource Personal. Die zentrale Anforderung besteht somit darin, den direkt im Kundenkontakt stehenden Mitarbeitern ihren Stellenwert innerhalb der Wertschöpfungskette bewußt zu machen, um eventuelle Barrieren zur Umsetzung eines Qualitätsmanagements zu vermeiden. Im Zielsystem von Handelsunternehmen sollten die Ziele der Mitarbeiterzufriedenheit und Motivation einen ihrer Bedeutung entsprechenden Rang einnehmen und durch Maßnahmen der Personalpolitik (z.B. Assessment-Center, Schulungen und Training, Qualitätszirkel etc.) sichergestellt werden.

Zusammenfassend ist festzuhalten, daß die Einführung eines Qualitätsmanagements im Handel ein geeignetes Instrument zur Steigerung der Kundenorientierung unter der Bedingung darstellt, daß die Umsetzung durch ein strategisches Konzept und ein integriertes System des Qualitätsmanagements getragen wird sowie die kulturellen, organisatorischen, technologischen und personellen Anforderungen erkannt beziehungsweise als Rahmenbedingungen geschaffen werden.

LITERATUR

Ahlert, D.; Olbrich, R.: Die Einführung computergestützter Warenwirtschaftssysteme in Handelssystemen als Problem des geplanten organisatorischen Wandels. In: Ahlert, D.; Olbrich, R. (Hrsg.), Integrierte Warenwirtschaftssysteme und Handelscontrolling, Stuttgart 1994, S. 199-223.

Althaus, S.: Kundenorientierung als Integrationsfaktor ganzheitlicher Unternehmensführung, Diss. Hochschule St. Gallen, St. Gallen 1995.

Bruhn, M.: Qualitätsmanagement für Dienstleistungen. Grundlagen, Konzepte, Methoden, 2. Aufl., Heidelberg u.a. 1997a.

Bruhn, M.: Qualitätsmanagement im Handel – Das Beispiel des Migros-Genossenschafts-Bunds MGB, Bern u.a. 1997b (im Druck).

Bruhn, M.: Internes Marketing als Forschungsgebiet der Marketingwissenschaft – Eine Einführung in die theoretischen und praktischen Probleme. In: Bruhn, M. (Hrsg.), Internes Marketing, Wiesbaden 1995, S. 13-61.

Bruhn, M.: Qualitätssicherung im Dienstleistungsmarketing – eine Einführung in die theoretischen und praktischen Probleme. In: Bruhn, M.; Stauss, B. (Hrsg.), Dienstleistungsqualität. Konzepte, Methoden, Erfahrungen, 2. Aufl., Wiesbaden 1995, S. 19-46.

Buzell, R. D.; Gale, B.: Das PIMS-Programm – Strategien und Unternehmenserfolg, Wiesbaden 1989.

EMNID: Was Verbraucher in Deutschland stört. Repräsentativbefragung im Auftrag des Spiegel, Bielefeld 1994.

EuroHandelsinstitut e.V. (EHI): Migros – Die Brücke vom Produzenten zum Konsumenten, Köln 1994.

GAO (General Accounting Office): Management Practices – US Companys Improve Performance Through Quality Efforts, GAO NSLAD 91-190, 1991.

Hasen, H.: Die Handelsmarkenpolitik der Migros. In: Handelsmarken im Wettbewerb. Entwicklungstendenzen und Zukunftsperspektiven der Handelsmarkenpolitik, Bruhn, M. (Hrsg.), 2. Aufl., Stuttgart 1997 (im Druck).

Homburg, C.: Kundennähe von Industriegüterunternehmen. Konzeption – Erfolgsauswirkungen – Determinanten, Wiesbaden 1995.

Jaworski, B. J.; Kohli, A. K.: Market Orientation: Antecedents and Consequences, Working Paper No. 92-104 of the Marketing Science Institute, Cambridge/Mass. 1992.

Kreimel, F.; Kolleth, S.: Total Quality Management im Einzelhandel. In: Journal für Betriebswirtschaft, 45 (1995), Nr. 3, S. 201-213.

MGM (Mediagruppe München): MGM-Mediareport, München 1996.

Meffert, H.; Bruhn, M.: Dienstleistungsmarketing. Grundlagen, Konzepte, Methoden, 2. Aufl., Wiesbaden 1997.

Meyer, A.; Dornach, F.: Das Deutsche Kundenbarometer 1996 – Qualität und Zufriedenheit, Jahrbuch der Kundenzufriedenheit in Deutschland 1996, Deutsche Marketing-Vereinigung e. V./Deutsche Post AG (Hrsg.), München 1996.

MGB (Migros-Genossenschafts-Bund): Migros-Qualitätssicherungssystem. Interne, unveröffentlichte Dokumentation über das Qualitätsmanagementsystem der Migros, Zürich 1995.

Porter, M. E.: Wettbewerbsvorteile. Spitzenleistungen erreichen und behaupten, 3. Aufl., Frankfurt am Main 1992.

Stauss, B.: Total Quality Management und Marketing. In: Marketing ZFP, 16 (1994), Nr. 3, S. 149-159.

Stoffl, M.: Total Quality Management in Handel. In: Das Wirtschaftsstudium (WISU), 26 (1997), Nr. 4, S. 340-352.

Zentes, J.; Opgenhoff, L.: Kundenzufriedenheit als Erfolgsfaktor im Handel, GDI-Monitor I/95, Rüschlikon, Zürich u.a. 1995, S. 1-47.

Zielgruppenorientierte Kundenbindungsstrategien im Lebensmitteleinzelhandel - Ergebnisse einer empirischen Untersuchung

Günther Haedrich, Adolfo Hoffmann-Linhard und Marco Olavarria, Berlin

Für eine erfolgreiche Kundenbindung im Lebensmitteleinzelhandel bedarf es empirischer Informationen über die Vor- und Nachteile eines ladentreuen Verhaltens aus Kundensicht. Vor diesem Hintergrund wurde eine explorative Studie zum Einkaufsverhalten unter dem Aspekt Ladentreue bzw. -wechsel durchgeführt. Es konnten vier verschiedene loyalitätsspezifische Verhaltensweisen identifiziert werden, die jeweils auf unterschiedlichen Motiven der Kunden beruhen. Die Untersuchung zeigt, daß es gilt, den richtigen Kunden richtig zu binden. Nur zielgruppenorientierte Kundenbindungsaktivitäten, die die wahrgenommenen Vor- und Nachteile von Ladentreue aus Sicht der Kunden berücksichtigen, sind erfolgversprechend.

1 EINLEITUNG

Eine Vielzahl von Untersuchungen sowie die Erfahrung der Praxis zeigen, daß relativ wenige Kunden einen relativ großen Teil des Umsatzes erbringen (Homburg/Rudolph 1995, S. 43). Immer mehr Unternehmen entwickeln Instrumente zur Bindung dieser wertvollen Kunden und setzen diese mit unterschiedlichem Erfolg ein. Die Theorie versucht, diese Ansätze durch die Entwicklung von Erklärungsmodellen der Kundenbindung zu unterstützen. Dabei wurde bislang jedoch ein (zu) geringes Augenmerk auf die empirische Erforschung des loyalitätsspezifischen Konsumentenverhaltens gelegt (Eckert 1994, S. 639).

Hier setzt die vorliegende Untersuchung an, deren Ziel es ist, das Einkaufsverhalten bei Lebensmitteln unter dem Aspekt der Ladentreue bzw. -wechsel zu erforschen. Von besonderem Interesse sind hierbei die Vor- und Nachteile eines ladentreuen Verhaltens aus Sicht der Konsumenten, da die Kenntnisse über diese Faktoren eine Voraussetzung für die erfolgreiche Entwicklung und Umsetzung von Strategien und Maßnahmen zur Stärkung der Kundenbindung darstellen.

2 KUNDENBINDUNG

„20 Prozent der Kunden machen 80 Prozent des Umsatzes." Zwar kennt jeder Praktiker diese „goldene Regel" doch werden allzu oft die knappen Mittel nach dem Gießkannen-Prinzip verteilt, anstatt gezielt zur Pflege und Bindung der wertvollen Kunden eingesetzt zu werden. Der Marketingfokus auf die zeitpunktbezogenen Bedürfnisse und Erwartungen der Konsumenten beim Kaufabschluß ist zu eng, nur die Erweiterung des Fokus von einer statischen hin zu einer dynamischen Anbieter-Abnehmer-Beziehung und deren aktiver Gestaltung über den gesamten Kundenlebenszyklus hilft, das Kundenpotential voll auszuschöpfen (Müller/Riesenbeck 1991, S. 68). Daraus folgt für die Marketingplanung die Notwendigkeit, die Beweggründe für ein loyales bzw. illoyales Verhaltens in der Anbieter-Abnehmer-Beziehung aus Konsumentensicht kennenzulernen, um die Kunden auf diese Weise aktiv an das Produkt bzw. Unternehmen binden zu können.

In der Literatur wird der Begriff Kundenbindung relativ unterschiedlich konzeptualisiert. Diller (1996, S. 84) integriert verschiedene Ansätze und liefert eine operationale Definition der Kundenbindung:

„Kundenbindung liegt dann vor, wenn innerhalb eines zweckmäßig definierten Zeitraums wiederholte Informations-, Güter- oder Finanztransaktionen zwischen zwei Geschäftspartnern stattgefunden haben (ex post Betrachtung) bzw. geplant sind (ex ante Betrachtung)."

Tomczak/Dittrich (1997, S. 13 ff.) identifizieren in einem integrierenden Ansatz unterschiedliche Arten von Faktoren, die zu einem wiederholten Kauf bzw. zur Wiederkaufabsicht führen:

1) Wettbewerbaussschließende Determinanten, d.h. es bestehen aus Konsumentensicht keine Wechselalternativen (monopolistisches bzw. quasi-monopolistisches Angebot).

2) Faktische Determinanten, d.h. objektive Größen in der Anbieter-Abnehmer-Beziehung, die zu einer Bindung führen, beispielsweise langfristige vertragliche oder auch technologische Bindungen.

3) Psychologische Determinanten, d.h. subjektive Aspekte im Anbieter-Abnehmer-Verhältnis. Diese psychologischen Bindungen beruhen beispielweise auf dem Vertrauen des Kunden zum Anbieter.

4) Situative Faktoren, die in einer konkreten Kaufsituation einer Bindung entgegen wirken, weil die entsprechende Leistung z.B. zu einem bestimmten Zeitpunkt nicht verfügbar ist (*Abbildung 1*).

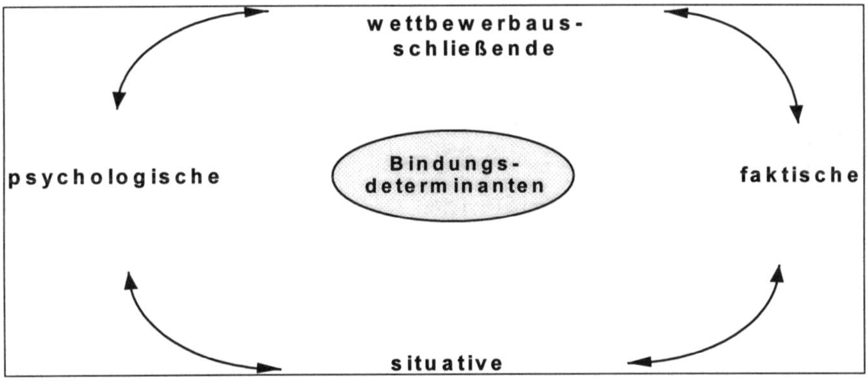

Quelle: in Anlehnung an Tomczak/Dittrich 1997, S. 13

Abbildung 1: Determinanten der Kundenbindung

Die vier Determinanten bestimmen den Grad bzw. die Qualität der Kundenbindung. Demzufolge gilt es, aus Unternehmenssicht die jeweiligen Bindungsdeterminanten zu identifizieren, und diese als Ansatzpunkte zum Aufbau einer stabilen Anbieter-Abnehmer-Beziehung zu nutzen.

Wenn man die gesamte Wertschöpfungskette zwischen Hersteller und Endabnehmer betrachtet, bestehen unterschiedliche Anbieter-Abnehmer-Beziehungen (*Abbildung 2*). Während die Marken- und Handelspartnerbindung Gegenstand einer Vielzahl von theoretischen und empirischen Arbeiten ist (Hermann/Gutsche 1994; Bänsch 1995), ist die Kundenbindung auf Einkaufsstättenebene bisher nur sehr oberflächlich untersucht worden.

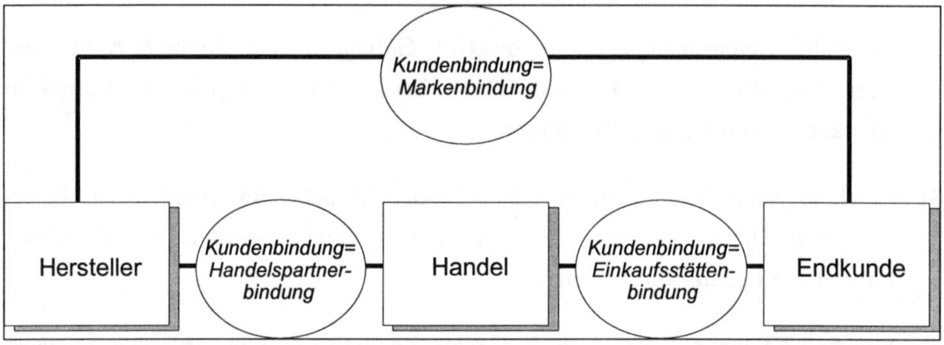

Quelle: in Anlehung an Wieder 1997, S. 29

Abbildung 2: Kundenbindungsformen entlang der Wertschöpfungskette

An diesem Punkt setzt die vorliegende Untersuchung an, die das Ziel verfolgt, die Grundlage zur Entwicklung theoretisch fundierter Erklärungsmodelle zur Kundenbindung im deutschen Lebensmitteleinzelhandel (LEH) zu liefern. Einkaufsstättenbindung aufgrund mangelnder Alternativen im räumlichen Umfeld (wettbewerbausschließende Determinante) wird aus der Betrachtung ausgeklammert. Diese verdeutlicht zwar die Bedeutung von Standortwahlentscheidungen, liefert jedoch keine Erkenntnisse, wie Handelsunternehmen respektive Einkaufsstätten im wettbewerbsintensiven Umfeld langfristig erfolgreich sein können.

Dabei wird jedoch der Fokus nicht nur auf das ladentreue Verhalten der Kunden gerichtet. Theoretische und empirische Erkenntnisse zur Wechselneigung von Kunden (Herrmann/Gutsche 1994; Bänsch 1995) verdeutlichen, daß die Motive zur Einkaufsstättenbindung nur verstanden werden können, wenn das spiegelbildliche Ladenwechselverhalten mit untersucht wird. Konkret wird versucht, die aus Konsumentensicht wahrgenommenen Vor- und Nachteile einer Einkaufsstättenbindung bzw. Vor- und Nachteile des Einkaufsstättenwechselns zu identifizieren, um darauf aufbauend zielgruppengerechte Kundenbindungsstrategien und -maßnahmen abzuleiten.

Kundenbindung ist ein intensitätsmäßig abgestuftes Verhalten von Kunden, das bei einer ex post Betrachtung direkt beobachtbar ist (Diller 1996, S. 84). Untersuchungen zum Einkaufsverhalten im deutschen LEH belegen, daß Kunden unterschiedlich viele Einkaufsstätten zur Deckung ihres täglichen Lebensmittelbedarfs aufsuchen. Arend-Fuchs (1995, S. 140f.) stellt fest, daß ca. 24% der Konsumenten in ein bis zwei Einkaufsstätten und ca. 38% in zahlreichen Einkaufsstätten ihren täglichen Lebensmittelbedarf decken.

Je intensiver ein Kunde seinen täglichen Lebensmittelbedarf in einer Einkaufsstätte deckt, desto stärker ist die Einkaufsstättenbindung, desto weniger Verkaufsspielraum besteht für den Wettbewerb (Diller 1996, S. 85). Demnach erfolgt die Operationalisierung anhand einer „Kundendurchdringungsrate". da diese implizit die „Nicht"-Hinwendung eines Kunden zum Wettbewerb erfaßt. Insofern stellt sich Kundenbindung als ein Kontinuum dar, wobei mit sinkender Anzahl der Einkaufsstätten der Grad der Kundenbindung steigt und im Extremfall eine „Single-Source-Beziehung", bei der der gesamte Bedarf in einer Einkaufsstätte gedeckt wird, vorliegt (*Abbildung 3*).

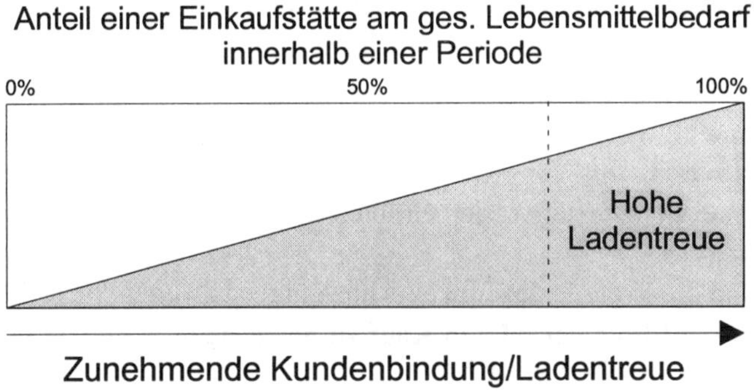

Abbildung 3: Kontinuum der Kundenbindung

3 UNTERSUCHUNGSDESIGN

Aufgrund des geringen Kenntnisstands zur Einkaufsstättenbindung im deutschen LEH wurde ein exploratives Untersuchungsdesign zugrunde gelegt. Untersucht wurden einerseits Konsumenten, die eine starke Einkaufsstättenbindung aufweisen, d.h. die einen großen Teil ihres täglichen Lebensmittelbedarfs in einer oder zwei Einkaufsstätten tätigen, andererseits Konsumenten, die ihre Einkäufe über eine Reihe verschiedener Einkaufsstätten verteilen. Mittels der Polarisierung der Probanden sollten die unterschiedlichen Motive und damit die jeweiligen Erklärungsmuster für Ladentreue bzw. Ladenwechsel herausgearbeitet werden.

Konkret wurden zwei Gruppendiskussionen durchgeführt: In der einen Gruppe befanden sich „Ladenwechsler", die zweite Gruppe setzte sich aus ladentreuen Käufern zusammen. Bei der Zusammensetzung der Gruppen wurde eine bewußte Auswahl nach Alter und Geschlecht vorgenommen, um Vertreter verschiedener soziodemographischer Gruppen befragen zu können. Das Altersspektrum der Teilnehmer erstreckte sich von 22 bis 60 Jahren, Männer und Frauen waren gleich stark vertreten. *Tabelle 1* vermittelt einen Überblick über die in den Gruppendiskussionen behandelten Themen.

Tabelle 1: Themen der Gruppendiskussionen

1.	Allgemeines Kaufverhalten, z.B.:
-	In welchen Geschäften wird eingekauft?
-	In wievielen Geschäften wird eingekauft?
-	Nach welchen Kriterien werden die Geschäfte ausgewählt?
2.	Vor- und Nachteile Ladentreue und Ladenwechsel, z.B.:
-	Warum wird in verschiedenen Geschäften eingekauft?
-	Was sind die Vor- und Nachteile des Einkaufs in verschiedenen Geschäften?
-	Warum wird trotz der u.U. in Kauf zu nehmenden Nachteile in verschiedenen Geschäften gekauft?
-	Kann man sich vorstellen, den Großteil der Einkäufe in nur einem Geschäft zu tätigen? Was sind die Vorteile des Einkaufs in wenigen bzw. nur einem Geschäft? Warum wird trotz der u.U. in Kauf zu nehmenden Nachteile in nur wenigen bzw. einem Geschäft gekauft?
3.	Verbesserungspotentiale zur Steigerung der Ladentreue, z.B.:
-	Was kann der Lebensmitteleinzelhandel ganz allgemein verbessern?
-	Was muß ein Geschäft bieten, damit man einen Großteil seiner Einkäufe hier tätigt?

4 ALLGEMEINES EINKAUFSVERHALTEN BEI LEBENSMITTELN

Im ersten Teil der Untersuchung wurde das Einkaufsverhalten allgemein betrachtet. Hierbei wurden nicht einkaufsstättenspezifische Aspekte untersucht, sondern grundsätzliche Determinanten des Kaufverhaltens bei Lebensmitteln analysiert.

Es zeigt sich, daß neben unterschiedlichen Bedürfnissen u.a. globale Einflüsse das Verhalten, wo gekauft wird, prägen. Hierunter sind Faktoren zu verstehen, die nicht durch die konkrete Kaufsituation bestimmt, sondern im weiteren Lebensumfeld der Kunden anzusiedeln sind. So können sich Änderungen des Einkaufsverhaltens aus Veränderungen der Lebensumstände (Eintritt in das Rentenalter, Umzug, Verlust des Führerscheins etc.) ergeben (Bänsch 1995, S. 343). In welchem Geschäft Einkäufe letztlich getätigt werden, wird schließlich auch von Faktoren der konkreten Kaufsituation bestimmt (*Abbildung 4*).

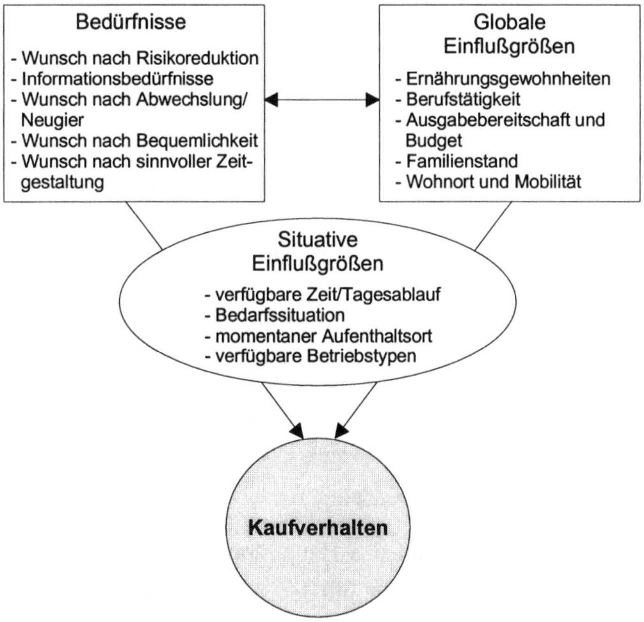

Abbildung 4: Determinanten des Kaufverhaltens im LEH

5 LOYALITÄTSVERHALTEN DER KONSUMENTEN IM LEH

Die befragten Personen zeigen unterschiedliche Arten von Ladentreue- bzw. Ladenwechselverhalten. Anhand der dem loyalitätsspezifischen Verhalten zugrundeliegenden Bedürfnisse der Kunden können insgesamt vier unterschiedliche Verhaltensweisen in bezug auf die Einkaufsstättenbindung identifiziert werden. Diese Typologisierung auf Basis der Bedürfnisse erscheint sinnvoll, da hierdurch direkte Ansatzpunkte für zielgruppengerechte Kundenbindungsstrategien und -maßnahmen geliefert werden können (vgl. hierzu auch Westbrook/Black 1985, S. 84; Dawson et. al. 1990, S. 408).

Wie in *Abbildung 5* dargestellt, führt die Dominanz unterschiedlicher Motive zu unterschiedlichen Verhaltensweisen:

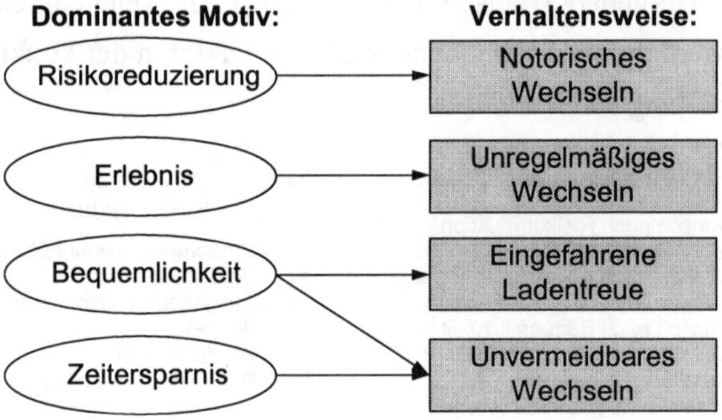

Abbildung 5: Dominante Motive und Verhaltensweisen

- stellt die *Reduktion des Risikos* das dominante Motiv dar, so wird notorisch, d.h. ständig und aus Überzeugung die Einkaufsstätte gewechselt;
- erwächst aus dem Wunsch nach Abwechslung und der ständigen Neugier eines Konsumenten das Einkaufsmotiv *Erlebnis*, so wird dieses durch unregelmäßiges Wechseln der Einkaufsstätte zu befriedigen gesucht;
- ist *Bequemlichkeit* beim Einkauf das Hauptmotiv, so verhält man sich ausgeprägt ladentreu und kauft möglichst in ein und demselben Geschäft ein, und
- sind *Zeitersparnis* bei gleichzeitiger *Bequemlichkeit* die handlungsleitenden Motive, so ist das Wechseln der Einkaufsstätte unvermeidbar.

Hierbei ist festzuhalten, daß einzelne Personen nicht auf jeweils eine Verhaltensweise festgelegt sind, d.h. ein und dieselbe Person kann im Zeitablauf unterschiedliche Verhaltensweisen an den Tag legen. Wie oben bereits dargelegt, spielen hierbei Veränderungen in den globalen Einflußfaktoren (Änderungen der Haushaltsstruktur, Umzug etc.) und situative Einflußfaktoren eine Rolle. So könnte ein Konsument, der sich bislang „eingefahren ladentreu" verhalten hat, durch einen Umzug kurzfristig zur Verhaltensweise des „notorischen Wechselns" übergehen, da er an seinem neuen Wohnort nicht über einen genauen Überblick über das vorhandene Angebot an LEH-Geschäften verfügt.

Das notorische Ladenwechseln

Die Verhaltensweise des häufigen Wechselns der Einkaufsstätte ergibt sich aus dem dominanten Motiv der Risikoreduktion. Das Aufsuchen neuer Geschäfte wird als rationale Einkaufsstrategie angesehen. Der Wunsch, Vergleiche anstellen zu können, führt den Konsumenten immer wieder in andere Geschäfte. Mithin werden aus Überzeugung verschiedene Geschäfte aufgesucht, um gut informiert zu sein und möglichst optimal einkaufen zu können. Im Gegensatz zur unten beschriebenen Verhaltensweise des unregelmäßigen Wechselns handelt es sich hierbei um stark *rationale Beweggründe*.

Notorisches Ladenwechseln
Eine Vielzahl von Geschäften wird aus Überzeugung und nicht zufällig oder aufgrund situativer Einflüsse aufgesucht; die Reduktion des empfundenen Einkaufsrisikos wird durch vernünftiges, rationales Einkaufen auf Basis guter Informationen erreicht.

Die Vorteile des Ladenwechsels bzw. der Ladentreue stellen sich hier wie folgt dar:

Vorteile Ladenwechsel	
-	Preis-, Sortiments- und Qualitätsvergleich
-	größere Produktpalette
-	Nutzungsmöglichkeiten von Sonderangeboten
Vorteile Ladentreue	
-	keine, verhindert das Vergleichen der Angebote

In einem häufigen Wechsel der Einkaufsstätten wird ein echter Vorteil gesehen, da nur so Vergleiche zwischen den verschiedenen Angeboten angestellt werden können und man nur auf diese Weise gut über das Gesamtangebot informiert ist. Hierbei sind Preis-, Sortiments- und Qualitätsvergleiche von Interesse. Die offensichtlichen Nachteile des häufigen Wechselns der Einkaufsstätte (z.B. der erhöhte Suchaufwand) werden bewußt in Kauf genommen, da die Möglichkeit des Vergleichens die hiermit verbundenen Nachteile deutlich überwiegt.

Interessant an dieser Verhaltensweise ist, daß auch ein Geschäft, das sämtliche denkbaren Anforderungen erfüllt, nicht zur alleinigen Einkaufsstätte wird, da dies den Vergleich mit anderen Angeboten verhindern würde. Somit wäre nicht sichergestellt, daß man einen Überblick über das Gesamtangebot wahren kann. Da dieser Konsument nach ständiger Bestätigung der Güte seiner getätigten Einkäufe strebt, würde Verunsicherung eintreten, es würde sich die Frage stellen, ob die getätigten Einkäufe optimal sind. Diese Verunsicherung ließe sich wiederum nur durch das Vergleichen der Angebote verschiedener Einkaufsstätten abbauen.

Für diese Kunden gilt es, die in der Literatur mehrfach vertretene These einer positiven Korrelation zwischen Kundenzufriedenheit und Kundenbindung (Jones/Sasser 1995, S. 91) zu relativieren. Zufriedenheit kann verstanden werden als Ergebnis eines psychischen Vergleichsprozesses des Konsumenten, bei dem seine Erwartungen der Bewertung des Leistungsangebots beim bzw. nach dem Kauf gegenübergestellt werden (Burmann 1991, S. 250). Kundenbindung bzw. Wechselverhalten werden jedoch in diesem Falle nicht von den konkreten Erwartungen gegenüber dem Leistungsangebot und deren Erfüllung geprägt. Statt dessen erfolgt das Wechselverhalten unabhängig vom Zufriedenheitsgrad des Kunden. Das dominante Motiv der Risikoreduktion kann aus Sicht der Kunden nicht durch das Leistungsangebot der Einkaufsstätte ausreichend befriedigt werden. Bänsch (vgl. 1995, S. 344) beschreibt dieses Verhalten als Appetenz-Aversions-Konflikt, bei dem der Kunde trotz möglicher Vorteile eines loyalen Verhaltens eine Aversion gegen Treue gegenüber einer bestimmten Alternative empfindet.

Das unregelmäßige Ladenwechseln

Diese Verhaltensweise ist geprägt durch kurz- bis mittelfristige Ladentreue. Unabhängig von Veränderungen der globalen Determinanten des Kaufverhaltens treten Wechselneigungen beim Kunden auf. Zwar werden Vorteile darin erkannt, immer in einem Geschäft zu kaufen; jedoch kommt nach einer gewissen Zeitspanne Langeweile beim Einkauf auf, woraufhin -u.U. nach einer Phase des Suchens mit häufigem Wechseln- ein anderes Geschäft bevorzugt aufgesucht wird. In Abhängigkeit der Höhe des empfundenen Stimulanzniveaus können zwei verschiedene Verhaltensweisen auftreten (*Abbildung 6*):

1) Das Bedürfnis nach einem Wechsel der Haupteinkaufsstätte kann sehr plötzlich auftreten, und nicht immer ist es Unzufriedenheit mit dem vorhandenen Angebot,

die zum Wechsel führt. Der Wechsel erfolgt aufgrund eines deutlichen Stimulanzdefizits und dem daraus resultierenden Bedürfnis nach Abwechslung. Der Konsument begibt sich auf die aktive Suche nach Alternativen.

2) Man ist mit dem Angebot in der Haupteinkaufsstätte nicht unzufrieden, aber davon auch nicht wirklich überzeugt. Es gibt ein moderates Stimulanzdefizit, das eine passive Suche nach alternativen Einkaufsmöglichkeiten nach sich zieht. Das Entdecken einer besseren Alternative führt in diesen Fällen zum sofortigen Wechsel.

Wie aus *Abbildung 6* ersichtlich wird, birgt auch das Überschreiten des optimalen Stimulanzniveaus Risiken, da ein Geschäft bei zu großer Vielfalt der gebotenen Reize als unübersichtlich oder hektisch empfunden wird. Dies kann zur Verringerung der Einkaufsdauer und entsprechenden Umsatzeinbußen (Reduzierungszone) oder gar zur Abwanderung der Kunden (Ablehnungs-/Widerstandszone) führen. Während das Wechselverhalten beim notorischen Ladenwechseln als subjektiv rationale Einkaufsstrategie zu interpretieren ist, ist das unregelmäßige Ladenwechseln ein weniger durch Rationalität als vielmehr ein durch Emotionalität geprägtes Verhalten. Den Sicherheits- und Risikoreduzierungsmotiven, die sich hier in wahrgenommenen Vorteilen der Ladentreue widerspiegeln, steht ein Bedürfnis nach Abwechslung gegenüber. Dieses Bedürfnis wird in der Literatur mit dem Begriff „variety seeking“ beschrieben. Hierbei ist „variety seeking“ nicht als Sammelbegriff für Wechselverhalten zu verstehen, sondern als eine bestimmte, durch das Bedürfnis nach Abwechslung motivierte Form von Wechselverhalten (vgl. McAllister/Pessimier 1982, S. 314).

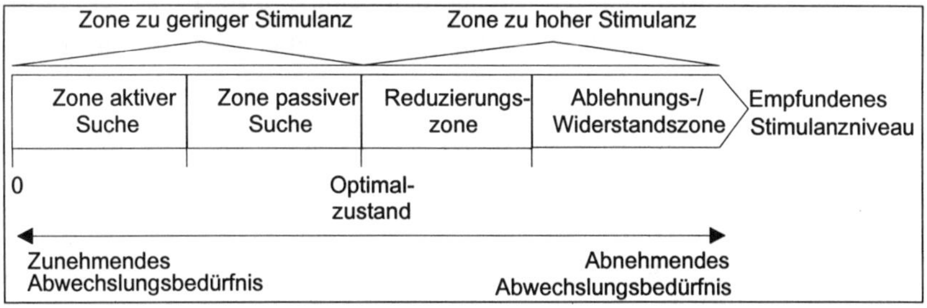

Quelle: in Anlehnung an Bänsch 1995, S. 347

Abbildung 6: Abwechslungsbedürfnis in Abhängigkeit vom empfundenen Stimulanzniveau

Untersuchungen zeigen, daß das Bedürfnis nach Abwechslung in Abhängigkeit von produktbezogenen und käuferbezogenen Kriterien variiert. Folgende Produktmerkmale können den Wunsch nach Abwechslung bei alternativen Leistungen verstärken:

- große verfügbare Alternativenzahl,
- kurze Kauffrequenzen,
- geringes Produktinvolvement und
- Merkmale, die intensiv menschliche Sinne ansprechen (vgl. Bänsch 1995, S. 351 f.).

Produkte im Bereich Ernährung weisen i.d.R diese Merkmale auf. Die Kunden sind demzufolge besonders in diesem Bereich für Abwechslung empfänglich und suchen diese auch aktiv. D.h. das empfundene Stimulanzdefizit in der Ernährung -oder anders formuliert, das mangelnde Erlebnis beim Konsum von Lebensmitteln- führt zu aktiver oder passiver Suche nach neuen Alternativen. Erlebnis heißt für diese Kunden nicht nur Einkaufserlebnis; demzufolge ist dieses Bedürfnis weitaus umfassender und dessen Befriedigung über den reinen Einkaufsprozeß hinaus zu betrachten: Der Kunde wünscht sich von seinem Lebensmittelhändler Problemlösungen für das Führen des Haushalts. Im Mittelpunkt steht hierbei das Problem „Ernährung". Die vielfältigen Angebote einerseits und die tradierten Eßgewohnheiten andererseits lassen ein Spannungsfeld entstehen: Man verspürt den Wunsch nach Neuem, nach einem Erlebnis bei der Ernährung, jedoch fällt es häufig schwer, das eigene „Mahlzeiten-Repertoire" zu erweitern. Da der Handel durch seine Vorauswahl dieses Repertoire mitbestimmt, erwartet der Kunde möglichst komplette Problemlösungen. Die Suche nach Erlebnissen bei der Ernährung zieht die Suche nach Inspiration und Erlebnissen beim Einkauf nach sich. Sobald das vorhandene Angebot diese Kundenwünsche nicht hinreichend erfüllt, führt die mit der Zeit nachlassende inspirative Wirkung eines Geschäfts zu Langeweile und somit zum Wechsel der Einkaufsstätte. Dieser Wechsel hat vorwiegend *emotionale Beweggründe.*

Unregelmäßiges Ladenwechseln
Der Wunsch nach Abwechslung und Erlebnissen „zu Hause" führt zu emotionalem, erlebnisorientiertem Einkaufen, das durch Anregungen und Befriedigung von Neugierde realisiert werden kann; dies wird durch sporadischen Wechsel der Einkaufsstätte erreicht.

Die Vorteile des Ladenwechsels bzw. der Ladentreue stellen sich hier wie folgt dar:

Vorteile Ladenwechsel
- hilft, neue Produkte kennenzulernen
- gibt die Möglichkeit, die eigene Neugierde zu befriedigen
- bietet mehr Anregungen
- verhindert Langeweile
Vorteile Ladentreue
- Bequemlichkeit, man weiß, wo die Produkte stehen
- Zeitersparnis

Insgesamt überwiegen die genannten Vorteile der Ladentreue, d.h. man stellt sich nur ungern auf neue Geschäfte ein und würde entsprechend gerne die dargestellten Vorteile des Ladenwechsels in einem Stammgeschäft realisieren. Dies ist jedoch aufgrund der vom Konsumenten wahrgenommenen Mängel im Angebot und der daraus resultierenden Langeweile nicht möglich.

Die eingefahrene Ladentreue

Die eingefahrene Ladentreue zeichnet sich durch ein *stark rational geprägtes* Versorgungsverhalten aus. Die Minimierung des physischen und psychischen Aufwands des Einkaufens steht im Vordergrund, daher wird nach Möglichkeit immer dieselbe Einkaufsstätte aufgesucht. Dieses Verhalten wird von Westbrook (1985, S. 102) als „shopping-process apathetic" bezeichnet und konzentriert sich auf die Optimierung des Kaufprozesses als solchem, d.h. mit möglichst geringem kognitiven Engagement soll das Einkaufsproblem gelöst werden. Dieses Gewohnheitsverhalten kann als theoretischer Gegenpol zum „Variety seeking"-Motiv der unregelmäßigen Ladenwechsler verstanden werden. Demzufolge ist der Wunsch nach Abwechslung nur schwach ausgeprägt und kann über die sich aus situativen Faktoren ergebende sporadische Notwendigkeit, in anderen Geschäften einkaufen zu müssen, befriedigt werden. Hierbei werden andere Einkaufsstätten vornehmlich zur Tätigung von Ergänzungskäufen und nicht zur Suche nach Neuem bzw. zur Inspiration aufgesucht.

Selbst bei Unzufriedenheit in Teilbereichen kommt es nicht zwangsläufig zur Abwanderung, wahrgenommene Nachteile der regelmäßig besuchten Einkaufsstätte werden teilweise hingenommen. Selbst wenn alternative Einkaufsstätten in räumlicher Nähe zur

Verfügung stehen, erfolgt eine Abwanderung erst bei starker Unzufriedenheit. Kunden, die sich „eingefahren ladentreu“ verhalten, zeichnen sich demzufolge durch eine relativ statische Erwartungshaltung aus. Ladenwechseln bildet kein Alternative, solange die Erwartungen ganz oder zum größeren Teil erfüllt werden. Dieses Verhalten bezeichnet Stauss (1997, S. 79 f.) als resignative Zufriedenheit. Hierbei handelt es sich um ein passives Anspruchsverhalten aufgrund der Erfahrung, daß vom Anbieter nicht mehr als das Herkömmliche zu erwarten ist, d.h. die Betreffenden unternehmen keine Anstrengungen, höhere Ansprüche gegenüber dem Anbieter zu formulieren. In einem solchen Fall ist die Anbieter-Abnehmer-Beziehung aus Kundensicht nicht als positiv, sondern eher als gleichgültig einzuschätzen.

Eingefahrene Ladentreue
Der Wunsch nach Bequemlichkeit beim Einkaufen führt zu entproblematisiertem, versorgungsorientiertem Einkaufen; dies wird durch das Aufsuchen derselben Einkaufsstätte realisiert.

Die Vorteile der Ladentreue bzw. des Ladenwechsels stellen sich hier wie folgt dar:

Vorteile Ladentreue
- weniger Zeitaufwand, Einkauf ist besser planbar
- gute Kenntnis des Angebots
- persönlicher Kontakt zu Mitarbeitern vorhanden
Vorteile Ladenwechsel
- keine echten Vorteile, man muß sich jedes Mal neu zurechtfinden

Die Wahrnehmung der Vorteile der Ladentreue überwiegt deutlich; es werden keine echten Nachteile der Ladentreue gesehen.

Das unvermeidbare Ladenwechseln

In der Literatur werden unterschiedliche situative Einflußfaktoren in bezug auf das Loyalitätsverhalten der Kunden diskutiert, wie z.B. Preisreduzierungen bei Alternativangeboten (Dick/Basu 1994, S. 105). Das hier beobachtete unvermeidbare Ladenwechseln ist hingegen durch äußere Umstände gekennzeichnet, die zum Einkauf in unterschiedlichen Geschäften zwingen. Dies kann begründet sein durch berufliche und zeitliche Zwänge auf Seiten des Kunden oder durch ein aus Kundensicht mangelhaftes Angebot (fehlende Warengruppen oder einzelne Produkte). Insbesondere bei Berufstätigen spielen situative Faktoren eine große Rolle bei der Auswahl des Geschäfts, da das Einkaufen in den Tagesablauf integriert und der Tagesablauf nicht nach dem Einkauf geplant wird. So wird häufig zwischen Einkäufen „unter der Woche" und Samstagseinkäufen unterschieden. Hierbei werden die Samstagseinkäufe oft in immer demselben Geschäft getätigt und sind „Großeinkäufe". Die Einkäufe „unter der Woche" dienen der Versorgung mit dem Tagesbedarf und werden häufig in verschiedenen Geschäften (zum Teil derselben Kette) getätigt.

Unvermeidbares Ladenwechseln
Das Einkaufen ist stark durch äußere Einflüsse geprägt und muß möglichst schnell und bequem erfolgen.
Die Vorteile des Ladenwechsels bzw. der Ladentreue stellen sich hier wie folgt dar:
Vorteile Ladenwechsel
- keine echten Vorteile, das Ladenwechseln ist notwendiges Übel
Vorteile Ladentreue
- weniger Zeitaufwand, Einkauf ist besser planbar
- gute Kenntnis des Angebots

Die Untersuchungsergebnisse zeigen, daß sehr unterschiedliche Motive zu Ladentreue bzw. -wechseln führen können. Die Kunden im LEH agieren bzw. reagieren sehr verschieden in ihrem Einkaufsverhalten. Das notorische Ladenwechseln steht der eingefahrenen Ladentreue diametral gegenüber; zwangsläufig können hier nicht dieselben Kundenbindungsmaßnahmen erfolgreich angewendet werden. Eine differenzierte Ausrichtung auf die jeweiligen Motive ist für den Aufbau einer langfristigen Einkaufsstättenbindung unabdingbar. Im folgenden wird gezeigt, wie aufbauend auf den empirischen Ergebnissen die Beziehung zwischen Einkaufstätte und Kunde gestaltet werden kann.

6 KUNDENBINDUNGSSTRATEGIEN IM LEH

Erfolgreiche Kundenbindung ist nach Effektivitäts- und Effizienzkriterien zu bewerten. Zwei Grundsätze sind handlungsleitend (Tomczak/Dittrich 1997, S. 22):

- Den richtigen Kunden binden und
- den Kunden richtig binden.

Für das Management bedeutet dies: Welche Kunden sollen, mit welchen Maßnahmen, auf welche Weise gebunden werden? Zur Beantwortung dieser Frage bieten die vorgestellten Ergebnisse der Untersuchung Ansatzpunkte.

Wie festgestellt wurde, führen unterschiedliche Motive zu unterschiedlichem Bindungsverhalten. Demzufolge können Kundenbindungsstrategien und -maßnahmen den genannten Grundsätzen von Effektivität und Effizienz nur entsprechen, wenn sie diesen Unterschieden Rechnung tragen und somit *zielgruppenorientiert* entwickelt werden (*Abbildung 7*). Hierbei ist anzumerken, daß eine weitere quantitative Untersuchung zur Ermittlung der Größe der einzelnen Zielgruppen zur exakten Festlegung der Schwerpunkte der Aktivitäten notwendig wäre.

Um eine effiziente Kundenbindungsstrategie entwickeln zu können, ist zunächst festzulegen, welche Kunden gebunden werden sollen. Vor diesem Hintergrund ist insbesondere der *notorische Wechsler* kritisch zu betrachten. Da das Wechseln der Einkaufsstätte eine Einkaufsstrategie dieses Konsumenten darstellt, muß davon ausgegangen werden, daß überdurchschnittliche Investitionen nur zu unterdurchschnittlichen Erfolgen führen (O'Brien/Jones 1995, S. 101). Da andere Zielgruppen existieren, die einen effizienteren Mitteleinsatz versprechen, könnte diese Zielgruppe zunächst vernachlässigt werden.

Bei Kunden, die sich durch eine *eingefahrene Ladentreue* auszeichnen, also sog. Stammkunden, sollte sich die Strategie auf das Halten der Kunden konzentrieren. Bei *unregelmäßig wechselnden Kunden* ist die Strategie auf zwei Aspekte ausgerichtet. Ziel hierbei ist das Gewinnen von *unregelmäßigen Wechslern*, die aufgrund aufkommender bzw. bestehender Langeweile bezüglich ihrer angestammten Einkaufsstätte aktiv oder passiv eine alternative Einkaufsmöglichkeit suchen. Gleichzeitig ist die Unterschreitung der optimalen Reizschwelle bei den eigenen Kunden zu vermeiden. In diesem Fall ergibt sich ein enger Zusammenhang zwischen Neukunden-Akquisition und Kundenbindung. Ähnlich verhält es sich bei den Kunden mit *unvermeidbarem Wechselverhalten*. Diese Kunden sehen klare Vorteile einer Ladentreue, können jedoch aufgrund äußerer Zwänge keine Einkaufsstättenbindung aufbauen. Die dominanten Motive Bequemlichkeit und Zeitersparnis können dennoch durch die *Bindung an eine Einkaufs-*

kette befriedigt werden, wodurch auch dieser Kundenkreis aus der Sicht eines Handelsunternehmens langfristig gebunden werden kann.

Notorisches Wechseln	Keine langfristige Bindung an eine Einkaufsstätte oder Kette	***Vernachlässigen***
Eingefahrene Ladentreue	Langfristige Bindung an eine Einkaufsstätte vorhanden	***Halten***
Unregelmäßiges Wechseln	Langfristige Bindung an eine Einkaufsstätte und/oder Kette möglich	***Nicht Verlieren und Gewinnen***
Unvermeidbares Wechseln	Langfristige Bindung an eine Kette möglich	***Gewinnen***

Abbildung 7: Grundsatzstrategien der Kundenbindung

Da analog zu einer Vielzahl von veröffentlichten Ergebnissen aus anderen Branchen zu erwarten ist, daß Stammkunden besonders profitabel sind, erscheint ein effizienter Mitteleinsatz insbesondere bei der Zielgruppe der *eingefahren Ladentreuen* möglich. Entsprechend den oben dargestellten Bedürfnissen und Einkaufsmotiven dieser Zielgruppe kann hier als Leitbild gelten: *„Den Kunden versorgen"* (*Abbildung 8*). Hierbei ist beispielsweise durch die Erfüllung des Marktstandards, durch ein aktives Beschwerdemanagement und freundliches, kompetentes Personal Unzufriedenheit zu vermeiden. Weiterhin ist durch eine hinreichende Kontinuität des Angebots dafür zu sorgen, daß die Vorteile der Bequemlichkeit des Einkaufs in immer derselben Einkaufsstätte von den Kunden wahrgenommen werden.

Größere Anstrengungen sind zur Bindung von unregelmäßig wechselnden, nach Abwechslung suchenden Kunden aufzubringen. Hier lautet die Maxime: *„Den Kunden inspirieren"*. Dieser Kunde sieht den LEH als Problemlöser, der ihn in die Lage versetzen sollte, mit wenig Aufwand (in zeitlicher, psychischer und evtl. auch in pekuniärer Hinsicht) zu Hause für Abwechslung zu sorgen. Der Handel sollte durch kundenorientierte Problemlösungen das Schaffen von Erlebnissen „zu Hause" unterstützen.

Eine besondere Rolle spielt hierbei das Sortiment, das nicht nur eine hinreichende Breite und Tiefe aufweisen, sondern darüber hinaus auch Abwechslung bieten sollte. Dies gilt insbesondere für den Frischebereich (der im LEH traditionell einen wichtigen

Ansatzpunkt zur Differenzierung darstellt). Die gewünschte Abwechslung und Inspiration läßt sich durch wechselnde Sortimentsbestandteile, aber auch durch die gezielte Kommunikation am POS (z.B. durch Verkostungen und Vorführungen oder Aktionswochen) erzielen. Bei der Warenpräsentation sollte eine reizarme Blockbildung und Sortendifferenzierung am POS vermieden werden. Beispielsweise kann Spannung durch eine überraschende Abfolge von Produktgruppen aufgebaut werden. Desweiteren können durch intermittierende Angebote Abnutzungserscheinungen vermieden werden. Beispielsweise zeigt McDonalds mit seinen zeitlich begrenzten Aktionen mit bestimmten Produktvarianten erfolgreich, wie die Reizabnutzung durch temporären Rückzug vom Markt vermieden und gleichzeitig neue Attraktivität für „variety seeking" geliefert werden kann (Bänsch 1995, S. 360).

Grundsätzlich liegt die Kunst hierbei in der Balance zwischen Neuem und Bewährtem, da der Kunde neben dem Wunsch nach Abwechslung auch die Bequemlichkeitsvorteile, die sich aus einem beständigen Sortiment und standardisierter Warenpräsentation ergeben, nutzen möchte. Hierdurch kann eine Ansprache der unregelmäßigen Ladenwechsler gleichzeitig mit der Befriedigung der Bedürfnisse der *eingefahren ladentreuen* Kunden einhergehen.

Der Kunde, der aufgrund externer Einflüsse zum ständigen Wechsel der Einkaufsstätte gezwungen ist, kann nicht an eine Einkaufsstätte, er muß vielmehr an eine *Ladenkette* gebunden werden. Dies kann erreicht werden, indem nach dem Motto *„Den Kunden entlasten"* die Kette als Marke aufgebaut und eine weitgehende Standardisierung der Marketinginstrumente vorgenommen wird. Hierbei ist es Aufgabe der Kommunikationspolitik, für ein entsprechendes Image und Vertrauen auf Seiten des Konsumenten zu sorgen. Maßnahmen wie eine Standardisierung der Sortimente, Preise, Ladengestaltung und Warenpräsentation über alle Geschäfte der Kette dienen dem Kunden als „externe Gedächtnishilfe" (Iyer 1989, S. 41) und ermöglichen so dem Kunden die Realisierung der Vorteile des Einkaufs in einer Einkaufsstätte (insb. Bequemlichkeit und Zeitersparnis).

Abbildung 8: Zielgruppenorientierte Kundenbindungsstrategien

7 ZUSAMMENFASSUNG

Die Untersuchung loyalitätsspezifischen Konsumentenverhaltens im deutschen LEH hat gezeigt, daß Ladentreue bzw. Ladenwechsel aus unterschiedlichen Bedürfnissen und situativen Faktoren heraus erfolgt. Es konnten vier Verhaltenstypen identifiziert werden, die die Basis für die Entwicklung und Umsetzung von Kundenbindungsstrategien und -maßnahmen bilden. Das Ziel, den richtigen Kunden richtig zu binden, kann nur erreicht werden, wenn die wahrgenommenen Vor- und Nachteile von Ladentreue aus Kundensicht berücksichtigt werden. Aufgrund der qualitativen Anlage der Untersuchung ist eine Angabe über die quantitative Verteilung der verschiedenen identifizierten Verhaltenstypen nicht möglich. Hier könnten weitere Untersuchungen für einzelne Handelsunternehmen bzw. für einzelne Einkaufsstätten ansetzen, die ein vollständiges Bild über das Loyalitätspotential der jeweiligen Zielgruppen und somit konkrete Ansatzpunkte für die Strategien und Maßnahmen zur Kundenbindung liefern.

LITERATUR

Arend-Fuchs, C.: Die Einkaufstättenwahl der Konsumenten bei Lebensmitteln, Frankfurt a. M. 1995.

Bänsch, A.: Variety Seeking - Marketingfolgerungen aus Überlegungen und Untersuchungen zum Abwechslungsbedürfnis von Konsumenten. In: GFK Jahrbuch der Absatz- und Verbrauchsforschung 4/1995, S. 342-365.

Burmann, C.: Konsumentenzufriedenheit als Determinante der Marken- und Händlerloyalität. In: Marketing Zeitschrift für Forschung und Praxis, Heft 4, IV. Quartal 1991, S. 249-258.

Dawson, S.; Bloch, P. H.; Ridgway, N. M.: Shopping Motives, Emotional States, and Retail Outcomes. In: Journal of Retailing, Volume 66, Number 4, Winter 1990, S. 408-427.

Dick, A. S.; Basu, K.: Customer Loyality: Toward an Integrated Conceptual Framework. In: Journal of the Academy of Marketing Science, Volume 22, no. 2, S. 99-113.

Diller, H.: Kundenbindung als Marketingziel. In: Marketing Zeitschrift für Forschung und Praxis, Heft 2, 2. Quartal 1996, S. 81-94.

Eckert, S.: Kundenbindung — Konzeptionelle Grundlagen und Praxisbeispiele aus Dienstleistungsunternehmen. In: Tomczak, T.; Belz, C. (Hrsg.), Kundennähe realisieren, St. Gallen 1994, S. 367-385.

Herrmann, A.; Gutsche, J.: Ein Modell zur Erfassung der individuellen Markenwechselneigung. In: Zeitschrift für betriebswirtschaftliche Forschung 1 (1994), S. 63-80.

Homburg, C.; Rudolph, B.: Wie zufrieden sind Ihre Kunden tatsächlich? In: HARVARD BUSINESS manager 1/1995, S. 43-50.

Iyer, E. S.: Unplanned Purchasing: Knowledge of Shopping Environment and Time Pressure. In: Journal of Retailing, 65 (1989),1.

Jones, T. O.; Sasser, W. E.: Why Satisfied Customer Defect. In: Harvard Business Review, November-December 1995, S: 89-99.

McAllister, L.; Pessimier, E. A.: Variety Seeking Behavior: An Interdisciplinary Review. In: Journal of Consumer Research, 9 (1982), S. 311-322.

Müller, W.; Riesenbeck, H.-J.: Wie aus zufriedenen auch anhängliche Kunden werden. In: HARVARDmanager 3 (1991), S. 67-79.

O'Brien, L.; Jones, C.: Loyalitätsprogramme richtig konzipieren. In: HARVARD BUSINESS manager 4 (1995), S. 98-105.

Stauss, B.: Führt Kundenzufriedenheit zu Kundenbindung? In: Belz, C. (Hrsg.), Marketingtransfer: Kompetenz für Marketing-Innovation, Schrift 5, St. Gallen 1997, S. 76-86.

Tomczak, T.; Dittrich, S.: Strategien zur Steigerung von Kundenbindung. In: Haedrich, G. (Hrsg.), Der loyale Kunde, Mainz 1997, S. 12-26.

Westbrook, R. A.; Black, W. C.: A Motivation-Based Shopper Typology. In: Journal of Retailing, 61 (1985), 1, S. 78-103.

Wieder, M.: Kundenbindungsinstrumente im Lebensmitteleinzelhandel — Eine Dokumentation. In: Haedrich, G. (Hrsg.), Der loyale Kunde, Mainz 1997, S. 29-40.

IBIHS — Ein modulares Such- und Entscheidungsmodell zur Handhabung internationaler Handelsbarrieren im Rahmen internationaler Kundenorientierung

Hubert F. Marschner, Innsbruck

Weltweit werden Wirtschaftszonen erweitert, neue Märkte öffnen sich oder ändern ihren Status im Welthandel. Trotz der angestrebten Liberalisierung wird diese Entwicklung von neuartigen und vielfältig ausgeprägten Hemmechanismen begleitet. Internationale Handelsunternehmen gelten als Spezialisten im operativen Umgang mit internationalen Handelsbarrieren. Aber erst die strategische kundenorientierte Barrierehandhabung durch Integration internationaler Informationsquellen führt zu spezifischen Wettbewerbsvorteilen. IBIHS als barrierebezogenes Informationssysstem soll internationale Handelsbarrieren frühzeitig methodisch erfassen und bewerten, um optimale kundenorientierte Handelsleistungen bieten zu können.

1 EINFÜHRUNG

Für internationale Handelsunternehmen gehören Ein- und Ausfuhrprobleme, Ursprungsfragen, einschließlich Boykottregelungen, und andere internationale Handelsbarrieren zur operativen Routine (UW 1995, S. 44). Die internationale Wirtschaftspolitik und die Evolution von GATT (General Agreement on Tarifs and Trade, Marschner 1992a, S. 357 f.) zu WTO (World Trade Organization, Heidensohn 1995) beeinflussen den internationalen Warenverkehr. Die zu beobachtende Ökonomisierung des globalen Gütertausches wird durch die Liberalisierung des Welthandels gefördert, führt aber gleichzeitig zur Erweiterung oder Errichtung neuer Wirtschaftszonen. Neben bereits bekannten entstehen auf diese Weise neuartige internationale Handelsbarrieren, die aufgrund ihrer differenzierten und komplexen Materie fachspezifisch bearbeitet werden, ihre strategisch relevante Aufarbeitung ist jedoch in internationalen Handelsunternehmen nicht feststellbar (Gamper 1995, S. 145 ff.).

Aus evolutorischen Veränderungen von Handelsaktivitäten läßt sich erkennen, daß internationale Handelsunternehmen einem Entwicklungspfad folgen, der von der opportunistischen Transaktionsorientierung zur strategischen netzwerkorientierten Ausrichtung führt. Internationale Handelsunternehmen, bes. Trading houses, sind in ein spezifisches Beziehungsnetz von weltweiten Abnahme- und Lieferverpflichtungen eingebunden. Sie lösen sich durch ihre geographische, sektorale bzw. funktionale Dezentralisierung aus dem direkten Wirkungsbereich (Broll 1993, S. 54 ff., Marschner 1993a) nationaler Betätigung. Neben dem internationalen Warenhandel sind damit globale Geld- und Kapitalbewegungen sowie Technologie- und Management-Know-how-Transfer verbunden. Jede Störung dieses Netzwerks bedroht nicht nur die Kundenbeziehungen, sondern kann diese sogar existentiell gefährden. Von einer systematischen strategischen Ausrichtung auf internationale Handelsbarrieren darf daher mehr Effizienz in der Gestaltung von internationalen Kundenbeziehungen erwartet werden.

Als spezielle Form eines strategischen Risiko-Managements (Adolff 1989, 1854 ff.) fand der Umgang mit internationalen Handelshemmnissen bisher kaum wissenschaftliche Beachtung. Auf der Basis der durch verschiedene emprische Untersuchungen (Gamper/Marschner 1996, Marschner/Rigger 1994) gewonnenen Einsichten wird IBIHS entwickelt. Es handelt sich um ein modulares und integrierbares Internationales Barriereinformations- und Handhabungs-System zur Optimierung der Kundenorientierung internationaler Handelsunternehmen. Bei entsprechender Ausgestaltung liefert es Vorschläge zur strategischen Gestaltung des Kernleistungsprogramms internationaler Handelsunternehmen.

2 IDENTIFIKATION UND STRATEGISCHE RELEVANZ INTERNATIONALER HANDELSBARRIEREN

2.1 Handelshemmende Einflußbereiche, Institutionen und Maßnahmen

Unter dem Sammelbegriff „Internationale Handelsbarrieren" werden eine Reihe von Tatbeständen erfaßt, welche den freien Warenverkehr über nationale Wirtschaftsräume hinweg behindern. Aus nationaler Sicht werden als Hauptzweck dieser Maßnahmen neben fiskalischen Gesichtspunkten die Förderung bzw. der Schutz des Inlandes und/oder die Diskriminierung des Auslandes angesehen. Diese Hemmechanismen beruhen auf ordnungspolitischen Maßnahmen oder geduldeten, sanktionierten Eingriffen in den Warenverkehr. Jede gewollte oder geduldete Ungleichbehandlung von Binnenmarktunternehmen zu Auslandsunternehmen bildet eine diskriminierende Handelsbarriere. Unter dem weit gefaßten Etikett „Internationale Handelsbarrieren" werden neben den tarifären und nichttarifären autoritären Maßnahmen weitere sozio-technische und interkulturelle Handelshindernisse aus den Bereichen Kommunikation, Technik, Logistik und Waren- und Zahlungsverkehr erfaßt.

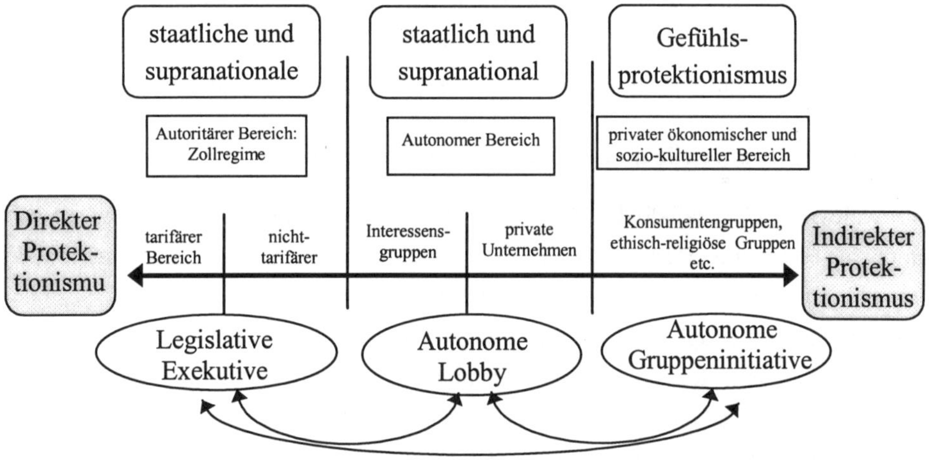

Quelle: Eigene Erweiterung nach Quambusch, 1989, Sp. 783

Abbildung 1: Handelshemmende Einflußbereiche, Institutionen und Maßnahmen

In *Abbildung 1* wird der Zusammenhang zwischen direkten und indirekten Erscheinungsformen des „Protektionismus" in Form handelshemmender Barrieren transparent. Eine Art Beeinflussungsskala erfaßt die Einflußbereiche, die beeinflussenden Institutionen und die Art der Maßnahmen. Dieses Modell ermöglicht es, die real beobachtbaren internationalen Handelsbarrieren zu identifizieren und zu analysieren. Danach lassen sich „zielgruppengerecht" strategische Anhaltspunkte für Präventiv- oder Gegenmaßnahmen generieren. Mit dem Instrument der International Political Affairs (Bergner 1989, Post et al. 1983) können proaktive oder reaktive Handlungsmuster zur Beeinflussung der jeweiligen Institutionen entwickelt werden.

Aus der Sicht einer systemtheoretischen Betrachtung haben internationale Marktbeziehungen offensichtlich immer auch mit unzureichender Information internationaler Marktakteure zu tun, denn fast alle internationalen Barrieren kündigen sich mittel- bis langfristig im jeweiligen nationalen Umfeld bzw. in der handelspolitischen Diskussion an. Als Ansatz zur Lösung von Barriere-Problemen vermag das Theorem der asymmetrischen Informationsverteilung unter Beachtung opportunistischer Verhaltensweisen (Marschner 1996a) einen erheblichen Erklärungsbeitrag leisten. Aus dieser Sichtweise entstehen im Rahmen der Handhabung internationaler Barrieren Marktkosten aus asymmetrischer Informationsverteilung zwischen internationalen Marktakteuren. Aus transaktionskostentheoretischer Sicht bildet sich einerseits ein erfolgsrelevantes Kostenpotential für internationale Handelsunternehmen, andererseits lassen sich auch Nutzenpotentiale vermuten, die sich aus adäquatem Umgang mit internationalen Handelsbarrieren in Form von strategischen Wettbewerbsvorteilen ergeben.

2.2. Das institutionelle und rechtliche Umfeld internationaler Handelsbarrieren

Das weltweite Geschäftsfeld internationaler Handelsunternehmen unterliegt sowohl nationalen rechtlichen Bestimmungen, als auch internationalen Regeln und Usancen, die sich im Laufe der Zeit entwickelt haben. Diese Normen beruhen nicht nur auf speziellen internationalen vertraglichen Vereinbarungen, sondern auch auf weitgehend ungeschriebenen Regeln des Völkerrechts. Demnach muß bei der strategischen Erfassung und Wirkungsanalyse internationaler Handelsbarrieren sowohl auf nationale, supra- und internationale Rahmenordnungen geachtet werden.

Die internationale und supranationale Rahmenordnung umfaßt:

- Die internationale Handelsordnung: Das internationale Zoll- und Handelsabkommen (GATT, 30.10.47) hat die Liberalisierung des Welthandels zum Ziel und wurde durch die World Trade Organization (WTO, 1.1.1995) ersetzt.

- Die internationale Währungsordnung: Das Abkommen von Bretton Woods führte zur ersten künstlich geschaffenen internationalen Währungsordung (Internationaler Währungsfonds — IWF, 22.7.1944).
- Die Außenhandelsregelungen der jeweiligen Wirtschaftszonen als Integration von nationalen Wirtschaftsgebieten (z. B. EG/EU, Nafta, Asean, Mecosur): Als Zollunion oder weitergehende Wirtschaftszusammenschlüsse ausgebildet, verzichten die jeweiligen Mitglieder als Nationalstaaten auf zolltechnische Hoheitsrechte.

Der jeweilige nationale Rechtsrahmen beinhaltet zumindest:

- Das Außenwirtschaftsrecht: Damit sind Verbote, Gebote und Genehmigungen verbunden. Neben wirtschaftlichen Überlegungen können militärstrategische, gesundheits- und veterinärmedizinische, pflanzenschutzbezogene, sozial- und sicherheitspolitische Einflüsse ebenso registriert werden wie behördliche Willkür.
- Das nationale oder supranationale Zoll- und Marktordnungsrecht: Es regelt die zolltechnische Abwicklung des Warenverkehrs, die statistischen Procedere und — soweit vorgesehen — die Ausgleichszahlungen zwischen Weltmarktpreis und jeweiligem (geschütztem) Binnenmarktpreis.

Es sollte im Interesse internationaler Handelsunternehmen liegen, die Optionen zur Beeinflussung bzw. Gestaltung der jeweiligen Rahmenbedingungen zu nutzen, gegebenenfalls in Allianz mit betroffenen Marktpartnern bzw. Kunden.

2.3. Die Wirkung internationaler Handelsbarrieren auf Kundenbeziehungen

Tarifäre Barrieren in Form verschiedener Aus- bzw. Einfuhrzölle (als Mengen- oder Wertzölle) zu Sicherungs- und Finanzierungszwecken wirken in der internationalen Handelskalkulation (Marschner 1996c) als nicht beeinflußbarer aber überschaubarer Kostenfaktor. Ähnliches gilt für Ausgleichssteuern, Wegezölle und Straßengebühren (Road-pricing). Durch Veränderungen der „Preisforderungen" beeinflussen Regierungen den internationalen Handel. Existentielle Probleme können tarifäre Handelsbarrieren dann bereiten, wenn sie entweder durch ihre Unvorhersehbarkeit, Ausprägung oder durch ihre Interpretation prohibitiv wirken. Sie bedrohen das strategische Geschäftsfeld internationaler Handelsunternehmen nicht nur durch die faktische Änderung der Kalkulationsgrundlagen sondern durch Störung internationaler Kundenbeziehungen.

Unter dem Oberbegriff „nicht-tarifäre Handelsbarrieren“ werden alle technischen, materiellen und steuerlichen Hindernisse eines freien internationalen Warenverkehrs zusammengefaßt. Für barrierebezogene Handlungsoptionen muß sich die Analyse auf die Art und Wirkungsweise der nicht-tarifären Barrieren beziehen. Die direkten Schutzmaßnahmen, indirekten zweckentfremdeten Maßnahmen oder die neutrale Art des administrativen Hemmechanismus weist auf kommerzielle (Markenschutz, Wettbewerbsrecht) oder technische Motive (Technologieschutz, Normen, Prüfzeichen) hin. Im Falle handelsneutraler Maßnahmen (Ökologie, Sicherheit, Gesundheit) müssen die sozio-kulturellen Einflußfaktoren analysiert werden, welche die internationalen Wettbewerbsbedingungen beeinflussen.

Staatlich geduldete Eingriffe autonomer Unternehmen und Interessensverbände gehen von Großunternehmen und Wirtschaftssektoren aus. Der direkte Einfluß des Staates nimmt in Richtung indirekter Protektionismus ab, die vielfältigen Verflechtungen zwischen „Wirtschaftstreibenden“ und „Politik“ ermöglichen über freiwillige Vereinbarungen (Selbstbeschränkungen, Verpflichtungen etc.) einen weiten Handlungsspielraum zur Gestaltung indirekt protektionistischer Maßnahmen. Gefühlsprotektionismus und sonstige Schutzmaßnahmen maskieren sich als nationale Apelle zur Verwendung bzw. Bevorzugung heimischer oder gegen die Verwendung ausländischer Erzeugnisse. Diese Strömungen werden durch den Staat, von Unternehmensverbänden oder „Bürgerbewegungen“ initiiert.

Sozio-technische und interkulturelle Handelsbarrieren resultieren aus Unterschieden zwischen internationalen Wirtschaftssystemen und Marktakteuren. Deren Überwindung wird nicht durch öffentlich-rechtliche Systeme behindert. Die Orientierung an kulturellen (Sprachgruppen, ethnischen oder anthropologischen Kriterien) und wirtschaftlichen Aspekten führt zu internationaler Markt- bzw. Kundenorientierung.

Die Wirkungsweise eines internationalen Hemmechanismus kann zu Kostensteigerung und damit möglicherweise zur Beeinflussung von Preisforderungen führen. Im Extremfall wird die Kundenbeziehung gefährdet. Das Break-even-Modell in *Abbildung 2* veranschaulicht, daß internationale Handelsbarrieren auch prohibitiv wirken können.

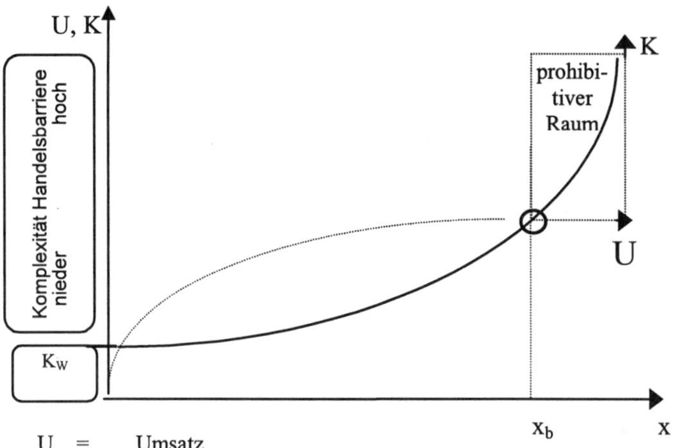

U	=	Umsatz	x	=	Menge
K_W	=	Warenkosten ohne Barriere	x_b	=	Kritische Menge
K_b	=	Kosten Barriere			

Quelle: eigene

Abbildung 2: Wirkung internationaler Handelsbarrieren

3 IBIHS ALS INFORMATIONSMODELL ZUR KUNDENORIENTIERTEN BARRIEREHANDHABUNG

3.1 Die Elemente eines modularen und informationstechnisch integrierbaren Barriere-Screening und Diagnosemodells (IBIHS)

Internationale Barrieren werden von IBIHS insoweit erfaßt, als aus ihnen kundenbezogene transaktions- bzw. leistungsrelevante Einflüsse resultieren. Im Idealfall lassen sich die Informationsbedürfnisse eines internationalen Handelsunternehmens aus der strategischen Gesamtkonzeption und/oder dem Leitbild ablesen. Der Grad der Kundenorientierung und internationalen Verflechtung bestimmen die Intensität, mit der internationale Handelsbarrieren focussiert werden.

Das Modell in *Abbildung 3* bildet ein System ab, in dem barrierebezogene Informationsbereiche modular (in Art eines integrierten Radarsystems) erfasst, diagnostiziert und bewertet werden können. Die internationalen Markt-Module erfassen die unternehmensspezifischen nationalen und supranationalen relevanten Einflußgruppen und deren barriererelevanten Handlungsoptionen als Stammdaten, die konkreten effektiven oder geplanten Maßnahmen als Bewegungsdaten. In den Partnermodulen finden sich neben Lieferanten- und Kundenstammdaten auch Hinweise auf strategische Gestaltungsoptionen zur Bewältigung von abnehmerrelvanten internationalen Handelsbarrieren (z. B. durch spezifische Veränderung von Lieferkomponenten durch Komplexitätserhöhung).

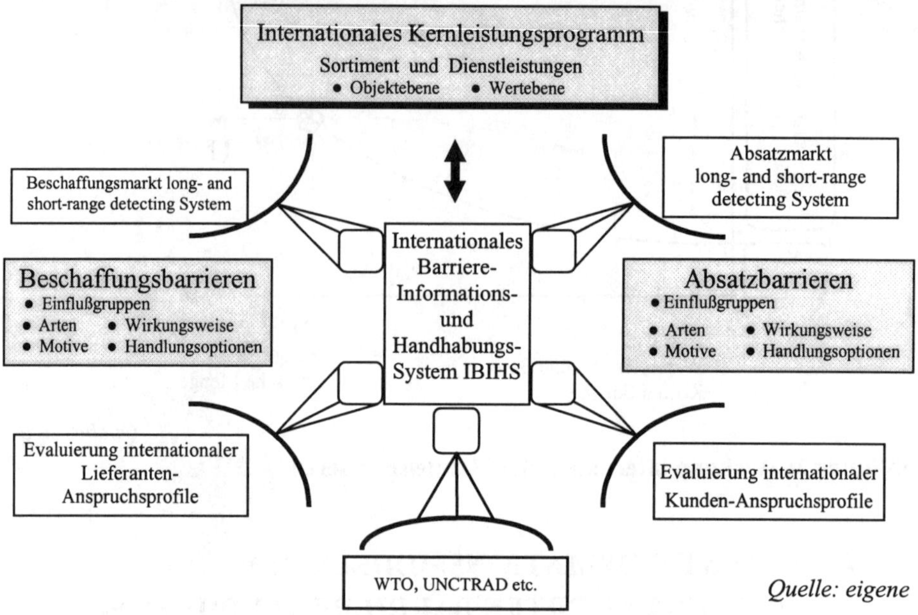

Quelle: eigene

Abbildung 3: Screening-Modell zur Erfassung, Diagnose und Bewertung internationaler Handelsbarrieren (IBIHS)

(1) Das internationale Beschaffungsmarkt-Modul: In der Regel sind Lieferungen aus internationalen Quellmärkten (Exporte) mit geringeren Barrieren als Importe konfrontiert, da keine supranationalen Barrieren sondern lediglich nationale Hindernisse zu Beschaffungsproblemen führen können.

(2) Das internationale Absatzmarkt-Modul: Internationale Handelsbarrieren auf Absatzmärkten sind als jeweilige Importbarrieren im allgemeinen komplexer. Im Falle von Wirtschaftszonen können sie auch mehrstufig gegliedert sein, so daß neben supranationalen auch nationale Barrieren zu berücksichtigen sind.

(3) Internationales Lieferantenmodul: Durch Gestaltung ihres Liefer- und Leistungsprogramms können internationale Lieferanten zur kundenorientierten Handhabung von Handelsbarrieren beitragen. Schon bei der Auswahl internationaler Lieferanten könnten spezifische Anspruchsprofile entwickelt werden.

(4) Internationales Kundenmodul: Die Erfassung von Anspruchsprofilen und Besonderheiten internationaler Kunden sowie deren Möglichkeiten zu Problemlösungsbeiträgen dient der Entwicklung initiativer Vorschläge zur Optimierung der Lieferbeziehungen durch Veränderung des eigenen Leistungsangebots. Auf diese Weise könnten Barrieren bewältigt, u.U. sogar Kosteneinsparungen und/oder Nutzensteigerung bei internationalen Kunden erzielt werden.

Informationstechnisch kann IBIHS als Insellösung implementiert werden, oder durch eine spezifische Schnittstelle mit internationalen lieferanten- und kundenbezogenen Warenwirtschafts- und/oder Logistiksystemen (IIWWS — Marschner 1993b, 1992, ICILIST — Marschner 1995) verknüpft werden.

3.2 IBIHS als Voraussetzung zur barriereorientierten strategischen Konzeption des Kernleistungsprogramms internationaler Handelsunternehmen

Das Kernleistungsprogramm *(Abbildung 4)* internationaler Handelsunternehmen kann strategisch auf die Handhabung internationaler Handelsbarrieren ausgerichtet werden, da IBIHS vorausschauend spezifische Informationen liefert. Die mit der strategischen Gesamtkonzeption eines internationalen Handelsunternehmens gewählten internationalen Ziel- und Risiko-Portfolios (Marschner 1996b, Romanos 1984, S. 132 ff.) können daher auch Internationale Handelsbarrieren berücksichtigen.

Kundenorientierung, verstanden als „mit dem Kopf des Kunden zu denken“ (Trommsdorff 1996, S. XVIII), erfordert die Kenntnis der expliziten und impliziten Erwartungen internationaler Abnehmer im Hinblick auf Versorgungssicherheit im internationalen Netzwerk. Die Beurteilung der Wahrnehmung der Sortimentsleistung aus der Sicht internationaler Kunden ermöglicht die Identifikation neuer relevanter Leistungsschwerpunkte, um die barrierebezogene Sicherheit der Lieferbeziehung zu erhöhen. Dies kann durch eine integrierte Komposition aus effektiven und/oder geplanten barrierebezogenen sortiments- und dienstleistungsbezogenen Aktivitäten erreicht werden und bildet für internationale Kunden ein wichtiges Signal zur Aufnahme und Pflege dauerhafter Beziehungen.

Die Verknüpfung von Barriereinformationen und strategischen Optionen zur Barrierehandhabung mit Elementen und Dimensionen des internationalen Leistungsprogramms durch IBIHS kann sowohl als Insellösung als auch als strategisches Informationsmodul im Rahmen eines integrierten internationalen Informationssystems implementiert bzw. konkretisiert werden.

3.3 Die Einbindung von IBIHS in ein integriertes Management-Informations-System

Der Integrationsgedanke (Adam/Backhaus/Meffert/Wagner 1990) internationaler Informationssysteme (Marschner 1992b, 1993b) äußert sich in der Bestrebung, handelsspezifische Strukturen, Funktionen und Prozesse intern und extern systemübergreifend zu betrachten. Er kommt in internationalen Handelsunternehmen erst dann zum Tragen, wenn nicht nur einzelne Techniken integrationsgerecht eingesetzt (Leismann 1989, S. 43 ff.), sondern diese in kundenorientierte innovative Lösungen gebündelt werden.

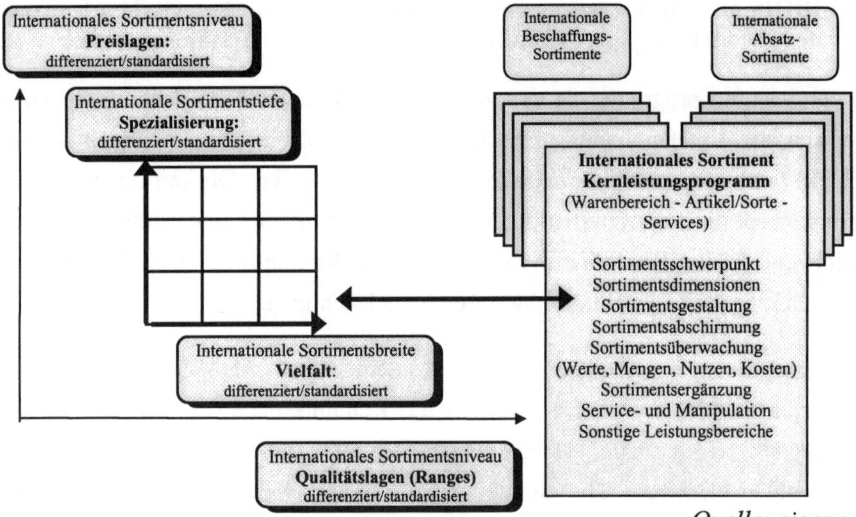

Quelle: eigene

Abbildung 4: Internationale Sortimentsdimensionen und Kernleistungsprogramm

Flexibilität als Fähigkeit, sich innerhalb kurzer Zeit an Veränderungen anpassen zu können (Marschner 1996b) erfordert die informationstechnische Verknüpfung von internationalen Marktdaten, Waren- und Geldstrominformationen zu einem rechnerintegrierten Gesamtsystem (Computer Integrated Trading — CIT). Neben der systeminternen logistischen und informatorischen Integration von Handelszentralen und internationalen Niederlassungen (Kontore, Filialen) gewinnt die Vernetzung (Meyer J.-A. 1992,

S. 112) mit internationalen vor- und nachgelagerten Marktpartnern (Burt 1989, S. 97) als informationsbezogene Vorwärts- und Rückwärtsintegration zunehmend an Bedeutung. Einheitliche Standards und Sicherheit im Datentransfer bilden die informationstechnischen Voraussetzungen für Electronic Data Interchange (EDI, Hildebrandt/Kamlage 1995) über Grenzen hinweg.

Für die barriereorientierte Informationsvernetzung sind erste Lösungsansätze in Vorbereitung. Der Datentransfer von Brüssel zu den nationalen Handelskammern erfolgt derzeit z. B. über Datenträger (u.a. Compact-Disc) und soll künftig interaktiv über Internet ermöglicht werden. Die Informationsvernetzung von EU, Internationaler Handelskammer Paris und nationalen Handelskammern befindet sich in der Vorbereitungsphase. Künftig wird es internationalen Handelsunternehmen möglich sein, sich über das Barriere-System der EU per Datennetz zu informieren. Ähnliches gilt für andere Wirtschaftsareale. Die nationalen Handelsdelegationen und andere Informationsquellen im internationalen Geschäft, wie etwa der Bank- und Versicherungssektor sowie der Logistikbereich, werden künftig gleichfalls in vernetzte globale Systeme zur Informationsgewinnung über internationale Barrieresysteme eingebunden sein.

4 HANDHABUNG INTERNATIONALER HANDELSBARRIEREN MIT IBIHS

4.1 Identifizierung kundenorientierter Barriere-Strategien

Unter dem Aspekt der Kunden- oder Lieferantenorientierung (Peters/Waterman 1982) kann der Umgang mit internationalen Handelsbarrieren zu einem strategischen Erfolgsfaktor werden. Im Rahmen der empirischen Strategieforschung werden Erfolgsfaktoren als zentrale Untersuchungseinheiten (Meyer G. 1992) benutzt. Die Beurteilung von Chancen und Risiken im internationalen Warenverkehr gehört zu den Kernkompetenzen internationaler Handelsunternehmen, ohne die erfolgreiche mehrdimensionale Kundenbeziehungen nicht aufgebaut und gepflegt werden können.

Zur strategischen Handhabung von internationalen Handelsbarrieren kann IBIHS einen mittel- und langfristig ausgerichteten Sicherungsprozess liefern, der in den Phasen Symptomerfassung, Barrierediagnose und Barrierebewertung abläuft. Die Abstimmung mit den relevanten internationalen Kundenbeziehungen ermöglicht Hinweise auf den strategischen Umgang mit internationalen Handelsbarrieren. Die Barrierehandhabung weist analytisch zumindest vier Optionen auf, die strategisch genutzt werden könnten:

1) Barrieremeidung: Reine Barrieremeidung durch Verweigerung der Kundenbelieferung bedeutet im Falle einer rein operativen Betrachtung, daß u.U. lediglich eine internationale Warentransaktion aufgegeben werden muß. Unter strategischen Aspekten kann aber die Meidung internationaler Handelsbarrieren im Einzelfall das Ende von Kundenbeziehungen bedeuten, im Extremfall sogar zur Aufgabe eines strategischen Geschäftsfeldes führen.

2) Barriereumgehung: Internationale Handelsunternehmen prüfen Umgehungsmöglichkeiten von Handelsbarrieren. Dazu gehören neben zeitlichen und mengenmäßigen Optionen auch Überlegungen, über Drittstaaten den Ursprung der Ware zu verändern. Möglicherweise sind für derartige Transaktionen neue und spezifische Kundenvereinbarungen zu treffen. Vielfach ergeben sich spezifische Hinweise aus der Art der Kundenbedürfnisse, wie sich Probleme aus Handelsbarrieren bewältigen lassen.

3) Barrierebewältigung: In Form der Barriereminderung wird angestrebt, Einflußgruppen zur Verringerung ihrer Handelsbarrieren zu veranlassen. Immer häufiger finden sich international Hinweise darauf, daß Administrationen unter dem Druck von GATT bzw. WTO selbst um Hinweise ersuchen, wie eine Verringerung der Barriereschwellen erreicht werden kann (z. B. JETRO gemeinsam mit EU). Die sich aus der gänzlichen oder teilweisen Übernahme internationaler Handelsbarrieren ergebenden Probleme erfordern die Bewertung von Alternativen und die Wahl der risikoärmsten Entscheidungsvariante. Im Falle vorhersehbarer Barrieren tangiert die Barrierenbewältigung die Kostenseite des internationalen Handelsunternehmens und führt zu Gewinnreduzierung.

4) Wälzung von Barriereproblemen: Die Übertragung eines internationalen Barriereproblems auf Dritte bedeutet, daß die Konsequenzen auf vor- oder nachgelagerte internationale Marktakteure verlagert werden. Entweder trägt der internationale Lieferant das Risiko, indem seine Ware substituiert oder seine Gewinnspanne reduziert wird, oder der Abnehmer als Kunde trägt die Konsequenzen durch Lieferverzögerung, Nichtbelieferung oder Kostenübernahme. Als Option käme außerdem die Einschaltung unbeteiligter Spezialisten (wie in den USA) in Betracht.

4.2 Die Handhabung internationaler Handelsbarrieren als potentieller Erfolgsfaktor in Kundenbeziehungen

4.2.1. Die strategische Ausrichtung auf Einflußgruppen

Am Beispiel der EU kann gezeigt werden, daß zur Beeinflussung von Außenhandelsbarrieren zumindest vier große z.T. konkurrierende Einflußbereiche wirksam sind: Der industrielle Einflußbereich und der Agrarsektor stehen sich in der Frage von Außenhandelsbarrieren einerseits diametral gegenüber: Waren aus heimischer Produktion, die der Agrarsektor als schützenswert erachtet, werden vom Industriesektor anders beurteilt; vom Agrarbereich benötigte Industrieprodukte wiederum unterliegen industriell induzierten Einfuhrhindernissen. Andererseits lassen sich auch komplementäre Einflüsse identifizieren, wie etwa im Falle der industriellen Agrarchemie oder der Saatgut-Produktion, wo sich gemeinsame Interessen ergeben. Ähnliche Konstellationen finden sich auch auf anderen internationalen Märkten. Der dritte Einflußbereich wird durch Großformen des Einzelhandels gebildet, welcher generell am Barriereabbau interessiert ist (Beseitigung der „Bananen-Regelung" der EU). Den vierten Einflußbereich zur Errichtung internationaler Handelsbarrieren bilden GATT bzw. WTO und UNO (bzw. deren Unterorganisationen zur Entwicklungshilfe), welche z.T. national oder supranational für Barrieren in Form von Plafondierungen und Kontingenten durch Weltrohstoffabkommen (Ohr 1989, Sp. 780 f.) und andere Entwicklungshilfe-Maßnahmen verantwortlich zeichnen. So liefert dieser Bereich Hinweise auf zu erwartende Handelserleichterungen oder -barrieren.

Weitere Einflußbereiche bilden der jeweilige nationale Sicherheitssektor bzw. militärische Bereich und fallweise der Energiesektor. Sie unterliegen besonderen Bedingungen, vor allem bei strategischen und taktischen Waffensystemen, im Dual-use-Bereich (militärische und zivile Anwendung) oder bei Kernkraftwerkskomponenten. Deren Erörterung würde den vorgegebenen Rahmen sprengen.

4.2.2 Kundenorientierte Kernleistungsstrategien internationaler Handelsunternehmen zur Barrierehandhabung

Aus der Beobachtung der jeweiligen Einflußbereiche und den strategischen Optionen zur Barrierehandhabung lassen sich Gestaltungsalternativen für die strategische Ausrichtung der Kernleistung internationaler Handelsunternehmen ableiten:

1) Sortiments- und warenbezogene strategische Optionen: Kundenorientierte internationale Handelsunternehmen besitzen einen potentiellen strategischen Handlungsspielraum gegenüber internationaler Konkurrenz, wenn sie imstande sind, flexibel auf sich ändernde internationale Barrieren zu reagieren. Der Import eines Agrarproduktes fällt z. B. in den Schutzbereich der EU-Agrarmarktordnung. Das internationale Handelsunternehmen wird deshalb mit entsprechenden Import-Barrieren konfrontiert. Der Abnehmer hingegen benötigt das Produkt zur kostengünstigen Fertigung. Der Import ist deswegen unter bestimmten — geänderten Leistungsvoraussetzungen — möglich. Der flexible Umgang mit Objekt- und Wertbezogenen Instrumenten des Kernleistungsprogramms (*Abbildung 5)* ermöglicht die mehrdimensionale Leistungsanpassung an die absatzseitigen Marktpartner und deren Anforderungsprofile.

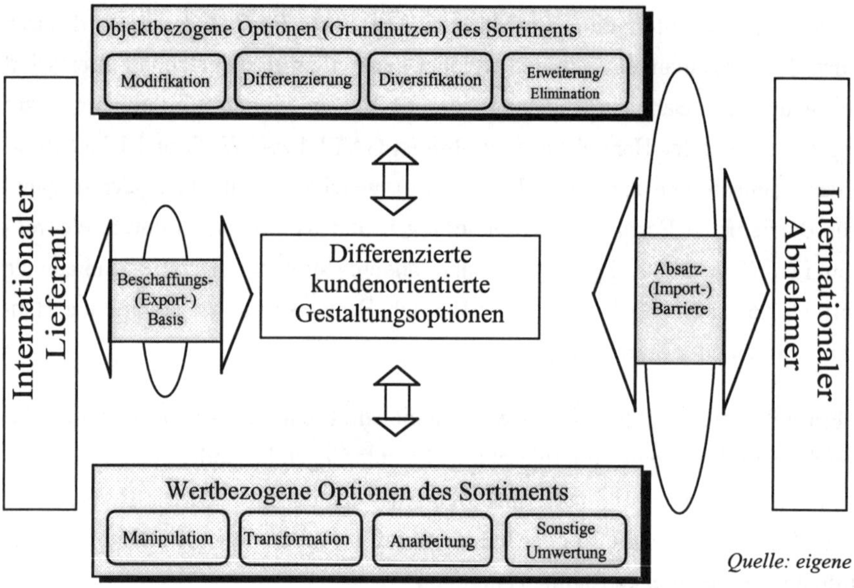

Quelle: eigene

Abbildung 5: Objekt- und wertbezogene Sortimentsoptionen zur integrierten Barriere-Handhabung

2) Ursprungsbezogene strategische Optionen: Die flexible Steuerung internationaler kundenspezifischer Warenströme über Marktpartner in Drittländern und/oder geeignete sortimentspolitische bzw. warenbezogene Maßnahmen können u.U. zu einer strategischen Optimierung der Gesamtkonzeption eines internationalen Han-

delsunternehmens führen. Das internationale Handelsunternehmen bezieht z. B. Waren aus einem Boykott-Land und kann die vom Abnehmer benötigte Ware deshalb nicht in die EU verbringen. Werden die Tauschobjekte hingegen in einem geeigneten Drittland adäquat verändert, steht dem Import in das EU-Marktareal kein Hindernis mehr entgegen, oder die Barriere wird zumindest überwindbar. Der Umgang mit der Herkunft von Waren erfordert Spezialkenntnis. Eine ganze Reihe von Instrumenten steht zur Verfügung, um über sortimentspolitische Maßnahmen, die außerhalb des Zielmarktes durchzuführen sind, die jeweilige „Importfähigkeit" zu erlangen. Insbesondere Trading houses gelten als Spezialisten im Umgang mit derartigen internationalen Handelsbarrieren und verfügen häufig über ein Netzwerk internationaler Beziehungen, welches strategisch genutzt werden könnte.

3) Mengenbezogene strategische Optionen: Der Umgang mit Kontingenten, Plafondierungen und anderen Mengenbeschränkungen kann zu einem kritischen und damit strategischen Element werden. Derartige Beschränkungen tangieren vor allem Waren aus unterentwickelten Gebieten (LDC's) und Schwellenländern (NIC's). Zu dem Zeitpunkt wo die jeweils definierten Warenmengen das Zielgebiet erreicht haben, werden entweder Schutzzölle in voller Höhe fällig oder der Import ist überhaupt nicht mehr möglich (Allgemeines Präferenzabkommen). Das Anlegen von Zwischenlagern, um bewilligte Kontingente ausschöpfen zu können, ermöglicht es internationalen Handelsunternehmen Kostenvorteile in internationale Kundenbeziehungen einzubringen.

4) Zeitbezogene strategische Optionen: Der Faktor Zeit wird im Zusammenhang mit der Handhabung von bestimmten internationalen Handelsbarrieren zu einem strategischen Element. Die Zeitkomponente weist darauf hin, daß kundenspezifische Importe „rechtzeitig" angemeldet (Zollbehörde) oder durchgeführt sein müssen. Befristete verbindliche Zollauskünfte und sogenannte „Zeitfenster" sind üblich, innerhalb deren Fristenrahmen der Warenverkehr möglich wird. Will das internationale Handelsunternehmen also von ad hoc Transaktionen weg und zu dauerhaften Kundenbeziehungen gelangen, so kann das Monitoring zur strategischen Handhabung von internationalen Zeitbarrieren und damit zur Festigung von Kundenbeziehungen führen.

Naturgemäß sind tarifäre Handelsbarrieren leichter zu erfassen als nicht-tarifäre, häufig mit taktischer Wirtschaftspolitik begründete Maßnahmen. Dennoch kann IBIHS durch seine systematische Informationsaufbereitung auch für komplexe Barriere-Probleme strategische Entscheidungshilfen bieten.

5 AUSBLICK

Die gedankliche Verbindung von internationalen Kundenerwartungen mit den spezifischen internationalen Handelsleistungen führt zur Forderung nach strategisch relevanten reaktiven und proaktiven Gestaltungsoptionen zur Handhabung internationaler Handelsbarrieren. Kundennähe oder Informationsvorsprung sind keine neuen Managementprobleme internationaler Handelsunternehmen, aber die Neuorientierung ermöglicht es, Barriere- bzw. Kunden-orientierte Gestaltungsoptionen im Kernleistungsprogramm neu zu bündeln. Informationsvorsprung durch international vernetzten Datenaustausch kann zu einem temporären Wettbewerbsvorteil für internationale Handelsunternehmen werden. Aber erst die strategische Orientierung an Kunden- und Lieferantenprofilen wird es internationalen Handelsunternehmen ermöglichen, über die strategische Handhabung internationaler Handelsbarrieren zu einer optimierten flexiblen Anpassung von Kernleistungsprogrammen zu gelangen.

IBIHS wurde in einer einfachen Version getestet. Sein weiterer Ausbau kann, wie ähnliche handelsrelevante Informationssysteme, durch die künftig weltweite Verfügbarkeit international relevanter Daten und die zunehmende Standardisierung von EDI für absehbare Zeit ein erfolgversprechendes Arbeitsgebiet im Rahmen der internationalen Handelsforschung bieten. Informationstechnische Ansätze weisen auf Gestaltungsmöglichkeiten von virtuellen internationalen Handelsunternehmen hin (Scholz 1995). Inwieweit damit eine virtuelle Handhabung internationaler Handelsbarrieren ermöglicht wird, läßt sich noch nicht abschätzen.

LITERATUR

Adolff, P.: Risk-Management. In: Macharzina K.; Welge, M. K. (Hrsg.): Handwörterbuch Export und internationale Unternehmung, Stuttgart 1989, Sp. 1854-1865.

Bergner, D.: International Political Affairs. In: Macharzina, K.; Welge, M. K. (Hrsg.), Handwörterbuch Export und internationale Unternehmung, Stuttgart 1989, Sp. 884-891.

Broll, U.: Multinationale Unternehmen. In: WiSt, 2 (1993), S. 54-59.

Burt, S. L.: Trends and Management Issues in European Retailing, in International Journal of Retailing, 4 (1989), S 97.

Gamper, A.; Marschner, H. F.: Information als Erfolgsfaktor in internationalen Großhandelsunternehmen. In: Trommsdorf, V. (Hrsg.), Positionierung des Handels, Handelsforschung 1996/97, Wiesbaden 1996, S. 359-378.

Heidensohn, K.: Europe and World Trade, London, New York 1995.

Hildebrandt, L.; Kamlage, K.: EDIFACT: Die Normung des elektronischen Datenaustauschs. In: Trommsdorf, V. (Hrsg.), Informationsmanagement im Handel, Handelsforschung 1995/96, Wiesbaden 1995, S. 3-17.

Leismann, U.: Integrationstendenzen in Warenwirtschaftssystemen. In: Trommsdorff, V. (Hrsg.), Grundsatzfragen, Handelsforschung 1989, Wiesbaden 1989, S. 43-57.

Marschner, H.: GATT. In: Diller, H. (Hrsg.), Vahlens Großes Marketinglexikon, München 1992a, S. 357-358.

Marschner, H. F.: Internationale Warenwirtschaft. In: Diller, H. (Hrsg.), Vahlens Großes Marketinglexikon, München 1992b, S. 1285.

Marschner, H. F.: Eine Typologie europäisch-internationaler Handelsunternehmen. In: Trommsdorff, V. (Hrsg.), Handel im integrierten Europa, Handelsforschung 1992/93, Wiesbaden 1993a, S. 211-229.

Marschner, H. F.: Integrierte Warenwirtschaftssysteme im internationalen Handel. In: Trommsdorff, V. (Hrsg.), Systeme im Handel, Handelsforschung 1993/94, Wiesbaden 1993b, S. 143-161.

Marschner, H. F.; Rigger, W.: Die strategische Position österreichischer Handelsunternehmen in der EU nach Vollendung des Binnenmarktes, unveröff. Forschungsbericht, Innsbruck 1994.

Marschner, H. F.: ICILIST — Ein integrierbares Logistik-Informationssystem für internationale Handelshäuser als Element von Computer Integrated Trading (CIT) In: Trommsdorff, V. (Hrsg.), Informationsmanagement im Handel, Handelsforschung 1995/96, Wiesbaden 1995, S. 19-38.

Marschner, H. F.: Die Eignung des Transaktionskostenansatzes zur Effizienzbeurteilung internationaler einzelwirtschaftlicher Austauschbeziehungen. In: Wacker, W. H. (Hrsg.), Neue Theorieformen bei komplexen internationalen Fragestellungen, Jahrestagung der Kommission Internationales Management 1992.

Marschner, H. F.: Modellierung flexibilitätsorientierter integrierter Warenwirtschaftssysteme (IIWWS) für internationale Handelsunternehmen, JfB, 3 (1996b), S. 125-141.

Marschner, H.F.: Internationale Handelsbetriebslehre — die strategische und operative Führung internationaler Handelsunternehmen, Skript Innsbruck, 1996c.

Meyer, G.: Die Faktorkombination — ein strategischer Erfolgsfaktor im Einzelhandel. In: Trommsdorff, V. (Hrsg): Erfolgsfaktoren und Strategien, Handelsforschung 1991, Wiesbaden 1992, S. 65-88.

Meyer, J.-A.: Computer Integrated Marketing. In: Trommsdorff, V. (Hrsg.): Handelsforschung 1991, Erfolgsfaktoren und Strategien, Wiesbaden 1992, S. 103-114.

Ohr, R.: Internationale Handelsabkommen. In: Macharzina, K.; Welge, M. K. (Hrsg.), Handwörterbuch Export und internationale Unternehmung, Stuttgart 1989, Sp. 775-781.

Peters Th. J.; Waterman, R. H.: In Search of Excellence, Boston 1982.

Scholz, Chr.: Einfluß des virtuellen Unternehmens auf den Handel. In: Trommsdorff, V. (Hrsg.), Informationsmanagement im Handel, Handelsforschung 1995/96, Wiesbaden 1995, S. 123-132.

Post, J. E. et al.: The Public Affairs Function in American Corporations. In: Long Range Planning, 2 (1982), S. 12-21.

Quambusch, L.: Nichttarifäre Handelshemmnisse. In: Macharzina, K.; Welge, M. K. (Hrsg.), Handwörterbuch Export und internationale Unternehmung, Stuttgart 1989, Sp. 782-799.

Romanos, A.: Handhabung von Export-Risiken unter dem Aspekt eines Risk-Management-orientierten Informationssystems, Innsbruck 1984.

Schroeder, G.: Außenhandel: Wie im Basar, Außenhandelshäuser sind Partner in schwierigen Auslandsmärkten. In: (Zeitschrift der IHK Düsseldorf) UW, 9 (1995), S. 44.

Trommsdorff, V.: Call for Papers „Handelsforschung 1997/98". In: Trommsdorff, V. (Hrsg.), Positionierung des Handels, Handelsforschung 1996/97, Wiesbaden 1996, S. XVIII-XIX.

Kundenorientierung durch Category Management — Kritische Analyse eines Kooperationsmodells zwischen Industrie und Handel

Dirk Möhlenbruch, Halle (Saale)

Beeinflußt durch Studien in den Vereinigten Staaten und Europa (Kurt Salmon Associates; The Coca Cola Retailing Research Group-Europe), die teilweise erhebliche Einsparungspotentiale durch die ECR-Komponenten Supply Chain Management und Category Management nachweisen, findet auch in Deutschland seit einigen Jahren eine rege Diskussion über die Vorteile veränderter Kooperationsbeziehungen zwischen Industrie und Handel auf der Grundlage dieser Reorganisationsmaßnahmen statt. Category Management wird hierbei als organisatorische Voraussetzung der Efficient Consumer Response (ECR) angesehen und soll als eine neue Form des Warengruppenmanagement zu einer Verbesserung der Kundenorientierung im Handel führen. Im folgenden Beitrag werden inhaltliche und organisatorische Grundlagen des Category Management beleuchtet und vor dem Hintergrund von ersten Anwendungserfahrungen in der Praxis die Leistungsfähigkeit dieses Kooperationsmodells analysiert.

1 PROBLEMSTELLUNG

Entwicklungen wie Konzentrationstendenzen, Machtverschiebungen und wachsende Konfliktpotentiale in der Wertschöpfungskette, Veränderungen im Konsumentenverhalten, die Entwicklung neuer Informations- und Kommunikationstechnologien usw. erfordern zur Gewinnung von Wettbewerbsvorteilen zunehmend Neuorientierungen im Management von Hersteller und Handel. In Zeiten zurückgehender bzw. stagnierender Umsätze in den verschiedenen Branchen des Einzelhandels setzt sich im Konsumgüterbereich immer stärker die Erkenntnis durch, daß nur durch eine „Neugestaltung der Wertschöpfungskette im Sinne einer Gesamtsystemoptimierung“ (Zentes 1996, S. 164) nennenswerte Effizienzsteigerungen in der Distribution und Verbesserungen der Kundenorientierung zu erreichen seien. Eine konsequente Prozeßorientierung, die sowohl betriebsintern als auch wirtschaftsstufenübergreifend Ineffizienzen und Reibungsverluste an einer Vielzahl von Schnittstellen vermeiden soll, führt hierbei vermehrt zu vertikalen Wertschöpfungspartnerschaften im Sinne einer Efficient Consumer Response (ECR). Die wichtigsten Ziele von ECR – Maximierung von Kundenorientierung und Kundenzufriedenheit bei gleichzeitiger Minimierung von Kosten auf allen Stufen der Wertschöpfungskette – sollen durch die ECR-Bausteine Supply Chain Management und Category Management erreicht werden (Pretzel 1996, S. 22; Barth 1996, S. 362).

Supply Chain Management beinhaltet alle Logistikstrategien, die auf der Grundlage vernetzter Kommunikationsbeziehungen zu einer Reduzierung von Kosten in der Versorgungskette führen und dadurch die Wettbewerbsfähigkeit der Kooperationspartner stärken soll. „Der Vision einer Consumer Driven Supply Chain folgend, müssen es also die Bedürfnisse der Konsumenten sein, die die Produkte durch die Kette ziehen, die bestimmen, wieviel und was überhaupt produziert werden soll“ (Friedrich/Hinterhuber/Rodens 1995, S. 41).

Das Category Management als organisatorische Voraussetzung von ECR dient hingegen in erster Linie einer Kooperation im Marketingbereich und soll zu einer Erhöhung von Umsätzen und Erträgen führen (Pretzel 1996, S. 22). Hierbei beinhaltet das Konzept ganz allgemein eine kundenorientierte Führung von Warengruppen (Categories) als gewinnverantwortliche strategische Geschäftseinheiten (vgl. Nielsen 1992, S. 9). Inhaltlich weichen allerdings die bisher vorliegenden Definitions- und Abgrenzungsversuche des Phänomens Category Management teilweise erheblich voneinander ab. Sie lassen nicht nur eine starke Vermengung von Handels- und Herstellerperspektiven erkennen (vgl. z. B. Hallier 1995, S. 3 f.), sondern beinhalten sowohl Ansätze zur Steuerung von Sortiment und Warenwirtschaft (unter Einschluß von Kostensenkungen) im Handel als auch Konzepte der Marketing-Organisation von Herstellern (Hahne 1995, S. 799).

Zu den Protagonisten des Modells gehören in erster Linie Beratungsgesellschaften, Verbandsfunktionäre und einzelne Konsumgüterhersteller, der Handel hingegen übt „aus Wettbewerbsgründen“ (o. V. 1993, S. 19) tendenziell eher Zurückhaltung bei einer Veröffentlichung von Anwendungserfahrungen. Auch wird häufig darauf verwiesen, daß die Nutzenpotentiale von ECR und Category Management „bei weitem noch nicht ausgeschöpft“ (Bunk 1996, S. 30) seien und nur ein konsequentes „ECR-Reengineering der Versorgungskette“ mit einer entsprechenden „Umkehr des Push-Prinzips zu einem Pull-Prinzip“ (Zentes 1996, S. 29) im Sinne eines kooperativen Wertschöpfungsmanagements zu einer Vorteilsgewinnung im Wettbewerb führen könne.

Das Category Management liefert vor allem durch die Zusammenfassung von Einkauf und Verkauf im Handel (vgl. Nielsen 1992, S. 36 ff.) den organisatorischen Rahmen, um die vie Basisstrategien ECR — Efficient Store Assortements, Efficient Replenishment, Efficient Promotion und Efficient Product Introductions (vgl. ausführlich Pretzel 1996, S. 22; Tietz 1995, S. 179) — auszufüllen und die gewünschte kundenorientierte Optimierung der gesamten Prozeßkette sicherzustellen. Im Ergebnis soll ein Wandel von der Konfrontation zur Kooperation im integrierten Wertschöpfungsprozeß zu einer „gemeinsamen Ausschöpfung von Absatzpotentialen im Wettbewerb um den Kunden“ (Milde 1994, S. 343) führen und eine sogenannte „Win-Win-Situation“ auf der Grundlage einer „fundamentalen Richtungsänderung der Konditionensysteme“ (Zentes 1996, S. 164 f.) ermöglichen.

2 INHALTLICHE UND ORGANISATORISCHE GRUNDLAGEN DES CATEGORY MANAGEMENT

2.1 Inhalte der Diskussion

Die vornehmlich praxisorientierte Diskussion um das Category Management setzte bereits in der zweiten Hälfte der achtziger Jahre vor allem in den Vereinigten Staaten ein (vgl. Böhlke 1995, Sp. 2493). Bis heute besteht jedoch in Theorie und Praxis eine große Unsicherheit hinsichtlich einer inhaltlichen Beschreibung und Ausgestaltung dieses Phänomens. Aus der Vielzahl der Beiträge lassen sich allenfalls gemeinsame *Merkmale* ausfindig machen, durch die dieses meist als vertikales „Partnering“-Modell umschriebene Konzept (vgl. z. B. Milde 1994, S. 343; Pretzel 1996, S. 23; Hallier 1995, S. 106; o. V. 1994, S. 3) näher charakterisiert werden kann.

Neben der „Kundenorientierung von Sortiment und Leistungsangebot“ (Behrends 1994 b, S. 108) durch eine bedarfsorientierte Ausrichtung der Warengruppen im Handel wird die Bedeutung der Prozeßorientierung im Category Management herausgearbeitet. Diese bezieht sich sowohl auf ein *unternehmungsinternes*, funktionsbezogenes Prozeßmanagement im Sinne einer Zusammenführung von Einkauf, Verkauf und Logistik in einer Category als auch auf ein *wirtschaftsstufenübergreifendes* Prozeßmanagement in der gesamten Wertschöpfungskette auf der Grundlage einer sogenannten Total System Efficiency (Hallier 1995, S. 3; Behrends 1994 b, S. 108). Insbesondere die Kooperation von Hersteller und Handel wird als *konstitutives Merkmal* des Category Management angesehen und soll durch eine gemeinsame Nutzung der neuen Informations- und Kommunikationstechnologien die Voraussetzungen für die Gewinnung von Wettbewerbsvorteilen schaffen. In diesem Zusammenhang werden Scannerdaten nicht nur als Basis für kostensenkende organisatorische Maßnahmen angesehen, sondern sie stellen als „Informationslieferant erster Ordnung ... einen wesentlichen Teil des Wettbewerbsvorsprunges“ dar (Milde 1994, S. 344).

Als weitere informationstechnische Grundlage gilt die Standardisierung des elektronischen Datenaustausches mittels Electronic Data Interchange (EDI), wobei zur Zeit jedoch noch die Rechnungs- und Bestellabwicklung im Vordergrund steht. Nach den Vorstellungen der Verfechter des Category Management werden durch EDI auch die Jahresgespräche zwischen Industrie und Handel obsolet und durch umfangreiche, funktionsübergreifende Abstimmungsprozesse im Rahmen einer permanenten Nutzung der Informationsquellen ersetzt (Hahne 1995, S. 799).

Mit der Zusammenfassung von Einkauf, Verkauf und Logistik unter der Verantwortung des Category Managers gehen nicht unerhebliche organisatorische Veränderungen innerhalb der Handelsunternehmung einher (vgl. Kempcke 1995, S. 40). So beinhaltet das Category Management eine Übertragung der „ungeteilten Entscheidungskompetenz und Ergebnisverantwortlichkeit für die Categories“ (Behrends 1994 a, S. 58) auf den jeweiligen Category Manager, der die Sortimentseinheiten des Handels als Profit Center zu führen hat (Nielsen 1992, S. 39) und regelmäßig von *dem* Hersteller entsandt wird, der sich im Rahmen eines „selektiven Prozesses“ als sogenannter „Category Captain“ profilieren konnte (Hallier 1995, S. 4). Im Ergebnis soll dieses Konzept dann auch zu einer altruistisch geprägten Förderung von Konkurrenzprodukten innerhalb einer Category führen, wenn diese eine bessere Performance aufweisen.

Im wesentlichen wird Category Management in den einzelnen Diskussionsbeiträgen in Anlehnung an Brian Harris und Michael McPartland als dreidimensionales Phänomen beschrieben („Category management consists of three interrelated elements"; Harris/McPartland 1993, S. 5), und zwar

- als *Philosophie* für ein strategisches Management, bei dem Warengruppen des Handels als strategische Geschäftseinheiten („strategic business units") mit dem Ziel der Umsatz- und Gewinnsteigerung geführt werden;
- als *Prozeß,* bei dem Händler und Hersteller gemeinsam strategische Kategoriepläne entwickeln und versuchen, Aktivitäten im Logistikbereich zu optimieren (Category Management als neue Form der „Prozeßorganisation", vgl. Hascher 1996, S. 44) sowie
- als *organisatorisches Konzept,* welches die Integration der Verantwortung für alle Einkaufs- und Merchandising-Entscheidungen innerhalb einer Kategorie beinhaltet (Harris/McPartland 1993, S. 5 f.; Rominski 1994, S. 74; Biehl 1996, S. 38).

Als wichtige Zielbereiche des Category Management werden neben der konsequenten Kundenorientierung von Sortiment und Leistungsangebot im Handel die Aspekte Kundenbindung, Profilierung im Wettbewerb sowie Ertrags- und Rentabilitätssteigerung genannt (vgl. z. B. Behrends 1994b, S. 60; Nielsen 1992, S. 9; Speer 1994, S. 12; Pretzel 1996, S. 21; Dantzer 1996, S. 82; Gerling 1997, S. 40). Darüber hinaus wird die Realisierung von Wertschöpfungspartnerschaften im Rahmen der genannten „Win-Win-" Situation als entscheidender Vorteil herausgestellt (o. V. 1994, S. 5; Behrends 1994a, S. 63). Hierbei entsteht allerdings regelmäßig das Problem, daß erreichte Wertschöpfungsgewinne „gerecht" zu verteilen sind (vgl. Schobert 1996, S. 264 ff.; Clausnitzer 1996, S. 64) und es nach wie vor an klaren und nachvollziehbaren Konzepten bzw. Bewertungskriterien zur Aufteilung der für Deutschland im Bereich des Category Management geschätzten Einsparpotentiale in Höhe von ca. 1,5 % vom Umsatz (Töpfer 1995, S. 189) fehlt. Vor dem Hintergrund einer Vielzahl objektiver und subjektiver Bewertungsmerkmale im vertikalen Austauschprozeß stellt sich allerdings die Frage, ob diese Kriterien überhaupt gefunden werden können und eine notwendige zeitliche Stabilität aufweisen.

2.2 Die Bildung der Categories

Die einzelnen Kategorien werden in den Diskussionsbeiträgen als Warengruppen des Handels verstanden, bei denen Bedürfnisse, Wünsche sowie Kaufgewohnheiten der Kunden im Mittelpunkt der Sortimentsausrichtung stehen sollten (vgl. z. B. Biehl 1997, S. 42; Pretzel 1996, S. 23; Töpfer 1995, S. 193; Schneider 1995, S. 44). Es fällt allerdings auf, daß die genannten Kriterien der Kategoriebildung inhaltlich teilweise sehr heterogen sind, da neben der Konzentration auf die *Kundenbedürfnisse* auch Marketingstrategien und logistische Erfordernisse angeführt werden (vgl. Rominski 1994, S. 75; Hahne 1995, S. 799). Die im handelswissenschaftlichen Schrifttum ausführlich beschriebenen Aufbau- und Gestaltungsprinzipien von Sortimenten, welche unter anderem eine Vielzahl bedarfsorientierter Kriterien enthalten und sich auf alle Ebenen der Sortimentspyramide (also auch auf Warengruppen) erstrecken, werden hingegen nicht berücksichtigt (vgl. mit einer Vielzahl an Literaturhinweisen Möhlenbruch 1994, S. 191 ff.).

Andererseits erscheint die einseitige Orientierung an den *Bedürfnissen* von Konsumenten bei der Entwicklung der Categories (vgl. o. V. 1994, S. 3; Schneider 1995, S. 44; Biehl 1997, S. 42) als zu kurzsichtig, da eine Kundenorientierung in der Sortimentspolitik eine Vielzahl weiterer Merkmale – wie z. B. Erlebnisbereiche, Verwendungsanlässe, unterschiedliche Bedarfsarten, das beobachtbare Kaufverhalten sowie demographische und psychographische Kriterien – berücksichtigen sollte (ausführlich Möhlenbruch 1994, S. 195 ff.), um Kaufanreize zu bieten. Zudem ist zu beachten, daß die selektive Wahrnehmung der Zusammengehörigkeit von Produkten als Grundlage für die Bildung der Categories nicht nur in hohem Maße zielgruppenabhängig ist und je nach Einkaufsanlaß (Versorgungs- oder Erlebniseinkauf) variiert, sondern auch dynamischen Veränderungsprozessen unterliegt. Entwicklungen wie immer kürzer werdende Produktlebenszyklen, Prozesse des Wertewandels sowie die zunehmende Umweltsensibilität der Nachfrager erfordern rechtzeitige Informationen im Sinne der Früherkennungsforschung, um Sortimente optimieren zu können. Die in einer Vielzahl von Beiträgen zum Category Management implizit unterstellte inhaltliche und zeitliche Homogenität der Nachfrage scheint von daher nicht gerechtfertigt.

Weitere Probleme bei der Bildung von Kategorien als strategische Geschäftseinheiten sind darin zu sehen, daß je nach Sortimentsbreite und -tiefe die Aggregationsebenen in der Sortimentspyramide einzelner Betriebstypen unterschiedlich hoch sind, was eine unternehmungs- und insbesondere betriebsstättenspezifische Anpassung unter Berücksichtigung von Trading up — und Trading down — Strategien erfordert. Darüber hinaus stimmt eine nach strategischen Gesichtspunkten festgelegte Warengruppenstruktur regelmäßig nicht mit der einkaufsorientierten Struktur sowie der Abteilungsgliederung einer Handelsunternehmung überein, so daß bei einer veränderten Warenbündelung regelmäßig erhebliche organisatorische Anpassungsmaßnahmen notwendig werden, die Friktionen bei den Mitarbeitern hervorrufen können. Somit erscheint eine intensive Unterstützung der Unternehmungsleitung für eine erfolgreiche Implementierung des Category Management unabdingbar (vgl. Schneider 1995, S. 46; Töpfer 1995, S. 199; o.V. 1996a, S. 71).

Darüber hinaus fällt auf, daß in der gesamten Diskussion zur Bildung von Kategorien die im Handel für eine Sortimentsprofilierung und Rentabilitätssicherung entscheidenden *Verbundeffekte* (vgl. ausführlich Möhlenbruch 1994, S. 335 ff.) kaum Berücksichtigung finden. Auch werden die für strategische Geschäftseinheiten von Industrieunternehmungen relevanten Anforderungen, wie z. B. Unabhängigkeit, Eigenständigkeit der Marktaufgabe, relative Wettbewerbsvorteile usw. (vgl. Hinterhuber 1989, S. 126 ff.) aufgrund der Verbundproblematik für die einzelnen Kategorien keine Gültigkeit haben können. Aus diesem Grunde hat sich die Ableitung kategoriebezogener Strategien immer an der strategischen Gesamtkonzeption der Handelsunternehmung zu orientieren, wodurch regelmäßig Einschränkungen der General-Kompetenzen von Category Managern notwendig werden. Erforderlich sind derartige Restriktionen auch deshalb, weil gerade auf Betriebsstättenebene die Ressourcenallokation auf die einzelnen Categories hinsichtlich Raum und Personal einer ständigen Überprüfung bedarf, um die Betriebsfaktoren der Handelsunternehmung im Sinne der Controlling-Philosophie optimal steuern zu können.

Vor dem dargestellten Hintergrund erscheint eine Bezeichnung von Kategorien als „strategische Geschäftseinheiten“ eher als irreführend und es verwundert nicht, daß die „Abgrenzung und Strukturierung der Categories zu den schwierigsten strategischen Problemen innerhalb des Category Managements“ (Behrends 1994a, S. 60) gezählt werden.

2.3 Die Aufgaben des Category Managers

Der Category Manager ist durch die dem ECR-Konzept zugrunde liegende konsequente Prozeßorientierung im intra- und interorganisationalen Bereich *stufenübergreifend* für Einkauf, Logistik, Merchandising, Marketing und Finanzen einer Category zuständig (Pretzel 1996, S. 23) und soll als Berater den Fachabteilungen des Handels im Sinne eines internen Dienstleisters (Gerling 1994, S. 10; Milde 1994, S. 344) zur Verfügung stehen. Eine aus Herstellersicht denkbare Alternative der Kooperation im Category Management stellt die Bildung sogenannter multifunktionaler Category-Teams bzw. Customer Business Development Groups dar, die innerhalb der einzelnen Handelsunternehmungen tätig sind (Hahne 1994, S. 800).

Insgesamt ist festzustellen, daß das Aufgabenspektrum des Category Managers nicht einheitlich abgegrenzt wird (vgl. z. B. Nielsen 1992, S. 39; Rominski 1994, S. 74 f.; Tietz 1995, S. 178), jedoch bei allen Aufgabenbeschreibungen die Optimierung des Waren- und Informationsflusses sowie die kooperative Warengruppenoptimierung zur Erringung von Wettbewerbsvorteilen „im Kampf um den Konsumenten" (Milde 1994, S. 345) im Vordergrund stehen. Im einzelnen werden vornehmlich folgende Aufgabenbereiche diskutiert (vgl. Gerling 1994, S. 8 f.; Behrends 1994a, S. 60 f.; Hascher 1996, S. 44 ff.):

- Warengruppen- bzw. Sortimentsoptimierung unter Einschluß einer Reduzierung der Artikelvielfalt;
- Regaloptimierungen mit Hilfe von Spacemanagementsystemen;
- Optimierungen von Einkauf und Merchandising;
- Rentabilitäts- und DPR-Analysen;
- Bestandsmanagement sowie Aktionsplanung und -kontrolle;
- Warenkorbanalysen;
- Analyse von Logistik- und Serviceleistungen usw.

Im Ergebnis stellen die vorgestellten Instrumente des Category Management keine neuen Aktivitäten dar. Jedoch verlangen die kooperative Prozeßkettenoptimierung sowie die geforderte intensivierte Nutzung der anfallenden Scannerdaten zur Verbesserung der Kundenorientierung erhebliche Anstrengungen auf bisher wenig genutzten

Kooperationsfeldern. Dies wird sich allerdings nur bei einer deutlichen Verbesserung der Kooperationskultur auf Dauer realisieren lassen. Bisherige Erfahrungen der Praxis vornehmlich im Rahmen der Jahresgespräche lassen hier nicht unbegründete Zweifel aufkommen.

2.4 Der Category Managementprozeß

Category Management wird insbesondere von Nielsen als kontinuierlicher Entscheidungsprozeß herausgestellt, der als idealtypischer Zyklus iterativ durchlaufen wird und insgesamt fünf Stufen enthalten soll (vgl. ausführlich Nielsen 1992, S. 44 ff.; Milde 1994, S. 344; Pretzel 1996, S. 24 f.). Neuere Aspekte beinhalten hierbei insbesondere sogenannte „What-if-Analysen", die auf der Grundlage von Computersimulationen die Planung neuer Warengruppenstrategien verbessern sollen, indem Alternativen z. B. hinsichtlich der Sortimentsbreite, der Preispolitik, des Promotion-Mix oder der Plazierung geprüft und durchgespielt werden (Nielsen 1992, S. 48; Holliger 1994, S. 246 ff.; Pretzel 1996, S. 24 f.). Die computergestützte Simulation von Alternativen greift jedoch zwangsläufig auf vergangenheitsbezogene Daten und Erfahrungswerte zurück und ist regelmäßig nicht in der Lage, das Verhalten bzw. die Reaktionen von Wettbewerbern in den unterschiedlichen relevanten Märkten adäquat zu berücksichtigen. Gerade im Handel ist aber von einer außerordentlich hohen wettbewerblichen Reaktionsverbundenheit bzw. intensiven zirkularen Konkurrenz auszugehen (vgl. hierzu auch Schenk 1991, S. 284 ff.), die Simulationsergebnisse sehr schnell obsolet werden lassen.

Darüber hinaus dokumentieren die von Nielsen genannten inhaltlichen Aspekte der Warengruppenstrategien (vgl. Nielsen 1992, S. 48 ff.) vornehmlich Maßnahmen der operativen Steuerung und Kontrolle. Strategische Handlungsalternativen auf Warengruppenebene unter Einschluß der für die Gewinnung von Wettbewerbsvorteilen wichtigen Sortimentsinnovation finden hingegen keine ausreichende Berücksichtigung. Sortimentsstrategien sollten nämlich – sofern sie warengruppenbezogen formuliert sind – in erster Linie zielorientierte und langfristig angelegte *Handlungsrichtlinien* vorgeben, um Kontinuität, Rationalität, Sicherheit sowie Effizienz in der Sortimentspolitik gewährleisten zu können (vgl. ausführlich Möhlenbruch 1994, S. 169 ff.).

Weiterhin werden mit Ausnahme des Deckungsbeitrages bzw. der DPR-Kennziffer keine Hinweise zu den Möglichkeiten einer rentabilitätsorientierten Sortimentssteuerung auf der Grundlage von Kennzahlen gegeben (vgl. hierzu Möhlenbruch 1994,

S. 277 ff.). Insbesondere differenzierte Kennzahlenanalysen ermöglichen jedoch erhebliche Verbesserungen der kundenorientierten Sortimentssteuerung und bilden eine wichtige Basis des Sortimentscontrolling. Für den gesamten Entscheidungsprozeß bleibt zudem vor dem Hintergrund der geforderten strategischen Dimension ungeklärt, wie eine Handhabung von Vor- und Rückkoppelungen im Management-Zyklus sowie Interaktionen der beteiligten Manager unter Einschluß der Filialleiter und Controller erfolgen sollen.

3 ERFAHRUNGEN MIT CATEGORY MANAGEMENT IN DER PRAXIS

Die bisher veröffentlichten Erfahrungsberichte der Praxis in bezug auf das Category Management lassen deutliche Unterschiede in der Einschätzung von Industrie und Handel erkennen. Wie eine aktuelle Studie der Unternehmungsberatungsgesellschaft Kurt Salmon Associates (KSA) zur Umsetzung von ECR-Konzepten in Europa dokumentiert, sind insbesondere im deutschen Handel noch erhebliche Probleme mit dem Management von Veränderungsprozessen und vornehmlich mit dem Category Management verbunden. In dieser für das europäische ECR-Board (zum ECR-Board vgl. Hagen 1996, S. 80 sowie o. V. 1996b, S. 42) erstellten europaweiten Untersuchung wird dokumentiert, daß sich in zwei Drittel der befragten deutschen Handelsunternehmungen die Erwartungen an das kooperative Warengruppenmanagement bisher nicht erfüllt haben, in der deutschen Industrie liegt diese Quote hingegen bei vierzig Prozent (Spalink 1997, S. 67).

Darüber hinaus hat die auf der ersten europäischen ECR-Konferenz 1996 in Genf vorgestellte und vom europäischen ECR-Board in Auftrag gegebene VCA-Studie (Value Chain Analysis) von Coopers & Lybrand ergeben, daß die meisten europäischen Händler und Hersteller erst allmählich mit einer möglichen Chancen-Auswertung des Category Management beginnen und sich noch in einer frühen Phase der Entwicklung befinden (o. V. 1996a, S. 70). Andererseits wird von den Beteiligten in dieser mit über 10.000 Datenelementen bisher umfangreichsten ECR-Studie das Category Management als „ECR-Kernbereich" und wichtigster Bestandteil des ECR-Konzeptes in Europa angesehen. Große Schwierigkeiten bestehen aber noch in der gemeinsamen *Zielvereinbarung* von Hersteller und Handel, insbesondere bei der Entwicklung von Kategoriezielen, die gleichzeitig marktliche und logistische Anforderungen erfüllen sollen (o. V. 1996a, S. 70 und S. 72).

Analysiert man die veröffentlichten Erfahrungsberichte *einzelner* Unternehmungen, dann lassen sich regelmäßig sehr zufriedenstellende Ergebnisse erkennen. So hat sich z. B. nach Darstellung der Henkel KGaA, Düsseldorf, das „Konzept der optimalen Verbraucherorientierung – und vor allem dessen wichtigster Bestandteil Warengruppenmanagement“ in der Praxis bewährt (Speer 1994, S. 16). Auch wird von positiven Erfahrungen der niederländischen Lebensmittel-Handelsunternehmung Albert Heijn (o. V. 1994, S. 6), der Coop Schweiz (Rominski 1994, S. 75) oder verschiedenen US-amerikanischen Handelsunternehmungen (Gerling 1994, S. 7 ff.) berichtet.

Der deutsche Handel übt in der Regel jedoch eher Zurückhaltung in bezug auf die Bekanntgabe von Aktivitäten im Category Management, so daß positiv klingende Erfahrungsberichte eher von einzelnen Herstellern bzw. Unternehmensberatern lanciert werden. Dennoch betonen auch einzelne deutsche Handelsunternehmungen gerade den positiven Aspekt der Wertschöpfungspartnerschaft („Partnering“, „Beziehungsdenken“) im Sinne einer integrierten Wertkettenoptimierung, für deren Realisierung nicht nur die Logistikoptimierung durch Supply Chain Management, sondern auch eine partnerschaftliche Zusammenarbeit im Category Management erforderlich sei (vgl. Rodens-Friedrich/Kolodziej 1996, S. 41).

4 KRITISCHE WÜRDIGUNG DES CATEGORY MANAGEMENT

Grundsätzlich sind Kooperationen zwischen Mitgliedern unterschiedlicher Wirtschaftsstufen einzel- und gesamtwirtschaftlich sinnvoll, wenn sie ohne Einschränkung der für unsere Wirtschaftsordnung konstitutiven Wettbewerbsfreiheit zu einer Steigerung von Effektivität und Effizienz vertikaler Austauschprozesse sowie einer damit verbundenen Verbesserung der Kundenorientierung führen. Aufgrund der in der Realität vorzufindenden Heterogenität von Kooperationsformen und verschiedener ökonomischer Perspektiven sind generelle Bewertungen jedoch ohne Einzelfallbetrachtung nicht möglich, zumal Kooperationen häufig in einem Spannungsverhältnis einzel- und gesamtwirtschaftlicher Abwägung stehen (vgl. hierzu Schenk 1991, S. 373 ff.). Im folgenden sollen daher trotz der in den einzelnen Studien nachgewiesenen Rationalisierungspotentiale von ECR-Komponenten (vgl. die Übersicht bei Biehl 1995, S. 48) einige kritische Gesichtspunkte zum Category Management angeführt werden, die in der bisherigen Diskussion vernachlässigt wurden.

4.1 Die Leistungsfähigkeit des Category Management aus Herstellersicht

Für Konsumgüterhersteller bedeutet ein kooperatives und wertkettenübergreifendes Prozeßmanagement unter Ausnutzung der neuen Informations- und Kommunikationstechnologien die Chance, auf veränderte Kundenwünsche schneller und präziser zu reagieren sowie den Waren- und Informationsfluß erheblich zu verbessern. Zudem fördern Kooperationen mit dem Handel tendenziell die Möglichkeit, Produktentwicklungen unter Einschluß der Verpackungsgestaltung kundenorientierter vorzunehmen, um dadurch die im Konsumgüterbereich traditionell hohe Floprate zu reduzieren. Auch ist davon auszugehen, daß die kooperative Nutzung von Scannerdaten stärker zu nachfragedeterminierten Produktionsplanungen führt, was regelmäßig eine günstigere Auslastung von Produktionskapazitäten zur Folge haben dürfte. Insofern stellt Category Management aus der Sicht der Hersteller einen wichtigen Baustein bei der Reorganisation von Geschäftsprozessen und der Beseitigung von stufenübergreifenden Schnittstellenproblemen dar, durch den die Produktions-, Administrations-, Logistik-, Kapital- und Marketingkosten in der Wertschöpfung reduziert werden können, um „Preise zu senken bzw. Erträge zu sichern" (Dantzer 1996, S. 82).

Darüber hinaus beinhaltet die intensivierte Kooperation mit dem Handel für die zum Category Captain aufgestiegenen Produzenten die Möglichkeit, ohne weitere Konditionenzugeständnisse intensiven Einfluß am Point of Sale durch relativ autonome Merchandising-Aktivitäten auszuüben. Die sich hierbei ergebenden Kontakt- und Informationsvorsprünge gegenüber Wettbewerbern und möglichen Newcomern können allerdings Marktzugangsbarrieren aufbauen, die längerfristig die Gefahr einer Einschränkung von Wahlmöglichkeiten im Wettbewerb bedeuten und somit kartellrechtliche Bedenken entstehen lassen. Da es sich zudem bei den Kooperationspartnern regelmäßig um marktmächtige Unternehmungen handelt (vgl. Hallier 1995, S. 4), dürften tendenziell durch die systemimmanenten Marktspaltungseffekte (vgl. hierzu Möhlenbruch 1985, S. 380 ff.) der vertikalen Zusammenarbeit Konzentrationstendenzen gefördert werden. Ungeklärt ist in diesem Zusammenhang bisher, durch welche Anreiz-Beitrags-Mechanismen die Position eines Category Captain auf Dauer aufrechterhalten werden kann, wobei eine gewisse Bindungsstärke durch gemeinsame bzw. komplementäre Investitionen u. a. in die Informationsinfrastruktur zu unterstellen ist.

Aus Herstellersicht erscheint es weiterhin fraglich, wie eine konsequente Steuerung von Warengruppen als Profit Center erfolgen soll, wenn lediglich Beratungsfunktionen vom Category Manager wahrgenommen werden. Dies steht nämlich prinzipiell im Widerspruch zu einer umfassenden Delegation der Gewinnverantwortung für eine Category, welche Entscheidungskompetenzen erfordert. Auch müssen in diesem Zusammenhang Kompetenzüberschneidungen mit Filial- und Abteilungsleitern der Handelsbetriebe vermieden werden, um Motivationsproblemen vorzubeugen.

Category Management soll aus der Sicht der Industrie vor dem Hintergrund der gewünschten Gesamtsystemoptimierung zu einer Neuausrichtung der Konditionensysteme führen (Zentes 1996, S. 164). Mit einer entsprechenden Implementierung des Warengruppenmanagements sind nämlich erhebliche Funktionsverschiebungen zwischen Industrie und Handel verbunden, die Probleme einer Neuaufteilung der Handelsspanne als „Entgelt für die vom Handelsbetrieb wahrgenommenen Distributionsaufgaben" (Barth 1996, S. 67) hervorrufen. Selbst wenn erhebliche und gesamtwirtschaftlich begrüßenswerte Rationalisierungspotentiale durch das kooperative Wertschöpfungsmanagement generiert werden können, wird sich der Hersteller insbesondere in stagnierenden oder rückläufigen Märkten auf Dauer intensiven Konditionenverhandlungen nicht entziehen können, was im übrigen durch aktuelle Forderungen nach „ECR-Rabatten" in Jahresgesprächen zwischen Industrie und Handel deutlich wird.

Da der Handel nicht zuletzt zur eigenen Existenzsicherung durch Maßnahmen der Marktbeeinflussung seine *Marktausgleichsfunktion* im Sinne einer Abstimmung von Angebot und Nachfrage zu erfüllen hat (vgl. Seyffert 1972, S. 6ff.), ist somit trotz kooperativen Category Managements das Problem leistungsgerechter Konditionen in der Wertschöpfung zu lösen. Die einzelnen ECR-Komponenten bieten in diesem Zusammenhang jedoch für den Hersteller die Chance, in stärkerem Maße Scanner-Daten über das Verbraucher-Verhalten in den Verhandlungsprozeß einzubringen und damit zu einer Versachlichung der konfliktreichen Konditionengespräche zu kommen (vgl. ausführlich Schobert 1996, S. 266 ff.).

Auch wenn durch Category Management grundlegende Zieldivergenzen zwischen Industrie und Handel nicht beseitigt werden können, überwiegen aus Herstellersicht zweifellos die Vorteile dieser stufenübergreifenden Wertschöpfungspartnerschaft, da sowohl quantitative als auch qualitative Informationen über Präferenzen und Verhalten von Konsumenten in einem gemeinsamen Entwicklungsprozeß eingebracht werden können (Töpfer 1995, S. 194) und der Hersteller von Chancen zu erheblichen Kostenreduzierungen in den genannten Bereichen profitiert. Die engere Bindung an einzelne Handelsunternehmungen führt zudem tendenziell zu Umsatzsteigerungen, da die Kontakt- und Informationsvorsprünge die Marktchancen von Wettbewerbern verschlechtern.

4.2 Die Leistungsfähigkeit des Category Management aus Handelssicht

Kostensenkungen und Umsatzsteigerungen werden durch ECR und Category Management tendenziell auch im Handel begünstigt. So führen Reduzierungen der Artikelvielfalt in den einzelnen Categories, der papierlose Datenaustausch auf der Grundlage von EDI sowie die konsequente und kooperative Nutzung von Scannerdaten für bedarfsorientierte Bestellvorgänge und koordinierte Promotionaktivitäten regelmäßig zu einer Reduzierung von Kapitalbindungs-, Administrations- und Logistikkosten im Handel.

Darüber hinaus können aufgrund freiwerdender Kontaktstrecken im Regal die Umschlaghäufigkeiten der verbliebenen Sortimentsteile durch intensiveres Facing erhöht und die Wahrscheinlichkeiten von „out of stock" – Situationen reduziert werden. Somit sind durch eine konsequente und scannergestützte Anpassung des Sortiments an die kaufverhaltensrelevante Nachfrage Umsatzsteigerungen möglich. Auch ist davon auszugehen, daß die erhöhten Umschlaghäufigkeiten der verbliebenen Sortimentsteile den durchschnittlichen Abschriftenbedarf senken. Im Ergebnis ist dann von einer Verbesserung der Rentabilitätskennziffern wie Brutto- oder Netto-Rentabilität bzw. DPR (Direkte Produkt-Rentabilität) auszugehen (vgl. ausführlich Möhlenbruch 1994, S. 277 ff.). Diese Zusammenhänge sind seit langem bekannt und werden von gut geführten Handelsunternehmungen im Rahmen der Sortimentssteuerung mit Unterstützung der Hersteller (z. B. auf der Grundlage von Just in Time-Belieferungen) auch ohne Category Management konsequent berücksichtigt.

Vielleicht ist hierin einer der Gründe zu sehen, weshalb in der Praxis des Handels bisher kaum eine konsequente Umsetzung des Category Management mit genereller Management-Kompetenz sowie umfassender Gewinnverantwortung stattfindet. Selbst in den Vereinigten Staaten, in denen dieser Reorganisationsansatz schon länger Berücksichtigung findet, ist lediglich eine Verankerung in Stabstellen oder Projektteams festzustellen (Hahne 1995, S. 800). Andererseits hat jedoch die Diskussion um die Restrukturierung von Wertschöpfungsketten die Sensibilität für die im Handel absatzpolitisch bedeutsame und seit langem bekannte Forderung nach einer Zusammenfassung von Beschaffung und Absatz in einem Führungsbereich auch in Deutschland erheblich gesteigert (vgl. Barth 1996, S. 363).

Neben der bereits dargestellten Problematik einer Vernachlässigung von Verbundeffekten im Sortiment sowie den Problemen einer Kompetenzüberschneidung zwischen Category Manager und Filial- bzw. Abteilungsleitung des Handels sollte beachtet werden, daß die filialübergreifend tätigen Category Manger sehr schnell bei den im Handel notwendigen standortspezifischen Sortimentsanpassungen überfordert sind. Da insbesondere große Handelsbetriebe im Rahmen ihrer vertikalen und horizontalen Absatzentfaltung mit differenzierten Betriebstypen unterschiedliche Marktsegmente an den verschiedenen Standorten (Polysystempolitik, vgl. Barth 1996, S. 50) ansprechen, sind standortbezogene Sortimentsanpassungen zur optimalen Ausschöpfung der einzelhandelsrelevanten Nachfrage unter Beachtung einer jeweils optimierten Betriebstypenstrategie erforderlich, um Marktanteile in den relevanten Märkten steigern zu können. Verbesserungen lediglich auf Categoryebene reichen somit zur möglichst optimalen Marktausschöpfung nicht aus, sondern sind allenfalls in die Gesamtstrategie der Handelsunternehmung zu integrieren.

In diesem Zusammenhang ist es von besonderer Bedeutung, daß durch das Category Management weder die Anpassungs- noch die Dispositionsflexibilität der Handelsunternehmung verlorengeht (vgl. Möhlenbruch 1985, S. 131 f.). Hierbei beinhaltet die *Anpassungsflexibilität* unter dem Aspekt einer Optimierung unternehmungsspezifischer Ressourcenallokation die Fähigkeit, auf marktliche Veränderungen strukturell und mit der gebotenen Schnelligkeit reagieren zu können, ohne auf kooperative Abstimmungsprozesse Rücksicht nehmen zu müssen. Dies gilt in besonderer Weise auch für die unternehmungsinterne Allokation von Flächen- und Personalressourcen, die unter Berücksichtigung des differenzierten Zielsystems der Handelsunternehmung zu erfolgen hat und regelmäßig von einer Vielzahl strategischer Vorgaben abhängig ist.

Vor dem Hintergrund der im Handel aus Wettbewerbsgründen permanent notwendigen Ausnutzung günstiger Arbitragemöglichkeiten bezieht sich hingegen die *Dispositionsflexibilität* auf die beschaffungspolitische Unabhängigkeit beim Bezug von Waren. Da nach Darstellungen der Praxis etwa achtzig Prozent des Gewinns einer Handelsunternehmung durch den Einstandspreis bestimmt werden (vgl. Behrends 1994 a, S. 59) sowie in den Einstandspreisen der Waren bereits Handelsleistungen zum Ausdruck kommen (Barth 1996, S. 66), sind Strukturkonservierungen in der Beschaffung immer einer sorgfältigen Kosten- / Nutzen-Analyse zu unterziehen und die Kosten- und Informationsvorteile der Kooperation den Flexibilitätsverlusten gegenüberzustellen. Hinzu kommt, daß durch die Weitergabe von Scannerdaten der Handelsbetrieb seine Informationsvorsprünge im Vertikalwettbewerb preisgibt, ohne für diesen bedeutenden Leistungsfaktor — bedingt durch den langjährigen Aufbau eines funktionierenden Category Management — zunächst eine adäquate Gegenleistung zu erhalten. Dies gilt um so mehr, als der Handel in den einschlägigen Veröffentlichungen zusätzlich aufgefordert wird, „seine gewinnbestimmenden Komponenten" offenzulegen (Milde 1994, S. 344).

Daß stufenübergreifende Wertschöpfungspartnerschaften kartellrechtlich bedenkliche Konzentrationstendenzen fördern können, wird auch daran deutlich, daß Mengenvorteile in der Beschaffung nur dann auf Dauer realisierbar erscheinen, wenn das Beschaffungsvolumen auf wenige Lieferanten, die Category Captains entsenden, aufgeteilt wird. Die hiermit einhergehende Reduzierung der Kategorienanzahl und Sortimentsvielfalt bedeutet jedoch tendenziell eine Homogenisierung von Sortimenten, was wiederum eine Profilierung von Betriebsstätten im Wettbewerb erschwert.

Im Ergebnis stellt sich die Frage, warum eine Handelsunternehmung ihre sortimentspolitische Autonomie durch ein Kooperationsmodell aufgeben soll, das weder Konditionenverhandlungen überflüssig macht noch zu neuen Erkenntnissen in der Sortimentssteuerung führt. Der Handel hat in der Vergangenheit ein detailliertes Instrumentarium für die Sortimentssteuerung entwickelt, das über die Inhalte des Category Management hinausgeht (vgl. Möhlenbruch 1994, S. 224 ff.) und in der Praxis teilweise intensiv genutzt wird.

Somit sind die Vorteile des Category Management neben der Zusammenfassung von Einkauf und Verkauf in einer Organisationseinheit des Handels eher in der Unterstützung logistischer Rationalisierungspotentiale eines integrativen Wertschöpfungsmanagements zu sehen. Da die Sortimentspolitik zu den originären und wichtigsten Profilierungsinstrumenten des Handels zählt, ist hingegen eine Preisgabe der Sortimentssouveränität weder sinnvoll noch aus Kompetenzgründen geboten. Grundsätzlich lassen sich nämlich die Vorteile des Supply Chain Management auch ohne das vom Hersteller dominierte Category Management realisieren. Zudem könnte im Falle einer Implementierung des Kooperationsmodells die Installation des „Category Captain" durch die Handelsunternehmung viele Konfliktpotentiale beseitigen.

4.3 Die Leistungsfähigkeit des Category Management aus Konsumentensicht

Die im Category Management beschriebene intensive Nutzung von Scannerdaten beinhaltet den Versuch einer konsequenten Umsetzung der Kundenorientierung im Handel. Informationen über die Zusammenstellung individueller Warenkörbe und Reaktionen auf spezielle Sonderangebote können im Sinne eines Demand Management dazu dienen, eine differenziertere Bearbeitung einzelner Konsumentengruppen mit unterschiedlichen Präferenzstrukturen zu erreichen (vgl. Töpfer 1995, S. 194) und Konsumtrends sowie Kaufverhaltensmuster besser zu erkennen. Darüber hinaus fördern die organisatorische Umsetzung der einzelnen ECR-Komponenten sowie eine konsequente Anwendung des papierlosen Datenaustausches die Kundenorientierung, da geringere Fehlbestände, frischere Produkte und eventuell ein größeres Einkaufserlebnis möglich werden (Tietz 1995, S. 181). Dem stehen aus kundenorientierter Sicht jedoch tendenziell die sich durch die enge Bindung des Handels an einzelne Hersteller ergebende Reduzierung von Auswahlmöglichkeiten sowie eine geringere Innovationsrate des Sortiments gegenüber. Zudem erscheint es mehr als fraglich, ob der Endverbraucher adäquat an den Wertschöpfungsgewinnen der Vertikalpartner durch sinkende Preise beteiligt wird, um kartellrechtliche Bedenken auszuräumen.

Überdies sind aus der Konsumentenperspektive nicht nur die diskutierten kategoriebezogenen Vorteile für das Aufsuchen einer Einkaufsstätte entscheidend, sondern das gesamte Preisniveau, der Standort, freundliche Bedienung und Beratung, Schnelligkeit des Kassiervorganges, Service, das Ambiente, Ladeneinrichtungen usw., so daß die gesamte Marketingkonzeption kundenorientiert zu entwickeln ist und nicht nur die einzelnen Kategorien. Dazu gehört insbesondere auch die Berücksichtigung sortiments- und kategorieübergreifender Verbundeffekte, die dem im Handel wichtigen *Bedarfsverbund* zur Befriedigung additiver Kaufwünsche Rechnung tragen und mit der Breitendimension des Sortiments korrelieren.

Insgesamt bleibt die Kundenorientierung im Handel eine strategische und gesamtunternehmungsbezogene Aufgabe, die durch das Category Management allenfalls eine operative Unterstützung erfahren kann.

5 ENTWICKLUNGSPERSPEKTIVEN DES CATEGORY MANAGEMENT

Category Management wird sich auf Dauer in der Praxis nur dann bewähren können, wenn es trotz der dargestellten Kritikpunkte und Nachteile ein wertkettenübergreifendes Prozeßmanagement zum Vorteil von Industrie *und* Handel aktiv unterstützen kann und eine Verbesserung der Kundenorientierung durch eine kooperative Nutzung von Scannerdaten gelingt. Die vorangehende Analyse hat jedoch gezeigt, daß aufgrund einer Vielzahl von Problemen und Zielantinomien im Vertikalverhältnis Rationalisierungspotentiale eher im Supply Chain Management zu realisieren sind und der Handel ohne weitergehende Anreize auch in Zukunft wenig Neigung zeigen wird, seine Sortimentshoheit preiszugeben. Nachweisbare Erfolge in der Logistikkooperation lassen sich grundsätzlich auch ohne Category Management erreichen.

Voraussetzung für eine erfolgreiche Zusammenarbeit ist neben der Lösung von Interpretationsproblemen der Scannerdaten sowie einer Verbesserung der Kooperationskultur die Bewältigung der Datenflut durch die Installation eines leistungsfähigen Data-Warehouse, das unter Einschluß von Controlling-Daten entsprechend aufbereitete Informationen zur Verfügung stellt.

LITERATUR

Barth, K.: Betriebswirtschaftslehre des Handels, 3. Auflage, Wiesbaden 1996.

Behrends, Ch.: Von der Vision zur Praxis. In: Lebensmittel-Zeitung, Nr. 22, 3. Juni 1994a, S. 58-63.

Behrends, Ch.: Handel und Hersteller in Kompetenz — Partnerschaft. In: absatzwirtschaft, 10 (1994b), S. 108-114.

Biehl, B.: Leichter gesagt als getan. In: Lebensmittel-Zeitung, Nr. 17, 28.April 1995, S. 48-50.

Biehl, B.: Philosophie, Prozess und Konzept. In: Lebensmittel-Zeitung, Nr. 15, 12. April 1996, S. 38.

Biehl, B.: Gute Gründe für ein Category Management. Category Management als Instrument einer ECR-Strategie. In: Lebensmittel-Zeitung, Nr. 10, 7. März 1997, S. 42-45.

Böhlke, E.: Trade Marketing. In: Handwörterbuch des Marketing, 2. Auflage, Tietz, B.; Köhler, R.; Zentes, J. (Hrsg.), Stuttgart 1995, Sp. 2483-2494.

Bunk, B.: Handel und Markenartikelindustrie: In Wertschöpfung vereint?. In: absatzwirtschaft, 7 (1996), S. 30-37.

Clausnitzer, Th.: Basis für eine faire Chancennutzung, Konditionensysteme in Zeiten von ECR — Ein Modell. In: Lebensmittel-Zeitung, Nr. 18, 3. Mai 1996, S. 64.

Dantzer, U.: Was ist und was bringt „Efficient Consumer Response"? In: Lebensmittel-Zeitung, Nr. 45, 8. November 1996, S. 82.

Friedrich, St. A.; Hinterhuber, H.; Rodens, B.: Handel und Industrie: Der Wertschöpfungspartnerschaft gehört die Zukunft. In: io Management Zeitschrift, 11 (1995), S. 40-44.

Gerling, M.: Category Management — ein neues Erfolgsrezept? In: Dynamik im Handel, 6 (1994), S. 7-11.

Gerling, M.: Category Management: Mehr Kundenorientierung. In: Dynamik im Handel, 3/97, S.36-40.

Hagen, K.: Die CCG ist Hüterin der Standards. In: Lebensmittel-Zeitung, Nr. 10, 8. März 1996, S. 80-82.

Hahne, H.: Category Management. In: Die Betriebswirtschaft, 55. Jahrgang 1995, Nr. 6, S. 799-801.

Hallier, B.: Auf dem Weg zum Computerintegrated Trading. In: Dynamik im Handel, 7 (1995), S. 2-4.

Harris, B.; McPartland, M.: Category management defined: What it is and why it works. In: Progressive Grocer, September 1993, S. 5-8.

Hascher, H.-St.: Einsichten in Praxis umsetzen. In: Lebensmittel-Zeitung, Nr. 23, 7. Juni 1996, S. 44-50.

Hinterhuber, H. H.: Strategische Unternehmungsführung, Band 2, Strategisches Handeln, 4. Auflage, Berlin/New York 1989.

Holliger, P.: Category Management. In: Thexis, 11 (1994), Heft 5, S. 242-249.

Kempcke, Th.: Optimierung des Lagernachschubs — wichtiges Kooperationsfeld zwischen Handel und Industrie. In: Dynamik im Handel, 7 (1995), S. 40-42.

Kurt Salmon Associates, Inc. (Hrsg.): Efficient Consumer Response — Enhancing Consumer Value in the Grocery Industry, Washington 1993.

Milde, H.: Category Management — die stille Revolution. In: Markenartikel 7/94, S. 343-346.

Möhlenbruch, D.: Betriebswirtschaftliche Probleme einer Kontrolle der Nachfragemacht des Handels, Schriften zur Handelsforschung Nr. 71, Göttingen 1985.

Möhlenbruch, D.: Sortimentspolitik im Einzelhandel. Planung und Steuerung, nbf Band 131, Wiesbaden 1994.

Nielsen Marketing Research (Hrsg.): Category Management. Positioning Your Organization to Win, Lincolnwood (Chicago), Illinois 1992.

o. V.: Gewinne mit System. In: Lebensmittel-Praxis, 21 (1993), S. 18-23.

o. V.: Category-Management bei Albert Heijn. In: Dynamik im Handel, 6 (1994), S. 2-6.

o. V.: Anregung zur effizienteren Zusammenarbeit. In: Lebensmittel-Zeitung, Nr. 23, 7. Juni 1996a, S. 70-72.

o. V.: Mit EDI kritische Masse erreichen. In: Lebensmittel-Zeitung, Nr. 23 7. Juni 1996b, S. 42.

Pretzel, J.: Gestaltung der Hersteller - Handel - Beziehung durch Category Management. In: Markenartikel, 1 (1996), S. 21-25.

Rodens-Friedrich, B. ; Kolodziej, M.: Von Visionen und Illusionen. ECR-Erfahrungen aus der Sicht von dm-Drogerie Markt. In: Lebensmittel-Zeitung, Nr. 46, 15. November 1996, S. 41 f.

Rominski, D.: Category Management. In: absatzwirtschaft, 7 (1994), S. 74 f.

Schenk, H.-O.: Marktwirtschaftslehre des Handels, Wiesbaden 1991.

Schneider, A.: Teamwork und soziale Intelligenz. Ein Category Management-Pionier zieht Bilanz. In: Lebenmittel-Zeitung, Nr. 40, 6. Oktober 1995, S. 44-48.

Schobert, F.: Procter & Gamble's „Neuer Weg". Eine neue Dimension für die Zusammenarbeit von Hersteller und Handel. In: Marketing Journal, 4 (1996), S. 264-270.

Seyffert, R.: Wirtschaftslehre des Handels, 5. Auflage, Sundhoff, E. (Hrsg.), Opladen 1972.

Spalink, H.: Der deutsche Handel hinkt hinterher. In: Lebensmittel-Zeitung, Nr. 3, 17. Januar 1997, S. 67.

Speer, F.: Kompetenz als Erfolgsstrategie. In: Dynamik im Handel, 6 (1994), S. 12-16.

The Coca Cola Retailing Research Group-Europe: Supplier — Retailer Collaboration in Supply Chain Management, Mailand et al. 1994.

Tietz, B.: Effiziente Kundenpolitik als Problem der Informationspolitik. In: Trommsdorff, V. (Hrsg.): Handelsforschung 1995/96, Informationsmanagement im Handel, Wiesbaden 1995, S. 175-186.

Töpfer, A.: Efficient Consumer Response — Bessere Zusammenarbeit zwischen Handel und Herstellern. In: Trommsdorff, V. (Hrsg.): Handelsforschung 1995/96, Informationsmanagement im Handel, Jahrbuch der Forschungsstelle für den Handel (FfH) e. V., Wiesbaden 1995, S. 187-200.

Zentes, J.: Konditionensysteme: Von Pull- und Push-Strategien zum kooperativen Wertschöpfungsmanagement. In: Markenartikel, 4 (1996), S. 162-165.

Integrative Wertschöpfungsprozesse als Umsetzung einer zunehmenden Kundenorientierung im Technischen Handel

Marco Schmäh, Berlin

Seit einiger Zeit richten die Anbieter im Business-to-Business-Bereich ihre Leistungserstellungsprozesse zunehmend an den spezifischen Problemen ihrer Abnehmer aus. Dieser Trend zur einzelkundenbezogenen Leistungserstellung stellt insbesondere die Technischen Handelsunternehmen, deren Angebot bislang überwiegend 'Standardwaren' umfaßte, vor die Frage, wie der Übergang zur schwerpunktmäßig kundenorientierten Leistungserstellung zu vollziehen ist. Ausgehend von einer Situationsanalyse beschreibt der vorliegende Beitrag, wie, aufbauend auf dem Ansatz der Kernkompetenzen, der Wandel in den Leistungserstellungsprozessen der Händler hin zu einer kundenorientierten Restrukturierung der Wertschöpfungsprozesse vollzogen werden kann.

1 EINLEITUNG

Die steigende Kundenorientierung zeigt sich im Produktionsverbindungshandel im allgemeinen sowie im Technischen Handel im besonderen in der Verlagerung der Schwerpunkte im angebotenen Leistungsbündel weg von der autonomen Leistungserstellung und hin zu einer integrativen Leistungserstellung (vgl. Kleinaltenkamp/Schmäh 1995, S. 32 ff.; Glockow/Schmäh 1997, S. 49 ff.). Kennzeichen einer autonomen Leistungserstellung ist, daß die Leistung an den durchschnittlichen Erfordernissen des 'anonymen' Marktes ausgerichtet wird. Demgegenüber zielt die integrative Leistungserstellung stets auf die Lösung der Probleme eines einzelnen Abnehmers ab, weshalb sie auch nur durch eine Integration des Kunden in die Wertschöpfung des Anbieters zustande kommen kann. Dabei sind im Technischen Handel neben dem 'reinen' Vertrieb von individualisierten Leistungen durchaus schon sehr häufig eigene Werkstätten anzutreffen, in denen Anarbeitungsleistungen an Waren nach Kundenwunsch vorgenommen oder sogar kundenspezifische Produktionsleistungen erbracht werden (vgl. Kleinaltenkamp/Schmäh 1995, S. 7 ff.). Diese Entwicklung zum anarbeitenden oder/und produzierenden Handelsbetrieb ist eine Antwort der Technischen Händler auf die desolater gewordene Situation bei der Handelsspanne im 'reinen' Handelsgeschäft. Darüber hinaus wird durch das größere Angebot von individualisierten Leistungen die handelsbetriebliche Leistungserstellung stärker auf den Kundennutzen ausgerichtet. Der folgende Beitrag wird sich der betrieblichen Umsetzung dieser kundenorientierten Strategie widmen. Welche Möglichkeiten bestehen für die Händler, den Wandel von der überwiegend autonomen zur stärkeren individualisierten Leistungserstellung für ihre Kunden sicherzustellen, ohne dabei die Kontrolle über den Wertschöpfungsprozeß gänzlich zu verlieren bzw. von den Herstellern umgangen und damit ausgeschaltet zu werden?

2 SITUATIONSANALYSE UND POSITIONIERUNG ALS AUSGANGSPUNKT

Ausgangspunkt derartiger Überlegungen eines Handelsbetriebes sollten eine eingehende Situationsanalyse und anschließende Positionierung sein (zur Positionierung vgl. Kleinaltenkamp/Schmäh 1996). Die eigenen Potentiale sind zu beurteilen und zwar hinsichtlich ihres Leistungsspektrums sowie insbesondere hinsichtlich ihrer Fähigkeit zur Erstellung von individualisierten Leistungen. Besondere Bedeutung kommt hier den maschinellen Anlagen und dem Know-how der Mitarbeiter zu. Ohne eine entsprechende Ausrüstung des Handelsbetriebes, z. B. mit Dreh-, Fräs-, Bohr-, Schleif- oder Stanzmaschinen, oder ohne einen unternehmenseigenen Werkzeugbau im Handelsbetrieb besteht für den Händler lediglich die Möglichkeit, entsprechende Waren bereits in dem vom Kunden gewünschten bearbeiteten Zustand zuzukaufen.

Eine Umpositionierung kommt nun insbesondere für diejenigen Handelsbetriebe in Betracht, die mit ihrer Leistungserstellung bisher weitgehend für den anonymen Markt produziert haben oder/und bislang eine geringe Wertschöpfung erbracht haben. Eine

Umpositionierung für diese Handelsunternehmen ist zu überdenken und zwar stärker in Richtung der integrativen Leistungserstellung (zur Umpositionierung vgl. Kleinaltenkamp/Schmäh 1996, S. 215 ff. In einer empirischen Untersuchung auf der Fachmesse für den Technischen Handel 1996 bei 80 Handelsbetrieben zeigte sich ein starker Trend zum Angebot von im Handelsbetrieb selbsterstellten integrativen Leistungen). Hierbei gilt es allerdings, die voraussichtlich zu antizipierenden Änderungen im Abnehmerverhalten bzw. die sich im Business-to-Business-Bereich abzeichnenden Trends zu berücksichtigen. Die folgenden Trends sollen hierbei als exemplarische Auswahl angesehen werden:

- steigendes Outsourcing auf vor- und nachgelagerten Stufen des Technischen Handels,
- Fokussierung der Konzentration auf die Kernkompetenzen,
- steigende Bedeutung des Modular- und System Sourcing,
- häufiger Zwang zur Zertifizierung nach DIN ISO 9001 ff., DIS ISO 14001 oder der Einführung eines EU-Ökoaudit (vgl. Ahrens 1996, S. 475),
- die wachsende Bedeutung der Einführung von Electronic Data Interchange (EDI) und schließlich
- die Notwendigkeit des Business Reengineering bzw. Business Process Reengineering, um kundenorientierte Prozesse besser gewährleisten zu können.

3 SELEKTIVES OUTSOURCING UND DIE BESCHAFFUNG EXTERNER FAKTOREN

Der Wandel von der überwiegend autonomen zur integrativen Leistungserstellung bedingt nahezu zwangsläufig aufgrund der Besonderheiten des Produktionsverbindungshandels im allgemeinen bzw. des Technischen Handels im besonderen ein Überdenken der Prozesse im Handelsunternehmen. Mögliche Verfahren, die hierzu neue Erkenntnisse vermitteln können, sind z. B. das Blueprinting und ein anschließendes Business Reengineering. Die Leistungserstellung des Produktionsverbindungshändlers muß sich zwangsläufig derart gestalten, daß — falls beabsichtigt — eine Integration der Abnehmerwünsche in alle Stufen der Wertschöpfungskette möglich wird und zwar angefangen von der Produktentwicklung über die Produktion und Anarbeitung bis schließlich hin zur Just-in-time-Anlieferung. Herausgestellt werden muß in dem betrachteten Zusammenhang, daß dies nicht bedeutet, daß sämtliche Wertschöpfungsprozesse im Handelsbetrieb vollständig selbst erstellt werden müssen, sondern daß die Notwendigkeit besteht, die Leistungserstellung über die verschiedenen beteiligten — bzw. in der Regel vorgelagerten — Marktstufen hinweg zu koordinieren und zu kontrollieren. Hier eröffnet sich die Chance für den Technischen Händler, die gesamte Wertkette unter seiner Leitung aktiv zu beeinflussen. Der Handelsbetrieb kann somit zu einem Wertkettenmanager werden und auf diesem Wege auch einen erheblichen Beitrag zur eigenen Existenzsicherung betreiben. Schließlich dürfte sich dadurch auch ein entsprechend hohes auskömmliches Ertragspotential ergeben, das allerdings über den — zumindest vorläufigen — Abschied vom 'reinen' Warenverteiler erkauft werden muß (vgl. Kleinaltenkamp/Schmäh 1996, S. 218 f.).

Die Sicherstellung der Integrativität bzw. des Eingriffs des überwiegend industriellen Abnehmers in den Leistungserstellungsprozeß gestaltet sich nun in dem vom Technischen Handel initiierten mehrstufigen Leistungserstellungsprozeß etwas komplexer als bei einer einstufigen, bilateralen Leistungserstellung zwischen einem anbietenden Unternehmen und einem nachfragenden Unternehmen. Der Händler ist hier besonders in seiner Funktion als Informationsmanager gefordert. Schließlich wird die kundenspezifische Information vom Händler an die verschiedenen Unternehmen der oftmals unterschiedlichen Marktstufen übermittelt, die an der Leistungserstellung beteiligt sind und den externen Faktor Information sodann in ihren Leistungserstellungsprozeß integrieren.

Welche Voraussetzungen sollten deshalb zu einer effizienten Integration der Kundenwünsche gegeben sein? Hierzu ist zunächst in einem ersten Schritt zu klären, welche Prozesse nach einer am Kundennutzen orientierten Komposition der Wertkette als Kernprozesse im Technischen Handel anzusehen sind. Anschließend ist sodann zu analysieren, welchen externen Faktoren im Technischen Handel die größte Bedeutung zukommt, um dann anschließend die effiziente Integration der entsprechenden externen Faktoren in den Leistungserstellungsprozeß sicherstellen zu können.

4 DIE STRATEGIE DER KONZENTRATION AUF DIE KERNKOMPETENZEN

Am Anfang der Überlegungen hinsichtlich einer Optimierung der integrativen Leistungserstellung ist die Komposition der handelsbetrieblichen Wertkette zu betrachten.

Die Konfiguration der Wertkette sollte sich dabei am Kundennutzen der anvisierten Abnehmersegmente orientieren. Hierzu ist allerdings eine präzise Kenntnis der Nutzungsprozesse der direkten Abnehmer oder der Abnehmer der folgenden Marktstufen nötig, um das Leistungsangebot nicht am Markt vorbei auszurichten. Am Ende derartiger Betrachtungen steht schließlich die Implementierung der Strategie der Kernkompetenzen sowie die Festlegung des handelsbetrieblichen Leistungsspektrums auf ein bestimmtes Preis-Leistungsverhältnis.

Wie ist nun die Umsetzung der Strategie der Konzentration auf die Kernkompetenzen im Technischen Handel möglich? Hierzu sollte zuerst Klarheit über die Kernkompetenzen geschaffen werden, die von Handelsbetrieb zu Handelsbetrieb andersartig ausgestaltet sind bzw. sein können. Den gemeinsamen Kern finden sie jedoch in der — im Vergleich zu den konkurrierenden Herstellerunternehmen — größeren Kundennähe und damit verbunden in einer umfassenderen Kenntnis der Prozesse des Kunden sowie der vom Kunden gewünschten Problemlösung. Die Herstellerunternehmen kennen die Abnehmer der Händler nämlich vielfach gar nicht und können infolgedessen auch keinen so detaillierten Einblick in die Prozesse des Kunden gewinnen wie die Händler.

Die Leistung wird vom Handelsbetrieb nach den Anforderungen des Abnehmers beschafft bzw. erstellt. Die konsequente Umsetzung des Konzeptes der Kernkompetenzen besagt nun, daß sich der Handelsbetrieb auf die Tätigkeiten beschränkt, deren Abwicklung er im Handelsbetrieb besonders effizient sicherstellen kann. Auch hier kann es von Handelsbetrieb zu Handelsbetrieb oft erhebliche Unterschiede geben, die von den unterschiedlichen Leistungspotentialen herrühren. Hat sich der eine Händler z. B. auf das Einbinden von Schläuchen spezialisiert, so liegen die Fähigkeiten des anderen z. B. bei der Herstellung von Kunststoffspritzgußteilen. Die unterschiedliche Ausgestaltung der Potentiale der Händler determiniert die Schwerpunkte derjenigen Prozesse, die im eigenen Unternehmen besonders effizient und effektiv erstellt werden. Prozesse, für die das erforderliche Know-how im Handelsunternehmen nicht hinreichend ausgestaltet ist, müssen somit zwangsläufig zugekauft werden. Nach außen hin zum Abnehmer bleibt dies jedoch häufig unsichtbar, so daß von virtueller Integrativität gesprochen werden kann. Der Abnehmer erhält seine Leistung in der gewünschten individualisierten Ausprägung vom anbietenden Handelsunternehmen, das die abnehmerspezifische Leistungszusammenstellung bzw. Konfigurierung mit unterschiedlichen Zulieferunternehmen koordiniert hat.

Die Kernfrage dürfte nun sein, ob es der Abnehmer honoriert, wenn die Leistung vollständig im Handelsbetrieb erstellt wird. Hier kann davon ausgegangen werden, daß bei einem zufriedenstellenden Preis-Leistungsverhältnis und bei entsprechender Qualität der Leistung der Abnehmer in der Regel indifferent gegenüber der Quelle der Leistungserstellung sein dürfte (Dies belegen auch die Ergebnisse der empirischen Untersuchung auf der Fachmesse für den Technischen Handel im Jahre 1996. Auf die Frage „für den Nachfrager spielt es keine Rolle, ob die Waren aus der Fertigung des Händlers oder des Herstellers kommen" antworteten 63 Händler mit ja, 14 mit nein und drei Händler waren unentschieden. Somit zeigt sich, daß die obige Annahme „weitgehend geteilt" wurde. Zu weiteren Ergebnissen der Untersuchung vgl. Kleinaltenkamp/Schmäh (1996).

Doch widmen wir uns der Frage etwas eingehender, welche Prozesse von den Handelsunternehmen in eigener Regie erstellt werden sollten. Nach der Bestimmung der Kernkompetenzen des jeweiligen Handelsunternehmens, die sich in bestimmten Kernprozessen konkretisieren, gilt es die anderen weniger wichtigen Prozesse zu untersuchen. Hierbei sollte eine Antwort auf die Frage gefunden werden, ob die Leistungserstellung dieser Prozesse im eigenen Unternehmen noch quasi 'nebenbei' miterstellt wird (z. B. aufgrund von nicht ausgelasteten Kapazitäten) oder ob diese Randprozesse von Zulieferern zugekauft werden. Ist die Entscheidung für Eigenfertigung oder Fremdbezug gefallen (vgl. hierzu den nächsten Abschnitt), so ist schließlich die Suche nach spezialisierten Zulieferbetrieben zu beginnen. Und gerade hierbei zeigt sich eine der größten Stärken des Händlers. Durch seine gute Marktkenntnis ist der Händler in der Lage, als Transaktionskostenspezialist zu agieren (vgl. beispielhaft Gümbel 1985, S. 168 ff.). Die Kernkompetenz des Händlers liegt nämlich von jeher schon in der Transaktionskostenreduktion (vgl. hierzu ausführlich Schmäh 1996, S. 285 ff.). Dies setzt allerdings ein Wissen über die Bezugsquelle der verschiedenartigsten Leistungen von überwiegend vor- aber auch gleichgestellten Marktstufen voraus.

Gleichwohl tritt allerdings heutzutage aufgrund der starken Zunahme der spezifischen Kundenwünsche der Fall auf, daß die Händler auch vermehrt individualisierte Leistungen bzw. Prozesse zukaufen müssen. Deshalb betrachten wir im folgenden die Make-or-Buy-Entscheidung im Technischen Handel etwas genauer.

4.1 Die Make-or-Buy-Entscheidung im Technischen Handel

Bei der Entscheidung über die Eigen- oder Fremdfertigung wird häufig auf den Transaktionskostenansatz zurückgegriffen (vgl. beispielhaft Baur 1990 sowie Fischer 1993), der bereits im Jahre 1937 von Ronald Coase (1937) begründet wurde. Mit der Transaktionskostentheorie läßt sich nämlich die im Rahmen des Lean Management aufgekommene — zur Zeit aber immer noch äußerst aktuelle — Neigung vieler Unternehmen zur Auslagerung von Leistungen erklären, die auch häufig mit Outsourcing bezeichnet wird. Das Entscheidungskriterium für die Eigen- oder Fremdfertigung sind dabei die relativen Transaktionskosten. Ein Outsourcing ist demnach vor allem dann vorzunehmen, wenn der Transaktionskostenvergleich zugunsten der externen Leistungserstellung ausfällt. Die Vorteilhaftigkeit der externen Leistungserbringung ist allerdings insbesondere dann gegeben, wenn die marktliche Spezifität des Outsourcing-Angebotes relativ niedrig ausfällt (vgl. hierzu und im folgenden beispielhaft Kleinaltenkamp/Jacob/Leib 1997).

Doch worin besteht er nun, der Unterschied beim Outsourcing von autonom und integrativ erstellten Leistungen? Im Unterschied zum Outsourcing von autonom erstellten Leistungen besteht bei integrativ erstellten Leistungen eine größere Unsicherheit und Komplexität dieser Leistungen. Für die Händler ergibt sich konsequenterweise auch ein anders gestaltetes Vorgehen bei der Beschaffung dieser Leistungen. Hierbei empfiehlt es sich im Gegensatz zur Beschaffung von bereits vorab produzierten und häufig standardisierten Leistungen nicht, die Leistung stets bei dem günstigsten Anbieter und somit häufig bei wechselnden Zulieferbetrieben zuzukaufen. Dieses Vorgehen ist für die Beschaffung integrativer Leistungen deshalb nicht geeignet, da diese Leistungen erst nach dem Vertragsabschluß erstellt werden und ihre Qualität somit vorab nicht oder nur sehr eingeschränkt überprüfbar ist. Außerdem sind gerade bei der Erstellung integrativer Leistungen neben diesen in der Regel anfallenden hohen Kontrollkosten erhebliche Transaktionskosteneinsparungen möglich, wie z. B. bei den Suchkosten, Anbahnungskosten, Entscheidungskosten, Vereinbarungskosten sowie Anpassungskosten. Für die Händler empfiehlt es sich aufgrund der Transaktionskosteneinsparpotentiale, ein Netzwerk von spezialisierten Zulieferbetrieben für bestimmte Prozesse bzw. Leistungen aufzubauen, so daß bestimmte Transaktionskosten beim Outsourcing von integrativen Leistungen nicht ständig bei jeder neuen Transaktion mit einem bislang unbekannten Zulieferer anfallen. Abschließend kann somit festgehalten werden, daß ein häufiger Wechsel der Beschaffungsquelle bei integrativen Leistungen sich für die Händler aus Transaktionskostenüberlegungen heraus nicht auszahlt.

In der Praxis des Technischen Handels zeigt sich, bezogen auf die Transaktionsabwicklung mit den Zulieferbetrieben, eine keineswegs überraschende gängige Vorgehensweise. Die Technischen Händler verfügen i.d.R über feste Geschäftsbeziehungen insbesondere zu ausgewählten Zulieferern, die sich auf bestimmte kundenspezifische Prozesse spezialisiert haben. Auf diese Weise lassen sich nämlich erhebliche Transaktionskosten einsparen (Wegfall oder Einsparung des Großteils der Such-, Anbahnungs- und Kontrollkosten). Besonders häufig kaufen die Handelsunternehmen z. B. die stets integrativ erstellte Leistung des Werkzeugbaus zu. Schließlich werden durch die Entscheidung für ein Outsourcing des Werkzeugbaus die fixen Kosten für die Mitarbeiter und maschinellen Anlagen bei der entsprechenden Leistungserstellung zu variablen Kosten für den Handelsbetrieb transformiert. Die Sicherstellung einer hinreichenden Auslastung der Maschinen entfällt und potentielle Leerkosten können im Handelsbetrieb bei dieser Leistungserstellung nicht mehr entstehen. Nach dem Bauen des Werkzeugs, das in der Regel durch spezialisierte Zulieferer in nur wenigen Tagen bewerkstelligt wird, erfolgt die Lieferung an das Handelsunternehmen. Letzteres vollzieht nun z. B. den Kernprozeß Anarbeitung im eigenen Unternehmen und stanzt mit Hilfe des Werkzeuges Flachdichtungen für den Kunden. Doch auch dieses beschriebene Beispiel aus dem Technischen Handel kann anders ablaufen. Nach der Fertigstellung des Werkzeuges kann durchaus noch ein weiteres Unternehmen in die Leistungserstellung eingeschaltet werden, welches das Stanzen der Dichtungen übernimmt. Die Einschaltung eines Unternehmens, das den Prozeß des Stanzens ausführt, wird insbesondere dann vorgenommen, wenn die Stückzahlen für die Stanzteile eine bestimmte Losgröße überschreiten. Spezialisierte Zulieferbetriebe verfügen oft über moderne maschinelle Anlagen, auf denen sich erheblichere Kostendegressionseffekte realisieren lassen als auf den häufig veralteten Maschinen der überwiegend klein- bis mittelständisch strukturierten Technischen Händler. Darüber hinaus können die Handelsbetriebe durch ein Outsourcing bei spezialisierten Zulieferbetrieben ein breiteres Leistungsspektrum anbieten sowie insbesondere die betrieblichen Kapazitäten variabler gestalten und damit eine erheblich größere Flexibilität realisieren. Die Outsourcingentscheidung der Händler ist bei diesem Prozeß somit leicht nachzuvollziehen.

4.2 Verknüpfung von stabilem und dynamisch-prozessorientiertem Netzwerk

Der Aufbau eines stabilen Netzwerkes von spezialisierten Zulieferbetrieben ist nach den obigen Überlegungen somit für integrativ zu erstellende Leistungen aus Sicht der Transaktionskostentheorie vorteilhaft. Beim stabilen Netzwerk greift ein Handelsbetrieb bei der Befriedigung individueller Kundenwünsche im Rahmen einer Wertschöpfungspartnerschaft folglich stets auf eine Anzahl von Zulieferern zurück, die vorher bereits ausgewählt wurden und jeweils Spezialisten in bezug auf einen oder mehrere Prozesse sind. Bei der weiteren gedanklichen Durchdringung des Sachverhaltes muß jedoch angemerkt werden, daß z. B. ein industrieller Abnehmer durchaus auch Sonderwünsche äußern kann, für deren Problemlösung der Händler keine spezialisierten Anbieter in seinem Pool von Zulieferern findet. Will der Händler folglich diesen Kundenwunsch befriedigen, so muß er sich auf die Suche nach einem entsprechenden Anbieter machen. Das zuvor kurz skizzierte stabile Netzwerk kann somit zwangsläufig zum dynamischen Netzwerk werden. Vom Abnehmer gewünschte innovative Prozesse von Zulieferern werden in das stabile Netzwerk evtl. temporär integriert, falls die Leistung zukünftig von einer Vielzahl von Abnehmern nachgefragt wird. Sie können jedoch auch unmittelbar nach der Leistungserstellung vorerst aus dem stabilen Netzwerk ausscheiden, falls entsprechende Nachfrage nicht mehr auftritt. Gleichwohl bleibt eine lose Bindung zum Händler erhalten, falls die Prozesse in Zusammenarbeit mit dem Auftraggeber bzw. Händler und dem Kunden zufriendenstellend erbracht wurden.

In *Abbildung 1* wird die Verknüpfung des stabilen Netzwerkes mit dem dynamisch-prozeßorientierten Netzwerk exemplarisch aufgezeigt. Hierzu wird ein Technisches Handelsunternehmen betrachtet, dessen Schwerpunkt der internen Leistungserstellung auf der technischen Dienstleistung, der Konstruktion, der Montage und der Logistik liegt. Darüber hinaus werden von dem betrachteten Handelsunternehmen häufig Leistungen abgesetzt, deren Erstellung durch Zulieferer erfolgt. Hierbei handelt es sich um den Werkzeugbau, das Schneiden von Flachdichtungen, die Fertigung von kundenspezifischen Kunststoffteilen, die Durchführung von Direct-Mailings sowie um Finanzdienstleistungen. Mit diesen Unternehmen bildet die betrachtete Handelsunternehmung ein stabiles Netzwerk (In der Abbildung erkennt man das stabile Netzwerk an den durchgehenden Pfeilen, vgl. *Abbildung 1*). Den Nachfragern werden jedoch auf Wunsch auch Leistungen angeboten, die sich nicht im Kernsortiment des betrachteten Handelsunternehmens befinden. Für diese Leistungen wird vom Händler jeweils nach Bedarf ein unterschiedlicher externer, spezialisierter Zulieferer ausfindig gemacht, der die Leistung erstellt. Hierbei handelt es sich z. B. um Leistungen wie Fertigung von Teilen nach kundenspezifischen Anforderungen, Durchführung von CE-Zertifizierungen für Importe und Reparaturdienste. Mit diesen Zulieferern, die die eher selten nachgefragten Leistungen erstellen, bildet das Handelsunternehmen ein dynamisch-prozessorientiertes

Netzwerk. Die Zulieferer werden nämlich je nach Qualifikation bzw. Spezialisierung lediglich fallweise eingeschaltet. Bei jedem spezifischen Kundenwunsch der mit dem bestehenden Netzwerk nicht oder nicht besonders effizient zu erstellen ist, entscheidet die Handelsunternehmung über die Einschaltung eines externen Spezialisten für den betreffenden Prozeß (die entsprechenden Pfeile sind folglich in der *Abbildung 1* nur gestrichelt eingezeichnet worden).

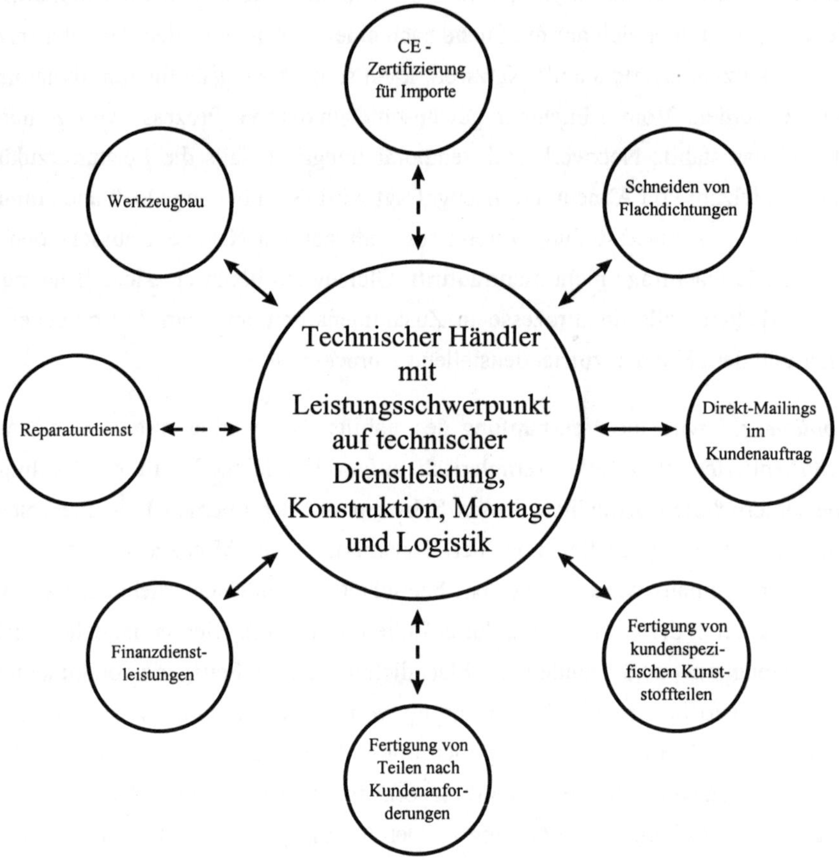

Abbildung 1: Exemplarische Verknüpfung von stabilem und dynamisch- prozeßorientiertem Netzwerk

Da die Technischen Händler bei der Leistungserstellung eine Vielzahl von Prozessen stets von bestimmten Zulieferern beziehen, wird auf diese Weise ein stabiles Netzwerk geschaffen. Die Zunahme der spezifischen Kundenwünsche, die z. B. auch durch den technischen Fortschritt ausgelöst werden, bedingen jedoch für den Händler eine Aufnahme von neuen Zulieferern in das Netzwerk. Auf diese Weise zeigt das Netzwerk seine dynamische Struktur, insbesondere auch dann, wenn die Aufnahme nur einmalig — also ausschließlich zu einer Transaktion mit einem bestimmten Unternehmen — erfolgt.

Abschließend bleibt festzuhalten, daß der Technische Händler für die Befriedigung der spezifischen Kundenwünsche einen bestimmten Teil des Netzwerkes aktiviert und somit über die Einschaltung der betreffenden spezialisierten Zulieferbetriebe bei der Leistungserstellung entscheidet. Das Netzwerk des Händlers kann somit zu Recht auch als dynamisch-prozessorientiertes Netzwerk bezeichnet werden.

Bei der Outsourcingentscheidung bestimmter Prozesse gilt es allerdings noch anzumerken, daß die Entscheidung zugunsten der Fremdfertigung keineswegs als endgültig anzusehen sein sollte. Von Zeit zu Zeit ist die ehemals getroffene Entscheidung zu überprüfen und einer kritischen Analyse zu unterziehen. Am Ende dieser Überprüfung könnte sich z. B. aufgrund von Nachfrageverschiebungen oder geänderten internen Kostenstrukturen durchaus eine Reintegration des Prozesses in den Handelsbetrieb rechnen. Schließlich ist die Definition der Kernkompetenzen keineswegs als für alle Zeiten fixiert zu sehen, so daß die bisherigen Kernkompetenzen zukünftig bei einer Änderung der Entscheidungsgrundlage durchaus noch erweitert bzw. eingeschränkt werden können. Darüber hinaus verdient u. E. ein Aspekt noch eine weitere gedankliche Durchdringung, der oftmals bei der Diskussion um das Outsourcing nur am Rande diskutiert oder gänzlich vernachlässigt wird: Die Aufspaltung des gesamten Transaktions- bzw. Wertschöpfungsprozesses in einzelne Prozesse und deren isolierte Betrachtung bzw. Analyse. An einem Beispiel aus dem Technischen Handel zur Fertigung von kundenspezifischen Kunststoffspritzgußteilen soll dies exemplarisch aufgezeigt werden (vgl. *Abbildung 2*).

Die Leistung des betrachteten Handelsunternehmens wird hierbei in die Vorleistungs-, die Hauptleistungs- und in die Nachkaufphase unterschieden. In der Vorleistungsphase steht die technische Dienstleistung im Mittelpunkt. Hier wird die Problemlösung erarbeitet, und es erfolgt eine Beratung des Nachfragers hinsichtlich der technischen Konstruktion und der Materialverwendung. In der Hauptleistungsphase erfolgt anschließend die Konstruktion, die Werkzeugerstellung, die Produktion bzw. der Kunststoffspritzguß sowie eine eventuell erforderliche Anarbeitung, wie z. B. die Montage. Von der zeitlichen Abfolge her steht die Logistik am Ende der Hauptleistung. In die Nachkaufphase können in unserem betrachteten Beispiel der Kundendienst, die Reparatur sowie die Betreuung des Nachfragers eingeordnet werden (vgl. *Abbildung 2*).

Durch die Dekomposition der Wertkette soll hier deutlich gemacht werden, daß prinzipiell jeder Teilprozeß der Wertkette nach einer eingehenden Analyse für ein Outsourcing geeignet sein kann. In unserem Beispiel werden allerdings lediglich die Konstruktion, die Leistung des Werkzeugbaus sowie die Logistik von Zulieferern erstellt bzw. outgesourct (vgl. *Abbildung 2*).

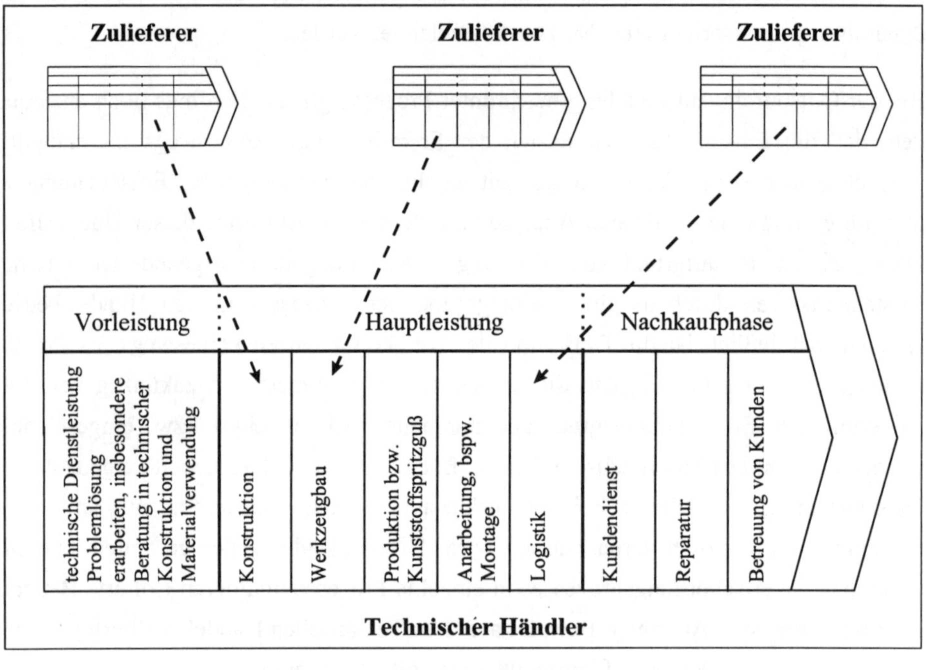

Abbildung 2: Wertschöpfungskette für Kunststoffspritzgußteile

In der obigen Abbildung wurde der Wertschöpfungsprozeß für ein Kunsstoffspritzgußteil exemplarisch in einzelne Prozesse zerlegt, an deren Ende schließlich das fertige z. B. montierte Kunststoffspritzgußteil steht. Es wird deutlich, daß der Wertschöpfungsprozeß 'Erstellung des montierten Kunststoffspritzgußteils' eine Vielzahl von einzelnen Prozessen beinhaltet. Nach eingehender Analyse der Potentiale des Handelsunternehmens sollte nun entschieden werden, welche der Prozesse im eigenen Unternehmen durchgeführt werden. Die Entscheidung kann dabei im Extremfall sowohl zugunsten der ausschließlichen Durchführung der Prozesse im eigenen Unternehmen (100 % Make) als auch zur völligen Auslagerung der Prozesse führen (100 % Buy). An dieser Stelle muß allerdings betont werden, daß im Technischen Handel eine Entscheidung ausschließlich hinsichtlich der vollständigen Eigenfertigung bzw. bezüglich des völligen Fremdbezugs der Leistung u.E. überwiegend unvorteilhaft ist. Im Zuge der steigenden Bedeutung der individualisierten Leistungserstellung in Verbindung mit einer Aufwertung der Anarbeitungs- und Produktionsleistung im Technischen Handel kann eine detaillierte Untersuchung der einzelnen Wertschöpfungsprozesse von Nutzen sein. Nur auf diese Weise lassen sich Kernprozesse identifizieren, die Potentiale für die Eigenerstellung im Handelsbetrieb bieten. Dieses Vorgehen wollen wir im folgenden mit selektivem Outsourcing bezeichnen.

Bei der Feststellung der Kernkompetenzen und damit auch der Kernprozesse dürften die Stärken des Händlers wahrscheinlich in der *Vorleistungserstellung*, nämlich in der technischen Dienstleistung wie Beratung hinsichtlich Kostruktion und Materialverwendung, als auch in der *Nachkaufbetreuung* wie z. B. dem Reparaturservice und den *Anarbeitungsleistungen* liegen. Die technische Dienstleistung und die Nachkaufbetreuung gehören dabei schon traditionell zu den Kernkompetenzen des Technischen Handels. Bei den Anarbeitungsleistungen dahingegen kann dies erst für die jüngste Zeit behauptet werden. Ihre Bedeutung hat in den letzten Jahren stark zugenommen und wird nach Einschätzung der Technischen Händler weiter zunehmen (vgl. Kleinaltenkamp/Schmäh 1995, S. 10 ff.; Glockow/Schmäh 1997, S. 33 ff.).

Die Kernkompetenzen der Technischen Händler liegen somit überwiegend in sogenannnten 'core service skills' (vgl. Quinn/Doorley/Parquette 1990, S. 58 ff.), weil der Händler aufgrund der großen Kundennähe diese Prozesse vermutlich besonders effektiv und oft auch aufgrund seiner Kostensituation effizient anbieten kann und auf diese Weise eine nicht zu unterschätzende Kundenbindung entsteht. Auch gilt es, die Funktion des Handels als Manager der Wertkette und insbesondere als Informationsmanager weiter auszubauen. Dies ist allerdings hauptsächlich durch die After-Sales-Services möglich, deren Erstellung vielfältige Informationen hinsichtlich der Nutzungsmöglichkeiten und der Anwendungsbreite der angebotenen Problemlösungen generieren (zum Informationsvorteil vgl. hierzu und im folgenden Läbe/Stolpmann 1994, S. 107 ff.). Darüber hinaus erhält der Händler auf diesem Wege einen noch detaillierteren Einblick in die Nutzungsprozesse seines Abnehmers. Durch das Angebot von After-Sales-Services gilt es, den Nutzen des Kunden durch die verkaufte Problemlösung zu festigen und zu optimieren. Durch diese Intensivierung des Kundenkontaktes gewinnt der Handel Zugang zu wichtigen Anwendungsveränderungen und zu den Änderungen der Nutzungsprozesse seiner Abnehmer oder eventuell auch zu denjenigen der nachgelagerten Marktstufen. Im direkten Kundenkontakt bieten sich somit vielfältige Möglichkeiten die Zufriedenheit der Abnehmer z. B. mittels eines implementierten Beschwerdemanagements zu erfassen. Letzteres ist eine besonders wichtige Informationsquelle, wenn man sie unter dem Blickwinkel des Wiederkaufverhaltens betrachtet.

Insbesondere durch die systematische Kundenpflege und -betreuung sowie durch das Angebot von Reparaturdienstleistungen können somit wertvolle kundenspezifische Informationen gewonnen werden, deren systematische Aufbereitung und Auswertung für die Zwecke des Marketing sodann effektiv eingesetzt werden können. Auf diesem Wege ist es für den Handel möglich, die Funktion des Managers der Wertkette auch zukünftig zu sichern.

Zusammenfassend kann festgehalten werden, daß es sinnvoll ist, die Leistungserstellung im Handelsbetrieb auf die Kernkompetenzen bzw. auf die zu identifizierenden Kernprozesse zu fokussieren bzw. zu konzentrieren. Aus den unternehmensinternen Wertschöpfungsprozessen sind daher diejenigen Prozesse auszugliedern — die Randprozesse – deren Leistungserstellung außerhalb des Handelsunternehmens kostengünstiger oder-/und auch eventuell qualitativ hochwertiger von spezialisierten Zulieferern durchgeführt werden kann. Hierbei wird allerdings auch deutlich, daß erst nach der Identifizierung der Kernkompetenzen eines Handelsunternehmens eine sinnvolle Entscheidung hinsichtlich Eigenfertigung oder Fremdbezug getroffen werden kann.

Führt man sich nun die Ergebnisse von Kleinaltenkamp/Jacob/Leib (1997) zur Zweckmäßigkeit von Outsourcing-Entscheidungen vor Augen, so sollten Make-or-Buy-Entscheidungen keinesfalls ausschließlich isoliert nach der Spezifität der Leistung getroffen werden. Darüber hinaus ist zusätzlich der Bedarfsbereich des Anwenders bzw. des Nachfragers, für den die Leistung letztlich erstellt wird, in die Betrachtung mit einzubeziehen. Dabei existieren Unterschiede, je nachdem ob Teile des Leistungspotentials oder des Leistungserstellungsprozesses eines Unternehmens — hier eines Technischen Handelsunternehmens — outgesourct werden sollen. Danach ist ein Outsourcing insbesondere für potentialbegleitende Dienstleistungen mit geringer Spezifität geeignet. Ein Outsourcing prozeßbegleitender Dienstleistungen ist hingegen nur dann sinnvoll, wenn der erzielbare Wirtschaftlichkeitsvorteil die zu erwartenden Nachteile in bezug auf die marktliche Effektivität überkompensiert (vgl. Kleinaltenkamp/Jacob/Leib 1997 sowie die folgende Abbildung).

		Spezifität des Angebots gering (standardisierte Leistung)	 hoch (exklusive Leistung)
Bdedarfsbereich des Anwenders	Potential (Wirtschaftlichkeit)	**Generelle Eignung für das Outsourcing kaufmännischer Dienstleistungen**	Eignung nur, wenn die Wirtschaftlichkeit nicht leidet
	Prozeß (Kundenorientierung)	Eignung nur, wenn die Kundenorienttierung nicht leidet	**Keine Eignung**

Quelle: Kleinaltenkamp/Jacob/Leib 1997, S. 71

Abbildung 3: Entscheidungsmatrix für das Outsourcing kaufmännischer Dienstleistungen

Die Überlegungen von Kleinaltenkamp/Jacob/Leib können zweifelsohne auch auf den Anwendungsfall des Technischen Handels übertragen werden. Hierbei gilt es jedoch anzumerken, daß die vorangegangenen Ausführungen zur Dekomposition der handelsbetrieblichen Wertschöpfungskette (vgl. hierzu *Abbildung 2*) bereits gezeigt haben, daß auch integrative Leistungserstellungsprozesse unter Effizienzgesichtspunkten in der Regel auf mehrere Institutionen verteilt werden können bzw. sollten. Eine Bereinigung der Wertkette von solchen Prozessen, die außerhalb des Handelsunternehmens besser oder/und kostengünstiger erstellt werden können, ist somit dringend anzuraten. Ein planvolles und systematisches Outsourcing könnte die Randprozesse allerdings auch dahingehend betrachten, welche Prozesse davon potentialorientiert oder prozeßorientiert erbracht werden. Folgt man dem Entscheidungsmodell von Kleinaltenkamp/Jacob/Leib, so könnten Überlegungen hinsichtlich der internen Erstellung der prozeßorientierten 'Rand'-Leistungen für die Technischen Händler durchaus in Betracht gezogen werden.

In der folgenden Abbildung sind die untersuchten Kernkompetenzen der Technischen Händler abschließend nochmals exemplarisch zusammengefaßt (vgl. *Abbildung 3*). Schließlich läßt sich doch insbesondere durch die Kernkompetenz der technischen Dienstleistung, die kundenspezifische Anarbeitungsleistung als auch durch die After-Sales-Services eine hohe Kundenbindung erreichen.

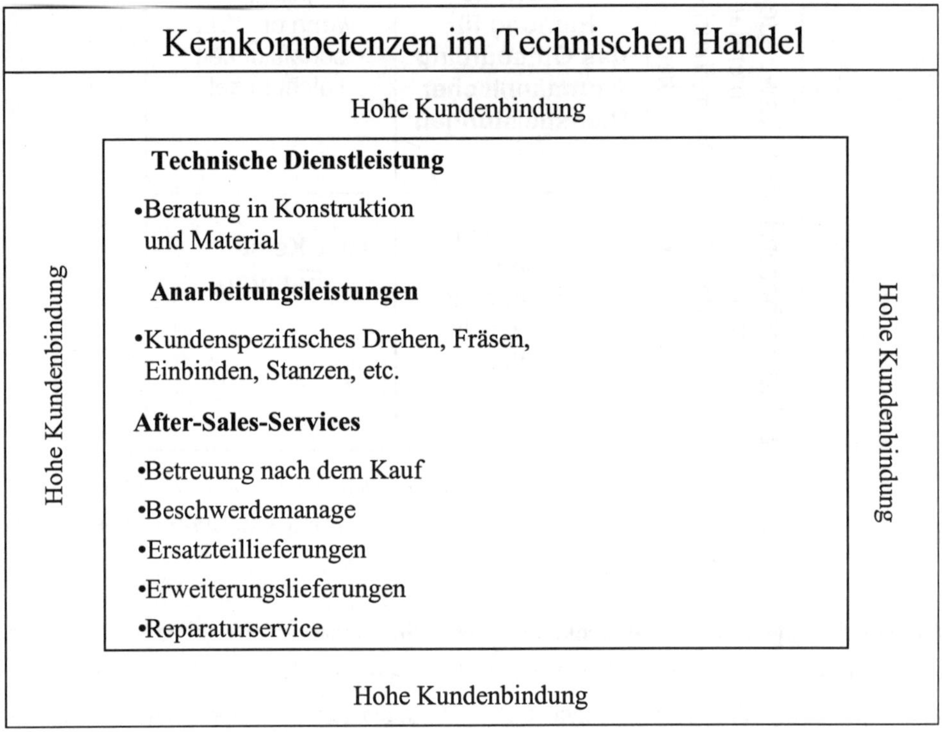

Abbildung 4: Kernkompetenzen im Technischen Handel

Das soeben beschriebene Vorgehen des Outsourcings kann allerdings auch in einer Entscheidung münden, die Leistungen in einer derartig hohen Wertschöpfungsstufe zuzukaufen, daß letztlich nur noch die individualiserte Anarbeitungsleistung vom Händler selbst vorzunehmen ist. Der Vorteil einer solchen Vorgehensweise liegt für den Handelsbetrieb nun darin, daß von den Kostendegressionseffekten bei einem spezialisierten Zulieferbetrieb eventuell profitiert werden kann. Der eingeschaltete Zulieferbetrieb konzentriert sich auf seine Kernprozesse, die in der Fertigung hoher Stückzahlen liegen. Dahingegen nimmt der Handelsbetrieb die Kernkompetenz der individualisierten Anarbeitungsleistung im eigenen Handelsunternehmen möglicherweise effizienter vor als der Zulieferer (vgl. Schmäh 1996, S. 285 ff.). Schließlich gilt es noch anzumerken, daß sich eine Leistung oft auch bereits vorab autonom erstellen läßt und eine Konkretisierung der Individualisierung dann erst in einer möglichst späten Phase des Leistungserstellungsprozesses vorgenommen wird, z. B. beim Angebot eines sogenannten Baukastensystems. Die Beschaffung bzw. Produktion der Einzelmodule kann hierbei bereits vorab autonom vorgenommen werden und erst nach der Konkretisierung der Kundenwünsche wird sodann eine individualisierte Konfektionierung der Leistung realisiert. Doch welchen vom Handelsbetrieb zu beschaffenden externen Faktoren kommt nun im Technischen Handel eine Sonderrolle zu?

4.3 Bestimmung und Sicherstellung des Transfers der externen Faktoren

Zur Untersuchung dieses Sachverhaltes greifen wir auf die erste umfangreiche Untersuchung zur Leistungserstellung des Technischen Handels zurück (vgl. Kleinaltenkamp/Schmäh 1995, S. 33 f.). Im Blickpunkt stand damals die Analyse der Anarbeitungsleistungen der Technischen Händler. Hierbei stellte sich heraus, daß bei den externen Faktoren den Informationen eine Sonderrolle als Produktionsfaktor bei der individualisierten Leistungserstellung der Technischen Handelsbetriebe zukommt (vgl. hierzu Kleinaltenkamp/Schmäh 1995, S. 34). Legt man diese Ergebnisse zugrunde, so gilt es folglich, den gesamten marktstufenübergreifenden Leistungserstellungsprozeß daraufhin auszurichten, daß ein effizienter Informationsfluß zwischen Abnehmer, Händler und den eventuell weiteren eingeschalteten Zulieferunternehmen gewährleistet wird. Der Handel hat in seiner Funktion als Manager der Wertkette hier die Funktion des Informationsmanagers zu übernehmen. Die Vorteile seiner großen Kundennähe kommen ihm hier zugute. Den Transfer der Informationen über die verschiedenen beteiligten Stufen hinweg kann der Handel effizienter organisieren als ein 'kundenfernerer' Hersteller.

Die zu transferierenden Informationen sind hierbei allerdings weiter in spezifische, unstrukturierte und strukturierte Informationen zu unterteilen. Für letztere eignen sich z. B. Übertragungsverfahren wie das EDI, welches kommerzielle und technische Daten sowie allgemeine Geschäftsdokumente, z. B. Texte und Konstruktionsdaten, übertragen kann. Erforderlich sind hierzu allerdings standardisierte Datenstrukturen, normierte Übertragungsverfahren und insbesondere einheitliche Schnittstellen. Hierbei wird deutlich, daß der Schwerpunkt des Einsatzes von EDI zur Zeit noch der Unterstützung der standardisierten Auftragsabwicklung dient. Für spezifische, komplexe, oftmals unstrukturierte Informationen eignet es sich dahingegen noch nicht. Hier muß weiterhin auf die traditionellen Kommunikationsverfahren wie das Telefon, Telefax, Datex-P- oder Datex-L-Netz zurückgegriffen werden. Obwohl sich damit bei der integrativen Leistungserstellung ein Teil der Informationen der EDI-Übertragung 'quasi' entzieht, so lassen sich doch auch mit der Einführung von EDI erhebliche Differenzierungsmöglichkeiten erzielen (vgl. Gruninger-Hermann 1996, S. 47) sowie eine hohe Kundenbindung aufbauen (vgl. Vierhaus 1996, S. 723). Und dies insbesondere auch deshalb, weil die Enwicklung von EDI noch am Anfang steht und die Verbreitung im Technischen Handel zur Zeit noch kaum gegeben ist (vgl. Vierhaus 1996, S. 723). Nach der Fertigstellung einer Dokumentation für den elektronischen Geschäftsdatenaustausch durch den Arbeitskreis des Verbandes der Technischen Händler (VTH) ist jedoch in der nächsten Zeit mit weiteren Pilotprojekten im Technischen Handel zu rechnen. Auf diese Weise wird eine wichtige Basis geschaffen, um sowohl die Zulieferer als auch die Abnehmer des Technischen Handels gemeinsam in das EDI einzubinden. Der durchschlagendste Erfolg dürfte sich schließlich dann ergeben, wenn sich die VTH-Lösung als Branchenstandard etabliert hat.

LITERATUR

Ahrens, H.: EU-Ökoaudit oder ISO 14001? In: Technischer Handel, 83. Jg. (1996), Heft 7, S. 475-478.

Baur, C.: Make-or-Buy-Entscheidungen in einem Unternehmen der Automobilindustrie — Empirische Analyse und Gestaltung der Fertigungstiefe aus transaktionskostentheoretischer Sicht, München 1990.

Coase, Ronald H.: The Nature of the Firm. In: Economica, (1937), Nr. 4, S. 368-405.

Fischer, M.: Make-or-Buy-Entscheidungen im Marketing: Neue Institutionenlehre und Distributionspolitik, Wiesbaden 1993.

Glockow, B.; Schmäh, M.: Entwicklungsgeschichte und Bedeutungswandel der handelsüblichen Manipulation im Produktionsverbindungshandel. In: Kleinaltenkamp, M. (Hrsg.), Berliner Reihe Business-to-Business-Marketing, Arbeitspapier Nr. 10, Berlin 1997.

Gruninger-Hermann, C.: Multimedia und andere Informations- und Kommunikationstechnologien im Handel. In: Müller-Hagedorn, L. (Hrsg.), Mitteilungen des Institutes für Handelsforschung an der Universität zu Köln, Sonderheft 42, Köln 1996.

Gümbel, R.: Handel, Markt und Ökonomik, Wiesbaden 1985.

Kleinaltenkamp, M.; Schmäh, M.: Be- und Verarbeitungsleistungen des Technischen Handels — Ergebnisse einer empirischen Untersuchung. In: Kleinaltenkamp, M. (Hrsg.) Berliner Reihe Business-to-Business-Marketing, Arbeitspapier Nr. 5, Berlin 1995.

Kleinaltenkamp, M.; Schmäh, M.: Umpositionierung im technischen Handel. In: Trommsdorff, V. (Hrsg.): Handelsforschung 1996/97, Jahrbuch der Forschungsstelle für den Handel, Wiesbaden 1996, S. 209-226.

Kleinaltenkamp, M.; Jacob, F.; Leib, R.: Outsourcing kaufmännischer Dienstleistungen. In: Information Management, 12. Jg. (1997), Nr. 1, S. 65-72.

Läbe, S. N.; Stolpmann, F. N.: Service — Wege zu neuen Geschäftspotentialen und höherer Kundenbindung. In: Becker, L.; Lukas, A. (Hrsg.), Effizienz im Marketing, Wiesbaden 1994, S. 95-116.

Quinn, J. B.; Doorley, T. L.; Paquette, P. C.: Beyond Products: Service-Based Strategy. In: Harvard Business Review, 68. Jg. (1990), Heft 2, S. 58-67.

Schmäh, M.: Wettbewerbliche Bedeutung im Technischen Handel. In: Meyer, A. (Hrsg.), Grundsatzfragen und Herausforderungen des Dienstleistungsmarketing, Wiesbaden 1996, S. 275-296.

Vierhaus, T.: EDIFACT im Technischen Handel. In: Technischer Handel, 83. Jg. (1996), Nr. 11, S. 718-723.

Zufriedenheit interner Kunden in mehrstufigen Handelssystemen

Hendrik Schröder und Ingo Tenberg, Essen

Filialsysteme und kooperierende Gruppen des Handels befinden sich in einem intensiven Wettbewerb. Zentraler Wettbewerbsfaktor sind meist die Kosten. Qualitative Zielgrößen wie die Kundenzufriedenheit werden dagegen wenig beachtet. Dies gilt vor allem für die Zufriedenheit interner Kunden. Geht man davon aus, daß die Erfüllung der Ansprüche interner Kunden zu besseren Leistungen innerhalb eines Handelssystems und damit zu besseren Angeboten an die Verbraucher führt, dann kann die Zufriedenheit interner Kunden zu Wettbewerbsvorteilen führen. Ein Konzept, das diesen Gedanken aufgreift, stellt besondere Anforderungen an das Handelsmanagement. Denn die Zufriedenheit interner Kunden ist hinsichtlich der Konzeptualisierung und Messung anderen Bedingungen unterworfen als die Konsumentenzufriedenheit.

1 AUSGANGSSITUATION UND PROBLEMSTELLUNG

Der Wettbewerb zwischen verschiedenen Systemtypen des Handels hat in den vergangenen Jahren an Schärfe zugenommen. Während freie, vertikal nicht-organisierte Handelsunternehmungen Marktanteile verloren haben, konnten mehrstufige Handelssysteme, die Groß- und Einzelhandelsstufe vereinen, ihre Marktstellung ausbauen (vgl. Täger u.a. 1994, S. 114). Diese Entwicklung vollzog sich in verschiedenen Bahnen. Einerseits mußten selbständige Einzelhändler, die in keinem vertikal organisierten Handelssystem eingebunden waren und denen daher der Rückhalt bei der Marktbearbeitung fehlte, ihre

Geschäfte aufgeben. Andererseits wurden selbständige Einzelhändler in kooperierende Handelssysteme aufgenommen, oder filialisierte Handelssysteme übernahmen die Standorte bislang selbständiger Einzelhändler. Heute kämpfen im Konsumgüterhandel überwiegend mehrstufige Handelssysteme um die Gunst der Verbraucher.

Als eine wesentliche Größe, mit der sich der Erfolg oder Mißerfolg der Marktbearbeitung messen läßt, wird die Kundenzufriedenheit vorgeschlagen (vgl. z. B. Lingenfelder/Schneider 1991, S. 109). Dieser Akzent darf als das Ergebnis der in den letzten Jahren diskutierten Managementkonzeptionen angesehen werden, zu denen z. B. Lean-Management, Total Quality Management, Benchmarking, Business Reengineering und Category Management zählen. Neben der Prozeßorientierung, der Dezentralisation von Entscheidungen und der hohen Bedeutung von Kommunikationsbeziehungen weisen die angesprochenen Konzeptionen das Primat der Kundenorientierung als konstitutives Merkmal aus. Dabei richtet sich der Blick sowohl auf externe als auch auf interne Kunden einer Unternehmung.

Die neueren Managementkonzeptionen sind unter verschiedenen Fragestellungen von der Handelsforschung aufgegriffen worden (vgl. z. B. Barth/Helpup 1995; Feld 1996; Ahlert 1996; Schröder 1996). Die Auseinandersetzung mit der Zufriedenheit interner Kunden im Handel, insbesondere in mehrstufigen Handelssystemen, wurde aber bislang vernachlässigt. Mit der Betrachtung von Beziehungen zwischen internen Lieferanten und internen Kunden innerhalb eines mehrstufigen Handelssystems rücken interne Lieferanten auch an *den* Stellen in einer Wertkette in den Blickpunkt, die bislang wegen fehlender Leistungswürdigung durch die externen Kunden, die Verbraucher, verdeckt geblieben sind. Belohnungen und Bestrafungen bleiben dann jenen Personen vorbehalten, die in unmittelbarem Kontakt zu den Verbrauchern stehen. Eine Managementkonzeption, die sich mit der *Zufriedenheit interner Kunden in mehrstufigen Handelssystemen* befaßt, wird folgende Fragen beantworten müssen, auf die in dem vorliegenden Beitrag eingegangen wird:

- Wer sind interne Lieferanten und interne Kunden?
- Welche Merkmale weisen interne Leistungen auf?
- Welche Faktoren beeinflussen die Zufriedenheit interner Kunden?
- Welche Probleme können bei der Ermittlung der Zufriedenheit interner Kunden auftreten?

2 INTERNE LIEFERANTEN-KUNDEN-BEZIEHUNGEN IN MEHRSTUFIGEN HANDELSSYSTEMEN

2.1 Charakteristische Merkmale mehrstufiger Handelssysteme

Für die weiteren Überlegungen, wer in einem Handelssystem interner Lieferant und interner Kunde sein kann und welche Möglichkeiten bei der Ermittlung der Zufriedenheit interner Kunden bestehen, sind die Merkmale der verschiedenen Systemtypen herauszustellen. Reinformen mehrstufiger Handelssysteme sind Filialsysteme und kooperierende Gruppen. Als Mischform treten Handelssysteme auf, in denen auf der Einzelhandelsebene sowohl kooperierende Händler als auch eigene Betriebe (Regiebetriebe) agieren. So verfügten z. B. die REWE-Handelsgruppe 1992 über 3159 selbständige Einzelhändler und 4775 Filialen und die EDEKA-Gruppe über 9936 selbständige Einzelhändler und 1551 Filialen. *Abbildung 1* zeigt Unterschiede zwischen Filialsystemen und kooperierenden Gruppen des Handels. Bei den dort nicht aufgeführten Mischformen sind Merkmale beider Reinformen anzutreffen.

Aus der Sicht der kooperierenden Gruppen stellt sich der Wettbewerb mit den Filialsystemen des Handels derzeit wie folgt dar: Sie sehen sich Filialsystemen gegenüber, die stark extern (z. B. die Metro-Gruppe) oder intern wachsen (z. B. Schlecker), die aus dem Ausland in den deutschen Markt drängen (z. B. Marks & Spencer, Intermarché, Migros, TOYS "R" US) und die in fremde Branchen diversifizieren (z. B. Fielmann mit Feinkostgeschäften). Gleichzeitig haben kooperierende Gruppen mit strukturbedingten Nachteilen zu kämpfen. Durch den fehlenden Bezugszwang für die Einzelhandelsmitglieder ergeben sich in der Regel vergleichsweise kleinere Einkaufsvolumina und eine geringere Flexibilität in den Beschaffungsmärkten. Es besteht eine tendenziell schlechtere informatorische Verknüpfung zwischen der Systemzentrale und ihren Mitgliedsbetrieben, wie z. B. im Hinblick auf den Einsatz computergestützter Warenwirtschaftssysteme (vgl. Olbrich 1992, S. 170 ff.). Die Systemzentralen besitzen gegenüber ihren selbständigen Einzelhandelsmitgliedern keine Sanktionsmacht im Rahmen eines imperativen Leitungssystems; statt dessen sind oft langwierige und schwerfällige Entscheidungsprozesse erforderlich. Die Mitgliedersouveränität be- oder verhindert oftmals die Durchsetzung von Innovationen. Die Ursache hierfür ist, daß die Mitglieder das volle Absatzrisiko tragen und daß in einer Kooperation keine Möglichkeit zur Quersubventionierung vorhanden ist.

Kriterium \ Systemtyp des Handels	Filialsystem	Kooperierende Gruppe
Zusammenhang von Groß- und Einzelhandelsstufe	vertikaler Zusammenschluß von Groß- und Einzelhandelsstufe	vertraglich fundierte Zusammenarbeit zwischen rechtlich und weitgehend wirtschaftlich selbständigen Einzelhändlern
Inhaberidentität von Groß- und Einzelhandelsstufe	ja	nein
Konkursrisiko des Einzelhandelsbetriebs	nein	ja
Weisungsgebundenheit der Einzelhandelsebene gegenüber der Zentrale	grundsätzlich ja	grundsätzlich nein
Belieferungsverhältnis	Bezugsquote der Filialen kann mit 100% vorgegeben werden.	grundsätzlich kein Belieferungszwang
Beispiele	Aldi, Plus-Lebensmittel-Discountgeschäfte, Kaiser's Kaffee Supermärkte, Adler-Textilmärkte	büro aktuell eG, abz Gmbh, KATAG AG, Europa-Möbel GmbH&Co KG, IGA Optic eG, Götzen GmbH

Abbildung 1: Konstitutive Merkmale von Filialsystemen und kooperierenden Gruppen des Handels

2.2 Eine Klassifikation interner Leistungsbeziehungen in mehrstufigen Handelssystemen

Die Einführung interner Lieferanten-Kunden-Beziehungen soll dafür sorgen, daß die Verantwortung für die erbrachte Leistung und damit auch deren Qualität steigt. Interne Kunden formulieren ihre Anforderungen in der Weise, wie sie selbst als Lieferant ihrer Abnehmer beurteilt werden. Leistungen sollen unmittelbar nach ihrer Weitergabe beurteilt werden können und nicht erst, wenn sie als eine — oftmals nicht mehr exakt einem Lieferanten zurechenbare — Vorleistung in die dem Verbraucher angebotene Leistung einfließen.

Die internen Leistungsbeziehungen in einem mehrstufigen Handelssystem lassen sich nach der *Art der Systemelemente* unterscheiden. Grundlegendes Merkmal aller in Anspruch genommenen internen Leistungen soll sein, daß sie der Erstellung von Leistungen für andere interne Kunden oder für externe Kunden dienen. Dies entspricht internen Leistungen mit Unterstützungscharakter nach Stauss/Neuhaus (1995, S. 584), in Abgrenzung zu internen Leistungen mit Kontrollcharakter, die nicht als Vorleistung zu verstehen sind, sondern der Überwachung und Bewertung von Mitarbeitern oder Abteilungen dienen.

Abbildung 2 zeigt, welche Leistungsbeziehungen zwischen verschiedenen Systemelementen in einem mehrstufigen Handelssystem denkbar sind. Im Fall (1) besteht eine Leistungsbeziehung zwischen zwei Abteilungen einer Handelszentrale, etwa in der Weise, daß die für Reklamationen zuständige Abteilung Informationen an die Gebietsleiter liefert. Im Fall (2) bezieht ein Betrieb auf der Einzelhandelsebene Leistungen aus der Zentrale, wie z. B. Waren, überregionale Werbung oder finanzielle Unterstützung. Ebenso ist die umgekehrte Leistungsbeziehung möglich, die Fall (3) kennzeichnet: Ein Einzelhandelsbetrieb liefert Leistungen an eine Abteilung in der Zentrale, z. B. in Form von Marktforschungsdaten seines Standortes. Schließlich können die Einzelhandelsbetriebe untereinander Leistungen anbieten, Fall (4), wenn z. B. ein Betrieb überschüssige Ware einem anderen Betrieb zur Verfügung stellt, um dort Fehlmengen zu vermeiden.

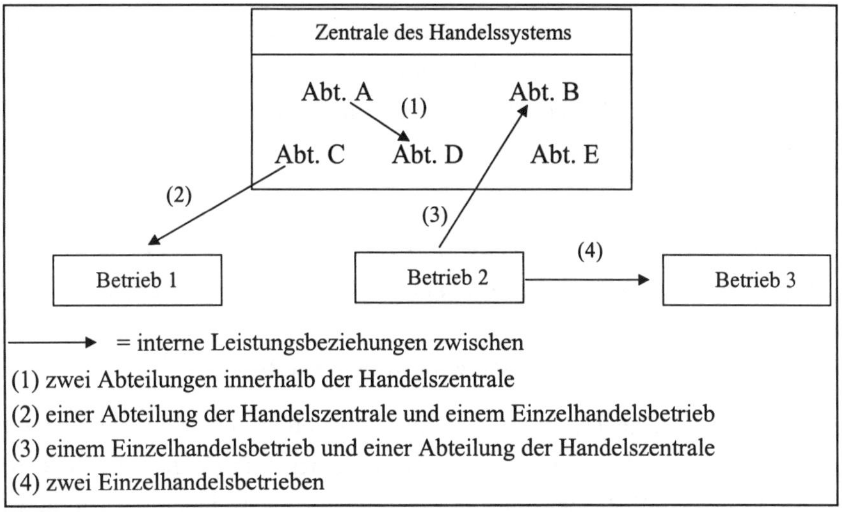

Abbildung 2: Arten interner Leistungsbeziehungen in einem mehrstufigen Handelssystem

In kooperierenden Gruppen des Handels stoßen interne Kunden grundsätzlich schneller als in Filialsystemen an Grenzen, wenn sie Leistungen von einem internen Lieferanten beziehen wollen. Angebote der Zentrale an ihre Mitglieder können daran scheitern (Fall 2), daß die Mitglieder sich nicht darauf einigen, die Zentrale mit den notwendigen Kompetenzen und finanziellen Ressourcen auszustatten. Für bestimmte Leistungen der Mitglieder an die Systemzentrale besteht keine Verpflichtung (Fall 3). So können manche Mitglieder bereit sein, Standortinformationen an die Zentrale zu liefern, während andere Mitglieder dies ablehnen. Eine Leistungsbeziehung zwischen zwei Mitgliedsbetrieben (Fall 4) kann nicht zustande kommen, wenn sie unmittelbar in einem Konkurrenzverhältnis stehen und sie grundsätzlich eine Zusammenarbeit ablehnen oder wenn über die Bedingungen der Leistungsabgabe, z. B. den Preis für die Lieferung überschüssiger Waren, keine Einigung erzielt werden kann.

Filialsysteme und kooperierende Gruppen des Handels weichen bei den *Modalitäten monetärer Gegenleistungen* in der Regel voneinander ab. Filialsysteme des Handels verwenden vornehmlich innerbetriebliche Verrechnungspreise, die nicht mit einem Zahlungsvorgang verbunden sind, wie z. B. bei der Leistungsverrechnung zwischen den Abteilungen einer Zentrale oder zwischen einer Filiale und der Zentrale. Dagegen werden bei den Leistungsbeziehungen, in die der Mitgliedsbetrieb einer Handelskooperation einbezogen ist, Preise zwischen Anbieter und Nachfrager vereinbart, die zu Auszahlungen des Mitgliedsbetriebs führen. Dies gilt sowohl für Leistungen von der Zentrale an den Mitgliedsbetrieb als auch für die Leistungsverflechtung zwischen zwei Mitgliedsbetrieben.

3 DIE ERMITTLUNG DER ZUFRIEDENHEIT INTERNER KUNDEN IN MEHRSTUFIGEN HANDELSSYSTEMEN

3.1 Zum Konstrukt der Zufriedenheit interner Kunden

Die Ermittlung der Zufriedenheit interner Kunden erfordert, das Konstrukt der Zufriedenheit zu definieren und Verfahren für die Messung der Zufriedenheit festzulegen. Der Begriff der Kundenzufriedenheit wird in der Literatur nicht einheitlich definiert (vgl. zum Überblick Korte 1995, S. 26 ff.). Die am häufigsten benutzten Ansätze zur *Konzeptualisierung von Zufriedenheit* sind das Confirmation/Disconfirmation-Paradigm, die Equity Theory und die Attributionstheorie (vgl. Homburg/Rudolph 1997, S. 35 ff.). Von diesen Ansätzen stößt das Confirmation/Disconfirmation-Paradigm bei der Erforschung der Kundenzufriedenheit auf die bislang größte Akzeptanz. Diesem Paradigma wird auch hier gefolgt. Allerdings besteht keineswegs Einigkeit über die Ausgestaltung der einzelnen Modellkomponenten. Konsensfähig scheint allein zu sein, daß Zufriedenheit als Ergebnis eines psychischen Soll-Ist-Vergleichs verstanden wird. Weder über die Ausprägung der Soll-Komponente noch der Ist-Komponente noch über die Ergebniskomponente, bei welchem Vergleichsniveau von Zufriedenheit gesprochen werden kann, besteht Konsens. Für die weitere Betrachtung soll Zufriedenheit als die Übereinstimmung (= Ergebniskomponente) zwischen subjektiven Erwartungen (= Soll-Komponente) und tatsächlich erlebter Motivbefriedigung bei den in Anspruch genommenen Leistungen (= Ist-Komponente) definiert werden (vgl. Meffert/Bruhn 1981, S. 597).

Darüber hinaus ist es notwendig, die Besonderheiten der *Zufriedenheit interner Kunden* herauszuarbeiten. Für Definitionen der Konsumentenzufriedenheit bestand bislang kein Anlaß, die internen Leistungsbeziehungen zu berücksichtigen. Die Analyse der Konsumentenzufriedenheit betrachtet ausschließlich die Schnittstelle zwischen dem Konsumenten (= externer Kunde) und einer Unternehmung. In Erweiterung der Soll-Komponente der Konsumentenzufriedenheit, wie sie z. B. Töpfer (1996, S. 55) definiert, wird die Soll-Komponente der Zufriedenheit interner Kunden durch die in *Abbildung 3* aufgeführten Faktoren dargestellt.

(1) Die Vorstellungen davon, welche Anforderungen die Verbraucher an eine Leistung formulieren, beziehen sich zum einen auf die unmittelbar am externen Markt zu erbringenden Leistungen, wie etwa auf den Vorgang des Verkaufs eines Konsumgutes, der als Prozeß 3 der Wertkette in *Abbildung 4* dargestellt ist. Zum anderen werden Vorstellungen von den Anforderungen der Verbraucher in die rückwärtigen Leistungsbeziehungen einfließen und damit die Erwartungen interner Kunden an interne Lieferanten bedingen, wie z. B. die Erwartung des Verkaufspersonals an Schulungen (Prozeß 2). Sofern interne Leistungen für die Erstellung weiterer interner Leistungen benötigt werden, haben sie den Charakter eines Investitionsgutes, wie z. B. die Bereitstellung von Schulungsräumen und Schulungsmaterial (Prozeß 1). Es ist zu vermuten, daß die Vorstellungen von den Anforderungen der Verbraucher ein um so größeres Gewicht besitzen, je größer die Nähe der internen Leistung zum externen Markt, d.h. zum Verbraucher, ist.

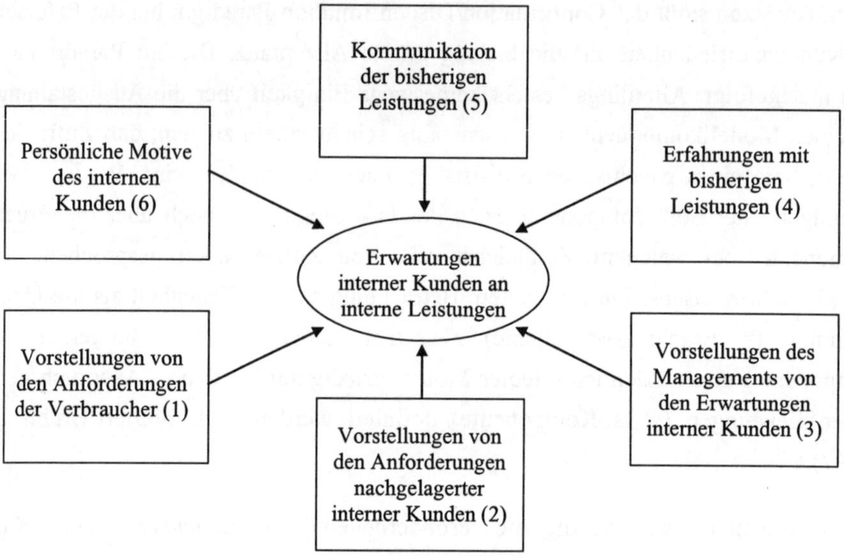

Abbildung 3: Die Soll-Komponente der Zufriedenheit interner Kunden

(2) Aus *Abbildung 4* läßt sich auch nachvollziehen, daß die Vorstellungen von den Anforderungen *nachgelagerter interner Kunden* die Erwartungen an interne Leistungen beeinflussen. So wird etwa der Anbieter von Schulungen bei der Nachfrage nach Schulungsräumen und Schulungsmaterial die Wünsche seiner Kunden, z. B. des Verkaufspersonals, berücksichtigen.

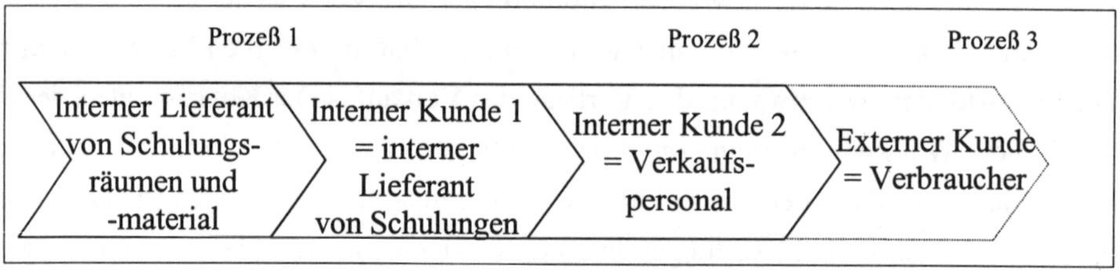

Abbildung 4: Interne Lieferanten-Kunden-Beziehungen in einer Wertkettenbetrachtung

(3) Die Vorstellungen des Managements von den Erwartungen interner Kunden sind insoweit für die Qualität der Leistungserstellung relevant, wie das Management über die *Zuteilung von Ressourcen* entscheidet. Je stärker die Entscheidungsträger davon überzeugt sind, daß interne Kunden berechtigterweise hohe Anforderungen an interne Lei-

stungen stellen, desto eher werden sie bereit sein, die internen Lieferanten mit den notwendigen Ressourcen auszustatten.

(4) Die Erfahrungen mit den bisherigen Leistungen können sich auf interne und externe Anbieter beziehen. Sofern z. B. ein Handelsbetrieb auf *externe Anbieter* ausweichen kann, wie dies etwa in einer Verbundgruppe möglich ist, und sofern ihn die bisherigen Leistungen überzeugt haben, desto höhere Anforderungen wird er an den internen Lieferanten stellen. Ebenso wird er aus der bisherigen Qualität der Leistungen *interner Anbieter* Forderungen an diesen ableiten, möglicherweise begleitet von der Androhung, auf externe Anbieter auszuweichen, wenn der interne Anbieter nicht bereit ist, seine Erwartungen zu erfüllen.

(5) Die Leistungen interner wie externer Anbieter können Gegenstand der Kommunikation in einem mehrstufigen Handelssystem sein. In Erfahrungsaustauschgruppen, Arbeitskreisen und Einzelgesprächen werden positive und negative Erfahrungen mitgeteilt, welche die Erwartungen an die interne Leistung bilden.

(6) Die persönlichen Motive eines internen Kunden sind andere als die eines externen Kunden. Während für einen Verbraucher ausschlaggebend ist, inwieweit ein Produkt oder eine Dienstleistung sein Konsumbedürfnis befriedigt, und während seine Motive ausschließlich nicht-monetärer Art sind, besitzt ein interner Kunde *monetäre und nicht-monetäre Anreize*, die von den Zielen abhängen, die er mit seiner eigenen Leistung verfolgt. Dies sind zum einen die Gegenleistungen, und dies ist zum anderen, daß seine Leistung überhaupt nachgefragt wird. Unzufriedene Kunden, die sich über seine Leistung beschweren und zudem die Möglichkeit besitzen, auf externe Anbieter auszuweichen, stellen gegebenenfalls die Berechtigung seiner Tätigkeit in Frage. Die Folge kann sein, daß sich die Zentrale eines Filialsystems entscheidet, diese Leistung künftig nur noch von einem externen Anbieter zu beziehen, oder daß in einer kooperierenden Gruppe wegen fehlender Nachfrage der Mitgliedsbetriebe, die auf diese Leistung gänzlich verzichten oder auf externe Anbieter ausgewichen sind, keine Notwendigkeit mehr besteht, die Leistung anzubieten.

3.2 Probleme bei der Ermittlung der Zufriedenheit interner Kunden

Die Zufriedenheit eines internen Kunden unterliegt vielfältigeren Einflüssen als die Zufriedenheit eines Verbrauchers. Allein dadurch erhöhen sich die Anforderungen an die Messung der Zufriedenheit interner Kunden. Zusätzlich sind die Unterschiede bei den Systemtypen des Handels zu beachten. In kooperierenden Gruppen, Filialsystemen und Mischformen liegen andere Rahmenbedingungen vor, die bei der Konzeption und Durchführung von Zufriedenheitsmessungen zu berücksichtigen sind.

3.2.1 Fehlende Bereitschaft zur Artikulation von Zufriedenheit

Die fehlende Bereitschaft, Zufriedenheit zu artikulieren, kann verschiedene Ursachen haben. Aus Untersuchungen über die Konsumentenzufriedenheit ist bekannt, daß sich Verbraucher eher über negative und weniger über positive Sachverhalte äußern (vgl. z. B. Homburg/Rudolph 1997, S. 51). Bei internen Leistungsbeziehungen treten jedoch Barrieren auf, Urteile über Unzufriedenheit abzugeben. Der interne Kunde

- geht davon aus, daß seine Mitteilung über die Unzufriedenheit mit den erhaltenen Leistungen zu keinen Veränderungen führen wird,
- hat keine Möglichkeiten, auf andere Lieferanten auszuweichen, weshalb er auf die Artikulation von Unzufriedenheit verzichtet,
- unterläßt es, unzureichende Leistungen seiner Kollegen zu kritisieren, weil er die weitere Zusammenarbeit nicht belasten will,
- befürchtet bei Unmutsäußerungen negative Konsequenzen, die in der Zurückhaltung von materiellen und immateriellen Werten bestehen können.

Bei den einzelnen Typen von Handelssystemen kann grundsätzlich eine unterschiedlich hohe Bereitschaft der Zufriedenheitsartikulation erwartet werden. In *filialisierenden Handelssystemen*, die ihre Betriebe stark an die Weisungen der Zentrale binden, haben die Leiter und Mitarbeiter einer Filiale kaum Anreize, ihre Unzufriedenheit auszudrükken. Das Wissen um den geringen Einfluß auf die Entscheidungsträger in der Zentrale, fehlende Ausweichmöglichkeiten bei der Inanspruchnahme von Leistungen und die Sorge, das Angestelltenverhältnis zu belasten, können sie davon abhalten, ihrer Unzufriedenheit offen Ausdruck zu verleihen.

Im Gegensatz dazu sind die Zentralen vieler *kooperierender Gruppen* darauf angewiesen, daß ihre Dienstleistungen von den rechtlich und weitgehend wirtschaftlich selbständigen Einzelhändlern akzeptiert und nachgefragt werden. Teilweise werden, wie *Tabelle 1* für Nahrungs- und Genußmittel belegt, bestimmte Leistungen von den Mitgliedsbetrieben gar nicht oder nur selten in Anspruch genommen. Um so wichtiger ist für die Zentrale die Zufriedenheit mit den nachgefragten Leistungen. Die Inhaber der Mitgliedsbetriebe einer Handelskooperation werden ihre Forderungen zur Verbesserung von Leistungen an die Zentrale herantragen und in diesem Zusammenhang ihre Unzufriedenheit artikulieren. Sie besitzen als Druckmittel die Möglichkeit, auf andere Lieferanten auszuweichen, beispielsweise auf eine externe Unternehmungsberatung, und sie stehen in keinem arbeitsvertraglichen Abhängigkeitsverhältnis wie das Personal einer Filiale.

Tabelle 1: Häufigkeit der Nutzung von Waren- und Dienstleistungsangeboten von Handelskooperationen im Nahrungs- und Genußmittelhandel (Täger u.a. 1994, S. 156)

	... % der kooperierenden Mitgliedsunternehmen haben die angegebenen Leistungsangebote der Kooperation in den letzten 5 Jahren folgendermaßen in Anspruch genommen:			
Art des Waren- und Dienstleistungsangebots	regelmäßig	häufig	selten	nie
WARENGESCHÄFT				
• Einkauf per Ordersatz	100	-	-	-
• Streckenlieferung	76	14	9	1
• Zusatzsortimente	49	21	23	7
• Eigen-/Handelsmarken	80	12	7	1
• Importe	52	13	21	14
SERVICE				
• Betriebsvergleich	59	9	13	19
• Betriebsberatung	29	14	37	20
• Preisempfehlungen	80	12	5	3
• kurzfristige Erfolgsrechnung	57	7	12	24
• Aus-/Fortbildung	34	24	27	15
MARKETING				
• Sortimentsberatung	68	18	12	2
• Standortprüfung	14	11	42	33
• Ladengestaltung	18	20	40	22
• Werbemittel	78	11	7	4
• Warenbörse	74	11	11	4
• Verkaufsförderung	73	13	10	4
• Sonderangebote	86	10	3	1

3.2.2 Informationspathologien

Mit Informationspathologien wird die fehlende Fähigkeit angesprochen, Zufriedenheit artikulieren zu können. Informationspathologien sind verantwortlich dafür, daß Informationen erst gar nicht gesammelt, nicht oder aber verzerrt weitergegeben werden. Es lassen sich doktrinbedingte, psychologische und strukturelle Informationspathologien unterscheiden (vgl. Sorg 1982, S. 201 ff.). Bei einer *doktrinbedingten Informationspathologie* verschließen Annahmen über die Wirklichkeit den Zugang zu notwendigen Informationen, oder es werden nur bestimmte Informationsquellen zugelassen. Für die internen Leistungsbeziehungen innerhalb eines mehrstufigen Handelssystems kann dies bedeuten, daß die Zufriedenheitsurteile bestimmter interner Kunden, etwa der Filialen, nicht registriert werden. Dies ist vor allem in solchen Filialsystemen der Fall, die sich als „seelenlose Verkaufsmaschinen" präsentieren: Der ausschließliche Zweck der Filialen wird in dem schnellen Umschlag der Ware gesehen (vgl. Ahlert 1994, S. 295 ff.). Urteile über die Zufriedenheit mit internen Leistungen werden ihnen nicht zugebilligt und auch nicht erwartet. Mit einem solchen Defizit ist nicht zu rechnen, wenn sich die internen Kunden nicht aufzwingen lassen, welche Urteile sie abzugeben haben und welche nicht. Dies dürfte vor allem auf die Mitgliedsbetriebe einer kooperierenden Gruppe zutreffen.

Eine *psychologische Informationspathologie* liegt vor, wenn bevorzugt Informationen gesucht und gesammelt werden, die mit den kognitiven Strukturen harmonieren. Dagegen weicht man denjenigen Informationen aus, die sich als dissonant erweisen könnten. Als dissonant kann sich die artikulierte Unzufriedenheit eines internen Kunden erweisen. Der Lieferant würde diesen Informationen nicht die notwendige Beachtung schenken und nicht die erforderlichen Maßnahmen für die Verbesserung seiner Leistungen einleiten. Da die psychologische Informationspathologie ein primär von individuellen Eigenschaften abhängiges Phänomen ist, dürfte ihr Auftreten unabhängig von dem Typ des Handelssystems sein.

Bestimmte Formen der hierarchischen Gestaltung, der Spezialisierung und der Entscheidungszentralisation tragen dazu bei, daß die Mitglieder einer Unternehmung Informationen blockieren oder verzerren, was als *strukturell bedingte Informationspathologie* bezeichnet wird. Diese Erkenntnis mag ein Grund dafür sein, daß alle der in der jüngeren Vergangenheit diskutierten Managementkonzeptionen die hohe Bedeutung horizontaler und lateraler Kommunikationsbeziehungen innerhalb der Unternehmung betonen. Es wird die Abkehr von starren, an der Unternehmungshierarchie ausgerichteten Informationskanälen gefordert und das Primat der interaktiven Kommunikation, gesteuert durch Angebot und Nachfrage von Information, formuliert (vgl. z. B. Engelhardt/Schütz 1991; Leibfried/McNair 1992; Hammer/Champy 1994). Die Notwendigkeit einer solchen Veränderung ergibt sich daraus, daß insbesondere Vorschriften über die zu benutzenden Informationskanäle, wie sie z. B. in zahlreichen Filialsystemen anzutreffen sind, den Informationsfluß hemmen: Urteile über die Zufriedenheit mit internen Leistungen gelangen dann nicht rechtzeitig oder überhaupt nicht an ihre Adressaten. Über dieses Problem kann auch nicht hinwegtäuschen, daß die Zentralen von Filialsystemen nach einer empirischen Untersuchung signifikant besser über die täglichen Abverkaufszahlen, betriebliche Kennzahlen, die Betriebsorganisation und das standortspezifische Konsumentenverhalten ihrer Betriebe informiert sind als die Zentralen kooperierender Gruppen (vgl. Schröder 1995, S. 260). In diesem Ergebnis ist kein Widerspruch zu sehen. Vielmehr muß unterschieden werden zwischen routinemäßig an die Zentrale abzuliefernden quantitativen Informationen, zu denen die genannten zählen, und qualitativen Informationen, zu denen Zufriedenheitsurteile gehören. In Filialsystemen besteht für die Betriebe überdies in der Regel eine Informationspflicht, von der die Mitglieder einer Handelskooperation grundsätzlich ausgenommen sind.

Bislang sind die Informationssysteme der meisten mehrstufigen Handelssysteme nicht darauf ausgerichtet, die Zufriedenheit interner und externer Kunden systematisch zu erfassen. Die Mitteilung von Zufriedenheitsurteilen erfolgt zufällig und ist den hier angesprochenen Informationspathologien unterworfen. Das Ergebnis kann vielfach folgendes sein: Am Ende des Informationskanals stehen (Un-)Zufriedenheitsurteile, die eine diffuses Bild abgeben und weder einer konkreten Ursache noch einem konkreten internen Kunden zugeordnet werden können.

3.2.3 Geringe Evidenz interner Angebote

Evidenz interner Angebote bedeutet, daß die internen Kunden über das interne Angebot und die internen Anbieter informiert sind (vgl. Stauss/Neuhaus 1995, S. 599 f.). Eine geringe Angebotsevidenz stellt sich als Problem bei der Messung von Zufriedenheit interner Kunden dar. Es ist zu vermuten, daß die mangelnde Angebotsevidenz interner Leistungen in kooperierenden Handelsgruppen stärker ausgeprägt ist als in filialisierenden Systemen. Die hohe Bindung der Einzelhandelsbetriebe an die Zentrale eines Filialsystems ermöglicht die Diffusion homogener Leistungen innerhalb des Systems. Eine Bezugsquote der Filialen von annähernd 100% ist ein deutlicher Hinweis hierauf. Das Sortimentsspektrum ist für die Zentrale daher einheitlicher als in kooperierenden Systemen, in denen durch das Ausweichen auf andere Lieferanten von Betriebsstätte zu

Betriebsstätte abweichende Sortimente auftreten können. Entsprechend kann auch eine standardisierte Angebotspalette interner Leistungen (z. B. Produktinformationen, Verkäuferschulungen, Displaymaterial, überregionale Werbung) entwickelt und kommuniziert werden. Fehlende eigene Erfahrungen mit internen Leistungen können durch Informationen über Erfahrungen anderer Filialen innerhalb des Systems schneller ausgeglichen werden.

Die Diffusion von Leistungen innerhalb einer kooperierenden Gruppe stößt dagegen an Grenzen. Dienstleistungen werden sehr unterschiedlich nachgefragt, und die Bezugsquote liegt in bestimmten Branchen nur zwischen 50% und 60%, wie etwa bei Sportartikeln, Haushaltswaren, Bekleidung oder Fotoartikeln (vgl. Batzer/Lachner/Meyerhöfer 1991, S. 464 ff.). Die Folge sind teilweise lückenhafte Kenntnisse darüber, welche Leistungen von der Kooperationszentrale angeboten werden. Eine geringe Angebotsevidenz erschwert jedoch die Messung der Zufriedenheit: *Die Kooperationsmitglieder wissen häufig nicht, mit was sie zufrieden sein sollen.*

3.2.4 Falsche Zuordnung von fehlerhaften Leistungen

Ein interner Kunde (z. B. der Empfänger von Schulungsmaterial) empfängt die Mitteilung, daß ein ihm nachgelagerter Kunde (z. B. das Verkaufspersonal) unzufrieden mit seiner Leistung (z. B. Schulungen) ist. Die Ursache der Fehlleistung ordnet er jedoch falsch zu. Zwei Fälle sind denkbar:

Fall 1: Er ist selbst für die Fehlleistung verantwortlich, gibt die Schuld aber an seinen Lieferanten weiter, indem er seine Erwartung an die Leistungen des internen Lieferanten modifiziert: „*Deine* Leistung — das Schulungsmaterial — hätte besser sein müssen."

Fall 2: Der interne Kunde sucht die Schuld für die Fehlleistung bei sich selbst, obwohl die Fehlleistung von dem Lieferanten verursacht wurde: „*Meine* Leistung — die Schulung — hätte besser sein müssen." Die Ansprüche gegenüber dem internen Lieferanten würden sich nicht verändern.

In beiden Fällen würden falsche Ansatzpunkte gewählt, um Unzufriedenheit zu beseitigen. Für die Messung der Zufriedenheit ist es daher erforderlich, nicht nur die globale Zufriedenheit mit einer Leistung zu erfassen, sondern darüber hinaus, soweit dies möglich ist, auch die Zufriedenheit mit Teilleistungen. Andernfalls werden innerhalb des

Handelssystems Zufriedenheitsurteile kommuniziert, die zu einer falschen Bewertung von Leistungen führen können.

3.2.5 Heterogenität interner Kunden

Je heterogener die internen Kunden in einem mehrstufigen Handelssystem sind, desto unterschiedlicher werden die Erwartungen an eine Leistung sein. Betrachtet man die Leistungsbeziehungen zwischen der Handelszentrale und den Betrieben auf der Einzelhandelsstufe, so zeichnen sich insbesondere *kooperierende Gruppen* des Handels durch eine große Bandbreite verschiedenartiger Mitglieder aus. Die Heterogenität drückt sich z. B. in der Expansionswilligkeit, der Bindungswilligkeit, der Größe der Betriebe, der Kooperationswilligkeit und der Art des Marktauftritts aus (vgl. Olesch 1994, S. 114). Die Einzelhandelsbetriebe nehmen gegenüber der Systemzentrale uneinheitliche Positionen ein. Zusammen mit der rechtlichen und weitgehend auch wirtschaftlichen Unabhängigkeit der internen Kunden führt dies zu einem breiten Spektrum der Leistungsansprüche (vgl. Rudolph/Dautzenberg 1996, S. 113 ff.) und damit auch zu sehr unterschiedlichen Beurteilungen derselben internen Leistung. Diese Umstände erschweren den Vergleich von Zufriedenheitswerten. Die Aussagekraft der Meßergebnisse ist daher abhängig von der Kenntnis, welche Merkmale einzelne Betriebe aufweisen.

Die Betriebe in *filialisierenden Handelssystemen* sind dagegen in das Zielsystem der gesamten Handelsorganisation eingebunden. Die Durchsetzung individueller Ziele der Filialen ist — im Unterschied zu Kooperationsmitgliedern — nur beschränkt möglich. Die Erwartungshaltungen der internen Kunden werden sehr viel näher aneinander liegen als in kooperierenden Gruppen. Der Vergleich von Zufriedenheitswerten gewinnt dadurch an Aussagekraft.

3.2.6 Konkurrenzdenken innerhalb des Handelssystems

Der Mitteilung von Zufriedenheitsurteilen innerhalb eines mehrstufigen Handelssystems sind Grenzen gesetzt, wenn das Verhältnis zwischen einzelnen Systemelementen durch Konkurrenzdenken geprägt ist. Es besteht z. B. die Gefahr, daß die Artikulation einer hohen (Un-)Zufriedenheit bewußt unterbleibt, um die Ursachen des geschäftlichen Erfolges anderen Systemelementen, die daraus lernen könnten, vorzuenthalten. Dies betrifft vor allem die Leistungsbeziehung zwischen der Zentrale und den Einzelhandelsbetrieben und die Leistungsbeziehung zwischen den Einzelhandelsbetrieben. Das isolierte Erfolgsdenken einzelner oder einzelner Gruppen dominiert die ganzheitliche systemorientierte Denkhaltung. Kooperierende Handelsgruppen sind hierfür besonders anfällig, wenn der Integrationswille und der Integrationsgrad der Mitglieder stark voneinander abweichen. Es ist ein typisches Problem von Handelskooperationen, daß nicht alle Mitglieder eine ganzheitliche Denkhaltung aufweisen und die Kooperation als Schicksalsgemeinschaft zum Vorteil aller auffassen (vgl. Olesch 1994, S. 114). Einzelne Mitglieder verfahren nach dem Closed-Shop-Prinzip und geben Zufriedenheitsurteile nicht weiter. Sie bilden damit eine Kooperation in der Kooperation und schotten sich gegen andere Mitglieder ab. Dies kann langfristig das Bestehen einer Handelskooperation gefährden, zumindest aber ihre Wettbewerbsfähigkeit einschränken.

3.2.7 Verfahrensbedingte Meßprobleme

Die Literatur bietet eine Reihe von Verfahren, um Zufriedenheit zu messen (vgl. zum Überblick z. B. Meffert/Bruhn 1981, Homburg/Rudolph 1997, S. 44 ff., sowie bezogen auf die Messung interner Dienstleistungsqualität Bruhn 1995, S. 627 ff.). Sollen die vorgeschlagenen Instrumente zur Messung der Zufriedenheit interner Kunden eingesetzt werden, dann ergeben sich — neben allgemeinen methodischen Problemen — zusätzliche Schwierigkeiten aus den Besonderheiten mehrstufiger Handelssysteme. Im folgenden werden einige Probleme angeschnitten. *Objektive Verfahren* haben direkt beobachtbare Größen zum Gegenstand, wie z. B. Umsatz, Abwanderungsrate und Wiederkaufrate. Für mehrstufige Handelssysteme kommen diese Verfahren nicht in Frage, wenn — wie vor allem in Filialsystemen — keine Möglichkeit besteht, auf andere Lieferanten auszuweichen, oder wenn die Nachfrage nach Leistungen nicht über Marktpreise, sondern über innerbetriebliche Verrechnungspreise „geregelt" wird.

Subjektive Verfahren setzen an nicht direkt beobachtbaren Größen an und werden in merkmalsgestützte und ereignisorientierte Verfahren unterschieden. Merkmalsgestützte Verfahren unterstellen einen Zusammenhang zwischen bestimmten Verhaltensweisen der Kunden, wie z. B. Beschwerden, und der Kundenzufriedenheit (implizite Methode) oder setzen auf die Verwendung von Zufriedenheitsskalen (explizite Methode). Ereignisorientierte Verfahren beziehen sich auf solche Vorgänge in der Lieferanten-Kunden-Beziehung, aus denen Rückschlüsse auf die Zufriedenheit der Kunden gezogen werden können. In mehrstufigen Handelssystemen wird die Validität subjektiver Verfahren unter bestimmten Bedingungen nicht gewährleistet sein:

(1) Beschwerden werden wegen fehlender Bereitschaft nicht oder nur zurückhaltend formuliert, um Nachteile für die eigene Person zu vermeiden. Die geringe Zahl der Beschwerden, denen eine weitaus größere Zahl nicht geäußerter Beschwerden gegenübersteht, kann dann keine Aufschlüsse über die tatsächliche Zufriedenheit mit internen Leistungen liefern.

(2) Doktrinbedingte und strukturelle Informationspathologien versperren den Zugang zu Zufriedenheitsurteilen. Zwar wären interne Kunden grundsätzlich bereit, ihre Zufriedenheit mitzuteilen, doch verhindern systeminterne Verhaltensregeln die Sammlung oder Weitergabe von Zufriedenheitsurteilen.

(3) Eine geringe Angebotsevidenz verleitet interne Kunden dazu, ihre Zufriedenheit auch zu denjenigen Leistungen zu äußern, die sie nicht oder nur sehr ungenau kennen. Ein Beweggrund für dieses Verhalten kann sein, die Unkenntnis der angebotenen Leistungen gegenüber Dritten zu verbergen.

(4) Unterschiedliche Ansprüche an interne Leistungen, die aus der Heterogenität interner Kunden resultieren, wie sie vor allem in Handelskooperationen anzutreffen sind, schränken die Vergleichbarkeit von Zufriedenheitsurteilen stark ein.

(5) Konkurrenzdenken veranlaßt interne Kunden, Zufriedenheitsurteile in eine bestimmte Richtung zu lenken, um z. B. zu erreichen, daß interne Leistungen nicht mehr oder in einer anderen Form angeboten werden. So könnten einzelne Mitgliedsbetriebe einer Handelskooperation anstreben, daß Leistungen nach ihren speziellen Wünschen erstellt werden, von denen andere Mitgliedsbetriebe weniger oder gar nicht profitieren. In Filialsystemen könnte versucht werden, sich den Weg zu externen Lieferanten zu eröffnen. Liegen nämlich die Preise externer Anbieter unterhalb der internen Verrechnungspreise, so besteht ein Anreiz, das Betriebsergebnis einer Filiale durch Ausweichen auf den externen Lieferanten zu verbessern. Daß möglicherweise durch diese Verhaltensweise das Ergebnis der gesamten Unternehmung im Fall nicht abbaufähiger Fixkosten geschmälert wird, ist dann aus der Perspektive des internen Kunden nachrangig.

Eine wesentliche Voraussetzung, um einige der genannten Probleme zu vermeiden, liegt darin, die *Anonymität interner Kunden* zu wahren. Dies gilt insbesondere für Leistungsbeziehungen zwischen der Zentrale und den Betrieben eines Filialsystems. Denn diese

Beziehung ist, anders als zwischen den Mitgliedsbetrieben einer Kooperation und ihrer Zentrale, durch arbeitsvertragliche Abhängigkeitsverhältnisse geprägt.

3.3 Ein Praxisbeispiel zur Ermittlung der Zufriedenheit interner Kunden

In jüngerer Zeit bemühen sich einzelne Handelsunternehmungen erstmalig, systematisch die Zufriedenheit interner Kunden zu erfassen und die Ergebnisse für die Planung von Steuerungsmaßnahmen zu verwenden. Im folgenden wird auf das Beispiel eines Handelssystems eingegangen, das seit vier Jahren die Zufriedenheit interner Kunden erhebt. *Abbildung 5* zeigt auf die Frage "Wie ist Ihre Gesamtzufriedenheit mit der Abteilung?" die Antworten der Einzelhandelsbetriebe als interne Kunden (Fremdeinschätzung) und der Abteilungen als interne Lieferanten (Selbsteinschätzung).

Die Ergebnisse dieser Methode zur Ermittlung globaler Zufriedenheitswerte zeigen, daß die Fremdeinschätzung weitgehend mit der Selbsteinschätzung übereinstimmt. Auffällige Abweichungen treten nur bei den Abteilungen „Import“ und „Marketingmanagement Sortimentsbereich 2“ auf.

Die Nutzer dieser Informationen stehen hinsichtlich der Aussagekraft der Zufriedenheitsurteile vor den obengenannten Problemen. Hinzu kommt in diesem Fall, daß es sich um ein Mischsystem handelt, in dem sowohl Filialen als auch Franchisebetriebe vertreten sind. Da die Ergebnisse nicht zwischen den Antworten der Filialen und der Franchisebetriebe unterscheiden, sind Verzerrungen nicht auszuschließen.

Geht man von der Annahme aus, daß valide Ergebnisse vorliegen, so lassen sie sich wie folgt interpretieren. Zunächst können, ohne näher auf das *Zufriedenheitsniveau* einzugehen, drei Fälle unterschieden werden:

- Die Fremdeinschätzung ist schlechter als die Selbsteinschätzung, was in der Überschätzung der eigenen Leistung begründet ist.
- Die Fremdeinschätzung deckt sich mit der Selbsteinschätzung.
- Die Fremdeinschätzung ist besser als Selbsteinschätzung, was gleichbedeutend ist mit der Unterschätzung der eigenen Leistung.

Abteilung \ Beurteilung	Fremdeinschätzung durch die Einzelhandelsbetriebe	Selbsteinschätzung durch die Abteilung in der Zentrale
Controlling	1,9	2,0
Marketingmanagement Sortimentsbereich 1	2,5	2,2
Marketingmanagement Sortimentsbereich 2	2,4	2,0
Marketingmanagement Sortimentsbereich 3	2,4	2,4
Marketingmanagement Sortimentsbereich 4	2,4	2,4
Import	3,1	2,1
Merchandising	2,3	2,1
Vertrieb Region 1	2,0	1,9
Vertrieb Region 2	2,2	2,2
Vertrieb Region 3	2,1	2,2
Vertrieb Region 4	2,4	2,2
Vertrieb Region 5	2,4	2,2
Werbung	2,2	2,0
1 = sehr zufrieden ... 5 = sehr unzufrieden befragte Einzelhandelsbetriebe: n = 215 befragte Personen der Abteilungen: $4 \leq n \leq 13$ (je nach Abteilungsgröße)		

Abbildung 5: Globalzufriedenheiten mit den Leistungen ausgewählter Abteilungen einer Handelszentrale

Sollen nun Maßnahmen zur Erhöhung der Zufriedenheit eingeleitet werden, so können folgende Schwierigkeiten auftreten: Im ersten Fall werden die Maßnahmen nicht von den internen Lieferanten akzeptiert, wenn sie die Urteilskraft der internen Kunden anzweifeln. Es liegt eine psychologische Informationspathologie vor. Im zweiten Fall werden die Maßnahmen nicht akzeptiert, wenn die internen Lieferanten der Meinung sind, daß sie genau das Leistungsniveau erbringen, das von den internen Kunden erwartet wird. Die Anbieter wären nun davon zu überzeugen, daß ein höheres Zufriedenheitsniveau zu einer höheren Kundenbindung führt und die Nachfrage, vor allem der Franchisebetriebe, nach internen Leistungen erhöht. Der dritte Fall ist mit Blick auf das Zufriedenheitsniveau ähnlich gelagert. Ein zusätzliches Problem tritt auf, wenn die

Lieferanten vermuten, daß die internen Kunden keine höhere Qualität der Leistungen verlangen. Die unerwünschte Konsequenz kann sein, daß die Lieferanten ihre Anstrengungen verringern.

4 FAZIT

Interne Leistungsbeziehungen in einem mehrstufigen Handelssystem können zwischen den Abteilungen der Zentrale, zwischen der Zentrale und den Einzelhandelsbetrieben sowie zwischen den Einzelhandelsbetrieben bestehen. Die Leistungen haben den Charakter von Investitionsgütern: Sie unterstützen den internen Kunden bei der Erstellung einer Leistung, die entweder einem weiteren internen Kunden oder dem Verbraucher angeboten wird.

Die *Zufriedenheit interner Kunden* weist im Vergleich zur Konsumentenzufriedenheit eine Reihe von Besonderheiten auf. So sind z. B. bei der Modellierung der Soll-Komponente monetäre und nicht-monetäre Motive des internen Kunden sowie — neben den Verbrauchererwartungen — die Anforderungen nachgelagerter interner Kunden zu berücksichtigen.

Bei der *Ermittlung der Zufriedenheit interner Kunden* können in einem mehrstufigen Handelssystem verschiedene Probleme auftreten. Hierzu zählen die fehlende Bereitschaft zur Artikulation von Zufriedenheit, doktrinbedingte, psychologische und strukturelle Informationspathologien, eine geringe Evidenz interner Angebote, die falsche Zuordnung fehlerhafter Leistungen sowie unterschiedliche Ansprüche an Leistungsumfang und Leistungsniveau aufgrund der Heterogenität der Einzelhandelsbetriebe.

Bei *Filialsystemen und kooperierenden Gruppen des Handels* sind Unterschiede im Hinblick auf die Artikulation von Zufriedenheitsurteilen zu erwarten. Relevante Einflußfaktoren sind z. B. die Furcht vor negativen Konsequenzen, die Möglichkeit, auf Angebote externer Anbieter auszuweichen, und die Aussicht, erfolgreich Einfluß auf den Anbieter interner Leistungen nehmen zu können.

LITERATUR

Ahlert, D.: Flexibilitätsorientiertes Positionierungsmanagement im Einzelhandel — Herausforderungen an freie, kooperierende und integrierte Handelssysteme. In: Bruhn, M.; Meffert, H.; Wehrle, F. (Hrsg.), Marktorientierte Unternehmensführung im Umbruch, Stuttgart 1994, S. 279-300.

Ahlert, D.: Auf der Suche nach den Spitzenleistungen in Handel und Distribution — Evolution mit Benchmarking oder Revolution durch Business Process Reegineering als 'Königsweg zum Erfolg'? In: Ahlert, D.; Dieckheuer, G. (Hrsg.), Schriften zur Textilwirtschaft — Größenmanagement und kundenorientierte Restrukturierung — Wege in neue Strukturen aus der Perspektive von Industrie und Handel, Bd. 49, Münster 1996, S. 1-44.

Barth, K.; Helpup, A.: Die Relevanz des Lean-Management-Ansatzes für Handelsunternehmungen. In: Trommsdorff, V. (Hrsg.), Handelsforschung 1994/95 — Kooperation im Handel und mit dem Handel, Wiesbaden 1994, S. 223-240.

Batzer, E.; Lachner, J.; Meyerhöfer, W.: Der Handel in der Bundesrepublik Deutschland, Ifo Studien zu Handels- und Dienstleistungsfragen, Nr. 40, Teil II, München 1991.

Engelhardt, W. H.; Schütz, P.: Total Quality Management. In: Wirtschaftswissenschaftliches Studium, 20 (1991), Heft 8, S. 394-399.

Feld, C.: Category Management im Handel. In: Müller-Hagedorn, L. (Hrsg.) Arbeitspapier Nr. 8 des Seminars für Allgemeine Betriebswirtschaftslehre, Handel und Distribution an der Universität zu Köln, Köln 1996.

Hammer, M.; Champy, J.: Business Reengineering, Frankfurt am Main 1994.

Homburg, C.; Rudolph, B.: Theoretische Perspektiven zur Kundenzufriedenheit. In: Simon, H.; Homburg, C. (Hrsg.), Kundenzufriedenheit — Konzepte, Methoden, Erfahrungen, 2. Aufl., Wiesbaden 1997, S. 31-51.

Korte, C.: Customer Satisfaction Measurement — Kundenzufriedenheitsmessung als Informationsgrundlage des Hersteller- und Handelsmarketing am Beispiel der Automobilwirtschaft, Frankfurt am Main u.a. 1995.

Leibfried, K.; McNair, C.: Benchmarking, A Tool for Continuous Improvement, New York 1992.

Lingenfelder, M.; Schneider, W.: Die Kundenzufriedenheit — Bedeutung, Meßkonzept und empirische Befunde. In: Marketing ZFP, 10 (1991), Heft 2, S. 109-119.

Meffert, H.; Bruhn, M.: Beschwerdeverhalten und Zufriedenheit von Konsumenten. In: Die Betriebswirtschaft, 41 (1981), Heft 4, S. 597-613.

Olbrich, R.: Informationsmanagement in mehrstufigen Handelssystemen, Frankfurt am Main u.a. 1992.

Olesch, G.: Zum Problem der Mitgliederintegration in Verbundgruppen. In: Trommsdorff, V. (Hrsg.), Handelsforschung 1994/95 — Kooperation im Handel und mit dem Handel, Wiesbaden 1994, S. 107-118.

Rudolph, T.; Dautzenberg, P.: Die Positionierung von Betriebstypen in Verbundgruppen. In: Trommsdorff, V. (Hrsg.), Handelsforschung 1996/97 — Positionierung des Handels, Wiesbaden 1996, S. 109-123.

Schröder, H.: Konzeption, Akzeptanz und Organisation der Erfolgsforschung in mehrstufigen Handelssystemen, Münster 1995.

Schröder, H.: Benchmarkorientiertes Positionierungsmanagement im Einzelhandel. In: Trommsdorff, V. (Hrsg.), Handelsforschung 1996/97 — Positionierung des Handels, Wiesbaden 1996, S. 25-48.

Sorg, S.: Informationspathologien und Erkenntnisfortschritt in Organisationen, München 1982.

Stauss, B.; Neuhaus, P.: Interne Kundenzufriedenheit als Zielgröße des Total Quality Management: Dargestellt am Beispiel einer Abteilung Personalmanagement. In: Bruhn, M. (Hrsg.), Internes Marketing, Wiesbaden 1995, S. 575-609.

Täger, U. C.; Ahrens, C.; Lachner, J.; Nassua, T.: Entwicklungsstand und -perspektiven des Handels mit Konsumgütern. Darstellung und Analyse der handels- und wettbewerbspolitischen Entwicklung in der Bundesrepublik Deutschland, Berlin/München 1994.

Töpfer, A.: Kundenzufriedenheit durch klare Positionierung. In: Trommsdorff, V. (Hrsg.), Handelsforschung 1996/97 — Positionierung des Handels, Wiesbaden 1996, S. 49-66.

Schröder, H., Prof. Dr., Lehrstuhl für Betriebswirtschaftslehre, insbesondere Marketing und Handel, Universität Gesamthochschule Essen.

Tenberg, I., Diplom-Ökonom, Wissenschaftlicher Mitarbeiter, Lehrstuhl für Betriebswirtschaftslehre, insbesondere Marketing und Handel, Universität Gesamthochschule Essen.

Die Umsetzung einer Customer-Focus-Strategie in vertraglichen Vertriebssystemen

Armin Töpfer und Petra Beck, Dresden

Kundenorientierung und Kundenzufriedenheit sind bei vertraglichen Vertriebssystemen wie dem Franchising nur gemeinsam mit den Absatzmittlern zu erreichen. Der Transaktionskostenansatz ermöglicht eine Steuerung anhand der Kriterien Vertragsart, Vertragsinhalt und Vertragskontrolle. Dies sind allerdings nur Grundvoraussetzungen, Gegenstand und Ergebnis einer Zusammenarbeit. Eine frühzeitige und umfassende Steuerung strategischer und operativer Art ist hierdurch nicht zu gewährleisten. Sie wird erreicht, wenn Total Quality Management in vertraglichen Vertriebssystemen auf beiden Ebenen umgesetzt und dann als Beurteilungsgrundlage einer Customer-Focus-Strategie herangezogen wird. Statt auf einer Androhung von Sanktionen liegt der Steuerungsschwerpunkt dabei auf der Messung und Gestaltung der Einflußbereiche, die im eigenen Unternehmen, beim Franchisenehmer und am Markt in einem prozessualen Wirkungszusammenhang Kundenorientierung und Kundenzufriedenheit erzeugen.

1 KUNDENORIENTIERUNG ALS ERFOLGSFAKTOR

Um die Kundenanforderungen in wachsenden, aber wettbewerbsintensiven Märkten erfüllen zu können, sollten bereits bei der Konzeption vertraglicher Vertriebssysteme die Voraussetzungen für eine ausreichende Marktpenetration erfüllt sein. Hierzu ist insbesondere für das Unternehmen eine bestimmte Mindestgröße bzw. das Überschreiten einer Wachstumsschwelle erforderlich, denn nur eine starke Marktposition führt zu den gewünschten economies of scale and scope sowie zu den erforderlichen Kostenerfahrungskurveneffekten. Grundsätzlich bieten sich zwei Alternativen bei der Konzeption von Vertriebssystemen an, nämlich der direkte Vertrieb über eigene Verkaufsstellen oder der indirekte Vertrieb über fremde Verkaufsstellen. In beiden Fällen handelt es sich um mindestens zweistufige Vertriebssysteme.

Der direkte Vertrieb in Form eigener Niederlassungen ist infolge der hohen Kapitalbindung mit höheren Kosten verbunden als der indirekte Vertrieb, der dem Herstellerunternehmen eine geringe Kapitalbindung ermöglicht. Diesem Kostenvorteil steht der Nachteil einer verminderten Durchsetzungs- und Reaktionsfähigkeit entgegen, die eine Strategieumsetzung über eigenständige Handelsunternehmen erschweren kann. Ist dadurch die Steuerungsfähigkeit eines Systems erst einmal beeinträchtigt, kann oftmals eine optimale Kundenorientierung und hohe Kundenzufriedenheit nicht mehr gewährleistet werden. Daher sollte bereits bei der Konzeptionierung des Vertriebssystems die angestrebte Marktpositionierung in der Corporate Identity und in der Servicequalität Berücksichtigung finden. Wird diesem Anspruch in der Vertriebsstrategie nicht genügend Rechnung getragen, können Reibungsverluste entstehen, die geplante Verstärker auf der Wegstrecke zum Kunden zu Filtern werden lassen und die Marktposition eines Unternehmens mit einem solchen Vertriebssystem nachhaltig schwächen.

2 THEORETISCHE KONZEPTE ZUR STEIGERUNG DER EFFIZIENZ IN VERTRAGLICHEN VERTRIEBSSYSTEMEN

Im folgenden werden konzeptionelle Instrumentarien zur Verbesserung von Kundenorientierung und Kundenzufriedenheit in vertraglichen Vertriebssystemen untersucht. Zunächst wird hierzu die Transaktionskostentheorie herangezogen und auf ihre Validität als Ansatz zur Umsetzung einer Customer-Focus-Strategie überprüft. Der Transaktionskostenansatz befaßt sich mit der Frage, warum neben Märkten überhaupt andere Institutionen zur Koordination von Transaktionen existieren und wie eine Institution effizient arbeiten kann, d.h. wie die transaktionskostengünstigste Abwicklung einer Transaktion garantiert werden kann (vgl. dazu den Überblick von Williamson 1993). Die hauptsächlichen Bausteine von Williamsons Ansatz beinhalten folgende Aussagen (vgl. Williamson 1985, S. 18 f.):

- Die Transaktion stellt die Basiseinheit der Analyse dar.

- Die Transaktion läßt sich nach den Kriterien Unsicherheit, Häufigkeit und Spezifität der mit ihr verbundenen spezifischen Investition aufgliedern.
- Die Individuen sind durch eingeschränkte Rationalität und opportunistisches Verhalten charakterisiert.
- Der Transaktionskostenansatz ist eine komparative Analyse, die auf Transaktionskostenunterschiede verschiedener institutioneller Arrangements abhebt.

Williamson meint, das Problem der mangelnden Meßbarkeit von Transaktionskosten gelöst zu haben, indem er die Analyse um eine Stufe zurückverlegt und die Transaktion nach Häufigkeit, Unsicherheit und Spezifität der mit ihr verbundenen Investition klassifiziert (vgl. *Abbildung 1*) (vgl. Williamson 1981, S. 675).

Abbildung 1: Ein Maß für Transaktionskosten

Transaktionskosten sind für Williamson die Ursache für die Wahl von Austauschbeziehungen und werden damit zum hauptsächlichen Kriterium der Organisationsgestaltung. Ermittelte Transaktionskostenunterschiede entscheiden über die Wahl unter verschiedenen institutionellen Arrangements zur Abwicklung von Geschäftsbeziehungen. Im Einzelnen unterscheidet er zwischen Ex-ante- und Ex-post-Transaktionskosten: Ex-ante-Transaktionskosten sind Kosten, die mit der Gründung einer Vertragsbeziehung verbunden sind. Sie umfassen Kosten für die Anbahnung, Aushandlung und Sicherung einer zu treffenden bzw. getroffenen Vereinbarung und hängen von der Art des herzustellenden Gutes und/oder der zu erbringenden Dienstleistung ab. Ex-post-Transaktionskosten treten in verschiedenen Formen auf und umfassen u.a. Kosten, die dadurch entstehen, daß eine vertragliche Beziehung nicht bis ins kleinste Detail ausgehandelt werden kann und auch Unvorhergesehenes eintreten kann (Kosten infolge Vertragslücke), Kosten, die bei einer Vertragsanpassung entstehen, weil im Regelfall nicht sofort eine einvernehmliche Lösung zwischen den Parteien zu erzielen ist (Streitkosten), fixe und variable Kosten, die durch die Einrichtung konkreter Organisationsformen wie Gerichte und Schiedsstellen entstehen, an die man sich bei nicht unmittelbar zwischen den Vertragspartnern lösbaren Streitigkeiten wendet (Schlichtungs- bzw. Beilegungskosten), sowie Kosten, die durch die Sicherstellung der korrekten Durchführung einer Vertragsbeziehung entstehen (Kontrollkosten) (vgl. Williamson 1985, S. 27). Williamsons Transaktionskostenbegriff, der explizit zwischen vor- und nachvertraglichen Transaktionskosten unterscheidet und auf deren Interdependenz hinweist, ist recht global angelegt und am Untersuchungsgegenstand orientiert. Bei dieser Vorgehensweise kann mit der häufigen Verwendung des Wortes "Transaktionskosten" eine zunehmende Verwirrung bezüglich des Inhaltes eintreten. Zwingend erforderlich ist die Konsistenz zwischen Untersuchungsobjekt (im Falle Williamsons Verträge) und der Transaktionskostendefinition.

Durch die eher technisch orientierte Begriffsbestimmung einer Transaktion als Aktivität zwischen zwei oder mehreren Parteien mangelt es dem Ansatz an Konsistenz. Im Gegensatz zu Williamsons Vorgehensweise werden deshalb Transaktionskosten im folgenden direkt aus den Charakteristika des untersuchten Vertrages abgeleitet. Sie sind dann erklärbar durch die sich im Hinblick auf *die Vertragsart, den Vertragsinhalt und die Vertragskontrolle* ergebenden Reibungsverluste bzw. Einsparungspotentiale. In vertraglichen Vertriebssystemen werden in erster Linie Einheitsverträge mit dem Ziel der Vereinheitlichung der Elemente der Unternehmenspolitik zur Umsetzung einer Customer-Focus-Strategie eingesetzt. Unter *Kosten der Vertragsart* sind daher Suchkosten, Kosten der Selektion, Anbahnung, Planung, Organisation und Rechtsabwicklung zu subsumieren.

Der *Vertragsinhalt* — gekennzeichnet durch spezifische Investitionen der Vertragspartner zur Erfüllung des Vertragsziels — führt zu Kosten der Anpassung an veränderte Gegebenheiten sowie fixen und variablen Kosten spezifischer Investitionen.

Die *Fremd- und Eigenkontrolle* verursacht ebenfalls Transaktionskosten auf der Basis des Vertriebsvertrages. Hier entstehen Kosten der Information, Überwachung und Kontrollmessung. Aber auch die Kosten im Falle von Rechtsstreitigkeiten sowie institutionelle Kosten der Streitvermeidung durch Schiedsgerichte und Beiräte sind hier zu erwähnen. Die Entstehung dieser Kosten ist insbesondere auf die Verhaltensannahmen der Individuen und "Dimensionen" von Transaktionen in Williamsons Theorie zurückzuführen.

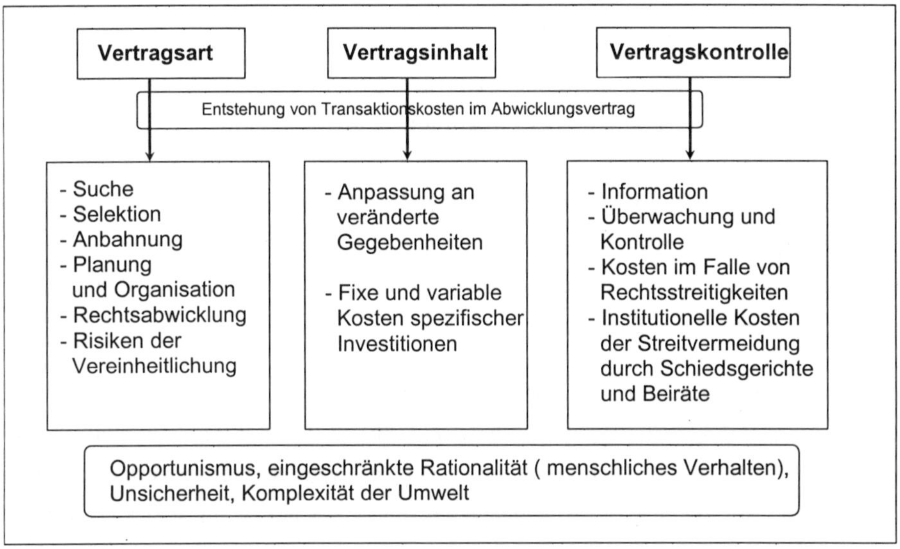

Abbildung 2: Begründung vertraglicher Vertriebssysteme durch die Eigenschaften vertraglicher Transaktionen

Der Opportunismus bzw. die asymmetrische Information als wesentliche Verhaltensannahme in der Transaktionskostentheorie entsprechen in der Versicherungsliteratur bzw. im Principal-Agent-Ansatz (vgl. Tirole 1989) dem moralischen Risiko (Moral hazard) bzw. der Negativen Auslese (Adverse Selection). Moral Hazard — oft auch als Opportunismus nach Vertragsschluß bezeichnet — liegt in der Schwierigkeit begründet, zwischen echten Risiken und menschlichem Versagen zu unterscheiden. Vorvertraglicher Opportunismus — Adverse Selection — ist darauf zurückzuführen, daß der Vertragsnehmer, z. B. der Versichterte, mehr über seine Risikosituation weiß als der Vertragsgeber, also der Versicherer. Solange nun Ersterer keine Risikoprämie entrichtet, die genau seiner Risikoklasse entspricht, und damit ein Fall asymmetrischer Information vorliegt, ist eine negative Auslese erfolgt.

3 DER TRANSAKTIONSKOSTENANSATZ ALS BEURTEILUNGSGRUNDLAGE EINER CUSTOMER-FOCUS-STRATEGIE

Das Franchising ist geprägt durch den Systemcharakter bei größtmöglicher Identifikation des Verkäufers mit dem Produkt und die nahezu vollkommene Spezialisierung von Franchisegeber und -nehmer auf die Systemzentrale und den dezentralisierten Vertrieb.

Überbrückungsaufgaben, Warenfunktionen des quantitativen und qualitativen Ausgleichs zwischen Angebot und Nachfrage sowie Maklerfunktionen der Information, Beratung, Marktbeobachtung und -erschließung werden ausgegliedert und vom Franchisenehmer wahrgenommen. Kontrolle, Verwaltung, aber auch Weiterentwicklung des Franchisekonzepts obliegen dem Franchisegeber, der nicht notwendigerweise Hersteller im produktionstechnischen Sinne sein muß. Er verkauft vielmehr eine Idee an ausgegliederte Handelseinheiten, die Franchisenehmer.

Skaupy bezeichnet den Franchisevertrag als die innere Struktur des Systems, weil er die Imagebildung und -erhaltung, die äußere und innere Ausstattung der Betriebe, den Ablauf der Geschäfte, die Formation der Franchisenehmer sowie die vertikale Arbeitsteilung regelt, bei welcher der Franchisegeber die zweckmäßig nur zentral zu erfüllenden Funktionen übernehmen und der Franchisenehmer sich völlig auf den Verkauf konzentrieren kann (vgl. Skaupy 1987, S. 44). Dem Kunden soll damit der Eindruck vermittelt werden, daß er überall, wo er das Produkt kauft, dieselbe Produkt- und Servicequalität erwarten kann. Ein Franchisevertrag impliziert folglich ein besonderes Maß an Vertrauen und gegenseitiger Verantwortung, woraus sich nach Rudolph spezielle Umgangsformen und Taktiken ergeben (vgl. Rudolph 1978, S. 558).

Ein Franchisevertrag besteht aus Präambel, Pflichten von Franchisegeber und -nehmer sowie den sonstigen Bestimmungen. In der Präambel werden die Ziele der Zusammenarbeit sowie der Rahmen der Kooperation abgesteckt.

Die aufgelisteten Pflichten des Franchisegebers umfassen im Wesentlichen die Überlassung von Kennzeichnungsrechten sowie System-Know-how, Beratung, Buchhaltung und Lieferungen von Einrichtungs- und Ausstattungsgegenständen. Die Pflichten des Franchisenehmers entsprechen den Regelungen zur Vergütung von Systemleistungen in Form einer einmalig zu entrichtenden Eintrittsgebühr (entry fee), der Bezahlung von Werbe-, Beratungs- und Schulungsmaßnahmen sowie einer umsatzabhängigen Franchisegebühr (royalty, franchise fee). Der Franchisegeber verwaltet das System und hat Kontrollfunktionen inne. Im Extremfall ist er mit einer Softwarezentrale gleichzusetzen, die nur noch die Idee liefert und deren Erfüllung kontrolliert.

Der Vertrag koordiniert die über die Funktionen determinierten Aktivitäten. Demzufolge sind Hauptpflichten des Franchisenehmers die Absatzförderung sowie die Abführung von Gebühren. Dem stehen die Betriebseingliederungs- und Betriebsförderungspflichten des Franchisegebers gegenüber.

3.1 Vertragsart

Franchiseverträge haben Formularcharakter und gelten folglich für das ganze Vertriebsnetz. Sie sind vom Franchisegeber vorformuliert, so daß jeweils nur noch das Datum, der Name des einzelnen Franchisenehmers und Zusatzvereinbarungen eingesetzt werden. Dem Franchisenehmer bleibt nur die Wahl, den Vertrag zu akzeptieren oder ihn abzulehnen (vgl. Hadfield 1988, S. 15).

Diese Standardisierung hat einen beschleunigten Vertragsabschluß zur Folge und bietet Einsparungsmöglichkeiten aufgrund des Verbundeffekts gleichgeschalteter Vertriebspartner, wie z. B. durch die Zentralisierung der Buchführung beim Franchisegeber sowie economies of scale beim Abschluß einer Gruppenversicherung durch Einsparung von Prämien, einer erhöhten Kreditwürdigkeit, Sammelbestellungen bei Einrichtung und Ausstattung. Allerdings explodieren die Transaktionskosten bei einer personellen Fehlbesetzung, so daß die Kostenvorteile der verminderten Kapitalbindung leicht aufgezehrt werden können. Insofern sollte als Präventivmaßnahme eher mehr in die Suche und Auswahl von Franchisenehmern investiert werden als in die Kontrolle des Systems. Dies nicht zuletzt, um die vertragliche Umsetzung einer Customer-Focus-Strategie nicht zu gefährden. Ziel der Vertragsgestaltung sollte es sein, technologische Veränderungen bei den Waren, organisatorische Fortschritte mit Auswirkungen auf die Dienstleistungen eines Systems ebenso wie neue Trends der Konsumentenpräferenzen schnell zu berücksichtigen und zu verarbeiten. Der Schwerpunkt des Vertrages sollte auf der ständigen Überprüfung und Veränderung des Marketinginstrumentariums liegen, um dem Kunden ein flexibles und ständig innoviertes Angebot gewährleisten zu können (vgl. Martinek 1987, S. 129).

Vor dem Hintergrund der Rigidität vieler Verträge können jedoch die Transaktionskosten sehr hoch sein.

3.2 Vertragsinhalt

Richtlinien und Klauseln sowie die Schaffung von Schiedsgerichten und Franchisenehmerausschüssen sorgen dafür, daß das System trotz der Vielzahl an Einzelregelungen flexibel genug ist, sich an veränderte Umweltzustände anzupassen. Darüber hinaus entwickelt sich — vom Vertrag losgelöst — eine persönliche Beziehung zwischen den Systembeteiligten, die durch regelmäßige Zusammenkünfte sowie den Erfahrungsaustausch im Beirat gefördert wird (Macneil 1978, S. 885).

Es läßt sich aber nicht vermeiden, daß trotz einer sorgfältigen Auswahl von Vertragspartnern auch Querulanten oder nicht leistungsfähige Partner in das System gelangen und so die Kundenzufriedenheit beeinträchtigen. Deshalb wird eine Schiedsklausel bereits im Vertrag verankert (Tietz 1987, S. 529). Sie garantiert eine relativ kostengünstige, diskrete und schnelle — da von Experten durchgeführte — Streitbeilegung. Experten zufolge ist der wichtigste Aspekt eines Schiedsgerichts der "Befriedungseffekt".

Die Parteien sehen sich nicht als Gegner, sondern als notwendige Beteiligte einer "freundschaftlichen Vermittlung". Sie stehen demzufolge einer Bereinigung der Angelegenheit aufgeschlossener gegenüber als im Falle der Einleitung eines Verfahrens vor staatlichen Gerichten, die oft als "ehrenrührig" empfunden wird (Schwytz 1986, S. 4).

Im Vertragsinhalt wird geregelt, daß sich der Franchisenehmer verpflichtet, seine geschäftliche Tätigkeit ausschließlich in dem von ihm zur Verfügung gestellten Geschäftslokal auszuüben. Das Geschäftslokal ist entsprechend den vom Franchisegeber gegebenen Anweisungen hinsichtlich des Gebrauchs der Namen, Wortzeichen, Werbesätze, Bilder usw. einzurichten, auszustatten und zu erhalten, und zwar mit dem Ziel, das Markenbild des Franchisegebers am günstigsten in Erscheinung treten zu lassen. Die Kosten für diese Einrichtungen und die sonstige Geschäftseinrichtung trägt der Franchisenehmer (Liesegang 1986, S. 19).

Auch bei Änderungen in der Kennzeichnung des Franchisesystems, Schönheitsreparaturen, unvorhergesehenen Schäden (Einbruch, Hochwasser) hat der Franchisenehmer einen Großteil der anfallenden Zahlungen zu leisten. Ferner ist er für den Kundendienst — insbesondere bei Reklamationen und Reparaturarbeiten — verantwortlich und hat die dafür erforderlichen Investitionen zu tätigen (vgl. Liesegang 1986, S. 20f). Aus dem beträchtlichen Risiko, das mit dem hohen Kapitalaufwand dieser spezifischen Investitionen verbunden ist, leitet der Franchisegeber die im Vertrag manifestierte Versicherungspflicht des Franchisenehmers ab (vgl. Liesegang 1986, S. 23, §10).

Dieses in der Literatur auch als sunk cost bezeichnete Phänomen beeinflußt die Anreizstruktur der Vertragspartner. Es kommt zu opportunistischem Verhalten mit dem Ziel der Aneignung einer Quasi-Rente. Zu beachten ist, daß das opportunistische Verhalten nicht allein auf der Franchisenehmerseite zu beobachten ist, sondern auch den Franchisegeber betrifft, denn er setzt die Konditionen des Vertrages (Klein 1980, S. 358).

Klein nennt diese Bestimmungen "„unfair“ contractual arrangements" (Klein/ Saft 1985, S. 358). Sie dienen der Absicherung der Ausgliederung von Handelsfunktionen.

Der Transaktionskostenansatz schlägt zur Vermeidung opportunistischen Verhaltens die vertragliche Verankerung von Sanktionen vor. Das Risiko, daß durch opportunistisches Verhalten in Franchisesystemen die Durchsetzung einer Customer-Focus-Strategie erschwert wird, kann auf diese Weise aber nur unzulänglich eingedämmt werden. Denn damit wird in der Regel das Ziel der Steigerung der "Mitarbeiterzufriedenheit" beim Franchisenehmer selbst und seinen Mitarbeitern beeinträchtigt. Hiervon gehen über die gebotene Service- und Kontaktqualität oft negative Wirkungen auf die Kundenzufriedenheit aus.

3.3 Vertragskontrolle

Da die Handelsfunktionen auf den Franchisenehmer übertragen werden, verbleibt dem Franchisegeber die Funktion der Steuerung des Systems durch Kontrolle und Verwaltung. In diesem Zusammenhang ist die Information der Systembeteiligten über das standardisierte Produkt wichtig, denn "...standardization permits the consumer to transfer the information he possesses on all his previous...experiences (with the good)." (vgl. ebenda, S. 346).

Informationsdefizite erhöhen den Bedarf an vertraglicher Verhaltensabstimmung. Klein und Saft fassen diesen Aspekt unter dem Stichwort "Qualitätskontrolle" zusammen, denn jedes Vertriebssystem impliziert einen Anreiz zum free-rider-Verhalten und hat damit negative Folgen für die Reputation eines Gutes. Das gilt es im Interesse des Systems und der Kunden zu verhindern. Um dem hier entstehenden Risiko der Abwanderung von Kunden und Mitarbeitern vorzubeugen, werden z. B. Geldstrafen, Fristen zur Beseitigung etwaiger Vertragsverletzungen und die fristlose Kündigung eingesetzt. Ob dies wirklich den Anreiz der Absatzmittler erhöht, sich vertragskonform zu verhalten, bleibt fraglich. Problematisch ist auch die zeitliche Verzögerung zwischen Vertragsbruch und Kenntnisnahme sowie Gegenmaßnahme durch den Franchisegeber. Daher muß die Selbstkontrolle verstärkt werden. In Anlehnung an Williamsons Konzept verweisen Klein und Saft auf spezifische Investitionen als vorbeugende Maßnahme gegen Vertragsbruch (vgl. ebenda, S. 352).

Der zweite Ansatzpunkt ist die externe Kontrolle durch den Franchisegeber. Da die Standards zur Bereitstellung eines bestimmten Gutes, wie z. B. die Zutaten und die Zubereitung von Hamburgern, auch einen Anreiz bieten, eine auf Kosten des Systems schlechtere Qualität zu offerieren, geht man in der Praxis zur bereits angesprochenen Bezugsbindung über, d.h. ein Franchisenehmer wird vertraglich verpflichtet, nur die Ware (Input) eines bestimmten Herstellers abzunehmen. Die Kontrolle wird dadurch einfacher.

Inhaltlich liegt die Systemkontrolle in der Hand des Franchisegebers, der zwar alle wichtigen Entscheidungen wie Einkaufsbeschränkungen und Gebietsabgrenzungen fällt, der aber nicht das volle Risiko falscher Entscheidungen tragen muß. Befragungen in den USA ergaben, daß hier die Hauptursache für Konflikte zu finden ist (vgl. Tietz/ Mathieu 1979, S. 266). Um diese Konflikte vollständig auszuräumen, wäre eine Gleichschaltung der beiderseitigen Interessen erforderlich. Vollkommen wird dies wohl nicht realisierbar sein, man kann jedoch davon ausgehen, daß in keinem anderen Marketing-/ Vertriebskonzept, das externe Partner einschließt, die Identifikation des Einzelnen mit dem Gesamtsystem so ausgeprägt ist wie im Franchising.

Insgesamt ist die Effektivität des Transaktionskostenansatzes zur Umsetzung einer Customer-Focus-Strategie in vertraglichen Vertriebssystemen stark eingeschränkt. Zum Einen führt die komparativ-statische Perspektive zu reinen Tendenzaussagen. Zum Anderen ist die Konzeption des Ansatzes zu sehr dem vertragstheoretischen Anreiz- und

Sanktionsdenken einer funktionalen Qualitätssicherung verhaftet. So wird von den Gütern und Dienstleistungen, mit denen der Absatzmittler an den Kunden herantritt, bei der Transaktionskostenanalyse des Franchising vollkommen abstrahiert. Vertriebsverträge und ihre Formulierung richten sich aber nach der Beschaffenheit der vertriebenen Ware. Diese Beschaffenheit ist immer wieder von Neuem an die Kundenanforderungen bezogen auf dieses Produkt/ diese Dienstleistung anzugleichen. Das erfordert Kenntnisse der Kundenstruktur und ihrer Bedürfnisse sowie der Wettbewerbssituation auf dem jeweiligen Markt. Eine spezifische Wettbewerbssituation bedingt wiederum eine vertraglich darauf abgestimmte Unternehmensidentität. Ferner ist die verhaltenssteuernde Wirkung des Transaktionskostenansatzes im Hinblick auf die Vermeidung opportunistischen Verhaltens stark eingeschränkt. Damit ist das Ergebnis steigender Transaktionskosten bei zunehmender Verhaltensabstimmung lediglich eine Aussage auf der Grundlage eingeschränkter Untersuchungsprämissen. Der Ruch einer Tautologie bleibt bestehen. Somit ist der Transaktionskostenansatz zwar ein griffiges Denk- und Analyseraster, er kann aber auch in seiner erweiterten Form keine ausreichenden Handlungsempfehlungen für die Praxis geben.

4 TOTAL QUALITY MANAGEMENT ALS BEURTEILUNGSGRUNDLAGE EINER CUSTOMER-FOCUS-STRATEGIE

Die Qualität der Ware bzw. der zu erbringenden Händlerleistung wird im Transaktionskostenansatz über vertragliche Bindungen abgesichert und kontrolliert. Diese Betrachtung und Untersuchung von Verträgen ist insofern überholt, als sie von einem partiellen Qualitätsbegriff ausgeht. Im Transaktionskostenansatz dominiert noch ein rein produktorientiertes Verständnis von Qualität. Lediglich Transaktionskosten sind das Kriterium zur Bewertung vertraglicher Vertriebssysteme. Die Sichtweise eines ganzheitlichen Qualitätsmanagements geht darüber hinaus, indem die Gestaltungskriterien *Qualität, Zeit und Kosten* in die Analyse miteinbezogen werden. Qualität ist dann nicht mehr rein technisch definiert, sondern beinhaltet auch den Kontakt mit dem Kunden in Form einer direkten Beziehung zum Kunden (vgl. dazu Töpfer 1996a, S. 4). Alle vertraglichen Aktivitäten sind dann gleichzeitig auf die Qualitätsverbesserung sowie auch auf die Kriterien Zeitverkürzung und Senkung der operativen und strategischen Kosten ausgerichtet (vgl. Töpfer 1995, S. 553). Im Rahmen des Total Quality Management kann die in der Vergangenheit noch als Dichotomie abgetane Forderung der Qualitätssteigerung bei gleichzeitiger Zeit- und Kosteneinsparung realisiert werden. Denn Höhe und Struktur der Qualitätskosten können nur dann nachhaltig positiv beeinflußt werden, wenn in die Fehlervermeidung investiert wird. Die damit deutlich werdende Verknüpfung von Qualität und Kostensenkung ist durch eine Produktivitätssteigerung zu erklären, die durch eine Optimierung von Abläufen möglich wird (vgl. Zink 1992, S. 15 f.). Die Selbststeuerung des Systems wird dabei insbesondere durch die Informationsqualität und das Informationsniveau sowie die Systemtransparenz deutlich verbessert. Der Anreiz zu opportunistischem Verhalten wird sehr stark eingeschränkt, da die ganzheitliche Konzeption dem Franchisenehmer signalisiert, daß Betrug wenig Sinn macht.

Zunächst soll jedoch differenzierter auf Qualitätsgrößen und Qualitätskosten eingegangen werden, denn nur was gemessen werden kann, kann auch verbessert werden.

4.1 Qualitätskostenansätze

In der traditionellen Betrachtungsweise werden Qualitätskosten definiert als Kosten, die infolge von Qualitätsanforderungen entstehen; Kosten also, die durch alle Maßnahmen der Fehlerverhütung und der Qualitätsprüfung sowie durch externe und interne Fehler verursacht werden (Überblick bei Wildemann 1995, S. 13). Der Verlauf dieser Qualitätskosten zeigt, daß mit zunehmender Intensität der Qualitätssicherung die Fehlerverhütungs- und Prüfkosten steigen, die Fehlerkosten hingegen sinken aufgrund des steigenden Anteils fehlerfreier Produkte. Dies wird im Total Quality Management noch dadurch verstärkt, daß infolge der größeren Selbst- als Fremdkontrolle in einem Franchisesystem auch die Prüfkosten sinken. Es gibt nicht nur eine „End of the Pipe"-Kontrolle.

Die betriebswirtschaftliche Definition von Qualitätskosten ermöglicht zusätzlich eine Unterscheidung zwischen operativen und strategischen Fehlerfolgekosten. So fallen Ausschuß, Nacharbeit, Minderung und Wandlung unter operative Fehlerfolgekosten und stellen Blindleistungen dar. Strategische Fehlerfolgekosten hingegen entsprechen dem entgangenen Umsatz bzw. Gewinn durch nicht eingetretene Nachfrage und bewirken ebenfalls Blindleistung (vgl. Töpfer 1995, S. 566 f.). Es findet also kein Wiederkauf, kein Cross-selling und keine Weiterempfehlung statt. So kann ein Imageverlust in vertraglichen Vertriebssystemen durch den negativen Multiplikator der Mund-zu-Mund-Propaganda zu strategischen Fehlerfolgekosten führen. Diese Erkenntnisse sind bei der Umsetzung des Total Quality Management im Rahmen einer Customer-Focus-Strategie in einem Franchisesystem der Anstoß und Ausgangspunkt für eine Verbesserung der Verhaltenssteuerung.

Der traditionelle betriebswirtschaftliche Qualitätskostenbegriff wird dabei in der Literatur vor allem aus folgenden Gründen kritisiert (vgl. Kandaouroff 1994, S. 769):

- Unzureichende Erfassung von Fehlerverhütungs- und Prüfkosten, denn diese treten häufig als Gemeinkosten auf und sind nicht den kostenverursachenden Stellen zuordbar
- Zu geringe Nutzung bereits vorhandener Daten
- Nichterfassung von Aufwendungen, die für eine fehlerfreie Produktion erforderlich sind, so daß diese Kosten positive Investitionen darstellen
- Auftretende Zuordnungsprobleme
- Fehlen einer leistungsorientierten Betrachtung
- Unmöglichkeit der Langfristkalkulation.

Gerade die langfristige Orientierung ist bei der Durchführung eines Qualitätsmanagments im Rahmen der strategischen Planung unabdingbar. Dies gelingt jedoch nur unter Einschluß prozessualer Fragen, denen die traditionelle institutionenökonomische Sichtweise zu wenig Beachtung schenkt.

Crosby schlägt daher vor, die Kosten der Qualität in Kosten der Abweichung und Kosten der Übereinstimmung zu unterteilen (vgl. Crosby 1990). Abweichungskosten werden als Kosten der Verschwendung von Ressourcen, Kosten der Übereinstimmung als Beitrag zum Unternehmenserfolg bezeichnet (vgl. Wildemann 1992). Dies ist in *Abbildung 3* wiedergegeben.

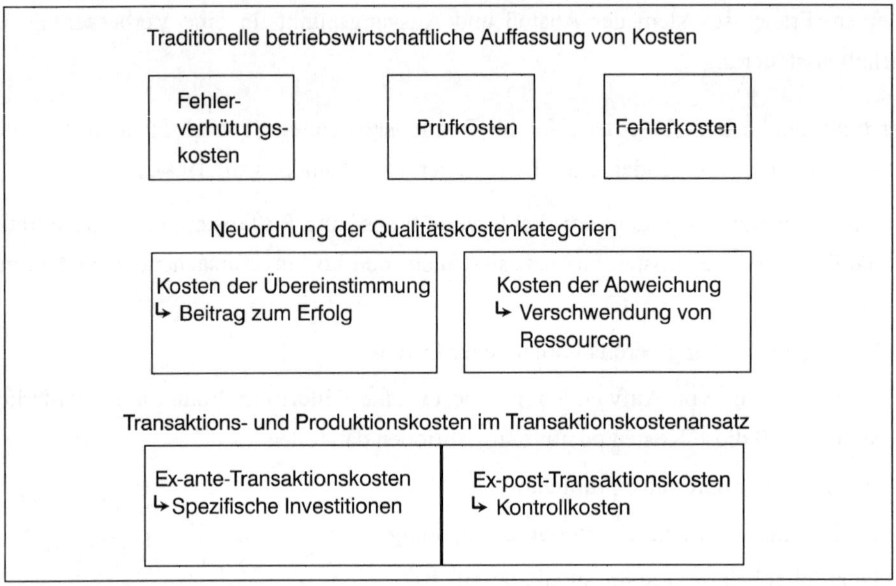

Abbildung 3: Der erweiterte Kostenbegriff

Wildemann hat diese Idee noch weiter präzisiert (vgl. Wildemann 1995, S. 8). Kosten der Abweichung sind demnach Kosten zur Behebung der bereits vorhandenen Abweichungen von den Anforderungen des Kunden, also die Kosten für Nacharbeit, Garantie- und Gewährleistungsansprüche. Diese Kosten entsprechen den Alternativkosten, die entstehen, da das geforderte und formulierte Niveau an Qualität nicht realisiert werden kann.

Kosten der Übereinstimmung sind Kosten, die für die Erfüllung der Anforderungen sorgen und eine einwandfreie Arbeit garantieren. Dazu gehören auch Aufwendungen für präventive Qualitätsmaßnahmen und Qualitätsausbildung. Diese Kosten korrespondieren daher mit Williamsons Investitionen in die Vertragsbeziehung.

Das Äquivalent zu den Abweichungskosten wären bei Williamson die Transaktionskosten ex post, d.h. jene Fehlerkosten und jene Kosten der Vertragskontrolle, die nach Vertragsabschluß anfallen und einen negativen Beitrag zum Ergebnis liefern. Durch seine statische Sichtweise bleiben jedoch alle Produktionskosten, die Zeit sowie organisatorische Kosten, die von externen Einflußfaktoren bestimmt werden, unbeachtet.

Grundsätzlich unterscheidet Wildemann (vgl. Wildemann 1995, S. 43) zwischen internen und externen Abweichungskosten. Werden aufgetretene Fehler noch vor dem Übergang des Produktes an den Kunden korrigiert, so handelt es sich um interne Abweichungskosten. Diese Kosten sind im folgenden der Prozeß- und Kundenorientierung zuzuordnen. Hat die fehlerhafte Leistung bereits den Kunden erreicht, so liegen externe Abweichungskosten vor. Diese wären dann unter dem Gestaltungsfeld der Kundenzufriedenheit zu sehen. Generell fallen unter Abweichungskosten Ausschuß, Nacharbeit, Wertminderung, Sortier- und Wiederholungsprüfungen sowie Fehlmengenkosten. Als Abweichungskosten sind die Herstellkosten der Ausschußteile für die Arbeitsabläufe, die bis zum Moment des Verschrottens realisiert worden sind, zuzüglich der Entsorgungskosten für die Ausschußteile anzusetzen. Im Falle der Nachproduktion sind die für die Nachproduktion tatsächlich angefallenen Herstellkosten unter Hinzurechnung der Entsorgungskosten des Ausschusses als Abweichungskosten zu erfassen (vgl. Kotler/ Bliemel 1992, S. 43 f.).

Abweichungskosten in Form von Produktionskosten können aber auch dadurch entstehen, daß eine zu große Stückzahl gefertigt wurde, die sich nicht absetzen läßt. Diese Fehleinschätzung des Marktgeschehens hat direkte Auswirkungen auf die Effizienz des vertraglichen Vertriebssystems. Der quantitativen Ausgleichsfunktion eines vertraglichen Vertriebssystems wurde dann bei der Vertragsgestaltung nicht ausreichend Rechnung getragen. Das geschieht insbesondere in Vertriebssystemen, die mit dem Herstellerunternehmen nicht oder nur unzureichend über eine logistische Informationsbrücke, wie z. B. ECR, verbunden sind. Die Fehlplanung der Produktionsmenge führt im Falle der Überproduktion zu Abweichungskosten in Höhe der Herstellkosten der zuviel gefertigten Produkte zuzüglich anfallender Lagerkosten. Wird weniger hergestellt als verkauft werden könnte, entsprechen die jeweiligen möglichen Deckungsbeiträge den Abweichungskosten. Im ersten Fall hat die Aufwendung von (internen) Abweichungskosten die Aufgabe, daß fehlerhafte Produkte den Kunden nicht erreichen. Im zweiten Fall steht im Vordergrund, den Kunden trotz der Fehlleistung zufriedenzustellen (externe Abweichungskosten). Bestimmte vertragliche Bindungen, insbesondere im Rahmen der Vertragskontrolle, können diese Abweichungskosten minimieren, wie z. B. das Patenkonzept im Franchising. Eine exakte Erfassung der Abweichungskosten würde eine Verbesserung der Effizienz eines Vertriebssystems ermöglichen.

Die internen und externen Abweichungskosten befassen sich mit allen systemintern und -extern festgestellten Fehlleistungen und gehen daher über den reinen Transaktionskostenbegriff Williamsons hinaus, der explizit zwischen Produktions- und Transaktionskosten unterscheidet, infolge der Interdependenz von Transaktions- und Produktionskosten aber keine eindeutige und endgültige Aussage über die Vorteilhaftigkeit eines institutionellen Arrangements treffen kann. So folgte aus der Anwendung des Transaktionskostenansatzes auf das Franchising, daß hier die Transaktionskosten höher, die Produktionskosten entsprechend geringer sind, als in einer Koordinationsform des Vertriebs, die im Vertragsspektrum näher an der Koordinationsform des Marktes liegt.

Der Transaktionskostenansatz erlaubt daher nur den qualitativen Vergleich zweier oder auch mehrerer institutioneller Arrangements. Durch die Einbeziehung des erweiteren Kostenbegriffs und die Anwendung des Qualitätsmanagements auf vertragliche Vertriebssysteme kann diese Lücke jedoch geschlossen werden.

4.2 Eine Konzeption zur Messung und Gestaltung ganzheitlicher Qualität

Um die Steuerbarkeit und die frühzeitige Reaktionsfähigkeit in vertraglichen Vertriebssystemen zu erhöhen, ist eine Unterscheidung in Ergebnisgrößen als Wirkungen und in Einflußgrößen im Sinne von Befähigern und Treibern als Ursachen für diese Wirkungs- und Ergebnisgrößen äußerst wichtig. Die inhaltliche Vernetzung von Ergebnissen und Befähigern ermöglicht es, die wesentlichen Vorsteuerungsgrößen zu erkennen sowie systematisch und konsequent zu gestalten. In *Abbildung 4* ist dieses Vernetzungskonzept wiedergegeben. Es zeigt die Ansatzpunkte für die erhöhte inhaltliche und zeitliche Reaktionsfähigkeit (Töpfer 1996b, S. 23).

In Anlehung an den europäischen und amerikanischen Quality Award sind diese acht Gestaltungsfelder die wesentlichen Grundlagen und Bausteine für die Umsetzung einer Customer-Focus-Strategie (Töpfer 1996a, S. 19).

Dieser konzeptionelle Ansatz entspricht beispielsweise dem Vorgehen in der Automobilindustrie: Dadurch, daß vom Automobilhersteller den Automobilzulieferern alle wesentlichen Qualitätsanforderungen für die einzelnen Bausteine des Total-Quality-Management-Konzeptes inhaltlich vorgegeben werden und in ihrer Umsetzung und Optimierung periodisch geprüft werden, wird bereits im Vorfeld die Grundlage für die geforderte Ergebnisqualität geschaffen. Die Wahrscheinlichkeit, daß die geforderten

Ergebnisse eintreten und die verlangte Qualität geliefert wird, ist dadurch wesentlich höher.

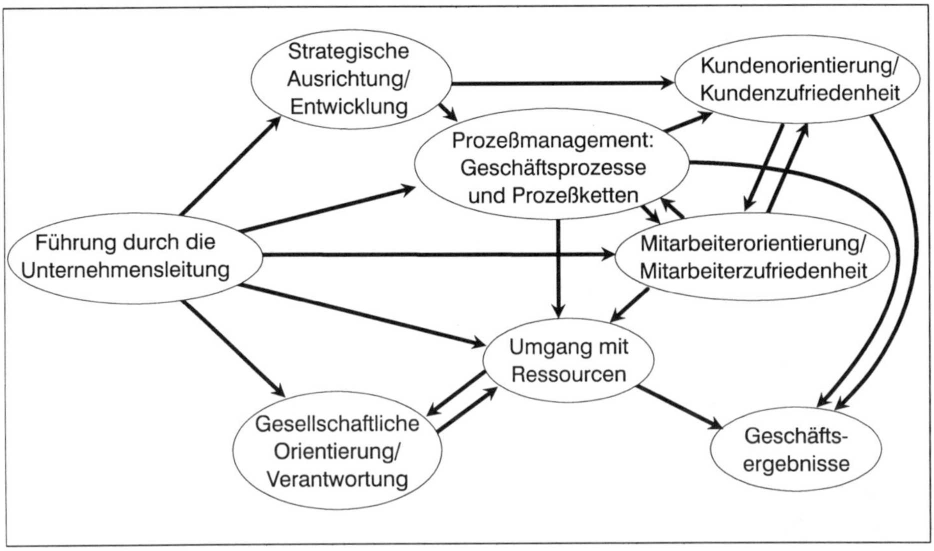

Abbildung 4: Vernetzung der acht Gestaltungsfelder des Total Quality Management

Übertragen auf vertragliche Vertriebssysteme bedeutet dies: Für die Systemzentrale ist das gesamte Franchisesystem besser zu steuern, und es ist dadurch eher gesichert, daß die Franchisenehmer die geforderte ganzheitliche Qualität früh genug und kostengünstig erreichen und dem Kunden anbieten.

4.2.1 Führung durch die Unternehmensleitung

Für das Gelingen einer umfassenden Qualitätsstrategie kommt der Geschäftsleitung eine tragende Rolle zu, und zwar sowohl in der Phase als Impulsgeber zu Beginn eines Total-Quality-Management-Konzeptes als auch während des gesamten Projektablaufes (vgl. dazu ebenda, S. 19). Die Führung durch die Geschäftsleitung bezieht sich auf Franchisegeber und Franchisenehmer. Im Rahmen der Führung wird die Corporate Identity definiert und vorgelebt, damit der Kunde sie in den Bausteinen der Corporate Communication, des Corporate Behaviors und auch des Corporate Design wiederfindet. Diese gelebte Unternehmenskultur hat positive Rückwirkungen auf das Systemimage, was die Abwanderungskosten von Absatzmittlern und Kunden senkt. Wird eine Vision von der Geschäftsleitung dem System glaubhaft vermittelt, wie bei Body Shop die Aussage „Emulsion statt Illusion" im Rahmen einer Strategie der Umweltorientierung, dann können die Abweichungskosten nachhaltig reduziert werden. Die Identifikation des Einzelnen mit dem System verhindert zudem entstehende Reibungsverluste durch opportunistisches Verhalten.

4.2.2 Strategische Ausrichtung

Um den Übergang zu einer marktorientierten und damit stärker kundenorientierten Vertriebsform zu gewährleisten, ist es in der Regel zweckmäßig, strategische Geschäftseinheiten zu definieren und mit einer eigenständigen Planungs- und Umsetzungsaufgabe zu versehen. Die gewünschte Kundennähe kann dadurch verstärkt werden, wenn mehrere Strategische Geschäftseinheiten zu Business Units zusammengefaßt werden (vgl. Töpfer 1997, S. 8), die als Profit Center im Sinne von Fraktalen geführt werden. Bei vertraglichen Vertriebssystemen entspricht dies den selbständigen und ergebnisverantwortlichen Franchisenehmern. Werttreibende Prozesse sind aus diesen strategierelevanten Aktivitäten dann besser ableitbar. Diese Vorgehensweise führt zu einem erweiterten Effizienzbegriff, der über jenen des Transaktionskostenansatzes hinausgeht, da jetzt die Zeit und die Qualität als strategische Erfolgsfaktoren miteinbezogen werden. Zudem ermöglicht die Berücksichtigung strategischer Fehlerfolgekosten eine frühzeitige Behebung der bereits aufgetretenen sowie der zu erwartenden Abweichungen von den Anforderungen des Kunden. Dies ist insbesondere in Franchisesystemen von großer Bedeutung, um nicht durch fehlende Garantie und Gewährleistungsansprüche, mangelhafte Nacharbeit sowie unzureichende Servicequalität die Reputation des Systems zu gefährden und die Abweichungskosten in die Höhe zu treiben.

4.2.3 Prozeßmanagement

Die Prozeßorientierung umfaßt den operativen Zeitaspekt, d.h. Prozesse zwischen den einzelnen Systemeinheiten, also zwischen Absatzmittlern und Zentrale. Hier ist das Ziel die Optimierung des Warenwirtschaftssystems sowohl im Hinblick auf die physische Leistungserstellung als auch zur Verbesserung der Corporate Identity. So meldet der Franchisenehmer der Zentrale die Abverkäufe und beeinflußt dadurch auch die strategische Ausrichtung. Z.B. erfolgt die Einfärbung erst nach dem Nachfragecheck durch Absatzmittler des Systems.

Im einzelnen können folgende werttreibende Aktivitäten unterschieden werden:

- Aktivitäten, die einen *Company Value* schaffen, d.h. einen Wert bzw. eine Wertschöpfung, die das Unternehmen erzielt, welches das vertragliche Vertriebssystem ins Leben ruft. Dabei ist der Company Value abhängig von den operativen Zielen Zeit, Qualität und Kosten sowie von dem strategischen Ziel, Marktanteile zu sichern bzw. als System zu überleben.
- Aktivitäten, die den *Agent Value* erhöhen, dadurch daß der Handel im Rahmen der verbesserten Selbststeuerung seine Vertriebsfunktion optimiert. Dies geschieht zum einen originär durch ein größeres Maß an Selbständigkeit und die Möglichkeit, eine eigene Strategie zu verfolgen, zum anderen derivativ, indem der einzelne Absatzmittler in das gesamte Franchisesystem eingebunden wird und durch dessen Support besser, günstiger und schneller die vom Kunden erwartete standardisierte Leistung erhalten respektive erstellen kann.

Im Transaktionskostenansatz ist eine Steuerung nur möglich über die Formulierung harter Vertragsklauseln, d.h. die Androhung von Sanktionen. Im Total Quality Management hingegen besteht mehr Spielraum und gleichzeitig mehr Handlungsdruck zur Erfüllung der Kundenzufriedenheit durch die Vorgabe klarer Meßgrößen und durch ein periodisches Controlling.

- Aktivitäten, die den *People Value* im Sinne einer Mitarbeiterzufriedenheit erhöhen. Dies ist insbesondere zur Reduktion opportunistischer Aktivitäten von Bedeutung. Der Franchisegeber mißt das Engagement und die Zufriedenheit der Mitarbeiter beim Franchisenehmer mithilfe eines People Satisfaction Index (PSI). Ziel ist es dabei auch, durch die Analyse von Unzufriedenheit schlanke und effiziente Abläufe im Unternehmen zu gewährleisten. Dies bedeutet, daß keine Doppelarbeiten verrichtet werden, wenig Reibungsverluste entstehen und eine gute Mitarbeiterführung durch Empowerment gewährleistet wird.
- Aktivitäten, die den *Customer Value* erhöhen, wie die Verbesserung und Vereinheitlichung der Pre- und After-sales-Aktivitäten. Dadurch entstehen positive Rückwirkungen auf das Image der Company sowie auf die Entstehung von Abwanderungs- und Abweichungskosten, da der Kunde davon ausgeht, daß seine Anforderungen in allen Verkaufsniederlassungen gleichermaßen erfüllt werden.

Zur Reduktion von strategischen Fehlerfolgekosten wird im Franchising die gesamte Prozeßverantwortung auf den Händler übertragen, der sogar bei der Produktentwicklung ein Mitspracherecht hat. Der Händler kontrolliert über Scanner und andere EDV-Einrichtungen die gesamte Logistik, denn nur eine Zusammenfassung aller werttreibenden Prozesse kann ein standardisiertes Systemprodukt garantieren. Die vertraglich induzierten Investitionen sind im Franchising dementsprechend höher, garantieren jedoch niedrigere Abweichungskosten, da bei Terminverzug oder Transportschäden der Zeitbedarf zur Reklamationsabwicklung durch die dichte Vernetzung im System geringer gehalten werden kann. Auch die Zahl der Wiederholungsreklamationen läßt sich so minimieren.

Das Total Quality Mangement kann auch andere der Produktion vor- und nachgelagerte Bereiche, wie die Forschung und Entwicklung sowie die Produktnutzung und -entsorgung, bewerten und so Hinweise für Präventivmaßnahmen in Marketing, Entwicklung, Planung und Vertrieb geben (vgl. Wildemann 1995, S. 41). Diese hohen Investitionen können schneller durch ein stabileres Qualitätsimage infolge der fraktalen Vertriebseinheiten amortisiert werden. Damit gelingt eine differenzierte Sicht der im Transaktionskostenansatz noch als interdependent und damit nicht quantifizierbar bezeichneten Transaktions- und Produktionskostenpotentiale.

4.2.4 Mitarbeiterorientierung und -zufriedenheit

Hier sollte insbesondere der Aspekt berücksichtigt werden, daß eine administrative Überfrachtung von Prozessen und Auflagen durch die Unternehmensführung über Reibungsverluste und Frustrationen bei den Mitarbeitern zu einer abnehmenden Kundenzufriedenheit führen kann. Die verstärkte Verantwortung in Form eines Empowerments der Mitarbeiter kann solchen Entwicklungen entgegenwirken.

Aus diesem Grund hat das Franchisesystem Taco Bell die Herstellung seiner Fast-Food-Produkte von der Verkaufsstelle weg verlagert. Nun kann sich der Absatzmittler vollständig auf seine Aufgabe konzentrieren — den Verkauf (vgl. Hammer/Champy 1995, S. 223). Diese Maßnahme erhöht gleichzeitig die Arbeitszufriedenheit der Absatzmittler und damit den Agent- und Customer Value, da der Agent nun ein stärkeres Gefühl der Vollständigkeit und Abgeschlossenheit hinsichtlich der erbrachten Leistung entwickeln kann (vgl. ebenda, S. 95). Auch die Fehlerfolgekosten sinken überproportional im Vergleich zu der Erhöhung der Investitionen mit einer entsprechend positiven Rückwirkung auf die Gesamtkosten.

Im Qualitätsmanagement sollte auf die Vertragsart der Selbstverpflichtung abgestellt werden. Denn die Selbstverpflichtung trägt durch das Empowerment der Absatzmittler der Forderung nach geringstmöglichem Kosten- und Zeitaufwand und zugleich höchstmöglicher Qualität Rechnung. Zudem werden im Rahmen kontinuierlicher Veränderungsprozesse Anreize zu opportunistischem Verhalten eingeschränkt.

4.2.5 Umgang mit Ressourcen

Der Umgang mit Ressourcen bezieht sich insbesondere auf die Einbeziehung strategischer Informationen in das Prozeßmanagement. Informationen, Sachressourcen und finanzielle Ressourcen sollten in die Formulierung des Leitbildes Eingang finden. Im Franchising sollten rechnergestützte Warenwirtschaftssysteme eingesetzt werden, die zu einer weitgehend nachfragesynchronen Belieferung führen. Dies wirkt zugleich kostensenkend, da die Bestände vor Ort reduziert werden können. Ferner empfindet der Kunde die schnellere Lieferung als Beweis der Leistungsfähigkeit des Systems. Dieses Value Added Merchandising bietet dann auch ein hohes Potential an Kundenbindung (Zentes 1991, S. 8).

4.2.6 Gesellschaftliche Orientierung

Die Gesellschaftliche Orientierung erfordert die Übereinstimmung der Systemphilosophie nicht nur mit gesetzlich verankerten, sondern auch übergeordneten sowie ethisch vorgegebenen Zielen im Leitbild des Unternehmens.

Im Falle des Franchisesystems von Body Shop ist die Gesellschaftsorientierung bereits Teil der Systemstrategie, nämlich umweltfreundliche Kosmetika herzustellen und zu verkaufen. Vor diesem Hintergrund konnten sogar Arbeitsplätze in einer neuen Branche geschaffen werden, da Body Shop nur mit ausgewählten und/oder eigenen Zulieferern arbeitet, die garantieren, keine Tierversuche bei der Produktentwicklung zu unternehmen sowie nur biologisch einwandfreie Produkte anzubauen. Diese Zielvorgabe schafft bei den Mitarbeitern und den Kunden eine Vertrauensbasis, die Body Shop mittlerweile zu dem größten Einzelhandelsunternehmen der Branche weltweit gemacht hat.

4.2.7 Kundenorientierung und -zufriedenheit

Die Kundenzufriedenheit wird durch die Forderung der ganzheitlichen Qualität durch den Franchisegeber sowie durch die direkte Rückmeldung der Kunden erhöht. Positiv wirkt auch die Einbeziehung strategischer Fehlerfolgekosten, die im Falle einer Gesamtkostenoptimierung zu einer Kostenminimierung bei hundertprozentiger Erfüllung der Kundenanforderung führt (vgl. Wildemann 1995, S. 38).

Die Kosten, die neben Gewährleistung und Kulanz infolge Produkthaftungsfällen durch abwandernde Kunden entstehen, sollten durch entgangene Deckungsbeiträge aufgrund von Qualitätsmängeln berücksichtigt werden (Kotler/Bliemel 1992, S. 45). Gewährleistungsansprüche des Kunden betreffen Sachmängel hinsichtlich der vertraglich vereinbarten Beschaffenheit oder Brauchbarkeit der Ware. Diese Kosten sind entweder durch die Nachbesserungs-, die Verschrottungskosten und/oder die Wiederverkaufspreise als 2. Wahl anzusetzen (Wildemann 1995, S. 45). Die Zuordnung der Gewährleistungskosten erfolgt mit der Kommissionsnummer, die anstelle der Kostenstelle, zu deren Lasten die Kosten normalerweise anfallen würden, auf den Erfassungsbelegen. Diese Zuordnung ermöglicht die Analyse und Verhütung von Fehlern.

Verantwortlich für die Erfassung des Gewährleistungsaufwandes ist der Absatzmittler. Dabei sollte das Erfassungssystem so beschaffen sein, daß für das gesamte Vertriebssystem jederzeit Informationen über den aktuellen Stand der Bearbeitung erhältlich sind (vgl. ebenda, S. 46).

Eine Customer-Focus-Strategie sollte auch ein Beschwerdemanagement beinhalten. Da in einem vertrauensorientierten Ansatz wie dem Total Quality Management sowohl vom Franchisenehmer als auch vom Franchisegeber ein hohes Informationsniveau erwartet wird, ist weniger Opportunismus als in einer hierarchisch bestimmten Vertragsbeziehung zu erwarten. Im Sinne kontinuierlicher Verbesserungsprozesse werden Beschwerden gemeldet, die nicht als Schwächen eines Einzelnen gewertet werden, sondern Systemschwächen aufdecken sollen. Daraus können dann Systembausteine abgeleitet werden, durch die verbesserte Systemleistungen erreichbar sind.

Infolge der Sicherung des hohen Qualitätsniveaus durch den Franchisenehmer und der periodischen Kontrolle desselben durch den Franchisegeber sinken die Kosten, die durch die Abwanderung unzufriedener Kunden entstehen. Aber auch die Abwanderung von Franchisenehmern ist geringer, da er bereits bei Vertragabschluß signalisiert bekommt, was im Rahmen des Qualitätsmanagement von ihm erwartet wird. Damit sind dann auch die sunk costs niedriger.

4.2.8 Geschäftsergebnisse

Für die Effizienz eines vertraglichen Vertriebssystems sind vier Steuerungskriterien zur Prüfung und Verbesserung der Leistungen eines Absatzmittlers von wesentlicher Bedeutung. Auf sie ist im Ansatz bereits beim Prozeßmanagement eingegangen worden. Sie können ferner als systeminternes Benchmarking und zur Kennzeichnung unterschiedlicher Entwicklungsstadien des Systems dienen und stellen die Grundlage für eine ganzheitliche Strategie des vertraglichen Vertriebssystems dar. So sollte im Rahmen einer Customer-Focus-Strategie — im Zeitablauf und auf der Basis von Istwerten — für jeden Agent definiert werden, welches Ausmaß an *Kundenzufriedenheit* er zu erreichen hat. Hierdurch wird ein bestimmtes Mindestniveau festgelegt und erreichbar gemacht. Erreicht der Absatzmittler mehr, erhält er einen Bonus.

Mitarbeiterzufriedenheit wird unter dem Aspekt gemessen und verbessert, daß nur zufriedene Mitarbeiter (Vertragspartner) zufriedene Kunden bewirken. Hier werden Zielsetzungen und Erfolgskriterien vorgegeben.

Die *Marktpenetration* mißt den Marktanteil und die Marktzuwächse einer Vertriebseinheit; die Messung hat als Struktur- und Dynamikzahl zu erfolgen. Dies geschieht durch einen Abgleich von Kosten und Erträgen sowie durch Benchmarking, also einen Vergleich mit den Besten. Es ist allerdings zu beachten, daß Wachstumsvergleiche ohne Beachtung von regionalen und strukturellen Aspekten leicht in die Irre führen können.

Finanzielle Ergebnisse im Sinne von Cash-flow, Deckungsbeitrag und Return on Investment sind von der Systemzentrale innerhalb ihrer Strategie vorzugeben, indem sie definiert und meßbar festlegt, welcher Company Value und welcher Agent Value auf welchem Niveau erreicht werden sollen.

Aus einer umfassenden Perspektive wird also nicht nur eine Erhöhung des Shareholder Value angestrebt, sondern auch die Wohlfahrtsverbesserung anderer Anspruchsgruppen, also z. B. der Mitarbeiter, als Stakeholder Value. Im Falle des Franchisesystems von Body Shop ist eine zusätzliche Wirkung zu diagnostizieren, da Arbeitsplätze in einer bislang unterentwickelten Technologie geschaffen wurden.

5 SCHLUSSFOLGERUNGEN

Begreift man Transaktionskosten als Kosten vertraglicher Aktivitäten, dann läßt sich als abschließendes Effizienzurteil aus den Handelsfunktionen sowie -aktivitäten und vertraglichen Bindungen ableiten, daß ein Vertriebsvertrag nach den Kriterien Vertragsart, Vertragsinhalt (Absicherungsaspekt) und Vertragskontrolle aussagefähig klassifiziert werden kann. Referenzpunkt ist die in einem Vertrag verankerte Verhaltensabstimmung zwischen den Vertragspartnern, erkennbar durch Ausmaß und Intensität der vertraglichen Bindungen. Zum Effizienzurteil ist folgendes anzumerken:

Die Standardisierung von Vertriebsverträgen senkt die Transaktionskosten der Anbahnung und Abwicklung (Vertragsart).

Die Ex-ante-Absicherung von Verträgen durch die Tätigung spezifischer Investitionen (Vertragsinhalt) erhöht zwar das gegenseitige Ausbeutungspotential, senkt aber die Wahrscheinlichkeit des Vertragsbruchs, so im Beispiel Franchising. Die Ex-post-Kontrolle ist am besten durch Eigen- und Fremdkontrolle im Vertrag zu verankern.

Grundtenor der Analyse war, daß Verträge immer nur unvollständig ausgestaltet werden können. Dies wiederum erleichtert den Vertragspartnern, sich opportunistisch zu verhalten und ihren Nutzen auf Kosten des anderen zu steigern. Die so entstehenden Reibungsverluste können durch die Einrichtung verpflichtender Institutionen auf privater und/oder staatlicher Ebene in den Verträgen reduziert werden.

Auch unter Berücksichtigung des erweiterten Transaktionskostenansatzes verbleibt dieser Ansatz aber noch zu sehr im allgemeinen. Denn diese Inhaltsanalyse von Verträgen ignoriert wichtige Kriterien der Vertragsgestaltung wie Zeit, Qualität und Kosten. Qualität wird in erster Linie funktional definiert, der Transaktionskostenansatz beschäftigt sich mit der rein technischen Qualitätssicherung. Ein umfassender Ansatz zur Beurteilung vertraglicher Vertriebssysteme sollte aber auf einen ganzheitlichen Qualitätsbegriff abstellen, der insbesondere den Kunden mit in die Betrachtung einschließt. Denn letztlich entscheidet der Kunde über Erfolg oder Mißerfolg eines Produktes. Durch seinen statischen Charakter abstrahiert der Transaktionskostenansatz auch von dem Problem der Zeit. Der prozessuale Charakter der Qualität, die strategische Ausrichtung der Systemkonzeption und die Kundenzufriedenheit, die für die Effizienz vertraglicher Vertriebssysteme unabdingbar sind, werden nicht berücksichtigt. Auch Schnittstellenprobleme bei der Leistungserstellung und Produktverwertung bleiben außen vor, wobei gerade Probleme in der Ablaufoptimierung einen entscheidenden Einfluß auf die Höhe der Transaktionskosten nehmen.

Ein weiteres Manko des Transaktionskostenansatzes besteht in der ausschließlichen Fokussierung auf Transaktionskosten. Die qualitative Untersuchung berücksichtigt zwar bereits, daß Transaktionskosten schwerlich isoliert betrachtet werden können, da sie komplex und interdependent mit anderen Kosten sind. Eine ganzheitliche Betrachtung auf der Basis des Qualitätsmanagements ermöglicht jedoch erst die Einbeziehung von Produktions- und Transaktionskosten in der Form von Qualitätskosten, welche infolge ihrer Interdependenz im Transaktionskostenansatz nicht isoliert voneinander dargestellt und nicht quantifiziert werden konnten. Die Qualitätskosten der gesamten Wertschöpfungskette sowie die strategischen Fehlerfolgekosten spielen neben den operativen Fehlerfolgekosten, die im Transaktionskostenansatz behandelt werden, für die Beurteilung der Effizienz vertraglicher Vertriebssysteme die entscheidende Rolle.

Damit gelingt dem Qualitätsmanagement das, was der traditionellen ökonomischen Optimierung noch verwehrt war: Die gleichzeitige Optimierung der Gestaltungskriterien Zeit, Qualität und Kosten. Möglich ist dies jedoch nur über Produktivitätserhöhungen. Es zeigt sich, daß im Qualitätsmanagement die Fehlerbeseitigungs- und Inspektionskosten abnehmen, die Präventionskosten ansteigen, die Gesamtkosten aber sinken. Es wird eine Qualität auf hohem Niveau erreicht, die der Kunde akzeptiert und bezahlt. Genau das ist im Franchising das Ziel der Verhaltensdirektiven im Vertrag, da nur auf diese Weise ein standardisiertes Produkt in allen Systemeinheiten erfolgreich bereitgestellt und verkauft werden kann. Die Einheiten sollen dabei wie Fraktale dem Kunden, gleichgültig wo und wann er das Produkt nachfragt, ein Abbild des Gesamtsystems präsentieren. Die starke Marktposition eines Franchisesystems führt dann beim Franchisegeber über den erhöhten Umsatz zu den gewünschten economies of scale sowie durch die Verbundproduktion zu economies of scope. Beim Franchisenehmer sind Kostenerfahrungskurveneffekte zu verzeichnen, was für die langfristige Erfüllung der Kundenanforderungen unabdingbar ist. Dies geht über die Aussagen des Transaktionskostenansatzes hinaus, wo insbesondere auf die von opportunistischem Verhalten geprägte und damit sehr kostenintensive Beziehung zwischen Franchisenehmer und Franchisegeber abgestellt wird.

Das Total Quality Management ist folglich besser für die Umsetzung einer Customer-Focus-Strategie geeignet. Denn durch die Messung von Qualität, Zeit und Kosten kann das opportunistische Verhalten von Franchisenehmer und Franchisegeber eingedämmt werden, allein dadurch daß eine höhere Informationstransparenz geschaffen wird. Zudem sind die Investitionen in die Vertragsbeziehung niedriger anzusetzen, da ein qualitativ höheres Niveau der Zusammenarbeit erreicht werden kann.

Vor dem Hintergrund des Gestaltungsansatzes des Total Quality Managements gelingt dann auch eine wettbewerbstheoretische, ganzheitliche und im Ansatz sogar gesamtwirtschaftliche Optimierung, da entsprechend weniger Ressourcen in unproduktive Verwendungsrichtungen investiert werden. Zudem wird der Wettbewerb in der globalen Weltwirtschaft verbessert, da Systeme, die betriebswirtschaftlich ineffizient arbeiten, langfristig am Markt nicht überleben können. Hat ein System, wie im Falle von Body Shop, auch noch die Umweltorientierung als Unternehmensstrategie, können sogar zusätzliche Arbeitsplätze geschaffen werden. Zudem wird über die Vorsteuerungsgröße der Gesellschaftsorientierung auch die Kundenzufriedenheit erhöht.

LITERATUR

Borrmann, W. A.: Vorgehensweise und Probleme bei der Definition strategischer Geschäftsfelder. In: Töpfer, A.; Afheldt, H. (Hrsg.), Praxis der strategischen Unternehmensplanung, 1986 Frankfurt, 2. Aufl., S. 206-218.

Crosby, P. B.: Qualität ist machbar, 2. Aufl., Hamburg 1990.

Hadfield, G. K.: Problematic Relations: Franchising and the Law of Incomplete Contracts. Working Paper No. 8, 1988 Stanford Center on Conflict and Negotiation.

Hammer, M.; Champy, J.: Business Reenigineering. Die Radikalkur für das Unternehmen. Aus dem Englischen von Patricia Künzel, 5. Aufl., Frankfurt/New York 1995.

Kandaouroff, A.: Qualitätskosten: Eine theoretisch-empirische Analyse. In: Zeitschrift für Betriebswirtschaft, 64 (1994), Nr. 6, S. 765-786.

Klein, B.: Transaction-Cost Determinants of 'Unfair' Contractual Arrangements. In: The American Economic Review, Papers and Proceedings, 70 (1980), S. 356-362.

Klein, B.; Saft, L. F.: The Law and Economics of Franchise Tying Contracts. In: Journal of Law and Economics, 28 (1985), S. 345-361.

Kotler, P.; Bliemel, F.: Marketing-Management — Analyse, Planung, Umsetzung und Steuerung, 7. vollst. neu bearb. und erw. Aufl., Stuttgart 1992.

Liesegang, H.: Der Franchise-Vertrag. Heidelberger Musterverträge, 1986, Heft 59.

Macneil, I. R.: Contracts: Adjustment of Long-Term Economic Relations Under Classical, Neoclassical and Relational Contract Law. In: Northwestern University Law Review, 72 (1978), S. 854-965.

Mann, A.; Heise, G.: Standortbestimmung (Rahmenbedingungen). In: Weber, R. (Hrsg.), Service-Management, LBS, 17. Nachlieferung, Landsberg/Lech 1995, S. 1-36.

Martinek, M.: Franchising. Grundlagen der zivil- und wettbewerbsrechtlichen Behandlung der vertikalen Gruppenkooperation beim Absatz von Waren und Dienstleistungen, Heidelberg 1987.

Rudolph, H.: Absatzpolitische Aspekte des Franchise-Systems. In: Die Betriebswirtschaft, 38 (1978), S. 557-565.

Schwytz, I.: Schiedsklauseln und Schiedsrichtervertrag, Heidelberger Musterverträge, Heft 45, 2. Aufl. 1986.

Skaupy, W.: Franchising. Handbuch für die Betriebs- und Rechtspraxis, München 1987.

Tietz, B.: Handbuch Franchising. Zukunftsstrategien für die Marktbearbeitung, Landsberg am Lech 1987.

Tietz, B.; Mathieu, G.: Das Kontraktmarketing als Kooperationsmodell. Eine Analyse für die Beziehungen zwischen Konsumgüterindustrie und Handel, FIW Schriftenreihe, 1979, Heft 83.

Tirole, J.: The Theory of Industrial Organization, Cambridge Mass 1989.

Töpfer, A.: Total Quality Management in der Automobilindustrie. In: Hünerberg, R.; Heise, G.; Hoffmeister, M. (Hrsg.), Internationales Automobilmarketing. Wettbewerbsvorteile durch marktorientierte Unternehmensführung, Wiesbaden 1995, S. 549-588.

Töpfer, A.: Konzepte des Qualitätsmanagement: Bewertung und Vergleich. In: Gesellschaft für Planung agplan e.V. (Hrsg.), agplan-Handbuch zur Unternehmensplanung, Loseblattsammlung, Kennzahl 5385, 47. Ergänzungslieferung II/96, 1996a, S. 1-40.

Töpfer, A.: Unternehmensqualität als Ziel der lernenden Organisation. In: Wissenschaftliche Zeitschrift der Technischen Universität Dresden, 45 (1996b), Heft 4, S. 21-25.

Töpfer, A.: Kundenorientiertes Geschäftsprozeßmanagement durch Business Units. In: Information Management, 1 (1997), S. 6-12.

Williamson, O. E.: On the Nature of the Firm: Some Recent Developments. In: Zeitschrift für die gesamte Staatswissenschaft, 137 (1981), S. 675-680.

Williamson, O. E.: The Economic Institutions of Capitalism, Firms, Markets, Relational Contracting, London 1985.

Williamson, O. E.: The Evolving Science of Organization. In: Journal of Theoretical and Institutional Economics, 149 (1993), S. 36-63.

Wildemann, H.: Kosten- und Leistungsbeurteilung von Qualitätssicherungssystemen. In: Zeitschrift für Betriebswirtschaft, 62 (1992), Nr. 7, S. 762-773.

Wildemann, H.: Kosten- und Leistungsrechnung für präventive Qualitätssicherungssysteme, München 1995.

Zentes, J.: Computer Integrated Merchandising — Neuorientierung der Distributionskonzepte im Handel und in der Konsumgüterindustrie. In: Zentes, J. (Hrsg.), Moderne Distributionskonzepte in der Konsumgüterindustrie, Stuttgart 1991, S. 3-16.

Zink, K. J.: Total Quality Management. In: Zink, K. J. (Hrsg.), Qualität als Managementaufgabe. Total Quality Management, 2. überarb. Aufl., Landsberg/Lech (1992), S. 9-52.

Marketingstrategische Analysen

Ansätze zur Profilierung von Einkaufszentren – Konzeptionelle Grundlagen und empirische Analysen

Martin Benkenstein und Antje Bastian, Rostock

Spätestens seitdem sich Robert Nieschlag mit der Betriebsformendynamik auseinandergesetzt hat, beschäftigt sich die betriebswirtschaftliche Forschung mit der Positionierung und Profilierung von Einkaufsstätten im Handel. Besondere Herausforderungen enstehen dabei immer dann, wenn Einkaufszentren als Agglomeration unterschiedlicher Betriebstypen des Einzelhandels positioniert werden sollen. Vor diesem Hintergrund analysiert der vorliegende Beitrag potentielle Profilierungsdimensionen von Einkaufszentren und weist — auch emirisch — nach, daß der Erlebnis-, der Versorgungs- und der Conveniencedimension ein besonderer Stellenwert zukommt. Darauf aufbauend wird — am Beispiel Rostocker Einkaufscenter — der nachweis geführt, daß anhand dieser Dimensionen Einkaufszentren positioniert werden können, aufgrund der Heterogenität der Betriebstypen in Einkaufszentren eine »scharfe« Positionierung jedoch besondere Schwierigkeiten bereitet.

1 EINKAUFSSTÄTTENPROFILIERUNG IM HANDEL – GRUNDLAGEN UND HERAUSFORDERUNGEN

Wenngleich sich die Wissenschaft seit den grundlegenden Veröffentlichungen von Nieschlag (1954) und McNair (1958) zum »wheel of retailing« mit der Frage auseinandersetzt, in welcher Form und auf der Grundlage welcher Strategien der Lebenszyklus von Betriebstypen des Handels verlängert werden kann – eine Fragestellung, die letztlich die Profilierungsmöglichkeiten gegenüber den »nachrückenden« Betriebstypen in den Mittelpunkt stellt –, hat die Bedeutung der Einkaufsstättenprofilierung durch die Verschärfung der Wettbewerbsbedingungen im Handel (Theis 1991, S. 2), nachhaltig zugenommen. Vor allem aber hat auch die Handelspraxis die Notwendigkeit der Betriebstypenprofilierung in jüngerer Vergangenheit erkannt und gezielt nach profilbildenden Erfolgsdimensionen gesucht.

Verursacht ist diese Entwicklung einerseits durch die zunehmende Handelskonzentration bei gleichzeitiger Marktsättigung in den meisten Handelsbranchen. Dies hat in nahezu sämtlichen Branchen des Einzelhandels einen nachhaltigen Verdrängungswettbewerb ausgelöst, der wiederum die Handelskonzentration beschleunigt (Niestradt 1983, Meffert 1994a). Gleichzeitig ist – letztlich als ein Ausweg aus dem Verdrängungswettbewerb – eine fortschreitende Pluralisierung der Handelsleistungen festzustellen, die aber auch zum Phänomen des »store erosion« beiträgt und damit zu einer Verkürzung des Lebenszyklus von Betriebstypen führt (Berger 1977). Dies trägt somit letztlich zur weiteren Verschärfung der Wettbewerbsintensität bei.

Um dem Verdrängungswettbewerb zu begegnen und gleichzeitig der »store erosion« entgegenzuwirken, müssen sich die Einkaufsstätten des Einzelhandels im Wettbewerbsumfeld profilieren, um so in den Augen ihrer Kunden eine Alleinstellung zu erreichen. Dabei können die aus der Diskussion um profilierende Wettbewerbsstrategien hinlänglich bekannten komparativen Konkurrenzvorteile »Qualität« und »Kosten« und die damit verbundenen Vorteilsdimensionen wie die »Innovations-« oder die »Markenorientierung« (Meffert 1994, S. 127 ff.) nicht unmittelbar auf den Handel übertragen werden, weil im Handel zumindestens zusätzliche Profilierungsdimensionen durch die Sortimentsbildung, die Standortwahl oder auch die Ladengestaltung Berücksichtigung finden müssen.

Vor diesem Hintergrund soll der vorliegende Beitrag Ansatzpunkte zur Profilierung und wettbewerbsstrategischen Positionierung im Einzelhandel theoriegeleitet diskutieren und gleichzeitig empirisch aufarbeiten. Hierzu wird im folgenden am Beispiel von Einkaufszentren als Agglomeration von Betriebstypen des Einzelhandels argumentiert. Zunächst sollen die Besonderheiten von Einkaufszentren dargestellt und die daraus resultierenden Herausforderungen für eine wettbewerbsorientierte Profilierung abgeleitet werden. Darauf aufbauend werden wettbewerbsstrategisch relevante Profilierungsdimensionen für Einkaufszentren diskutiert und ein Profilierungsmodell aufgearbeitet. Abschließend wird dieses Modell einer empirischen Prüfung unterzogen.

2 DIMENSIONEN DER EINKAUFSSTÄTTENPROFILIERUNG AM BEISPIEL VON EINKAUFSZENTREN DES EINZELHANDELS

2.1 Besonderheiten der Einkaufszentren des Einzelhandels

Einkaufszentren des Einzelhandels können aus unterschiedlichen Perspektiven gekennzeichnet und abgegrenzt werden. Aus Nachfragersicht sind Einkaufszentren dadurch charakterisiert, daß mehrere Einzelhändler an einem Ort ihre Leistungen zentral anbieten und dadurch für den Nachfrager ein »one-stop-shopping« möglich wird (Christaller 1933). Aus Anbietersicht ist das Einkaufszentrum eine Agglomeration von mehreren Einzelhändlern an einem Standort (Jaeck 1979, S. 23). Diese Agglomeration ist für den einzelnen Händler immer dann vorteilhaft, wenn Verbundbeziehungen zwischen den verschiedenen Handelssortimenten bestehen.

Mit einer derartigen Abgrenzung von Einkaufszentren ist ein breites Spektrum möglicher Agglomerationsformen angesprochen. Dieses Spektrum wird einerseits durch die Vielfalt der Betriebstypen des Einzelhandels bestimmt, die sich an einem Ort zusammenfinden können. Darüber hinaus muß berücksichtigt werden, daß an einem Agglomerationspunkt neben Handelsbetrieben typischerweise auch andere Dienstleister, beispielsweise Rechtsanwälte, Ärzte oder Friseure angesiedelt sind. Entsprechend bilden Einkaufszentren keinesfalls einen Betriebstyp des Einzelhandels. Vielmehr können – vor allem unter Berücksichtigung der am Agglomerationspunkt angesiedelten Betriebstypen – verschiedene Typen von Einkaufszentren gegeneinander abgegrenzt werden .

Eine derartige Typologisierung muß insbesondere auf das Beziehungsgefüge, das zwischen den rechtlich unabhängigen Einzelhändlern am Agglomerationspunkt besteht, Bezug nehmen. Entsprechend können – unter Rückgriff auf die von Grossekettler (1978) entwickelte Systematisierung der Verhaltensbeziehungen zwischen Hersteller und Händler in vertikalen Systemen – Einkaufszentren nach dem Grad der Verhaltensabstimmung zwischen den Einzelhändlern charakterisiert und typologisiert werden. Der Grad der Verhaltensabstimmung ist gekennzeichnet durch den Zentralisations- und den

Bindungsgrad. Der Zentralisationsgrad beschreibt den Umfang der Normen und Weisungsrechte, die innerhalb eines Einkaufszentrum bestehen und von einem Mitglied dieses Zentrums ausgehen. Im Gegensatz dazu drückt der Bindungsgrad aus, in welchem Umfang sich die jeweiligen Einzelhändler in ihrer Unternehmenspolitik langfristig an einen – vertraglich vereinbarten – Plan binden. Bei hohem Bindungsgrad sind somit die Entscheidungen des einzelnen Handelsbetriebs programmiert und von den anderen Handelsbetrieben im Einkaufszentrum berechenbar.

Legt man der Typologisierung von Einkaufszentren diese Dimensionen zur Charakterisierung der Verhaltensabstimmung zugrunde, können vier idealtypische Einkaufszentren – wie in *Abbildung 1* dargestellt – gegeneinander abgegrenzt werden (Birkelbach 1993, S. 9 ff.):

- Typ A charakterisiert Einkaufszentren, die über einen längeren Zeitraum – ungeplant – entstanden sind und die letztlich eine Zufallsagglomeration darstellen. In derartigen Einkaufszentren werden Verhaltensabstimmungen nicht vollzogen, weil entweder keine oder nur geringe Absatz- bzw. Beschaffungsverbundbeziehungen bestehen oder weil aufgrund subjektiv wahrgenommener Wettbewerbsbeziehungen auf eine Verhaltensabstimmung bewußt verzichtet wird.

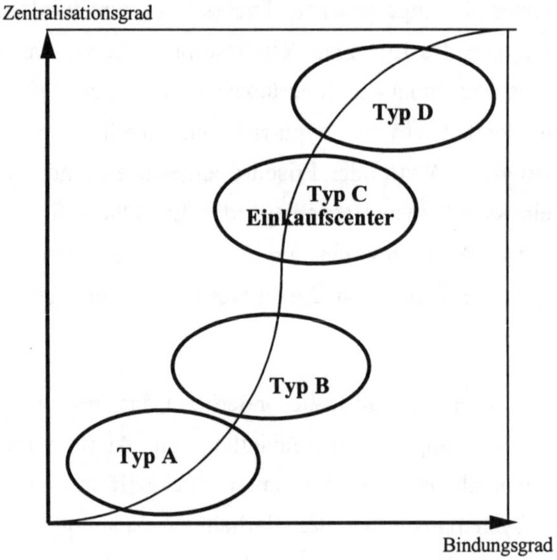

(in Anlehnung an Birkelbach 1993, S. 10 und Grossekettler 1978, S. 326 f.)

Abbildung 1: Idealtypen von Einkaufszentren

- Typ B kennzeichnet Einkaufszentren, innerhalb derer – vor allem –Absatzverbundbeziehungen bestehen. Sie sind typischerweise über längere Zeiträume natürlich gewachsen und haben sich zu »losen« Kooperationsformen, bspw. Werbegemeinschaften, zusammengeschlossen, um den Absatzverbund zu nutzen. Innenstadtagglomerationen in Fußgängerzonen stellen häufig ein Einkaufszentrum des Typs B dar.
- Typ C, das Einkaufszentrum im engeren Sinne und deshalb im folgenden als *Einkaufscenter* bezeichnet, zeichnet sich dadurch aus, daß die Koordination der marktgerichteten Aktivitäten der Einzelhändler im Center in ihren grundlegenden Ausprägungen zentral vollzogen wird. Es liegt somit eine ausgeprägte Verhaltensabstimmung vor, die in aller Regel durch ein »Centermanagement« gewährleistet wird. Einkaufspassagen in den Innenstädten, aber auch »Einkaufsparks« auf der grünen Wiese sind Beispiele für diesen Typ.
- Schließlich liegt mit Typ D im eigentlichen Sinne kein angebotsseitiges Einkaufszentrum, sondern allenfalls ein Regiezentrum vor. Allerdings nimmt der Nachfrager auch hier eine Agglomeration von Einkaufsstätten war. Ein derartiger Fall tritt immer dann auf, wenn an einem zentralen Ort eine Handelsunternehmung mit unterschiedlichen Betriebstypen auftritt. Die Agglomeration von Kaufhof und Globus ist ein Beispiel für ein solches Einkaufszentrum.

Mit dieser Typologisierung wird hinsichtlich der Profilierung von Einkaufszentren im Wettbewerbsumfeld deutlich, daß ein zunehmender Zentralisations- und Bindungsgrad die Optionen einer hierarchischen Koordination der marktgerichteten Aktivitäten unterstützt. Eine Profilierung des gesamten Einkaufszentrums und nicht einzelner Händler innerhalb dieses Zentrums dürfte deshalb mit zunehmender Zentralisierung und Verhaltensbindung gefördert werden. Gleichwohl ist jedoch auch darauf hinzuweisen, daß einzelne Betriebstypen des Einzelhandels selbstverständlich konsequenter und gezielter im Wettbewerbsumfeld positioniert werden können als deren Agglomerationen. Somit dürfte auch die Ähnlichkeit der Betriebstypen und ihre Positionierung die Profilierungsoptionen ihrer Agglomeration in Einkaufszentren maßgeblich beeinflussen.

2.2 Dimensionen der Profilierung für Einkaufszentren des Einzelhandels

Vor dem Hintergrund der besonderen Profilierungsanforderungen von Einkaufszentren ist im folgenden zu hinterfragen, durch welche Profilierungsdimensionen ein Einkaufszentrum im Wettbewerbsumfeld positioniert werden kann. Dabei muß davon ausgegangen werden, daß eine solche Positionierung nicht – wie bei einzelnen Betriebstypen möglich – auf der Grundlage disaggregierter und deshalb in aller Regel heterogener Profilierungsdimensionen erfolgen kann. Vielmehr wird es erforderlich sein, nach übergeordneten Dimensionen einer »Metaprofilierung« zu suchen, die letztlich eine Profilierungsklammer für die einzelnen Handelsbetriebe innerhalb des Einkaufszentrums darstellen. Bei der Suche nach diesen »Metadimensionen« ist davon auszugehen, daß die Erfolgsfaktorenforschung im Handel (Patt 1988; Kube 1991; Hildebrandt 1986; Meffert/Patt 1987; Wölk 1992; Ahlert/Schröder 1992; Fritz 1990; Hartwig 1990) Beiträge leisten kann.

2.2.1 Strategische Erfolgsfaktoren im Handel als Grundlage der Profilierungsdimensionen

In jüngerer Vergangenheit hat sich die betriebswirtschaftliche Erfolgsfaktorenforschung zunehmend auch den Erfolgsfaktoren im Handel zugewandt. Dabei gilt es, auf der Grundlage empirischer Analysen jene Faktoren zu identifizieren, die erfolgreiche Handelsbetrieb signifikant von weniger erfolgreichen trennen (Patt 1988, S. 32 ff.; Kube 1991, S. 185 ff.; Wahle 1991, S. 27 ff). Hierzu ist eine Vielzahl von Studien durchgeführt worden, die jedoch auf sehr heterogenem Analyseniveau angesiedelt sind. Die Untersuchungen reichen von empirischen Studien, die innerhalb einer Handelsbranche einzelne Filialbetriebe eines Betriebstyps im Hinblick auf ihre Erfolgsfaktoren analysieren, bis hin zu Forschungsansätzen, die branchen- und betriebstypenübergreifend nach Erfolgsdimensionen des Handels generell suchen (Schröder 1994, S. 90 ff.)

Vor diesem Hintergrund kann es nicht erstaunen, daß die ermittelten Erfolgsfaktoren ebenfalls auf höchst unterschiedlichem Niveau angesiedelt sind und insbesondere einen sehr heterogenen Detaillierungsgrad aufweisen. Sie reichen von disaggregierten und damit auf den einzelnen Handelsbetrieb zugeschnittenen Erfolgsfaktoren wie dem Frischwarenanteil, den Öffnungszeiten (Thurik 1984) oder der Häufigkeit der Schaufensterumdekoration (Wahle 1991) bis hin zu generalisierenden Erfolgsfaktoren wie der Wettbewerbsstärke, der Zielgruppenstrategie (Patt 1988) oder der Managementqualität (Meffert 1987).

Darüber hinaus ist für die Generierung von Profilierungsdimensionen beachtenswert, daß in den verschiedenen Studien die Erfolgsfaktoren sowohl die interne als auch die externe Situation des Handelsbetriebes charakterisieren sollen und dabei die externe Situation nicht allein durch die Absatzmarkt-, sondern auch durch die Beschaffungsmarktbeziehungen gekennzeichnet sind. Erfolgsfaktoren, die aus der internen Situation abgeleitet werden, sind beispielsweise der Verschuldungsgrad, die Liquidität (Cronin/Skinner 1984) oder der Arbeitseinsatz (Thurik 1984). Erfolgsfaktoren, die die externe Situation charakterisieren, sind beispielsweise der Standort (Wölk 1992; Kube 1992), der Stammkundenanteil oder die Erlebnisorientierung (Patt 1988), aber auch – beschaffungsmarktbezogen – die kooperative Beschaffung oder die Nutzung von Beschaffungssystemen (Wahle 1991). Für die Kennzeichnung der Profilierungsdimensionen können dabei ausschließlich solche Erfolgsfaktoren relevant sein, die über einen direkten Absatzmarkt- und Wettbewerbsbezug verfügen.

Erfolgsfaktoren, die diesen Absatzmarkt- und Wettbewerbsbezug aufweisen und die in empirischen Studien im Handel ermittelt wurden (Peters/Waterman 1994; Meffert 1987; Loomis 1984, 1989; Varadarajan 1989; Bierbaum 1979; Thurik 1984; Wölk 1992; Patt 1988), sind beispielhaft in *Abbildung 2* zusammengefaßt. Bei der Analyse dieser Faktoren wird deutlich, daß sie nicht grundsätzlich und in vollem Umfang als Dimensionen auf die Profilierung von Einkaufszentren übertragen werden können. Gleichwohl liefern sie Anregungen für die Abgrenzung derartiger Profilierungsdimensionen. So kann beispielsweise die Erlebnisorientierung und – in direktem Zusammenhang damit – auch die Versorgungsorientierung als Profilierungselement herangezogen werden. Darüber hinaus weisen Erfolgsfaktoren wie der Standort oder auch die Öffnungszeiten darauf hin, daß auch der Beschaffungsaufwand des Kunden den Erfolg des Handelsbetriebes beeinflußt. Entsprechend erscheint es auch möglich, über eine Convenienceorientierung die Profilierung von Einkaufszentren zu betreiben (Bühler 1990, S. 127 ff.; Bellenger/Robertson/Greenberg 1977, S. 29 ff.).

2.2.2 Ein Modell zur Kennzeichnung von Profilierungsdimensionen für Einkaufszentren des Einzelhandels

Die Erlebnis-, die Versorgungs- und die Conveniencedimension lassen sich somit direkt oder indirekt aus den Erfolgsfaktorenstudien im Handel ableiten und verfügen gleichzeitig über ein Aggregationsniveau, das es zuläßt, diese Dimensionen auch auf Agglomerationen von Handelsbetrieben in Einkaufszentren zu übertragen. Im folgenden soll deshalb diskutiert werden, wie sich diese Positionierungs- und Profilierungsdimensionen für eine empirische Analyse in Einkaufszentren operationalisieren lassen.

Branchenübergreifende Erfolgsfaktoren	Branchen- oder betriebstypen-spezifische Erfolgsfaktoren
• Nähe zum Kunden	• Geschäftslage/Standort
• Marktkenntnis	• Stammkundenanteil
• Flexibilität	• Fischwarenanteil
• Marktdominanz	• Öffnungszeiten
• Konzentration auf das Stammgeschäft	• Sortiment
• Erlebnisorientierung	• Dienstleistungen
• etc.	• etc.

(in Anlehnung an Schröder 1994, S. 92)

Abbildung 2: Ausgewählte Erfolgsfaktoren im Handel mit direktem Absatzmarktbezug

Dabei ist zunächst der Frage nachzugehen, wie sich die Erlebnis- und die Versorgungsorientierung gegeneinander abgrenzen. Sofern Einkaufserlebnisse im Handel dann entstehen, wenn »der Verbraucher über die reine Versorgung mit Handelsware hinaus die Befriedigung weiterer Bedürfnisse (durch den Vorgang des Einkaufens selbst) erfährt« (Ahlert/Schröder 1990, S. 223), können die Erlebnis- und die Versorgungsorientierung auf einer Dimension gemessen werden. Eine derartige Interpretation der Erlebnis- und Versorgungsorientierung im Handel erscheint speziell für die Profilierung von Einkaufszentren ungeeignet, weil in solchen Zentren Betriebstypen mit Versorgungscharakter und Betriebstypen mit Erlebnischarakter in aller Regel gleichzeitig auftreten. Entsprechend erscheint es sinnvoll, die beiden Dimensionen getrennt zu operationalisieren und zu erfassen, wenngleich davon auszugehen ist, daß die Erlebnis- und die Versorgungsorientierung keine unabhängigen Dimensionen der Einkaufszentrenprofilierung sind.

Darüber hinaus ist die Erlebnisdimension auch als einkaufsstättenspezifischer Erlebniswert interpretierbar, der zur subjektiv empfundenen, durch die Einkaufsstätte vermittelten Lebensqualität des Konsumenten beiträgt (Weinberg 1986, S. 99). In dieser Abgrenzung wird deutlich, daß der Erlebniswert einer Einkaufsstätte unabhängig vom Kaufakt ist und deshalb eine eigenständige und keine Zusatznutzendimension darstellt. Vor diesem Hintergrund sollen aufgrund konzeptioneller Überlegungen, aber auch wegen der Besonderheiten von Einkaufszentren in der folgenden empirischen Analyse Erlebnis- und Versorgungsorientierung als verschiedenartige Dimensionen der Einkaufszentrenprofilierung erfaßt werden.

Neben diesen beiden Profilierungsdimensionen muß insbesondere für Betriebsformen des Einzelhandels, die aus der Idee des One-Stop-Shopping entstanden sind, und damit speziell für Einkaufszentren der Beschaffungsaufwand, den der Kunde leistet, in die Profilierungsdiskussion eingehen. Angesprochen sind damit letztlich die vom Kunden zu tragenden Transaktionskosten, die über die pagatorischen Kosten des Einkaufs hinausgehen (Benkenstein/Henke 1993, S. 79). Diese Transaktionskosten, die in diesem Zusammenhang schon früh in der betriebswirtschaftlichen Diskussion Erwähnung fanden (Holton 1958, S. 54), werden in jüngerer Vergangenheit unter dem Gesichtspunkt einer Convenienceorientierung im Handel diskutiert. Am Conveniencegedanken orientierte Einzelhändler müssen somit bemüht sein, die »Beschaffungsnebenkosten« des Kunden zu reduzieren (Steinberger/Greven 1993, S. 24 ff.).

Greift man auf die drei genannten Profilierungsdimensionen für Einkaufszentren zurück, entsteht der in *Abbildung 3* dargestellte Profilierungsstern. Das in diesem Stern beispielhaft positionierte Einkaufszentrum A ist deutlich profilierter als das Einkaufszentrum B. Dieser Profilierungsvorteil beruht vor allem auf einer konsequenten Erlebnisorientierung, während die Convenienceorientierung in den beiden Zentren nahezu identisch ausgeprägt ist.

Im folgenden soll nunmehr analysiert werden, inwieweit sich die bislang angestellten konzeptionellen Überlegungen in der Praxis der Einkaufszentrenprofilierung widerspiegeln. Dabei soll zum einen nachgewiesen werden, daß die Nachfrager Einkaufszentren anhand der drei genannten Dimensionen wahrnehmen und sich diese Dimensionen deshalb zur Profilierung eignen. Zum anderen soll überprüft werden, inwieweit sich verschiedenartige Einkaufszentren anhand dieser Profilierungsdimensionen unterscheiden. Dabei ist jedoch auch zu beachten, daß eine Profilierung von Einkaufszentren aufgrund der Heterogenität der Einzelhandelsbetriebe innerhalb der Zentren nicht derartig konsequent erfolgen kann wie für einzelne Betriebstypen des Einzelhandels.

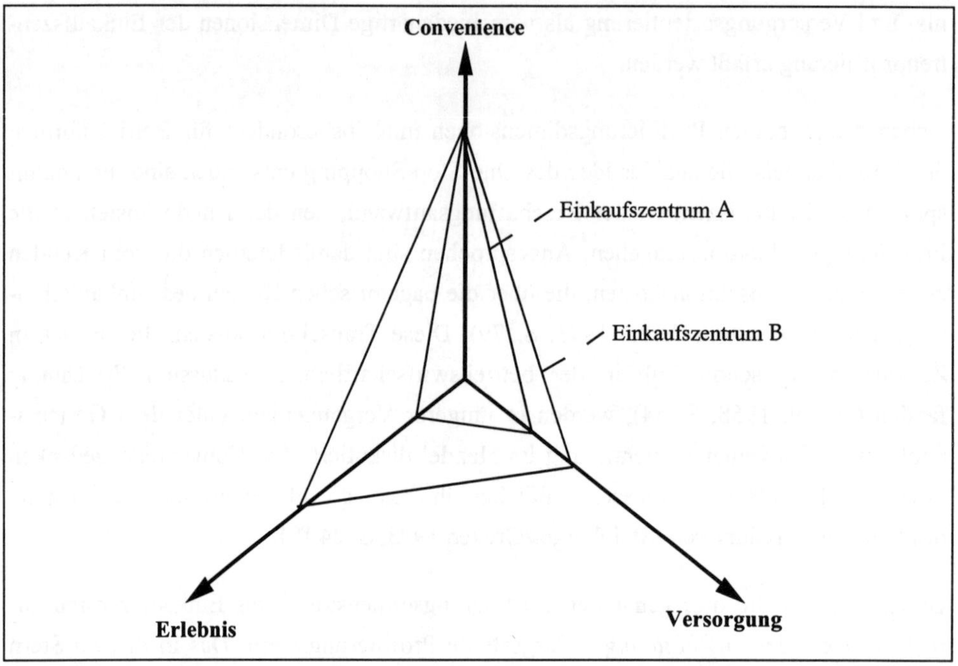

Abbildung 3: Dimensionen zur Profilierung von Einkaufszentren

3 EMPIRISCHE ANALYSE ZUR PROFILIERUNG VON EINKAUFSZENTREN

3.1 Der Datensatz

Die Überlegungen zur Profilierung von Einkaufszentren sollen empirisch anhand eines Datensatzes überprüft werden, der auf einer Befragung der Rostocker Bevölkerung zu den Einkaufscentern in und um Rostock basiert. Die Befragung wurde im Sommer 1996 schriftlich durchgeführt. Für die Verteilung der Fragebögen in Rostock wurde das Random-Route-Verfahren gewählt. Von den 5000 verteilten Fragebögen wurden 694 auswertbare Fragebögen zurückgesandt.

In Rostock waren zum Erhebungszeitpunkt sechs Einkaufscenter ansässig: zwei am Stadtrand auf der »grünen Wiese« (Ostseepark und Hansecenter), zwei im Zentrum der Stadt (Doberaner Hof und Rostocker Hof) und zwei in Wohngebieten (Südstadtcenter und Warnowpark). Diese sechs Einkaufscenter standen im Mittelpunkt der Untersuchungen.

Dabei war es Hauptziel der Befragung festzustellen, wie die Center von den Rostockern beurteilt werden und welchen Kriterien die wichtigste Bedeutung bei der Beurteilung zukommt. Die Befragung war dabei so konzipiert, daß die Kunden zunächst eine Gesamtbeurteilung der Einkaufscenter anhand von Schulnoten (von 1 bis 5) vornehmen mußten. *Abbildung 4* zeigt die Ergebnisse dieser Beurteilung.

Anschließend wurden die Befragten aufgefordert, das von ihnen zuletzt besuchte Einkaufscenter hinsichtlich verschiedener Dimensionen zu beurteilen. Dabei ist die Fallzahl pro Einkaufscenter unterschiedlich, was in *Abbildung 5* deutlich wird.

Da die Anzahl der Fragebögen, die für den Doberaner Hof ausgefüllt wurden, nur 2% betrug, wurde nach der schriftlichen Befragung eine zusätzliche mündliche Erhebung im Center durchgeführt, so daß letztlich 52 Datensätze für dieses Center vorlagen.

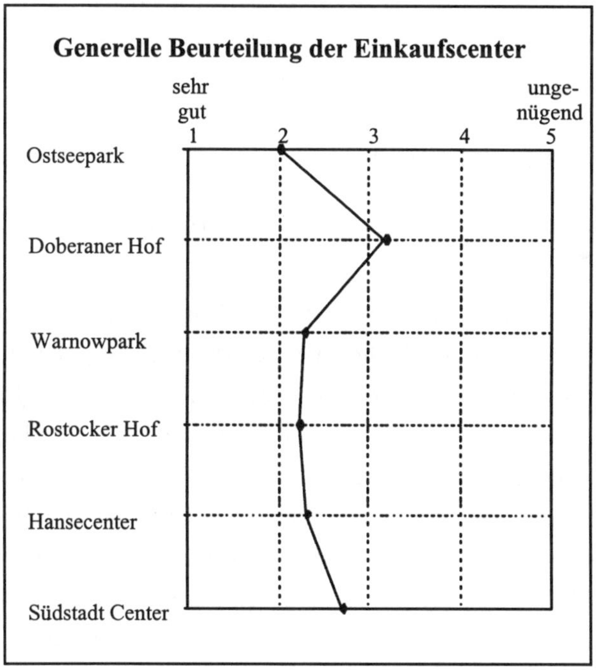

Abbildung 4: Beurteilung der Rostocker Einkaufscenter

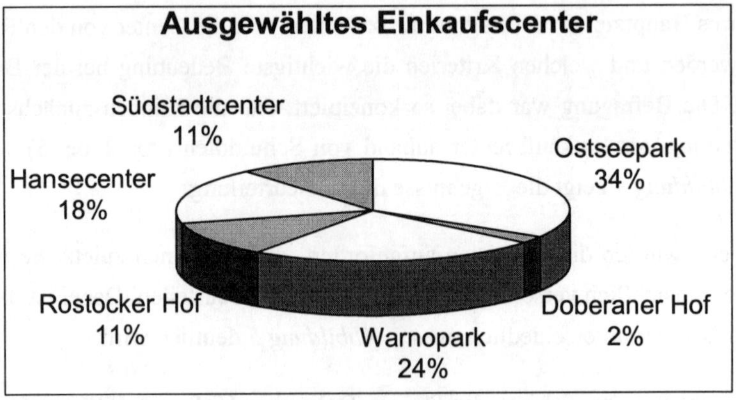

Abbildung 5: Anzahl der Befragungen je Rostocker Einkaufscenter

Die centerspezifischen Fragen wurden in standardisierter Form gestellt und konnten auf 5er Ratingskalen z.B. von „trifft sehr zu" bis „trifft überhaupt nicht zu" beantwortet werden. Die Ergebnisse der Befragung wurden im Anschluß mit Hilfe des Statistikprogrammes SPSS ausgewertet (Backhaus et al. 1995).

3.2 Ergebnisse der empirische Analyse

3.2.1 Konfirmatorische Faktorenanalyse zur Abgrenzung der Profilierungsdimensionen

Um zu überprüfen, ob sich die theoretisch gewählten Profilierungsdimensionen in der Realität wiederfinden, wird das Meßmodell der latenten exogenen Variablen (konfirmatorischen Faktorenanalyse) im Rahmen des LISREL-Ansatzes der Kausalanalyse (LInear Structural RELationship) angewandt (Homburg 1989; Jöreskog/Sörbom 1989; Backhaus et al. 1995). Dabei basiert die konfirmatorischen Faktorenanalyse auf der Annahme, daß eine oder mehrere latente, d.h. nicht beobachtbare Größen (hypothetische Konstrukte) existieren, die hinter mehreren direkt beobachtbaren Variablen stehen. Damit unterscheidet sie sich von der explorativen Faktorenanalyse, welche diese hypothetischen Konstrukte erst zu ermitteln sucht, dahingehend, daß bereits genaue, theoriegeleitete Vorstellungen hinsichtlich dieser Konstrukte und ihrer Beziehungen zu den Variablen vorliegen müssen. Die empirische Analyse ist also allein darauf gerichtet, diese Beziehungen nachzuweisen.

Als hypothetische Konstrukte in dem aufgestellten Modell sind die angeführten Profilierungsdimensionen Versorgung, Erlebnis und Convenience zu interpretieren. Zur Überprüfung des Modells sind Indikatoren zu bestimmen, die diese Dimensionen in geeigneter Weise abbilden. Für die Dimension »Versorgung« spielt im besonderen Maße das vielfältige Angebot, sowohl preislich als auch produkt-differenzierter Waren eine Rolle. Der Faktor »Erlebnis« kann in bezug auf ein Einkaufscenter durch die Einkaufsatmosphäre, die Architektur und den Aufbau des Centers sowie den Service des Verkaufspersonals gekennzeichnet werden. Die bequeme Erreichbarkeit, die Parkmöglichkeiten sowie die Bündelung der verschiedensten Dienstleister an einem Ort beinflussen die Komfortabilität, die ein Center für den Verbraucher darstellt, und bestimmen somit den Faktor »Convenience«.

Abbildung 6 zeigt das Pfaddiagramm, in dem das Hypothesensystem einschließlich der Ergebnisse der konfirmatorischen Faktorenanalyse zusammengefaßt ist.

Insgesamt sind in dem vorliegenden Modell 27 Parameter zu schätzen. Die von Jöreskog und Sörbom formulierte notwendige (wenn auch nicht hinreichende) Identifikationsbedingung für das LISREL-Modell (Jöreskog/Sörbom 1989, S. 17) ist damit erfüllt, da die Anzahl der zu Verfügung stehenden empirischen Korrelationen 78 beträgt und somit größer als die Zahl der zu schätzenden Parameter ist.

Die Ergebnisse der Schätzungen zeigen die in der *Abbildung 6* dargestellten Korrelationskoeffizienten zwischen den Indikatoren und den latenten Faktoren. Sämtliche Faktorladungen sind positiv und bis auf vier Ausnahmen größer als 0,5. Die vier Ausnahmen sind die Indikatoren »Erhältlichkeit von Markenware«, »Parken«, »Alles unter einem Dach« und »gute Erreichbarkeit«. Da die Abweichungen bei diesen Indikatoren vom kritischen 0,5-Wert aber gering sind, kann von einem mittelstarken Zusammenhang zwischen den Variablen und den Faktoren ausgegangen werden. Somit scheinen die zur Erfassung der latenten Faktoren Erlebnis, Versorgung und Convenience herangezogenen Indikatoren gut geeignet zu sein. Das bestätigen auch der Determinationskoeffizient (*Total Coefficient of Determination for X-Variables*), der einen Wert von 94,6% besitzt und die Standardfehler, die alle kleiner als 0,1 sind.

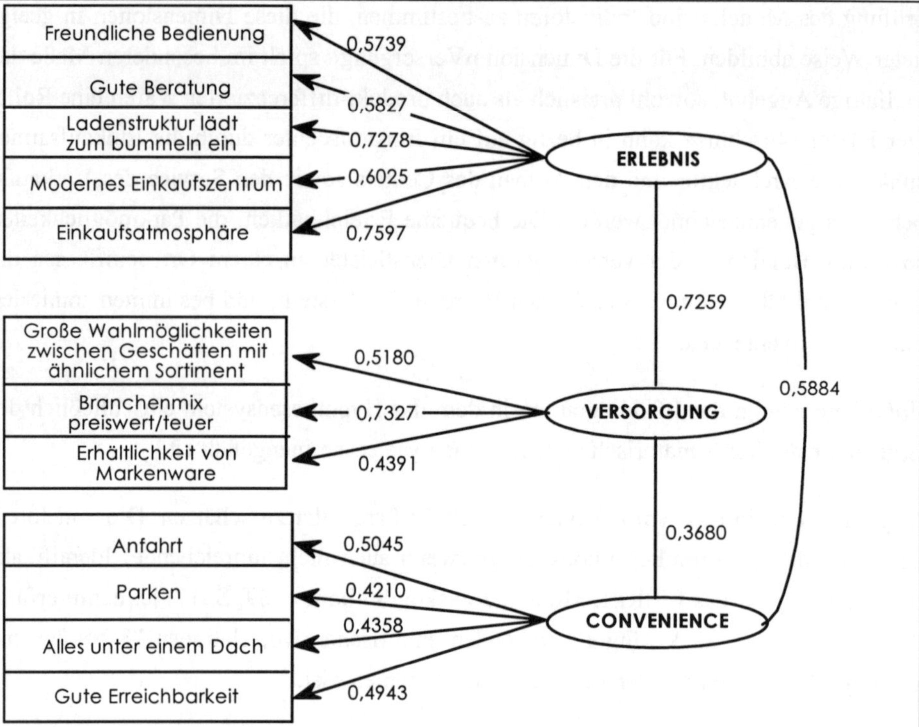

Beurteilungskriterien der Anpassungsgüte (ULS-Schätzverfahren)

• Chi-Quadrat (p = 0,000) with 51 degrees of freedom	576,63
• Goodness of Fit (GFI)	0,954
• Adjusted Goodness of Fit (AGFI)	0,929
• Root Mean Square Residual (RMR)	0,080
• Total Coefficient of Determination for X-Variables	0,946

Notwendige Identifikationsbedingung des Modells 300 $(t \leq t^*)$ ist mit $27 < 78$ erfüllt.

Abbildung 6: Pfaddiagramm zur Überprüfung der Profilierungsdimensionen

Um zu beurteilen, wie gut sich die theoretische Gesamtstruktur des Meßmodells an die empirischen Daten anpaßt, werden im folgenden vier verschiedene Gütekriterien herangezogen. Der *Chi-Quadrat-Wert* prüft die Validität eines Modells. Dabei wird die Nullhypothese, die besagt, daß die empirische Kovarianz-Matrix der modelltheoretischen Kovarianz-Matrix entspricht, der Alternativhypothese gegenübergestellt, welche angibt, daß die empirische Kovarianz-Matrix einer beliebig positiv definierten Matrix entspricht. Eine entsprechende Prüfgröße wird unter Berücksichtigung der Freiheitsgrade des Modells entwickelt. In unserem Modell wurde ein Chi-Quadrat-Wert von 576,63 bei

51 Freiheitsgraden und einer Irrtumswahrscheinlichkeit von p = 0 ermittelt. In praktischen Anwendungen hat sich dabei durchgesetzt, ein Modell dann abzulehnen, wenn der Chi-Quadrat-Wert größer als die Anzahl der Freiheitsgrade ist bzw. wenn die Irrtumswahrscheinlichkeit kleiner als 0,1 ist. Da dies in dem betrachteten Modell der Fall ist, spricht dieses Testergebnis für eine Verwerfung der Nullhypothese und somit für eine Ablehnung des aufgestellten Modells. Allerdings ist der Chi-Quadrat-Test in besonderem Maße vom Umfang der Stichprobe abhängig und reagiert sehr stark auf geringe Abweichungen von der Normalverteilung. So steigt die Wahrscheinlichkeit, daß ein Modell angenommen wird mit sinkendem Stichprobenumfang. Da der Stichprobenumfang in diesem Fall relativ hoch ist, muß der Chi-Quadrat-Wert mit Vorsicht betrachtet werden und soll daher nicht als endgültiges Beurteilungskriterium des betrachteten Modells Verwendung finden.

Vielmehr sollen zwei weitere Kriterien zur Beurteilung der Gesamtgüte des Modells dienen, die unabhängig vom Stichprobenumfang und robust gegenüber Abweichungen von der Normalverteilung sind: der *Goodness-of-fit-Index* (GFI) und der *Adjusted-Goodness-of-Fit-Index* (AGFI).

Der GFI gibt den Anteil der insgesamt erklärbaren Kovarianzen an und entspricht dem Bestimmtheitsmaß der Regressionsanalyse. Der GFI beträgt für das betrachtete Modell 0,954, d.h. die Modellstruktur erklärt 95,4% der gesamten Ausgangsvarianz. Damit liegt eine hohe Anpassungsgüte des untersuchten Modells vor.

Der AGFI ist wie der GFI ein Maß für den durch das Modell erklärten Varianzanteil, er berücksichtigt jedoch zusätzlich die Zahl der Freiheitsgrade. Sein Wert beträgt in diesem Fall 0,929. Auch dies verdeutlicht die Anpassungsgüte des Modells.

Als vierte Testgröße soll der *Root-Mean-Square-Residual (RMR)-Index* betrachtet werden. Dieser Index untersucht die durchschnittlichen Residualvarianzen. Dabei basiert er auf der Annahme, daß alle Varianzen im Meßmodell etwa gleich groß sind. Werte unter 0,1 werden positiv beurteilt, da dann die Varianz bzw. Kovarianz, die durch das Modell nicht erklärt wird, sehr gering ist und damit von einer hohen Anpassungsgüte des Modells auszugehen ist. Die Beurteilung des betrachteten Modells fällt deshalb bei einem RMR-Index von 0,080 positiv aus.

Unter Berücksichtigung dieser Ergebnisse kann davon ausgegangen werden, daß die aufgestellten Profilierungsdimensionen grundsätzlich existieren und durch die benannten Indikatoren beschrieben werden können. Inwieweit die Profilierungsdimensionen die Positionierung der Rostocker Einkaufscenter kennzeichnen, soll im folgenden untersucht werden.

3.2.2 Indexanalyse zur Positionierung von Einkaufscentern

Um die Einkaufscenter in und um Rostock anhand der Profilierungsdimensionen Erlebnis, Versorgung und Convenience zu positionieren, wurden für jedes Einkaufszentrum ungewichtete Mittelwerte dieser Dimensionen anhand der nachgewiesenen Indikatoren gebildet. Die so ermittelten Indices verdeutlicht *Abbildung 7*. Dabei ist die geringste Ausprägung einer Dimension mit 1 definiert, die höchste Ausprägung kann den Wert 5 annehmen.

Zunächst ist festzustellen, daß sämtliche Einkaufscenter in allen Dimensionen von den Befragten positiv wahrgenommen werden. Zwischen den Centern bestehen jedoch – wie im folgenden näher erläutert – nur sehr geringe Unterschiede in der Ausprägung der einzelnen Profilierungsdimensionen.

In der Dimension *Erlebnis* weichen die Einkaufscenter aus Sicht der Konsumenten kaum voneinander ab. Die Konsumenten messen allen Einkaufscentern einen hohen Erlebniswert bei. Dies ist zum einen sicherlich darauf zurückzuführen, daß Einkaufscenter aufgrund der Ansammlung einer Vielzahl von Einzelhandelsgeschäften sowie Restaurants und Cafés grundsätzlich einen höheren Erlebniswert bieten, als beispielsweise ein einzelnes Geschäft. Zum anderen sind auch die Entwicklungen im Zusammenhang mit der Wiedervereinigung Deutschlands zu beachten, die einen entscheidenden Einfluß auf die Veränderung der Einkaufsstättenlandschaft in und um Rostock hatten. So waren die Geschäfte in der früheren DDR grundsätzlich nur auf die Versorgung der Bevölkerung insbesondere mit Gütern des täglichen Bedarfs ausgerichtet. Erlebnisorientierung hatte keinerlei Bedeutung und existierte allenfalls seit Ende der 80er Jahre in Ansätzen in sog. »exquisiten Einzelhandelsgeschäften«, die sich im Zentrum der Großstädte befanden (Paeper 1967, S. 159; Illgen 1990, S. 35; Polis/Gewos 1991, S. 23). Vor diesem Hintergrund verwundert es nicht, warum insbesondere auch die ältere Bevölkerung die Erlebnisorientierung der Einkaufscenter derart positiv beurteilt.

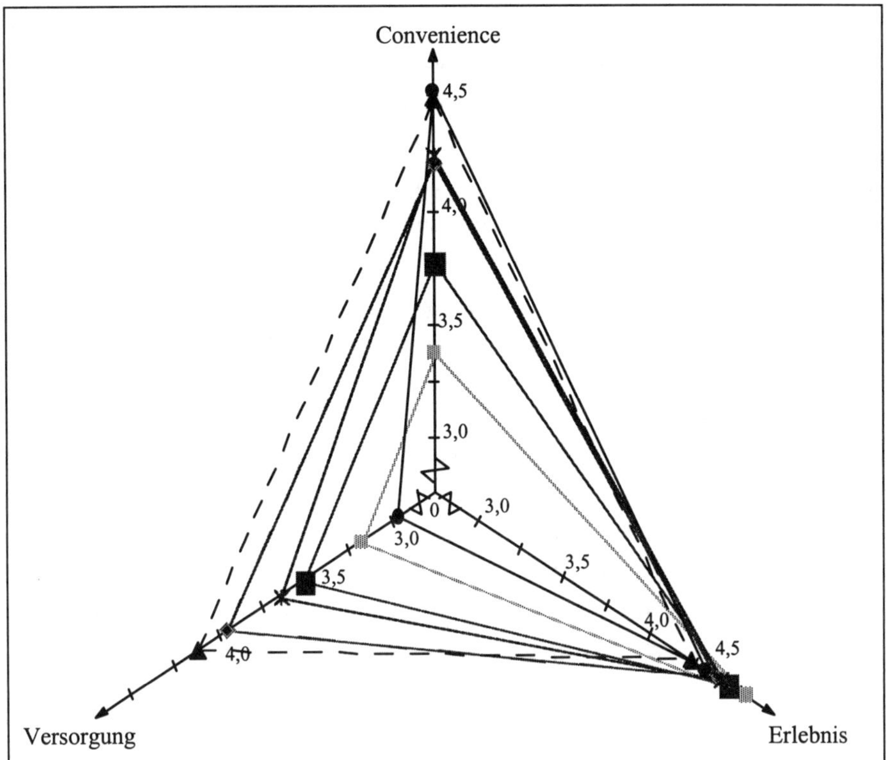

	Erlebnis	Convenience	Versorgung
Ostseepark	4,36	4,20	3,95
Rostocker Hof	4,43	3,76	3,51
Doberaner Hof	4,53	3,37	3,17
Hansecenter	4,40	4,24	3,64
Warnowpark	4,21	4,49	4,11
Südstadtcenter	4,29	4,52	2,95

Abbildung 7: Profilierungsstern der Einkaufscenter in und um Rostock

Unterschiede (wenngleich nur geringe) in der Profilierung der einzelnen Center werden bei den anderen zwei Dimensionen Convenience und Versorgung deutlich. Insgesamt wird die Dimension *Convenience* bei allen Centern positiv beurteilt. Allerdings werden das Südstadtcenter und der Warnowpark in dieser Dimension besonders positiv von den Befragten wahrgenommen. Dies erstaunt nicht, da diese beiden Center in Wohngebieten liegen und somit für die Bewohner dieser relativ großen Stadtteile gut zu Fuß zu erreichen sind. Zusätzlich gehört zu diesen Centern auch ein Parkhaus, so daß Bewohnern aus anderen Stadtzentren die Möglichkeit gegeben wird, hier einzukaufen. Die Center auf der »grünen Wiese« werden in bezug auf Convenience fast genauso gut beurteilt. Diese Center befinden sich unmittelbar an den Ortsausgängen von Rostock und werden zum größten Teil von Autofahrern besucht, die aufgrund des ausreichenden Angebots an Parkplätzen kaum Probleme haben, ihr Auto abzustellen. Die Innenstadtcenter werden von den Befragten im Vergleich zu den anderen Einkaufscentern weniger »convenient« beurteilt. Sie sind zwar beide mit öffentlichen Verkehrsmitteln zu erreichen, aber zusätzlich bietet der Rostocker Hof nur eine geringe Anzahl an Parkplätzen und für die Besucher des Doberaner Hofes gab es zum Befragungszeitpunkt noch gar keine Parkplätze.

Auch in bezug auf die Dimension *Versorgung* liegt bei allen Centern eine positive Beurteilung vor. Besonders positiv heben sich allerdings der Warnowpark und der Ostseepark hervor. Offenbar bieten sie der Bevölkerung aufgrund eines gelungenen Geschäftsstättenmixes die beste Möglichkeit, sich mit sämtlichen benötigten Gütern-vor allem des täglichen Bedarfs zu versorgen. Am schlechtesten im Vergleich zu den anderen Centern wurde die Versorgungsdimension beim Südstadt-Center beurteilt. Dies kann auf die geringe Anzahl von Bekleidungs- und Lebensmittelgeschäften zurückgeführt werden.

Insgesamt läßt sich feststellen, daß kein Einkaufscenter in besonders positiver oder auch negativer Art profiliert ist. Somit ist eine klare und wettbewerbsprofilierende Positionierung der Einkaufscenter nicht nachweisbar. Diese Tatsache läßt sich auch auf die Heterogenität der Angebotsstruktur innerhalb der einzelnen Center zurückführen, die es dem Centermanagement erschwert, eine eindeutige Positionierung und Profilierung zu erarbeiten.

4 IMPLIKATIONEN DER UNTERSUCHUNG

Zusammenfassend kann festgestellt werden, daß die Einkaufsstättenprofilierung vor dem Hintergrund eines zunehmenden Verdrängungswettbewerbs eine wichtige, aber auch komplexe Gestaltungsaufgabe des Handelsmanagements darstellt. Letzteres trifft in spezieller Weise auf Einkaufszentren zu, die durch die Agglomeration von verschiedenen Typen des Einzelhandels für den Verbraucher ein »one-stop-shopping« ermöglichen.

Insgesamt können die Dimensionen Erlebnis, Versorgung und Convenience als Profilierungsansätze für Einkaufszentren dienen. Anhand der empirischen Analyse zu den Einkaufscentern in und um Rostock konnten Indikatoren identifiziert werden, die diese drei Dimensionen kennzeichnen. Das damit aufgestellte Modell konnte mit Hilfe der LISREL-Analyse empirisch belegt werden. Dabei ist anzumerken, daß die Indikatoren insbesondere für die Dimension Convenience allenfalls mittelstarke Faktorladungen aufweisen. Es bedarf also weiterer Forschung, um zusätzliche Indikatoren bestimmen zu können, die die Conveniencedimension umfassender kennzeichnen und präzisieren.

Anschließend konnte anhand eine Positionierung der Rostocker Einkaufscenter nachgewiesen werden, daß keine eindeutig profilierende Positionierung der einzelnen Center erkennbar ist. Dies ist zum einen aus der Natur der Einkaufscenter zu begründen. Je heterogener die Angebotsstruktur eines Einkaufszentrums ist, desto schwieriger ist es, eine eindeutig profilierende Positionierung in den Augen des Kunden zu etablieren. Zum anderen gingen die Indikatoren ungewichtet in die Berechnung der Indices für die Profilierungsdimensionen ein. Eine Gewichtung anhand der Wichtigkeit dieser Dimensionen für die Verbraucher kann hier sicherlich den Erklärungsgehalt verbessern. Eine derartige Wichtigkeitsdimension wurde jedoch im vorliegenden Datensatz nicht erfaßt.

Desweiteren scheint eine Profilierung auch von weiteren Dimensionen wie der Standortstruktur abhängig. Diese Dimension wurde in die vorliegende Untersuchung jedoch nicht einbezogen. Insgesamt besteht somit auch weiterhin Forschungsbedarf in Zusammenhang mit der Profilierung von Einkaufszentren.

Abschließend sei vor allem in Hinblick auf die Ergebnisse der empirischen Untersuchung nochmals auf den Zeitpunkt der Erhebung verwiesen. Inzwischen haben beispielsweise die gesetzliche Verlängerung der Ladenschlußzeiten, die weitere Expansion der betrachteten Einkaufscenter und nichtzuletzt die Ergebnisse der Befragung zu teilweise erheblichen Veränderungen in der Centerstruktur geführt. Sie haben sicherlich auch zur weiteren Profilierung der Center beigetragen.

LITERATUR

Ahlert, D.; Schröder, H.: Erlebnisorientierung im stationären Einzelhandel. Eine Aufgabe des evolutionären Handelsmanagements. In: Marketing Zeitschrift für Forschung und Praxis, 12 (1990), Heft 4, S. 221-229.

Ahlert, D.; Schröder, H.: Strategische Erfolgsforschung im Handel – ein Forschungsprogramm, Arbeitspapier Nr.15, Lehrstuhl für Betriebswirtschaftslehre, insb. Distribution und Handel, Westfälische Wilhelms-Universität Münster, Münster 1992.

Backhaus, K.; Erichson, B.; Plinke, W.; Weiber, R.: Multivariate Analysemethoden, 8. Aufl., Berlin 1995.

Bellenger, D. N.; Robertson, D. H.; Greenberg, B. A.: Shopping-Center Patronage Motives. In: Journal of Retailing, 53 (1977), Heft 2, S. 29-38.

Benkenstein, M.; Henke, N.: Der Grad vertikaler Integration als strategisches Entscheidungsproblem. Eine transaktionskostentheoretische Interpretation. In: Die Betriebswirtschaft, 53 (1993), Heft 1, S.77-91.

Berger, S.: Ladenverschleiß (Store Erosion). Ein Beitrag zur Theorie des Lebenszyklus von Einzelhandelsgeschäften, Göttingen 1977.

Bierbaum, H.: Leistung und Leistungsbedingungen im Einzelhandel, Rationalisierungs-Gemeinschaft des Handels beim RKW e.V. Köln, 3. Teil, Köln 1979.

Birkelbach, R.: Qualitätsmanagement in Dienstleistungscentern. Konzeption und typenspezifische Ausgestaltung unter besonderer Berücksichtigung von Verkehrsflughäfen, Frankfurt a. M. et al. 1993.

Bühler, Th.: City-Center. Erfolgsfaktoren innerstädtischer Einkaufszentren, Wiesbaden 1990.

Christaller, W.: Die zentralen Orte in Süddeutschland. Eine ökonomisch-geographische Untersuchung der Gesetzmäßigkeiten der Verbreitung und Entwicklung der Siedlungen mit städtischen Funktionen, Jena 1933.

Fritz, W.: Marketing – ein Schlüsselfaktor des Unternehmenserfolgs? In: Marketing Zeitschrift für Forschung und Praxis, 12 (1990), Heft 2, S. 91-110.

Grossekettler, H.: Die volkswirtschaftliche Problematik von Vertriebskooperationen. Zur wettbewerbspolitischen Beurteilung von Vertriebsbindungs-, Alleinvertriebs-, Vertragshändlern- und Franchisesystemen. In: Zeitschrift für das gesamte Genossenschaftswesen, 28 (1978), Heft 4, S. 325-374.

Hartwig, R.: Erfolgsfaktoren von regionalen Einkaufszentren. In: Jahrbuch der Absatz- und Verbrauchsforschung, 36 (1990), Heft 4, S. 400-417.

Hildebrandt, L.: Erfolgsfaktorenforschung im Handel. In: Trommsdorff, V. (Hrsg.), Handelsforschung 1986, Heidelberg 1986, S. 37-52.

Holton, R. H.: The distinction between convenience goods, shopping goods, and specialty goods. In: The Journal of Marketing, 22 (1958), July, S. 53-56.

Homburg, C.: Explorative Ansätze der Kausalanalyse als Instrument der Marketingplanung, Frankfurt 1989.

Illgen, K.: Der Einzelhandel und seine räumliche Ordnung in der Deutschen Demokratischen Republik. In: Berichte zur Deutschen Landeskunde, 64 (1990) Heft 1, S. 25-47.

Jaeck, H.-J.: Das Shopping-Center, 1. Bd.: Begriff und Typen des Shopping-Centers, Berlin 1979.

Jörekog, K. G.; Sörbom, D.: LISREL 7. A Guide to the Program and Applications, 2. Aufl., Chicago (IL) 1989.

Kube, Chr.: Erfolgsfaktoren in Filialsystemen. Diagnose und Umsetzung im strategischen Controlling, Berlin 1991.

Loomis, C.: How to Service Stars Managed to Sparkle. In: Fortune, (1984) June 11, S. 112-120.

Loomis, C.: Stars of the Service 500. In: Fortune, (1989) June 5, S. 32-37.

McNair, M.: Significant Trends and Developments in the Postwar Period. In: Smith, A. B. (Hrsg.), Competitive Distribution in a free highlevel Economy and ist Implications for the University, Pittsburgh 1958, S. 1-25.

Meffert, H.: Erfolgsfaktoren im Einzelhandelsmarketing. In: Bruhn, M. (Hrsg.), Marketing-Erfolgsfaktoren, Frankfurt am Main, New York 1987, S. 14-48.

Meffert, H.: Marketing-Management. Analyse-Strategie-Implementierung, Wiesbaden 1994.

Meffert, H.: Erfolgreiches Marketing in der Rezession. Strategien und Maßnahmen in engeren Märkten, Wien 1994 (a).

Meffert, H.; Patt, P.-J.: Erfolgsfaktoren im Einzelhandel. In: Schöttle, K. (Hrsg.), Jahrbuch Marketing, Essen 1987, S. 40-61.

Nieschlag, R.: Die Dynamik der Betriebsformen im Handel, Essen 1954.

Niestradt, U.: Nachfragemacht des Handels. Begriff, Theorie, Operationalisierung, Frankfurt am Main et al. 1983.

Paeper, H.: Die Entwicklungstendenzen im Einzelhandels- und Gaststättennetz der DDR bis 1980. In: Deutsche Architektur, 16 (1967), Heft 9, S. 518-520.

Polis; Gewos: Leitlinien für die Stadtentwicklung der Hansestadt Rostock – Gutachten im Auftrag des Senats der Hansestadt Rostock, Bremen, Hamburg 1991.

Schöder, H.: Erfolgsfaktorenforschung im Handel. Stand der Forschung und kritische Würdigung der Ergebnisse. In: Marketing Zeitschrift für Forschung und Praxis, 16 (1994), Heft 2, S. 89-105.

Steinberger, M.; Greven, W.: Convenience shops: die heimlichen Umsatzriesen. In: Lebensmittel-Praxis, 45 (1993), Heft 23, S. 24-32.

Theis, H.-J.: Einkaufsstättenpositionierung. Grundlagen der strategischen Marketingplanung, Wiesbaden 1991.

Thurik, A.: Quantitative Analysis of Retail Productivity, Delft 1984.

Varadarjan, P.: Pathways to Corporate Excellence in Retailing. In: Athur Andersen & Co in conjunction with the Center for Retailing Studies, Texas A & M University (Hrsg.), Retailing Issues Letter 1 (1989), S. 1-14.

Wahle, P.: Erfolgsdeterminanten im Einzelhandel: eine theoriegestützte, empirische Analyse strategischer Erfolgsdeterminanten, unter besonderer Berücksichtigung des radio-und Fernsehfachhandels. Frankfurt a. M., Bern/New York 1990.

Weinberg, P.: Erlebnisorientierte Einkaufsstättengestaltung im Einzelhandel. In: Marketing Zeitschrift für Forschung und Praxis, 8 (1986), Heft 2, S. 97-102.

Wölk, A.: Erfolgsfaktoren kleiner und mittlerer Unternehmen im Einzelhandel. Eine empirische Studie. In: Trommsdorff, V. (Hrsg.), Handelsforschung 1991, Erfolgsfaktoren und Strategien, Wiesbaden 1992, S. 47-64.

Standortbewertung im Einzelhandel — Organisation und Durchführung der Standortselektion am Beispiel der REWE-Gruppe

Harald Greiner, Köln

Der vorliegende Aufsatz verfolgt das Ziel, der fachlich interessierten Öffentlichkeit einen Einblick in die Organisation und Durchführung der Standortprüfung als wesentlicher Bestandteil der Expansionsaktivitäten eines Einzelhandelsgroßkonzern zu vermitteln. Hierbei werden die in der Praxis angewandten Verfahren zur Selektion und Evaluation geeigneter Standorte detailliert dargelegt und fundiert begründet, allerdings nicht ohne das inhärente Problem einer nachvollziehbaren Entscheidungsfindung bei höchstmöglicher Zeit- und Kosteneffizienz zu thematisieren. Aller Objektivierungsbemühungen ungeachtet, resümiert der Autor, der selbst in der Standortanalyseabteilung der REWE-Zentralorganisationen tätig ist, daß der Prozeß der Standortwahl im pragmatischen Expansionsgeschehen überwiegend von den erfahrungsgeleiteten und intuitiven Entscheidungen hochspezialisierter Praktiker bestimmt wird.

1 EINFÜHRUNG

Unbestritten sind Standortentscheidungen in Einzelhandelsunternehmen angesichts der Langfristigkeit der vertraglichen Bindung durch Kauf oder Anmietung Festlegungen von erheblicher Bedeutung und Tragweite. Infolgedessen wird der Standortwahl große Beachtung beigemessen. Schließlich ist mit jeder Standortbewertung auch eine Beurteilung der komparativen Leistungsfähigkeit der unternehmenseigenen Vertriebslinien verbunden. Standortprüfungen sind wie alle Entscheidungen sowohl strategisch — d.h. durch die Maximen der Expansionsphilosophie — als auch taktisch — also durch die Handlungszwänge des Branchen- und Immobilienmarktes — beeinflußt. Da Aussagen zur Standortwahl entweder nur sehr generell oder einzelfallbezogen getroffen werden können, beschränkt sich dieser Aufsatz auf die Beschreibung des organisatorischen Ablaufes der Expansion und der operativen Schritte im Rahmen der Standortbewertung am Beispiel der REWE-Gruppe.

1.1 Das Handelsspektrum der REWE-Gruppe

Die REWE-Gruppe zählt mit einem Einzelhandelsumsatz von 50,7 Milliarden DM zu den größten Einzelhandelskonzernen Europas. Ihr Handelsspektrum ist breit gefächert und umfaßt neben dem traditionellen Lebensmittel-Kerngeschäft, auf das 91 % des Umsatzvolumens entfallen, auch diverse Non food-Fachmarktsparten. Um eine Vorstellung zu vermitteln, wie differenziert sich die vertriebliche Struktur heutiger Handelskonzerne darstellt, wird einführend ein Überblick über die REWE-Geschäftsfelder präsentiert (vgl. *Übersicht 1*):

Während sich die Geschäftsfelder der REWE-Gruppe im Non food-Sektor an Branchengruppen orientieren, ist das Vertriebsspektrum im Food-Einzelhandel neben der Gliederung nach Betriebsformen zusätzlich nach Betreiberkonzepten differenziert: einerseits in die Filialmärkte, andererseits in die Supermärkte der klassisch Selbständigen und der Franchisepartner. Diese Unterteilung resultiert aus der besonderen Verbundenheit von REWE zur Förderung selbständiger Lebensmittel-Einzelhändler. Schließlich gründet sie ungeachtet der Integration großer Filialunternehmen und der internen Konzernierung der Großhandlungen nach wie vor auf genossenschaftlichen Fundamenten. Das Ausmaß der Differenziertheit des Handelsspektums der REWE zeigt sich erst komplett, wenn berücksichtigt wird, daß insbesondere in den Food-Geschäftsfeldern jeweils mehrere unterschiedliche Vertriebslinienkonzeptionen zusammengefaßt sind.

1.2 Stellenwert und Organisation der Expansion

Vor dem Hintergrund einer progressiven Expansionspolitik in allen vertrieblichen Geschäftsfeldern stellen die umfangreichen Expansionsaktivitäten den Schwerpunkt des Verantwortungsbereiches Gruppenplanung der Unternehmensleitung dar. Dort wird die Unternehmensentwicklung sowohl auf zentraler als auch auf regionaler Organisationsebene in Ergänzung zum Vertrieb, in dessen Verantwortung die Umsätze der realisierten

Märkte liegen, maßgeblich gesteuert. An dieser Einordnung der Expansion innerhalb eines primär auf die operativen vertrieblichen Funktionen ausgerichteten Handelskonzerns ist ihr Stellenwert zu erkennen — ganz nach dem Motto: wer nicht fortwährend expandiert und sein Filialnetz restrukturiert, der stirbt! Eine aktive Expansion wird als ein absolut überlebensnotwendiges Wesens- und Strategiemerkmal für einen wachstumsorientierten Einzelhandelskonzern angesehen.

Übersicht 1: Das Handelsspektrum der REWE-Gruppe

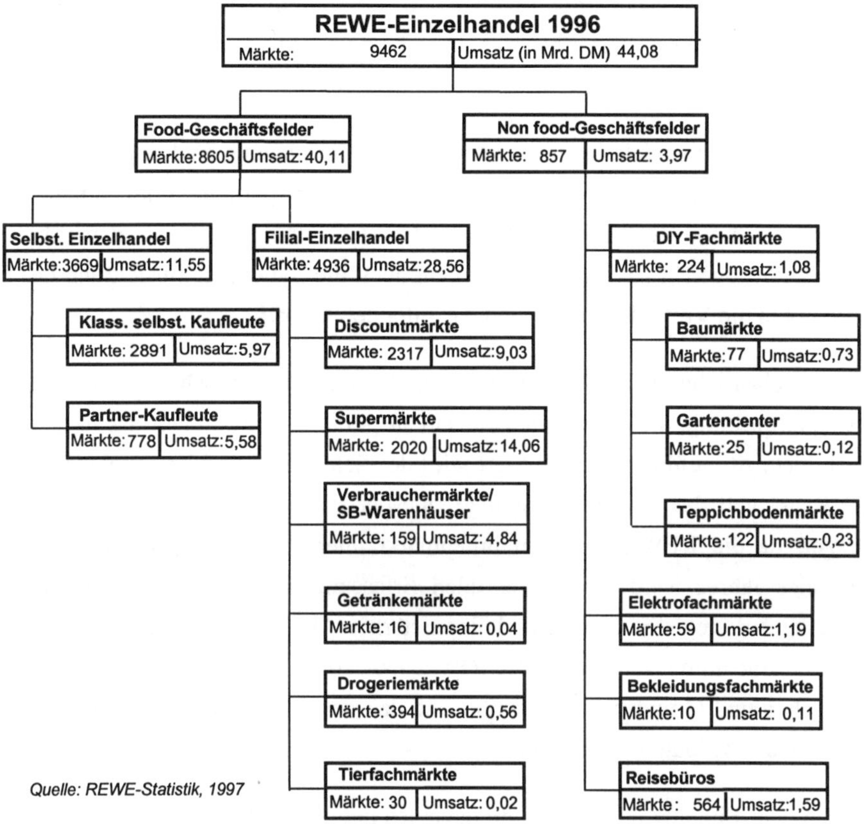

Die Expansion hat folgende Aufgaben:

1) Sie soll über eine Filialnetzverdichtung zu einer Erhöhung des Marktanteils im In- und Ausland beitragen. Nur durch ein stetiges Umsatzwachstum ist eine Verbesserung der Verhandlungsposition am Lieferantenmarkt zu erzielen, die Grundvoraussetzung für eine erfolgreiche Geschäftspolitik im hochkompetitiven Handel ist.

2) Eine fortwährende Restrukturierung des Filialnetzes sichert langfristig Standorte und Marktanteile. In einer dynamischen Handelslandschaft mit sich permanent weiterentwickelnden Sortimentskonzeptionen besteht vor dem Hintergrund sich ständig verändernder Konsumgewohnheiten, Verbraucheransprüche und wachsender Mobilität ein latenter Anpassungsdruck im Hinblick auf die Flächenansprüche, die Erreichbarkeitserfordernisse sowie die Umfeld- und Standortqualitäten.

3) Angesichts eines ständig im Wandel begriffenen Wettbewerbsumfeldes ist eine permanente Filialnetzrestrukturierung und -optimierung notwendig, um allerorten nach Möglichkeit unangreifbar zu sein und eine effektive Marktabschöpfung zu erzielen.

4) Zum Aufgabenbereich der Filialnetz- und Standortplanung zählt auch die Prüfung realisierbarer externer Wachstumspotentiale durch partielle oder totale Filialnetzübernahmen der Mitbewerber. Bei diesen Untersuchungen werden neben der standortbezogenen Rentabilität vor allem auch die Synergien hinsichtlich der Einfügung in die Vertriebsstruktur und das Filialnetz geprüft.

Zur Veranschaulichung der Abfolge und Funktion der Arbeitsschritte der Expansion und Standortprüfung, die im weiteren einzeln ausgeführt werden, dient das in *Übersicht 2* abgebildete Ablaufdiagramm. Initiiert wird der Selektions- und Entscheidungsprozeß in der Regel von der externen Akteursgruppe der Eigentümer, Projektentwickler und Bauträger, da die REWE am Immobilienmarkt überwiegend als Mieter auftritt. Im Laufe eines Jahres werden vom zentralen Erfassungswesen der REWE-Gruppe ca. 25.000 Angebote registriert. Aufgrund dieser starken Aktivität der Akteure auf der Investoren- und Eigentümerseite erhält die REWE nahezu von allen am Markt angebotenen Ladenflächen und Grundstücken Kenntnis, so daß der aktiven Standortakquisition eine untergeordnete Bedeutung zukommt.

Zwischen dem Eingang eines Standortangebotes und der Unterzeichnung eines langfristigen Mietvertrages von üblicherweise 15 Jahren ist der mehrstufige Prozeß der Standortprüfung eingeschaltet. Dabei werden Anlagen- und Objekteigenschaften abgeklärt, Planungen optimiert, Mietkonditionen ausgehandelt, Baurecht und Nutzungsgenehmigungen erwirkt, Realisierungszeiträume festgelegt, Lage- und Erreichbarkeitsqualitäten bewertet, Wettbewerbsverhältnisse analysiert, Umsatzerwartungen eingeschätzt und die Rentabilität ermittelt.

Übersicht 2: Standorttypen aus ertrags- und kostenwirtschaftlicher Sicht

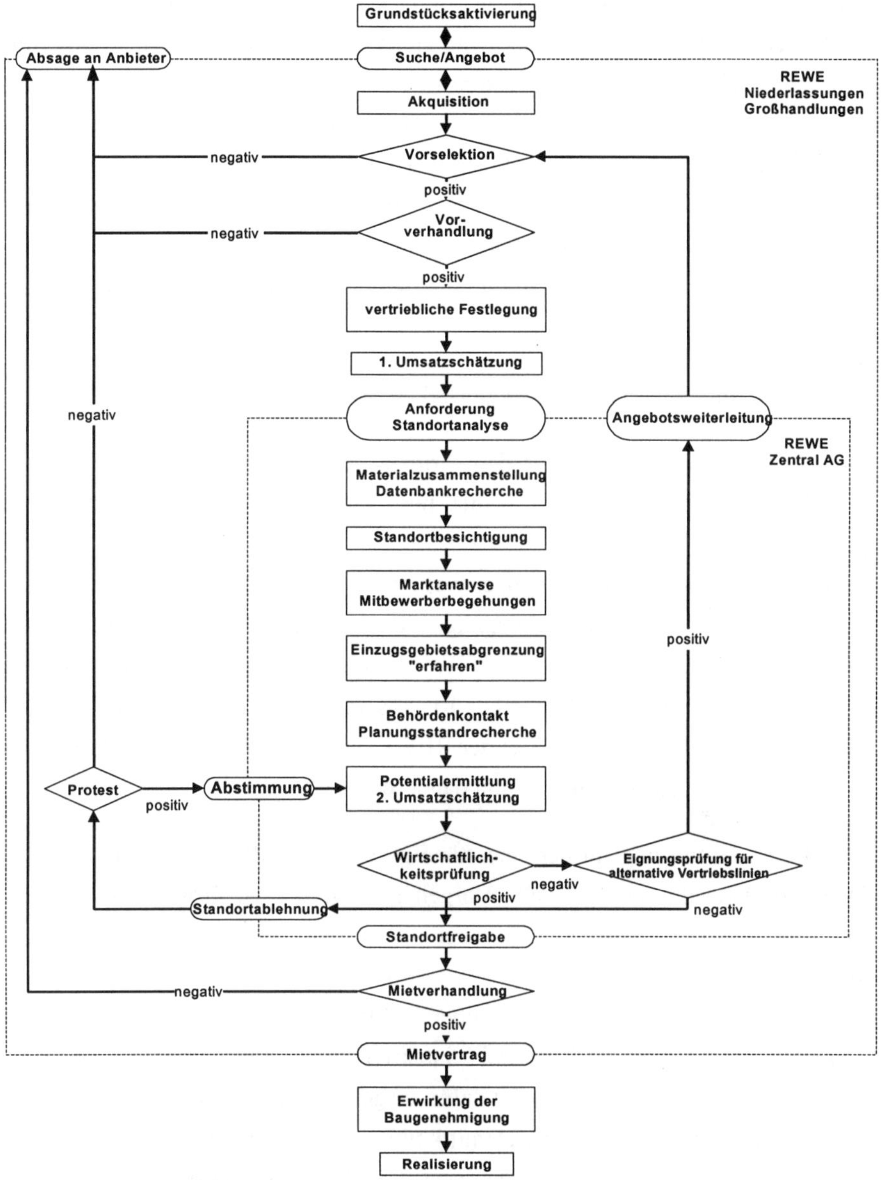

In diesem komplexen Bewertungsvorgang sind bei der REWE zwei verschiedene Abteilungen des Expansionsbereiches eingeschaltet: zum einen die Expansionsabteilungen der Niederlassungen in den Regionen, zum anderen die der Zentrale angegliederte Stabsabteilung für Standortanalyse. Die Expansionsabteilungen sind mit den Arbeitsschritten vor Ort befaßt, die persönliche Kontakte und Verhandlungen erfordern — nach dem Motto: all business is local. Die spezifische Ortskenntnis, die hohe regionale Kontaktdichte und die unmittelbare Marktnähe stellen die ausschlaggebenden Argumente dar, um den geschäftlichen Teil der Expansion über die Niederlassungen abzuwickeln und von dort aus die Akquisition voranzutreiben. Erscheint ein Standortangebot nach einer groben Vorselektion und Vorabklärung der Mietkosten interessant, wird die Spezialabteilung der Zentrale eingeschaltet. Dort wird der Standort dann einer detaillierten Analyse und Wirtschaftlichkeitsprüfung unterzogen. Ihr Ergebnis ist nach erfolgter Abstimmung mit dem Vertrieb letztlich entscheidend für die Freigabe zur Anmietung eines Standorts.

Aus welchen Gründen wird diese Zweigleisigkeit bei der REWE praktiziert?

1) Der erste Grund leitet sich aus dem Prinzip der unternehmerischen Vorsicht ab. Schon eine altbewährte Spruchweisheit rät: „Vier Augen sehen mehr als zwei Augen!“
   Folgerichtig werden die Umsatzerwartungen der Niederlassungen seitens der Standortanalyse in einem eigenständigen Bewertungsverfahren auf ihre Eintrittswahrscheinlichkeit überprüft. Die REWE verspricht sich von dieser internen Expansionsrevision eine Minderung des Risikos von Fehlentscheidungen. Schließlich ist es nicht in erster Linie das Ziel der REWE, um jeden Preis zu expandieren, sondern den Marktanteil zu erhöhen und dabei rentabel zu sein.

2) Der zweite Grund liegt in der sich ständig verschärfenden Wettbewerbsintensität. Dies erfordert eine professionelle Vorgehensweise bei der Prognose der Umsätze. Die Zweigleisigkeit ist folglich zugleich als spezialisierte Funktionsteilung zu verstehen.
   Der Vorteil liegt darin, daß sich die über 70 Mitarbeiter in den Expansionsabteilungen stärker auf ihre akquisitive und kontaktive Arbeit konzentrieren können, während die analytische Arbeit den 10 dafür ausgebildeten und trainierten Spezialisten in der Zentrale überlassen wird. Damit kommt Spezialwissen zum Einsatz. Gleichzeitig wird gewährleistet, daß bundesweit einheitliche Beurteilungskriterien zur Anwendung kommen und sich nicht regional abweichende Expansions- und Standortphilosophien etablieren können.

3) Ein dritter Grund ist darin zu sehen, daß durch die Trennung von Akquisition und Entscheidung mögliche sachfremde Erwägungen und denkbare Einflußnahmeversuche von Außen auf die Standortentscheidung ausgeschaltet werden können. Hierin kommt eine Kontrollfunktion zum Ausdruck, die zugleich die Zentrale in die Lage versetzt, die regionale Expansion gemäß der für die gesamte Gruppe gesteckten Expansionsziele wirksam zu steuern.

2 DIE STANDORTPRÜFUNG

2.1 Die Standortvorselektion im Rahmen der Akquisition

Gemäß der organisatorischen Abfolge, wonach die Standortanalyse auf den Vorarbeiten der Expansionsabteilungen aufbaut, beginnt die Darstellung des operativen Prozederes der Standortprüfung mit der Standortvorselektion. Diese Vorauswahl geschieht anhand weitgehend standardisierter Schwellengrößen und Kriterien für die Grundstücksgröße, die Verkaufs- und Nebenflächen, die Maße und Zuschnitte der Ladeneinheiten, die Anzahl der Parkplätze, die Mietobergrenzen und die Größe der Einzugsgebiete. Die Richtwerte resultieren aus den Vorgaben des Vertriebs. Idealgegebenheiten sind am Markt allerdings kaum zu finden. Daher verfügt die REWE einerseits über eine Vielzahl konzeptioneller Modellvarianten, andererseits sind die Schwellenwerte als Größenordnungen mit Toleranzen zu verstehen.

In diesem Zusammenhang ist zu beobachten, daß mit fortschreitender Konzentration und Zentralisierung gleichzeitig eine Standardisierung und Reduzierung der vielfältigen regionalen Vertriebslinien mit relativ variablem Sortimentsprogramm zugunsten weniger einheitlicher, allenfalls modular variierbarer, vor allem aber beliebig multiplizierbarer Vertriebskonzeptionen einhergeht. Als Resultat steht in erster Linie die Suche und Selektion des am besten zu den klar definierten Markt- und Standortanforderungen des Vertriebskonzeptes passenden Standorts im Vordergrund.

Im folgenden werden Grundlage, Entwicklung und Implikation für die Standardrichtwerte zur Ladengröße und Parkplatzanzahl, auf deren Einhaltung im allgemeinen großer Wert gelegt wird, dargelegt.

Die REWE mietet für ihre Lebensmittelmärkte heute keine neuen Ladeneinheiten unter 600 m² Verkaufsfläche bzw. 800 m² Nutzfläche an. Dabei steigen die Anforderungen an die Größe der Ladenflächen kontinuierlich mit jeder neuen Konzeptionsgeneration angesichts eines ständig wachsenden Artikelumfangs der Standardsortimente an. In den letzten Jahren ist sogar ein beschleunigter Anstieg der Anzahl der geführten Artikel bei Großflächen und insbesondere bei Discountern zu konstatieren (vgl. *Tabelle 1*). Dieses Größenwachstum stellt das Ergebnis der Anpassung an die stetig steigenden Ansprüche der Verbraucher an umfangreichere Sortimente, großzügigere Gestaltung, attraktivere Präsentation sowie einen bequemeren und rationelleren Einkauf dar.

Tabelle 1: Entwicklung der Artikelzahl ausgewählter Food-Betriebsformen

Betriebsformen des Lebensmittelsektors	**Anzahl an Food- u. Non food-Artikeln im Durchschnitt**			**mittleres jährliches Wachstum**	
	1979	**1991**	**1994**	**1979 - 1991**	**1991 – 1994**
Discountmärkte	1780	1822	2561	0,2%	12,0%
Supermärkte[1]	3997	6621	7336	4,3%	3,5%
Verbrauchermärkte[2]	10696	13684	17364	2,1%	8,3%
SB-Warenhäuser[3]	19207	25182	28290	2,3%	4,0%

1) 400 m² - < 1.500 m² Verkaufsfläche; 2) >= 1.500 m² - < 5.000 m² Verkaufsfläche; 3) >= 5.000 m² Verkaufsfläche

Quelle: EHI – EuroHandelsinstitut, Köln: "Handel aktuell '96", S. 223 ff.

Im Vollsortimentssektor benötigen heute selbst Nahversorgermärkte zur Gewährleistung ihrer Wirtschaftlichkeit mindestens 700 m² Verkaufsfläche, um sich durch eine attraktive Präsentation ihrer Frischesortimente spürbar von den Discountern abheben zu können. Sie schöpfen damit bereits die baurechtlich genehmigungsfähige Größenordnung außerhalb von Kern- und Sondergebieten vollständig aus. Für die deutlich attraktiveren mittelgroßen Supermärkte mit vertieftem Lebensmittelsortiment und ergänzendem Gebrauchsgüterangebot ist vielfach eine Sondergebietsausweisung erforderlich. Es ist bereits absehbar, daß sogar die künftige Generation von Discountern mit gestrafftem Sortiment, einfacher Ausstattung und kompletter Selbstbedienung nicht mehr unterhalb der genehmigungsrechtlich relevanten Größe von 700 m² Verkaufsfläche einordenbar sind.

Neben den erforderlichen Mietflächen ist zum zweiten der Bedarf an ebenerdigen, dem Markteingang vorgelagerten PKW-Stellplätzen für viele Vertriebslinien standardisiert. Von der REWE wird angestrebt, möglichst an jedem neuen Lebensmittelmarkt-Standort das Verhältnis von einem Stellplatz je 10 m² Verkaufsfläche zu realisieren. Wie diese Stellplatzrichtgröße aus vertrieblichen Daten abzuleiten ist, sei am Beispiel eines kleinflächigen Lebensmittelmarktes demonstriert. Exemplarisch wird ein Mietpreisniveau von 22,-- DM/m² im Monat gewählt, das für Mittelstädte und Gemeinden in Ballungsräumen typisch ist. Bei einer benötigten Nutzfläche von 800 m² und einer angestrebten Maximalmietbelastung von 4 % am Umsatz ist ein Jahresumsatz von 5,28 Millionen DM erforderlich. Ausgehend von einem Durchschnittskundenbon von etwa 20,-- DM werden wöchentlich rund 5.100 Kunden den Markt besuchen. Um die Parkplatzkapazität auf die Spitzenfrequenz auszulegen, wird für die Berechnung der Wochengang der Umsätze zugrundegelegt. Der Wochenumsatz von über 100.000 DM wird zu über 40 % freitags und samstags während der Öffnungsstunden erzielt. Im Mittel ist demnach mit 120 Kunden je Stunde zu rechnen. Ausgehend von einer 40-minütigen Verweildauer am Standort werden mindestens 80 Kundenparkplätze benötigt. Je nach Standort differieren die PKW-Kundenanteile. Während über drei Viertel der Kunden mit dem Auto Märkte in Fahrlagen ansteuern, rangiert der Anteil der PKW-Kunden in Wohn- und Zentrumslagen in Abhängigkeit zwischen 30 und 50 %. Daraus errechnet sich unter Berücksichtigung der Schwankungen des Kundenaufkommens im Tagesgang ein Mindestbedarf von 60 Stellplätzen in Hauptgeschäftslagen und Wohngebieten und von 100 Parkplätzen an fahrkundenorientierten Standorten.

Im Rahmen der Vorprüfung schlägt die Expansionsabteilung gleichzeitig die Vertriebslinie vor, die am Standort plaziert werden soll. Diese Entscheidung wird, sofern die Standorteigenschaften, Konditionen und Genehmigungsbedingungen eine Wahl erlauben, anhand von Such- bzw. Wunschstandortlisten getroffen. Die REWE befindet sich allerdings heute in der Situation, daß es für ihre Food-Vertriebslinien in der Bundesrepublik praktisch keine „weißen Flecken“ mehr gibt. In Anbetracht dieser starken Marktdurchdringung konzentriert sich das Augenmerk der Filialnetzplanung darauf, die Wahl der Vertriebslinie vor dem Ziel der Optimierung des Filialnetzes durch Verdichtung und Restrukturierung zu treffen.

Hier gelten ebenfalls einige Bewertungsgrundsätze. So wird beispielsweise bei ausreichendem Marktpotential die gleichzeitige Belegung eines Ortes im Vollsortiments- und Discountsektor für unproblematisch gehalten, sofern eine ausreichende Distanz zwischen beiden Filialen gegeben ist, um einen direkten gruppeninternen Wettbewerb im Kerneinzugsgebiet auszuschließen. Vertrieblich identische Filialen erfordern hingegen völlig überschneidungsfreie Einzugsgebiete.

2.2 Die Standortanalyse

Nur 1.500 bzw. 6 % der bundesweit bei der REWE eingehenden Standortangebote werden nach dieser ersten Vorselektion als geeignet und interessant genug eingeschätzt, um von der Standortanalyse auf „Herz und Nieren“ geprüft zu werden. Die eigentliche Standortanalyse, wie sie seitens der Stabsstelle in der Kölner Zentrale durchgeführt wird, besteht aus folgenden fünf Arbeitsschritten:

1) der Objekt- und Standortbegutachtung,
2) der Marktstruktur- und Wettbewerbsanalyse,
3) der Einzugsgebietsabgrenzung und -zonierung,
4) der Umsatzschätzung und
5) der Wirtschaftlichkeitsprüfung anhand von Kennwerten.

Die wichtigsten Aspekte und Ergebnisse der Analyse sowie das zusammenfassende Urteil werden in einem weitgehend formalisierten Kurzgutachten mit tabellarischem und kartographischem Anhang sowie Standortfoto abgefaßt.

2.2.1 Die Objekt- und Standortbegutachtung

Jede Analyse beginnt mit einer Ortsbesichtigung seitens der Standortanalytiker. Sie dient dazu, sich von der bestehenden Objektanlage oder den Planungsunterlagen, die von der Expansionsabteilung übermittelt werden, sowie von den örtlichen Gegebenheiten ein Bild zu machen. Die eigentliche Aufgabe besteht darin, einzuschätzen, ob das Gezeichnete in dieser Weise realisierbar erscheint und in seiner Funktionalität optimal auf die beabsichtigte Nutzung zugeschnitten ist, so daß künftig von einer hohen Akzeptanz ausgegangen werden kann. Angesichts der Notwendigkeit, sich an neuen Standorten in einem zumeist gefestigten Marktgebiet gegen etablierte Mitbewerber durchsetzen zu müssen, wird größter Wert auf die Zweckmäßigkeit der Gestaltung der Objektanlage gelegt, um die vertriebliche Leistungsfähigkeit durch die Vorteile kundenoptimierter Geschäftsanlagen zu unterstützen.

Zu dieser Begutachtung gehören selbstverständlich auch Amtsbesuche mit dem Ziel, den aktuellen Stand der baurechtlichen Diskussion zu eruieren, um die Genehmigungsfähigkeit und die Umsetzungschancen der vorliegenden Planungsvorstellungen abzuschätzen. Grundsätzlich hat die REWE kein Interesse daran, einen Markt gegen die Vorstellungen einer Stadt durchzusetzen, selbst dann nicht, wenn dies genehmigungsrechtlich möglich wäre.

Hat sich der Standortanalytiker einen Eindruck vom Grundstück, der geplanten Objektanlage und dem unmittelbaren Umfeld gemacht, wendet er sich Fragen der standörtlichen Einbindung zu. Dazu zählen die Lage innerhalb des Stadtgebietes, die Einfügung in das Zentralitätsgefüge, die Plazierung innerhalb von Geschäfts- und Einkaufszentren und deren Attraktivität für die potentiellen Kunden im Untersuchungsgebiet, ferner die Anbindung und Einbettung in das Straßen- und ÖPNV-Netz sowie die Sichtbarkeit von den Hauptachsen, die Bau- und Sozialstruktur sowie die Bevölkerungsdichte im Wohnumfeld und nicht zuletzt die Nähe zu Arbeitsplatzkonzentrationen oder Pendlerrouten.

Die Fülle der in diesem Zusammenhang anfallenden Überlegungen hinsichtlich der Vorteilhaftigkeit oder Nachteiligkeit einzelner Aspekte stellt selbst erfahrene Analytiker bei jeder Beurteilung erneut vor eine komplexe Bewertungs- und Entscheidungssituation. Insbesondere die Vielschichtigkeit der Wechselwirkungen, Selbstverstärkungen und Kompensationseffekte erfordert in jedem Einzelfall eine spezifische Bewertung der Einzelfaktoren. Kein Standort, keine räumliche Situation ist gleich. Selbst weitgehend ähnliche Situationen müssen keinesfalls zwangsläufig zu einer gleichen Beurteilung führen. Beispielhaft soll das an einigen Überlegungen erläutert werden, die der Autor als standörtlich elementar, rentabilitätsentscheidend und zugleich raumordungspolitisch bedeutsam begreift.

Der erste Komplex betrifft Fragen zur Bewertung verschiedener Standortlagen im Siedlungsgefüge für einen Lebensmittelmarkt. Food-Filialisten haben ein vorherrschendes Interesse an möglichst verbrauchernahen Standorten. Mit steigender „Auto-Mobilität" der Konsumenten erlangen aber alternativ verkehrszentrale Standorte vermehrt Beachtung. Die Mobilität fordert und fördert diese „Fahrstandorte" gleichermaßen. Diese Entwicklung höhlt die Konkurrenzfähigkeit der traditionell präferierten Standorte in Innenstädten und Wohngebieten aus. Zugleich erschweren — um nicht zu sagen, vereiteln — oft komplizierte Grundstücksverhältnisse und überzogene Gestaltungsauflagen die adäquate Umsetzung der Betreibervorstellungen von einer optimalen Objektanlage. Häufig sieht sich der Handel damit konfrontiert, daß die unerläßlichen Parkplätze zu knapp, mit Gebühren belegt, nicht ebenerdig bereitstellbar und für die Kunden ungünstig anfahrbar sind. Zusätzlich werden an zentralen und verbrauchernahen Standorten die ohnehin knappheitsbedingt hohen Mieten durch kostenintensive und effizienzmindernde, multifinale Gebäude verteuert. Objekt- und Kostennachteile dieser Art können beim heutigen äußerst mobilen und flexiblen Kundenverhalten allenfalls durch eine hohe Bevölkerungsdichte im fußläufigen Nahbereich, durch eine hohe Passantenfrequenz oder durch ein attraktives Einkaufsumfeld kompensiert werden. Folglich erweisen sich in den letzten Jahren Standorte an Ausfallstraßen und in Gewerbegebieten, z. T. weit abseits der Wohnbevölkerung, als vorteilhaft und erfreuen sich zunehmenden Interesses seitens des Handels. Hier lassen sich auf großen, günstig geschnittenen Grundstücken funktional optimierte Standardobjektanlagen mit großzügigen Parkplätzen verwirklichen.

Das Hauptproblem dieser fahrkundenabhängigen Zielstandorte stellt aus der Perspektive des Handels die große Entfernung zur Kundschaft und die notwendige Umlenkung gewohnheitsmäßiger Einkaufsbeziehungen dar. Dies erfordert eine überzeugende, durchsetzungsfähige Vertriebsleistung. Darüber hinaus muß der Nachteil des größeren Wegeaufwandes bei der Nutzung des peripheren Standorts durch eine absolut unproblematisch erreichbare und fahrkundengerecht gestaltete Objektanlage kompensiert werden. Zu erreichen ist dies, indem den Kunden die Gelegenheit geboten wird, den als lästig empfundenen Einkauf von Lebensmitteln so bequem und zeitsparend wie möglich zu erledigen. Insbesondere für Food-Discounter erweist sich diese Standortwahlstrategie als erfolgversprechend und angesichts der günstigeren Mietbelastung als rentabel.

Der Erfolg dieses Konzeptes basiert darauf, daß viele Kunden in Anbetracht des Transportaufwandes beim Lebensmitteleinkauf selbst für kleinere Distanzen gern das Auto benützen. Nach den Ergebnissen der REWE-Marktforschung ermittelt sich sogar für nahversorgende Supermärkte ein durchschnittlicher Fahrkundenanteil von 36 %. Bei Discountern, SB-Warenhäusern und Fachmärkten liegen die entsprechenden Werte um 75 % und steigen zuweilen bis über 90 % an. Berücksichtigt man zusätzlich die deutlich höheren Einkaufsbeträge der motorisierten Kunden, so wird verständlich, warum die günstige Erreichbarkeit der Standorte für den automobilen Individualverkehr eine der obersten Maximen der Standortphilosophie nicht nur der REWE bildet.

Als zweiter Komplex einer typischen standörtlichen Abwägungsfrage ist die Bewertung des Zentralitätsaspektes der Erörterung wert. Generell besitzen zentrale Orte für den Einzelhandel eine enorme Zugkraft, weil an diesen Orten durch die Gesamtattraktivität des Angebots ein großes Einzugsgebiet erschlossen und eine hohe Kaufkraftbindung zu erzielen ist. Um dieses erhöhte Umsatzvolumen balgen sich allerdings immer mehr Mitstreiter. Das Ergebnis ist ein erbarmungsloser Verdrängungswettbewerb. Längst führt eine weitere Angebotszunahme in den zentralen Orten nicht mehr zu einer entsprechenden Intensivierung der Kaufkraftbindung im Einzugsgebiet.

Für den Lebensmittel-Einzelhandel ist eine hohe Frequenz an potentiellen Kunden, die sich mit Gütern des Alltagsbedarfes versorgen wollen, entscheidend. Aufgrund dessen erweist sich für Lebensmittelmärkte die Einbettung in eine Agglomeration aus branchenfremden Anbietern des Alltagsbedarfes als besonders vorteilhaft. Mit steigender Zentralität eines Geschäftszentrums verschiebt sich dessen Publikumsstruktur vom Alltagsbedarfskunden zum Kunden von shopping und specialty goods. Gleichzeitig öffnet sich die Schere zwischen wachsenden Mietzinserwartungen und dem realisierbaren Mehrumsatz immer stärker zum Nachteil des Lebensmittel-Einzelhandels. Die Folge ist, daß das Betreiben kleinflächiger Lebensmittelmärkte in gewachsenen Geschäftslagen oberhalb der zentralörtlichen Hierarchiestufe von Unter- und Quartierszentren unwirtschaftlich wird. In höherrangigen Zentren können Lebensmittelmärkte erfahrungsgemäß nur in verkehrsorientierten Lagen von Zentralitätseffekten profitieren, indem sie die auf den zentralen Ort gerichteten Kaufkraftzuflüsse abfangen. Dabei kann eine Abfangposition dann um so wirkungsvoller wahrgenommen werden, wenn die Attraktivität durch ergänzende Anbieter gesteigert wird. Dies kann entweder in Form einer Agglomeration mit branchenfremden Fachmärkten oder durch eine Verbundanlage von Vollsortimenter und Discounter erzielt werden.

Forciert durch den zunehmenden Expansionsdruck unter den Handelskonzernen ist angesichts des knapper werdenden Potentials an erfolgversprechenden Standorten in zentralen Orten ein Trend zur Verlagerung des Expansionsschwerpunktes im Food-Kleinflächenbereich zugunsten kleinerer Orte zu beobachten, die allenfalls ansatzweise Versorgungsfunktionen ausüben, aber über genügend Kaufkraftpotential im Nahbereich verfügen und zugleich entwicklungsfähig erscheinen. Die Erfahrungen aller Marktteilnehmer zeigen jedoch, daß es mit den gängigen Märktekonzeptionen — so frischekompetent oder preisaggressiv sie auch sein mögen — dort nicht gelingt, die erforderlichen Marktanteile für ein profitables Betreiben zu binden.

Für Großflächen und Fachmärkte bevorzugt die REWE des großen Potentialbedarfs dieser Betriebsformen wegen grundsätzlich die Nähe zentraler Orte. Aufgrund der Eigenattraktivität ihres Angebotes sind diese Betriebe nicht auf die Einbindung in gewachsene Zentren angewiesen. Das gilt in besonderem Maße für SB-Warenhäuser, deren Standorte eine allochtone Frequenz weitgehend entbehren können. Fachmärkte realisieren zwar bei Einbettung in Agglomerationen oder gar Fachmarktzentren einen deutlichen Mehrumsatz. Mit Blick auf die Rentabilität weisen aber Solitärstandorte und Agglomerationslagen letztlich kaum spürbare Unterschiede auf. An Standorten in Fachmarkt- und Einkaufszentren kann in aller Regel nur dann eine vergleichbare Wirtschaftlichkeit erzielt werden, wenn die REWE über die eigene Projektentwicklung oder Generalanmietung einen maßgeblichen Einfluß auf die Mietpreisgestaltung nehmen kann. Dies zeigt *Abbildung 1* am Beispiel von Teppichbodenmärkten in den neuen Bundesländern.

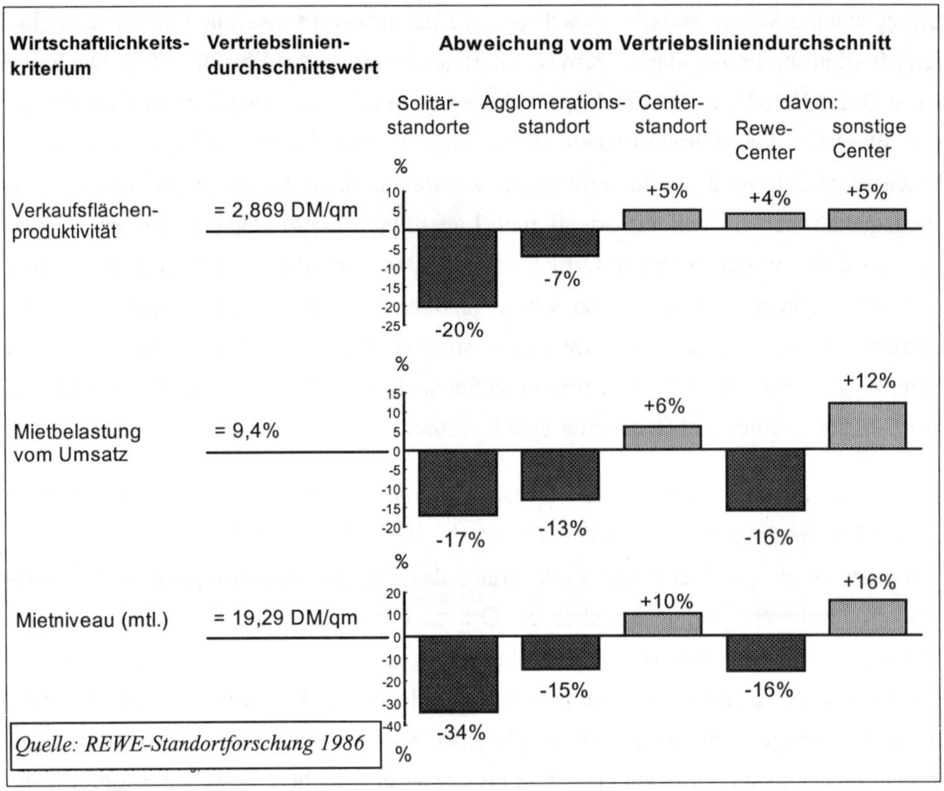

Abbildung 2: Ablaufschema der Standortselektion und Standortprüfung

Bei der Standortbeurteilung stellen sich diese und viele andere Überlegungen in ständig wechselnden Konstellationen und Kombinationen. Außerdem hat nicht jeder Aspekt an jedem Standort gleiches Gewicht. Aus diesen Gründen werden den Standortanalytikern in der Praxis keine standardisierten Bewertungsraster mit Kriterienliste und Prioritätenskala vorgegeben. Statt dessen wird dem Bearbeiter in seiner Auswahl, Bewertung und Gewichtung der Einflußfaktoren zur Beurteilung des situativen Kontexts freie Hand gelassen. Damit gestaltet sich der Entscheidungsprozeß sehr individuell und nur bedingt nachvollziehbar, finden doch in der Analyse ausschließlich die vom Bearbeiter als entscheidungsrelevant empfundenen Aspekte Würdigung.

Ambitionierte wissenschaftliche Standortbewertungsmethoden wie ökonometrische Kalibrationsmodelle oder regressionsanalytische Verfahren kommen in der Bewertungspraxis der REWE nicht zur Anwendung. Dies nicht allein deshalb, weil sie als Vorleistung ein systematisches Standortcontrolling erfordern, sondern weil sich die Quantifizierung, Evaluierung und Gewichtung der Vielfalt realer Bedingungen sehr zeit- und kostenintensiv erweist. Allerdings finden in Kooperation mit Universitäten bereits Vorstudien zur Lösung des Standortbewertungsproblems mit anspruchsvolleren Verfahren statt, um unter Ausnutzung der Möglichkeiten, die der Einsatz von Computersystemen künftig verstärkt eröffnet, handhabbare Instrumentarien für die Praxisanwendung zu entwickeln. Zudem ist zur Verbesserung der Entscheidungshilfen die Implementierung einer unternehmenseigenen Standortforschung vorgesehen. Mit ihrer Hilfe soll der Einfluß von Standortbedingungen und Wettbewerbskonstellationen auf die Etablierungschancen der einzelnen Vertriebslinien systematisch ermittelt werden.

2.2.2 Die Markt- und Wettbewerbsanalyse

Der Einordnung eines Standorts in das Leistungsgefüge des örtlichen Handels wird seitens der REWE-Gruppe größte Aufmerksamkeit geschenkt. Im Rahmen der Markt- und Wettbewerbsanalyse stehen folgende Fragen im Vordergrund:

1) Welches Umsatzvolumen wird von allen in der Marktregion präsenten Anbietern mit relevanten Sortimentsbestandteilen getätigt?
2) Welcher Umverteilungsspielraum ergibt sich im zugeordneten Einzugsgebiet unter Beachtung der Angreifbarkeit der Mitbewerber?

Dazu ist eine gewissenhafte und exakte Erfassung insbesondere der Systemmitbewerber im engeren Einzugsgebiet erforderlich. Sie erfolgt über die Erhebung quantifizierbarer Leistungsindikatoren. Das Bild jedes einzelnen Mitbewerbers wird durch qualitative Eindrücke komplettiert, die im Rahmen einer Begehung mit Fingerspitzengefühl und Fachwissen eruiert werden. Mit abnehmender Größe und zunehmender Entfernung vom Standort verliert der Anbieterbestand an Bedeutung für die künftige Umsatzerwartung.

Welche konkreten Wettbewerberdaten finden in den Standortanalysen Berücksichtigung? Wichtigstes Wettbewerberdatum ist die Verkaufsfläche im Zusammenhang mit dem Betreiber und der Vertriebslinie. Diese Informationen entnehmen die Analytiker den Konkurrenzdatenbanken, die zentralseits durch regelmäßiges Monitoring gepflegt werden. Für eine Taxierung der Umsätze der örtlichen Konkurrenten dienen die durchschnittlichen vertriebslinienspezifischen Produktivitätskennwerte als Orientierung, die verschiedenen renommierten Handelsinstituten bezogen werden können. Entscheidend ist, für jedes Outlet die tendenzielle Abweichung von diesen Kennwerten sicher beurteilen zu können. Da die Streubreite in Einzelfällen selbst 50 % überschreitet, gilt für die Analytiker, beim Besuchen der Konkurrenzfilialen aufmerksam nach Indikatoren Ausschau zu halten, die Richtung und Umfang der Abweichung andeuten. Zu beachten sind:

- Lagemerkmale wie die Lage im Siedlungsgefüge und Verkehrsnetz sowie zu den Versorgungsschwerpunkten,
- Objektmerkmale wie Parkplatzanzahl und -belegung, Anfahrkeitsbedingungen, Außendarstellung,
- vertriebliche Aspekte wie Preisgefüge, Personalbesatz, Sauberkeit, Präsentation, Regal- und Frischeabteilungsbestückung und
- Frequenzeindrücke wie Kassenanzahl und -besetzung sowie die Kundenfrequenz innerhalb und außerhalb des Ladens.

Daneben hängt die Umsatzleistung ganz erheblich vom Etablierungsgrad und der Bekanntheit eines Geschäftes ab; Informationen, die auf Ämtern und durch die Befragung von Kunden und Passanten grob ermittelt werden können.

Natürlich sind gerade die wichtigen frequenzbezogenen Indikatoren zeitpunktabhängig. Dem saisonalen Umsatzverlauf und dem Wochen- und Tagesgang der Haupteinkaufszeiten steht die zeitliche Disposition der Standortanalytiker im Rahmen ihrer Touren- und Tagesplanung einschränkend gegenüber. Komparative Zeitpunkterfassungen können daher kaum angewandt werden. Was zählt sind die Erfahrungen und Kenntnisse über die Rhythmik des Kundenaufkommens und der Belieferungszeiten, um eine korrekte Einschätzung der beobachteten Befunde zu gewährleisten. All diese wahrgenommenen Eindrücke verdichten die Standortanalytiker zu groben Umsatzschätzungen.

Einen wichtigen und zugleich sensiblen Bestandteil der Konkurrenzanalyse stellt die Recherche von Wettbewerberplanungen dar. Angesichts der heutigen Intensität des Wettbewerbs sind Informationen über Konkurrenzplanungen, deren Größe und Realisierungswahrscheinlichkeit eminent wichtig. Wird die Ansiedlung, Erweiterung oder Verlagerung eines Mitbewerbers übersehen, sind Umsatz- und Rentabilitätsaussagen zumeist Makulatur. Wurden letztlich nicht umgesetzte Konkurrenzplanungen bei der Umsatzvorausschätzung berücksichtigt und haben diese zum Verzicht auf die Realisierung eines Marktes geführt, stellt dies einen Opportunitätsverlust angesichts des knappen Potentials wirtschaftlicher Standorte für Neuobjekte dar.

Für die Prognose der künftigen Marktentwicklung sind für die Standortanalytiker neben den Informationen, die die Akquisiteure über ihre Kontakte vor Ort in Erfahrung bringen, Auskunftbereitschaft, Aktualität und Konkretheit der Auskünfte der kommunalen Wirtschaftsförderung und Planungsämter wesentlich. Bei diesen Gesprächen kommt es gerade auf die sachkundige Einschätzung an, wie die Genehmigungschancen und Realisierungszeiträume eventueller Konkurrenzplanungen im Verhältnis zur Situation am eigenen Standort zu bewerten sind.

2.2.3 Die Einzugsgebietsabgrenzung und -zonierung

Die Basis aller Berechnungen zur Potentialausschöpfung und Umsatzerwartung bildet die Festlegung des künftigen Einzugsgebietes, das aus standörtlichen, vertrieblichen oder wettbewerblichen Gründen selten dem Marktgebiet der Ansiedlungsgemeinde entspricht und somit von den Analytikern im wörtlichen Sinne „erfahren" werden muß.

Im Laufe des Aufsuchens der Mitbewerber, des Abfahrens der Wohnquartiere und Straßenzüge im Umfeld des Standorts sowie der Gespräche mit den Leuten vor Ort entwickelt sich sukzessive eine Vorstellung von den räumlichen Zusammenhängen und Verflechtungsstrukturen der Marktregion. Indem die Standortanalytiker versuchen, in die Perspektive des Verbrauchers einzutauchen, seine Aktionsräume und Wege zu erspüren sowie mögliche Barrieren oder räumliche Verhaltenspräferenzen zu erahnen, formiert sich ein Bild, wie sich der zu untersuchende Standort in die Marktregion einfügt. Diese Vorstellung reift je nach örtlicher Situation und Erfahrung mal schneller und klarer, mal vager und erst nach einer längeren Zeit vor Ort. Erst diese intensive Auseinandersetzung mit dem Untersuchungsraum versetzt die Analytiker in die Lage, ziemlich sicher entscheiden zu können, wie das potentielle Einzugsgebiet nach außen abzugrenzen und intern in Zonen gleicher Marktchancen zu differenzieren ist.

Empirische Verbraucherbefragungen werden im Zuge der Standortprüfung allenfalls in Ausnahmefällen durchgeführt, da deren Kosten und Zeitbedarf in keinem Verhältnis zu Aussagekraft und Nutzen der Ergebnisse stehen. Der Effizienz halber werden die Außengrenzen des potentiellen Einzugsgebietes schlichtweg nach Gutdünken festgelegt. Die Praxis vertraut allerdings mit gutem Grund auf das Gespür ihrer Standortprofis, das auf dem gekonnten Zusammenspiel von Vorstellungskraft, Ortskenntnissen, Erfahrungen und theoretischem Wissen beruht. Die Resultate dieser auf Plausibilitätsüberlegungen basierenden Art der Abgrenzung sind im allgemeinen zufriedenstellend und bestätigen das Zutrauen in die Fähigkeiten der Praktiker. Dies nichtzuletzt deshalb, weil in zeitlichen Abständen alle Standortanalytiker die Möglichkeit erhalten, ihre angenommenen Einzugsgebiete mit Hilfe der Ergebnisse von POS-Befragungen mit der Realität an den von ihnen beurteilten Standorten nach der Eröffnung zu vergleichen.

Für die Abschätzung des zu erwartenden Einzugsgebietes bildet die gedankliche Ausgangsbasis das Modell konzentrischer Distanzzonen abnehmender Intensität der Inanspruchnahme eines Geschäftes durch die Kundschaft. Die mittleren Reichweiten der Vertriebslinien und die durchschnittlichen Kundenanteile aus bestimmten Entfernungszonen sind bekannt. In die weiteren Überlegungen fließen als modifizierende Faktoren die komparative Bewertung der Vertriebslinienattraktivität und Leistungsstärke sowie der Lage- und Objektqualitäten der Standorte der Mitbewerber gegenüber der eigenen Planung ein, dies vor allem mit Blick auf die Einflüsse abschirmender Konkurrenzstandorte oder vorteilhafter Abfangpositionen gegenüber Mitbewerbern.

Darüber hinaus spielen für die Abgrenzung und Zonierung des Einzugsgebietes zahlreiche ergänzende Aspekte eine Rolle, wie z. B. Verwaltungsgrenzen, Infrastrukturlinien mit Barrierewirkung und topographische Gegebenheiten oder die Nähe zu großen Unternehmensstandorten mit hoher Beschäftigtenanzahl und weiträumiger Pendelverflechtung. Die Bewertung dieser Faktoren geschieht vor dem Hintergrund der antizipierten Aktionsräume und Orientierungen der Verbraucher. Je nachdem, wie vielschichtig sich die überlagernden Einflüsse im Raum nach der Einschätzung des Analytikers niederschlagen, desto kleinräumiger wird das Einzugsgebiet in Teilzonen homogenen Kundenverhaltens unterteilt, für die ungefähr gleiche Marktanteile angesetzt werden können.

2.2.4 Die Umsatzschätzung und Rentabilitätsprüfung

Nachdem alle standort-, objekt- und marktrelevanten Daten zusammengestellt sind, beginnt die eigentliche Umsatzschätzung, auf der letztlich die entscheidende Rentabilitätsprüfung basiert. Es handelt sich dabei im Prinzip um eine simple Multiplikations- und Additionsaufgabe, deren Schema aus nachfolgendem Umsatzermittlungstableau ersichtlich wird (vgl. *Abbildung 2*).

Nr.	Einzugsgebietszone	Einwohnerbestand	mittelfr. Einwohnerzuwachs	künftige Einwohnerzahl	vertriebslinienspezifische Pro-Kopf-Ausg. DM	durchschnittl. Kaufkraft TDM	örtliche Kaufkraft Korrektur %	lokale Kaufkraft	geschätzter Marktanteil %	erwarteter Branchenumsatz
I	Innenstadt	16500	0	16500	3600,00	59400	0	59400	20,00	11880
II	nördl. u. östl. Stadtgebiet	22000	1000	23000	3600,00	82800	0	82800	25,00	20700
III	nordöstliches Umland	9500	500	10000	3600,00	36000	-5	34200	15,00	5130
IV	südl. u. westl. Stadtgebiet	19000	1500	20500	3600,00	73800	0	73800	10,00	7380
V	restliches Umland	28000	0	28000	3600,00	100800	-5	95800	5,00	4790
	Einzugsgebiet			**9800**		**352800**		**346000**	**14,42**	**49880**
						Aufschlag für Non food-Sortimente: +25%				12470
						Gesamtumsatzerwartung (TDM):				**62350**

Wirtschaftlichkeitsprüfung:				
Marktdaten:	Verkaufsfläche:	6500 m2	Verkaufsflächen-Produktivität (DM/m²):	9592
	Nutzfläche:	9000 m2	Mietbelastung am Umsatz (in %):	3,55
	Monatsmiete:	20,50 DM/m2		
Vertriebsdaten	Rohertrag:	k. A.%	Deckungsbeiträge B (in %):	„positiv“
	Sachkosten:	k. A. %		
	Personalkosten:	k. A. %		

Abbildung 2: Umsatzermittlungstableau für ein fiktives SB-Warenhaus

Das für die einzelnen Zonen des Einzugsgebietes ermittelte Potential an Verbrauchern wird mit den sortimentsbezogenen Pro-Kopf-Ausgaben multipliziert. Die vertriebslinienspezifischen Sortimentsausgaben je Einwohner werden alljährlich von der Marktforschungsabteilung der REWE aktuell ermittelt. Anhand der Kennziffern der GfK erfolgt eine Korrektur der Sortimentspotentiale entsprechend der Abweichungen des Kaufkraftniveaus im Untersuchungsgebiet vom Bundesdurchschnitt, die bei großer Heterogenität im Einzugsgebiet auch kleinräumig differenziert vorgenommen wird.

Die entscheidenden Größen im Rahmen der Umsatzschätzung stellen die zonenspezifischen Abschöpfungsquoten dar. Sie drücken unter der Annahme, daß im Sinne eines Null-Summen-Spiels davon auszugehen ist, daß das gesamte Kaufkraftpotential bereits gebunden wird, die Erwartungen der Standortanalytiker davon aus, welche Marktanteile eine Vertriebslinie im Rahmen des Umverteilungsprozesses anderen Betriebsformen abwerben und den Systemmitbewerbern wird abnehmen können. In diesem Zusammenhang erlangt die Abweichung der geschätzten von der durchschnittlichen Produktivität jedes Konkurrenzoutlets große Bedeutung. Bei starkem positivem Ausschlag sind hohe Gewinne, aufnahmefähige Marktverhältnisse und günstige Abschöpfungschancen unter guten Standortvoraussetzungen zu erwarten. Läßt sich eine deutliche Kluft erkennen, bieten sich Abschmelzungspotentiale infolge von Marktbereinigungsprozessen an, die durch den eigenen Markteintritt an einem vorteilhaften Standort ausgelöst werden.

Das Ergebnis dieser Abwägung aller wahrgenommenen, gewichteten und bewerteten standort- und wettbewerbsrelevanten Faktoren spiegeln die Abschöpfungsquoten wider — eine höchst subjektive Festlegung! Auf den Problemgehalt der Abschöpfungsquoten sei an dieser Stelle ganz deutlich hingewiesen. Damit erfolgt nicht nur die pauschale Quantifizierung einer Vielzahl qualitativer Standorteigenschaften, sondern der Prozeß der Verdichtung und Quantifizierung in Form eines Wertes ist kaum intersubjektiv nachvollziehbar und bestenfalls auf seine Plausibilität überprüfbar.

Zur Bestimmung des Verdrängungspotentials bieten sich diverse Hilfskonstruktionen und Kontrollverfahren an. Ein möglicher Ansatz besteht in der Aufstellung von Attraktivitätsrelationen in bezug auf die Verkaufsflächengröße, Leistungsstärke sowie die komparative Standort- und Objektqualität. Ein weiterer Weg zur Abschätzung künftiger Umsätze besteht darin, sich im Analogieverfahren der aus POS-Studien bekannten Ist-Abschöpfungsquoten bestehender Märkte in ähnlicher Standort- und Marktsituation zu bedienen. Schließlich existiert die Möglichkeit, über eine Summation der Marktanteile der Systemmitbewerber und der eigenen Vertriebslinie in den abgegrenzten Zellen des Einzugsgebietes, die entsprechend der komparativen Faktorqualitäten geschätzt werden, eine fiktive Gesamtmarktausschöpfung zu ermitteln, die am bundesweiten Marktanteil der betrachteten Betriebsform als Kontrollgröße zu bemessen ist. Ergänzend können die sich ermittelnden Produktivitätswerte der Konkurrenten als Plausibilitätskontrolle herangezogen werden.

Tatsächlich handelt es sich jedoch bei jeder dieser Schätzpraktiken um mehr oder weniger grobe Hilfsverfahren. Die Umsatzermittlung ist und bleibt eine Schätzung, deren Qualität um so höher einzustufen ist, je gewissenhafter, umfassender, detaillierter und exakter die standörtlichen Bedingungen recherchiert worden sind, je erfahrener der

Standortanalytiker ist, je besser seine Fähigkeiten zur intuitiven Einschätzung des situativen Kontextes sind und je genauer die Datenbasis ist.

In die Rentabilitätsprüfung, eine standardisierte Modellberechnung der Deckungsbeiträge anhand vorgegebener Aufstellungen des Controllings über die durchschnittliche Umsatzentwicklung sowie die Kostenstrukturen einer Vertriebslinie, fließen als standortspezifische Größen die Ladengröße, die Umsatzschätzung und die Miete ein. Entscheidend ist der Deckungsbeitrag in Verbindung mit den Richtwerten zur Mietbelastung und Verkaufsflächenproduktivität. Überschreitet der Deckungsbeitrag einen kritischen Prozentsatz vom Umsatz bekommt die Niederlassung die Freigabe zur Anmietung des vorgesehenen Standorts für die angedachte Vertriebslinie. Das ist bei zwei Drittel der eingereichten Standorte der Fall.

Dank der Branchen- und Typenvielfalt des REWE-Vetriebsspektrums werden für eine bestimmte Vertriebslinie abschlägig beschiedene Standorte nicht verworfen, ohne zuvor auf ihre Eignung für die übrigen in Betracht kommenden Geschäftsfelder geprüft und gegebenenfalls erneut analysiert zu werden.

Ob letztlich am Standort die positiv beurteilte Vertriebslinie realisiert werden kann, hängt vom Verhandlungserfolg der Niederlassungen ab. 1996 entfiel deutschlandweit in 515 Fällen der Vergabezuschlag zugunsten der REWE. Gleichzeitig konnten 415 Mietvertragsabschlüsse in Neueröffnungen umgesetzt werden. Die fortschreitende Marktsättigung in Deutschland läßt für die kommenden Jahre eine Reduzierung der Anzahl neuer Märkte erwarten. Der Wettbewerb im Handel und die Chancen der europäischen Integration und Osterweiterung werden aber gleichzeitig zu einer Steigerung der konzernweiten Expansion bei zunehmender Schwerpunktverlagerung ins Ausland führen.

Strategische Geschäftsfelder für Handelsbetriebe: Ein systemspezifischer Segmentierungsansatz

Roland Mattmüller, Oestrich-Winkel

Im strategischen Marketing kommt der Festlegung der zu bearbeitenden Angebots-Zielgruppen-Kombinationen im Sinne von Strategischen Geschäftsfeldern eine zentrale Bedeutung zu. Die zur Bildung von Geschäftsfeldern vorherrschenden Ansätze stammen dabei aus der industriell geprägten Forschung und bedürfen zum einen einer handelsspezifischen Modifizierung und Konkretisierung — nicht zuletzt auch vor dem Hintergrund der Diskussion über Category Management. Zum anderen sind die besonderen Grenzen von Einbetriebs-Unternehmen zu berücksichtigen, wie sie gerade auch für kleinere und mittelgroße Betriebe im Handel kennzeichnend sind, um der Anwendung des Geschäftsfeld-Ansatzes zu einer breiteren Basis zu verhelfen.

1 EINLEITUNG UND PROBLEMSTELLUNG

Im Verlauf seiner paradigmatischen Entfaltung hat sich das Marketing immer stärker auch mit strategischen Fragestellungen beschäftigt. Strategisches Marketing bzw. strategische Marketingplanung stellen heute wesentliche Schwerpunkte der Disziplin dar. Zwangsläufig ergab sich dabei eine immer größer werdende Schnittmenge mit der strategischen Unternehmensplanung im herkömmlichen Sinne, die sich — zur Erreichung ihres Generalzieles, der dauerhaften Existenzsicherung — im wesentlichen an folgenden Erfolgspotentialen zu orientieren hat (vgl. Coenenberg/Baum 1987, S. 31):

- die Fähigkeit zur Lösung nachhaltiger Kundenprobleme,
- die Auswahl tragfähiger Marktsegmente und
- die Besetzung verteidigbarer Positionen im Wettbewerbsumfeld.

Damit aber wird deutlich, daß die strategische Unternehmensplanung im wesentlichen auf marketingrelevanten Konstrukten aufbaut (Zielgruppengedanke, Denken in Problemlösungen für den Nachfrager statt reiner Technologieorientierung, Marktsegmentierung und Positionierung), wobei sowohl absatz- als auch beschaffungsseitige Potentiale integrierbar sind.

Aus diesem Grunde ist das strategische Marketing bzw. — in der Ablaufbetrachtung — die strategische Marketingplanung als ein oder häufig als *das* Kernstück der strategischen Unternehmensplanung insgesamt zu betrachten, wobei letztere die Summe der strategisch ausgerichteten Planungsaktivitäten (z. B. aus den Bereichen Organisation, Finanzwesen etc.) darstellt. Letztendlich muß jede strategische Gesamtplanung eines Unternehmens, die nicht zentral auf die Marktbetrachtung abstellt, als verfehlt bezeichnet werden.

Für das strategische Marketing in diesem skizzierten Sinne eines marktorientierten, strategisch ausgerichteten Gesamtkonzeptes stellen Suche und Auswahl der zu bearbeitenden Angebots-/Zielgruppen-Kombinationen eine zentrale Aufgabe dar. Die hierdurch definierbaren *Strategischen Geschäftsfelder* werden somit zur grundlegenden Basiseinheit für die strategische Analyse und Festlegung des weiteren Vorgehens bei der Marktbearbeitung.

Ein so verstandenes strategisches Marketing war im Handel lange Zeit nur schwach ausgeprägt bzw. bei vielen Unternehmen gar nicht vorfindbar. Als Gründe hierfür lassen sich u.a. das oftmals vorherrschende und in hohem Umfang Kapazitäten bindende Tagesgeschäft sowie die Betonung kurzfristiger Marketingaktivitäten (Dominanz von kommunikations- und preispolitischen Maßnahmen auf taktischer Ebene) nennen. Andererseits ist zu unterstellen, daß sicherlich häufig strategische Dispositionen getroffen wurden und werden, ohne daß dies von den Entscheidungsträgern jeweils explizit als strategische Planung bezeichnet wird. Das Defizit lag überwiegend im Fehlen eines bewußten, abgestimmten und organisatorisch eingebetteten strategischen Vorgehens im oben beschriebenen Sinne.

Bei den Großunternehmen des Handels begann sich dieser Zustand spätestens mit Beginn der 80er Jahre und den anlaufenden Akquisitions- und Diversifikationsphasen zu ändern. Die damit auftretenden Steuerungsprobleme der konglomeraten Strukturen bestärkten die Einsicht in die Notwendigkeit strategischer Unternehmens- und Marketingplanung. Weitere Impulse kamen in der Folge von der zunehmenden Verlagerung der Marketing-Führerschaft innerhalb des Gesamtdistributionssystems wesentlicher Branchen zugunsten des Handels sowie von damit zusammenhängenden Entwicklungen, wie etwa der wachsenden Bedeutung von Handelsmarken und der Übernahme klassischer Produktmanagement-Funktionen durch den Handel.

Damit wurde jedoch gleichzeitig eine Focussierung auf die für die obige Entwicklung verantwortlichen Großunternehmen gelegt, die als Mehrbetriebs-Unternehmungen — also als vielfache Filialisten oder als Konglomerate mit mehreren Betriebsstätten — vorliegen. Hingegen sind Vorgehensweise, Phasen und Instrumentarium des strategischen Marketing sowie zum Teil auch noch der eigentliche Kerngedanke einer strategischen Marktbearbeitung bei vielen kleinbetrieblichen Handelsunternehmen bis heute keineswegs eine Selbstverständlichkeit. Als Belege hierfür mögen an dieser Stelle neben Ergebnissen empirischer Arbeiten (vgl. etwa Barth/Hartmann 1991, S. 137 ff.) die in der Handelspraxis zu beobachtenden entsprechenden Weiterbildungsbemühungen der mittelständisch geprägten Verbundgruppen ausreichen.

Vor diesem Hintergrund beschäftigt sich der vorliegende Beitrag einerseits mit dem Basiselement Strategisches Geschäftsfeld und versucht, die handelsspezifischen Besonderheiten bei dessen Abgrenzung aufzuzeigen sowie Lösungsvorschläge zu entwickeln. Andererseits geschieht dies explizit für die Einbetriebs-Unternehmung im Handel, um die Eignung des Geschäftfeld-Ansatzes und des darauf aufbauenden Vorgehens auch für kleinere und mittelgroße Betriebe zu belegen.

2 SYSTEMNEUTRALE ANSÄTZE ZUR BILDUNG STRATEGISCHER GESCHÄFTSFELDER

Auf Ansoff beruht bekanntlich der traditionelle Ansatz zur Bestimmung Strategischer Geschäftsfelder mit seiner Zweiteilung in eine Produkt- und eine Markt-Achse, die neutraler und übergreifender als Angebots-/Zielgruppen-Kombination zu bezeichnen ist.

Unabhängig von der weiten Verbreitung dieses Ansatzes wurde jedoch immer auch schon -und speziell einhergehend mit der zunehmenden Bedeutung der strategischen Marketingplanung- Kritik an der Ansoff'schen Unterteilung geübt. Diese stand in erster Linie in Zusammenhang mit ihrer mangelhaften Eignung zur Suche und Definition *neuer* Geschäftsfelder. So werde beispielsweise durch die undifferenzierte Abgrenzung der Produkt-Komponente die Orientierung an der eigentlich relevanten Problemlösung für den Nachfrager erschwert (vgl. etwa Köhler 1981, S. 268).

Dieser Gedanke führte zur Entwicklung des zweiten der beiden bis heute vorherrschenden Ansätze zur Geschäftsfelddefinition durch Abell bzw. Abell und Hammond, welcher sich folgerichtig durch den Vorschlag einer Aufgliederung der Produkt- bzw. Angebotskomponente auszeichnet. Die daraus resultierende Dreidimensionalität wird durch die Achsen "Customer groups served","Customer functions served" und "Technologies utilized" aufgespannt (vgl. Abell 1980, S. 17). Für die hier im Vordergrund stehende handelsspezifische Modifikation der Geschäftsfeldabgrenzung wird letztendlich die Dreidimensionalität dieser Vorgehensweise von Bedeutung sein.

Nicht jede denkbare Kombination von Angebot und Zielgruppe generiert jedoch ein Strategisches Geschäftsfeld. Letzteres ist in erster Linie ein gedankliches Konstrukt, das zu einer für das Unternehmen vorteilhafteren, weil differenzierteren und auf Besonderheiten unterschiedlicher Angebots-/ Zielgruppen-Kombinationen achtenden Analyse, Planung und anschließender Marktbearbeitung beitragen soll. Aufgrund der dabei unvermeidbaren Tatsache, daß die Definition der Geschäftsfelder letztendlich auch von den Vorstellungen der verantwortlichen Entscheidungsträger von einem geeigneten Differenzierungsgrad abhängt, können keine allgemeingültigen Abgrenzungskriterien festgelegt werden, die das Angebots- und Zielgruppenspektrum eines Unternehmens sozusagen zwangsläufig in einzelne Geschäftsfelder zerlegen würden. Dennoch läßt sich die Entscheidungsfindung anhand einiger geeigneter Prüfkriterien und Fragestellungen zumindest systematisieren und damit absichern. Bei den in der relevanten Literatur vorzufindenden Kriterienkatalogen geht es im Kern stets um die Eigenständigkeit des Geschäftsfeldes als stabile und tragfähige Einheit, die als Basis einer strategisch orientierten Bearbeitung einer definierten Zielgruppe mit dem jeweiligen Leistungsangebot dient (vgl. Meyer/Mattmüller 1993, S. 24).

Die Umsetzung dieser Forderungen vollzieht sich in der Praxis über einen mehrstufigen und iterativen Prozeß, bei dem ähnliche Angebots-/Zielgruppen-Kombinationen mit

Blick auf die obigen Anforderungen so lange zu einem Geschäftsfeld zu aggregieren sind, bis die Grenze einer möglichen homogenen Marktbearbeitung überschritten wird.

Diese planerische Zusammenführung ist unabhängig von der — erst in einem zweiten Schritt nachfolgenden — Einordnung der Geschäftsfelder in die Aufbauorganisation des Unternehmens vorzunehmen. Strategische Geschäftsfelder als gedankliche Konstrukte sind nicht mit Geschäftseinheiten als organisatorische Elemente gleichzusetzen. Die Verknüpfung mit letzteren spielt dann eine Rolle, wenn die konkreten Zuständigkeiten hinsichtlich der Bearbeitung der Geschäftsfelder durch gegebene oder entsprechend neu zu schaffende Abteilungen, Projektgruppen etc. festzulegen sind.

3 EIN SYSTEMSPEZIFISCHER VORSCHLAG ZUR GESCHÄFTSFELDABGRENZUNG IM HANDEL

Nach den obigen allgemeinen Ausführungen gilt es nun, eine die Besonderheiten des Handels berücksichtigende Vorgehensweise zur Definition Strategischer Geschäftsfelder zu entwickeln. Dabei ist insbesondere die Frage nach geeigneten Aggregationsebenen und der inhaltlichen Ausgestaltung der Angebotskomponente zu beantworten.

Als Basis des nachfolgenden Vorschlages dient die Einbetriebs-Unternehmung im Handel, die sich über genau *eine* Betriebsstätte als Träger und *eine* Betriebsform als deren Inhalt konkretisiert. Mit Blick auf die unterschiedlichen Komplexitätsgrade im Handel (unterschiedliche Konglomerate einerseits sowie Filial- oder Franchisesysteme als multiplizierte Organisationsformen andererseits) stellt die Einbetriebs-Unternehmung damit die einfachste Form und gleichzeitig bei der Entfaltung von Handelsunternehmen in der Regel die Ausgangsform dar. Als typische Organisationsform des mittelständischen Handels soll nachfolgend gerade an ihrem Beispiel der Nachweis erbracht werden, daß das Konstrukt der Strategischen Geschäftsfelder und das strategische Marketing insgesamt keineswegs ausschließlich für Großunternehmen tauglich sind. Letztendlich hat jedes (Handels-)Unternehmen dieselben, weiter oben bereits aufgezeigten Grundfragen hinsichtlich geeigneter Angebots-/Zielgruppen-Kombinationen im Sinne einer strategisch orientierten Marktbearbeitung zu beantworten. Damit ist auch das zur Verfügung stehende Instrumentarium zunächst unabhängig von der Betriebsgröße anwendbar.

Gleichwohl ist diese allgemeine Aussage für solche Betriebe im Handel zu relativieren, bei denen eine Differenzierung unterschiedlicher Geschäftsfelder etwa aufgrund mangelnder strategischer Unabhängigkeit der Angebote oder beispielsweise wegen nicht gegebener Zielgruppen-Trennschärfe betriebsgrößenbedingt wenig Vorteile mit sich bringt — wie dies bei klassischen kleinstrukturierten “Tante-Emma-Läden”, Kiosken oder Boutiquen der Fall sein dürfte. Jedoch ist andererseits auch die Erkenntnis, beispielsweise als kleinflächiger Nahversorger eben nur ein einziges SGF zu bearbeiten bzw. mit den gegebenen Ressourcen bearbeiten zu können, unter den daraus ableitbaren Aspekten der Abhängigkeit und des entsprechenden strategischen Risikos zumindest ein analytisches Ergebnis auch für Kleinstunternehmen. Spätestens bei der Berücksichtigung von größeren Fachgeschäften oder etwa von mittelständischen Kauf- bzw. Warenhäusern wird die grundsätzliche Relevanz des SGF-Konzeptes auch für Einbetriebs-Unternehmungen deutlich.

Die nachfolgenden Vorschläge zur Bildung Strategischer Geschäftsfelder beschränken sich also auf die Belange von Einbetriebs-Unternehmungen, welche jedoch gleichzeitig auch die Basis für eine hier nicht vorzunehmende Spezifizierung der Mehrbetriebs-Unternehmungen (z. B. Filialisten) stellen (vgl. hierzu Mattmüller 1997, insbesondere S. 114 ff.).

Zunächst von dem zweidimensionalen Verständnis von Geschäftsfeldern ausgehend, wird nachfolgend die im Kern des Handelsangebotes stehende Sortimentsdimension (hier mit Beschränkung auf ein Fach- bzw. Vollsortiment) als Betrachtungs- und Gliederungsebene herangezogen.

3.1 Fachsortiment

Bei einem *Fachsortiment* im heutigen Sinne — also bedarfsorientiert auf die Abdeckung möglichst kompletter Anspruchsbereiche gerichtet (vgl. Meyer/Mattmüller 1987, S. 129) — bietet sich die Gestaltung der Angebotskomponente der Strategischen Geschäftsfelder zunächst anhand von Artikelbündelungen an, wie sie branchenspezifisch in Form von Warengruppen oder -bereichen bestehen. Diese, die Breitendimension eines Sortimentes bestimmenden Strukturen gewährleisten gleichzeitig einen akzeptablen Kompromiß zwischen der üblicherweise vorhandenen Artikelvielfalt einerseits und den Erfordernissen einer überschaubaren strategischen Planung andererseits, welche zudem die Eigenständigkeit der Geschäftsfelder zu beachten hat. Die Strukturierung von Sortimenten anhand der Tiefendimension (Anzahl der einzelnen, unterschiedlichen Artikel innerhalb einer Warengruppe bzw. eines Warenbereiches) erscheint zum Zwecke der Bildung Strategischer Geschäftsfelder als ungeeignet, da die erforderliche Eigenständigkeit der so definierten SGF kaum erfüllbar wäre. Dort, wo über die Tiefe des Sortimentes ein Ansatz für SGF vorliegt, geschieht dies primär über damit eng verbundene Zielgruppen-Abgrenzungen und demnach weniger über die isolierte Angebotsachse. Als Beispiel hierfür kann die eigenständige Bearbeitung von Bekleidungskäufern mit "Übergrößen" gelten ("high and mighty"), wie sie — zumindest im Kommunikationsbereich (eigenständige Printkampagne, spezifische Direktwerbung) — von dem Unternehmen C&A durchgeführt wird.

Auf der obigen problemlösungsorientierten Grundlage beruht letztendlich auch die momentane Umsetzung des Category Management im Sinne der dort anvisierten Bedarfsbündelung des Sortiments, wobei die gegenwärtigen Vorschläge jedoch zum einen häufig von Vollsortimenten und der damit vorhandenen Auswahl an einzelnen Artikeln ausgehen (z. B. Bereich Kaffeegenuß, inklusive unterschiedliche Kaffeearten und -sorten, benötigtes Zubehör aus dem food- wie non-food-Bereich, also über Kaffeesahne, Zucker bis hin zu Filtern und — letztendlich konsequent — zumindest noch Kaffeemaschinen). Zum anderen kommt der Zielgruppen-Gedanke bei der Zusammenfassung der Categories explizit noch zu kurz — eine Bildung vollständiger Strategischer Geschäftsfelder liegt daher (noch) nicht vor.

Unabhängig davon erweist sich bei einer stark angebotsgerichteten Bildung Strategischer Geschäftsfelder — gerade auch bei Fachsortimenten — die geforderte Eigenständigkeit im Sinne der gegenseitig gewahrten strategischen Unabhängigkeit als problematisch. Grund hierfür sind die im Sortiment bestehenden Verbundwirkungen der einzelnen Warengruppen und -bereiche (vgl. Hartmann 1992, S. 110 sowie vgl. empirische Ergebnisse beispielsweise bei Esch/Billen 1997, S. 331). Ordnet man der im SGF-Konzept geforderten Unabhängigkeit als denkbare Konsequenz beispielsweise auch die jederzeitige Möglichkeit zur Streichung einzelner Geschäftsfelder aus dem Gesamtportfolio eines Unternehmens zu, ohne daß damit die verbleibenden Geschäftsfelder in Mitleidenschaft gezogen werden sollen, so wird diese bei Fachsortimenten besonders ausgeprägte Problematik der Interdependenzen der einzelnen Bereiche unmittelbar deutlich. Bestehende Verbundwirkungen — z. B. als Kaufverbund über DV-gestützte Kassensysteme zu ermitteln — stellen somit eine Klammer dar, welche zumindest eine erste Strukturierung eines Sortimentes in einzelne SGF bzw. genauer in deren Angebotskomponente erleichtert.

Die Verbundwirkungen innerhalb von Fachsortimenten relativieren sich, wenn die bisher betrachtete reine Angebotsdifferenzierung verlassen und die Zielgruppe als die zweite konstitutive Komponente der Geschäftsfelddefinition berücksichtigt wird. Wie bereits deutlich wurde, scheint die Zergliederung eines Fachsortimentes im heutigen Sinne in mehrere voneinander unabhängige Strategische Geschäftsfelder eigentlich zunächst einen Widerspruch in sich darzustellen und nur in wenigen Fällen pragmatisch durchführbar. Die das moderne Fachsortiment kennzeichnende Bedarfsorientierung mit ihrer angestrebten, gleichwohl allerdings bei vielen Händlern noch keineswegs wirklich umgesetzten durchgängigen Lösung des Kundenproblems steht einer inhaltlichen Trennung und Differenzierung entgegen.

Dieser einschränkende Gedanke gilt jedoch eben nur bei alleiniger Orientierung an der Angebotsachse. Hingegen läßt sich die Definition unterschiedlicher Strategischer Geschäftsfelder auch bei einem Fachsortiment leicht nachvollziehen und begründen, sofern diese über verschiedene Zielgruppen abläuft. So mag es beispielsweise sinnvoll sein, bei Beibehaltung des Angebotes zwei Strategische Geschäftsfelder abzugrenzen, wenn die beiden Zielgruppen "Private Nachfrager" und "Gewerbliche Nachfrager" (oder "Großkunden" etc.) vorliegen, die eine entsprechend spezifische Marktbearbeitung erforderlich werden lassen und gleichzeitig ausreichend voneinander unabhängig sind.

Nachfolgend werden die bisherigen Überlegungen nochmals anhand einer konkreten Konstellation dargestellt. Dabei wurden zur Verdeutlichung und exemplarisch die Warengruppen "Home-Hifi", "Car-Hifi" und "Mobile Kommunikation" (also Funktelefone, Autotelefone etc.) eines Fachsortimentes für (Unterhaltungs-)Elektronik gewählt.

Während eine ausschließlich über das *Sortiment*, also über die Angebotsachse, ablaufende Gliederung, bei der sich die Geschäftsfelder anhand der drei Warengruppen konstituieren würden, nicht frei von Interdependenzen im Sinne von Verbundwirkungen ist, bringt eine ausschließliche Unterscheidung nach verschiedenen *Zielgruppen* eine trennscharfe Differenzierung.

So läßt sich beispielsweise eine Trennung in private Nachfrager einerseits und in gewerbliche andererseits konstruieren, wobei letzteren die im Sortiment enthaltenen

Home-Hifi Geräte etwa zum Gebrauch für Hintergrundmusik angeboten werden. Für Car-Hifi und mobile Kommunikation bieten sich Speditionen, Taxiunternehmen sowie Gewerbetreibende vielfältiger Branchen als Kundengruppen an, um das Beispiel durchgängig darzustellen. Liegt im vorliegenden Fall ein Einzelhandels-Unternehmen als Betrachtungsobjekt vor, so ist klar, daß dieses damit — funktional — auch eine aus der Sphäre des Großhandels stammende Geschäftstätigkeit durchführen würde. Die Unterschiedlichkeit dieses Geschäftsfeldes in bezug auf Nutzensaussagen und Kommunikation gegenüber der Zielgruppe, Serviceleistungen, Preisgestaltung und rechtlicher Bestimmungen etc. im Vergleich zur privaten Zielgruppe und dem dadurch begründeten SGF 1 ist offensichtlich. Gleichzeitig läßt sich nachvollziehen, daß damit Verbundwirkungen und ihre die Eigenständigkeit der Geschäftsfelder berührende Problematik keine Rolle spielen.

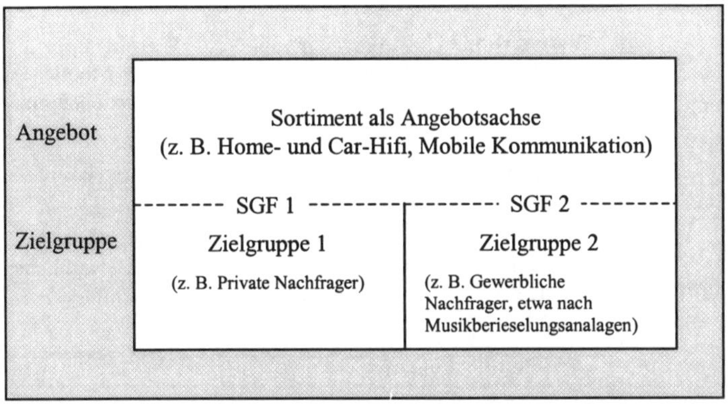

Abbildung 1: SGF-Differenzierung anhand von Zielgruppen

Neben der alleinigen Ausrichtung am Angebot oder an Zielgruppen bietet sich als weitere Abgrenzung eine *Kombination* beider Achsen an. Bezogen auf das obige Beispiel ist etwa das SGF 1 durch die Zielgruppe "anspruchsvoller", also über entsprechende soziodemographische wie psychographische Kriterien segmentierbarer, privater Nachfrager zu bilden, denen hochwertige und im oberen Preissegment angesiedelte Home-Hifi-Technologie angeboten wird. Darüber erfolgt eine Bearbeitung dieser Zielgruppe auch mit Car-Hifi und mobiler Kommunikation, wobei im einzelnen jeweils auf eine den hohen Ansprüchen dieser Zielgruppe gerecht werdende Zusammenstellung der Sortimentskomponenten zu achten ist.

Unter der im hier vorliegenden Beispiel gesetzten Voraussetzung, daß das Angebot anspruchsvoller Home-Hifi weniger mit dem Bedarf der beiden anderen Zielgruppen übereinstimmt, erfolgt eine schwerpunktmäßige Bearbeitung dieser Gruppen nur mit den übrigen erwähnten Warengruppen. Dies schließt einzelne Verkäufe natürlich wiederum nicht aus, jedoch liegt eben keine fokussierte Bündelung der angebotenen Home-Hifi und "jugendlich-trendbewußten" einerseits sowie gewerblichen Nachfragern andererseits im Sinne von eigenständigen Geschäftsfeldern vor. Auch hier bleibt durch die Einbeziehung der Zielgruppenachse zur Definition der drei Strategischen Geschäftsfelder deren Abgrenzung mit Blick auf mögliche Verbundwirkungen weitgehend überschneidungsfrei.

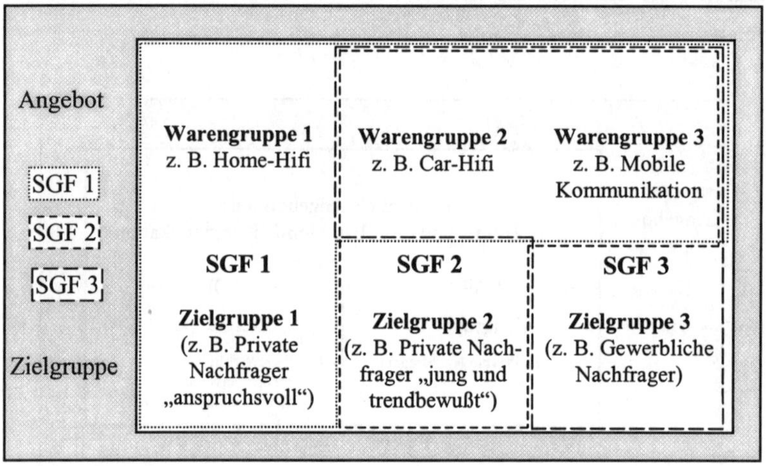

Abbildung 2: SGF-Differenzierung anhand von Waren- und Zielgruppen

Die bisherigen Ausführungen und beispielhaften Darstellungen gingen zum einen explizit von der Zweidimensionalität des Bezugsrahmens durch die Angebots-, genauer Sortimentsachse und die Zielgruppenachse aus sowie zum anderen implizit von einem stationär, überwiegend mittels Bedienung erfolgenden Angebot. Letzteres führt — analog zu dem Ansatz von Abell — zu einer dritten Dimension bei der Differenzierung Strategischer Geschäftsfelder. Die Art und Weise, *wie* das Angebot zur Zielgruppe gelangt, bringt eine weitere Bestimmungsebene für Strategische Geschäftsfelder im Handel mit sich.

Über die inhaltliche Ausgestaltung dieser, neben Angebot und Zielgruppe dritten Achse liegen in der relevanten Literatur unterschiedliche Auffassungen vor. Wie eingangs kurz erwähnt, unterscheidet etwa Abell in seinem allgemeinen Ansatz neben den Nachfragergruppen zwischen der von diesen erwarteten Funktion und den zur Funktionserfüllung möglichen Technologien. Damit aber lassen sich diese beiden Achsen letztendlich zur Angebotskomponente (und deren vom Nachfrager aus gesehenen Begründung) zusammenfassen, die bei ihrer Ausgestaltung wiederum die konkreten Nutzenerwartungen ("benefits") der Nachfragersegmente zu berücksichtigen hat (vgl. Coenenberg/Baum 1987, S. 138).

Eine handelsspezifische Modifikation dieses Ansatzes findet sich beispielsweise bei Hansen, die dabei einerseits eine Ergänzung der klassischen Absatzorientierung des Geschäftsfeldgedankens um beschaffungsseitig zu definierende Strategische Geschäftsfelder vornimmt, um der für die besondere Leistungserstellung des Handels charakteristischen zweiseitigen Markteinbindung gerecht zu werden. Zum anderen werden bei der absatzorientierten Definition das eigentliche Angebot und damit zusammenhängende "distributive" Funktionen zur "Leistungsdimension" zusammengefaßt, welcher — neben den Nachfragergruppen — die Technologiedimension als dritte Achse gegenüberstellt wird. Unter letzterer versteht Hansen zunächst in einem allgemeinen Sinne eine "bestimmte Kombination von Einsatzfaktoren...", die "...wettbewerbsrelevante Einflüsse auf die Kosten oder auf die Art der Leistungserfüllung ausübt" (Hansen 1990, S. 558).

Auf dieser Basis kann eine notwendige Präzisierung der dritten Ebene angegangen werden. Sie knüpft zunächst an der bereits weiter oben skizzierten Überlegung an, daß ein Sortiment bzw. seine einzelnen Inhalte stets ein "Transportvehikel", einen Modus benötigen, um dem Nachfrager dargeboten werden zu können. Wird nun von einem bestehenden Einbetriebs-Unternehmen und von einer bestehenden Betriebsform als deren Inhalt ausgegangen, so ergibt sich dieser Modus im Kern zunächst aus der zugrundeliegenden Betriebsform, genauer durch das hierfür konstitutive Andienungssystem (Mediale Andienung, Selbstbedienung, persönliche Bedienung), welches zusammen mit der Sortimentsdimension (Spezial-, Fach- oder Vollsortiment) und der Preisstrategie (Niedrigpreis-, Mittel- oder Hochpreisstrategie) die Betriebsformen im Handel bestimmen (vgl. etwa Meyer/Mattmüller 1987, S. 132 ff.).

Die einzelnen Ausprägungen von Andienungssystemen gewähren dabei eine für die Zwecke der Geschäftsfelddefinition ausreichende Autonomie. Dies gilt insbesondere für Bedienung und Selbstbedienung einerseits und für mediale Andienungsformen andererseits. So ist es möglich, Strategische Geschäftsfelder — bei gleicher Sortiments- und

Zielgruppenkomponente — nach der Art ihrer Andienung, etwa Bedienung und Versand, zu differenzieren (Heinemann 1989, S. 42 ff.). Die zwischen diesen zwei Formen herrschenden Unterschiede in der Marktbearbeitung verdeutlichen den eigenständigen Charakter der beiden in diesem Beispiel vorliegenden Geschäftsfelder. Durch die vom konkreten Standort der Einbetriebs-Unternehmung unabhängig machende Versandschiene ergeben sich keine störenden Verbundwirkungen.

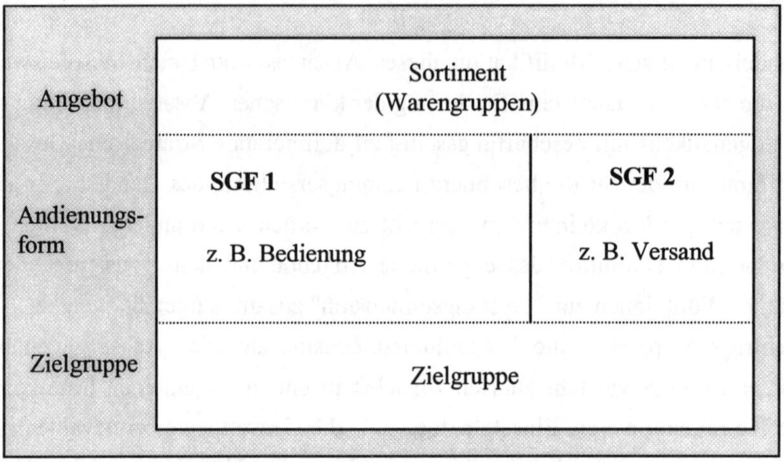

Abbildung 3: SGF-Differenzierung anhand von Andienungsformen

Die obige *Abbildung 3* verdeutlicht diese Form der SGF-Abgrenzung, wobei in dieser einfachsten Variante keine weitere Aufspaltung mehr vorgenommen wurde. Denkbar wäre — um auf das bisher bereits verwendete Beispiel zurückzukommen — eine kombinierte Differenzierung aus Warengruppe, Andienungssystem und Zielgruppe aufzuspannen, die sich dann in den folgenden Geschäftsfeldern konkretisiert:

SGF 1: Home-Hifi über Bedienung an private Nachfrager ("anspruchsvoll")

SGF 2: Car-Hifi über Bedienung/Selbstbedienung an private Nachfrager ("jung und trendbewußt")

SGF 3: Mobile Kommunikation über Bedienung an gewerbliche Nachfrager

SGF 4: Car-Hifi über Versand an private Nachfrager ("jung und trendbewußt") außerhalb der regionalen Segmentierung der Zielgruppe von SGF 2

SGF 5: Mobile Kommunikation über Versand an gewerbliche Nachfrager außerhalb der regionalen Segmentierung der Zielgruppe von SGF 3.

In diesen beispielhaften Differenzierungen werden gleichzeitig die Auswirkungen offensichtlich, die diese Art der Geschäftsfeldabgrenzung für die zugrundeliegende Betriebsform mit sich bringt. So wie die Wahl letzterer einerseits die Basis für die zu bearbeitenden SGF stellt, so verändert sich die Betriebsform andererseits in Abhängigkeit der Geschäftsfelder und deren Gewichtung. In *Abbildung 3* wurde bewußt eine in bezug auf das anzunehmende Gesamtvolumen ungleiche Verteilung zwischen SGF 1 (Bedienung) und SGF 2 (Versand) unterstellt, woraus sich nach der zur Betriebsformen-Bestimmung relevanten überwiegenden Merkmalsausprägung die persönliche Bedienung als konstituierendes Kriterium ableitet. Mit dem für die gesamten bisherigen Ausführungen relevanten Fachsortiment und unter beispielhafter Annahme einer Mittel- bis Hochpreisstrategie liegt demnach ein Fachgeschäft vor, das in zwei — bzw. unter Berücksichtigung der Kombinationen aus Waren- und Zielgruppen in fünf — u.a. über unterschiedliche Andienungsformen definierten Geschäftsfeldern tätig ist, ohne dabei sein für die Betriebsform konstituierendes Merkmal (persönliche Bedienung) zu verlieren. Andererseits wird ebenfalls deutlich, daß eventuell im Zeitablauf erfolgende Verschiebungen dieser Gewichtung eine entsprechende Neudefinition der Betriebsform des hier betrachteten Einbetriebs-Unternehmens erforderlich machen würden. Dies kann im Beispiel über die Forcierung der Versandschiene bis zur mehrheitlichen Tätigkeit im Versandhandel und damit unter institutionalen Gesichtspunkten zu einem Wechsel des handelsinternen Marktbearbeitungssystems führen.

3.2 Vollsortiment

Bei Vollsortimenten ist insbesondere das Problem der Verbundwirkungen anders gelagert und zu beurteilen. In diesem Fall bieten sich zunächst die einzelnen, das Vollsortiment begründenden Fachsortimente — also z. B. Bekleidung, Unterhaltungselektronik, Freizeit und Sport, Lebensmittel etc. — als vorgegebene Strukturierung an. Diesen Gedanken vertritt offensichtlich Hansen, wenn sie für "Vielproduktunternehmen" des Handels — gemeint sind Betriebsformen mit einem Vollsortiment — die "Abteilungsebene" als wichtigen, weil mit eigenständigen Erfolgspotentialen versehenen Ansatzpunkt bei der Bestimmung Strategischer Geschäftsfelder bezeichnet (vgl. Hansen 1990 S. 559). Jedoch ist gleichzeitig darauf zu achten, daß damit nicht eine zu hohe Aggregationsebene gewählt und eine feinere, für differenziertere strategische Bearbeitungen besser geeignete Segmentierung verhindert wird.

Als Ausweg bietet sich die weitergehende Untergliederung der einzelnen Fachsortimente an, die nach den gleichen Prinzipien ablaufen kann, wie sie weiter oben für das Fachsortiment als eigenständigem Untersuchungsobjekt aufgezeigt wurden (nach Angebot und/oder Zielgruppen bzw. nach dem Modus, sprich Andienungssystem). Verbundwirkungen als eines der Kriterien zur Bestimmung des richtigen Aggregationsgrades können dann in bekannter Weise innerhalb der durch die Aufteilung der Fachsortimente entstehenden Geschäftsfelder auftreten und so einer wiederum zu tiefgehenden Zergliederung entgegenwirken. Gegen eine solche spricht auf den ersten Blick auch der mit der Zahl der SGF zunehmende Steuerungs- und Koordinationsaufwand, der sich sowohl auf das Management der einzelnen Geschäftsfelder als auch auf deren gegenseitige Abstimmung bezieht. Jedoch ist dieses Argument bei der hier betrachteten Einbetriebs-Unternehmung mit Vollsortiment, also beispielsweise *einem* Warenhaus, nicht von zu ausschlaggebender Bedeutung. Diese Prozesse sind aus Sicht des Gesamtunternehmens auch bei relativ ausdifferenzierten Geschäftsfeldern noch gut steuerbar, sofern nicht eine künstliche Atomisierung derselben, etwa eben unter Außerachtlassung der Verbundwirkungen, vorgenommen wurde. Bei der Betrachtung von Mehrbetriebs-Unternehmungen — etwa bei Filialisten — wäre diese Problematik allerdings anders gelagert.

Neben der geschilderten *Untergliederung* des Vollsortimentes zeigt sich als zweite grundsätzliche Möglichkeit noch die entgegengerichtete Vorgehensweise: die *Zusammenfassung* mehrerer Fachsortimente als Grundbausteine zu höher aggregierten Geschäftsfeldern. Eine solche Aggregation von Fachsortimenten ergibt sich als zwangsläufiger Schritt der Geschäftsfelddefinition immer dort, wo die einzelnen Fachsortimente noch stark herkunftsorientierte Züge aufweisen. Bei Fachsortimenten im heutigen, bedarfsorientierten Sinne verläuft die Zusammenfassung hingegen eher über Ausschnitte aus denselben, also etwa auf der Ebene von Warenbereichen oder -gruppen. Damit werden spezifische Angebotsbündel gebildet, die hinsichtlich ihrer Geschäftsfeldrelevanz bestimmten Zielgruppen zuzuordnen sind. Ein Beispiel für eine solche Bündelung stellt die Angebotsachse "Urlaub" dar, die entsprechende Bekleidung, Sportartikel, typische (frei verkäufliche) Reisemedikamente, Haushaltswaren (inkl. Verbrauchsgüter, wie etwa Reise-Waschmittel) in angepaßten Mengen und Gebindegrößen, Reiseliteratur, urlaubstypisches Autozubehör, Reisegepäck etc. zusammenfaßt und innerhalb des Vollsortimentes einer eigenständigen und autonomen Vermarktung im Sinne eines Strategischen Geschäftsfeldes zuführt. Als weiteres, stärker über die Zielgruppenachse differenziertes Beispiel sei — für entsprechende Standorte — das Geschäftsfeld "Studentenhaushalt" genannt, das aus für diese Zielgruppe soziodemo- und psychographisch passenden, überwiegend auf Single-Haushalte hin ausgesuchten Haushaltswaren, Möbeln, Küchengeräten, Schreibwaren, Sportartikeln, Konzertkarten etc. bestehen könnte (vgl. Gröppel 1992, S. 19). Zwangsläufig ist mit der Bildung solcher Geschäftsfelder auch eine gemeinsame räumliche Präsentation innerhalb der Verkaufsstelle verbunden. *Abbildung 4* stellt die eben beschriebene Vorgehensweise nochmals schematisch und am Beispiel dar.

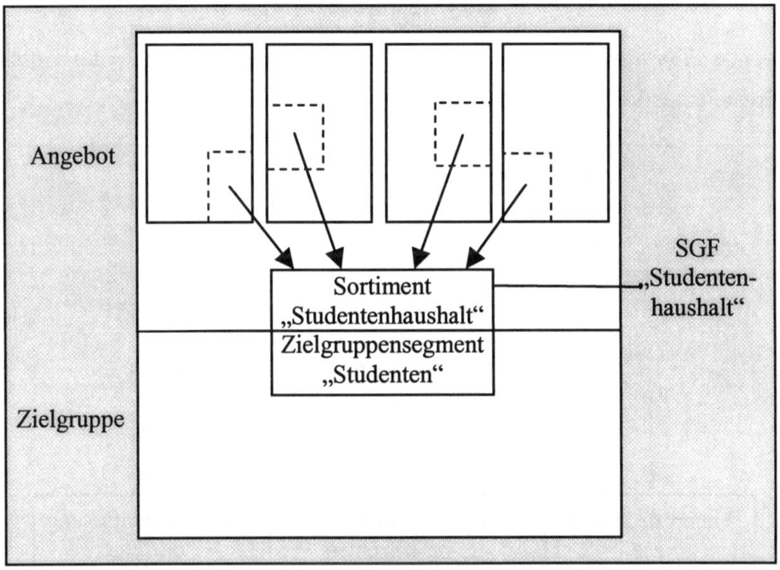

Abbildung 4: Aggregation von Fachsortiments-Bestandteilen zum SGF eines Vollsortimentes

Die obigen Beispiele und die schematische Darstellung zeigen, daß die einzelnen, in der Angebotsachse dieser Geschäftsfelder enthaltenen Warenbereiche bzw. -gruppen oder auch Artikelgruppen parallel dazu auch im Rahmen üblicher Fachsortimente (z. B. Bekleidung) angeboten werden (können) und also in diesem Fall eine Umwidmung oder Duplizierung von Sortimentsbestandteilen vorliegt. Letzteres muß jedoch nicht zwangsläufig zur Erhöhung der Anzahl vorgehaltener Artikel in den Regalen führen, da die bei bisheriger Präsentation vorhandene Artikelzahl — insbesondere durch gleichzeitige Optimierung der Regaltiefe — auch lediglich auf die aggregierte bzw. traditionelle Sortimentsstruktur aufgeteilt werden kann. Das jeweilige Handelsunternehmen hat dabei auch stets zu prüfen, inwieweit die ursprünglichen, als Ausgangsebene dieser Zusammenstellung dienenden Fachsortimente noch weiterzuführen sind oder ob sie — eventuell auch im Zeitablauf und in Verbindung mit entsprechenden Lerneffekten der Nachfrager bei ihren Suchgewohnheiten — vollständig in die aggregierten Formen zu überführen sind (vgl. Esch/Billen 1997, S. 327 ff.). Unabhängig davon sind letztere von reinen Zusammenfassungen von Bedarfsbündeln auf Sortimentsebene zu unterscheiden, wie sie gegenwärtig noch dem bereits erwähnten Ansatz des Category Management zugrundeliegen und die nicht den Charakter echter Strategischer Geschäftsfelder aufweisen. Gleiches gilt für zeitlich befristete Aktionen.

Nachfolgende *Abbildung 5* zeigt die generellen Differenzierungslinien für Geschäftsfelder auf Ebene eines Vollsortimentes im Überblick:

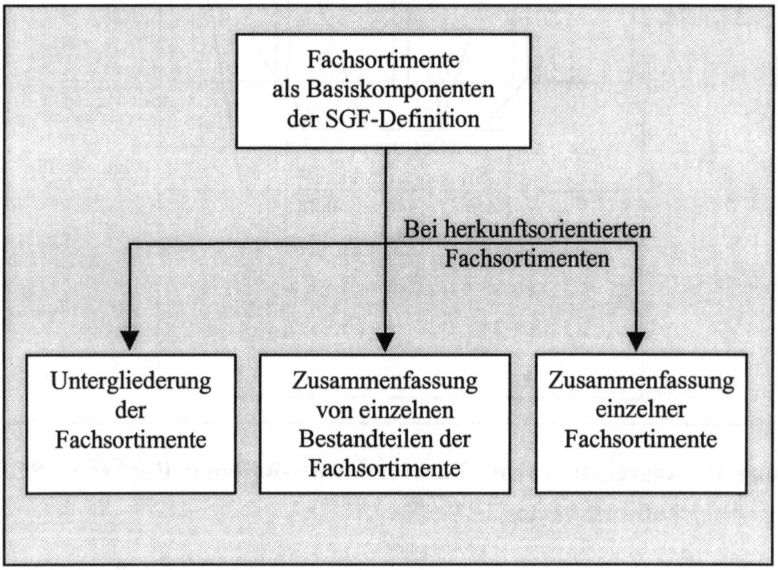

Abbildung 5: Differenzierungslinien bei der SGF-Definition innerhalb von Vollsortimenten

Wie bereits in dem obigen Beispiel "Studentenhaushalt" deutlich wurde, steht die Zielgruppenachse nicht nur bei einer Untergliederung der Basis-Fachsortimente, sondern ebenso bei deren Aggregation als SGF-relevantes Kriterium zur Verfügung. Daneben ist es möglich, das Vollsortiment als ganzes zur Bearbeitung unterschiedlicher Zielgruppen zu verwenden (z. B. private und gewerbliche Nachfrager), um somit, also über die Zielgruppen, eine Einteilung geeigneter Geschäftsfelder zu erreichen.

4 RESÜMEE

Auch eine Modifizierung des Geschäftsfeld-Ansatzes für Handelsunternehmen beruht zunächst auf den beiden konstitutiven Achsen Angebot und Zielgruppe, wobei bei einer Focussierung der Bildung über die Angebots-Achse, sprich Sortiment, im besonderen mögliche Verbundwirkungen zu beachten sind. Eine tragfähige Ergänzung bringt die Einbeziehung des Andienungssystems, woraus sich gleichzeitig eine gegenseitige Wechselwirkung zwischen der Betriebsform und den bearbeiteten Geschäftsfeldern ergibt.

Abschließend können die Möglichkeiten zur Bildung Strategischer Geschäftsfelder in *Einbetriebs-Unternehmen* des stationären Handels wie folgt zusammengefaßt werden:

- Für die Dimension *Fachsortiment* können Strategische Geschäftsfelder anhand folgender Ansätze unterschieden werden:
  - nach den in der Sortimentsbreite wirksamen Warenbereichen bzw. -gruppen (bei gleichbleibender Zielgruppe);
  - nach den bearbeiteten Zielgruppen (bei gleichbleibendem Angebot);
  - nach spezifischen Kombinationen von Sortimentsbestandteilen und Zielgruppen;
  - nach der Modusachse als dritter Komponente, genauer nach dem Andienungssystem (bei Vorliegen von Sortiment und Zielgruppe) bzw. nach Kombinationen aus Sortiment, Zielgruppe und Andienungssystem;
- Für ein *Vollsortiment* bieten sich folgende Differenzierungen an, wobei ein kombiniertes Vorgehen, beispielsweise bei sehr umfangreichen Vollsortimenten, möglich ist:
  - nach den das Vollsortiment begründenden Fachsortimenten (Basis-Fachsortimente);
  - nach einer Zusammenfassung von Sortimentsbestandteilen einzelner Basis-Fachsortimente;
  - nach einer Zusammenfassung kompletter Basis-Fachsortimente; insbesondere, wenn diese herkunftsorientierten Charakters sind;

- nach den bearbeiteten Zielgruppen (über das gesamte Vollsortiment hinweg);
- nach Kombinationen von Zielgruppe(n) und den für das Sortiment möglichen, eben aufgeführten Unterteilungen;
- nach dem Andienungssystem bzw. sich damit ergebenden Kombinationen zusammen mit der Sortiments- und Zielgruppenachse;
- nach einer Untergliederung der Basis-Fachsortimente anhand der für diese Sortimentsdimension als solche bereitstehenden Ansätze (Angebots- bzw. Zielgruppenachse und Andienungssystem).

Die einzelnen Strukturierungsmöglichkeiten und ihre Umsetzung in konkrete Beispiele belegen gleichzeitig, daß der Geschäftsfeld-Ansatz — seine grundsätzliche Überlegenheit gegenüber einer unstrukturierten Bearbeitung einer Zielgruppen-Menge mit einem im einzelnen nicht-zugeordneten Angebot unterstellt — auch in kleineren und mittelgroßen Betrieben einsetzbar und im Sinne einer systematischen Marktbearbeitung konzeptionell und instrumentell hilfreich ist.

LITERATUR

Abell, D. F.: Defining The Business. The Starting Point of Strategic Planning, Englewood Cliffs 1980.

Barth, K.; Hartmann, R.: Strategische Marketingplanung im Einzelhandel — Möglichkeiten und Grenzen adäquater Planungstechniken. In: Trommsdorff, V. (Hrsg.), Handelsforschung 1991, Jahrbuch der Forschungsstelle für den Handel Berlin (FfH) e.V., Wiesbaden 1992, S. 135-155.

Brixle, M.: Neue Geschäftsfelder und Konversionsstrategien — Probleme, Lösungen und Fallbeispiele, München 1993.

Coenenberg, A. G.; Baum, H.-G.: Strategisches Controlling, Grundfragen der strategischen Planung und Kontrolle, Stuttgart 1987.

Esch F.-R.; Billen, P.: Förderung der Mental Convenience beim Einkauf durch Cognitive Maps und kundenorientierte Produktgruppierungen. In: Trommsdorff, V. (Hrsg.), Handelsforschung 1996/97, Jahrbuch der Forschungsstelle für den Handel Berlin (FfH) e.V., Wiesbaden 1997, S. 317-337.

Gröppel, A.: Erlebnishandel und Verbundpräsentation. In: THEXIS, Nr. 4/1992, S. 16-21.

Hansen, U.: Absatz- und Beschaffungsmarketing des Einzelhandels: Eine Aktionsanalyse, 2. neubearb. und erw. Aufl., Göttingen 1990.

Hartmann, R.: Strategische Marketingplanung im Einzelhandel — Kritische Analyse spezifischer Planungsinstrumente, Wiesbaden 1992.

Heinemann, G.: Betriebstypenprofilierung und Erlebnishandel — Eine empirische Analyse am Beispiel des textilen Facheinzelhandels, Wiesbaden 1989

Köhler, R.: Grundprobleme der strategischen Marketingplanung. In: Geist, M. N.; Köhler, R. (Hrsg.), Stuttgart 1981, S. 261-291.

Mattmüller, R.: Marketingstrategien des Handels und staatliche Restriktionen: Geschäftfeldsegmentierung, Wachstumsoptionen und rechtliche Rahmenbedingungen, München 1997.

Meyer, P.W.; Mattmüller, R.: Ein Ansatz zur Systematik des Handels. In: Trommsdorff, V. (Hrsg.), Handelsforschung 1987, Jahrbuch der Forschungsstelle für den Handel Berlin (FfH) e.V., Heidelberg 1987, S. 123-137.

Meyer, P.W.; Mattmüller, R.: Bedeutung und Problematik von Strategien im Marketing. In: Meyer, P. W.; Mattmüller, R. (Hrsg.), Strategische Marketingoptionen: Änderungsstrategien auf Geschäftsfeldebene, Stuttgart 1993, S. 13-29

Vom traditionellen Betriebsvergleich zum Benchmarking — Chancen und Grenzen im mittelständischen Fachhandel

Gerhard Meyer, Melle und Jörn-Axel Meyer, Berlin

In den letzten Jahren hat die amerikanische Benchmarking-Welle auch den deutschen Handel erreicht. Fraglich ist allerdings, in welchem Umfang und auf welchem Wege der mittelständische Fachhandel diese Managementtechnik nutzen kann. In Klein- und Mittelbetrieben mit einer oder wenigen Betriebsstätten stehen dem zunächst zwei Hemmnisse entgegen: Zum einen sind ihre Möglichkeiten, Betriebe mit exzellenten Problemlösungen zu finden, sehr begrenzt. Dazu wird nachstehend aufgezeigt, wie der seit Jahrzehnten praktizierte Betriebsvergleich einen Einstieg in das Benchmarking vermitteln kann. Zum anderen ist in Betrieben dieser Größenordnung ein personeller Engpaß gegeben, dessen Überwindung für das einzelne mittelständische Unternehmen erhebliche, wenn nicht sogar zu hohe Kosten mit sich bringt. Den Ausweg bietet ein kooperatives Vorgehen zwischen den Unternehmen. Beide Lösungen — traditioneller Betriebsvergleich und Kooperation — lassen es geraten erscheinen, Benchmarking im mittelständischen Fachhandel organisatorisch in enger Anlehnung an die bestehenden Betriebsvergleichs-Institutionen zu betreiben.

1 EINFÜHRUNG

Seit mehr als 50 Jahren wird im deutschen Groß- und Einzelhandel der zwischenbetriebliche Vergleich betrieben. Die bei der Einführung des Betriebsvergleichs angestrebten Ziele wurden u.E. bis heute erreicht. Auch in Zukunft werden Handelsforschung und -praxis von den Ergebnissen dieses Betriebsvergleichs profitieren, der hier als der "traditionelle" bezeichnet wird (folgend nur als "Betriebsvergleich" bezeichnet). Der Bedarf an erfolgsrelevanten betrieblichen Informationen ist jedoch — insbesondere aufgrund des seit Jahren anhaltenden Margen- und Kostendrucks — erheblich gewachsen. Über den Betriebsvergleich hinaus sind das primär folgende Informationen:

- Die Betriebsvergleichs-Ergebnisse sind für eine detaillierte Kennzahlen-, Leistungs- und Kostenanalyse nach betrieblichen Teilbereichen und Prozessen nicht genügend aufgegliedert. Eine schriftliche Erhebung würde wegen der Abgrenzungs- und Erfassungsprobleme nicht zum Ziel führen.
- Wenn als Folge einer derartigen Datenanalyse Schwachstellen beseitigt werden sollen, müssen detaillierte Informationen über die konkreten Betriebszustände und -abläufe vorliegen. Zu ersteren können die beim Betriebsvergleich erfaßten Strukturmerkmale beitragen, jedoch dienen sie primär der Prüfung der Vergleichbarkeit zwischen den Betriebsvergleichs-Teilnehmern. Konkrete Handlungsempfehlungen sind vornehmlich nur für den Faktoreneinsatz ableitbar (Müller-Hagedorn/Becker 1994, S. 234 f.).

Diese Informationslücken können u.E. mit der Anfang der 80er Jahre in den USA entwickelten Managementtechnik "Benchmarking" geschlossen werden. Beim Benchmarking handelt es sich ebenfalls um einen Betriebsvergleich (Lamla 1995, S. 48 ff.), da ein Benchmarking treibendes Unternehmen zur Beseitigung eines Problems (in der Regel suboptimale Prozesse) in anderen Institutionen nach Lösungen sucht. Das Benchmarking läßt sich in diesem Sinne wie folgt beschreiben:

Benchmarking ist eine systematisch und kontinuierlich angewandte Managementmethode, die der Verbesserung der Geschäftsaktivitäten — von der Leistung (Güter, Dienstleistungen) über die Leistungserstellung (Funktionen, Prozesse, Einzelaufgaben) bis zu den Verfahrens- und Verhaltensweisen — dadurch dient, daß Organisationen mit den besten Lösungen (best practices) ermittelt werden, wobei deren Vorgehensweisen (Praktiken) und Aktivitätsergebnisse dem Benchmarking treibenden Unternehmen als Anleitung und Ziel (Benchmark) dienen. Letztlich soll eine Verbesserung der eigenen Produktivität und Wirtschaftlichkeit erreicht, aber insbesondere auch die Kundenzufriedenheit erhöht und möglichst ein Wettbewerbsvorteil erzielt werden.

In der Benchmarkingforschung der letzten Jahre stand die Untersuchung der funktionsübergreifenden Geschäftsprozesse im Vordergrund. Bei der Suche nach den besten Praktiken wird dabei gewöhnlich zwischen internem (z. B. Vergleich zwischen den Filialen eines filialisierten Unternehmens) und externem Benchmarking unterschieden (Sänger 1996, S. 63 ff.), wobei letzteres vielfach auf Branchen oder Wirtschaftszweige begrenzt bleibt. Die weiteren Erörterungen beschränken sich aufgrund der speziellen Fragestellung auf das externe und dabei auf eine Branche begrenzte Benchmarking. Zwangsläufig kann damit allenfalls die "branchenbeste" und nicht eine eventuell in anderen Institutionen noch günstigere Praktiken gefunden werden.

Die Einführung des Benchmarking wird im mittelständischen Fachhandel — und das ist für die praktische Verbindung zum traditionellen Betriebsvergleich sehr bedeutungsvoll — durch zwei Umstände behindert:

- In der Regel sind beim Benchmarking die verbesserungsbedürftigen Praktiken von vornherein bekannt und lösen damit das Benchmarking aus. Den mittelständischen Fachhändlern sind jedoch zumeist die Schwächen im einzelnen nicht bekannt, da die zur Bewertung notwendigen Daten nicht erfaßt werden. Dazu trägt bei, daß in Unternehmen dieser Größenordnung das arbeitsteilige Arbeiten wenig ausgeprägt ist und die Mitarbeiter je nach Bedarf und verfügbarer Zeit an mehreren Prozessen u.ä. mitwirken. Es ist deshalb davon auszugehen, daß in praxi fast immer der Anstoß zur Verbesserung der Praktiken durch eine vergleichsweise niedrige Unternehmensrentabilität erfolgt, wobei keine oder nur sehr vage Kenntnisse über die Stärken und Schwächen des eigenen und des verglichenen Betriebes vorhanden sind.
- Weiterhin dürfte es für den normalen Fachhändler sehr schwierig sein, Kontakt zu den Organisationen mit den besten oder außergewöhnlich günstigen Praktiken zu finden. Vielfach wird den letzteren mangels Vergleichsmöglichkeiten sogar ihr eigener Vorsprung nicht bewußt sein. Dabei wird im Facheinzelhandel die Kontaktaufnahme zu branchengleichen Unternehmen — sofern sie keine direkten Konkurrenten sind — noch einfacher sein als zu anderen Firmen oder Institutionen mit gleichen Prozessen usw.. Es ist sehr fraglich, ob man dazu in absehbarer Zeit eine Datenbank wie die des "Informationszentrum Benchmarking (IZB)" des Fraunhofer-Instituts für Produktionsanlagen und Konstruktionstechnik in Berlin — bei dem die Güterherstellung im Vordergrund steht — in Anspruch nehmen kann (o.V. 1996, S. 1).

2 PROBLEMERKENNUNG MITTELS TRADITIONELLEM BETRIEBSVERGLEICH

Im Hinblick auf den erstgenannten Hinderungsgrund wird man u.E. zunächst vom Ziel der Verbesserung der Rentabilität ausgehen, um dann in anderen Unternehmen mit signifikant besserem Gesamtergebnis danach zu suchen, ob dort gleiche oder ähnliche Prozesse mit besonders hoher Produktivität realisiert werden.

Wenn unter den geschilderten Verhältnissen ein vom üblichen abweichendes Vorgehen unumgänglich wird, stellt sich die Frage, wie die Betriebe mit den außergewöhnlichen Problemlösungen gefunden werden. Auch dann, wenn die Suche auf branchengleiche Unternehmen beschränkt wird, finden sich im Fachhandel, zumal im Einzelhandel, zumeist hunderte, wenn nicht gar tausende relevanter Betriebe. Damit wird die Suche nach der besten oder wenigstens hervorragenden Problemlösung (Praktik) kaum zu verwirklichen sein.

In dieser Situation kann u.E. der im Handel sehr verbreitete Betriebsvergleich helfen, wenn er auch nicht das Benchmarking ersetzen kann, da der Betriebsvergleich — neben den Daten zur Betriebsstruktur — nur den Niederschlag der konkreten betrieblichen Handlungen in den Zahlen des Rechnungswesens bietet. Zudem kann er nur solchen Unternehmen helfen, denen die "Synoptischen Jahrestabelle" der Branche — ggf. auch interessanter anderer Branchen — zur Verfügung steht. Diese Betriebe werden also in der Regel selbst am Betriebsvergleich teilnehmen müssen.

Voraussetzung des nachstehenden Vorschlages ist zudem, daß der einzelne Betriebsvergleichs-Teilnehmer mit anderen Teilnehmern, die in den Tabellen nur mit einer Kennnummer aufgeführt sind, Kontakt aufnehmen kann. Die Kontaktvermittlung wird z. B. zum Betriebsvergleich des "Instituts für Handelsforschung an der Universität zu Köln (IfH)" sowie der "Forschungsstelle für den Handel Berlin (FfH)" angeboten. Der gewünschte Gesprächspartner wird dabei unter Angabe der Anschrift des Interessenten um Erlaubnis zur Weitergabe der Firmenanschrift gebeten.

Die hier vorgeschlagene Suche nach Betrieben mit der besten oder zumindest hervorragenden Problemlösung geht von der Annahme aus, daß solche Praktiken primär in Betrieben zu finden sind, die im Vergleich zu anderen Betrieben ungewöhlich hohe

Renditen erzielen. Sie würden letztere nicht erreichen, wenn sie nicht in wesentlichen Tätigkeitsbereichen nachahmenswerte Vorgehensweisen realisierten.

Nun würden allerdings die im folgenden dargelegten Überlegungen kaum einen Beitrag diesen Umfangs rechtfertigen, wenn die Betriebsvergleichs-Daten nicht noch weitere Unterstützung für das Benchmarking bieten würden. So gibt in der Regel das Betriebsvergleichs-Zahlenmaterial noch weitergehende Hinweise darauf, welche konkreten Untersuchungen in dem ermittelten Vergleichsbetrieb voraussichtlich erfolgreich sein könnten. Das wird im folgenden anhand von vier Beispielen gezeigt (übernommen aus Meyer 1997, S. 140 ff.).

2.1 Struktur, Leistungen und Kosten der Unternehmen

Grundlage der Beispiele ist die Synoptische Jahrestabelle 1994 des Glas-, Porzellan- und Keramikeinzelhandels (GPK-Einzelhandel). Aus den insgesamt 142 meldenden Betrieben wird ein Betrieb (A) mit durchschnittlichem, d.h. negativem betriebswirtschaftlichem Nettoerfolg (-3% vom Umsatz einschließlich Umsatzsteuer) und mittlerer Betriebsgröße ausgewählt. Er dient als Beispiel für ein Benchmarking anstrebendes Unternehmen. Dem wird ein Betrieb (B) mit der höchsten vergleichbaren Rendite aller o.g. Betriebe (+ 5%) gegenübergestellt (2 weitere Betriebe mit noch besserem Ergebnis fallen wegen unvollständiger Meldung heraus). In *Tabelle 1* werden die Daten zu Betriebsstruktur, Faktoreinsatz und Umsatz für die beiden Betriebe A und B sowie die Durchschnittswerte der Branche gezeigt.

Da bei der Auswahl des Betriebes B dessen Nettoerfolg in Prozenten vom Umsatz als Kriterium verwendet wird, liegt als erste Analyse die der Leistungs- und Kostendaten nahe. *Tabelle 2* zeigt die entsprechenden Betriebsvergleichs-Werte in Prozenten vom Umsatz einschließlich Umsatzsteuer.

2.2 Beispiel 1: Differenz der Bruttoerfolge

Besonders gravierend ist der um mehr als 4 Prozentpunkte höhere Bruttoerfolg (= Betriebshandelsspanne) des Betriebes B. Schon die Betriebsvergleichs-Werte selbst veranlassen zu der Frage, ob der deutlich höhere Umsatzanteil der Warengruppe Kunstgewerbe (vgl. *Tabelle 1*) einen überdurchschnittlichen Bruttoerfolg mit sich bringt. Wenn dem so ist, dann kann aber keinesfalls die gesamte Differenz damit erklärt werden (ähnliches gilt auch für die Haus- und Küchengeräte). Also sind nähere Untersuchungen in Betrieb B mit dem Ziel der Gewinnung von Benchmarks vorzunehmen. Diese sollten sich auf folgende Prozesse und Arbeitsschritte beziehen:

- Kommen im Unternehmen B außergewöhnlich erfolgreiche Methoden der Sortimentspolitik (Informationsbeschaffung und Art des Entscheidungsprozesses) zur Anwendung? Im Fachhandel sind Sortimentsentscheidungen häufig subjektiv beeinflußt, insbesondere durch persönliche Vorlieben, Geschmack und langjährige Lieferantenkontakte der Entscheidungsträger (auch Händler zeigen gelegentlich eine robuste "Markentreue"). Gibt es organisatorische Lösungen, die dem entgegenstehen, d.h. das Entscheidungsverhalten objektiveren?

Tabelle 1: Ausgewählte Daten zu Betriebsstruktur, Faktoreinsatz und Umsatz

	Betrieb A	Betrieb B	Betriebe insgesamt
Ortsgröße in Tsd. Einwohner	20-50	50-100	-
Geschäftslage	Hauptgeschäftslage in der Innenstadt	mittlere Geschäftslage in der Innenstadt	-
Eigentumsverhältnisse Betriebsgebäude	Eigentum	Miete	-
Sortimentsanteile in Prozenten vom Umsatz:			
Glas	17	17	15
Porzellan	36	28	31
Keramik und Steingut	8	5	7
Kunstgewerbe	13	31	14
Bestecke	9	8	7
Haus- und Küchengeräte	17	-	15
Sonstige Waren	-	11	11
Geschäftsraum ges. i. m^2	690	690	1002
davon Verkaufs- und Ausstellungsraum in %	49	77	61
Beschäftigte ingesamt	11,5	11,5	14,4
Umsatz inkl. Umsatzst. TDM	2.111	3.139	3.081

Tabelle 2: Leistungen und Kosten in Prozenten vom Umsatz einschl. Umsatzsteuer

	Betrieb A	Betrieb B	Betriebe insgesamt
Bruttoerfolg nach Abzug der Umsatzsteuer	38,0	42,4	38,2
Kosten:			
Personalkosten einschl. Unternehmerlohn	28,1	22,3	23,3
Miete oder Mietwert	2,3	4,9	5,4
Sachkosten für Geschäftsräume	2,3	1,7	1,9
Kosten für Werbung	1,3	1,4	1,9
Gewerbesteuer	0,4	0,1	0,4
Kraftfahrzeugkosten	0,5	0,5	0,7
Zinsen für Fremdkapital	0,5	1,1	2,0
Zinsen für Eigenkapital	1,4	1,2	0,6
Abschreibungen	1,0	2,1	1,8
Alle übrigen Kosten	3,2	2,1	3,2
Gesamtkosten	41,0	37,4	41,2
betriebsw. Nettoerfolg	-3,0	+5,0	-3,0

- Sind besondere Vorgehensweisen eingeführt, die die Lieferantenauswahl auch unter dem Aspekt der Alleinstellung im Händler-Einzugsgebiet vornehmen? Eine solche Angebotssituation erlaubt in der Regel eine höhere Kalkulation.

- Den letzten Umstand verallgemeinernd, ist festzustellen, ob im Betrieb B eventuell vom branchenüblichen Vorgehen abweichende Kalkulationsverfahren eingeführt sind und wie sie im einzelnen realisiert werden. So ist beispielsweise an Preisdifferenzierungen nach Preisempfindlichkeit und/oder Gängigkeit der Artikel/Sorten zu denken, wie auch an die Verwendung absoluter Kalkulationsbestandteile anstatt der üblichen Prozentkalkulation. Ggf. sind auch die Gewinnung und die Verarbeitung der dazu notwendigen "harten" Daten hilfreich.

- Sollte der überdurchschnittliche Bruttoerfolg auch auf signifikant niedrigere Inventurdifferenzen (z. B. bedingt durch geringeren Diebstahl) zurückzuführen sein, so sind die Methoden zu ihrer Verhinderung bzw. Verminderung zu ermitteln.

Die o.g. Prozesse berühren auch Personalfragen, wie sie im folgenden diskutiert werden:

2.3 Beispiel 2: Differenz der Personalkostenbelastung

Aus *Tabelle 2* ist zu entnehmen, daß die Personalkosten (in % des Umsatzes) des Betriebes B die des Betriebes A um nicht weniger als 5,8 Prozentpunkte unterschreiten. Auch dann, wenn B gegenüber dem Durchschnitt um nur einen Prozentpunkt — das ist in Anbetracht der geringen Umsatzrendite ein beachtlicher Vorteil — niedriger liegt, ist zu vermuten, daß A von einer Analyse der Personalproduktivität des Unternehmens B profitieren wird. Das wird durch die folgenden Betriebsvergleichs-Werte, die sich aus der Synoptischen Tabelle ablesen bzw, errechnen lassen, noch deutlicher:

Tabelle 3: Personalleistung und Personalkosten/Person in DM

	Betrieb A	Betrieb B	Betriebe insgesamt
Umsatz je beschäftige Person in DM	183.592	272.930	213.278
Bruttoerfolg je beschäftigte Person in DM.	69.765	115.722	81.472
Personalkosten je beschäftigte. Person in DM	51.589	60.863	49.694
Deckungsbeitrag je beschäftigte Person in DM	18.176	54.859	31.778
Umsatzakte je beschäftigte Person p.a.	2.887	4.822	3.380

Die Umsatzleistung der Mitarbeiter des Betriebes B liegt um rund 50% über der von A und ca. 25% über dem Durchschnitt. Die Differenzen sind beim absoluten Bruttoerfolg je Person noch höher. Obgleich die Personalkosten je beschäftigte Person im Betrieb B deutlich über die Vergleichswerte hinausgehen, ergibt sich letztendlich eine Verdreifachung des absoluten Deckungsbeitrages im Betrieb B gegenüber Betrieb A. Abgesehen von dem höheren prozentualen Bruttoerfolg (siehe oben *Tabelle 2*) ist es vor allem die erheblich größere Zahl der Umsatzakte je Person/Jahr, die die deutlich höhere Umsatzleistung und den ungleich größeren Deckungsbeitrag je beschäftigte Person begründen.

Die Suche nach außergewöhnlichen Leistungen, hervorragenden Praktiken und damit Benchmarks in Betrieb B sollte sich auf zwei Felder erstrecken:

1) Da die Untersuchungen durch die ungewöhnlich große Differenz der Personalkostenbelastung ausgelöst werden, sollten sich die Analysen zunächst auf den Einsatz des Faktors Arbeitskraft konzentrieren. Dabei geht es um einen Vergleich der quantitativen Personalstruktur, wie insbesondere nach Funktionen und/oder Prozessen sowie nach der Zusammensetzung von Voll- und Teilzeitkräften (einschließlich Aushilfen). Ersteres dient der Ermittlung der besonders produktiven Betriebsbereiche im Betrieb B bzw. der unproduktiven in Betrieb A. Mit dem zweiten Kriterium wird vor allem der Umstand angesprochen, in welchem Maße die Unternehmen auf die starken Schwankungen der Kundenfrequenzen reagieren können, was bei Einzelhandlungen mit vorwiegender Fremdbedienung überaus wichtig ist.

   Weiterhin geht es um die qualitative Zusammensetzung des Personals, da die Personalleistung erheblich von der Personalqualität abhängt. Wird die durchschnittliche Personalqualität an den durchschnittlichen Personalkosten je Person gemessen (tendenziell verändern sich beide parallel), so steigt mit den Personalkosten je Person die Personalleistung gewöhnlich überproportional an (vgl. *Tabelle 3* sowie Meyer 1979, S. 33 ff.). Wenn also der Betrieb B außerordentlich hohe Personalleistungen (Umsatz, Bruttoerfolg, Deckungsbeitrag und Umsatzakte) aufweist, so ist ein Vergleich der qualitativen Zusammensetzung im Personal in den Betrieben angebracht.

2) Das gilt auch für die Bewertung der Produktivität und Wirtschaftlichkeit der vorgefundenen Prozesse usw. als eigentliche Objekte des Benchmarking. Davon ausgehend, daß in dieser Branche mindestens 80% der Personalkosten durch die Beschaffungs- und Absatzaufgaben bestimmt sind, sind primär folgende Prozesse (i.w.S.) auf "beste Praktiken" in Betrieb B zu untersuchen:

   - Beschaffungs-, Preisauszeichnungs- und Einlagerungsprozeß von Lagerware.
   - Beschaffungs-, Abrechnungs- und Auslieferungsprozeß von sogenannter Kommissionsware.
   - Initiierung und Durchführung des Nachfüllprozesses vom Lager in den Laden.
   - Vorgehensweise bei der Personaleinsatzplanung (PEP).
   - Verkaufsprozeß mit den Teilbereichen Kundenempfang, Verkaufsgespräch, Verkaufsabschluß mit Verpackung, Abrechnung und Verabschiedung, eventuell Warenzustellung.
   - Reklamations- und Umtauschprozeß.

- Maßnahmen zur Mitarbeiter-Motivation (Führungsstil, leistungsabhängige Entgelte, Weiterbildung u.ä.m.).

Diese vorwiegend ablauforganisatorischen Untersuchungsgegenstände sind allerdings auch um die Erfassung aufbauorganisatorischer Bedingungen zu ergänzen, was insbesondere Fragen der Entscheidungsdelegation, Zentralisation vs. Dezentralisation von Funktionen, Category-Management, Teamorganisation, Projektorganisation umfaßt.

Es ist von diesen Untersuchungen in einem Vergleichsbetrieb nicht zu erwarten, daß alle Prozesse oder sogar das gesamte Personalsystem übernommen werden können. Vielmehr ist zu erwarten, daß lediglich für den einen oder anderen Prozeß eine nachahmenswerte Lösung gefunden wird. Deshalb ist die Suche nach anderen erfolgversprechenden Unternehmen fortzusetzen. So ist beispielsweise in der hier verwendeten Synoptischen Jahrestabelle ein Betrieb C mit einer Umsatzrendite von +3,1% (gut 6%-punkte über dem Durchschnitt) aufgeführt, der sich durch besonders niedrige Personalkosten in Relation zum Umsatz auszeichnet. Gerade für die prozeßbezogenen Analysen verspricht dies hilfreiche Ergebnisse, wenn dabei wie eben dargelegt vorgegangen wird.

2.4 Beispiel 3: Strategie-Differenzen

Die Gegenüberstellung erfolgsbestimmender Betriebsvergleichs-Werte der Unternehmen B und C ergibt weitere Erkenntnisse (vgl. dazu *Tabelle 4*):

Tabelle 4: Bruttoerfolg, Gesamtkosten und Nettoerfolg in Prozenten vom Umsatz einschließlich Umsatzsteuer

	Betrieb B	Betrieb C
Bruttoerfolg in % vom Umsatz	42,4	35 3
Gesamtkosten in % vom Umsatz	37,4	32,2
Nettoerfolg in % vom Umsatz	+5,0	+3,1

Die Gegenüberstellung der erfolgsbestimmenden Größen legt die Vermutung nahe, daß in den Betrieben C und B unterschiedliche Strategien verfolgt werden, und zwar wird:

- im Betrieb C eine "trading down"-Strategie angewandt, bei der durch die Reduzierung der übernommenen Handelsfunktionen (z. B. Beratung, Geschäftsausstattung und Warenpräsentation, Kundenkreditierung) Kosteneinsparungen realisiert werden, die eine niedrigere Preisstellung, ggf. sogar eine aggressive Preispolitik erlauben, und

- im Betrieb B eine "trading up"-Strategie praktiziert, die anstrebt, durch eine Intensivierung der Funktionenübernahme (insbesondere über zusätzliche Dienstleistungen) Präferenzen bei den Kunden aufzubauen, die im Falle des Erfolges höhere Kalkulationssätze und damit insgesamt ein höheres Preisniveau erlauben.

Hier kann es sich in beiden Fällen um eine Reaktion auf eine Wettbewerbsverschärfung handeln, allerdings mit sehr unterschiedlicher Konsequenz. Strebt Betrieb A nun eine der beiden Strategiealternativen als Benchmark des eigenen Handelns an, so müssen für deren Auswahl folgende Fragen beantwortet werden:

(1) Welche Umfeldbedingungen haben zu diesen strategischen Entscheidungen geführt?

(2) Welche Informationen mußten zur Bewertung der Handlungsalternativen beschafft werden und auf welchem Wege geschah das?

(3) Wer hat an der Vorbereitung und Verabschiedung der Entscheidung mitgewirkt (z. B. auch Berater) und welcher prozeßbezogene organisatorische Rahmen wurde dafür gewählt?

(4) Welche Maßnahmen wurden im einzelnen zur Realisierung der Strategie vorgenommen, insbesondere hinsichtlich des Einsatzes der Marketing-Instrumente?

2.5 Beispiel 4: Differenzen in der Lagerbestandspolitik

Weiter soll hier noch ein interessanter, schon aus den Betriebsvergleichs-Werten zu ersehender Umstand erörtert werden: Die beiden sehr erfolgreich arbeitenden Unternehmen (also auch der ein "trading down" praktizierende Betrieb C) haben weit überdurchschnittlich hohe Warenbestände. Ihre Lagerumschläge liegen mit 1,4 (B) bzw. 1,5 (C) weit unter dem Durchschnitt von 2,2, während Betrieb A bei einem hohen negativen Nettoerfolg einen Lagerumschlag von 3,1 aufweist.

Deshalb ist dem in der Praxis sehr verbreiteten Streben nach Steigerung des Lagerumschlages mit Skepsis zu begegenen, zumindest hier und für den Fachhandel. Bereits an anderer Stelle konnte nachgewiesen werden, daß eine Steigerung des Warenbestandes je beschäftigte Person über das Durchschnittsniveau der Branche hinaus einen günstigen Einfluß auf Umsatz und Rentabilität zeigt, was auch durch amerikanische Untersuchungen gestützt wird (Meyer 1992, S. 72 f.). Der Warenbestand je beschäftigte Person liegt im GPK-Einzelhandel im Schnitt bei ca. 55 TDM, macht im Betrieb A knapp 30 TDM aus und erreicht bei den Betrieben B und C 70 TDM und mehr. Der Betrieb A hat also zu prüfen, in welchen Bereichen sein Warenangebot mangelhaft ist. Dabei geht es selbstverständlich nicht um die unbedachte Aufstockung der Warenbestände, sondern um die sinnvolle Ergänzung, was die Beantwortung der beiden folgenden Fragen verlangt:

- Welche Lücken zeigt das bestehende Sortiment, sowohl in der Sortimentsbreite, d.h. der Kombination der Warengruppen, als auch auch in der für Fachgeschäfte besonders wichtigen Sortimentstiefe im Sinne der Artikel- und Sortenvielfalt?
- Sind die Lagermengen je Dispositionseinheit (Sorte) so bemessen, daß die durchschnittliche Nachfrage und die mögliche Mehrnachfrage bedient werden können? Es stellt sich also die Frage nach dem richtigen Beschaffungszeitpunkt, der richtigen Beschaffungsmengen und nach den richtigen Sicherheitsbeständen.

Im ersten Fall handelt es sich um die Verminderung von sogenannten Nichtverkäufen, während man im zweiten Fall von einer Senkung der Fehlverkäufe spricht. Der Betrieb A wird also im Benchmarking die Methoden der Sortimentspolitik (siehe auch oben Bruttoerfolgsanalyse) sowie die der Beschaffungspolitik (Bestellpunktermittlung und Bestellmengendisposition) erfassen müssen, um Ergebnisse wie die in den Betrieben B und C zu erreichen.

2.6 Zusammenfassende Bewertung der Beispiele

Allen vier Beispiele ist gemeinsam, daß von weit gefaßten, jedem Praktiker bekannten und direkt aus den Synoptischen Tabellen zu entnehmenden Kennzahlen ausgegangen wird. Es handelt sich damit um ein recht grobes Analyseraster, dessen Anwendung die Gefahr beinhaltet, daß neben einem offensichtlichen ("Haupt-") Einflußfaktor (z. B. Verkaufsraumgröße) weitere Einflußfaktoren (z. B. Geschäftslage) übersehen oder nicht genügend beachtet bzw. gewichtet werden. Es ist also zu fordern, die über Jahrzehnte kaum veränderten Auswertungsmethoden des Betriebsvergleichs zu vervollkommnen.

In diesem Zusammenhang sei auf Müller-Hagedorn (1994 und 1995) hingewiesen. Er schlägt eine Verbesserung der Auswahl von Vergleichsbetrieben vor, die dazu führt, daß bei demselben Vergleichsvorhaben je nach Fragestellung Vergleichsbetriebsgruppen unterschiedlicher Zusammensetzung gebildet werden. Damit fallen insbesondere präzisere Kennzahlen an. Aufgrund der höheren Individualität und Flexibilität wächst der Erkenntnisgewinn aus den dabei aufgedeckten Ursache-Wirkungs-Beziehungen (Müller-Hagedorn spricht etwas konkreter von Maßnahmen-Ziel-Beziehungen, vgl. 1994, S. 130) gewinnen die Betriebsvergleichsdaten für das Benchmarking an Bedeutung (zur Bestimmung des Suchfeldes und zur Festlegung von Benchmarks).

Allerdings sollten die Grenzen für die betriebliche Praxis nicht übersehen werden: Da es sich bei der Erweiterung des Betriebsvergleichs um nicht nur qunatitativ, sondern auch um qualitativ anspruchsvolle Analysen handelt, werden vom Bearbeiter überdurchschnittliche Kenntnisse und Erfahrungen in der Anwendung betriebswirtschaftlicher Methoden verlangt. Das wird die Verbreitung in der Praxis wahrscheinlich behindern. Dies soll im folgenden diskutiert werden:

3 REALISIERUNG DES BENCHMARKING IN MITTELSTÄNDISCHEN FACHHANDLUNGEN

3.1 Realisierungshemmnisse

Es stellt sich nun die Frage, ob Klein- und Mittelbetriebe des Fachhandels grundsätzlich in der Lage sind, die dargelegten Aufgaben des Benchmarking zu erfüllen und dessen Chancen zu nutzen. Nach den bisherigen Ausführungen dürfte es diesen Unternehmen als Betriebsvergleichs-Teilnehmer leicht möglich sein, diejenigen Problembereiche einzugrenzen, die ein Benchmarking nahelegen (Anstoßfunktion des Betriebsvergleichs nach Müller-Hagedorn 1996, S. 345). Die Beispiele machen aber auch deutlich, daß die Analyse der Betriebsvergleichs-Daten sowie die Erfassung und Bewertung der gefundenen Problemlösungen hohe Anforderungen an die das Benchmarking betreibende Personen stellt.

Zudem sei auf zwei charakteristische Anforderungen an die Durchführung des Benchmarking aus den obigen Beispielen hingewiesen:

1) In Beispiel 1 wird u.a. die Detaillierung der Bruttoerfolge nach Warengruppen betrachtet. In anderen Fällen wird eine solche Analyse der im Betriebsvergleich ausgewiesenen gesamtbetrieblichen Daten nach Kundengruppe, Arbeitsstätten, Verkaufsformen und — insbesondere im Großhandel — nach Absatzgebieten erforderlich sein. Dem folgen dann ggf. Untersuchungen der einzelnen Entscheidungs- und

Arbeitsabläufe. Beim Benchmarking der Beispiele 2 und 4 fallen im Prinzip gleichartige Untersuchungsschritte an. In allen diesen Fällen handelt es sich überwiegend um die Untersuchung von einfachen Ursache-Wirkungs-Beziehungen, die vom Bearbeiter eine analytische Denk- und Arbeitsweise verlangt.

- Demgegenüber zeichnen sich die im Beispiel 3 angesprochenen Strategien durch ihre hohe Komplexität aus. Deren Untersuchung und Bewertung erfordert deshalb die simultane Berücksichtigung einer größeren Zahl von Einflußfaktoren, einschließlich ihrer Gewichtung und der Analyse der möglichen Interdependenzen zwischen ihnen. Das erfordert ein eher ganzheitliches Herangehen des Bearbeiters an das Problem.

Beides verdeutlicht, daß eine mit dem Benchmarking befaßte Person die beiden nachstehenden Fähigkeiten in ausgeprägter Weise in sich vereinigen sollte, obgleich diese eher gegensätzliche Denkweisen erfordern:

- Analytisch-akribische Denkweise zur Ermittlung der besonders wichtigen Problembereiche und der Auffindung der entsprechenden Problemlösungen (Kombinationsfähigkeit).
- Die Begabung, komplexe Tatbestände mit begrenzter Bewertbarkeit ganzheitlich zu erfassen (Abstraktionsfähigkeit) und anderen Menschen, insbesondere Entscheidungsträgern, zu vermitteln (Sprachgefühl).

Diese Voraussetzung muß sich mit guten betriebswirtschaftlichen, in der Regel durch das Studium der Handelsbetriebslehre und/oder des Marketing erworbenen Kenntnissen sowie mit mehrjährigen Erfahrungen im Handel — möglichst im angesprochenen Branchenbereich — verbinden. Fachleute dieser Qualität sind trotz der desolaten Arbeitsmarktlage schwer zu finden und nur unter Auslobung eines hohen Entgeltes zu gewinnen.

Es ist zu erwarten, daß die aufgeführten Fähigkeiten zunehmend auch bei Inhabern und Geschäftsführern mittelständischer Handlungen gegeben sein werden, da diese — im Gegensatz zu früher — mehr und mehr eine adäquate akademische Ausbildung aufweisen. Dennoch dürften die personellen Ressourcen immer noch einen wesentlichen Engpaß darstellen, zumal gerade in Klein- und Mittelbetrieben die leitenden Personen durch die dringliche Tagesarbeit gehindert sind, umfangreiche Benchmarking-

Aktivitäten zu übernehmen. Der Einsatz außenstehender Berater — eine naheliegende Alternative — wird in der Regel an den hohen Kosten scheitern.

Neben den bedeutsamen Personalkosten sind in der Regel noch erhebliche Sach- und Dienstleistungskosten zu berücksichtigen, die das Benchmarking eines mittelständischen Einzelbetriebes begrenzen oder möglicherweise sogar verhindern.

3.2 Kooperation als Lösungsvorschlag

Ein Weg, Benchmarking mit geringeren Kosten durchzuführen, ist das interne Benchmarking, für das mittelständische Filialbetriebe und Franchiseunternehmen besonders geeignet sind. Jedoch ist in der Regel in derartigen Organisationen die Betriebspolitik stark standardisiert und damit die Suche nach besseren Problemlösungen wenig erfolgsversprechend.

Demgegenüber sind mittelständische Einzel- und Kleinfilialbetriebe in der Betriebsstruktur (Sortiment, Geschäftslage, Ladeneinrichtung, Personalstruktur usw.) und in der Organisation ihrer Betriebsabläufe in Beschaffung, Warenlagerung, Verkauf und Administration erheblich individueller und damit vielfältiger. Hier sind deshalb die Chancen, überlegene Lösungen zu finden, sicherlich besser als in Betrieben der zunächst genannten Betriebsformen. Auf der anderen Seite wird es für derartige Betriebe durchweg erforderlich sein, zur Nutzung des Benchmarking mit anderen Betrieben oder Organisationen zu kooperieren, da nur dann für das einzelne Mitglied tragbare Kosten anfallen.

So kann von mehreren Betrieben gemeinsam ein qualifizierter Fachman oder Berater der oben charakterisierten Art eingesetzt werden. Daneben hat eine solche Benchmarking-Kooperation neben den Funktionen "Informationsmakler" und "Kontaktvermittler" (Krönfeld 1995, S. 236 ff.) noch folgende Vorteile:

- Es wird eine sinnvolle Auswahl und Abgrenzung von Benchmarking-Objekten gefördert (z. B. gemeinsame Bestimmung von Prozessen).
- Subjektiv beeinflußte Bewertungen einzelner leitender Mitarbeiter werden weitgehend vermieden.
- Kooperationen können leichter als einzelne mittelständische Unternehmen Kontakte zu anderen Branchen, Wirtschaftszweigen und nichtwirtschaftlichen Organisationen schaffen, womit der Forderung nach einem möglichst breiten Suchraum entsprochen wird.

Der damit verbundene Einsatz eines (oder auch mehrerer) vom einzelnen Kooperationsmitglied unabhängigen Fachmanns bietet nachstehende Vorteile:

- Dieser Mitarbeiter sorgt — neben der Leistung der eigentlichen Benchmarking-Arbeit — für die Kontinuität der Bemühungen und für ein planvolles, den gesetzten Prioritäten gemäßes Vorgehen.
- Weiterhin ist diese Person gegebenenfalls in der Lage, den Kontakt zwischen Sucher und Bereitsteller einer Problemlösung zu anonymisieren. Sie kann dem zweitgenannten Betrieb unter besonderen Umständen sogar zusagen, die Ergebnisse nicht an seine direkten Wettbewerber weiterzugeben.
- Der Fachmann ist ferner in der Lage, die korrekte Erfassung der gemeldeten Betriebsvergleichs-Daten zu überprüfen. Das gilt z. B. in besonderem Maße für die richtige und gleichartige Abgrenzung der Bar- und Kreditverkäufe (Umsatzakte). Letzteres ist eine große Bedeutung für die Ermittlung der Personalproduktivität zuzumessen.

Eine Alternative zum eigenen Kooperationsnetzwerk ist die Kooperation mit einer entsprechenden vorhandenen Institution. Hier sind die Fachverbände angesprochen, neue Institutionen speziell für das Benchmarking zu schaffen. Das dürfte allerdings für einige kleinere Verbände zu zeit- und kostenintensiv sein, zumal die Zahl der für das Benchmarking geeigneten Teilnehmer möglichst groß sein sollte. Die übliche Mitgliederzahl der sehr verbreiteten ERFA-Gruppen mit 10 bis 15 Betrieben wird hier nicht ausreichen, eine solche Gruppe kann jedoch den Nukleus einer sich bildenden größeren Benchmarking-Gruppe darstellen.

Es erscheint besonders naheliegend, Benchmarking-Institutionen zusammen mit oder in enger Anlehnung an Betriebsvergleichs-Institutionen aufzubauen (vgl. auch Müller-Hagedorn 1995, S. 134). Folgende Argumente sprechen für dieses Vorgehen:

- Für das Benchmarking werden die Betriebsvergleichs-Daten ohnehin benötigt.
- Die Zahl der Betriebsvergleichs-Teilnehmer liegt gewöhnlich viel höher als in ERFA-Gruppen.
- Die Betriebsvergleichs-Teilnehmer sind an Datenerhebungen und der Verwertung der Betriebsvergleichs-Ergebnisse gewöhnt. Deshalb kann davon ausgegangen werden, daß sie weitergehenden Untersuchungen in ihren Betrieben positiv gegenüberstehen, zumal sie selbst davon profitieren können.

- Ferner gelten die Betriebsvergleichs-Teilnehmer als fortschrittlich und aufgeschlossen. Ihre Durchschnittsergebnisse sollen über denen der Branchengesamtheit liegen. Die Chancen, bei ihnen gute Problemlösungen zu finden, sind daher höher als bei Nichtmitgliedern.
- Die bedeutenderen Betreiber von Betriebsvergleichen, wie z. B. die oben genannten Forschungsinstitute, führen diese parallel für mehrere Branchen durch, so daß sich das Suchfeld leicht erweitern läßt.
- Die Zusammenarbeit zwischen den Fachverbänden und den Forschungsorganisationen ist in der Regel eng. Dies kann zur Werbung von zusätzlichen Kooperationsmitgliedern genutzt werden.
- Die den Betriebsvergleich vornehmenden Organisationen haben oft gute Möglichkeiten, die hier mehrfach angesprochenen Fachleute zu gewinnen.

Benchmarking mittels einer zentralen Koordinationsinstitution wird die Ausgangssituation und damit den Anlaß der jeweiligen Benchmarking-Aktivität verändern. Betreibt ein einzelnes Unternehmen Benchmarking, so liegt in diesem Unternehmen gewöhnlich ein bestimmtes Problem vor. Demgegenüber wird es in einer Kooperation eher zu einer Abstimmung zwischen den Teilnehmern kommen, welche betrieblichen Probleme die Mehrheit als besonders wichtig ansieht und daher für das Benchmarking aufgreift. Die Abfolge "Problemerkennung ⇨ Suche nach bester Problemlösung" kehrt sich dann in die Abfolge "beste Problemlösung ermittelt ⇨ Suche nach Anwendungsnotwendigkeit" um. Im zweiten Fall wird gleichsam "auf Vorrat" gearbeitet, also nicht für einen vorliegenden Bedarfsfall (Schröder 1997, S. 38 ff.).

Wenn die Benchmarking-Objekte von einer Mehrheit der Kooperationsmitglieder bestimmt werden, ist nicht auszuschließen, daß das individuelle Problem eines Kooperationspartners nicht oder erst später bearbeitet wird, obgleich eine Problemlösung drängt. Einer solchen Konfliktsituation muß im Vertrag oder Statut der Kooperation vorgebeugt werden, z. B. mit Hilfe von Prioritätenkriterien. Andernfalls droht ein Auseinanderfallen oder zumindest eine Schwächung der Kooperation.

4 RESÜMEE

Der traditionelle Betriebsvergleich kann beim Benchmarking als Mittel der Problemerkennung eingesetzt werden, wobei allerdings nur eine grobe Ortung der Probleme möglich ist. Die Feinanalyse sowie die Ermittlung und Bewertung der konkreten betrieblichen Maßnahmen sind dann Aufgabe des Benchmarking. Insbesondere für die letztgenannten Aufgaben sind entsprechend qualifizierte Personen einzusetzen. Für den mittelständischen Handelsbetrieb als Einbetriebsunternehmen bedeutet dies jedoch kaum tragbare Kosten, da den erhöhten Anforderungen auch ein hohes Entgelt entspricht. Für die Masse der mittelständischen Handelsbetriebe werden nachhaltige Benchmarking-Aktivitäten nur in Kooperation mit anderen Unternehmen möglich sein. Aufgrund der naheliegenden Kopplung von traditionellem Betriebsvergleich und Benchmarking sprechen viele Argumente dafür, eine Benchmarking-Organisation in enger Anlehnung an die Institutionen des Betriebsvergleichs anzusiedeln, wobei die gemeinsame Zusammenarbeit mit den einschlägigen Fachverbänden Vorteile mit sich bringen wird.

LITERATUR

Göldenbot, K.: Best Practice von innen heraus. In: absatzwirtschaft, 38 (1995), Heft 10, S. 64-67.

Horvath, P.; Herter, R. N.: Benchmarking — Vergleich mit den Besten der Besten. In: Controlling, 4 (1992), Heft 1, S. 4-11.

Krönfeld, B.: Erfolgsforschung in kooperativen Handelssystemen, Dissertation Frankfurt a. M. 1995.

Lamla, J.: Prozeßbenchmarking, München 1995.

Meyer, G.: Bessere Leistung durch höhere Bezahlung. In: Rationeller Handel, 22 (1979), Heft 4, S. 33-36.

Meyer, G.: Die Faktorkombination — ein strategischer Erfolgsfaktor im Einzelhandel? In: Trommsdorff, V. (Hrsg.), Handelsforschung 1991, Wiesbaden 1992, S. 65-88.

Meyer, G.: Benchmarking im mittelständischen Fachhandel — kann der herkömmliche Betriebsvergleich hilfreich sein? In: Bührens J. (Hrsg.), Management im Mittelstand — erfolgsorientierte Ansätze und Perspektiven, Sternenfels 1997, S. 140-151.

Müller-Hagedorn, L.: Die Wahl von Vergleichsbetrieben — Teil I. In: Mitteilungen des Instituts für Handelsforschung an der Universität zu Köln, 46 (1994), Heft 9, S. 125-134.

Müller-Hagedorn, L.: Die Wahl von Vergleichsbetrieben — Teil II. In: Mitteilungen des Instituts für Handelsforschung an der Universität zu Köln, 47 (1995), Heft 9, S. 129-135.

Müller-Hagedorn, L.: Die Fortentwicklung des Betriebsvergleichs zum Controlling-Tool. In: Trommsdorff, V. (Hrsg.), Handelsforschung 1995, Wiesbaden 1996, S. 333-347.

Müller-Hagedorn, L.; Becker, Th.: Der Betriebsvergleich als Controllinginstrument in Handelbetrieben. In: Wirtschaftswissenschaftliches Studium, (1994), S. 231-238.

o.V.: Benchmarking hilft dem Mittelstand im Wettbewerb. In: Blick durch die Wirtschaft, 21.04.1996 (Nr. 81), S. 1.

Sänger, E.: Benchmarking. In: Schulte, C. (Hrsg.), Lexikon des Controlling, München 1996, S. 62-65.

Schröder, H.: Benchmarkingorientiertes Positionierungsmanagement im Einzelhandel. In: Trommsdorff, V. (Hrsg.), Handelsforschung 1996/97, Wiesbaden 1997, S. 25-48.

Seyffert, R.: Wirtschaftslehre des Handels, 5. Auflage, Köln-Opladen 1972.

Kundenverhalten

Ein konzeptionelles Modell zum Suchverhalten von Kunden in Einzelhandelsunternehmen

Franz-Rudolf Esch, Gießen und Eva Thelen, Innsbruck

Ersten Pilotstudien zur Orientierung von Kunden in SB-Warenhäusern zufolge haben die meisten Kunden keine klaren Vorstellungen von der Plazierung der Waren im Laden. Zudem bestehen bislang nur rudimentäre Kenntnisse über das Suchverhalten von Kunden in Läden. In diesem Beitrag wird ein konzeptionelles Modell zum Suchverhalten von Kunden in SB-Warenhäusern vorgestellt, das als Basis für empirische Studien zur Erklärung von Wirkungszusammenhängen zwischen der Ladengestaltung und der Effektivität und Effizienz der Suche dienen kann.

1 PROBLEMSTELLUNG

Für Handelsunternehmen gewinnen orientierungsfreundliche Läden an Bedeutung. Eine gute Orientierung erleichtert den Einkauf und schafft eine erhöhte Zufriedenheit beim Kunden. In einer ersten Pilotstudie zur Orientierung in großen Einzelhandelsoutlets wurde die Orientierung in den untersuchten Läden zwar nicht schlecht eingeschätzt, die gedanklichen Lagepläne der Kunden waren hingegen nur rudimentär ausgebildet (vgl. Esch/Billen 1996). Die meisten Kunden hatten keine klaren Vorstellungen von der Plazierung der Waren im Laden, die Zuordnung von Waren auf bestimmte Ladenbereiche glich einem Roulettespiel. Daß die Orientierung subjektiv als "befriedigend" angegeben wird, ist darauf zurückführbar, daß ein Gewohnheitseffekt durchschlägt und es möglicherweise zu einem Halo-Effekt kommt. Die Zufriedenheit mit dem Einzelhandelsgeschäft allgemein strahlt auf die Beurteilung der Orientierungs- und Suchfreundlichkeit aus. Zudem mangelt es den Kunden oft an Vergleichsmaßstäben, da praktisch kein SB-Warenhaus herausragende Orientierungsmöglichkeiten bietet.

Eine wichtige Aufgabe für Handelsunternehmen wird es deshalb künftig sein, Aufschluß über das Suchverhalten von Kunden in Läden zu erhalten. Bislang existieren allerdings bestenfalls rudimentäre Momentaufnahmen von einzelnen Einzelhandelsoutlets. Entsprechend erfolgt auch die Planung neuer Einzelhandelsoutlets primär erfahrungsgeleitet. Aus wissenschaftlicher Sicht ist deshalb eine nähere Analyse des Suchverhaltens von Kunden zwingend erforderlich, da erst auf Basis systematischer Studien Ursache-Wirkungs-Zusammenhänge ermittelt und entsprechende Handlungsempfehlungen für die Ladengestaltung gegeben werden können. In diesem Artikel soll dazu ein erster Beitrag geleistet werden, indem in einem konzeptionellen Modell wesentliche Einflußfaktoren auf das Suchverhalten in Einzelhandelsoutlets vorgestellt werden.

Aufbauend auf diesem Modell können künftig verstärkt experimentelle Studien mit systematischer Variation von Orientierungshilfen und Ladenanordnungen – möglicherweise unter Verwendung virtueller Läden – durchgeführt werden (vgl. Burke 1996; Hennig 1997; Woolley 1994).

2 EIN MODELL ZUR ERKLÄRUNG DES SUCHVERHALTENS VON KUNDEN IN EINZELHANDELSOUTLETS

2.1 Überblick über das Modell zum Suchverhalten

Der Suchprozeß in Einzelhandelsoutlets kann durch folgendes konzeptionelles Modell dargestellt werden (vgl. *Abbildung 1*), das eine Weiterentwicklung und Modifikation eines erstmals von Titus und Everett (1995) vorgeschlagenen Konzepts zur Erklärung von Suchprozessen im Handel ist.

Das Modell besteht grob gesprochen aus folgenden Komponenten:

(1) der Informationsrate der Umwelt, die quasi den Reizpegel der Umwelt repräsentiert und wesentlich die Wahrnehmung der Umwelt durch den Kunden beeinflußt;

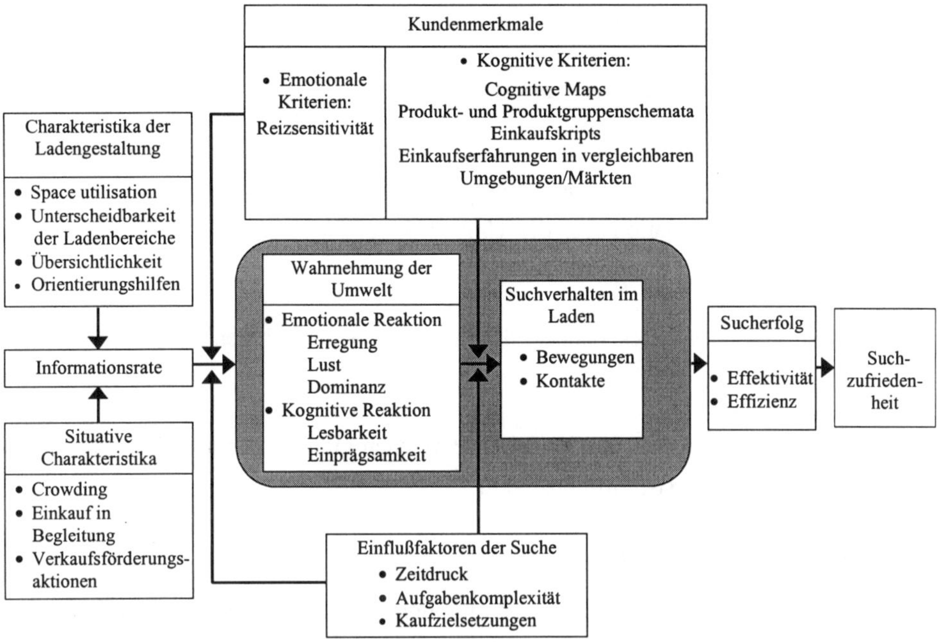

Abbildung 1: Konzeptionelles Modell zum Suchprozeß in Einzelhandelsoutlets

(2) kognitiven und emotionalen Kundencharakteristika, die Indikatoren für die Reizempfindlichkeit der Kunden darstellen und Kenntnisse von Ladenumwelten und Produkten umfassen, die die Wahrnehmung des Ladens sowie das Suchverhalten beeinflussen;

(3) Merkmalen des Kaufs selbst wie der Zeitdruck oder Kaufziele als Moderatoren der Umweltwahrnehmung und des Suchverhaltens;

(4) der Wahrnehmung der Ladenumwelt, die sich sowohl auf die durch den Laden ausgelösten emotionalen Reaktionen als auch auf kognitive Aspekte wie die Lesbarkeit und Einprägsamkeit des Ladens beziehen;

(5) dem eigentlichen Suchverhalten im Laden, das wiederum von der Wahrnehmung der Umwelt, den Kundenmerkmalen sowie den Moderatorvariablen Zeitdruck, Aufgabenkomplexität und Einkaufszielen geprägt wird, sowie

(6) dem daraus resultierenden Sucherfolg und der empfundenen Zufriedenheit mit der Suche.

Auf diese Komponenten wird im folgenden näher eingegangen.

2.2 Die Informationsrate der Umwelt

Unter der Informationsrate wird die "Menge an Informationen, die in einer Zeiteinheit in der Umwelt enthalten sind oder wahrgenommen werden" verstanden (Mehrabian 1978, S. 16). Die Informationsrate der Umwelt kann durch zwei Einflußfaktoren gekennzeichnet werden:

(1) Gestaltungsmerkmale des Ladens, die durch das Unternehmen selbst aktiv beeinflußbar sind,

(2) Situative Charakteristika, die in weiten Bereichen nicht oder nur bedingt durch das Handelsunternehmen beeinflußbar sind.

Gestaltungsmerkmale des Ladens

Zu den Gestaltungsmerkmalen zählen die räumliche Gestaltung und die Anordnung der Waren im Laden (space utilisation) (vgl. Baumgartner 1981), der Grad der Differenzierungsfähigkeit des Ladens durch gestalterische Maßnahmen sowie der Einsatz von Orientierungshilfen und die aus den genannten Aspekten folgende Übersichtlichkeit des Ladens.

Durch die räumliche Gestaltung des Ladens und die Anordnung der Waren innerhalb des Ladens, d.h. durch die quantitative und qualitative Raumaufteilung, wird die Lesbarkeit des Ladens und die Stimulation der Kunden durch den Laden beeinflußt. Folgt man gestalttheoretischen Überlegungen, so wird ein Laden zunächst als Ganzheit wahrgenommen. Demzufolge muß die *Makrostruktur des Ladens einfach gestaltet* sein. Die Raumaufteilung auf einzelne Warengruppen und die dazu notwendigen Verbindungswege wären in diesem Fall möglichst symmetrisch zu gestalten. Asymmetrische Wegeführungen führen zu mehr Komplexität der Ladenumgebung und zu einer Erhöhung der Informationsrate. Dadurch wird die Lesbarkeit und das Sich-Zurechtfinden im Laden erschwert. Zudem können auch nicht so schnell cognitive maps, also Landkarten vom Laden, gebildet werden. Es fällt schwerer, sich einen solchen Laden vor das innere Auge zu rufen. Zur Verbesserung der Orientierung sollte die Raumaufteilung so vorgenommen werden, daß eine klare Trennung zwischen Haupt- und Nebenwegen und verschiedenen Abteilungen möglich wird und durch eine symmetrische Anordnung der

Abteilungen die ganzheitliche Wahrnehmung und damit die Lesbarkeit und Einprägsamkeit des Ladens gefördert wird.

Die Raumaufteilung muß allerdings auch die *Logik der Produktanordnung* berücksichtigen. Damit ist hier die Anordnung der Warengruppen und Artikel untereinander gemeint, konkret die räumliche Zuordnung einzelner Warengruppen und Abteilungen zueinander. Diese Anordnung kann nach logistischen Notwendigkeiten (Getränkecenter am Rand des Ladens wegen besserer Auffüllmöglichkeiten), nach konsumentenbezogenen Kriterien (Produkte im Verwendungszusammenhang werden gemeinsam präsentiert; Tiefkühlkost wird kurz vor den Kassen plaziert, damit sie nicht schon während des Einkaufs schmilzt) oder beispielsweise nach strategischen Gesichtpunkten (wenn man als Frischemarkt gelten will, empfiehlt sich eine Frischeabteilung eventuell unmittelbar hinter dem Eingang) erfolgen. Typische Einteilungskriterien sind solche auf Basis gemeinsamer Produkteigenschaften (z. B. Papierwaren), nach Lageranforderungen (z. B. Tiefkühlkostabteilungen) oder nach Konsumcharakteristika ("Alles für den Hausputz": von Vileda Tüchern bis hin zu Reinigungsmitteln) (zu Verbundpräsentationen vgl. Heidel/Müller-Hagedorn 1989).

Diese Kriterien können sich komplementär, konkurrierend oder indifferent zueinander verhalten. So vermittelt eine Frischeabteilung im Ladeneingang zwar ein Frischerlebnis, kann aber gleichzeitig zum Unmut der Käufer, weil man zunächst leicht zu beschädigende Waren (z. B. Tomaten) kauft, die dann anschließend durch Käufe von Hartwaren zerdrückt werden können.

Ferner müssen sich die Aufteilungskriterien auch den Kunden erschließen. Dabei gilt: Je mehr verschiedene Aufteilungskriterien verwendet werden, desto schwieriger finden die Kunden einen Zugang zur Raumaufteilung der Waren. Die Lesbarkeit des Ladens und dessen Einprägsamkeit wird erschwert. Für das Unternehmen ergäbe sich zudem die Notwendigkeit der Mehrfachplazierungen mit entsprechend erhöhtem Regalpflegeaufwand.

Der zweite Einflußfaktor bezieht sich auf die *Differenzierungsfähigkeit,* d. h. die visuelle Unterscheidbarkeit der einzelnen Bereiche im Einzelhandelsoutlet. In der Semiotik existieren hierzu Überlegungen, bei denen zwischen Mikro- und Makrostruktur unterschieden wird. Die *Makrostruktur* soll durch einfache Gestaltung das Zurechtfinden erleichtern. In der *Mikrostruktur* geht es hingegen um eine komplexere, stimulierende Gestaltung, die zur Differenzierung der Abteilungen beiträgt. Differenzierungen können erreicht werden durch unterschiedliche Farbgestaltungen von Abteilungen, durch die Verwendung und Anordnung von Regalsystemen sowie durch die Anordnung von Selbstbedienungs- und Bedienzonen.

Bei gegebener Makrostruktur erschweren gleichförmige Regalanordnungen die Differenzierungsfähigkeit zwischen Abteilungen. Im einfachsten Fall kann hier durch Wechsel zwischen vertikaler und horizontaler Anordnung der Regale bei aneinanderliegenden Abteilungen eine Differenzierung erreicht werden. Ferner erhöht die verteilte Anordnung von Bedienungstheken zur Trennung von Abteilungen im Gegensatz zur geballten Anordnung oder Randanordnung von Bedienungsabteilungen die Differenzierungsfähigkeit einzelner Abteilungen im Laden, da sie einen Anker zur Orientierung für die Kunden bilden.

Die *Übersichtlichkeit des Ladens* wird durch die Regalhöhe und die Möglichkeit zur weiten Orientierung an Schlüsselstellen im Laden beeinflußt. Auch Orientierungshilfen wie Kundenleitsysteme und Orientierungspunkte fördern die Übersichtlichkeit.

Kundenleitsysteme betreffen Wegesysteme und Hinweisschilder. Durch die Wegeanordnung im Verkaufsraum sowie deren Ergänzung durch Hinweisschilder wird der Konsument bei seinem Einkauf geführt. Leitsysteme dienen dem besseren Zurechtfinden (Rapoport 1977, S. 148; Bost 1986, S. 18). Voraussetzung für die Nutzung dieser Information ist allerdings deren Verständlichkeit. Hinweisschilder erzielen vor allem "*Kurzfristwirkungen*" bei Erstkunden oder Kunden, die seltener in einem SB-Warenhaus einkaufen. Bei der Gestaltung der Hinweisschilder ist zu berücksichtigen, daß:

- Bildhinweise schneller aufgenommen werden als Sprachhinweise;
- zu viele Hinweisschilder eher die Unübersichtlichkeit verstärken als die Orientierung fördern: Weniger ist mehr;
- Hinweisschilder hinreichend groß gestaltet sind und so plaziert werden, daß man sie auch wahrnehmen kann.

Orientierungspunkte sind Elemente der Verkaufsfläche, wie Kassenanlage, Ein- und Ausgänge oder Rolltreppen sowie *Fascination Points*, die die Aufmerksamkeit auf konkrete Waren lenken sollen. Markante Punkte wie langfristig eingerichtete Aktionsstände erleichtern ebenfalls die Orientierung im Laden. Die Orientierungsfreundlichkeit nimmt nicht mit der Zahl der Orientierungszeichen zu, vielmehr spielen Ausgewogenheit und Wahrnehmungsmöglichkeiten eine große Rolle. Orientierungspunkte erleichtern den Aufbau einer kognitiven Landkarte vom Laden.

Situative Charakteristika

Zu den situativen Charakteristika, die den Suchprozeß beeinflussen, zählen das Crowding, die Zahl und Art der Einkaufsbegleiter sowie Verkaufsförderungsaktionen des Handels.

Mit *Crowding* wird ein psychologisches Phänomen bezeichnet, das Tietz früher plakativ wie folgt formulierte: "Im Handel müssen sich die Ärsche reiben". Dieser positive Frequenzeffekt kann allerdings auch ins Negative umschlagen. Unter "crowding" versteht man aus psychologischer Sicht die subjektive Streßerfahrung aufgrund unzureichenden Raumes. Man kann dies als soziale Dichte bezeichnen (vgl. Stokols, 1972). Eine von den Kunden als zu hoch wahrgenommene soziale Dichte (crowding) löst negative Verhaltensweisen aus. Eine solche Umgebung wird als unangenehm empfunden, das durch die Umgebung ausgelöste Erregungsniveau führt zu Streßempfinden, so daß dies bei häufiger Erfahrung zur Meidung einer solchen Umgebung führen kann (vgl. Esch/Kroeber-Riel/Jung 1993). Solche Crowding-Effekte können bei vielen SB-Warenhausunternehmen zu bestimmten Einkaufszeiten auftreten, da von Jahr zu Jahr die Zahl der präsentierten Artikel auf einer kaum noch ausweitbaren Fläche zunehmen, so daß es zu einer Verkleinerung von Lauf- und Bewegungsflächen bei wenigstens gleichem Kundenverkehr kommen muß. Insofern sind Anhäufungs- und Flächenkontaktstudien erforderlich, um diesen negativen Effekten entgegenwirken zu können. Bei gegebener Ladenumwelt erhöhen solche Crowding-Effekte die Informationsrate. Sie wirken sich negativ auf das Suchverhalten nach Produkten sowie auf die Suchzufriedenheit aus.

Einfluß auf die Suche nehmen auch *Zahl und Art der Begleitpersonen*. So können beispielsweise kleine Kinder als Begleiter die Informationsrate durch Quengeln erhöhen, gleichzeitig aber auch Anreger von Kaufprozessen sein, z. B. beim Kauf von Cornflakes, und somit unmittelbar Einfluß auf die Suche nehmen.

Verkaufsförderungsaktionen, insbesondere solche mit Verkaufs- und Probierständen, Zweit- und Drittplazierung in Gängen bzw. auf Sonderverkaufsflächen usw., führen zur Erhöhung der Informationsrate. Sofern dafür nicht fest vorgegebene Sonderverkaufsflächen vorgesehen sind, können Mehrfachplazierungen Crowding-Effekte fördern. Auf jeden Fall erhält ein Laden immer dann, wenn die Zahl der Aktionen an nicht fest vorgegebenen Stellen relativ hoch ist, punktuell ein neues Gesicht. Dadurch wird aber auch die Lesbarkeit und Einprägsamkeit eines Ladens erschwert.

Diese situativen und ladengestaltungsbezogenen Einflußfaktoren bestimmen die Informationsrate der Umwelt. Überschreitet diese ein bestimmtes Maß, wird die Umwelt als hektisch und unangenehm empfunden. Ist sie zu niedrig, entsteht eine langweilige Atmosphäre (Russell/Pratt 1980, S. 313). In beiden Fällen ist mit Auswirkungen auf das Suchverhalten zu rechnen. Reizstarke Umwelten bewirken sicherlich extremere Reaktionen auf erfolgloses Suchen als reizschwache Umwelten.

2.3 Merkmale der Kunden

Bei den Kunden ist zwischen emotionalen Merkmalen, die vor allem die Reizempfindlichkeit betreffen, und zwischen kognitiven Merkmalen, die wesentlich auf das Wissen und auf Erfahrungen der Kunden beim Kauf rekurrieren, zu unterscheiden.

Bei den emotionalen Kriterien geht es darum, ob es sich bei den Kunden um Reizsucher oder um Reizabschirmer handelt (vgl. Mehrabian/Russell 1982; Gröppel 1991). Reizsucher lechzen nach abwechslungsreichen und stimulierenden Umwelten, während Reizabschirmer geringere Reizpegel in gewohnten Umgebungen bevorzugen. Folgerichtig kann die gleiche Informationsrate der Umwelt durch Reizsucher und -abschirmer unterschiedlich positiv oder negativ bewertet werden. Es ist zu erwarten, daß Kunden, die ihrer Umwelt gegenüber besonders sensitiv sind, sich auch differenzierter über eine Ladengestaltung äußern können als Reizabschirmer. Reizsucher werden demnach stärker auf atmosphärische und kognitive Wirkungen wie der Lesbarkeit von Umwelten in verschiedenen Länden reagieren als Reizabschirmer (vgl. Grossbarth et al. 1975).

Kognitive Merkmale betreffen vor allem die verfügbare Cognitive Map zu einem Laden, die vorhandenen Shopping Scripts, die Erfahrungen mit anderen Läden sowie die Produkt- und Produktgruppenschemata.

Cognitive Maps bezeichnen das Wissen über räumliche Anordnungen. Bezogen auf Einzelhandelsoutlets ist eine Cognitive Map eine bebilderte Landkarte eines Ladens (vgl. Sommer/Aitkens 1982). Eine gedankliche Landkarte entsteht durch Einkaufserfahrungen in einem Laden. Durch Lernprozesse werden diese bildlichen Landkarten zunehmend konkreter und differenzierter (Russell/Ward 1982, S. 660; Downs/Stea 1977,

S. 27). Cognitive Maps erleichtern das Zurechtfinden im Laden (Downs/Stea 1977, S. 27). Kunden können deshalb Artikel leichter lokalisieren und deren Plazierung beschreiben (Grossbart/Rammohan 1980, S. 129).

Ein *Einkaufsskript* ist ein "Drehbuch", das die angemessene Abfolge von typischen Ereignissen bei einem Einkauf beschreibt (vgl. Abelson 1981). Es umfaßt typische, zeitlich geordnete Sequenzen eines Einkaufs, z. B. die Parkplatzsuche, das Auslösen eines Einkaufswagens, den Gang durch das Drehkreuz, einen typischen Einkaufsweg, dem man gewohnheitsmäßig folgt bis hin zum Warten an der Kasse.

Erfahrungen mit anderen Läden prägen wesentlich die Beurteilung des Ladens, in dem man sich gerade befindet. Mit wachsender Erfahrung mit anderen Läden steigen die Anforderungen an eine atmosphärische Ladengestaltung, in der man sich gut orientieren kann. Je breiter das Spektrum der Ladengestaltung bei den Läden, über die man Kenntnis hat, desto kritischer wird die Orientierungsfreundlichkeit beurteilt. Ähneln die Läden einander hingegen, wird das Anspruchsniveau an einen Laden, in dem man gerade kauft, nicht so hoch sein. Geht man im Extremfall immer nur gewohnheitsmäßig in den gleichen Laden, ist mit einer entsprechend positiven und unkritischen Haltung gegenüber der Ladengestaltung zu rechnen.

Die *Zahl und Art der Produktschemata* nimmt wiederum Einfluß auf das Suchverhalten. Produktschemata kann man als große, komplexe Wissenseinheiten bezeichnen, die typische Eigenschaften, d.h. feste, standardisierte Vorstellungen, von Produkten umfassen (Rumelhart/Ortony 1977; Kroeber-Riel 1992; Alba/Hasher 1983). Solche Schemaattribute sind bei Kaffee beispielsweise Kaffeearten (koffeinfrei, koffeinhaltig usw.; löslicher Kaffee, Kaffeebohnen, gemahlener Kaffee), Verpackung (vakuumverpackt, im Glas usw.), Geschmacksmerkmale oder verschiedene Marken (Jacobs, Tchibo, Eduscho). Zwischen einzelnen Schemata bestehen Verbindungen. So werden mit Kaffee häufig andere Produkte (Milch, Zucker usw.) oder Verwendungszusammenhänge (Frühstückskaffee, Pausenkaffee usw.) verbunden. Deshalb werden mit Kaffee auch häufig Filtertüten, Milch, Zucker usw. assoziiert (vgl. Esch/Billen 1996). Objektschema können demnach auch Vorstellungen über die Zusammengehörigkeit von Objekten sein, z. B. über deren Bedarfs- und Verwendungszusammenhang.

Solche Produkt- und Verwendungsschemata dienen auch als Suchfilter für Artikel im Laden. So wird man Hefe wahrscheinlich aufgrund von gespeicherten Produkt- und

Verwendungszusammenhängen unabhängig von jeweiligen Laden zunächst in der Backwarenabteilung suchen und nicht bei Öko-Produkten, wo sie zum Teil in bestimmten Outlets plaziert sind. Je weniger dominant die kognitive Landkarte zu einem Laden, desto stärker dienen solche Produktschemata zur Suche nach Artikeln im Laden.

Vergleicht man die Analyse solcher kognitiven Strukturen mit aktuellen Entwicklungen im Handel wie dem Data Warehousing und dem Data Mining, so werden mögliche Synergien augenfällig. Unter dem Data Warehousing wird im Zusammenhang mit ECR die Nutzung mehrfach integrierter Daten wie Scannerdaten, Werbedaten, geodemographische Daten aufgrund neuartiger Analysemethoden verstanden (vgl. Derr 1995; Tietz 1995). Das Data Mining hingegen dient dem Herausfiltern von Informationen aus einer großen Datenmenge mit Hilfe mathematischer und statistischer Algorithmen. So konnte man beispielsweise mittels Data Mining ermitteln, daß bei rund 600 in einer Warenkorb-Datenbank von Nielsen in Großbritannien untersuchten Artikeln 12 % dieser Artikel in der Regel in einem Warenkorb gekauft werden, z. B. Milch, Kekse, Cerealien und Brot (vgl. Tietz 1995, S. 178). Es handelt sich offensichtlich um Verwendungszusammenhänge, die man auch direkt bei Kunden erfragen könnte als Grundlage für die Restrukturierung von Regalbestückungen und Warenanordnungen. Mit Hilfe des Data Warehousing und des Data Mining könnten dann wiederum Effizienzmaßstäbe für solche unterschiedliche Bestückungen ermittelt werden.

2.4 Merkmale des Kaufs

Bei den kaufrelevanten Einflußfaktoren mit Einfluß auf das Suchverhalten im Laden handelt es sich um die verfügbare Zeit zum Kauf und den subjektiv empfundenen Zeitdruck, die Aufgabenkomplexität sowie die mit dem Kauf verfolgten Ziele.

Bei den *Kaufzielen* kann es sich grob gesprochen um einen Versorgungskauf, einen Erlebniskauf bzw. den Einkauf zur Erfüllung sozialer Zwecke handeln (vgl. Ward et al. 1988). Beim Versorgungskauf geht es um eine problemlose und zügige Abwicklung des Kaufs. Diese Aspekte dominieren die Beurteilung des Ladens und weniger atmosphärische Ladenwirkungen.

Anders verhält es sich beim *Erlebniskauf* und beim Kauf unter sozialen Gesichtspunkten. Im erstgenannten Fall spielen atmosphärische und stimulierende Wirkungen die Hauptrolle. Sie dominieren Aspekte wie die Lesbarkeit eines Ladens. Es geht um die Erfüllung hedonistischer Lust- und Spaßbedürfnisse durch Anregungen im

Laden. Viele ältere Personen wiederum sehen im Einkauf eine Möglichkeit zum sozialen Kontakt. Schnelligkeit beim Einkauf und das Sich-Zurechtfinden im Laden sind von nachrangiger Bedeutung, sofern man im Laden der persönlichen Isolation entfliehen kann. Folgerichtig werden unnötiges Suchen und Stops sowie das Laufen unnötiger Wege je nach Einkaufsziel unterschiedlich bewertet und müssen demzufolge auch einen anderen Einfluß auf die empfundene Suchzufriedenheit nehmen.

Zeitdruck sowie die Komplexität der Einkaufsaufgabe beeinflussen die Informationsaufnahme- und verarbeitung von im Laden angebotenen Orientierungshilfen und Hinweisschildern zum besseren Zurechtfinden im Laden, aber auch von atmosphärischen Reizen.

Die *Aufgabenkomplexität* beim Einkauf kann operationalisiert werden durch die Zahl der einzukaufenden Produkte sowie den Anteil verschiedener Produkte am Einkauf. Zeitdruck entsteht dadurch, wenn man bei gegebener Einkaufsmenge die dafür vorgesehene Einkaufszeit systematisch reduzieren würde. Personen unter Zeitdruck, die viele Produkte kaufen müssen, werden demnach wesentlich sensibler für alle Maßnahmen sein, die die Lesbarkeit des Ladens erhöhen und weniger offen gegenüber atmosphärischen Reizen sein (vgl. Titus/Everett 1995; Park et al. 1989).

2.5 Wahrnehmung der Ladenumwelt

Die Wahrnehmung einer Ladenumwelt vollzieht sich in der Regel nicht auf einen Schlag, sondern folgt einem aktualgenetischen Prozeß: Zunächst werden erste flüchtige, eher gefühlsmäßige Eindrücke vom Laden gebildet. Erst danach folgt das genaue Verständnis der Ladenumgebung (vgl. Kroeber-Riel/Weinberg 1996). Dieses Verständnis wiederum bezieht sich auf die Plazierung der Waren im Laden. Bei der Wahrnehmung gehen demnach generell emotionale Eindrücke den kognitiven Eindrücken voraus: Der flüchtige (positive oder negative) emotionale Ladeneindruck prägt auch die kognitiven Eindrücke. Dabei sind Wahrnehmungsprozesse keinesfalls nur auf die visuelle Wahrnehmung beschränkt, sondern können auch andere Formen der Wahrnehmung wie akustische oder olfaktorische Reize umfassen. Zu viel Lärm kann sich durchaus negativ auf das Empfinden ausüben, ebenso wie ein penetranter Fischgeruch aufgrund unzureichend proportionierter Kühlaggregate.

Die Ladengestaltung, die durch eine mehr oder weniger große Informationsrate gekennzeichnet werden kann, löst bei den Konsumenten innere Reaktionen aus. Zur Beschreibung der emotionalen Vorgänge entwickeln Mehrabian und Russell die Dimensionen Erregung, Lust sowie Dominanz.

Die Erregung gibt die Stärke der emotionalen Reaktion an, während die vom Menschen empfundene Lust bestimmt, ob er die Umwelt eher angenehm oder unangenehm empfindet. Mit Dominanz ist hingegen die gegenüber der Umwelt empfundene Über- oder Unterlegenheit gemeint (vgl. Bost 1986). Die spezielle Kombination dieser Dimensionen bestimmt, ob ein Individuum sich der Umwelt nähert (Annäherungsverhalten) oder sie meidet (Vermeidungsverhalten) (vgl. Mehrabian, Russell 1978, S. 28; Esch/Meyer 1995; Gröppel 1991). Dabei haben sich die beiden erstgenannten Dimensionen als besonders aussagekräftig erwiesen (vgl. Donovan, Rossiter 1982). Neben diesen emotionalen Wirkungen spielen auch kognitive Wirkungen eine wichtige Rolle. Diese betreffen die Lesbarkeit und Einprägsamkeit der Ladenumwelt.

Um die Orientierung zu vereinfachen, sollten bei der Ladengestaltung zwei Aspekte berücksichtigen werden: Zum einen sollte die Umwelt verständlich erscheinen, indem wahrgenommene Reize schnell und einfach verarbeitet werden können, zum anderen sollte die Umwelt einprägsam sein, so daß zusätzliche Informationen schnell und einfach in die entsprechende kognitive Landkarte des Ladens aufgenommen werden kann. Lynch spricht hier von *Lesbarkeit (Legibility)* und von *Einprägsamkeit (Imageability)* (Lynch 1960, S. 9). Kurzum, bei der Lesbarkeit geht es darum, wie schnell sich einem eine Ladenumwelt erschließt, während die Imageability auf die Einprägsamkeit und das Abrufen eines inneren Bildes vom Laden und dessen Klarheit abzielt.

Je besser die Lesbarkeit eines Ladens, desto effizienter und effektiver wird die Suche nach Produkten sein. Zudem erleichtert die Lesbarkeit des Ladens auch den Aufbau innerer Bilder vom Laden. Je verfestigter innere Bilder von einem Laden sind, desto leichter fällt die Orientierung. Innere Bilder eines Ladens beeinflussen allerdings nicht nur die Orientierung, sondern auch die Bewertung des Ladens und die Bildung von Präferenzen für einen Laden. Untersuchungsergebnissen von Ruge (1988) zufolge prägen innere Bilder im besonderen Maße das Verhalten. Solche inneren Bilder von einem Laden können Aspekte wie spezifische Farbgebungen eines Ladens, die Ausstrahlung durch die Beleuchtung und ähnliches sein. So umfaßt das innere Bild der Kunden vom SB-Warenhaus REAL die Farbe weiß, eine eher sterile Lichtgebung sowie extrem große und geräumige Gänge mit sehr hohen Regalen. Dieses Bild wiederum kann mehr oder weniger lebendig ausgeprägt und leicht abrufbar sein (Paivio, 1986; Kroeber-Riel, 1994).

2.6 Suchverhalten

Beim Suchverhalten wird zwischen Bewegungsabläufen und Kontakten mit anderen Personen unterschieden (vgl. Titus/Everett 1995). Bei den Bewegungsabläufen spielen die Zahl der Stops im Laden und die Gründe dafür sowie die Schnelligkeit und Stereotypie der Bewegungsabläufe eine Rolle. Das Sich-Bewegen im Laden hängt dabei zweifelsfrei von mit dem Einkauf verfolgten Zielen ab. Verfolgt man hedonistische Einkaufsziele, wird man wahrscheinlich langsamer durch den Laden flanieren, häufiger anhalten ohne zu kaufen oder sich zu orientieren, einfach um sich anregen zu lassen, als dies bei einem Zweckkauf der Fall wäre (vgl. auch Titus/Everett 1995, S. 112). Das gleiche gilt bezüglich der Interaktion mit anderen Personen wie Personal und anderen Käufern.

2.7 Sucherfolg und Suchzufriedenheit

Beim Sucherfolg ist zwischen der Effektivität und der Effizienz der Suche zu differenzieren. Die *Effektivität* bezieht sich auf die Trefferquote gesuchter Produkte, während die *Effizienz* auf die Schnelligkeit des Auffindens gesuchter Produkte abzielt. Die Suchzufriedenheit wiederum ist in Analogie zur Zufriedenheit allgemein operationalisierbar.

Die Suchzufriedenheit kann als Soll-Ist-Vergleich dargestellt werden, der sich vereinfachend aus den Erwartungen der Kunden an die Orientierung und Suche im Laden und der subjektiv wahrgenommenen Leistungserfüllung durch den Laden ergibt. Nach Kaas und Runow (1984, S. 452) kann man unter Zufriedenheit "das Ergebnis eines psychologischen Soll-Ist-Vergleichs über Konsumerlebnisse" verstehen (vgl. Oliver 1981). Die Suchzufriedenheit ist also ein primär emotionales Konstrukt (Esch/Billen 1994; Cadotte et al. 1987; Woodruff et al. 1983).

Demnach spielen bei der Suchzufriedenheit die Erfahrungen und Erwartungen der Kunden eine entscheidende Rolle. Ladentreue Kunden, die gewohnheitsmäßig nur einen Laden häufig aufsuchen, haben einen ganz anderen Erfahrungshintergrund als wechselfreudige Kunden, die regelmäßig mehrere Läden aufsuchen. Im letztgenannten Fall werden die Erwartungen an die Orientierung und eine gut lesbare Ladengestaltung, in der man sich leicht zurechtfindet, viel höher sein als im erstgenannten Fall.

3 AUSBLICK: SYSTEMATISCHE LADENGESTALTUNGSAUDITS DURCH EIN MESSMETHODEN-MIX

Das hier vorgestellte Modell kann als Grundlage für ein systematisches *Ladengestaltungsaudit* dienen. Dabei empfiehlt es sich, neben der üblicherweise eingesetzten Kundenbefragung die Kunden beim Kauf auch unmittelbar zu beobachten und Prozeßverfolgungsstudien durchzuführen. Befragungen können nie die ganze Wahrheit über das tatsächliche Suchverhalten vermitteln. Einerseits sind bei Ex-Post-Befragungen gravierende Halo-Effekte, d. h. Schönmalerei aufgrund der Übertragung einer positiven Over-All-Einstellung zum Laden auf die Orientierung, zu erwarten, andererseits können sich Kunden an viele Details auch nicht erinnern. Beobachtungen und Prozeßverfolgungsmethoden bewähren sich jedoch zunehmend im Handel, da man hier unmittelbar an den relevanten kritischen Stellen im Laden Informationen sammeln kann. So hat Karstadt mit Erfolg die Hautwiderstandsmessung zur Ermittlung kritischer Bereiche in einzelnen Einzelhandesloutlets eingesetzt. Deshalb empfiehlt sich unseres Erachtens die Kombination aus Beobachtung und Befragung, um die Orientierung in Läden systematisch zu verbessern.

LITERATUR

Abelson, R. P.: Psychological Status of the Script Concept. In: American Psychologist, 36 (1981), Nr. 7, S. 715-729.

Ahlert, D.; Schröder, H.: Erlebnisorientierung im stationären Einzelhandel: Eine Aufgabe des evolutionären Handelsmanagements. In: Marketing ZFP, 12 (1990), Heft 4, S. 221-229.

Alba, J. W.; Hasher, L.: Is Memory Schematic? In: Psychological Bulletin, 93 (1983), Nr. 2, S. 201-231.

Baumgartner, L.: Ladenerneuerung, St. Gallen 1981.

Bost, E.: Ladenatmosphäre und Konsumentenverhalten, Heidelberg 1986.

Bower, G.; Reitman, J.: Mnenonic elaboration in multilist learning. In: Journal of Verbal Learning and Verbal Behavior, 11 (1986), S. 478-485.

Burke, R. R.: Virtual Shopping: Breakthrough in Marketing Research. In: Harvard Business Research, No. 2 (1996), S. 120-131.

Cadotte, E.; Woodruff, R.; Jenkins, L.: Expectations and Norms in Models of Consumer Research. In: Journal of Marketing Research, 24 (1987), August, S. 305-314.

Derr, R.: Efficient Consumer Response Requires Efficient Information Response. In: Oxford Institue of Retail Management (Hrsg.): European Retail Digest, Kennington 1995, S. 4-8.

Diller, H.: Zielgruppen für den Erlebnishandel. In: Trommsdorff, V. (Hrsg.): Handelsforschung 1990. Internationalisierung im Handel, Wiesbaden 1990, S. 136-156.

Donovan, R. J.; Rossiter J. G.: Store Atmosphere: An Environmental Psychology Approach. Journal of Retailing, 58, (1982) Nr. 1, S. 34-57.

Downs, R. M.; Stea, D.: Maps in Mind: Reflections on Cognitive Mapping, New York 1977.

Esch, F.-R.; Meyer, S.: Umsetzung erlebnisbetonter Positionierungskonzepte in der Ladengestaltung von Handelsunternehmen. In: Trommsdorff, V. (Hrsg.) (1995): Handelsforschung 1995/96, Wiesbaden 1995, S. 287-312.

Esch, F.-R.; Billen, P.: Ansätze zum Zufriedenheitsmanagement: Das Zufriedenheitsportfolio. In: Tomczak, T.; Belz, C. (Hrsg.): Kundennähe realisieren. Ideen - Konzepte - Methoden - Erfahrungen, Festschrift für Professor Günter Haedrich, St. Gallen (1994), S. 407-424.

Esch, F.-R.; Billen P.: Förderung der Mental Convenience beim Einkauf durch Cognitive Maps und kundenorientierte Produktgruppierungen. In: Trommsdorff, V. (Hrsg.) (1996): Handelsforschung 1996, Wiesbaden 1996, S. 317-337.

Esch, F.-R.; Kroeber-Riel, W.; Jung, H.: Die kommunikativen Wirkungen von Gefängnisarchitektur. In: Festschrift für Günther Jahr, Saarbrücken 1993, S. 47-69.

Gröppel, A.: Erlebnisstrategien im Einzelhandel, Heidelberg 1991.

Grossbart, S. L.; Rammohan, B.: Cognitive Maps and Shopping Convenience. In: Advances in Consumer Research, 8 (1980), S. 128-134.

Grossbart, S.; Mittelstaedt, R.; Curtis, W.; Rogers, R.: Environmental Sensitivity and Shopping Behavior. In: Journal of Business Research, 3 (1975), October, S. 281-294.

Heidel, B.; Müller-Hagedorn, L.: Plazierungspolitik nach dem Verbundkonzept im stationären Einzelhandel: Eine Wirkungsanalyse. In: Marketing ZFP, 11 (1989), Heft 1, S. 19-26.

Hennig, A.: Die andere Wirklichkeit: Virtual Reality — Konzepte, Standards, Lösungen, Bonn u.a. 1997.

Ittelson, W. H.; Proshansky, H. M.; Rivlin, L. G.; Winkel, G. H.: Einführung in die Umweltpsychologie, Stuttgart 1977.

Kaas, K. P.; Runow, H.: Wie befriedigend sind die Ergebnisse der Forschung zur Verbraucherzufriedenheit? In: Die Betriebswirtschaft, 44 (1984), Nr. 3, S. 451-460.

Kroeber-Riel, W.; Weinberg, P.: Konsumentenverhalten, 6. Aufl., München 1996.

Lynch, J. G.: The Image of the City, Cambridge, Massachusetts 1960.

Möhlenbruch, D.: Artikelbezogene Sortimentskontrolle. In: THEXIS, 9 (1992), Heft 4, S. 4-8.

Morris, C.: Signs, Language and Behavior, New York 1946.

Oliver, R. L.: Measurement and Evaluation of Satisfaction Processes in Retail Settings. In: Journal of Retailing, 57 (1981), Nr. 3, S. 25-48.

Paivio, A.: Mental Representations: A Dual Code Approach, New York, Oxford 1986.

Park, C. W.; Iyer, E.; Smith, D. E.: The Effects of Situational Factors on In-Store-Grocery Shopping Behavior. In: Journal of Consumer Research, 15 (1989), No. 2, S. 422-433.

Rapoport, A.: Human Aspects of Urban Form, Oxford u.a. 1977.

Ruge, H.-D.: Die Messung bildhafter Konsumerlebnisse, Heidelberg 1988.

Rumelhart, D. E.; Ortony, A.: The Representation of Knowledge in Memory. In: Anderson, R. C.; Spiro, R. J.; Montague, W. E. (Hrsg.), Schooling and the Acquisition of Knowledge, Hillsdale, NJ 1977, S. 99-135.

Russell, J. A.; Ward, L. M.: Environmental Psychology. In: Annual Review of Psychology, 33 (1982), S. 651-688.

Sommer, R.; Aitkens, S.: Mental Mapping of Two Supermarkets. In: Journal of Consumer Research, 9 (1982), Nr. 2, S. 211-216.

Tietz, B.: Der Handelsbetrieb: Grundlagen der Unternehmenspolitik, 2. Aufl., München 1993.

Tietz, B.: Effiziente Kundenpolitik als Problem der Informationspolitik. In: Trommsdorff, V. (Hrsg.), Handelsforschung 1995/96, Wiesbaden 1995, S. 175-186.

Titus, P. A.; Everett, P. B.: The Consumer Retail Search Process: A Conceptual Model and Research Agenda. In: Journal of the Academy of Marketing Science, 23 (1995), No. 2, S. 106-119.

Titus, P. A.; Everett, P. B.: Consumer Wayfinding Tasks, Strategies and Errors: An Exploratory Field Study. In: Psychology and Marketing, 13 (1996), No. 3, S. 265-290.

Ward, L. M.; Snodgras, J.; Chew, B.; Russell, J. M.: The Role of Plans in Cognitive and Affective Responses to Places. In: Journal of Environmental Psychology, 8 (1988), No. 1, S. 1-8.

Woodruff, R.; Cadotte, R.; Jenkins, L.: Modeling Consumer Satisfaction Processes Using Experience-Based Norms. In: Journal of Marketing Research, 20 (1983), August, S. 296-304.

Woolley, B.: Die Wirklichkeit der virtuellen Welten, Basel/Boston/Berlin 1994.

Auswirkungen der Ladenwahrnehmung auf Kaufverhalten und Einkaufszufriedenheit — Ergebnisse einer situativen Analyse

Bernhard Swoboda, Saarbrücken

Die Bedeutung der Ladenumwelt als Determinante für das Kaufverhalten von Einzelhandelskunden ist unstrittig. Unklar scheint hingegen, welche Elemente der Ladenumwelt das Kaufverhalten i.S. konkreter Produktkäufe wie stark beeinflussen. Basiert ein getätigter Kauf primär auf der Angebotsleistung, dem Service, der Orientierungsfreundlichkeit der Ladenumwelt oder möglicherweise auf den Erwartungen, den Kaufplanungen der Konsumenten? Dieser Frage widmet sich die nachfolgende Untersuchung. Ihr Ziel besteht in der Evaluation situativer Effekte der Ladenwahrnehmung auf das Kaufverhalten. Zugleich wird analysiert, welche Bedeutung die Ladenwahrnehmung für die Einkaufszufriedenheit hat. Letztgenanntes stellt eine Erweiterung der situativen Betrachtung klassischer SOR-Modelle dar, in denen das Kaufverhalten als finale resultierende Variable modelliert wird.

1 PROBLEMSTELLUNG

Zu den vielfachen Aktivitäten des Handels, die das Ziel einer positiven Beeinflussung des Konsumentenverhaltens verfolgen, gehören neben der Grundstruktur-, Marken- und Faktorkombinationspolitik (Tietz 1993, S. 181 ff.), die beispielsweise dem Aufbau von Kundenpräferenzen für Betriebstypen dienen, auch In-Store-Maßnahmen der Ladengestaltung, die den Konsumenten den Einkauf angenehm gestalten, unmittelbare Käufe generieren und zur Kundenbindung beitragen sollen (Zentes 1996, S. 147 ff.). Obwohl alle diese Aktivitäten im Hinblick auf ein übergeordnetes (Umsatz-)Ziel interdependent sind, werden sie aus unterschiedlichen Perspektiven heraus diskutiert:

- Durch die Einbindung in ein komplexes Wettbewerbsumfeld orientiert sich die Handelsprogrammpolitik an wettbewerbsstrategischen Überlegungen, beispielsweise an den Strategien Preisführerschaft oder Qualitätsführerschaft.
- Die Gestaltung der Ladenumwelt und die Einkaufserleichterung sind traditionellerweise ein Gegenstandsbereich der Konsumentenverhaltensforschung. Aufgrund abnehmender Personalbestände und wachsender Verkaufsflächen im Einzelhandel liegt hier ein Themenschwerpunkt in der Notwendigkeit zur Gestaltung orientierungsfreundlicher Ladenumwelten (Esch/Billen 1996).

Wenngleich letztlich der Konsument mit seinem Verhalten über den Erfolg der Handelsaktivitäten entscheidet und die folgende Analyse der Konsumentenforschung zuzuordnen ist, liegt ihr Ausgangspunkt auf der Strategieebene. So betrachten Handelsunternehmen infolge wachsender Qualitäts- und Serviceerwartungen der Konsumenten die Preis- und Serviceorientierung zunehmend nicht als getrennte Optionen, sondern als Sowohl-als-auch-Strategie (Zentes 1995). Demgegenüber erscheint die Bedeutung des Angebots und des Services für das Kaufverhalten im Rahmen eines Ladenbesuchs — zumindest im Verhältnis zu anderen, in der Konsumentenforschung ungleich häufiger betrachteten Konstrukten — offen.

Indessen ist die Relevanz der Ladenumwelt als Determinante des Kaufverhaltens von Einzelhandelskunden unstrittig. Entsprechende Wechselbeziehungen zwischen den Menschen und ihrer physikalischen (materiellen) Umwelt, die bereits Lewin (1963) in feldtheoretischen Arbeiten aufgegriffen hat, sind Gegenstand einer Reihe von Untersuchungen (Silberer 1989). Aufgrund ihrer ganzheitlichen Perspektive lassen diese Untersuchungen nicht a priori Rückschlüsse darauf zu, welche Elemente der Ladenumwelt das Kaufverhalten stärker und welche es schwächer bestimmen. Basiert der Kauf eines Produktes primär auf einer umfassenden Angebotsleistung, auf dem Service, auf einer erlebnis- und orientierungsfreundlichen Ladenumwelt oder auf dem relational sich entsprechenden Zusammenwirken dieser Elemente?

Dieser Frage widmet sich die nachfolgende Analyse. Ihr Ziel besteht in der Evaluation situativer Effekte dieser Ladenelemente auf das Kaufverhalten. Im Mittelpunkt steht dabei das direkte Kaufverhalten — i.S.v. Produktkäufen — als resultierende Größe. Letzteres leitet sich aus der genannten Umsatzorientierung von Handelsaktivitäten ab und entspricht zugleich SOR-Modellen klassischer Prägung. Zugleich erschöpft sich das Ziel der Beeinflussung des Konsumentenverhaltens beim Einkauf nicht ausschließlich in der Anzahl getätigter Käufe. Vielmehr hat das Handelsmarketing auch die Effekte zu berücksichtigen, die mittelbar wirksam sind, so Aspekte der Kundenbindung oder Einkaufsstättentreue. Aus situativer Sicht handelt es sich hier eher um dauerhafte bzw. längerfristige Wirkungen. Im vorliegenden Zusammenhang ist zu fragen, inwiefern die situative Ladenwahrnehmung und das Kaufverhalten die Zufriedenheit des Konsumenten mit dem Einkauf bestimmen. Letztere kann als ein situativer Indikator der Kundenbindung angesehen werden.

2 THEORETISCHE GRUNDLAGEN

2.1 Erkenntnisse der Umweltpsychologie

Die Umweltpsychologie betrachtet die Ladenumwelt zweiseitig, als unabhängige Variable, die verhaltensbeeinflussend wirkt, und gleichzeitig als abhängige, von Menschen aktiv gestaltete Variable (Graumann/Schneider 1988, S. 17; Gröppel 1991, S. 112 f.). Zentrale Erkenntnis und zentraler Forschungsgegenstand der Umweltpsychologie ist die place-specifity des menschlichen Verhaltens; einzelne Individuen reagieren auf die Umwelt mit unterschiedlichem Verhalten (Russell/Ward 1982, S. 652). Entscheidend für die Reaktionen auf die subjektive (Umwelt-)Wahrnehmung sind das Wissen und die Motive, die vom Individuum in einer Umweltsituation aktiviert werden (Tauber, 1972, S. 46 ff.; Ittelson 1977, S. 26 ff.). Bost (1987, S. 15) nennt als Gestaltungsziele der Ladenumwelt folgende Aspekte:

- Die Ladenumwelt muß eine orientierungsfreundliche Struktur aufweisen, damit der Einkauf einfach und bequem erscheint und Einkaufsstreß bei den Käufern verhindert wird.
- Die Ladenumwelt muß durch die Verwendung aktivierender Reizkonstellationen die Käufer emotional anregen, damit der Einkauf erlebnisintensiv wird.

Diese eher kognitiven bzw. eher emotionalen Gestaltungsziele behandelt die Umweltpsychologie in korrespondierenden Ansätzen (Graumann/Schneider 1988, S. 17; Gröppel 1991, S. 114). Allerdings erfolgt — in Kontrast zur klassischen Psychologie — keine strenge Trennung zwischen Emotionen und Kognitionen. So betrachten die kognitiven Ansätze auch Emotionen. Diese erklären sie im Vergleich zu klassischen Emotionstheorien nicht ausschließlich durch die Gegenüberstellung von vorausgehenden Reiz- und Verhaltenssituationen, sondern analysieren sie über ihre Wahrnehmung bzw. Empfindung weiter (Ittelson 1977, S. 119; Kroeber-Riel/Weinberg 1997, S. 413 ff.).

Kognitive Ansätze der Umweltpsychologie erforschen die Fähigkeit des Menschen, die räumliche Umwelt wahrzunehmen, zu begreifen und zu erinnern. Damit spezifizieren sie die Bedeutung fehlender Orientierungsmöglichkeiten der Umwelt und ihre Folgen wie Unsicherheitsgefühle sowie Phänomene der Informationsüberlastung als Ursache negativer Reaktionen (z. B. Stimmungsänderungen) gegenüber der Umwelt. Folglich geht es hier um die menschliche Realitätserfassung und die parallele Gestaltung bzw. Erleichterung einer orientierungsfreundlichen Ladenumwelt, wobei den gedanklichen Lageplänen, die Menschen entwickeln, um sich in ihrer Umwelt zu orientieren, eine besondere Bedeutung zukommt (Bost 1987, S. 16). Als entscheidend ist jedoch anzusehen, daß diese Art der Grobstruktur durch Wege- und Orientierungshilfen verbessert, ein unnötiger Streß durch Orientierungszeichen reduziert und letztlich der Einkaufskomfort erhöht werden kann (Kroeber-Riel/Weinberg 1997, S. 416 f.).

Emotionale Ansätze postulieren, daß Umweltreize in der Erlebnissphäre emotionale Gefühle auslösen, die zusammen mit kognitiven Wirkungen als intervenierende Variablen das konkrete Kaufverhalten bestimmen. Persönlichkeitsmerkmale bzw. bestehende Prädispositionen führen zu unterschiedlichen Reaktionen (Gröppel 1991, S.125 ff.; Heinemann 1989, S. 141; Donovan/Rossiter 1982).

Aufgrund der ganzheitlichen Betrachtung — Analyse der totalen Reizkonstellation — wird in umweltpsychologischen Ansätzen eine latente direkte Wirkung der Orientierungsfreundlichkeit auf das Kaufverhalten (i.S.v. Käufen) nicht betrachtet.

2.2 Erkenntnisse der kognitiven Psychologie

Die kognitive Psychologie beschäftigt sich mit der internen Repräsentation der visuellen Umwelt und den dazugehörigen geistigen Vorgängen (Wessells 1990, S. 14). Sie liefert Erkenntnisse in bezug auf die Interdependenz von Aufnahme-, Vergleichs- und Bewertungsprozessen von Informationen. Diese werden im jeweiligen Ansatz unterschiedlich akzentuiert (als Überblick Anderson 1990; Zimbardo 1992).

Ansatzpunkte für die Analyse der hier relevanten Effekte liegen in den Prozessen der Wahrnehmung. Begreift man diese, dem Informationsverarbeitungsansatz folgend, als einen kognitiven Prozeß, dann wird die Ladenwahrnehmung durch das Zusammenwirken von sensorischen Reizwirkungen, Arbeitsspeicher und Langzeitgedächtnis bestimmt (Atkinson/Shiffrin, 1977, S. 7 ff.; Lindsay/Norman, 1981, S. 236 ff.). Die Ladenwahrnehmung läßt sich teils als reizgesteuerter, aufsteigender, teils als gedächtnisgesteuerter, absteigender Prozeß verstehen. Wie die Ladenumwelt wahrgenommen wird, ist in Abhängigkeit von den äußeren Reizen und den jeweils aktiven Gedächtnisinhalten zu sehen, die beide im Arbeitsgedächtnis verbunden werden. Da es nicht gelang, einzelne Informationsverarbeitungsstufen voneinander zu trennen, den Speichern zuzuordnen und damit die formalistische Gedächtnisstruktur zu stützen, verlor diese Unterscheidung zunehmend an Bedeutung (Houston, 1981, S. 357; Mitchell, 1983, S. 17).

An ihre Stelle tritt die Auffassung, daß das Kurzzeitgedächtnis dem gerade aktiven Teil des Langzeitgedächtnisses entspricht, die Wissensbasis inhaltlich, aber nicht unbedingt strukturell nach episodischen und semantischen Gedächtnisinhalten zu differenzieren ist (Alba/Hasher, 1983, S. 224 f.; Wippich, 1984, S. 29).

Zur Änderung der Forschungsperspektive — einer Abkehr von festen Speicherstrukturen hin zu einer Betonung von Gedächtnisinhalten und ihrer Repräsentation im Gedächtnis — trug auch das von Craik/Lockhart (1972) vertretene Konzept der Verarbeitungstiefe bei. Informationsverarbeitung bedeutet in diesem Ansatz, daß bei der Aufnahme von Informationen eine Folge von Prozessen initiiert wird, die nach ihrer Verarbeitungstiefe beschrieben werden können: Ein Reiz löst ein Kontinuum von, nach dem Kriterium der Verarbeitungstiefe geordneten, Analyseprozessen aus. So folgen oberflächlichen sensorischen Prozessen die aufmerksame Wahrnehmung, einfaches Verständnis und tiefere semantische Prozesse. Mit einer zunehmenden Verarbeitungstiefe und damit breiteren oder reichhaltigen Encodierung wird ein Reiz stärker semantisch verarbeitet und nachweislich länger behalten und leichter erinnert. Das Kontinuum Verarbeitungstiefe wird dabei durch die Endpunkte, sensorische Analyse und semantisch konzeptionelle Wissensrepräsentation, begrenzt (Greenwald/Leavitt 1984, S. 585).

Dieser Ansatz betont die Verarbeitungsprozesse aus einer qualitativen Perspektive. Die Repräsentation der Wissensstrukturen im Gedächtnis und die Informationsverarbeitungstransfers zwischen den einzelnen Wissensstrukturen als Grundlage weiterer Informationstransfers werden nicht analysiert. Bemängelt wird zudem, neben der mangelnden Spezifikation der Verarbeitungstiefe, eine unzureichende Präzision sowie die Einseitigkeit des Erklärungsansatzes, insbesondere die fast ausschließliche Beschränkung auf das episodische Gedächtnis, d.h. die Erinnerung im Rahmen eines erlebten Ereignisses in der Vergangenheit (Parkin, 1980, S. 92; Rose, 1980, S. 92). Episodisch ist folglich das Wissen, das kontextabhängig gespeichert wird, während semantisches Wissen dagegen in abstrakten Bedeutungskategorien oder Sinneseinheiten (Konzepten) kontextunabhängig gespeichert ist, d.h. an keine Geschehnisse in der Vergangenheit gekoppelt ist. Es macht beispielsweise einen Unterschied, ob der Konsument weiß, daß in einem bestimmten Laden Produkte verfügbar sind, oder daß Produkte generell in Läden verfügbar sind. Ersteres ist im episodischen Gedächtnis gespeichert, letzteres gehört eher zum semantischen Wissen, z. B. zum Konzept „Warenpräsentation" (Wippich, 1984, S. 53). Relevant ist dabei weniger die überschneidungsfreie Trennung beider Konstrukte. Vielmehr ist von Bedeutung, daß episodische Informationen bereits dann zugänglich werden können, wenn der Kontext, in dem sie gelernt wurden, verfügbar wird. Das in diesem Zusammenhang gebräuchliche Prinzip der Encodierungsspezifität besagt, daß die Informationen kontextabhängig gespeichert werden und der Kontext dann eine Erinnerungshilfe ist, wenn er gemeinsam mit dem Lernmaterial gespeichert wurde (Anderson, 1990, S. 202 ff.).

Eine entscheidende Bedeutung zur Beantwortung der Frage, welche Attribute im Gedächtnis repräsentiert werden und damit Kontextfunktion übernehmen, hat das Konstrukt der Codierung, welches die Repräsentation von Wissen im Gedächtnis bedeutet und einem äußeren Reiz Informationscharakter verleiht (Anderson, 1990, S. 87 ff.; Zimbardo, 1992, S. 298). Die Wissensrepräsentation im Gedächtnis kann generell von zwei theoretischen Ansatzpunkten aus erklärt werden:

1) Den Theorien der propositionalen Repräsentation bzw. den (semantischen) Netzwerkansätzen — Bedeutungsmodelle, beispielsweise von Anderson (1990, S. 112 ff.) und Pylyshyn (1981, S. 16 ff.) oder auch Schematheorien (Grunert 1990).

2) Den Theorien der analogen Repräsentation bzw. der dualen Codierung — Referenzmodelle, die vor allem auf die Arbeiten von Paivio (1978) zurückgehen.

Während Referenzmodelle wie etwa Paivios duale Codierungstheorie den direkten Bezug zur Außenwelt herstellen, Umweltwissen analog modellieren und dabei die Frage nach der inhaltlichen Bedeutung des Wissens vernachlässigen, ignorieren Bedeutungsmodelle wie propositionale Netzwerkmodelle bei der Suche nach der optimalen Wisseneinheit (Proposition) häufig den Bezug zur Außenwelt und ihren Reizmodalitäten (zu Schema-Ansätzen Grunert 1990). Der Level-of-Processing-Ansatz sieht die Problematik eher sequentiell, hebt den generellen Unterschied jedoch nicht auf (Wippich, 1984, S. 119 ff.; Bost, 1987, S. 66).

Nach heutigem Wissensstand werden verschiedene Reizattribute im Gedächtnis repräsentiert (Engelkamp/Denis, 1990). Als Bestandteile episodischer Gedächtnisstrukturen nennt Wippich (1985, S. 9) etwa die modalitätsspezifischen Attribute visuell, akustisch, taktil, phonetische oder semantische Merkmale bei Wortinformationen sowie affektive Komponenten. Vor diesem Hintergrund ist plausibel, daß auch bildliche, akustische und semantische Informationen im Laden Erinnerungshilfen sein können.

Im Hinblick auf das Kaufverhalten kommen die unterschiedlichen Erklärungsansätze zu einem vergleichbaren Ergebnis: *Für das Kaufverhalten ist sowohl die Wissensrepräsentation als auch die Wahrnehmung der Ladengestaltung relevant.*

Die Bedeutung der Wissensrepräsentation und insbesondere der mentalen Lagepläne bzw. inneren Bildern wurde bereits von MacKay/Olshavsky/Sentell (1975) hervorgehoben und durch Arbeiten von Gröppel (1991) und auch Esch/Billen (1996) empirisch belegt. Die Wahrnehmungsvorgänge wurden bereits im Konzept des Priming aufgegriffen, welches die Wahrnehmungs- und Gedächtniserleichterungen durch Voraktivierungsprozesse beschreibt. Danach bewirkt eine bestimmte externe Information, daß im Gedächtnis kongruente Gedächtnisinhalte geprimt — d.h. einfacher und schneller zugänglich — werden und damit die Wahrnehmung über absteigende Prozesse beeinflussen können (Anderson 1990, S. 160 f.; Bost 1987, S. 75; Strube 1984, S. 32). Bettman (1979, S. 161) stellt hier einen Bezug zwischen Werbung und POS-Kommunikation her. Während in der Werbung dafür Sorge zu tragen ist, daß positives Produktwissen im Gedächtnis gespeichert wird, muß am Einkaufsort erreicht werden, daß der Konsument dieses Wissen „entspeichert“, d.h. aus dem Gedächtnis abruft und bei seiner Kaufentscheidung berücksichtigt (Bost 1987, S. 2). Lynch/Srull (1982, S. 22) sprechen ebenfalls von „Entspeicherungshilfen“, die im Laden dafür sorgen, daß positive Produktinformationen besser erinnert und damit eher verhaltenswirksam werden.

2.3 Eine konsistenztheoretische Perspektive: Kaufverhalten und Zufriedenheit

Zum Verständnis längerfristiger Effekte, die sich in Wirkungsmustern gegenüber dem Anbieter bzw. der Einkaufsstätte niederschlagen und das Wiederkaufverhalten bestimmen, kann ebenfalls auf die kognitive Psychologie zurückgegriffen werden. Danach werden neue Informationen über ein Objekt zu den bereits vorhandenen Wissensstrukturen in bezug auf dieses Objekt oder diese Objektklasse im Langzeitgedächtnis (Informationsverarbeitungsansatz), im repräsentationalen System (Codierungstheorie), im semantischen oder episodischen Netzwerk (Netzwerktheorien) oder in vorhandene Objektschemata (Schematheorien) eingeordnet bzw. mit diesen kognitiv verknüpft. D.h., daß der Konsument beim Einkauf spezifische positive bzw. negative Erfahrungen macht, die er mit bereits vorhandenen Erfahrungen oder auch Vorstellungen verknüpft. Durch die situativen Erfahrungen des Konsumenten werden die Einstellungskomponenten zu einem Laden im Speziellen oder zu verschiedenen Einkaufsmöglichkeiten im Allgemeinen verstärkt oder neu strukturiert, so daß letztlich eine Veränderung der Wissensstruktur erfolgt. Hieraus resultiert die Konstitution oder Modifikation von Einstellungen. Allerdings läßt dieser Mechanismus keine Aussagen über die Bedingungen der Einstellungsbildung oder über die Stärke der Einstellungsbildung zu (Bost 1987). Diese wird bestimmt durch situative, personenspezifische Merkmale, z. B. das Involvement (Petty/Cacioppo/Schmann 1983), und objektspezifische Merkmale (Denotationen und Konnotationen einer Einkaufsstätte).

Unabhängig davon, daß im Handel eine denotative Differenzierung durch die Vermittlung sachlicher Einkaufsstätteneigenschaften zunehmend schwieriger wird (Weinberg 1986, S. 97 ff.; Tietz 1993, S. 207 ff. mit strategischen Optionen), erscheinen Einstellungen als resultierende Größe aus zwei Gründen problematisch:

- Ihre Relevanz als intendierter Indikator für zukünftiges Verhalten ist umstritten. So gilt das klassische Konsistenztheorem, welches die Einstellung als Substitut des Verhaltens begreift, allenfalls in einer reduzierten Fassung, d.h., daß die Einstellung und das Verhalten zwar allgemein im Einklang stehen, daß das Verhalten aber auch durch andere situative, personen- und objektspezifische, von der Einstellung unabhängige Größen erheblich beeinflußt wird (Kroeber-Riel/Weinberg 1997, S. 172 ff.).
- Ein negativ empfundener Einkauf wird nicht notwendigerweise zu Einstellungsänderungen führen, wenn die negative Empfindung durch positive Erfahrungen über-

lagert wird. Der Einkauf würde sich nicht in negativen (situativen) Einstellungsurteilen niederschlagen.

Demgegenüber steht das Konstrukt der *Konsumentenzufriedenheit.* Die Unterschiede und Gemeinsamkeiten des Zufriedenheitskonstrukts u.a. zum Einstellungskonstrukt werden in der Literatur kontrovers diskutiert (Schütze 1992; Trommsdorf 1993; Homburg 1995). Einzelne Forscher rücken die Zufriedenheit in die Nähe der Einstellung, setzen beide sogar gleich, andere betonen das Gegenteil. Ohne diese Diskussion im einzelnen aufgreifen zu wollen, kann von folgenden weitgehend anerkannten Erkenntnissen ausgegangen werden (zur Gleichsetzung Czepiel/Rosenberg 1977, S. 93; reserviert Kaas/Runow 1984; positiver dagegen Nieschlag/Dichtl/Hörschgen 1994, S. 948 ff.):

- Zufriedenheit ist eher an konkrete Erfahrungen gebunden, punktuell und situativ. Einstellungen hingegen sind eher beständig, situationsunabhängig und zentral.
- Der Informationsgehalt von Einstellungen ist höher, weil sie erfahrungsunabhängig sind. Andererseits wohnt Einstellungen ein starkes spekulatives Moment inne, vor allem wenn ihnen keine Konsumerfahrung zugrundeliegt, so daß ihnen häufig die Verhaltensnähe fehlt und sie damit an Verhaltenswirksamkeit verlieren.
- Insofern sind die situationsgebundenen Zufriedenheitsurteile in gewisser Weise eine Ergänzungsgröße zu Einstellungen, die durchaus als Schnittmenge dieser aufgefaßt werden können.

Betrachtet man wie im vorliegenden Zusammenhang die Zufriedenheit mit dem Einkauf als umfassende resultierende Größe, dann wird die Einkaufszufriedenheit von der Erfüllung der zentralen Erwartungen, die an einen Ladenbesuch gestellt werden, bestimmt. Jayanti/Jackson (1991, S. 607) analysieren die Zufriedenheit in Abhängigkeit von den Erwartungen und den wahrgenommenen Leistungen (unabhängige Variablen) und der Bestätigung oder Nicht-Bestätigung (intervenierende Variable) (Yi 1993, S. 505). Insgesamt ist mit dem Zufriedenheitskonstrukt eine längerfristige Perspektive des situativen Ansatzes möglich.

2.4 Untersuchungsansatz

Wie eingangs herausgestellt, steht im Mittelpunkt der Untersuchung zunächst der direkte Einfluß der Ladenwahrnehmung auf das Kaufverhalten. Ansatzpunkte dafür liefern die Umweltpsychologie und die kognitive Psychologie. Während sich die Erstgenannte mit Einzelphänomenen, also der Mikroebene des Konsumentenverhaltens beschäftigt, arbeitet die Umweltpsychologie auf der Makroebene (Ittelson 1977, S. 17 ff.; Mehrabian 1978). Beide Ansätze sind aber kompatibel, weil in beiden für die Wirkung auf das Verhalten im Laden mentale (Wahrnehmungs- und Gedächtnis-) Prozesse verantwortlich sind (Graumann/Schneider 1988, S. 17). Da eine Besonderheit der Umweltpsychologie in der natürlichen Situation besteht, unter der sie das Käuferverhalten im Gegensatz zur labororientierten klassischen Psychologie erfaßt, entspricht ihr Ansatz der methodischen Anlage des empirischen Teils der Untersuchung (Doyle/Gidengil 1977). Weinberg (1992, S. 60 f.) läßt mit der Forderung nach einer multimodalen Informationsdarbietung am POS einen Bezug auf eine übergeordnete Ebene ebenso zu wie Tietz (1993, S. 467 ff.) mit den Zielen und Instrumenten der Warenpräsentation. Da das Kaufverhalten zugleich von den (Kauf-)Erwartungen der Kunden abhängt, wird auch diese Dimension als Erklärungsgrundlage herangezogen. Zugleich postuliert der situative Modellansatz die finale Bedeutung der Einkaufszufriedenheit als resultierende Größe (*Abbildung 1*).

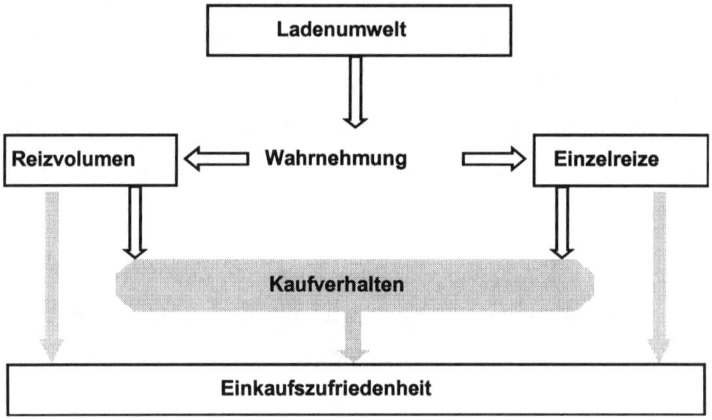

Abbildung 1: Situatives Modell des Kaufverhaltens und der Einkaufszufriedenheit

Im empirischen Teil der Analyse werden folgende heuristische Aussagen getestet:

1) Je positiver die Wahrnehmung des Ladens, so der Einkaufsmöglichkeiten, der Orientierungsfreundlichkeit der Ladenumwelt und der Angebotsleistung, desto stärker ist das situative Kaufverhalten (die Anzahl getätigter Käufe) der Konsumenten ausgeprägt.

2) Das situative Kaufverhalten (die Anzahl getätigter Käufe) wird durch die Ladenwahrnehmung und durch die Kaufplanungen bestimmt.

3) Je positiver die Ladenwahrnehmung und je größer die Anzahl getätigter Käufe, desto zufriedener sind die Kunden.

3 EMPIRISCHE BEFUNDE

3.1 Operationalisierung und Untersuchungsablauf

Die *Operationalisierung der unabhängigen Variablen* umfaßt zunächst die Servicewahrnehmung. Die Befragten hatten die Gelegenheit, die *Einkaufsmöglichkeiten* mit einer Skala von 1 [sehr gut] bis 5 [mangelhaft] zu bewerten, und zwar im Hinblick auf den Zeitbedarf, den Beratungskomfort, die Schwierigkeiten beim Kauf und das Angebot an Informationen für den Einkauf. Die *Orientierungsfreundlichkeit der Ladenumwelt* wurde unter Berücksichtigung umweltpsychologischer Erkenntnisse in Anlehnung an Gröppel (1991, S. 101) erfaßt. Die *Angebotsleistung* konnten die Kunden ebenfalls auf einer 5-stufigen Skala beurteilen (Bost 1987, S. 107).

Das *Kaufverhalten* wurde in Anlehnung an bereits bei Kollat/Willett (1967) sowie Dahlhoff (1979) bewährte Selbsteinstufungen der Kaufabsichten vor dem Kauf und einem Vergleich mit den tatsächlichen Käufen operationalisiert. Als Differenz ergeben sich ungeplante Käufe. In der Eingangsbefragung gaben die Probanden gestützt an, welche Einkäufe sie tätigen wollen (Swoboda 1996). Nach dem Einkauf erfolgte ein Vergleich mit den tatsächlichen Käufen. Da jedoch die so ermittelten ungeplanten Käufe nicht a priori frei von denkbaren Befragungseffekten sind, wurde jeder zweite Kunde nur nach dem Einkauf befragt. Zur Ermittlung von Impulskäufen wurden auf Stern (1962) zurückgehende und von Dahlhoff (1979) auf der Basis von psychologischen Explorationen weiterentwickelte sowie in späteren Studien unverändert eingesetzte Verhaltensklassen zur Selbsteinstufung genutzt (Weinberg, 1986, S. 118 ff.; Piron, 1991, S. 512). Impulskäufe werden dabei durch eine Einstufung der ungeplanten Käufe, die die Interviewer durch einen Vergleich mit den genannten Plankäufen zu ermitteln hatten, von den Befragten nach folgenden Kategorien gemessen:

- erinnerte mich plötzlich an die Absicht zu kaufen (Erinnerungsimpulskauf),
- erschien mir plötzlich wünschenswert (reiner Impulskauf),

- war ein günstiges Angebot (Sonderangebotskauf),
- habe ich ersatzweise für etwas anderes gekauft (Ersatzkauf),
- sonstige Kaufgründe.

Die Befragten der Kontrollgruppe mußten nach dem Einkauf die Einstufung für sämtliche Käufe vornehmen und zugleich angeben, ob sie die Käufe bereits vor dem Betreten des Geschäftes fest geplant hatten. Damit sollten nach einem Vorschlag von Weinberg/Gottwald (1982, S. 43 ff.) nachträglich die Plankäufe auch der Kontrollgruppe ermittelt und nach Prüfung latenter Befragungseffekte in die Berechnung ungeplanter Käufe mit einbezogen werden. Weitere kaufverhaltensrelevante Variablen waren der Kaufbetrag, die Artikelzusammensetzung des Einkaufs und die Einkaufsdauer.

Die *Operationalisierung der unabhängigen Variable* „Zufriedenheit mit dem Einkauf" erfolgte über eine fünfstufige Ratingskala. Es schloß sich eine offene Frage nach den Gründen dieser Beurteilung an.

Wie angedeutet, folgte der *Ablauf der Untersuchung* dem Design einer Vorher-Nachher-Befragung. Die Interviewer wurden instruiert, jeden zweiten Kunden, der den Laden bzw. die Abteilung betrat, als Befragungsperson anzusehen. Dadurch konnten Interviewereinflüsse wie eine sozial gesteuerte Auswahl der Probanden, ausgeschlossen werden. Als Anreiz zur Teilnahme an der Nach-Kauf-Befragung wurde eine CD als Präsent ausgeteilt. Die Untersuchung fand während einer Woche parallel in drei Musikabteilungen eines Warenhauskonzerns statt.

3.2 Die Bedeutung der Wahrnehmung einzelner Ladenelemente auf das unmittelbare Kaufverhalten

Da die Analyse des direkten Kaufverhaltens im zugrundegelegten Untersuchungsansatz auf einer Selbsteinstufung der Kaufabsichten basiert, ist zunächst auf die Kontrolle latenter Einflüsse der Befragungssituation einzugehen. Zu prüfen ist, inwiefern die Befragung vor dem Einkauf das Verhalten beeinflußt. In Anlehnung an Kollat/Willett (1967) und Dahlhoff (1979) wurde davon ausgegangen, daß Befragungseffekte sich in Variablen des Einkaufs niederschlagen müßten. Bei ihrem Vorliegen müßten sich die Vorher-Befragten signifikant von den Nachher-Befragten unterscheiden. Vergleichsvariablen waren:

- Summe getätigter Käufe und Kaufbetrag (wie bei Kollat/Willett),

- Summe geplanter, Summe ungeplanter Käufe und Aufenthaltsdauer (wie bei Dahlhoff)

sowie zusätzlich die Variablen

- Käufe getätigt, ungeplante Käufe getätigt und Kaufdruck (letzterer operationalisiert über die Dringlichkeit der geplanten Käufe).

Die Personen, die nur nach dem Einkauf befragt wurden, gaben an, sowohl mehr Käufe geplant als auch einen stärkeren Kaufdruck verspürt zu haben. Ebenso tätigten sie mehr Käufe mit insgesamt höheren Kaufbeträgen. Umgekehrt ist das Verhältnis bei den ungeplanten Käufen. Allerdings sind die Unterschiede nicht signifikant. Damit lassen sich die Erkenntnisse zum Kaufverhalten von Weinberg (1986, S. 125) und Dahlhoff (1979, S. 38 ff.) bestätigen. Eine gestützte Befragung von Kaufwünschen kann nach einem Vergleich mit einer Kontrollgruppe (Nachher-Befragung) zur Ermittlung ungeplanter Käufe ohne Meßverfälschung herangezogen werden. Aufgrund der Entsprechung beider Gruppen ist eine weitere Auswertung des Kaufverhaltens auf der Basis aller Befragten vertretbar.

Die Wirkung der Ladenwahrnehmung auf das direkte Kaufverhalten wird in einem ersten Schritt anhand der Mittelwertvergleiche der Beurteilung der Einzelitems durch Käufer und Nicht-Käufer ermittelt. *Tabelle 1* zeigt signifikante Zusammenhänge zwischen der Wahrnehmung bzw. Beurteilung der einzelnen Ladenelemente und dem Kaufverhalten. Lediglich das Item „Probleme beim Einkauf" und drei der fünf Items der Orientierungsfreundlichkeit der Ladenumwelt sind nicht signifikant. Es besteht ein direkter Zusammenhang zwischen der Ladenwahrnehmung und dem Kaufverhalten.

Der Mittelwertvergleich erlaubt gleichwohl keine Rückschlüsse auf die Richtung und die Intensität dieser Wirkungsbeziehung. Um diese zu ermitteln, erfolgte zunächst eine Verdichtung der Itembatterien zu drei zentralen Faktoren:

- Einkaufsmöglichkeiten (Varianzaufklärung 57,3%),
- Orientierungsfreundlichkeit (Varianzaufklärung 65,0%) und
- Angebotsleistung (Varianzaufklärung 57,7%).

Die Regression zeigt höchst signifikante Befunde (*Abbildung 2*). Im Vergleich der Faktoren hat die Angebotsleistung den stärksten Einfluß auf das Kaufverhalten. Sie bestimmt die Anzahl der getätigten Käufe. Demgegenüber ist die Intensität der Beziehung unbefriedigend (standardisierter Regressionskoeffizient 28,5%), so daß die Hypothese eines direkten Einflusses der Dimensionen der Ladenwahrnehmung auf das Kaufverhalten nicht aufrechterhalten werden kann.

Tabelle 1: Zusammenhang zwischen Ladenwahrnehmung und Kaufverhalten

Skala: 1 = sehr gut/stimme voll zu; 5 = mangelhaft/stimme gar nicht zu	**Kunden-gruppe**	**n**	**Mittel-wert**	**F-Wert**	**Sign. des F-Wertes**
Beurteilung der Einkaufsmöglichkeiten, bezüglich					
Zeitbedarf	Nicht-Käufer	131	2,59	4,413	0,0367
	Käufer	122	2,32		
Beratungskomfort	Nicht-Käufer	131	3,17	6,1269	0,0140
	Käufer	122	2,83		
Probleme beim Einkauf	Nicht-Käufer	131	2,70	0,4293	0,5129 (n.s.)
	Käufer	122	2,61		
Informationsmöglichkeiten	Nicht-Käufer	131	2,91	9,9299	0,0018
	Käufer	122	2,52		
Orientierungsfreundlichkeit der Ladenumwelt					
Sofortiges Finden von Produkten	Nicht-Käufer	131	2,97	12,9359	0,0004
	Käufer	122	2,43		
Sofortiges Zurechtfinden, ohne das Personal zu fragen	Nicht-Käufer	131	2,55	0,3858	0,5351 (n.s.)
	Käufer	122	2,44		
Übersichtlich präsentierte Ware	Nicht-Käufer	131	2,67	13,9264	0,0002
	Käufer	122	2,16		
Zurechtfinden, ohne durch den Laden gehen zu müssen	Nicht-Käufer	131	2,85	1,7559	0,1863 (n.s.)
	Käufer	122	2,61		
Warenpräsentation erleichtert den Einkauf	Nicht-Käufer	131	2,72	1,8057	0,1802 (n.s.)
	Käufer	122	2,53		
Wahrgenommene Angebotsleistung					
Aktuell	Nicht-Käufer	131	1,82	8,0594	0,0049
	Käufer	122	1,53		
Vielfältig	Nicht-Käufer	131	1,98	13,5563	0,0003
	Käufer	122	1,58		
Preisgünstig	Nicht-Käufer	131	3,24	22,0284	0,0000
	Käufer	122	2,63		
Unverwechselbar	Nicht-Käufer	131	3,52	7,7024	0,0059
	Käufer	122	3,11		
Trifft meinen Geschmack	Nicht-Käufer	131	2,48	11,5767	0,0008
	Käufer	122	2,07		

Legende: Käufer (Nicht-Käufer) = Befragte, die Produkte gekauft (nicht gekauft) haben.

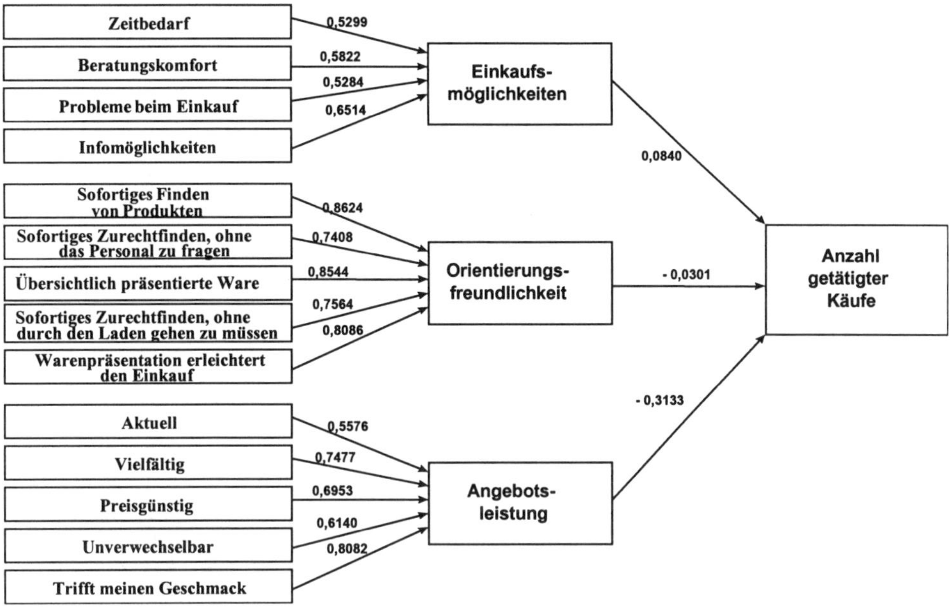

Abbildung 2: Direkter Einfluß der Faktoren Einkaufsmöglichkeiten, Orientierungsfreundlichkeit und Angebotsleistung auf die Anzahl getätigter Käufe

Die Befunde lassen zwei Schlußfolgerungen zu:

- Für das Kaufverhalten hat die Angebotsleistung eine dominierende Bedeutung. Dieses gilt aber nur für direkte Effekte.
- Die totale Reizkonstellation — gemeinsamer Effekt der drei Faktordimensionen — hat eine unzureichende Erklärungsfunktion für das Kaufverhalten. Gründe dafür können in einer Vernachlässigung weiterer Determinanten i.S. umweltpsychologischer Erkenntnisse (indirekte Effekte der Orientierungsfreundlichkeit und/oder emotionale Prozesse wie Stimmungsänderungen) liegen (Gröppel 1991). Gleichwohl impliziert dieser Befund die Frage nach weiteren, das Kaufverhalten bestimmenden Determinanten.

3.3 Der Zusammenhang zwischen Kaufverhalten und Einkaufszufriedenheit

In einem Gesamtmodell wurde mit den Kaufplanungen eine zusätzliche Erklärungsvariable in die Betrachtung aufgenommen. Sie beeinflußt, so die Annahme, das Kaufverhalten direkt. Die zentrale resultierende Variable dieses empirischen Meßmodells ist die Einkaufszufriedenheit.

Abbildung 3 zeigt die Befunde. Die Kaufplanung hat, im Vergleich zu den Faktoren der Ladenwahrnehmung, eine bestimmende Bedeutung für die Anzahl getätigter Käufe. Gleichwohl ist dieser Einfluß geringer als erwartet; die Gestaltung dieses Teilmodells liegt bei 39,6%. Dieses deutet daraufhin, daß eine Reihe geplanter Käufe nicht getätigt wurde. Dieser Aspekt wird im folgenden aufzugreifen sein.

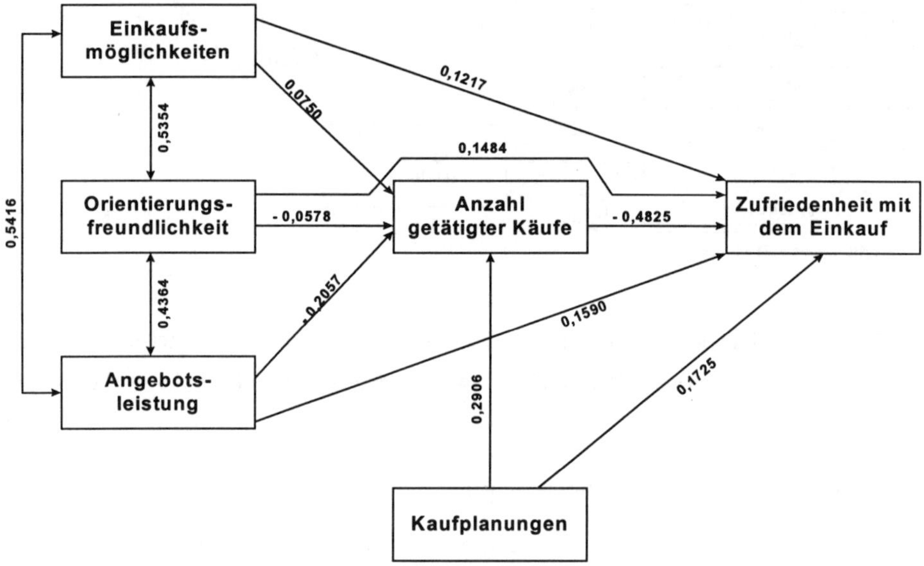

Abbildung 3: Einfluß der Ladenwahrnehmung und des Kaufverhaltens auf die Zufriedenheit mit dem Einkauf

Bezüglich der Einkaufszufriedenheit ist die Güte der signifikanten Lösung mit einem standardisierten Regressionskoeffizienten von 65,2% zufriedenstellend. Danach wird die Zufriedenheit sowohl direkt durch die Faktoren der Ladenwahrnehmung, in einem stärkeren Maße aber durch die Anzahl getätigter Käufe bestimmt. Im Vergleich der Regressionskoeffizienten ist die Bedeutung der getätigten Käufe für die Zufriedenheit genauso hoch wie die Summe der direkten Einflüsse der Ladenwahrnehmungsfaktoren. Diese zentrale Bedeutung der Käufe für die Einkaufszufriedenheit wird durch den Einfluß der Kaufplanungen gestützt. Aufgrund der gegenläufigen Meßdimensionen beider Variablen ist der Wert von 0,1725 negativ zu interpretieren; die Kaufplanungen haben einen negativen Einfluß auf die Einkaufszufriedenheit. Hier spielen offensichtlich geplante, aber nicht getätigte Käufe eine Rolle.

Tabelle 2 untermauert den Zusammenhang zwischen Einkaufszufriedenheit und Kaufverhalten. In einer dichotomen Betrachtung von Zufriedenheitsgruppen (Gruppe der eher unzufriedenen Kunden und Gruppe der eher zufriedenen Kunden) zeigen sich — abgesehen von den Kaufplanungen — höchst signifikante Unterschiede zwischen dem Zufriedenheitsgrad und dem Kaufverhalten.

Tabelle 2: Kaufverhalten und Einkaufszufriedenheit im Mittelwertvergleich

	Zufriedenheit	**n**	**Chi^2**	**Mittelwert**	**t-Wert/ Chi^2**	**Sign. des t-Wertes**
Anzahl geplanter Käufe	>= 3 < 3	110 143	--	0,61 0,59	0,27	0,787 (n.s.)
Kauf getätigt (ja - nein)	>= 3 < 3	110 143	X	--	172,61	0,000
Anzahl getätigter Käufe	>= 3 < 3	110 143	--	0,18 1,26	-10,22	0,000
Ungeplante Käufe (ja - nein)	>= 3 < 3	110 143	X	--	79,33	0,000
Anzahl ungeplanter Käufe	>= 3 < 3	110 143	--	0,13 0,76	-6,70	0,000
Geplante Käufe nicht getätigt (ja - nein)	>= 3 < 3	110 143	X	--	173,07	0,000
Anzahl geplanter und nicht getätigter Käufe	>= 3 < 3	110 143	--	0,56 0,09	8,15	0,000
Kaufbetrag (klassiert)	>= 3 < 3	110 143	--	0,27 1,46	-9,62	0,000

Legende: >= 3 eher unzufriedene Kunden; < 3 eher zufriedene Kunden.

Wie bereits angedeutet, ist der Einfluß der Kaufplanungen auf das Kaufverhalten, aber auch auf die Einkaufszufriedenheit schwächer als erwartet, was auf eine Reihe von nicht realisierten Kaufplanungen hindeutet. Vor diesem Hintergrund erfolgte die Berechnung einer korrelativen Beziehung zwischen verschiedenen Kaufverhaltensklassen in Abhängigkeit von der Zufriedenheit mit dem Einkauf. Basis dieser Berechnung war die Gesamtzahl der geplanten, der getätigten, der ungeplant getätigten Käufe sowie der geplanten und nicht getätigten Käufe. Ergänzend berücksichtigt wurde die Impulskaufdimension (wünschenswert).

Die Korrelationskoeffizienten in *Tabelle 3* stützen, auch auf der Individualebene, die bisherigen tendenziellen Erkenntnisse und belegen folgende Thesen über die Gruppe der eher zufriedenen Kunden:

- Eine hohe Zahl geplanter Käufe geht gleichermaßen einher mit einer hohen Zahl getätigter Käufe und mit einer hohen Zahl geplanter und nicht getätigter Käufe.
- Eine hohe Zahl ungeplanter Käufe geht mit einer hohen Zahl getätigter Käufe und ebenso mit einer hohen Zahl von Impulskäufen einher.
- Die Kaufplanung korreliert schwach negativ mit der Zahl ungeplanter Käufe.

Insgesamt legen die zugrundeliegenden Korrelationskoeffizienten die Interpretation nahe, daß mit der Menge gekaufter Produkte gleichermaßen die Zahl der ungeplanten und der geplanten Käufe steigt, daß also jeweils ein konstanter Anteil des Kaufes ungeplant sowie geplant realisiert wird. Die getätigten Käufe sowie die geplanten und nicht getätigten Käufe stehen jeweils in einer statistischen Beziehung zur Zahl der geplanten Käufe, weisen aber untereinander einen negativen Zusammenhang auf. Die Interpretation dieser Befunde entspricht der von Dahlhoff (1979, S. 47 ff.).

Tabelle 3: Korrelation der Kaufverhaltensklassen

	Kauf geplant	Gekauft	Ungeplant gekauft	Geplant und nicht gekauft	Impulskäufe
Kauf geplant		0,0972 p = 0,312	0,0171 p = 0,859	0,9219 p = 0,000	-0,1541 p = 0,108
Gekauft	0,4063 p = 0,000		0,8636 p = 0,000	-0,1112 p = 0,247	0,3074 p = 0,001
Ungeplant gekauft	-0,1833 p = 0,028	0,7360 p = 0,000		-0,0560 p = 0,561	0,3677 p = 0,000
Geplant und nicht gekauft	0,3388 p = 0,000	-0,0374 p = 0,658	0,0256 p = 0,761		-0,1411 p = 0,142
Impulskäufe	0,0649 p = 0,442	0,2809 p = 0,001	0,3385 p = 0,000	0,0494 p = 0,558	

Legende: unterhalb (oberhalb) der Diagonalen Gruppe starke (schwache) Zufriedenheit mit dem Einkauf.

Im Gruppenvergleich sind die Zusammenhänge einleuchtender. Bei den eher unzufriedenen Kunden stehen die ungeplanten sowie die geplanten und nicht getätigten Käufe in einer stärkeren statistisch bedeutenden Beziehung zu Kaufplänen bzw. zu den Käufen.

Die Beziehung zwischen den Kaufplanungen und den Käufen ist hingegen bei den eher unzufriedenen Käufern nicht signifikant.

Weiteren Aufschluß ergibt die Betrachtung des Zusammenhangs der Impulskäufe mit anderen Kaufverhaltensklassen. Je größer die Zahl der ungeplanten Käufe, desto größer auch die Zahl der Impulskäufe. Ein statistisch bedeutsamer Zusammenhang zwischen der Zahl geplanter Käufe und getätigter Impulskäufe ist nicht gegeben. Gleichwohl steigt mit der Zahl der gekauften Produkte tendenziell die Menge der Impulskäufe, d.h. je größer die Zahl der gekauften Produkte, desto größer die Zahl der Impulskäufe. Die Ergebnisse von Kollat/Willett (1967) können weitgehend bestätigt werden. Mit der Kaufmenge steigt die Zahl der ungeplanten Käufe und darüber hinaus auch die Zahl der Impulskäufe.

3.4 Güte der Daten

Zur Prüfung der *Reliabilität* wurden einfache Varianzanalysen, aufgrund der Nominaldatenbasis teilweise Chi-Quadrat-Tests, gerechnet. Dabei wurde deutlich, daß weder das Datum bzw. der Tag der Befragung noch die unterschiedlichen Interviewer einen Einfluß auf die abhängigen sowie die unabhängigen Variablen ausübten. Situative Störgrößen, die die Reproduzierbarkeit der Ergebnisse beeinträchtigen könnten, wurden durch die parallele Durchführung der Befragung in drei Warenhäusern kontrolliert. Die Interviewer wurden im Rotationsverfahren in allen drei Häusern eingesetzt.

Die *Validitätsprüfung* stützte sich im wesentlichen auf Außenkriterien zur Überprüfung der unabhängigen Variablen. Dabei kann folgender Zusammenhang formuliert werden: *Je höher der Korrelationskoeffizient zwischen den Faktorwerten und dem jeweiligen Außenkriterium (hier Pauschaleinschätzung) ist, desto höher ist die interne Validität* (Gröppel 1991; Swoboda 1996). Die errechneten Korrelationskoeffizienten liegen alle über 71%, so daß die Ergebnisse als valide angesehen werden können. Hinzuweisen ist allerdings darauf, daß die Validität der zur Außenvalidierung herangezogenen Items selbst nicht bekannt ist, auch wenn diese aus anderen Untersuchungen stammen. Die Skalen wurden in einem Pre-Test auf Differenzierungsfähigkeit überprüft und darauf aufbauend modifiziert, so daß die Diskriminanzvalidität als gegeben angenommen wird.

Einen Anspruch auf vollständige externe Validität kann die Studie dennoch nicht erheben. Es ist zudem weder theoretisch noch praktisch möglich, durch eine einzige Untersuchung auf Stichprobenbasis externe Validität zu sichern (Calder/Phillips/Tybout,

1982; Lynch, 1982). Für einen zufriedenstellenden Grad der Generalisierbarkeit der experimentellen Ergebnisse spricht jedoch, daß natürlich vorkommendes Einkaufsverhalten in natürlichen Einkaufssituationen bei Befragten untersucht wurde, die primär als Käufer, erst sekundär als Testpersonen zur Einkaufsstätte kamen.

4 ZUSAMMENFASSUNG UND IMPLIKATIONEN

Basierend auf der Feldstudie konnte gezeigt werden, daß die Relevanz der situativen Ladenwahrnehmung für das unmittelbare Kaufverhalten zwiespältig zu beurteilen ist.

- Die Konsumenten, die einen Kauf getätigt haben, beurteilen die Ladengestaltungselemente (Einkaufsmöglichkeiten, Orientierungsfreundlichkeit und Angebotsleistung) signifikant positiver als die Kunden, die keinen Kauf getätigt haben. Allerdings ist die Intensitität der Beziehung zwischen Kaufverhalten und den genannten Ladenbeurteilungsmerkmalen nicht zufriedenstellend.
- Der Erklärungswert steigt bei Berücksichtigung der Kaufpläne als Determinante des Kaufverhaltens. Sie haben eine dominante Erklärungskraft für die Anzahl der getätigten Käufe. Die Wahrnehmung der Ladenumwelt hat eine nachgeordnete Relevanz.
- In einer Erweiterung der Untersuchungsperspektive konnte gezeigt werden, daß die getätigten Käufe einen signifikanten und im Vergleich zu der Ladenwahrnehmung stärkeren Einfluß auf die Zufriedenheit bzw. Unzufriedenheit (im Fall geplanter und nicht getätigter Käufe) mit dem Einkauf haben.

Für die Handelspraxis lassen die Befunde zumindest zwei Implikationen zu:

1) Beim Angebot von Shopping-Goods, zu denen die hier untersuchten Produkte bzw. Sortimente tendeziell gehören, sind neben der Ladengestaltung die Kaufplanungen der Konsumenten zu berücksichtigen. Da sie das unmittelbare Kaufverhalten und, folgt man den Zufriedenheitsurteilen, auch das latente Wiederkaufverhalten bestimmen, sind sie für die Geschäftsfeldpolitik von Handelsunternehmen relevant.

2) Bei der Ladengestaltung ist der Schwerpunkt auf die Angebotsleistung zu legen. Folgt man den Signifikanzwerten der *Tabelle 1*, so sind folgende zehn Items für einen Kauf entscheidend (geordnet nach abnehmender Bedeutung): Preisgünstigkeit (*Angebotsleistung*); Übersichtlich präsentierte Ware (*Orientierungsfreundlichkeit*);

Vielfalt (*Angebotsleistung*); Finden von Produkten (*Orientierungsfreundlichkeit*); Trifft meinen Geschmack (*Angebotsleistung*); Informationsmöglichkeiten (*Service*); Aktualität (*Angebotsleistung*); Unverwechselbarkeit (*Angebotsleistung*); Beratungskomfort (*Service*) und Zeitaufwand für einen Kauf (*Service*). Betrachtet man die ersten fünf Items, dann haben die Konsumentenurteile durchaus Parallelen zur Einschätzung von Handelsunternehmen, so zur Verschiebung der Konsumentenpräferenzen in Richtung Angebotsleistung und Convenience (Zentes 1995, S. 230 ff.). Dieses stützt die eingangs aufgespannte Brücke zwischen der eher strategisch orientierten Handelsprogrammpolitik und der kaufverhaltensdominierten In-Store-Gestaltungspolitik.

Für die Forschung, so die Umweltpsychologie, resultieren aus den obigen Befunden zwei interessante Fragen:

- Inwiefern sind direkte Effekte eine denkbare Ergänzung zu der bisher untersuchten indirekten Wirkung?
- Inwiefern kann eine Gesamtmodellüberprüfung des umweltpsychologischen Ansatzes (Gröppel 1991), mit dem unmittelbaren Kaufverhalten (i.S.v. Käufer als resultierende Variable) angestrebt werden?

Aus einer theoretischen Perspektive heraus zeigen die Befunden die Notwendigkeit zur Erweiterung klassischer SOR-Modelle, deren resultierende Variable das Kaufverhalten ist. Diese bestimmt nachgelagerte Effekte wie die Zufriedenheit. Da die Zufriedenheit zugleich die Einkaufsstättentreue beeinflußt, d.h. für einen Wiederbesuch relevant ist, übernimmt sie eine zentrale resultierende Funktion.

LITERATUR

Alba, J. W.; Hasher, L.: Is Memory Schematic? In: Psychological Bulletin, 93 (1983), Heft 2, S. 203-231.

Anderson, J. R.: Cognitive Psychology and Its Implications, 3. Aufl., New York 1990.

Atkinson, R. C.; Shiffrin, R. M.: Human Memory: A Proposed System and its Control Processes. In: Bower, G. (Hrsg.), Human Memory, New York 1977, S. 7-113.

Bettman, J. R.: An Information Processing Theory of Consumer Choice, Reading 1979.

Bost, E.: Ladenatmosphäre und Konsumentenverhalten, Heidelberg 1987.

Calder, B. J.; Phillips, L. W.; Tybout, A. M.: The Concept of External Validity. In: Journal of Consumer Research, 9 (1982), Heft 3, S. 240-244.

Craik, F. I. M.; Lockhart, R. S.: Levels of Processing. A Framework for Memory Research. In: Journal of Verbal Learning and Verbal Behavior, 11 (1972), Heft 6, S. 671-684.

Czepiel, J. A.; Rosenberg, L. J.: The Study of Consumer Satisfaction. Addressing the »So What« Question. In: Hunt, K. H. (Hrsg.), Conceptualization and Measurement of Consumer Satisfaction and Dissatisfaction, Cambridge 1977, S. 92-112.

Dahlhoff, H.-D.: Ungeplante und impulsive Kaufentscheidungen, Arbeitspapier Nr. 19 des Instituts für Marketing der Universität Münster, Münster 1979.

Donovan, R. J.; Rossiter, J. R.: Store Atmosphere: An Environmental Psychology Approach. In: Journal of Retailing, 58 (1982), Heft 1, S. 34-57.

Doyle, P.; Gidengil, Z. B.: A Review of In-Store-Experiments. In: Journal of Retailing, 53 (1977), Heft 2, S. 47-62.

Engelkamp, J.; Denis, M.: Sind mentale Repräsentationen multimodal? In: Schweizerische Zeitung für Psychologie, 49 (1990), Heft 4, S. 222-233.

Esch, F.-R.; Billen, P.: Förderung der Mental Convenience beim Einkauf durch Cognitive Maps und kundenorientierte Produktgruppierungen. In: Trommsdorff, V. (Hrsg.), Handelsforschung 1996/97, Wiesbaden 1996, S. 317-337.

Graumann, C. F.; Schneider, G.: Theorien und Methoden der Umweltpsychologie. In: Report Psychologie, (1988), Heft 10, S. 16-21.

Greenwald, A. G.; Leavitt, C.: Audience Involvement in Advertising: Four Levels. In: Journal of Consumer Research, 11 (1984), Heft 1, S. 581-592.

Gröppel, A.: Erlebnisstrategien im Einzelhandel, Heidelberg 1991.

Grunert, K. G.: Kognitive Strukturen in der Konsumforschung, Heidelberg 1990.

Heinemann, G.: Betriebstypenprofilierung und Erlebnishandel, Wiesbaden 1989.

Homburg, C.: Kundennähe von Industrieunternehmen, Wiesbaden 1995.

Houston, J. P.: Fundamentals of Learning and Memory, 2. Aufl., New York 1981.

Ittelson, W. H. u.a.: Einführung in die Umweltpsychologie, Stuttgart 1977.

Jayanti, R.; Jackson, A.: Service Satisfaction. In: Holman, R. H.; Solomon, M. R. (Hrsg.), Advances in Consumer Research, 18. Bd., Provo, UT 1991, S. 603-610.

Kaas, K. P.; Runow, H.: Wie befriedigend sind die Ergebnisse der Forschung zur Verbraucherzufriedenheit? In: DBW, 44 (1984), Heft 3, S. 451-460.

Kroeber-Riel, W.; Weinberg, P.: Konsumentenverhalten, 6. Aufl., München 1997.

Lewin, K.: Feldtheorie in den Sozialwissenschaften, Bern/Stuttgart 1963.

Lindsay, P. H.; Norman, D. A.: Einführung in die Psychologie. Informationsaufnahme und -verarbeitung beim Menschen, Berlin/Heidelberg/New York 1981.

Lynch, J. G.: On the External Validity of Experiments in Consumer Research. In: Journal of Consumer Research, 9 (1982), Heft 3, S. 225-239.

Lynch, J. G.; Srull, T. K.: Memory and Attentional Factors in Consumer Choice: Concepts and Research Methods. In.: Journal of Consumer Research, 9 (1982), Heft 1, S. 18-37.

MacKay, D. B.; Olshavsky, R. W.; Sentell, G.: Cognitive Maps and Spatial Behavior of Consumers. In: Geographical Analysis, 7 (1975), S. 19-34.

Mehrabian, A.: Räume des Alltags oder wie die Umwelt unser Verhalten bestimmt, Frankfurt a. M./New York 1978.

Mitchell, A. A.: Cognitive Processes Initiated by Exposure to Advertising. In: Harris, R. J. (Hrsg.), Information Processing Research Advertising, Hillsdale 1983, S. 13-42.

Nieschlag, R.; Dichtl, E.; Hörschgen, H.: Marketing, 17. Aufl., Berlin 1994.

Paivio, A.: Dual Coding: Theoretical Issues and Empirical Evidence. In: Scandura, J. M.; Brainerd, C. J. (Hrsg.), Structural/Process Models of Complex Human Behavior, Alphen aan den Rijn 1978, S. 527-549.

Parkin, A. J.: Levels of Processing and the Cue Overload Principle. In: Quarterly Journal of Experimental Psychology, 32 (1980), S. 427-434.

Petty, R. E.; Cacioppo, J. T.; Schmann, D.: Central and Peripheral Route to Advertising Effectiveness. In: Journal of Consumer Research, 10 (1983), Heft 2, S. 135-146.

Piron, F.: Defining Impulse Purchasing. In: Holman, R. H.; Solomon, M. R. (Hrsg.), Advances in Consumer Research, 18. Bd., Provo, UT 1991, S. 509-514.

Pylyshyn, Z. W.: The Imagery Debate. Analogue Media Versus Tacit Knowledge. In: Psychological Review, 88 (1981), Heft 1, S. 16-45.

Rose, R. J.: Encoding Variability, Levels of Processing, and the Effects of Spacing of Repetitions Upon Judgments of Frequency. In: Memory & Cognition, 8 (1980), Heft 1, S. 84-93.

Russell, J. A.; Ward, L. M.: Environmental Psychology. In.: Annual Review of Psychology, 33 (1982), S. 651-688.

Schütze, R.: Kundenzufriedenheit, Wiesbaden 1992.

Silberer, G.: Die Bedeutung und Messung von Kauferlebnissen im Handel. In: Trommsdorff, V. (Hrsg.), Handelsforschung 1989, Wiesbaden 1989, S. 59-76.

Stern, H.: The Significance of Impulse Buying Today. In: Journal of Marketing, 26 (1962), Heft 2, S. 59-62.

Strube, G.: Assoziation, Heidelberg 1984.

Swoboda, B.: Wirkung interaktiver Medien am POS, Wiesbaden 1996.

Tauber, E. M.: Why Do People Shop? In: Journal of Marketing, 36 (1972), Heft 4, S. 46-49.

Tietz, B.: Der Handelsbetrieb, 2. Aufl., München 1993.

Trommsdorff, V.: Konsumentenverhalten, 2. Aufl., Stuttgart/Berlin/Köln 1993.

Weinberg, P.: Erlebnismarketing, München 1992.

Weinberg, P.: Nonverbale Marktkommunikation, Heidelberg 1986.

Weinberg, P.; Gottwald, W.: Impulsive Consumer Buying as a Result of Emotions. In: Journal of Business Research, 10 (1982), Heft 1, S. 43-57.

Wessells, M. G.: Kognitive Psychologie, 2. Aufl., München 1990.

Wippich, W.: Lehrbuch der angewandten Gedächtnispsychologie, Bd. 1, Stuttgart 1984.

Wippich, W.: Lehrbuch der angewandten Gedächtnispsychologie, Bd. 2, Stuttgart 1985.

Yi, Y.: The Determinants of Consumer Satisfaction. In: McAlister, L.; Rothschild, M. L. (Hrsg.), Advances in Consumer Research, 20. Bd., Provo, UT 1993, S. 502-506.

Zentes, J.: Der Handel in der Informationsgesellschaft. In: Becker, U. u.a. (Hrsg.), Top Trends. Die wichtigsten Trends für die nächsten Jahre, Düsseldorf 1995, S. 221-239.

Zentes, J.: Grundbegriffe des Marketing, 4. Aufl., Stuttgart 1996.

Zentes, J.; Swoboda, B.: Grundbegriffe des Internationalen Managements, Stuttgart 1996.

Zimbardo, P. G.: Psychologie, 5. Aufl., Berlin 1992.

Informationssysteme

Handelsinformationssysteme — intra- und interorganisationale Aspekte

Jörg Becker und Reinhard Schütte, Münster

Die Schwächen derzeitiger Handelsinformationssysteme setzen zunächst die Strukturierung der Aufgabenbereiche von Handelsorganisationen und ihrer Zusammenhänge voraus. Mit dem Handels-H-Modell wird ein strukturierendes Framework als Ordnungsrahmen und Navigationshilfe durch alle von EDV-Systemen zu unterstützenden Aufgaben vorgestellt. Die Bearbeitung und Gestaltung von Abläufen in Handelsunternehmen kann durch Einsatz von Referenzmodellen für Funktionen, Daten und Prozesse wesentlich vereinfacht und beschleunigt werden. Zu den zukünftigen Herausforderungen an den Handel zählen insbesondere Entwicklungen, die unter dem Schlagwort Electronic Commerce diskutiert werden. Die elektronische Bearbeitung gesamter Transaktionen zwischen Handelsunternehmen und ihren Marktpartnern oder einzelner Phasen (z. B. Informationsphase, Anbahnungsphase) wird das klassische Aufgabengebiet des Handels wesentlich erweitern. Volkswirtschaftliche Ansätze, insbesondere die Transaktionskostentheorie, liefern Erklärungsmuster für das Auftreten neuer Formen des Handelns im Handel.

1 DIE BEDEUTUNG VON INFORMATIONSSYSTEMEN IM HANDEL

Der sich verschärfende Wettbewerb stellt den Handel insbesondere in seiner klassischen Rolle als Mittler zwischen Lieferanten und Kunden vor hohe Anforderungen, die sich nur mit effizienten Geschäftsprozessen bewältigen lassen. Dies gilt sowohl hinsichtlich der durch Prozesse verursachten Kosten als auch der kundenorientierten Ausrichtung sämtlicher Wertschöpfungsaktivitäten. Informationssysteme nehmen bei der Gestaltung von Geschäftsprozessen eine Schlüsselrolle ein. Die Reorganisation von Unternehmen hat dabei die Wechselwirkungen von Organisationsgestaltung und Informationssystemgestaltung zu beachten (vgl. *Abbildung 1*).

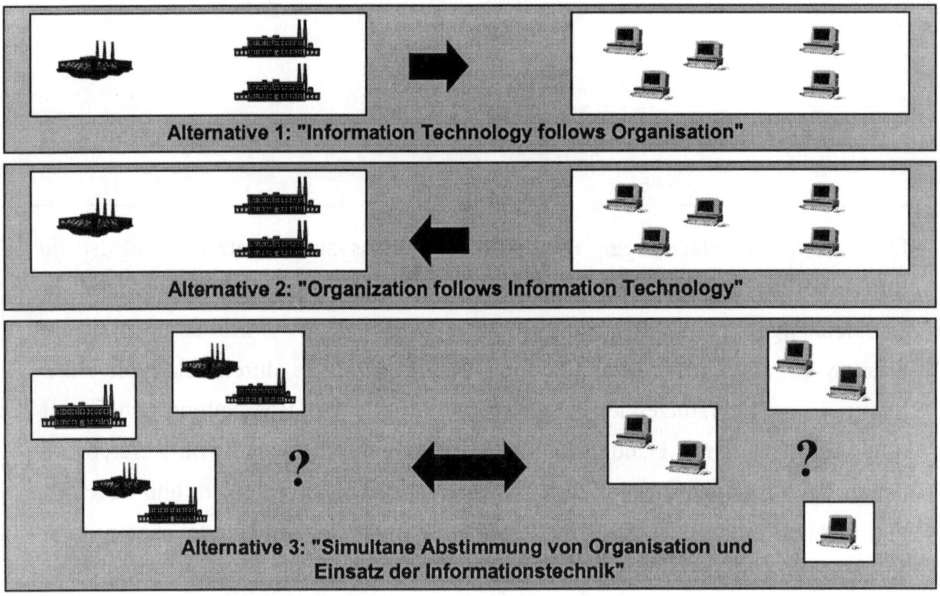

Abbildung 1: Wechselwirkungen von Organisationsgestaltung und Informationssystemgestaltung

Das Handelsmanagement der betrieblichen Praxis versteht Informationssysteme noch immer als unterstützendes Instrument und nicht als „Enabler" neuer Organisationsformen. Diese Einschätzung verkennt jedoch die Potentiale, die Informationssysteme Handelsunternehmen bei der Gestaltung operativer, taktischer und strategischer Aufgaben bieten. So herrscht in vielen Handelsunternehmen eine funktionszentrierte Sicht vor, die sich auch in Informationssystemen manifestiert. Die logischen Abhängigkeiten zwischen den Handelsaufgaben, die in einer prozeßorientierten Betrachtung zum Ausdruck kommen, bleiben somit bei einer traditionellen Funktionsorientierung unbeachtet. Beispielsweise ist fast durchgängig die organisatorische Einheit „Einkauf" für die Disposition zuständig, obgleich neuere Entwicklungen in Richtung logistikbezogener Konditionen zunehmend zur Betrachtung des gesamten Beschaffungsprozesses und nicht zur einseitigen Ausrichtung auf Verhandlungen von Konditionen zwingen.

Die funktionsorientierte Sichtweise schlägt sich auch in der klassischen Auffassung von Warenwirtschaftssystemen nieder. Im Gegensatz dazu wird hier eine prozeßorientierte Perspektive eingenommen, indem von Warenwirtschaftssystemen die Unterstützung der dispositiven und logistischen abrechnungsbezogenen Aktivitäten zur Unterstützung der Geschäftsprozesse des Handels (Lager-, Strecken-, Zentralregulierungs- und Aktionsgeschäft sowie Dienstleistungsgeschäft) gefordert wird. Die Notwendigkeit zur Betrachtung der durch ein Informationssystem zu unterstützenden Prozesse wird verstärkt durch zwei Trends, die Handelsunternehmen in ihrer Struktur maßgeblich beeinflussen werden.

Zum einen führen Überlegungen und Implementierungen von *Efficient Consumer Response (ECR)-Konzepten* zur Notwendigkeit, das konfliktäre Verhältnis zwischen Industrie- und Handelsunternehmen aufzulösen, damit sämtliche innerhalb der Wertschöpfungskette vorhandenen Verbesserungspotentiale genutzt werden können. Wesentliche Voraussetzung der ECR-Konzepte ist der Einsatz von interorganisatorischen Informationssystemen, da ohne diese eine wirtschaftliche Gestaltung firmenübergreifender Abläufe unmöglich ist.

Der zweite wesentliche Trend im Handel wird unter dem Schlagwort *Electronic Commerce* diskutiert. Die Zunahme des elektronischen Handels ist vor allem auf die massive Ausweitung des Internets zurückzuführen. Das potentielle Umsatzvolumen, das über elektronische Medien abgewickelt werden kann, wird als hoch eingeschätzt. Bereits heute ist es häufig preiswerter, eine CD via Internet in den USA zu bestellen, als sie in Deutschland bei einem Einzelhandelsunternehmen zu kaufen. Es werden neue Handelsformen entstehen, bei denen beispielsweise auch die logistische Abwicklung bei Informationsgütern wie Software, CDs oder Bücher über das Internet erfolgen kann. Das Internet wird Distributionskanal für Informationsgüter. Das Marketing wird Multimedia und die weltweite Verfügbarkeit von Informationen nutzen, um Kunden zu akquirieren.

Im Handel ist Informationssystemen angesichts ihrer Bedeutung für die Geschäftstätigkeit bislang zu wenig Aufmerksamkeit geschenkt worden. Deutsche Handelsunternehmen nutzen derzeit nur begrenzt die Möglichkeiten moderner Informationstechnologien.

Wir wollen den Schwächen derzeitiger Systeme (Abschnitt 2) und den Anforderungen, denen sie genügen müssen (Abschnitt 3), auf den Grund gehen. Zur strukturellen Verbesserung der Situation wird die Architektur für Handelsinformationssysteme vorgestellt, die einen Ordnungsrahmen für die Aufgaben in Handelsunternehmen schafft und damit die Grundlage einer zukunftsorientierten informationstechnischen Gestaltung von Handelsunternehmen bildet (Abschnitt 4). Die innerbetrieblichen Handelsinformationssysteme bilden die Basis für die überbetrieblichen Systeme zur Lieferanten- und Kundenseite. Dem Bereich Electronic Commerce wenden wir uns in Abschnitt 5 zu. Volkswirtschaftliche Ansätze werden dabei als Erklärungsmuster für das Auftreten von Electronic Commerce bemüht.

2 SCHWACHSTELLEN DERZEITIGER HANDELSINFORMATIONSSYSTEME

Die derzeitigen Handelsinformationssysteme weisen Schwachstellen in der Integrationsfähigkeit der Hardware, in der Softwarearchitektur, in den betriebswirtschaftlich-konzeptionellen Ansätzen und in der unternehmensübergreifenden Koordination auf.

In der Informationssystembasis beobachten wir eine *fehlende oder mangelhafte technische Integrationsfähigkeit der Hardware.* Zum einen finden wir inkompatible Hardware-Strukturen in den Handelszentralen. Zum anderen sind bei mehrstufigen Organisationen die dezentralen Systeme (Kassensysteme, Filialwarenwirtschaftssysteme) nur ungenügend mit den Großrechnern der Zentrale integriert. Das Fehlen dieser für Informationssysteme existentiellen Basis induziert lokale Insellösungen und die damit verbundenen Redundanzen (Mehrfacherfassungen) und Inkonsistenzen.

Die der Software *zugrundeliegende Entwicklungsumgebung ist oft veraltet*, so daß die über eine lange Entwicklungsdauer hin entstandenen Systeme aus technischen Gründen den Anforderungen an eine moderne EDV nicht mehr genügen. Die eigenentwickelten Systeme basieren in der Regel auf alten Programmierkonzepten und -sprachen und veralteten Datenverwaltungssystemen wie hierarchischen Datenbanken oder indexsequentiellen Dateisystemen. Bei derartigen Strukturen können komplexe und einfach handhabbare Abfragen häufig nur über eine redundante Datenhaltung in einer „aufgeschalteten" relationalen Datenbank erfolgen, die über aufwendige Update-Mechanismen mit wesentlichen Daten gefüttert wird.

Die *fehlenden ganzheitlichen Ansätze* im Handel sind durch das oft rasante Wachstum der Unternehmen sowie die unzureichende theoretische Durchdringung der Handelsaktivitäten begründet und betreffen die Gestaltung betriebswirtschaftlicher Konzeptionen ebenso wie die der Informationssysteme. Bei den betriebswirtschaftlichen Überlegungen im Handel überwiegt traditionell das Denken in Funktionen sowie die auf das einzelne Handelsunternehmen bezogene Betrachtung. Bereichs- oder gar unternehmensübergreifende Konzepte sind kaum umgesetzt. Erste Überlegungen zum Einsatz von ECR-Konzepten weisen hier in die richtige Richtung, obgleich die wesentliche Problematik von Handelsunternehmen, der Kontakt zu vielen Lieferanten und Herstellern auf der einen Seite und zu vielen Kunden auf der anderen Seite, noch zu wenig thematisiert wurde. Es werden vor allem exemplarische Kooperationen ausgewählter Industrie- und Handelsunternehmen betrachtet: Umfangreiche Konzepte, die die organisatorischen und informationstechnischen Implikationen von ECR einbeziehen, fehlen.

Durch die starke funktionale Orientierung der Systementwicklung ist eine Integration sowohl innerhalb der mengenorientierten operativen Systeme als auch von den mengenorientierten operativen über die wertmäßigen Abrechnungs- bis hin zu den Controlling- und Unternehmensplanungssystemen bislang selten realisiert. Nicht zuletzt die ungenügende Anbindung der in den betriebswirtschaftlich-administrativen Bereichen (Finanzbuchhaltung, Anlagenbuchhaltung, Kostenrechnung und Personalwirtschaft) im Einsatz befindlichen Standardsoftware mit den oft vorzufindenden Individualprogrammen der Warenwirtschaft führt spätestens in den Controlling-Abteilungen zu Doppelarbeiten und verhindert ein redundanzbeherrschtes Executive Information System.

Bei der überbetrieblichen Kommunikation erweist sich die *Vielzahl unterschiedlicher Systeme* als Hindernis. Eine Vereinheitlichung der Systeme wird dadurch erschwert, daß der Einsatz von Standardsoftware von Informationsmanagern kritisch oder sogar als nicht durchführbar eingeschätzt wird.

Bei der Informationssystemgestaltung insgesamt überwiegen eher technische als methodische und inhaltliche Überlegungen. *Tabelle 1* faßt die wesentlichen Schwachstellen derzeitiger Handelsinformationssysteme zusammen.

Tabelle 1: Schwachstellen bestehender Handelsinformationssysteme

Bereich	Schwachstelle
Hardware	fehlende Integration unterschiedlicher Hardware-Komponenten
Software	Insellösungen
Intra-organisatorische Konzeption	Funktionsorientierung
Inter-organisatorische Konzeption	fehlt weitgehend

3 ANFORDERUNGEN AN HANDELSINFORMATIONSSYSTEME

Die Gestaltung von Informationssystemen verfolgt als ein wichtiges Ziel die Integration, da mit der Integration Unterziele wie Redundanzarmut, Konsistenzsicherung und Aktualität der Information verbunden werden. Unter Integration kann die „(Wieder-) Herstellung eines Ganzen" verstanden werden.

Bei der *Integration der Anwendungssysteme* wird die Integration der Daten idealtypisch durch eine einheitliche Datenbasis erreicht, auf die die Systeme zugreifen. Das heißt nicht unbedingt, daß nur eine einzige Datenbank an einem Ort alle Informationen aufnimmt. Kooperationen mehrerer Datenbanken, verteilte Datenbanken und Triggermechanismen zwischen Datenbanken erlauben durchaus auf der Umsetzungsebene Heterogenität. Auf der konzeptionellen Ebene sollte die Einheitlichkeit allerdings gewahrt sein. Sie wird durch ein unternehmensweites Datenmodell gefördert, das bereits in der Konzeptionsphase eines Systems das Augenmerk auf die Objekte und damit die statische Struktur lenkt. Die Zielsetzung einer horizontal (über alle Prozesse) und vertikal (von den operativen Systemen bis zu den EIS) integrierten Informationspyramide ist insbesondere für eine adäquate Kontrolle und Steuerung der Unternehmensaktivitäten unabdingbar. Beispielsweise ließe sich durch eine integrierte Datenbasis im Bereich des Marketings eine Optimierung der Sortimentssteuerung sowie eine zielgerichtete Kundenansprache realisieren, die Daten aus verschiedenen Informationssystemen benötigen.

Moderne DV-Konzepte müssen *unterschiedliche Hardwareplattformen integrieren*. Zur Umsetzung dieser Anforderungen ist die Interoperabilität der Systeme durch Offene Softwaresysteme zu gewährleisten. Die Vielfalt der Anwendungen, die vom Anwender heute gefordert werden, erfordern die Beachtung von Standards, über die die Systeme gekoppelt werden können.

Bei der *Softwarearchitektur* sollten moderne Technologien wie relationale oder objektorientierte Datenbanken, graphische Benutzeroberflächen und Client-Server-Architekturen unterstützt werden, um den Flexibilitätsanforderungen insbesondere dezentraler Organisationseinheiten Rechnung zu tragen.

Die Implementierung *ganzheitlicher Ansätze* umfaßt die Umsetzung des Gedankens der *Prozeßorientierung*, der eine wichtige Voraussetzung für die erfolgreiche Nutzung der Vorteile integrierter Handelsinformationssysteme darstellt. Neben der Prozeßorientierung müssen auch *horizontale und vertikale Kooperationen* durch Informationssysteme unterstützt werden. Die zunehmende Kooperationsnotwendigkeit und -bereitschaft bilden die Grundlagen für längerfristige Rahmenverträge bei der Zusammenarbeit souveräner Einzelunternehmen in einem Netzwerk. Zur Unterstützung der Planung und laufenden Abstimmung der Netzwerkpartner dienen Informations- und Kommunikationssysteme, die die administrativen Aufgaben (Austausch von Geschäftsdokumenten) ebenso betreffen wie die Wertschöpfungsprozesse (zum Beispiel unternehmensübergreifende Logistiksysteme im Handel für einen effizienteren Warenumschlag). Bei zunehmendem Technikeinsatz infolge sinkender Technologiekosten kommt es zu einer Reduktion der Transaktionskosten, so daß es zu einem Wechsel der optimalen Kooperationsform kommt, der sich gerade in dem Schlagwort der virtuellen Unternehmung widerspiegelt. Kooperationen können in horizontale und vertikale Kooperationen unterschieden werden. Während horizontale Zusammenschlüsse (die Zusammenarbeit von Handelsunternehmen untereinander) insbesondere im Einkaufsbereich eine traditionell hohe Bedeutung besitzen, werden zukünftig auch vertikale Kooperationen (i. S. einer Rückwärtsintegration mit Herstellern oder vorgelagerten Händlern und i. S. einer Vorwärtsintegration mit Endkunden oder nachgelagerten Händlern) einen hohen Stellenwert erlangen. Themen wie Kontraktmarketing, Category Management, Quick Response (Hensche 1991), Supply Chain Management (Mertens 1995) und Efficient Consumer Response (Ritter 1995) belegen die Bedeutung vertikaler Kooperationen mit einem hohen prognostizierten Einsparungspotential.

Damit die Synergieeffekte einer Kooperation EDV-technisch genutzt werden können, müssen zukünftige Handelsinformationssysteme unternehmensübergreifend integriert werden.

Tabelle 2 faßt die Anforderungen zusammen.

Tabelle 2: Anforderungen an Informationssysteme

Bereich	**Anforderungen**
Hardware	Interoperabilität der Hardware Client-Server-Hardware-Architektur
Software-Architektur	Client-Server-Software-Architektur Relationale oder objektorientierte Datenbanken graphische Benutzeroberfläche Internet-Fähigkeit
Anwendungssoftware	Datenintegration, Funktionsintegration Interoperabilität der Systeme, ggfs. System-kopplung durch Workflow-Management-Systeme
Intra-organisatorische Konzeption	Prozeßorientierung
Inter-organisatorische Konzeption	Vertikale Kooperationen Nutzung des Internet

4 DIE ARCHITEKTUR FÜR HANDELSINFORMATIONSSYSTEME

Die skizzierten Schwächen der heutigen Systeme und Anforderungen an Handelsinformationssysteme belegen insbesondere die konzeptionellen Defizite der betrieblichen und informationstechnischen Gestaltung des Handels. Zu ihrer Beseitigung bedarf es zunächst der Strukturierung und Vereinfachung der vielschichtigen Probleme des Handels. Zu diesem Zweck wurde ein Ordnungsrahmen geschaffen, der eine Orientierung schafft und die Navigation durch die Vielfalt von Handelsinformationssystemen erlaubt.

Mit dem Handels-H-Modell soll ein solcher Rahmen präsentiert werden, der, ausgehend von den Grundfunktionen des Handels im institutionellen Sinne, nämlich Beschaffen, Lagern und Verkaufen, eine Verfeinerung von Funktionen, Daten und Prozessen unterstützt. Das Handels-H-Modell umfaßt das klassische Warenwirtschaftssystem mit den warenbezogenen dispositiven, logistischen und abrechnungstechnischen Aufgaben und darüber hinaus die betriebswirtschaftlich-administrativen Systeme und die Systeme zur Unterstützung der Unternehmensführung. Das WWS im Verbund mit den betriebswirtschaftlich-administrativen und entscheidungsunterstützenden Systemen wird als Handelsinformationssystem bezeichnet. Eine Prozeßorientierung des Handelsunternehmens, die aufgrund der prozessualen Anordnung der Aufgaben auch im Handels-H-Modell unterstellt wird, führt im innerbetrieblichen Bereich zu einer durchgängigen Unterstützung der gesamten Wertschöpfungskette durch integrierte Informationssysteme. Dabei sind diese als Enabler für die Prozeßorientierung zu verstehen.

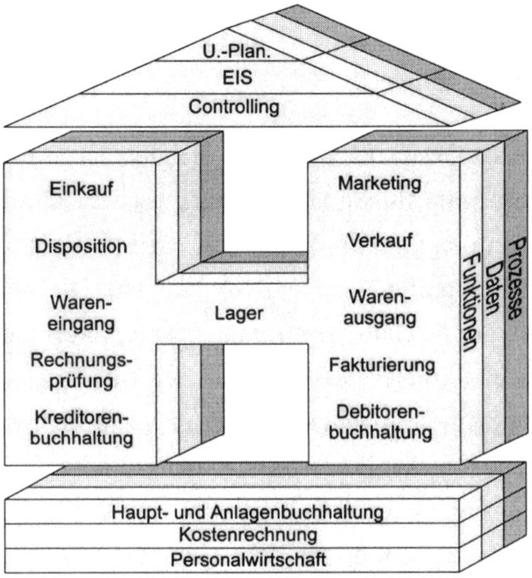

Abbildung 2: Architektur für Handelsinformationssysteme: das Handels-H-Modell

Prozesse sind zunächst unabhängig von konkreten Aufgabenträgern zu beschreiben und zu gestalten und erfahren erst im zweiten Schritt die Zuordnung zu den Aufgabenträgern (Informationstechnik oder Organisationseinheit). Damit erhöht sich auch die zeitliche Beständigkeit von Prozeßbeschreibungen, da oftmals nicht der Prozeß selber einer raschen Änderung unterworfen ist, sondern die Aufgaben-Aufgabenträger-Zuordnung. Diese muß nicht in jedem Fall prozeßorientiert ausfallen, in bestimmten Bereichen (z. B. Zentralregulierungsgeschäft) ist eine hohe Arbeitsteilung und damit eine eher funktionsorientierte Aufbauorganisationsgestaltung von Vorteil.

Für die Prozeßbeschreibung und -gestaltung sind semiformale Methoden adäquat, für die zunächst einige grundlegende Begrifflichkeiten zu klären sind. Als *Prozeß* wollen wir die zeitlich-sachlogische Abfolge der Funktionen definieren, die zur Bearbeitung eines betriebswirtschaftlich relevanten Objekts notwendig ist. Dieses eine Objekt prägt den Prozeß, andere Objekte können in den Prozeß einfließen. Diese Definition vereint die beiden leidenschaftlich diskutierten Paradigmen der Prozeß- und der Objektorientierung. Den Ausgangspunkt der prozeßorientierten Betrachtung des Handels bilden *Geschäftsprozesse.* Sie stellen die oberste Hierarchiestufe der Prozesse dar und können anhand von prozeßinduzierenden betriebswirtschaftlich relevanten Objekten verfeinert werden. Ein Geschäftsprozeß ist ein ausgezeichneter Prozeß, der eine wesentliche Geschäftsart des Unternehmens widerspiegelt und zwingend Schnittstellen zu Marktpartnern, insbesondere Kunden, aufweist.

Der traditionell wichtigste Geschäftsprozeß des Handels ist in Erfüllung der zeitlichen und räumlichen Überbrückungsfunktion das Lagergeschäft. Das betriebswirtschaftlich relevante Objekt, das ihn prägt, ist die Ware. Auf oberster Hierarchie-Ebene besteht er aus den Teilprozessen Beschaffen – Lagern – Verkaufen. Die treibenden Objekte sind Spezialisierungen der Ware im Sinne von Einkaufsware, Lagerware und Verkaufsware. Auf der Beschaffungsseite können die Prozesse Einkauf, Disposition, Wareneingang, Rechnungsprüfung und Kreditorenbuchhaltung unterschieden werden, auf der Verkaufsseite die korrespondierenden Prozesse Marketing, Verkauf, Warenausgang, Fakturierung und Debitorenbuchhaltung. Beschaffungs- und Verkaufsprozeß werden durch das Lager gekoppelt, das vor allem die zeitliche Überbrückungsfunktion wahrnimmt.

Auf dieser Hierarchiestufe sind weniger die physischen Objekte (Artikel) die prozeßinduzierenden Objekte, sondern die Informationsobjekte. Der Einkauf wird geprägt durch die Rahmenvereinbarung, die Disposition durch die Bestellung, der Wareneingang durch den Lieferschein, die Rechnungsprüfung durch die Rechnung und die Kreditorenbuchhaltung durch die Zahlung.

Die *Rahmenvereinbarung* ist in einer losen Form die Dokumentation der Geschäftsbeziehung, die mit einem Lieferanten eingegangen wird. In der nächstspezifischen Rahmenvereinbarung werden darüber hinaus die Artikel festgelegt, die das Handelshaus vom Lieferanten bezieht. Eine weitere Stufe ist gekennzeichnet durch die Vereinbarung der Konditionen mit der handelstypischen Vielfalt von Rechnungskonditionen und nachträglichen Konditionen, die an wert- und/oder zeitmäßige Ereignisse geknüpft sind.

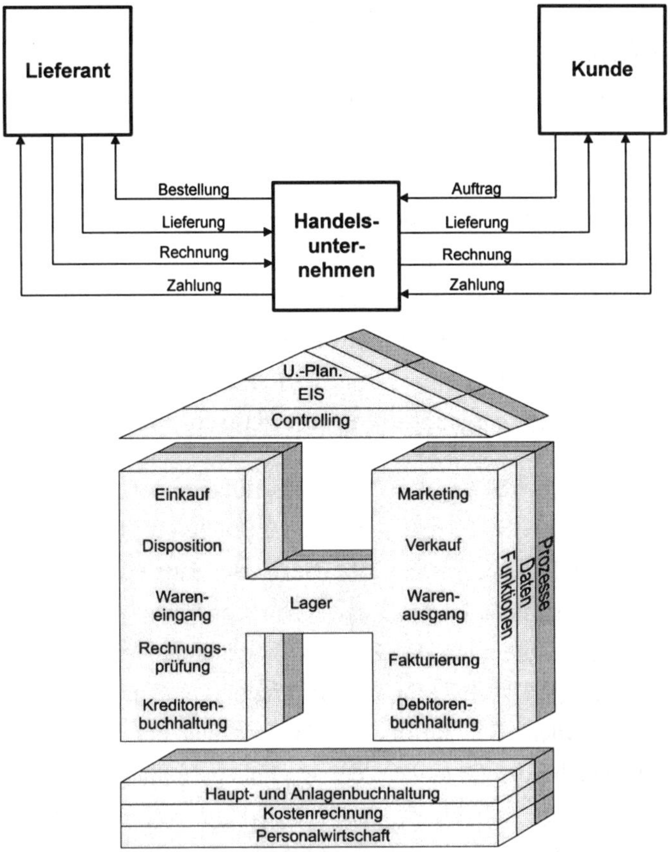

Abbildung 3: Ablauf des Lagergeschäfts und entsprechendes Handels-H-Modell

Schließlich umfaßt die Rahmenvereinbarung in ihrer spezifischsten Form zusätzlich die Festlegung von festen Bezugsmengen oder -werten für eine Periode, sogenannten Kontrakten, oder sogar festen Einteilungen der Mengen in geplante Lieferungen, sogenannten Lieferplänen.

Die *Bestellung* definiert den konkreten Mengenfluß durch die Festlegung des Tripels Artikel-Menge-Zeit. Typisch für den Handel ist, daß bei der Bestellung eine Rahmenvereinbarung mit einer Lieferant-Artikel-Kondition-Beziehung referenziert wird. Teilweise wird, z. B. im Aktionsgeschäft, nur auf die Lieferant-Artikel-Verbindung Bezug genommen und die (aktionsrelevante) Kondition neu festgelegt.

Der *Lieferschein* dokumentiert die Realisierung der aus der Bestellung resultierenden Mengenanforderung. Er ist das prägende Objekt des Wareingangs. Weitere Objekte, die in den Prozeß einfließen, sind die Bestellung, gegen die der Lieferschein verprobt wird, und der Wareneingangsbeleg als Dokumentation des tatsächlich realisierten Wareneingangs. Das Festhalten aller drei Werte erleichtert die anschließende Rechnungsprüfung. Die Bestelldaten liegen aus der Disposition systemseitig vor, die tatsächlich eingegangenen Mengen müssen in jedem Fall erfaßt werden. Wenn die Lieferscheindaten per elektronischem Datenaustausch (electronic data interchange EDI) übermittelt werden, besteht also auch beim Festhalten der drei wareneingangsrelevanten Daten kein zusätzlicher Erfassungsaufwand. Das Ausmaß an EDI-Datenübertragungen nimmt stetig zu, auch wenn es hinter manch ehrgeiziger Prognose zurückbleibt.

Die Rechnungsprüfung wird ausgelöst durch den Eingang der *Rechnung*, des hier prägenden Objekts. Auch in der Rechnungsprüfung existieren weitere Objekte: die Konditionsvereinbarung des Rahmenvertrags gibt das Wertegerüst vor, die miteinander abgeglichenen Belege der Bestellung, des Lieferscheins und des Wareneingangs das Mengengerüst. Bei Übereinstimmung des Rechnungsendbetrages mit der Summe der bewerteten Wareneingänge ist die Rechnungsprüfung unproblematisch und kann vollständig automatisiert werden. Bei Abweichungen zwischen der Summe der bewerteten Wareneingänge (welche die Grundlage der Rechnungsstellung sein sollten) und dem Rechnungsendbetrag ist zu klären, ob sich diese auf Mengen- oder Werte-Abweichungen beziehen. Wenn zwar nicht der bewertete Wareneingang, wohl aber die bewertete Bestellung oder der bewertete Lieferschein mit dem Rechnungsbetrag übereinstimmt, basiert die Abweichung wahrscheinlich auf einer Mengenabweichung. Diese ist dann leicht zu klären, wenn das Informationssystem alle drei wareneingangsbezogenen Werte vorhält und gegen den Rechnungswert abgleicht. Sollte die Rechnung per EDI an das Handelshaus übertragen werden, ist nicht nur – wie heute meist üblich – ein automatischer Vergleich auf Rechnungsbetragssumme möglich, sondern auf Rechnungspositionsebene, so daß Abweichungen automatisiert spezifischer festgestellt werden können.

Die Bildung des Offenen Postens stellt den Übergang von der Rechnungsprüfung zur Kreditorenbuchhaltung dar. Er wird durch die *Zahlung*, das prägende betriebswirtschaftliche Objekt der Kreditorenbuchhaltung, ausgeglichen. Die Zahlungsmodalitäten einer Lieferanten-Beziehung sind meist über längere Zeit konstant und in der Rahmenvereinbarung hinterlegt, auf die bei Rechnungsausgleich referenziert wird (Zeitpunkt der Zahlung, Art der Zahlung, zahlungsbezogene Konditionen wie Skonto).

Strukturanalog zur Abbildung der Prozesse auf der Beschaffungsseite ist die Vertriebsseite aufgebaut.

Dabei soll Marketing hier als (klassisches) Absatzmarketing und weniger als Beschaffungsmarketing (diese Aktivitäten fallen in den Bereich Einkauf) verstanden werden. Von den 4 „Marketing-Ps" (product, price, promotion und place) sollen im Verkaufsprozeß vor allem die taktisch-operativen Aufgaben „product" und „price", also Sortimentsgestaltung und Verkaufspreiskalkulation, informationssystemseitig unterstützt werden. Zentrales betriebswirtschaftliches Objekt (für den Großhandel bzw. den mehrstufigen Handel) ist das *Sortiment*, das als Ergebnis des Listungsprozesses aufgefaßt werden kann. Es wird festgelegt, welcher Kunde (welche Filiale) welchen Artikel in welcher Zeit beziehen kann. Der Zeitaspekt ist deswegen von Bedeutung, da bestimmte Sortimentsbestandteile grundsätzlich zeitabhängig (z. B. Saisonware) oder filialbezogen zeitabhängig (z. B. Aktionsware) gelistet sein können.

Wie das Sortiment sind auch die weiteren Prozesse der Verkaufsseite vor allem großhandels- bzw. versandhandelsspezifisch. Im stationären Einzelhandel entfällt eine explizite Auftragsbearbeitung, die Prozesse Warenausgang, Fakturierung und Debitorenbuchhaltung fallen mit dem Kassiervorgang am Point of Sale (POS) zusammen. Allerdings sind z. B. mit der Verbreitung von Kundenkreditkarten auch im stationären Einzelhandel die Prozesse Warenausgang und Fakturierung voneinander getrennt, und es existiert eine kundenbezogene Debitorenbuchhaltung.

Die prozeßprägenden Objekte, die analog zur Beschaffungsseite identifiziert werden können, sind der *Auftrag* für die Auftragsbearbeitung, der *Abnehmer-Lieferschein* für den Warenausgang, die *Abnehmer-Rechnung* für die Fakturierung und der *Zahlungseingang* für die Debitorenbuchhaltung.

Die beiden Schenkel des H sind (bis auf die Kopplung Lager) *getrennt* nebeneinander, da Beschaffungs- und Verkaufsaktivitäten (im Normalfall) operativ relativ unabhängig voneinander ablaufen. Die Beobachtung des Lagers und auf Vergangenheitsentwicklungen prognostizierte Zukunftsentwicklungen des Lagerabgangs, seien sie manuell oder mit mathematisch-statistischen Verfahren durchgeführt, steuern die Beschaffungsaktivitäten, insbesondere die Disposition. Die Verkaufsseite wird maßgeblich durch Aufträge (Groß- und Einzelhandel) oder Warenentnahme und Kassiervorgang (Einzelhandel) beeinflußt.

Die beiden Schenkel stehen *parallel*, da in beiden strukturanaloge Sachverhalte abgebildet werden. Beispielsweise werden bei der Rechnungsprüfung durch die Bewertung des Wareneingangs die gleichen Aktivitäten durchgeführt wie bei der Erstellung der Faktura durch die Bewertung des Warenausgangs.

Die prozeßorientierte Anordnung bedeutet, daß die unteren Bereiche das Durchlaufen der oberen voraussetzen. Dies impliziert für das Datenmodell, daß die Entitytypen, die beispielsweise für die Prozesse im Einkauf benötigt werden, existenzunabhängiger sind als die Objekte, die in der Kreditorenbuchhaltung verwendet werden.

Während die linke Seite all die Aktivitäten widerspiegelt, die zur Lieferantenseite hin ausgerichtet sind, ist die rechte Seite eine Repräsentation der Aufgaben zur Abnehmerseite. Der horizontale Durchfluß Wareneingang — Lager — Warenausgang symbolisiert den logistischen Warenfluß durch das Handelsunternehmen.

Die Hauptbuchhaltung und die Kostenrechnung halten auf aggregierter Ebene die operativen Vorgänge in ihrem wertmäßigen Abbild fest – die Buchhaltung aus Sicht der externen Rechnungslegung, die Kostenrechnung aus Sicht der internen Rechnungslegung. Die Abstraktion von den operativen Vorgängen und die Schaffung der Gleichnamigkeit in Wertansätzen erfolgt durch das Konstrukt des *Kontos*. Alle Bewegungen, die es wertmäßig abzubilden gilt, finden im Konto ihren Niederschlag. Auch wenn der Objektbezug im Rechnungswesen, da es sich hier weitgehend um abgeleitete Daten handelt, weniger zwingend ist als in den warenflußorientierten Bereichen, erscheint es sinnvoll, das Konto als das für den Bereich Rechnungswesen prägende Objekt zu definieren.

Einfacher fällt die Festlegung des die Personalwirtschaft prägenden Objekts; es ist das *Personal*, das aus abrechnungsbezogener Sicht und organisatorischer Sicht im Personalwirtschaftssystem abgebildet wird. Aus abrechnungsbezogener Sicht geht es um die Ermittlung von Brutto- und Nettobezügen, aus organisatorischer Sicht um Stellenbildung und Stellenbesetzung, um fachliche und organisatorische Unter- und Überordnung, um Qualifikationsanforderungen von Stellen und Qualifikationsprofile von Mitarbeitern, um Karriereplanung und -entwicklung und schließlich um Aus- und Weiterbildung incl. Schulungsmaßnahmen.

Die Informationssysteme im „Dach" des Handels-H aggregieren Daten der mengenorientierten und der wertorientierten Ebene zu aussagekräftigen Kennzahlen, welche die Basis unternehmerischer Lenkungsentscheidungen bilden. Wegen der unmittelbaren Nähe zu den Lenkungsentscheidungen dominiert hier der Zielbezug den Objektbezug.

Die im Handels-H-Modell aufgeführten Prozesse sind typisch für das klassische *Lagergeschäft* mit den Aufgaben Beschaffen – Lagern – Verkaufen. Das Handelsunternehmen nimmt die warenflußbezogenen logistischen und die betriebswirtschaftlich-informationsbezogenen Aufgaben der Disposition und des Werteflusses zur Lieferanten- und zur Kundenseite hin wahr. Daneben sind weitere Geschäftsarten, das Streckengeschäft, das Zentralregulierungs-, das Aktions- und das Dienstleistungsgeschäft kennzeichnend für den Handel. Die fünf Geschäftsarten haben maßgeblichen Einfluß auf die Ausgestaltung der Prozesse, der sicherlich größer ist als der, der sich aus klassischen Einteilungen von Handelsunterehmen (Großhandel — Einzelhandel, filialisierender — kooperierender Handel, mehrstufiger — einstufiger Handel) ergibt.

Der *Streckenprozeß* ist eine Geschäftsform, bei der das Handelsunternehmen als Mittler zwischen Industrieunternehmen und Abnehmer auftritt, ohne daß es logistische Aufgaben übernimmt. In den letzten Jahren hat der Anteil des Streckengeschäfts in Großhandelsunternehmen zugenommen. Der Begriff der Streckenabwicklung wird in der Handelspraxis uneinheitlich verwendet. Mitunter werden Begriffe wie „Strecke", „wilde Strecke", „Großhandelsstrecke" oder „Filialstrecke" für die Beschreibung unterschiedlicher Streckenabwicklungsformen verwendet. Es bleibt bei einer derartigen Begriffsvielfalt zumeist unklar, ob synonyme oder homonyme Begriffe vorliegen.

Beim Streckengeschäft können insbesondere zwei Erscheinungsformen unterschieden werden, die „klassische Strecke" und die „Filialstrecke". Bei der „klassischen Strecke" bestellt ein Abnehmer beim Handelsunternehmen, welches den Auftrag in eine Streckenbestellung zum Lieferanten umwandelt. Die Ware wird direkt vom Lieferanten zum Abnehmer geliefert. Der Lieferant stellt dem Handelsunternehmen die Lieferung und dieses unabhängig davon dem Abnehmer die Ware in Rechnung. Rechtlich liegen zwei getrennte Geschäftsvorfälle vor. Eine zweite Form des Streckengeschäfts herrscht im filialisierenden Einzelhandel vor. Die Filiale bestellt direkt beim Lieferanten (häufig ohne eine Bestellung im System zu erfassen), der die Filiale beliefert und die Rechnung an die Zentrale (oder an die Filiale) schickt. Für die Regulierung zeichnet die Zentrale verantwortlich. Diese Streckenabwicklung verläuft analog zum ersten Fall, wenn die Bestellungen im System erfaßt werden und zentral eine Übermittlung an den Lieferanten erfolgt.

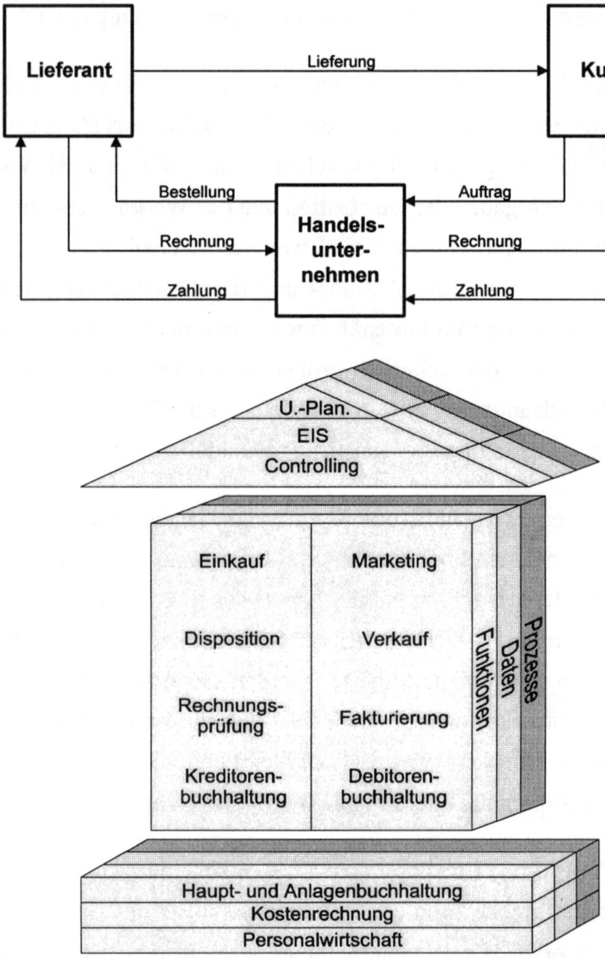

Abbildung 4: Ablauf beim Streckengeschäft und entsprechendes Handels-H-Modell

Im Gegensatz zum Streckengeschäft werden beim *Zentralregulierungsgeschäft* keine Artikel beim Lieferanten bestellt, sondern die Leistung vom Handelsunternehmen ist ausschließlich abrechnungstechnischer Natur. Kreditoren- und Debitorenbuchhaltung werden eng miteinander verzahnt, da die kreditorische Rechnung unmittelbar in eine debitorische Abrechnung Eingang findet. Auch die Stammdaten von Kreditoren und Debitoren müssen eng miteinander gekoppelt werden, wenn z. B. der Kreditor mit dem Debitor bilateral besondere Konditionen (Zahlungskonditionen, Sofortboni) vereinbart.

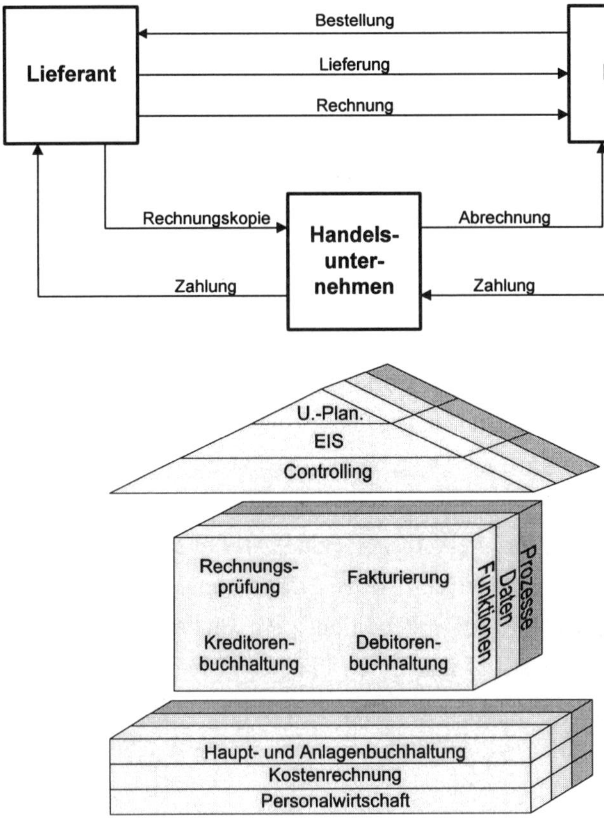

Abbildung 5: Ablauf beim Zentralregulierungsgeschäft und entsprechendes Handels-H-Modell

Bei der Zentralregulierung wird in der Regel das Delkredere übernommen, das auch als eigene Geschäftsform durchgeführt werden kann. Beim Delkrederegeschäft übernimmt das Handelsunternehmen die Ausfallbürgschaft für seinen Kunden. Bei der Zentralregulierung (ZR) agiert ein Handelsunternehmen als Zahlstelle für die Verbindlichkeiten des Kunden. Die erbrachte Leistung des Unternehmens besteht in jedem Fall in der Regulierung der Zahlung. In Abhängigkeit von dem individuellen Zentralregulierungsvertrag kann es sich um einen bürgschaftsähnlichen Vertrag oder um eine Form des Factoring handeln. Als Gegenleistung für die Regulierung oder das Delkredere erhält das Unternehmen eine Provision vom Lieferanten. Das Besondere bei der Abwicklung des Zentralregulierungsgeschäfts ist das Zusammenfallen von Rechnungsbegleichung und Fakturierung (im Sinne der Rechnungsstellung). Der Zentralregulierungsgeschäftsvorfall ist in rechtlichem Sinne *ein* Geschäftsvorfall, während das Streckengeschäft zwei separate Geschäftsvorfälle darstellt.

Die vierte wichtige Geschäftsart, die orthogonal zu den vorherigen drei steht, ist das *Aktionsgeschäft*. Hier rücken – bildlich gesprochen – die beiden Schenkel des Handels-Hs (die im Lagergeschäft ja deswegen voneinander entfernt nebeneinander stehen, weil die Aktivitäten relativ unabhängig voneinander, eben nur gekoppelt durch das Lager und die Entwicklung des Lagerbestandes, durchgeführt werden) so nahe zusammen, daß sie sich berühren. Marketing- und Einkaufsmaßnahmen (Aktionskonditionen zur Einkaufs- *und* zur Verkaufsseite) werden interdependent geplant und durchgeführt, vorhandene Aktionsaufträge (Bestätigung der Teilnahme der Aktion und Spezifizierung einer festen Ordermenge) der Kunden/Filialen führen zur Festlegung der Dispositionsmenge zur Lieferantenseite hin. Im Lager werden die eingegangen Mengen nicht auf den gewöhnlichen Reserveplätzen eingelagert, sondern sofort aufgeteilt und der Warenausgangszone zugeführt (sogenanntes cross docking), der Wertefluß (Rechnungsprüfung und Kreditorenbuchhaltung einerseits sowie Fakturierung und Debitorenbuchhaltung andererseits) wird durch die Aktionskonditionen zur Einkaufs- und Verkaufsseite gesteuert. Die Aktion zieht sich sogar durch die betriebswirtschaftlich-administrativen Systeme, insbesondere die Kostenrechnung, und die taktisch-strategischen Aufgaben des Controlling als betriebswirtschaftlich relevantes Objekt (Aktionserfolgsrechnung) hindurch.

Die fünfte Geschäftsart ist das *Dienstleistungsgeschäft*. Hier ist natürlicherweise die Dienstleistung das Objekt, das den Prozeß prägt. Sie wird meist additiv zu der eigentlichen Handelsfunktion angeboten und ist als eine die Warenlogistik ergänzende Funktion anzusehen. Dienstleistungen, die Handelsunternehmen ihren Kunden/Filialen anbieten, können vielfältig sein und beziehen sich z. B. auf Marktauftritt, Marketing, Layoutgestaltung im Betrieb, Beratung in Rechts- und Steuerfragen oder personalwirtschaftliche Fragen. Dienstleistungsgeschäfte werden zwar vielfach von Handelsunternehmen angeboten (institutioneller Aspekt), sind aber keine Handelsgeschäfte im engeren Sinne, in denen eine zeitlich-räumliche Überbrückungsfunktion für Leistungen wahrgenommen wird, die von einem Lieferanten bezogen und an Kunden weitergegeben werden (funktionaler Aspekt). Genaugenommen erstellt das Handelshaus die betriebliche Leistung (z. B. die Beratung) selbst und ist damit eher Produzent als Händler.

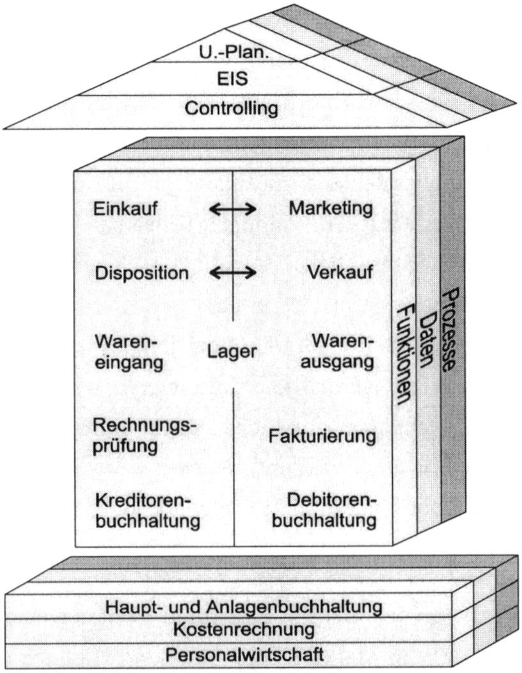

Abbildung 6: Handels-H-Modell beim Aktionsgeschäft

5 ELECTRONIC COMMERCE

Die innerbetrieblichen Handelsinformationssysteme, für die im vorangehenden Abschnitt eine Architektur als ordnender Rahmen und Navigationshilfe vorgestellt wurde, unterstützen eine effiziente Gestaltung der Abläufe *im* Handelsunternehmen.

Wegen der Bedeutung der Handelsunternehmen als Intermediäre zwischen Produzenten und Verbrauchern sind die Informationssysteme, die sich zwischen den beteiligten Partnern etablieren, eine wesentliche Voraussetzung für die effiziente Gestaltung der *gesamten* Wertschöpfungskette. In diesem Zusammenhang wird häufig von Electronic Commerce gesprochen.

Wir wollen versuchen, den Begriff Electronic Commerce zu klären und seinem Wesen mit einigen volkswirtschaftlich motivierten Überlegungen aus der Transaktionskostentheorie näherzukommen. Wie auch in den vorhergehenden Abschnitten sollen technische Darstellungen (Standards, Übertragungsprotokolle, Datentransformationsnormen etc.) hinter konzeptionellen Überlegungen zu Electronic Commerce zurückstehen.

Unter dem Begriff des Electronic Commerce werden in der Literatur unterschiedliche Begriffe subsumiert wie Elektronischer Marktplatz, Elektronischer Handel, Electronic Shopping, Electronic Cash, Electronic Business oder Electronic Trading. Electronic Commerce setzt sich mit bilateralen oder multilateralen Beziehungen von Informationssystemen (und den damit verbundenen Problemen) auseinander. Die Unterstützung von Hierarchien im Sinne der Transaktionskostentheorie (Koordination durch Weisung) durch elektronische Medien ist nicht Gegenstand des Electronic Commerce. Da auch innerhalb von Unternehmungen die Koordination durch Weisung durch Koordination von Marktmechanismen ersetzt werden kann, definieren wir: Unter Electronic Commerce werden sämtliche Lösungen informations- und kommunikationstechnischer Natur subsumiert, die entweder bilaterale oder multilaterale wirtschaftliche Tätigkeiten oder die intraorganisatorische Koordination über den Markt oder die Kooperation unterstützen.

Zur Konkretisierung soll für den Begriff Electronic Commerce in Anlehnung an die Dreiteilung von WILLIAMSON in Markt, Kooperation und Hierarchie folgende Unterteilung vorgenommen werden (vgl. *Abbildung 7*).

- Der Markt „umfaßt alle Leistungs- und Austauschprozesse, die aus spontanen (d. h. von niemandem als Ganzes geplanten) Interaktionen zwischen selbständig (d. h. im Hinblick auf eigene Ziele) handelnden Akteuren erwachsen. Akteure sind dabei einzelne Personen ebenso wie freiwillig gebildete Kollektive (Haushalte, Unternehmen)" (Ewers/Frisch/Wein 1990, S. 2, vgl. auch Schneider 1995, S. 79). Das Marktsystem beruht auf einer dezentralen Planung und Entscheidung. Die Koordination erfolgt durch freie Preisbildung und die dadurch bewirkten Reaktionen von Anbietern und Nachfragern, also durch Probieren und Korrigieren im Sinne des Herantastens an die richtige Menge und den richtigen Preis. Somit ist die Unterstützung aller Transaktionsphasen (Anbahnungs- bzw. Such-, Vereinbarungs- bzw. Entscheidungs-, Kontroll- und Anpassungsphase (Picot 1982; Michaelis 1985, S. 61-100) Gegenstand eines Marktes im volkswirtschaftlichen Sinn. Da der Begriff Markt in der Volkswirtschaftslehre eine Normierung erfahren hat, wollen wir solche Systeme als Elektronische Märkte bezeichnen, die die Charakteristika eines Marktes im volkswirtschaftlichen Sinn erfüllen.

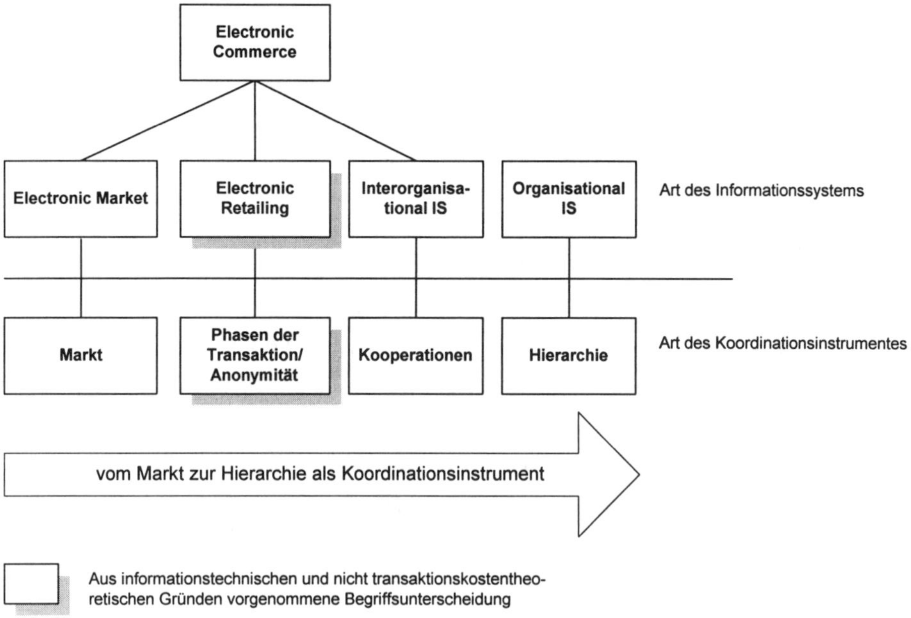

Abbildung 7: Electronic Commerce

- Um auch Informationssysteme, die nur ausgewählte Transaktionsphasen unterstützen, begrifflich zuordnen zu können, wird hier der Begriff des Electronic Retailing gewählt. Die Nähe des Electronic Retailing zum Electronic Market besteht durch die Anonymität der Transaktionspartner. Es wird keine Vereinbarung wie bei einer Kooperation geschlossen, die Koordination erfolgt über den Preis. Allerdings erfolgt die Preisfestsetzung zumeist nicht durch das Informationssystem. Beim Electronic Retailing steht die Unterstützung der Such- und Entscheidungsphase durch elektronische Medien im Vordergrund.

- Systeme zur Unterstützung unternehmensübergreifender Prozesse, bei denen die Unternehmen in einem kooperativen Verhältnis zueinander stehen, werden hier als Interorganisationssysteme bezeichnet (Alt/Cathomen 1995). Dazu zählen nicht Informationssysteme innerhalb eines Konzerns, da ein Konzernunternehmen, sofern ein Über-/Unterverodnungsverhältnis oder eine faktische Beherrschung besteht, wie eine Abteilung zu begreifen ist, da auch dort das Koordinationsinstrument der Anweisung gilt. Hingegen sind bei assoziierten Unternehmen genau diese Eingriffsmöglichkeiten nicht gegeben, so daß das Koordinationsinstrument des Vertrags an die Stelle der Anweisung tritt. Es bedarf bei der interorganisatorischen Betrachtung insbesondere der Vermittlung gemeinsamer Wertvorstellungen, d. h. es ist eine Perspektive notwendig, die auf ein Netzwerk mehrerer Unternehmen und nicht ausschließlich auf einen einzelnen Kooperationspartner fokussiert (Klein 1996). Zu Interorganisationssystemen gehören Konzepte wie Efficient Consumer Response, Quick Response oder Supply Chain Management.

- Informationssysteme zur Unterstützung von Hierarchien zeichnen sich dadurch aus, daß Funktionen bzw. Prozesse innerhalb einer Organisation betrachtet werden können. Es liegt keine Transaktion im Williamsonschen Sinne vor, der Transaktion als einen Vorgang bezeichnet, bei dem ein Gut (Ware oder Dienstleistung) über eine technisch separierbare Schnittstelle transferiert wird (Williamson 1985, S. 1). Die Schnittstelle läßt sich als Grenze zwischen den potentiellen Einflußsphären zweier Akteure bzw. Vertragspartner charakterisieren (Bonus/Ronte 1992, S. 195).

Zu den Bereichen Electronic Market und Electronic Retailing sollen im folgenden einige grundsätzliche Überlegungen anhand von jeweils einem Beispiel angestellt werden, nämlich der „Elektronifizierung“ realer Märkte und elektronischen Malls.

Elektronische Märkte finden sich unternehmensintern als Alternative zur Koordination durch Weisung und unternehmensübergreifend als Alternative zu nicht-elektronischen Märkten bzw. zu anderen Koordinationsformen wie z. B. Kooperationen. Der wahrscheinlich häufigste Fall ist die „Elektronifizierung“ bereits bestehender realer Märkte.

Beispiele stellen insbesondere die Finanz- und Rohwarenmärkte dar, die automatisiert ablaufen (auch wenn in der Regel noch eine Zugangsbeschränkung besteht).

Hierbei stellt sich die Frage, wie unvollkommene Märkte dem wohlfahrtstheoretischen Ideal (zur Kritik an dieser Annahme vgl. Ewers/Frisch/Wein 1990, S. 9 f.) des vollkommenen Marktes angenähert werden können. Dieses soll anhand der Prämissen der vollständigen Konkurrenz (unendliche Reaktionsgeschwindigkeit, unbeschränkte Teilbarkeit, homogene Produkte, Informationstransparenz, keine Informationsbeschaffungskosten, keine regionalen, zeitlichen und persönlichen Präferenzen, unendlich viele Anbieter und Nachfrager) diskutiert werden.

Durch die informationstechnische Verbindung zwischen Marktteilnehmern in weltweiten Netzen wird eine Annäherung an die Forderung einer *unendlichen Reaktionsgeschwindigkeit* erzielt. Diese Tendenz wird weiter zunehmen, wenn die Möglichkeiten zur zeitlichen Synchronisation durch Informationssysteme steigt. Bei informationsbasierten Produkten (z. B. CD, Video, Zeitungen, Bücher, Anlagegeschäfte, Versicherungsgeschäfte) kann auch der Transport des Produktes bzw. der Dienstleistung über Information Highways erfolgen (vgl. Krähenmann 1994, S. 132 f.).

Die Auswirkungen der Elektronifizierung auf die *Homogenität der Produkte* ist nicht eindeutig zu beantworten. Aufgrund der weltweiten Verfügbarkeit von Informationen sowie der globalisierenden Werbung nimmt die Anzahl an Produkten zu, die weltweit ohne Unterscheidungsmerkmale verkauft werden, d.h. eine auf Regionen zugeschnittene Produktdiversifizierung verliert an Bedeutung. Ebenfalls homogener werden Produkte beispielsweise durch Ausschreibungen via Internet. Es wird dem Nachfrager möglich, viele gleichartige Angebote einzuholen. Allerdings entsteht durch die Informationstransparenz für die Industrieunternehmen zugleich die Notwendigkeit, sich von der Konkurrenz abzuheben. Dieses wird zukünftig eher durch die zusammen mit einem Produkt angebotenen Leistungen erfolgen als durch physische Produkteigenschaften, so daß inhomogene Absatzbündel und homogene Produkte das Erscheinungsbild prägen werden. Die Homogenität bzw. Inhomogenität des Angebots wird jedoch durch elektronische Medien leichter zu identifizieren sein.

Die *Informationstransparenz* nimmt zu, da der Angebotsüberblick bei den Nachfragern steigt. Dieses betrifft insbesondere auch die Menge verarbeitbarer Produktinformationen, wenn Search Engines und Angebotssysteme (Mertens/Schumann 1996, S. 517 ff.) als Dienstleistungen zur Verfügung stehen. Die *Kosten für die Informationsbeschaffung* sind wegen der niedrigen Hardware- und Netzkosten gering. Allerdings können Kosten für die Nutzung von Informationsbrokern entstehen, die aber im Vergleich zur heutigen Beschaffung von Informationen deutlich niedriger ausfallen dürften, da dem Informationsbroker gegenüber der Informationsbeschaffung jedes einzelnen Skalenerträge entstehen.

Präferenzen können untergliedert werden in zeitliche (der schnelleren Lösung wird der Vorzug vor der langsameren gegeben), geographische (der nähergelegenen Lösung wird der Vorzug vor der entfernteren gegeben) und persönliche. Elektronische Märkte reduzieren den Einfluß von zeitlichen und örtlichen Präferenzen, da die Güter auf diesen

„virtuellen“ Märkten jederzeit überall verfügbar sind. Bei den persönlichen Präferenzen läßt sich keine Entwicklung absehen, da Erfahrungen, Vertrauen etc. ihren ökonomischen Wert auch zukünftig besitzen werden. Letztlich sind diese Präferenzen für die Transaktionspartner transaktionskostenreduzierend, weil sie die Gefahr opportunistischen Verhaltens reduzieren. Aufgrund der schnelleren und kostengünstigeren Suche nach Partnern werden tendenziell persönliche Präferenzen reduziert, auch wenn Präferenzen bei spezifischen Transaktionsobjekten weiterhin eine große Rolle spielen werden.

Generell kann also die These gewagt werden, daß durch die elektronische Unterstützung realer Märkte einige Bedingungen für eine idealtypische Marktwirtschaft, nämlich hohe Reaktionsgeschwindigkeit, Informationstransparenz, geringe Informationsbeschaffungskosten, kaum Einfluß von Präferenzen, hohe Anzahl an Anbietern und Nachfragern, besser zu erfüllen sind, als dies ohne elektronische Informationssysteme der Fall wäre.

Beim Electronic Retailing werden einzelne Phasen von Transaktionen, an denen Handelsunternehmen beteiligt sind, in elektronischer Form durchgeführt. Eine Form der elektronischen Durchführung ausgewählter Phasen der Transaktionen finden sich in *elektronischen Malls* (Warenhäuser), zu denen möglichst viele Anbieter und Nachfrager Zugang haben sollen (Zimmermann/Kuhn 1995, S. 38). Es handelt sich um ein virtuelles Kaufhaus, in dem mehrere Einzelhandelsmärkte realisiert sind. Der Preisfindungsprozeß ist nicht Bestandteil von Electronic Malls, deswegen werden sie unter dem Begriff Electronic Retailing (und nicht Electronic Market) subsumiert. Der einfache Zugang vieler Nachfrager zu diesem Medium ermöglicht den Anbietern, neue Vertriebsstrategien zu implementieren. Aufgrund der Vielfältigkeit möglicher Informationen sind bei Electronic Malls insbesondere folgende Aspekte zu berücksichtigen: Filterfunktionen zur Selektion aus dem unüberschaubaren Angebot, Navigationshilfen, um sich einfach im Angebot zurechtzufinden, und Vertrauen des Kunden in die Electronic Mall.

Die Leistungsbündel, die den Abnehmern angeboten werden, setzen sich aus Basisprodukten zusammen. Sie werden von den Produzenten auf einem eigenen Markt angeboten und von den Dienstleistern nachgefragt, damit aus Sicht der Abnehmer adäquate Leistungsbündel zusammengestellt werden können (vgl. *Abbildung 8*). In Anlehnung an Schmid (1995), S. 24.

Durch den Einsatz von Electronic Malls werden Informationskosten reduziert. Informationskosten sind ein wesentlicher Bestandteil der Transaktionskosten. Sind sie gering, ist marktlichen Mechanismen der Vorzug zu geben, sind sie hoch, was insbesondere bei spezifischen Transaktionsobjekten der Fall ist, ist die Hierarchie ökonomisch vorteilhafter. Die Senkung insbesondere der Informationskosten durch eine Electronic Mall führt dazu, daß auch Transaktionen mit spezifischen Gütern über den Markt koordiniert werden. Zudem können in der Such- und Entscheidungsphase mehr Informationen über ein Produkt verarbeitet werden, so daß die Produktbeschreibungen einfacher nachvollzogen werden können (wahrgenommene Komplexität) (Wigand 1995, S. 2). Ebenso können mehr Informationen über den Anbieter eingeholt werden, so daß die Gefahr opportunistischen Verhaltens durch den Anbieter reduziert wird.

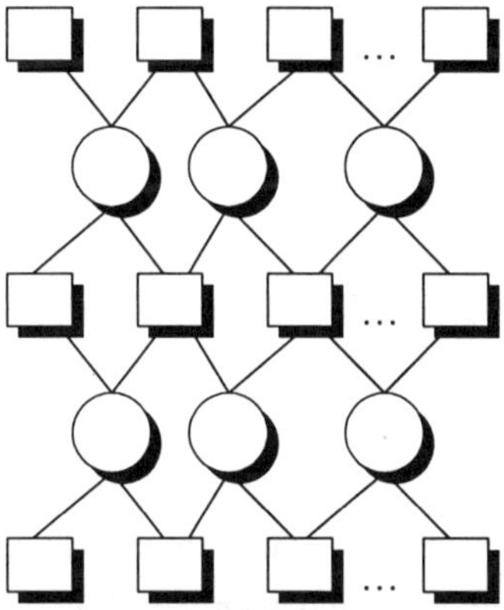

Abbildung 8: Electronic Retailing

Durch den Einsatz von Informations- und Kommunikationssystemen kommt es zu einer "Vermarktlichung der Koordination" (Picot/Reichwald/Wigand 1996, S. 60, zu einer gegensätzlichen Auffassung vgl. Wendt 1996, S. 8 ff.). Eine besondere Rolle nimmt für den Erfolg des Electronic Retailing die Möglichkeit ein, Güter im Verbund mit anderen Produkten oder Dienstleistungen abzusetzen. Hier bieten Informationsbroker aus Sicht der Nachfrager eine Möglichkeit, einen kundengruppenspezifischen Verbund von Produkten und Dienstleitungen zu realisieren. Broker werden bei den Transaktionen sinnvoll eingesetzt, die eine größere Zahl von Produkten (mit jeweils geringem Wertgewicht) beinhalten. Durch die Abwicklung vieler Transaktionen bei einem Information Broker *sinkt die Anzahl an Transaktionen* mit unterschiedlichen Marktpartnern sowie die mit einer Transaktion verbundene Unsicherheit.

Die Möglichkeiten der Transaktionskostenersparnis des Nachfragers durch Electronic Malls führt damit zu dem gleichen Ergebnis wie die Existenz von Handelsunternehmen: Es wird die Anzahl notwendiger Kontakte zwischen Nachfragern (m) und Anbietern (n) reduziert. Ohne elektronische Malls oder Handelsunternehmen wären m x n Kontakte erforderlich (jeder Nachfrager tritt mit jedem Anbieter in Kontakt), durch Elektronische Märkte oder Handelsunternehmen sinkt die Anzahl der Kontakte auf m + n (m Nachfragerkontakte und n Lieferantenkontakte). Beide Parteien (Nachfrager und Anbieter) sparen Transaktionskosten (vor allem Anbahnungs-, Such-, und Vergleichskosten), da jeder Marktteilnehmer nur noch einen Kontakt (mit dem Handelsunternehmen oder der elektronischen Mall) und nicht mehr n (der Kunde mit n Anbietern) bzw. m (der Anbieter mit m Kunden) Kontakte wahrzunehmen hat.

Je weniger Anbieter und Nachfrager sich am Markt gegenüberstehen, desto ineffizienter wird der Einsatz elektronischer Malls, sofern eine einfache Kommunikation möglich ist.

Die Änderung der Transaktionsatmosphäre in Form einer zunehmenden Preisreduzierung der *Informationstechnik* erhöht die Möglichkeiten für den Einsatz elektronischer Malls. Dieses führt zu Gefahren der Elimination des institutionellen Handels, die jedoch umso geringer sind, je höher die Konsumenten das Einkaufserlebnis gewichten.

Während im Business-to-business-Bereich die Durchdringung mit elektronischer Kommunikation zur Unterstützung einzelner Phasen von Transaktionen zügig voranschreitet, befindet sich „Electronic Shopping" noch in den Kinderschuhen. Derzeit werden gerade 0,01 % des Einzelhandelsumsatzes via Internet getätigt, und es ist sicher übertrieben, von einer Ausschaltung des institutionellen Handels auf breiter Front auszugehen. Dennoch sollte das Potential des Internet-Shopping nicht unterschätzt werden; sehr erfolgreiche Beispiele wie z. B. Amazon.com, die einen dreistelligen Millionen-Betrag in US-Dollar mit dem Verkauf von Büchern über das Internet erwirtschaften, weisen den Weg.

LITERATUR

Alt, R.; Cathomen, I.: Handbuch Interorganisationssysteme. Anwendungen für die Waren- und Finanzlogistik, Zürich 1995.

Becker, J.; Schütte, R.: Handelsinformationssysteme, Landsberg/Lech 1996.

Becker, J.: Handelsinformationssysteme und Handelscontrolling — ein methodenorientierter Ansatz. In: Ahlert, D.; Olbrich, R. (Hrsg.), Integrierte Warenwirtschaftssysteme und Handelscontrolling, 3. Aufl., Stuttgart 1997, S. 173-210.

Becker, J.: Architektur für Handelsinformationssysteme. In: Management & Computer, 4 (1996), Heft 1, S. 42-49.

Bonus, H.; Ronte, D.: Transaktionen, Konventionen, Kunst. In: Tietzel, M. (Hrsg.), Kunst und Ökonomie. Homo Oeconomicus. Bd. 9. München 1992, S. 195-227.

Ewers, H.-J.; Frisch, M.; Wein, T.: Skriptum zur Theorie des Marktversagens, Berlin, Münster 1990.

Hensche, H. H.: Zeitwettbewerb in der Textilindustrie: Das Quick Response Konzept. In: Zentes, J. (Hrsg.), Moderne Distributionskonzepte in der Konsumgüterindustrie, Stuttgart 1991, S. 275-309.

Klein, S.: The Strategic Potential of Electronic Commerce — An Introduction for Beginners, http://www-iwi.unisg.ch/iwi4/cc/genpubs/ecintro.html.

Krähenmann, N.: Ökonomische Gestaltungsanforderungen für die Entwicklung elektronischer Märkte, Bamberg 1994.

Mertens, P.: Supply Chain Management (SCM). In: Wirtschaftsinformatik, 37 (1995), Heft 2, S. 177-179.

Mertens, P.; Schumann, P.: Electronic Shopping-Überblick, Entwicklung und Strategie. In: Wirtschaftsinformatik, 38 (1996), Heft 5, S. 515-530.

Michaelis, E.: Organisation unternehmerischer Aufgaben-Transaktionskosten als Beurteilungskriterium, Frankfurt/Bern/New York 1985.

Picot, A.: Der Transaktionskostenansatz in der Organisationstheorie: Stand der Diskussion und Aussagewert. In: Betriebswirtschaft, 42 (1982), S. 267-284.

Picot, A.; Reichwald, R.; Wigand, R. T.: Die grenzenlose Unternehmung, Wiesbaden 1996.

Ritter, S.: Coorganisation — gesehen als ECR-Infrastruktur. In: Coorganisation, o. Jg. (1995), Heft 1, S. 26-30.

Schmid, B.: Elektronische Einzelhandels- und Retailmärkte. In: Schmid, B. u. a. (Hrsg.), Electronic Mall. Banking und Shopping in globalen Netzen, Stuttgart 1995, S. 17-32.

Schneider, D.: Betriebswirtschaftslehre. Band 1: Grundlagen, München/Wien 1995.

Schütte, R.: Prozeßorientierung in Handelsunternehmen. In: Vossen, G.; Becker, J. (Hrsg.), Geschäftsprozeßmodellierung und Workflow-Management. Modelle, Methoden, Werkzeuge, Bonn u. a. 1996, S. 257-275.

Schütte, R.: Referenz-Prozeßmodelle für Handelsunternehmen. In: HMD, 33 (1996) Heft 192, S. 72-87.

Schütte, R.; Pettkoff, B.: Management des organisatorischen Wandels auf der Basis von Informationsmodellen — dargestellt am Beispiel von Referenzmodellen für Handelsunternehmen. In: Management & Computer, 5 (1997), Heft 1, S. 49-58.

Wendt, O.: Mythen der Informationsgesellschaft. Information Management, 11 (1996), Heft 4, S. 6-13.

Wigand, R. T.: Electronic Commerce and Reduced Transaction Costs. Firms' Migration into Highly Interconnected Electronic Markets. In: Newsletter of the Competence Ceneter Electronic Markets, No. 16-17, University of St. Gallen, St. Gallen, November 1995, S. 1-5.

Williamson, O. E.: The Economic Institutions of Capitalism. Firms, Markets, Relational Contracting, New York et al. 1985.

Zimmermann, H.-D.; Kuhn, C.: Grundlegende Konzepte einer Electronic Mall. In: Schmid, B. u. a. (Hrsg.), Electronic Mall. Banking und Shopping in globalen Netzen, Stuttgart 1995, S. 33-94.

Referenzmodellierung warenwirtschaftlicher Geschäftsprozesse in Handelssystemen

Hans Robert Hansen und Christian Marent, Wien

Mit dem zunehmenden Einsatz von Standardsoftware gewinnt auch die Modellierung von Geschäftsprozessen immer mehr an Bedeutung. In diesem Beitrag wird ein Ansatz zur Referenzmodellierung warenwirtschaftlicher Geschäftsprozesse in Handelssystemen vorgestellt, bei dem die Datensicht im Vordergrund steht. Das beschriebene Modell wurde mit ORACLE CASE-Tools implementiert.

1 EINLEITUNG

Referenzmodelle sind idealtypische Architekturen der gesamtbetrieblichen Informationsverarbeitung, die sich als Rahmen und Vorgehensanleitung für unternehmensspezifische Implementierungskonzepte sowie für die Auswahl und Adaptierung von Standardsoftware eignen (Marent 1995a).

In diesem Beitrag werden verschiedene Ansätze zur Referenzmodellierung im Handel diskutiert, und es wird ein eigener Ansatz für Handelssysteme vorgestellt (Marent 1995b). Von einem Handelssystem wird dann gesprochen, wenn eine Mehrzahl von Handelsbetrieben in irgendeiner Weise miteinander verbunden ist. Dies können zum Beispiel die rechtlich und wirtschaftlich unselbständigen Filialen einer Handelsunternehmung sein oder auch rechtlich selbständige Handelsunternehmungen, die zu einem Handelskonzern zusammengefaßt sind (Ahlert 1994, S. 8).

2 ANSÄTZE ZUR REFERENZMODELLIERUNG WARENWIRTSCHAFTLICHER GESCHÄFTSPROZESSE

Das Original, das durch handelsspezifische Referenzmodelle repräsentiert werden soll, sind idealtypische warenwirtschaftliche Geschäftsprozesse. Warenwirtschaft kann „als die physische, administrative und dispositive Behandlung von Handelsware in der Handelsunternehmung" definiert werden. Ein Warenwirtschaftssystem ist „die Summe aller auf die Ware gerichteten Informations- und Entscheidungsprozesse im Handelsbetrieb" (Ebert 1986, S. 52 und 58).

Durch die Referenzmodellierung sollen vor allem Gemeinsamkeiten warenwirtschaftlicher Geschäftsprozesse identifiziert werden. Ziel ist somit die Konstruktion eines Grundmodells, in dem die jeweiligen unternehmensspezifischen Gegebenheiten berücksichtigt werden können. Das wesentliche Leitziel dabei ist der Integrationsgedanke, das heißt, je nach Sichtweise, die Integration von Daten, Funktionen, Prozessen oder Objekten in handelsspezifischen Anwendungen.

Eine einheitliche, allgemeine Darstellung von warenwirtschaftlichen Geschäftsprozessen läßt sich nur auf einem relativ hohen Abstraktionsniveau durchführen. Je detaillierter die Aussagen sind, umso schwieriger ist es, Ähnlichkeiten aufzuzeigen, die sowohl für die einzelnen Betriebsformen als auch über mehrere Handelsstufen hinweg gelten. Als Indiz, inwiefern der Anwendungsbereich „Handel" im allgemeinen als Objektbereich für die Referenzmodellierung geeignet ist, kann der Einsatz von Standardsoftware bzw. das Anbieterspektrum von Standardsoftware gewertet werden. In einem Marktspiegel des Fraunhofer-Instituts für Arbeitswirtschaft und Organisation wurden schon Anfang der 90er Jahre 76 Standardsoftwarepakete für den Großhandelsbereich beschrieben (Bullinger/Georgadis/Huber/Niemeier 1990). Bezüglich der Standardisierungsmöglichkeiten im Bereich der Warenwirtschaft des Einzelhandels kann von der Annahme ausgegangen werden, daß die Unterschiede auf der Ebene des Fachkonzepts klein genug sind, um ein Kernsystem zu entwickeln. Erfahrungsberichte von Praktikern zeigen, daß in Zukunft vermehrt Standardsoftwarepakete für diesen Anwendungsbereich eingesetzt werden (Köpper 1992; Köpper 1993; Hertel 1995; Wancata 1994; Bachleitner 1995; Schmid 1996; Kagl 1997). In einer 1993 publizierten Bestandsaufnahme des Deutschen Handelsinstituts (DHI) waren 39 Anbieter mit 50 verschiedenen Standardsoftwarepaketen für den Einzelhandel vertreten (Gerling 1993, S. 160). Vor allem durch die Verfügbarkeit der Handelsversion des meistverkauften betriebswirtschaftlichen Komplettpakets SAP R/3 (Retail ab Mitte 1997) dürfte der Einsatz von Standardsoftware in größeren Handelsbetrieben neue Impulse erhalten.

Ende der 60er Jahre wurden erstmals anhand einer Beschreibung von Standardprogrammen die Anwendungsbereiche der elektronischen Datenverarbeitung in Handelsbetrieben ausführlich dargestellt (Hansen 1970). Als Beschreibungsmittel wurden Programmablaufpläne benutzt.

Spätere Ansätze kennzeichnen auf relativ hohem Abstraktionsniveau fundamentale Merkmale von Warenwirtschaftssystemen. Die nachfolgend skizzierten Konzepte dienten als Basis des hier vorgestellten Ansatzes zur Referenzmodellierung.

2.1 Das Grundmodell der Warenwirtschaft von Ebert

Ebert (Ebert 1986) gliedert sein Grundmodell in die vier verrichtungsorientierten Komponenten Einkaufssystem, Wareneingangssystem, Lagerwirtschaft und Warenausgangssystem. Diese vier Grundsysteme werden dann wiederum in weitere Subsysteme unterteilt.

Die Basis für das Gundmodell bildet das Warenprozeßsystem. Das Warenprozeßsystem ist die Summe aller warenbezogenen physischen Prozesse im Handel. Das Grundmodell ist verrichtungsorientiert und wird von Ebert als Maximalsystem klassifiziert. Das heißt, daß das auf den Einzelfall bezogene betriebsspezifische Modell normalerweise nicht alle Subsysteme aufweist.

Betriebsspezifische Modelle lassen sich durch die Variation von folgenden vier Freiheitsgraden ableiten:

- Durch Reduktion entfallen Subsysteme. Der Grund der Reduktion kann beispielsweise darin liegen, daß das Subsystem im Distributionsweg nicht benötigt wird (z. B. die Warenauszeichnung), oder daß das Subsystem an Lieferanten oder Kunden ausgegliedert wird. Ein Beispiel für den letztgenannten Fall ist die Ausgliederung des Subsystems „Antransport“ des Wareneingangssystems an eine vom Lieferanten beauftragte Spedition.
- Eine weitere Zunahme von Variationsmöglichkeiten erfolgt durch Verschachtelung von Systemen auf unterschiedlichen Handels- und Lagerstufen. Bei einem dreistufi-

gen Handelssystem mit Zentral-, Regional- und Filiallagern kann auf jeder Ebene eine Variante des Grundsystems realisiert sein.

- Bei Handelssystemen besteht ein dritter Freiheitsgrad in der Zentralisierung von Teilsystemen, z. B. durch Zentralisierung der Warenauszeichnung bei einem Filialbetrieb in den Regionallagern.
- Die Intensität der einzelnen Teilsysteme kann unterschiedlich sein. So kann zum Beispiel die Tourenverwaltung im Teilsystem „Warenausgang" je nach Größe des Fuhrparks eine mehr oder weniger wichtige Rolle spielen.

Nach den vorrangig zu erfüllenden Aufgabenarten werden die einzelnen verrichtungsorientierten Subsysteme in die drei Klassen Steuerungs- und Regelungssystem, Optimierungssubsystem und Datenerfassungs- und -aufbereitungssystem gegliedert.

Zusammenfassend kann gesagt werden, daß das Grundmodell von Ebert unabhängig von der Betriebsform und der Betriebsgröße ist. Der Detaillierungsgrad ist gering. Der Zweck des Modells besteht „in einer theoretisch fundierten Darstellung von Warenwirtschaftssystemen" (Ebert 1986, S. 23).

2.2 Das Konzept der operativen Einheiten von Hertel

Hertel (Hertel 1992a; Hertel 1992b) versteht unter einer operativen Einheit „eine beliebige betriebliche Einheit oder Leistungsstelle, in der operatives Geschäft, also Warenbewegungen, stattfindet" (Hertel 1992a, S. 93). Zu den operativen Einheiten eines Handelssystems zählt Hertel die Zentrale und die jeweiligen Geschäftsstätten (Filialen, Niederlassungen, Regionallager). Eine warenwirtschaftliche Funktion wird demnach durch die operative Einheit bestimmt, welche die warenwirtschaftliche Funktion auslöst. Die warenwirtschaftliche Funktion „Bestellung" kann ausgelöst werden von der Zentrale („Zentralbestellung") oder einer Filiale („Filialbestellung"). Wie man sieht, können die Ausprägungen der Funktion unterschiedlich sein, die Funktion ist jedoch immer dieselbe. Der Vorteil dieses Konzepts liegt vor allem in einer Zusammenfassung von gleichen warenwirtschaftlichen Geschäftsprozessen. So wird zum Beispiel eine Retoure nicht als eigene Funktion dargestellt, sondern aus einer Kombination von Elementarfunktionen (z. B. Warenausgang aus einer Filiale und Wareneingang in einem Regionallager).

Die warenwirtschaftlichen Kernfunktionen, wie z. B. Wareneingang, Lieferantenauswahl, Auftragsbearbeitung, Disposition, Kommissionierung und Warenausgang, werden in Form eines Baukastensystems zur Verfügung gestellt. Aus diesem Baukasten werden dann die jeweils geeigneten Verfahren konfiguriert und je nach unternehmensspezifischer Ausprägung der Distributionsschiene den einzelnen operativen Einheiten zugeordnet.

Ein zweites Charakteristikum für den Ansatz von Hertel ist die Trennung der Warenbewegungsebene von der Abrechnungsebene. In der Warenbewegungsebene werden alle Warenströme mengenmäßig erfaßt und verarbeitet. In der Abrechnungsebene werden diese Warenströme wertmäßig abgebildet. Beispielsweise deckt das Wareneingangsmodul der Warenbewegungsebene ausschließlich die mengenmäßige Erfassung und Verbuchung der Warenbewegungen ab. Im Abrechnungsmodul erfolgt dann die wertmäßige Be- und Entlastung der externen Partner (Kunden, Lieferanten) durch die Verarbeitung der für die Bewertung erforderlichen Daten (Artikel, Menge, Absender, Empfänger, Datum). Bei Änderungen in der Abrechnungsart kann bei strikter Trennung der Abrechnungsebene von der Warenbewegungsebene der Änderungsaufwand gering gehalten werden, da nur das Abrechnungsmodul davon betroffen ist.

Bei Hertel steht der Gedanke eines „stabilen, modulartigen Baukastensystems" im Vordergrund. Das Grundmodell ist unabhängig von der Betriebsform und Betriebsgröße, ist jedoch vor allem an mehrstufige Handelssysteme (Handel mit Konsumgütern des täglichen Bedarfs) angepaßt. Die Arbeit „verfolgt das Hauptziel, die enorme Komplexität und Vielfalt von Warenwirtschaftssystemen zu reduzieren, sie zu vereinfachen und zu vereinheitlichen" (Hertel 1992a, S. 2).

2.3 Retail Application Architecture (RAA) von IBM

Die Retail Application Architecture (RAA) von IBM (Stecher 1993) besteht aus mehreren Teilmodellen und basiert auf der erweiterten Informationsystemarchitektur von Sowa und Zachman (Sowa/Zachman 1992).

Das RAA Functional Model ist sehr allgemein gehalten. Hier werden die warenwirtschaftlichen Aktivitäten (Prozesse, Funktionen), die Informationsflüsse zwischen diesen Funktionen und die Ereignisse, durch die diese Funktionen ausgelöst werden, beschrieben. Es wird jedoch nicht spezifiziert, wo diese Funktionen auftreten, wer die Funktionen ausführt und in welcher Reihenfolge die Funktionen ausgeführt werden. Jede Funktion wird nur einmal beschrieben. Beispielsweise kann die Funktion „Wareneingang erfassen“ in mehreren organisatorischen Einheiten (Filiale, Zentrale) vorkommen und wird dann je nach Bedarf den organisatorischen Einheiten zugeordnet. In der RAA werden zusätzlich neun Kernprozesse unterschieden (Marent 1995a, S. 311).

Im RAA Data Model und Business Entity Model werden die wichtigen Entitäten (Informationsobjekte) eines Handelsunternehmens definiert. Es werden vier Klassen von Entitätstypen (Partner, Objekt, Vereinbarung, Transaktion) festgelegt. Ein Partner ist entweder eine natürliche oder juristische Person, eine öffentliche Institution, oder eine interne oder externe Organisationseinheit, die für das Handelsunternehmen in irgendeiner Form relevant ist. Ein Partner ist aktiv und trifft Vereinbarungen, beispielsweise mit Kunden, Lieferanten oder Filialen. Ein Objekt ist materiell oder immateriell. Beispiele für Objekte sind Artikel oder Lagerplatz. Objekte können keine Vereinbarungen treffen. Eine Vereinbarung ist eine gegenseitige Abmachung zwischen zwei oder mehreren Partnern, die zur Steuerung bzw. Abwicklung einer Geschäftsbeziehung dient, wie beispielsweise Kauf-, Verkauf- oder Transportvereinbarungen. Eine Transaktion ist relevant für die Erfüllung von Vereinbarungen und besteht aus mehreren ausgeführten Geschäftsaktivitäten. Die Auslöser von Transaktionen sind meist die Partner. Ein Beispiel für eine Transaktion ist ein Kundenauftrag.

2.4 Lücken und Weiterentwicklung der dargestellten Ansätze

Die dargestellten Ansätze weisen folgende Lücken auf:

- Beim Grundmodell von Ebert wird keine EDV-orientierte Beschreibungssprache benutzt. Das Modell ist sehr grob und allgemein gehalten. Aus heutiger Sicht ist der Beitrag von Ebert als erster Ansatz zur Entwicklung eines Referenzmodells zu verstehen.
- Das Konzept der operativen Einheiten von Hertel ist wesentlich detaillierter als das Gundmodell von Ebert. Die Beschreibungssprache ist verbal und grafisch. Zur Beschreibung der einzelnen Module werden Datenflußdiagramme benutzt. Eine durchgängige datenorientierte Beschreibung der Module fehlt jedoch.
- Die Retail Application Architecture (RAA) von IBM beinhaltet im Unterschied zum Konzept der operativen Einheiten von Hertel neben einer funktionsorientierten Beschreibung auch eine datenorientierte Beschreibungsprache in Form von Entity-Relationship-Diagrammen. Der Geltungsbereich umfaßt jedoch fast alle Handelsbe-

triebstypen. Dementsprechend niedriger ist der Detaillierungsgrad im Vergleich zum Konzept von Hertel.

Aufgrund der dargestellten Lücken wurde ein eigener Ansatz zur Referenzmodellierung entwickelt, der eine Weiterentwicklung der beschriebenen Ansätze in folgenden Punkten aufweist:

- Das Konzept der operativen Einheiten von Hertel wurde um eine datenorientierte Beschreibung der Module erweitert. Diese Erweiterungen wurden in einem Klassifikationsschema in Form eines Entity-Relationship-Diagramms dokumentiert. Der Vorteil besteht darin, daß dieses Klassifikationsschema mit einem CASE-Tool implementiert und durch die einfache Grundstruktur jederzeit an verschiedene unternehmensspezifische Gegebenheiten angepaßt werden kann.
- Im Vergleich zur Retail Application Architecture umfaßt der eigene Ansatz auch die Beschreibung von spezifischen Anwendungsmöglichkeiten des in den Ansatz integrierten Klassifikationsschemas anhand von branchenorientierten Beispielen für alle funktionalen Teilbereiche eines Handelssystems. Der „Benutzer" des Referenzmodells kann nicht nur zwischen mehreren Lösungsmöglichkeiten wählen, sondern kann auch eigene Lösungsmöglichkeiten einfügen, indem er die Teilmodelle erweitert oder genauer detailliert.

3 EIGENER ANSATZ ZUR REFERENZMODELLIERUNG

Auch das hier vorgestellte Referenzmodell besteht aus mehreren Teilmodellen. Die Kriterien zur Bildung dieser Teilmodelle sind

- die operativen Einheiten,
- die funktionalen Teilbereiche, die den operativen Einheiten zugeordnet sind und
- die Geschäftsprozesse, die den funktionalen Teilbereichen der operativen Einheiten zugeordnet sind.

Als operative Einheit wird in Anlehnung an Hertel „eine beliebige betriebliche Einheit oder Leistungsstelle definiert, in der operatives Geschäft, also Warenbewegungen stattfinden" (Hertel 1992a, S. 93). Wenn eine operative Einheit Teil des Handelssystems ist, so wird sie als interne operative Einheit gekennzeichnet, wie beispielsweise Filiale, Zentrale oder Regionallager. Externe operative Einheiten stehen in Geschäftsbeziehung zum Handelsunternehmen bzw. zu einer internen operativen Einheit. Sie sind jedoch nicht Teil des Handelsunternehmens. Beispiele für externe operative Einheiten sind Lieferanten oder Bedarfsträger. Kriterien zur Bildung bzw. Identifikation von operativen Einheiten sind die räumliche Trennung und der Grad der funktionalen Selbständigkeit. So ist es nicht nötig, eine operative Einheit Zentrallager zu bilden, wenn sich das Zentrallager direkt bei der Zentrale befindet (keine räumliche Trennung). Ebenso ist es nicht sinnvoll, eine operative Einheit Regionallager zu bilden, wenn dem Regionallager eine reine Pufferfunktion zukommt und das Regionallager keine Bestellungen durchführen kann (niedriger Grad funktionaler Selbständigkeit).

Das Kriterium zur Bildung von funktionalen Teilbereichen einer operativen Einheit orientiert sich an der betrieblichen Wertschöpfungskette. Es werden die vier funktionalen Teilbereiche „Beschaffung/Einkauf", „Vorratswirtschaft", „Transport" und „Absatz" unterschieden. Diese funktionalen Teilbereiche werden dann jeweils den einzelnen operativen Einheiten zugeordnet.

Die jeweiligen Geschäftsprozesse, wie beispielsweise der Prozeß „Austausch von Waren zwischen operativen Einheiten", werden dann den jeweiligen funktionalen Teilbereiche der betroffenen operativen Einheiten zugeordnet.

Damit werden die spezifischen Anforderungen der Dezentralisierung in Handelssystemen berücksichtigt und flexibel handhabbar.

3.1 Ein Klassifikationsschema zur Referenzmodellierung warenwirtschaftlicher Geschäftsprozesse

In *Abbildung 1* ist ein Klassifikationsschema in Form eines Entity-Relationship-Diagramms in der Notation von Barker (Barker 1989) dargestellt. Es werden hier folgende sieben Klassen von Entitätstypen unterschieden:

- Der Begriff der operativen Einheit wurde schon erklärt.
- Als bearbeitende interne operative Einheit wird ein Entitätstyp klassifiziert, durch den ein Geschäftsfall bearbeitet wird. Wenn eine Filiale Artikel von einem Zentrallager bestellt (Filialbestellung), so ist die Filiale die bearbeitende operative Einheit. Dieser bearbeitenden operativen Einheit sind jeweils auch die Stellen und Personen, sogenannte Sachbearbeiter, zugeordnet.

- Als Objekt wird ein Entitätstyp klassifiziert, durch den die Art der gehandelten Waren beschrieben wird. Die gehandelte Ware ist eine Sachleistung, wobei die Sachleistung das Ergebnis eines Produktionsprozesses ist. Als Handelsobjekt kann primär die Distribution der Sachleistung genannt werden. Für den Bereich der Warenwirtschaft handelt es sich fast immer um Artikel, die in unterschiedlichen Verdichtungsgraden (als Artikel, Artikelgruppen oder Sortiment) dargestellt werden.
- Ein warenwirtschaftlicher Geschäftsfall bezeichnet eine Klasse von Entitätstypen, die durch verschieden Arten von Geschäftsbeziehungen (z. B. eine Bestellung) aus der Sicht einer jeweilig bearbeitenden internen operativen Einheit (z. B. eine Filiale) zu einer operativen Einheit (z. B. Lieferant) bezogen auf ein Objekt (z. B. Artikel, Sortiment) beschrieben werden. Die Art des warenwirtschaftlichen Geschäftsfalles wird bestimmt durch die Bezugsobjekte.
- Ein Beleg dokumentiert einen warenwirtschaftlichen Geschäftsfall. Ein Beleg kann beispielsweise eine Rechnung oder ein Lieferschein sein.

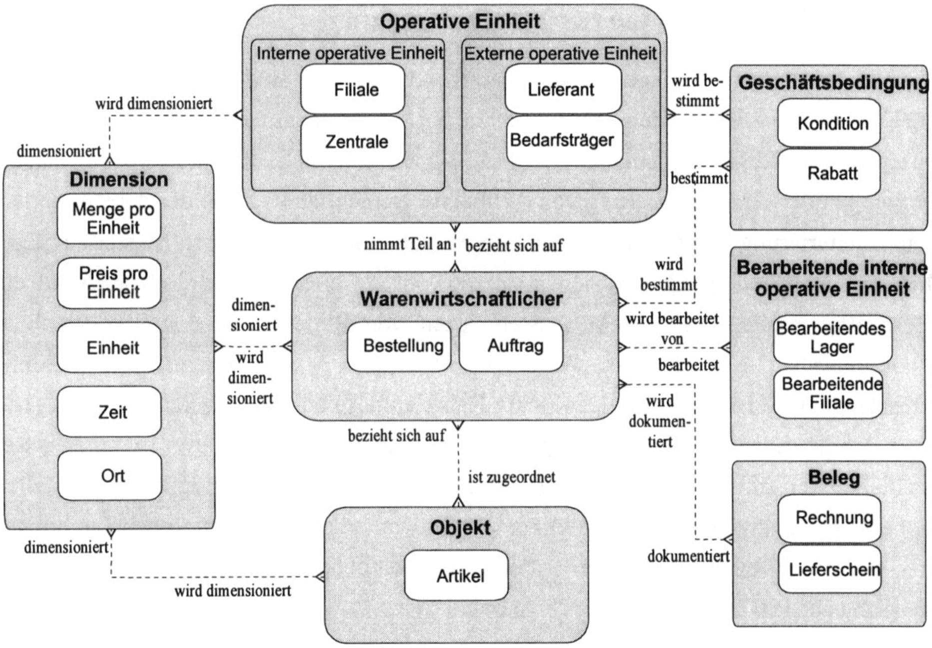

Abbildung 1: Klassifikationsschema zur Referenzmodellierung warenwirtschaftlicher Geschäftsprozesse

- Geschäftsbedingungen wirken einschränkend auf einen warenwirtschaftlichen Geschäftsfall. Geschäftsbedingungen können sich auf Objekte (z. B. Rabatte für spezifische Artikelgruppen, artikelabhängige Rabatte), auf operative Einheiten (z. B. lieferantenabhängige Rabatte) oder auf warenwirtschaftliche Geschäftsfälle (z. B. Rabatte für spezifische Aufträge in einem bestimmten Zeitraum, zeitabhängige Rabatte) beziehen.

- Eine Dimension ist eine Klassifikation all jener Entitätstypen, durch die Geschäftsfälle in zeitlicher, mengenmäßiger, örtlicher oder preislicher Hinsicht näher beschrieben (= dimensioniert) werden.

3.2 Anwendungsmöglichkeiten des Klassifikationsschemas

Das Klassifikationsschema weist eine relativ einfache Grundstruktur auf. In den folgenden Ausführungen werden anhand ausgewählter spezifischer Anforderungen in Handelssystemen die Anwendungsmöglichkeiten exemplarisch aufgezeigt.

3.2.1 Die Modellierung von Geschäftsbedingungen

Gerade die Vielzahl von unterschiedlichen Konditionsarten sind ein spezifisches Merkmal des Lebensmittelhandels (Hertel 1992a, S. 133 ff.) im Einkaufsbereich. Von Tietz (Tietz 1993, S. 384) werden zum Beispiel 57 unterschiedliche Rabatte genannt. Genauso wie bei der Dimensionierung von Artikelhierarchien ist auch bei der datenorientierten Strukturierung von Geschäftsbedingungen von einem einheitlichen Muster auszugehen. Geschäftsbedingungen beziehen sich sowohl auf die Absatzseite als auch auf die Beschaffungsseite. Die verschiedensten Arten von Rabatten (wie z. B. Geldrabatt, Funktionsrabatt, Mengenrabatt, Zeitrabatt, Abschlußrabatt, Sortimentsrabatt, Gesamtumsatzrabatt, Leistungsrabatt, gemischte Rabatte etc.) und Sondervereinbarungen (wie z. B. Mindestabnahmemengen, bestimmte Zahl von Lieferungen, feste Liefertage, Bestelltage etc.) und die fast unendliche Menge von Kombinationsmöglichkeiten stellen hohe Anforderungen an den Analytiker. Besonders die Staffelrabatte (nach Liefermengen gestaffelte Rabattsätze) erfordern einen beträchtlichen Aufwand bei der Datenpflege (Schlager 1993, S. 17 ff.).

Prinzipiell sind folgende Bezüge bzw. Kombinationen von Bezügen bei der Modellierung von Geschäftsbedingungen zu bestimmen:

- Das Bezugsobjekt

  Bezieht sich die Geschäftsbedingung auf einzelne Artikel, auf Artikelgruppen, auf verschiedene Varianten von Artikeln oder ist sie vom Objekt unabhängig?

- Die operative Einheit

  Bezieht sich die Geschäftsbedingung auf einen Lieferanten, auf eine Einkaufsgruppe, auf eine interne operative Einheit (eine bestimmte Filiale) oder wird sie unabhängig von der operativen Einheit gebildet?

- Der warenwirtschaftliche Geschäftsfall

  Bezieht sich die Geschäftsbedingung auf einen warenwirtschaftlichen Geschäftsfall (wie z. B. Lieferung oder Auftrag) oder ist sie vom warenwirtschaftlichen Geschäftsfall unabhängig?

- Die Dimensionen

  Bezieht sich die Geschäftsbedingung auf einen Zeitraum bzw. Zeitpunkt (z. B. zeitabhängige Rabatte), auf die Menge (z. B. die Liefermenge), auf die Anzahl der Geschäftsfälle pro Objekt (z. B. Anzahl der Lieferungen pro Artikel), auf einen Betrag oder bezieht sich die Geschäftsbedingung auf eine Kombination der verschiedenen Dimensionen (z. B. Anzahl der Lieferungen pro Artikel in einem bestimmten Zeitraum, gestaffelt nach Liefermengen)?

Aufgrund der vielfältigen Rabattarten wird in der Handelsliteratur gefordert, daß die Komplexität der Geschäftsvorfälle reduziert werden sollte, wobei ein Ansatz der Abbau der Konditionenvielfalt im Handel wäre (Hampe/Gerling 1993, S. 52). Da jedoch die einzelnen Marktteilnehmer in der Differenzierung von Konditionen Wettbewerbsvorteile erringen wollen, sind die Informationssysteme so flexibel wie möglich zu gestalten. Hier liegt eine Schwäche heutiger, starr konzipierter Standardprogramme, die nur die von ihren Architekten vorgedachten und über entsprechende Steuerparameter wählbaren Konditionenkombinationen abbilden können. Der hier vorgestellte Ansatz schafft Abhilfe, weil er Unternehmen die gewünschte Konditionen-Flexibilität ermöglicht.

In *Abbildung 2* ist eine Konstruktionsalternative zur datenorientierten Abbildung von Geschäftsbedingungen dargestellt. Als Beispiel wurde die Beschaffungsseite eines Einzelhandelsunternehmens gewählt. Der Aufbau der Datenstrukturen läßt sich jedoch auch auf die Absatzseite anwenden.

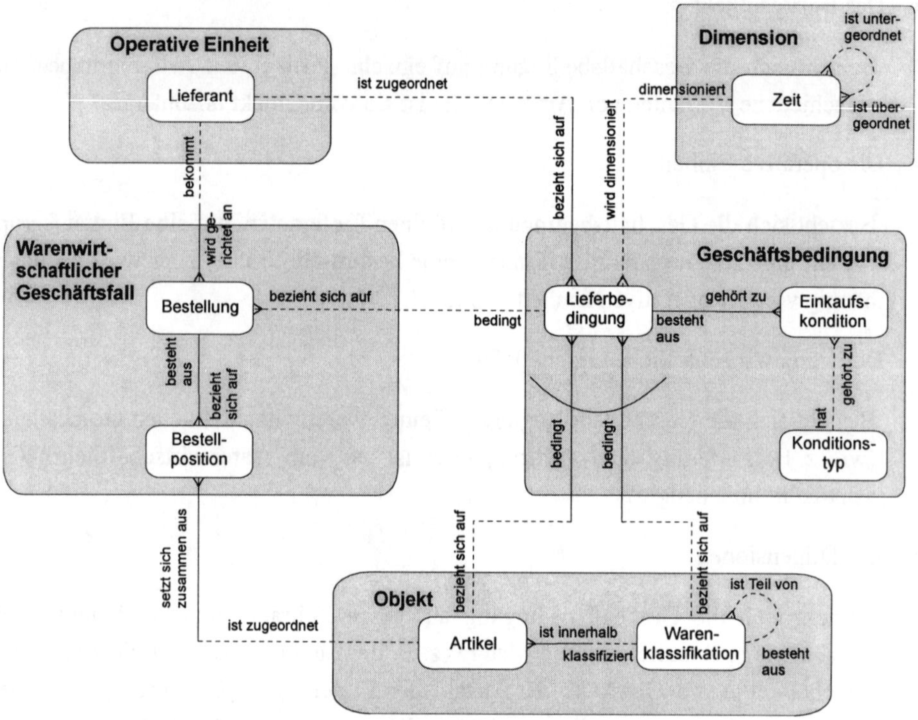

Abbildung 2: Die datenorientierte Modellierung von Geschäftsbedingungen

In *Abbildung 2* gibt es für einen Lieferanten und für ein Objekt (Artikel oder Warengruppe) mehrere Lieferbedingungen. Eine Lieferbedingung kann sich jedoch immer auf mehrere Objekte und operative Einheiten beziehen. Die Bezugsebenen werden durch die jeweiligen Beziehungen materialisiert. So kann es durchaus unterschiedliche Lieferkonditionen für verschiedene operative Einheiten, wie z. B. Regionallager oder Zentrallager geben, da ein Lieferant auf Grund der unterschiedlichen Lokationen der Geschäftsstätten zu unterschiedlichen Konditionen liefern kann (Bachleitner 1995, S. 133). Gerade im Lebensmitteleinzelhandel kommt es oft vor, daß bei Direktbelieferungen von Filialen eine Filiale "vor Ort" günstiger beliefert werden kann (Hertel 1992a, S. 141 f.). Durch die hier vorgestellte Modellierungsalternative kann dieser betriebswirtschaftliche Sachverhalt so abgebildet werden, indem einfach eine zusätzliche Beziehung von der Lieferbedingung zu einer operativen Einheit (wie z. B. der Zentrale) hinzugefügt wird.

Da sich Lieferbedingungen auch auf Geschäftsfälle beziehen können (Bestellfunktionsrabatte nach der Anzahl der Bestellungen), im Einkauf oder Absatzfunktionsrabatte nach der Anzahl der erledigten Aufträge im Absatzbereich (Tietz 1993, S. 386)), sind auch Beziehungen zu den warenwirtschaftlichen Geschäftsfällen (wie z. B. Bestellung von Artikeln pro Lieferant) einzufügen. Besonders bei den Drauf- und Dreingaberabatten, einer Form des Warenrabatts, bezahlt der Kunde eine von ihm gewünschte Ware und bekommt zusätzlich eine Ware extra, der Rest der Ware ist gratis. Er bestellt beim Lieferanten n Stück und bezahlt n Stück, bekommt jedoch n + d Stück geliefert. Somit besteht die Draufgabe aus d Stück. Um diesen Sachverhalt adäquat datenorientiert abbilden zu können, sind die Informationsobjekte "Lieferant", "Bestellung" und "Artikel" in Beziehung zu setzen. Die Lieferung würde in diesem Falle nicht mit der Bestellung hinsichtlich der Menge übereinstimmen.

Das Informationsobjekt "Konditionstyp" gibt an, um welche Art von Kondition es sich handelt. Darunter fallen z. B. Treuerabatt, Dispositionsrabatt, Werbebonus, Skonto etc. Ein Konditionstyp kann mehreren Einkaufskonditionen, die sich jedoch immer auf eine Lieferbedingung beziehen, zugeordnet sein. Durch das Informationsobjekt "Einkaufskondition" sind auch der Konditionswert, als absoluter Betrag oder als Prozentsatz, und die Basis festgehalten.

Eine Besonderheit im Einzelhandel sind die zeitabhängigen Lieferbedingungen pro Lieferant und Artikel. Der Gültigkeitsbereich von Rabatten kann in Zeiträume und Zeitpunkte gestaffelt sein (Becker 1993; Becker 1994). Der Entitätstyp "Zeit" beinhaltet im angegebenen Modellierungsfall die Art der Zeit (Zeitpunkt, Zeitraum, zusammengesetzter Zeitraum). Die rekursiven Relationstypen "übergeordnete Zeit" und "untergeordnete Zeit" beinhalten Informationen über die Zeitstruktur bzw. Zeitfolge, indem als Schlüsselattribute die jeweilige Zuordnung von übergeordneter Zeit und untergeordneter Zeit angegeben wird. Auch andere Modellierungsformen sind natürlich denkbar (Hildebrand/Müßig 1991, S. 241).

Als Beispiel könnte folgender Sachverhalt genannt werden: Für den Lieferanten *X*, der den Artikel *Z* liefert, gilt für den Zeitpunkt 30.11.1997 (Zeit1) die Lieferbedingung *a*. Von Zeitraum 31.12.1997 bis 1.3.1998 (Zeit 2) gilt die Lieferbedingung *b*. Bis 1.4.1998 (Zeit 3) gilt wiederum die Lieferbedingung *a* etc.

Auf die gleiche Weise können mengenabhängige Staffelrabatte modelliert werden. Wichtig ist, daß immer auf das gleiche Konstruktionsschema zurückgegriffen werden kann.

Zusammenfassend kann gesagt werden, daß

- die Bezugsebene einer Kondition (Filialkondition, Artikelkondition, Warengruppenkondition, Lieferantenkondition etc.) durch die Kombination der Beziehungen zwischen Geschäftsbedingung und den Objekten bzw. operativen Einheiten datenorientiert abgebildet wird und
- der Gültigkeitsbereich (Zeitpunkt, Zeitraum, zusammengesetzter Zeitraum, Anzahl der Bestellungen, Mengen, Beträge) einer Kondition durch die Kombination der Beziehungen zwischen Geschäftsbedingung und den Dimensionen datenorientiert abgebildet wird.

Auf der Beschreibungsebene des Fachkonzepts und den diesen Ebenen zugeordneten Beschreibungsverfahren werden Geschäftsregeln (engl. "business rules") zum Zweck der Referenzmodellierung nicht explizit dargestellt.

Solche unternehmensspezifischen Geschäftsregeln können jedoch ohne weiteres zusätzlich definiert werden. Da die Ausprägungen der Geschäftsbedingungen sehr unternehmensspezifisch sind, wird hier nur auf die allgemeinen Modellierungsalternativen auf relativ hohem Abstraktionsniveau verwiesen.

3.2.2 Die Modellierung von Distributionswegen

Bei der adäquaten datenorientierten Abbildung von Warenströmen sind Informationen über Warenbewegungen darzustellen. Die Warenbewegungsebene umfaßt zwei Vorgänge, nämlich den Wareneingang und den Warenausgang von Objekten (d. h. Artikel, Artikelgruppe etc.) bezogen auf die jeweiligen operativen Einheiten. Die Wareneingänge und Warenausgänge müssen zusätzlich dimensioniert werden, d. h., es müssen Angaben über die Menge von bewegten Artikeln und über den Zeitpunkt der Warenbewegung gemacht werden können.

Somit sind in einem Handelssystem, das eine Vielzahl von internen und externen operativen Einheiten aufweist, eine Vielzahl von Warenbewegungsarten vorstellbar.

Die Warenbewegungsart wird durch die Kombination der Beziehungen des

- Bezugsobjekts (z. B. Artikel "Landbrot"),
- des Geschäftsfalls (z. B. Wareneingang),

- der Dimensionierung des Geschäftsfalls (z. B. 100 Stück am 14.12.1997 um 16.00 Uhr),
- der operativen Einheit (z. B. externe operative Einheit Lieferant "Bäckerei Purkersdorf"), und
- der bearbeitenden internen operativen Einheit (z. B. Filiale "Purkersdorf") bestimmt.

Bei dem hier gegebenen Fall könnte die Art der Warenbewegung als Direktlieferung eines Lieferanten an eine Filiale klassifiziert werden. Da eine externe operative Einheit an diesem Geschäftsfall teilnimmt, könnte zusätzlich die Art der Warenbewegung als Anlieferung bezeichnet werden.

Auch komplexere Formen der Warenbewegung können durch die Kombination der Beziehungen zwischen den jeweiligen Ausprägungen der Entitätsmengen des hier vorgestellten Klassifikationsschemas ermittelt werden (Hertel 1992a, S. 110 f.).

Bei der Belieferung einer Filiale durch ein Regionallager ist ein bestimmter Informationsbedarf festzulegen (vgl. *Abbildung 3*). Es sind der Absender der Ware, der Empfänger der Ware, der bewegte Artikel, die Menge des bewegten Artikels, die Zeit der Bewegung (Zeitpunkt des Warenausgangs und Zeitpunkt des Wareneingangs, wobei sich die Warenbewegungszeit aus der Differenz der zwei Zeitpunkte ergibt) und die Warenbewegungsart zu bestimmen. Die Warenbewegungsart wird durch die Bezugsobjekte definiert. Bei einer internen Belieferung einer Filiale durch eine Regionallager gibt es zwei deckungsgleiche Geschäftsfälle (Wedekind 1992, S. 143 ff.). Bei der Filiale ist ein Wareneingang und damit in Folge ein Lagerzugang und beim Regionallager ist ein Warenausgang und damit ein Lagerabgang zu vermerken.

Die Vielzahl der Kombinationsmöglichkeiten von Wareneingängen und Warenausgängen wird determiniert durch die konkrete Ausprägung der Distributionsstruktur.

In *Abbildung 4* ist ein Vorschlag zur datenorientierten Modellierung von Distributionsstrukturen anhand des Geschäftsprozesses "Umlieferung zwischen zwei operativen Einheiten" dargestellt, wobei die Dimensionierung nicht explizit durch eigene Entitätstypen abgebildet wird.

Geschäftsprozeß: Umlieferung zwischen zwei internen operativen

Beschreibung des Geschäftsfalles auf der Ebene der Extension:

"Das Regionallager A liefert am 25.4.1997 um 16.00 Uhr
hundert Stück des Artikels "Toastbrot" an die Filiale B."

"Die Filiale B bekommt am 25.4.1997 um 17.00 Uhr
hundert Stück des Artikels "Toastbrot" vom Regionallager A geliefert."

Bezugsobjekte

Operative Einheit	Regionallager A	Filiale B
Bearbeitende interne operative Einheit	Filiale B	Regionallager
Warenwirtschaftlicher Geschäftsfall	Wareneingang	Warenausgang
Dimensionierung des Geschäftsfalls	durch Zeitpunkt und Menge	durch Zeitpunkt und Menge
Objekt	Artikel	Artikel
Verbundene Transaktion	Lagerzugangsbuchung in Filiale B	Lagerabgangsbuchung in Regionallager A

Deckungsgleichheit

Abbildung 3: Die Deckungsgleichheit warenwirtschaftlicher Geschäftsfälle

Durch diese Konstruktionsalternative werden alle relevanten Daten für den Geschäftsprozeß "Umlieferung von Artikeln eines Regionallagers an eine Filiale" durch die Kombination folgender Konstrukte identifiziert: Der Absender und der Empfänger der Ware wird durch die Kombination der deckungsgleichen Beziehungen zwischen "Wareneingang — Regionallager" und "Wareneingang — Bearbeitende Filiale" auf der Beschaffungsseite und "Warenausgang — Filiale" und "Warenausgang — Bearbeitendes Regionallager" auf der Absatzseite identifiziert.

Das ER-Diagramm ist folgendermaßen zu lesen: Ein Wareneingang, der mehrere Artikel umfassen kann, ist eingegangen von einem Regionallager (Absender) und wird bearbeitet von einer Filiale (Empfänger).

Ein Wareneingang auf seiten einer Filiale erfordert zusätzlich einen Warenausgang auf seiten einer anderen internen operativen Einheit. Beispielsweise erfordert der Geschäftsprozeß "Umlieferung von Artikeln eines Regionallagers an eine Filiale" zusätzlich einen Warenausgang auf seiten eines Regionallagers.

Dies kann aus dem ER-Diagramm folgendermaßen gelesen werden: Ein Warenausgang, der mehrere Artikel umfassen kann, ist ausgegangen an eine Filiale (Empfänger) und wird bearbeitet von einem Regionallager (Absender).

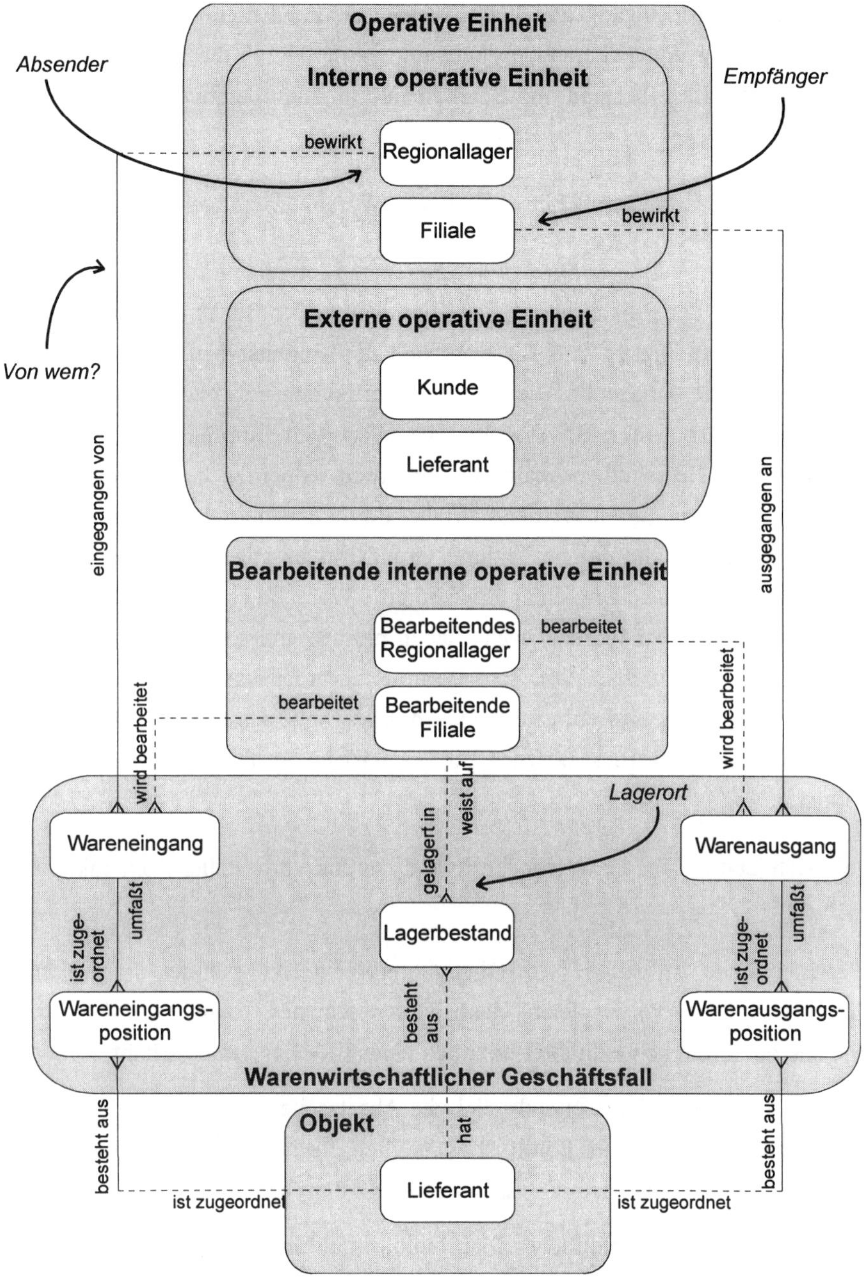

Abbildung 4: Die datenorientierte Modellierung von Distributionsstrukturen anhand des Geschäftsprozesses „Umlieferung zwischen zwei internen operativen Einheiten“

Die mit einem Wareneingang und Warenausgang verbundenen Transaktionen der Lagerzugangsbuchung und Lagerabgangsbuchung werden durch die Beziehung zwischen den Entitätstypen Lagerbestand und Bearbeitende interne operative Einheit gewährleistet.

Eine besondere Situation ist bei betriebsexternen Warenbewegungen gegeben:

Beispielsweise wird bei einer Direktlieferung eines Lieferanten an eine Filiale nur der Wareneingang bei der Filiale durch eine Kombination der Beziehungen zwischen den Entitätstypen Wareneingang und Lieferant und den Entitätstypen Warenausgang und Bearbeitende Filiale dargestellt. Die für die Identifikation notwendige Information zur Warenbewegungsart, wie z. B. Absender der Ware und Empfänger der Ware, wird somit durch diese Beziehungen realisiert. Dies führt jedoch zu keinen Änderungen in der Kerndatenstruktur. Somit werden betriebsexterne und betriebsinterne Warenbewegungen durch die gleiche datenorientierte Grundstruktur abgebildet, obwohl sie sich strukturell darin unterscheiden, daß betriebsinterne Warenbewegungsarten immer einen Wareneingang und einen Warenausgang haben müssen und somit der Schwund (z. B. beim innerbetrieblichen Transport) sofort ermittelt werden kann. Bei betriebsexternen Warenbewegungsarten wird entweder der Wareneingang (des externen Auftraggebers) oder der Warenausgang (des externen Lieferanten) im System des Geschäftspartners abgebildet.

Es stellt sich jetzt die Frage, welche Vorteile diese hier vorgestellte Konstruktionsalternative bietet:

- Der inhaltliche Aufbau des ER-Diagramms deckt sich mit der datenorientierten Grundstruktur des verwendeten Klassifikationsschemas. Dadurch wird die inhaltliche und vor allem kontextuelle Lesbarkeit eines ER-Diagramms erhöht.
- Sowohl die Beschaffungsseite als auch die Absatzseite weisen die gleiche datenorientierte Grundstruktur auf. Somit ist es möglich, für unterschiedliche Geschäftsprozesse dieselbe Kerndatenstruktur zu nutzen (vgl. dazu auch Hohle 1995).
- Die Abbildung unterschiedlicher Distributionsstrukturen wird durch dieselbe Kerndatenstruktur repräsentiert. Bei Änderungen der unternehmensspezifischen Distributionsstruktur kann diese Änderung sehr schnell auf das EDV-orientierte betriebswirtschaftliche Anwendungskonzept und in der Folge auf das EDV-Fachkonzept

übertragen werden. Es müssen nur die jeweiligen Beziehungstypen angepaßt und entsprechend dimensioniert werden.

- Durch die hier vorgestellte Konstruktionsalternative können nicht nur betriebsinterne, sondern auch betriebsexterne Warenströme je nach Anforderung abgebildet werden.

4 TECHNISCHE REALISIERUNG

Der hier vorgestellte Ansatz wurde mit den ORACLE CASE-Tools implementiert. Dadurch ist die Konsistenz der Daten gewährleistet.

Eine vollständige Version der Referenzdaten- und Funktionsmodelle für die Bereiche Einkauf und Beschaffung, Lagerwirtschaft, Transport und Absatz für Handelssysteme ist schriftlich dokumentiert (Marent 1995b) und im ORACLE Dictionary gespeichert.

Der Ausgangspunkt bildet das datenorientierte Klassiffikationsschema in Form eines ER-Diagramms. Dieses ER-Diagramm umfaßt alle Kernentitäten, die mit m:n-Relationstypen partiell in Beziehung stehen. Durch solche Arten von Relationstypen werden vor allem Grobdiagramme gekennzeichnet. Da die Nebenbedingungen im Grobdiagramm alle Arten von Verfeinerungen und zusätzlichen Einschränkungen zulassen, gibt es keinen Widerspruch zu den daraus abgeleiteten, verfeinerten Teildatenmodellen. Die Kernentitäten sind daher als Supertypen im Datenkatalog aufgenommen.

Die datenorientierten Teilmodelle decken alle funktionalen Teilbereiche ab. Einen wesentlichen Bestandteil der Modellbeschreibungen bildet die problemorientierte Diskussion handelsspezifischer Problemfelder und die Ableitung von Modellierungsalternativen. So sind beispielsweise konkrete Modellierungsvorschläge zur Abbildung der Verbunddisposition, von Rabatten, von Preiserhöhungen, von Sonderangeboten, des Wareneingangs im Streckengeschäft, des Wareneingangs ohne Bestellung etc. enthalten.

Alle Modelle sind aus dem Basismodell abgeleitet. Der Benutzer kann entweder die vorgegebenen Modellierungsvorschläge nutzen oder das Modell selbst erweitern und verfeinern. Die Generierung einer Testdatenbank kann jederzeit durch die Nutzung der ORACLE-Generierungstools unter Berücksichtigung physischer Designerfordernisse durchgeführt werden.

Neben den datenorientierten Teilmodellen sind noch funktionsorientierte Modelle in Form von Funktionshierarchiediagrammen und die Zuordnung von Funktionen zu Entitäten in den Datenkatalog eingespielt. Die Abarbeitungsfolge der Funktionen ist jedoch nicht starr festgelegt. Beispielsweise stehen dem Benutzer mehrere Funktionen zur Warendisposition zur Verfügung. Je nach Abarbeitungsfolge und Zuordnung zu den einzelnen Entitäten können individuelle Dispositionsverfahren festgelegt werden. Der Freiheitsgrad zur Einstellung einer individuellen Lösung ist somit sehr hoch. Realisierungsaspekte stehen im Hintergrund. Aus den Funktionen können mittels der ORACLE-Generierungstools Masken und Programmodule entwickelt werden. Die Auslöser und Ereignisse sind vom Benutzer frei bestimmbar und können zu Datenbanktriggern umgewandelt werden.

5 SCHLUSSBETRACHTUNG

Die hohen Anforderungen an die Flexibilität von Referenzmodellen zur Abbildung der Informationssystemarchitektur im Handel erfordern anpassungsfähige Grundstrukturen und Konzepte. In diesem Beitrag wurde ein Ansatz präsentiert, der diese Anforderungen durch ein konsistentes, einfaches Basismodell möglichst weitreichend abdecken soll. Frühere Vorschläge in der Literatur erfüllten diese Anforderungen nur zum Teil. Einerseits gab es noch kein realisiertes Gesamtkonzept, in dem verbreitete Beschreibungsverfahren durchgängig genutzt werden, andererseits waren implementierte Gesamtkonzepte zu wenig an die speziellen Erfordernisse in Handelssystemen angepaßt.

Parallel zu der hier vorgestellten Entwicklung ist an der Universität Münster ein Referenzmodell für Handelsbetriebe entstanden, das allgemeingültige Strukturen und Abläufe in Form ereignisgesteuerter Prozeßketten (EPK) abbildet (Becker/Schütte 1996; Schütte 1997). Es ist auch in elektronischer Form im ARIS-Toolset verfügbar.

Unser Referenzmodell konzentriert sich hingegen auf die Datensicht. Insofern ergänzen sich die beiden Ansätze. Weil unser Modell mit ORACLE CASE-Tools implementiert wurde, sind automatische Konsistenzprüfungen und die Generierung von Datenbanken möglich. Durch die weite Verbreitung dieser Werkzeuge wird die Anwendung und Erweiterung wesentlich erleichtert.

LITERATUR

Ahlert, D.: Warenwirtschaftsmanagement und Controlling in der Konsumgüterindustrie, Betriebswirtschaftliche Grundlegung und praktische Herausforderung aus der Perspektive von Handel und Industrie. In: Ahlert, D.; Olbrich, R. (Hrsg.), Integrierte Warenwirtschaftssysteme und Handelscontrolling, Stuttgart 1994.

Bachleitner, W.: Einführung von standardisierter Warenwirtschaft im filialisierten Lebensmitteleinzelhandel, Dissertation, Wirtschaftsuniversität Wien 1995.

Barker, R.: CASE*Method — Entity Relationship Modelling, Wokingham 1989.

Becker, J.: Entscheidungsparameter beim Aufbau eines unternehmensweiten Datenmodells. In: Information Management, 4 (1993), S. 30-38.

Becker, J.: Unternehmensweite Datenmodelle im Handel und die informationstechnische Unterstützung der Distributionskette im Konsumgüterbereich — Die Antwort der Wirtschaftsinformatik auf die Herausforderungen an den Handel in den 90er Jahren. In: Ahlert, D.; Olbrich, R. (Hrsg.), Integrierte Warenwirtschaftssysteme und Handelscontrolling, Stuttgart 1994.

Becker, J.; Schütte, R.: Handelsinformationssysteme, Landsberg/Lech 1996.

Bullinger, H-J.; Georgadis, G.; Huber, H.; Niemeier, J.: Warenwirtschaftssysteme für den Großhandel, Baden-Baden 1990.

Ebert, K.: Warenwirtschaftssysteme und Warenwirtschaftscontrolling, Frankfurt a.M. 1986.

Gerling, M.: Warenwirtschaftssysteme für den Einzelhandel, DHI — Deutsches Handelsinstitut GmbH, Köln 1993.

Hampe, J.; Gerling, M.: Komplexität abbauen — Kosten senken — Moderne Informationstechnik schafft neue Möglichkeiten der Warenbewirtschaftung. In: Dynamik im Handel, 2 (1993), S. 48-55.

Hansen, H. R.: Elektronische Datenverarbeitung in Handelsbetrieben, Berlin 1970.

Hertel, J.: Design mehrstufiger Warenwirtschaftssysteme, Heidelberg 1992a.

Hertel, J.: Ein ausgereiftes WWS arbeitet heute mehrstufig und individuell. In: Computerwoche, 29 (1995b), S. 30.

Hertel, J.: Warenwirtschaftssysteme für den Lebensmitteleinzelhandel. In: Dynamik im Handel, 5 (1992), S. 9-16.

Hildebrand, K.; Müßig, M.: Modellierung zeitbezogener Daten im unternehmensweiten Datenmodell (UDM). In: Wirtschaftsinformatik, 33 (1991) 3, S. 238-243.

Hohle, U.: Warenwirtschaft im Handel: Sanierung versus Neugestaltung. In: Computerwoche, 33 (1995), S. 34-36.

Kagl, R.: Erfahrungen bei der Einführung von Standardsoftware. In: Ahlert, D.; Becker, J.; Olbrich, R.; Schütte, R. (Hrsg.), Handelsinformationssysteme 1997, Tagungsband, Heidelberg 1997.

Köpper, F.: Eine Art Generalbebauungsplan sorgt für Übersicht im Handel. In: Computerwoche, 41 (1992), S. 33-34.

Köpper, F.: Logisches Kernsystem — „Generalbebauungsplan" als Instrument zur Entwicklung von Informationssystemen. In: Dynamik im Handel, 1 (1993), S. 57-61.

Marent, C.: Branchenspezifische Referenzmodelle für betriebswirtschaftliche IV-Anwendungsbereiche. In: Wirtschaftsinformatik, 37 (1995a), S. 303-313.

Marent, C.: Werkzeuggestützte Referenzmodellierung für den Handel, Dissertation, Wirtschaftsuniversität Wien 1995b.

Schlager, M.: Warenwirtschaftssysteme im Elektrogroßhandel — Stand und Entwicklungstendenzen, Diplomarbeit, Wirtschaftsuniversität Wien 1993.

Schmid, M.: Warenwirtschaftssysteme großfilialisierender Unternehmen des Lebensmitteleinzelhandels unter besonderer Berücksichtigung österreichischer Gegebenheiten, Diplomarbeit, Wirtschaftsuniversität Wien 1996.

Schütte, R.: Effiziente Organisationen durch Informationsmodelle. In: Ahlert, D.; Bekker, J.; Olbrich, R.; Schütte, R. (Hrsg.), Handelsinformationssysteme 1997, Tagungsband, Heidelberg 1997.

Sowa, F. J.; Zachman, A. J.: Extending and Formalizing the Framework for Information Systems Architecture. In: IBM Systems Journal, 31 (1992), S. 590-616.

Stecher, P.: Building business application systems with the Retail Application Architecture. In: IBM Systems Journal, 32 (1993), S. 278-306.

Tietz, B.: Der Handelsbetrieb, 2. Auflage, München 1993.

Wancata, B.: EDV-Beratungsleistungen für die Auswahl von Standardsoftware am Beispiel der Warenwirtschaft von Großbetrieben des Lebensmitteleinzelhandels, Diplomarbeit, Wirtschaftsuniversität Wien 1994.

Wedekind, H.: Objektorientierte Schema-Entwicklung — Ein kategorialer Ansatz für Datenbanken und Programmierung, Mannheim 1992.

Online-Medien

Formen und Erfolgsfaktoren der Online-Distribution

Claudia Fantapié Altobelli und Susanne Fittkau, Hamburg

Trotz der bisher eher verhaltenen Reaktion der Konsumenten im deutschsprachigen Raum werden für die Online-Distribution große Potentiale vorausgesagt. Damit sich die an die Online-Distribution gestellten Erwartungen erfüllen, ist jedoch ein „Umdenken" seitens der Hersteller und des Handels erforderlich. Nach der Erprobungsphase gilt es nun, die Vorteile des Mediums als Distributionskanal konsequent zu nutzen und die Faktoren zu erkennen, welche für den Online-Erfolg entscheidend sind. Im folgenden Beitrag werden die verschiedenen Formen der Online-Distribution aufgezeigt, wie auch die Chancen und Risiken, welche sich für Online-Anbieter ergeben.

1 EINFÜHRUNG

Einer Schätzung des BBE zufolge sollen bis zum Jahre 2010 5–6% des Handelsumsatzes durch elektronischen Verkauf erzielt werden; einzelne Unternehmen rechnen sogar mit Umsatzanteilen von bis zu 15% (Gräf 1997, S. 47). Sollten sich diese Prognosen bewahrheiten, werden die Konsequenzen erheblich sein: Sowohl die Funktionen als auch die Struktur des Handels werden nachhaltig beeinflußt werden; darüber hinaus müssen die Handelsunternehmen für den Einstieg in elektronische Märkte Kompetenzen und Ressourcen aufbauen, über die sie derzeit nur in Ausnahmefällen verfügen. Überdies führt die zunehmende Verschärfung des Wettbewerbs dazu, daß Unternehmen nach neuen, direkten Distributionswegen suchen; immer mehr Hersteller nutzen daher elektronische Kanäle zum Vertrieb ihrer Produkte. Die elektronische Distribution umfaßt dabei folgende Varianten:

Teleshopping, z. B. im Rahmen des Direct Response-TV DRTV (wie derzeit bei Privatsendern üblich) oder im Rahmen des in Planung befindlichen interaktiven Fernsehens;

Offline-Distribution, z. B. mittels Videofilmen oder CD-ROMs, welche die Funktion „elektronischer Kataloge“ übernehmen;

Online-Distribution im World Wide Web oder in kommerziellen Online-Diensten.

2 DIE AUSGANGSSITUATION FÜR ONLINE-ANBIETER

2.1 Entwicklung der Online-Medien

Die Online-Medien befinden sich in einer Phase des starken, anhaltenden Wachstums: So weisen die Statistiken der internationalen und deutschen Internet-Anschlüsse laut der Internet Society und des Deutschen Network Information Center seit einigen Jahren nahezu eine jährliche Verdoppelung auf; es wird damit gerechnet, daß die Anzahl der privaten Nutzer proportional dazu ansteigt. Damit steht mit dem Internet aus quantitativer Perspektive ein attraktives Medium für die Online-Distribution von Waren und Dienstleistungen zur Verfügung. Im folgenden werden die Rahmenbedingungen dargestellt, die für einen erfolgreichen Einsatz von Online-Medien in der Distributionspolitik relevant sind.

2.2 Rahmenbedingungen der Online-Distribution

2.2.1 Rechtliche Rahmenbedingungen

Während TV-gestützte Teleshopping-Angebote umfassend geregelt sind – in Deutschland u.a. durch den Rundfunkstaatsvertrag von 1991 und die Landesmediengesetze, europaweit durch die EU-Fernsehrichtlinie (Gerpott/Heil 1996, S. 1334) – stehen entsprechende Regelungen in Bezug auf Online-Distribution bzw. Online-Shopping noch aus. Innerhalb der proprietären Online-Dienste wie T-Online, CompuServe, AOL herrscht zumindest ein kontrollierter Zugang; Transaktionen werden nach festen Regeln abgewickelt. Dagegen fehlt im World Wide Web jegliches Regelwerk zum Schutz von Eigentumsrechten, zur rechtlichen Sicherung des Online-Zahlungsverkehrs sowie zur Klärung von Haftungsfragen (Spar/Bussgang 1996, S. 39). Erschwerend kommt hier die nur unzureichend mögliche Rechtsverfolgung hinzu, zumal es für den Käufer bisweilen unmöglich ist, festzustellen, aus welchem Land der Anbieter stammt. Darüber hinaus ist unklar, welches Wirtschaftsrecht – ob aus dem Land des Anbieters oder des Nachfragers – Geltung hat; supranationale Regelungen fehlen bislang.

2.2.2 Technische Rahmenbedingungen

Zu den technischen Rahmenbedingungen gehören zum einen die derzeit noch niedrigen Übertragungsgeschwindigkeiten in Online-Diensten und World Wide Web. Dies betrifft insbesondere die Übermittlung von Bildinformationen, welche für ein Online-Distributions-Angebot geradezu unerläßlich sind. Zum anderen ist die im Internet nur unzureichende Datensicherheit zu nennen; diese hat u.a. Auswirkungen auf (Spar/Bussgang 1996, S. 45)

- die Sicherheit der Übertragung von Kreditkarteninformationen,
- die Sicherheit der zweifelsfreien Bestimmung der Identität von Käufer und Verkäufer, sowie
- die Sicherheit, daß die ausgetauschten Informationen nicht „abgefangen“ oder gar verändert werden.

Unter diesem Gesichtspunkt weisen die proprietären Online-Dienste Vorteile auf, da für den Zugang eine Registrierung erforderlich und damit eine eindeutige Identifikation des Teilnehmers möglich ist. Dennoch ist zu erwarten, daß auch im Internet die Zahlungssicherheit in absehbarer Zeit gewährleistet sein wird. Derzeit arbeitet eine Vielzahl von Unternehmen der Kreditkarten- und Softwarebranche daran, das Problem der sicheren Übertragung von Kreditkarteninformationen zu lösen; andere Entwicklungen streben die Schaffung eines Standards für digitales Bargeld an (MAZ 1996, o.S.).

2.2.3 Unternehmensbezogene Rahmenbedingungen

Eine wesentliche unternehmensbezogene Determinante stellt die Art der zu vertreibenden Produkte dar. Obwohl das derzeit im Internet vorhandene Produktangebot den Eindruck erweckt, daß prinzipiell Waren und Dienstleistungen jeder Art online vertrieben werden können, gibt es dennoch eine Reihe von Kriterien, anhand welcher die grundsätzliche Eignung einer Produktart für den Online-Vertrieb beurteilt werden kann. Tendenziell wenig geeignet sind solche Produkte (Roll 1996, S. 48 f.)

- bei denen emotionale Aspekte oder physische Kontakte mit dem Produkt eine wesentliche Kaufdeterminante darstellen (z. B. modische Bekleidung);

- bei denen die anfallenden Transportkosten in keinem angemessenem Verhältnis zum Produktpreis stehen;
- die von Zielgruppen nachgefragt werden, die keine Akzeptanz bzw. keine Affinität für multimediale Technologien aufweisen (z. B. Produkte für ältere Menschen);
- die in bestimmten Ländern rechtlichen Beschränkungen unterworfen sind (z. B. Exportverbot für Alkoholika nach Schweden).

Für die Online-Distribution geeignet erscheinen dagegen (Gerpott/Heil 1996, S. 1342; Heise 1996, S. 139):

- Markenartikel mit etabliertem Image, bei denen das Kaufrisiko seitens der Konsumenten – auch per Online-Kauf – als gering eingestuft wird;
- schwer erhältliche Produkte, welche dem Konsumenten bei herkömmlicher Beschaffung im Handel hohe Transaktionskosten verursachen würden;
- sog. „Informationsprodukte", d.h. digitale oder digitalisierbare Produkte, welche elektronisch lieferbar sind (z. B. Software, Texte, Flugtickets etc.).

Die folgende Abbildung zeigt die Ergebnisse einer 1996 durchgeführten Erhebung des amerikanischen Instituts ActiveMedia unter Online-Anbietern über die Kaufhäufigkeit nach Branchen.

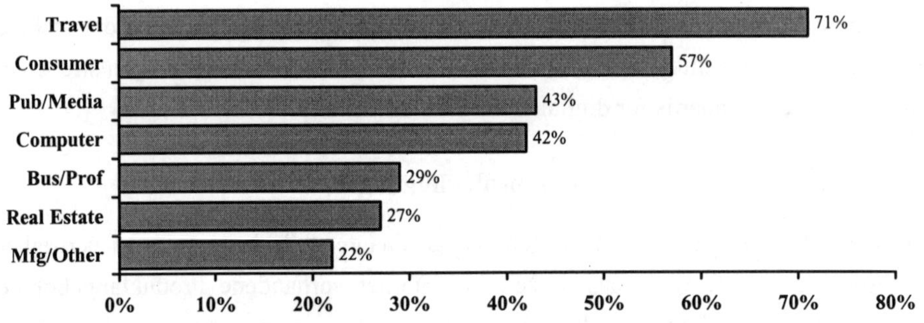

Abbildung 1: Online-Kaufhäufigkeit nach Branchen (ActiveMedia 1996)

Neben der grundsätzlichen Produkteignung spielen insbesondere Wirtschaftlichkeitsaspekte eine Rolle. Zwar ist die Erschließung von elektronischen Distributionswegen derzeit vergleichsweise preisgünstig – die Kosten für den Aufbau eines Online-Angebots belaufen sich, je nach konkreter Form, zwischen 600 und 60.000 DM (Plewe

1996, S. 110); es ist jedoch zu berücksichtigen, daß geeignete Vertriebssysteme zur Auslieferung der online bestellten Produkte vorhanden sein oder geschaffen werden müssen. Eine zufriedenstellende Rentabilität können zudem nur wenige Anbieter aufweisen. Deutsche Internet-Anbieter beklagen, daß Online-Shopping-Angebote zwar große Beachtung finden, sich die Zahl der Bestellungen bzw. Abschlüsse jedoch in Grenzen hält (MAZ 1996, o.S.).

2.3 Zielgruppen der Online-Distribution

Neben den dargestellten Rahmenbedingungen erweisen sich insbesondere die Zielgruppen-Strukturen und die Nachfrager-Akzeptanz für die Online-Distribution als bedeutend. Zum heutigen Zeitpunkt ist im deutschsprachigen Raum über Online-Medien kein Massenpublikum erreichbar. Der hohe Verbreitungsgrad des Internet in den USA ist in Europa bei weitem nicht erreicht; aufgrund des relativ frühen Marktstadiums stellt sich die Zielgruppe der Online-Nutzer sehr homogen dar.

2.3.1 Soziodemographie der Online-Nutzer

Betrachtet man exemplarisch die Nutzerschaft des World Wide Web, so erweist sich diese als ein sehr junges, überwiegend männliches und gebildetes Publikum. Das durchschnittliche Alter der deutschsprachigen WWW-Benutzer liegt im Herbst 1996 bei 30 Jahren, international bereits bei 35 Jahren. Der Anteil der Frauen, welche das deutschsprachige World Wide Web nutzen, stagniert nach anfänglichem Zuwachs bei 9%, während weltweit mittlerweile ca. 31% der Internet-Anwender weiblich sind (GVU 1996 und Fittkau/Maaß 1996).

Hinsichtlich des Bildungsstandes der deutschsprachigen WWW-Nutzer ist weiterhin ein sehr hoher Anteil (angehender) Akademiker charakteristisch: Immerhin 25% können einen Universitätsabschluß aufweisen; hinzu kommen knapp 30% Studenten. Die Entwicklung geht jedoch erkennbar in Richtung einer heterogeneren Nutzerstruktur: Der prozentuale Anteil der Nutzer mit niedrigerem Ausbildungsstand (ohne Abitur) nimmt zu, zudem ist der Anteil der Studenten im Vergleich zu den berufstätigen WWW-Benutzern (Angestellte, Selbständige) deutlich rückläufig.

2.3.2 Kaufverhalten der Online-Nutzer

Die beobachteten Veränderungen in den Alters-, Bildungs- und Berufsgruppen wirken sich auch auf Kaufkraft bzw. Einkommensverteilung aus. Hatten im Herbst 1995 noch 35% der von W3B befragten deutschsprachigen WWW-Nutzer ein Brutto-Monatseinkommen pro Kopf von unter DM 1.500,–, so sind es im Herbst 1996 nur noch 27%. Demgegenüber stiegen die Anteile der Personen mit einem Einkommen von über DM 5.000,– von 33% auf 37% an.

Die grundsätzliche Akzeptanz bzw. Einstellung der Internet-Benutzer gegenüber dem sog. Online-Shopping stellt sich als überwiegend positiv dar. Über die Hälfte der Nutzer geben an, das World Wide Web im kommenden halben Jahr bestimmt (17%) oder vielleicht (41%) zum Einkaufen verwenden zu wollen. Die Vorteile, welche mit dem Bestellen via Internet verbunden werden, sind insbesondere die Unabhängigkeit von Ladenöffnungszeiten, weniger Einkaufsstreß (Parkplatzsuche, Schlange stehen etc.) sowie die unkomplizierte und schnelle Bestellmöglichkeit und -abwicklung (Gerpott/Heil 1996, S. 1339). Als problematisch sieht ein großer Teil der WWW-Benutzer die fehlenden Sicherheitsstandards bei Online-Transaktionen an. Das Risikoempfinden bezüglich der Übermittlung persönlicher Daten oder der eigenen Kreditkartennummer via Internet ist bei deutschsprachigen Online-Nutzern offenbar höher ausgeprägt als in den USA. Es ist damit zu rechnen, daß mit dem Etablieren anerkannter Sicherheits- und Zahlungssysteme im Internet bestehende Akzeptanzbarrieren gegenüber dem Online-Einkauf gesenkt werden können.

Übersicht 1: Demographie der WWW-Nutzer (deutschsprachig/international)

Erhebung	**W3B Herbst 1996**	**GVU Herbst 1996**
Stichprobenumfang	7.445 WWW-Nutzer (deutschsprachig)	14.587 WWW-Nutzer (international)
Altersdurchschnitt	30 Jahre	35 Jahre
Geschlecht	9,2% weiblich 90,8% männlich	31,4% weiblich 68,6% männlich
Berufstätigkeit, Berufsfeld	29,8% Studenten 36,4% Angestellte 12,7% Selbständige 5,8% Schüler/Auszubildende 5,1% Doktoranden 3,9% Beamte 6,3% Sonstige	27,3% Computer 25,2% Education 22,1% Professional 11,1% Management 14,3% Other

3 BASISFORMEN DER ONLINE-DISTRIBUTION

Die multimedialen und interaktiven Funktionen des Internet erlauben die Konzeption von sehr vielseitigen und unterschiedlichen Formen von Online-Distributionskanälen bzw. -Shopping-Angeboten. So können in einen Online-Auftritt, welcher die Distribution von Waren und/oder Dienstleistungen zum Ziel hat, entweder alle oder nur ausgewählte Phasen des Online-Einkaufsvorgangs eingebunden werden.

3.1 Die Phasen des Online-Einkaufsvorgangs

Der Vorgang des Einkaufs in einem Online-Medium läßt sich in sieben Phasen unterteilen, die für die Konzeption von Online-Distributions-Angeboten relevant sind (Alpar 1996, S. 197 ff.; Heise 1996, S. 134 ff.):

1) Aufmerksamkeit
2) Information
3) Beratung, Verhandlung
4) Bestellung
5) Zahlung
6) Physische Distribution, Lieferung
7) After-Sales-Service

Die erste Phase des Online-Einkaufsvorgangs hat zum Ziel, durch Bekanntmachung des Shopping-Angebots in gezielt ausgewählten On- und Offline-Medien die *Aufmerksamkeit* des Online-Nutzers zu erwecken und ihn zu einem ersten Besuch der Homepage zu bewegen.

Weckt die Homepage des Online-Angebots das Interesse des Anwenders, wird er mit der Selektion der für ihn persönlich relevanten *Informationen* beginnen. Eine Datenbankanbindung unterstützt hierbei das gezielte, individualisierte Abrufen detaillierter Produktdaten wie auch ggf. das Zusammenstellen von Produktkomponenten.

Hat der Nutzer sich für ein bestimmtes Produkt entschieden, so ist in einem nächsten Schritt bei Bedarf eine *Beratung* möglich. So kann der Interessent z. B. mittels auszufüllender Fragebogen seine Präferenzen angeben, die dann elektronisch ausgewertet werden (Werner/Stephan 1997, S. 86). Ferner stellt der Nachfrager bei Bedarf dem Anbieter Fragen zum Produkt via E-Mail; dieser hat seinerseits die Gelegenheit, aktive

Beratung durchführen. Dieser direkte Dialog kann beliebig lange fortgeführt werden, um ausführlich über Preise, Leistungsumfang und (Finanzierungs-) Konditionen zu verhandeln.

Im Anschluß an die Informations-Phase äußert der Kunde ggf. seine Kaufabsicht gegenüber dem Anbieter: Er gibt seine *Bestellung* entweder in ein E-Mail-Bestellformular ein und schickt sie direkt ab, oder er sammelt seine Einzelbestellungen zunächst in einem virtuellen Warenkorb oder Einkaufswagen, um sie später gebündelt an den Anbieter zu senden. Bei entsprechender Datenbankanbindung lassen sich Online-Bestellungen automatisch in bestehende Warenwirtschaftssysteme des Anbieters einlesen.

Für den *Zahlungsverkehr* im deutschsprachigen Internet hat sich bisher kein einheitlicher Standard etablieren können. In Online-Diensten ist aufgrund der Geschlossenheit der Systeme eine Nutzeridentifikation unproblematisch; zudem sind in der Regel Inkassosysteme vorhanden, in denen eine Abrechnung über die Benutzerkonten der Abonnenten erfolgt (Heise 1996, S. 140). Im deutschsprachigen World Wide Web dagegen sind wichtige Fragen der Datensicherheit – z. B. von Namen, Kreditkartennummern, Bestellungen – und des Zahlungsverkehrs nicht abschließend geregelt (Abschnitt 2.2.1). Es liegen zwar einige leistungsfähige Verschlüsselungssysteme vor (z. B. PGP/Pretty Good Privacy); ein Standard für die sichere Übertragung vertraulicher Daten im Internet hat sich aber bisher nicht durchgesetzt. Weiterhin befinden sich verschiedene Systeme für elektronisches bzw. digitales Geld in der Entwicklung (z. B. CyberCash, eCash, MeChip). Dieses virtuelle Geld soll zukünftig ein weltweites, anonymes und sicheres Bezahlen (auch mit Kleinstbeträgen) im Internet ermöglichen. Bis dahin muß jedoch auf alternative Möglichkeiten des Zahlungsverkehrs im World Wide Web zurückgegriffen werden, z. B.:

- Zahlung mit Kreditkartennummer (Übermittlung offline, z. B. per Telefon, Telefax);
- Zahlung per Nachnahme oder Rechnung (wird z.Z. vom Versandhandel praktiziert);
- Zahlung per registrierter Kundennummer/Paßwort (Verifizieren der Identität des Kunden beim Erstkauf, z. B. per Post, Telefax).

Je nachdem, ob es sich bei einer Bestellung um digitale oder nicht-digitale Produkte handelt, erfolgt die *Lieferung bzw. physische Distribution* an den Käufer via Internet oder offline. Eine Online-Lieferung ist allein bei digitalen oder digitalisierbaren Produkten möglich: z. B. bei Software aller Art, kostenpflichtigen textlichen Informationen, Datenbanken, ferner bei Gutscheinen und Tickets für Reisen, Flüge oder kulturelle Veranstaltungen. Der Datenmenge sind dabei theoretisch keine Grenzen gesetzt; einen Engpaß stellt jedoch nach wie vor die benötigte Übertragungszeit dar. Bei allen materiellen, nicht-digitalen Produkten findet der physische Transport weiterhin außerhalb des Internet statt, womit die logistische Aufgabe des Gütertransports erhalten bleibt. Die Auslieferung der bestellten Sachgüter oder Dienstleistungen erfolgt dann entweder durch den Anbieter selbst oder einen Distributionspartner (Mertens/Schumann 1996, S. 6).

Die interaktiven Fähigkeiten des Mediums Internet begünstigen das Abwickeln einer Reihe von *Serviceleistungen*, die dem Kunden in der Zeit nach dem Kauf zugute kommen, wie z. B. Beschwerde- und Garantie-Management sowie das Bereitstellen von Gebrauchsanweisungen und -Tips etc. Auf die entscheidende Bedeutung des After-Sales-Service wird unter Punkt 4.2.2 näher eingegangen.

3.2 Betriebstypen der Online-Distribution

Je nach Intention des Anbieters können die oben dargestellten Phasen des Online-Einkaufsvorgangs in vollem Umfang in ein Distributions-Angebot integriert oder teilweise ausgeschlossen bzw. durch Dritte abgewickelt werden. Die zur Zeit angebotene Standardsoftware zur Konzeption von Online-Angebots- und Bestellsystemen beinhaltet in der Regel alle erforderlichen Funktionen wie Kataloganwendungen, Produktbeschreibungen, Warenkorbfunktionen, Angebots- und Bestellabwicklungen. So entstehen, je nach Anzahl und Ausgestaltung der einzelnen Phasen, verschiedenartige Internet-Auftritte. Diese werden entweder von den Herstellern selbst oder z. B. von Handelsunternehmen betrieben, so daß sich mittlerweile alternative Betriebstypen der Online-Distribution herausgebildet haben:

- Angebot über eigenes Online-Angebot des Herstellers,
- Angebot über Online-Einzelhandel,
- Angebot über Online-Versandhandel.

Entscheidet sich ein Hersteller für ein *eigenes Distributions-Angebot* innerhalb eines Online-Dienstes oder im World Wide Web, so präsentiert und vertreibt er seine Sachgüter und/oder Dienstleistungen in „Eigenregie“ – sowohl hinsichtlich der inhaltlichen und optischen Gestaltung sowie der Benutzerführung des Angebots als auch hinsichtlich der Sortimentspolitik. Als wesentlicher Vorteil dieser Betriebsform wird die Unabhängigkeit von Distributionspartnern, insbesondere von der Einkaufsmacht der Handelsbetriebe, angesehen. Die Kapazität des Online-Angebots ist in der Regel nicht begrenzt, so daß neben distributionspolitischen Maßnahmen unterstützend weitere Instrumente des Marketing-Mix (z. B. Werbung, Produkt- und Firmeninformationen, Serviceleistungen) eingebunden werden können.

Der Betrieb eines eigenen Shopping-Angebots im Internet ist gegenüber anderen Methoden des Direktvertriebs relativ kostengünstig – allerdings ist ein Vertriebssystem notwendig, um die bestellten Waren und Dienstleistungen an die Kunden auszuliefern. Unternehmen, welche digitale/digitalisierbare Produkte vertreiben oder bereits über ein eigenes Auslieferungssystem verfügen, haben hierbei entscheidende Wettbewerbsvorteile.

Neben herstellereigenen Online-Shopping-Angeboten hat sich der *Online-Einzelhandel* als wichtiger Betriebstyp im Internet etabliert. Es existiert ein breites Spektrum, welches vom spezialisierten Fach-Einzelhandel (z. B. das Buchgeschäft JF Lehmanns) bis hin zu virtuellen Malls und Einkaufszentren mit tiefem/breitem Produktsortiment (z. B. myworld von Karstadt) reicht. Mehrere Anbieter präsentieren sich unter einer Internet-Adresse in einem einheitlichem Umfeld, wobei die Einkaufsstätte in der Regel von einem leitenden Betreiber verwaltet und gepflegt wird. Die einzelnen Anbieter profitieren sowohl von der bestehenden Infrastruktur und den moderaten Kosten (im Vergleich zu einem herstellereigenen Auftritt) als auch davon, daß der Betreiber für die Vermarktung und Bekanntmachung des Online-Einzelhandels sorgt. In einigen Formen des Online-Einzelhandels übernimmt der Betreiber die gesamten Vertriebsfunktionen, indem er die Produkte einkauft, lagert, verkauft und an die Kunden ausliefert. Viele Nachfrager bevorzugen den virtuellen Einzelhandel aufgrund der Breite des Angebotssortiments, der Vergleichbarkeit von Produkten und der Preistransparenz.

Prinzipiell bestehen bei diesem Online-Betriebstyp Abhängigkeiten des Herstellers vom Betreiber des Distributions-Angebots: Die Möglichkeiten der Produkt-Präsentation sind reglementiert, ihr Umfang begrenzt und viele Vorteile, welche aus dem Online-Direktvertrieb resultieren können, entfallen (so z. B. die Möglichkeit der unmittelbaren Kontrolle der Verkaufsleistung sowie der direkte Kontakt mit Kunden oder Interessenten).

Diese Restriktionen gelten in erhöhtem Maße für das Angebot von Waren und Dienstleistungen im Rahmen des *Online-Versandhandels* (z. B. Quelle-Online, Otto-Online). Bei dieser Form der Online-Distribution hat der Hersteller kaum noch Einflußmöglichkeiten auf die Präsentation und den Vertrieb seiner Produkte via Internet. Zwar wird ein neuer Absatzkanal erschlossen, eine Integration weiterer Marketing-Instrumente seitens des Herstellers ist jedoch in der Regel nicht realisierbar.

4 CHANCEN UND RISIKEN DER ONLINE-DISTRIBUTION

4.1 Vor- und Nachteile der Online-Distribution

4.1.1 Online-Distribution aus der Sicht der Anbieter

Für Anbieter bietet der Vertrieb über Online-Medien eine Reihe von Vorteilen. Zum einen kann ein Anbieter durch Online-Distribution sein geographisches Einzugsgebiet erweitern bzw. eine gewisse Standortunabhängigkeit erreichen. Zum anderen können völlig neue Zielgruppen angesprochen werden: Während beispielsweise die „klassische" Zielgruppe des Versandhauses Quelle überwiegend aus Hausfrauen besteht, werden durch das World Wide Web-Angebot von Quelle vor allem jüngere, männliche Zielgruppen angesprochen (Mertens/Schumann 1996, S. 13). Damit einhergehend ist eine Sortimentsumgestaltung oder -erweiterung erforderlich, um diese neue Zielgruppe optimal zu bedienen.

Ein weiterer Vorteil besteht in den Zeit- und Kostenvorteilen, die bei Auftragserlangung und -abwicklung realisiert werden. In Verbindung mit den ohnehin vergleichsweise geringen „Einstiegskosten" wird dadurch auch für kleinere und mittlere Unternehmen die Teilnahme am globalen Wettbewerb möglich (Heise 1996, S. 134; Fantapié Altobelli/Hoffmann 1996, S. 32).

Des weiteren bestehen in Online-Medien außerordentlich gute Möglichkeiten zur Gewinnung von Kundendaten, welche sich nicht nur auf soziodemographische Merkmale beschränken, sondern auch das Verfolgen des tatsächlichen Such- und Konsumverhaltens einschließen. Dies erleichtert den Aufbau detaillierter Kundenprofile als Grundlage für individuell abgestimmte Marketing-Maßnahmen (Fantapié Altobelli/Hoffmann 1996, S. 32 f.; Gerpott/Heil 1996, S. 1348).

Als nachteilig kann sich erweisen, daß die Funktion des Handels, Markttransparenz zu schaffen, teilweise auf elektronische Märkte verlagert wird. Dies vereinfacht den Nachfragern das Vergleichen von Angeboten; aufgrund der daraus resultierenden erhöhten Markttransparenz ist mit einer Verschärfung des Preiswettbewerbs und damit mit einer Verringerung der Gewinnmargen zu rechnen. Zudem erleichtern Online-Märkte aus Herstellersicht das Umgehen etablierter mehrstufiger Vertriebsformen (Gerpott/Heil 1996, S. 1340 f.). Handelsunternehmen, die online agieren wollen, müssen daher – intensiver als in klassischen Distributionskanälen – durch aktives Marketing ihre Funktion und Kompetenz als „Bündler“ von Angeboten verschiedener Hersteller herausstellen.

Weitere Nachteile können daraus resultieren, daß das für den Kaufabschluß oft entscheidende persönliche Gespräch entfällt oder „nur“ via E-Mail stattfindet. Eine Kundenbindung an die eigene Internet-Einkaufsstätte ist daher nur durch eine wohldurchdachte Gestaltung und klare Positionierung des Online-Angebots erreichbar (vgl. Abschnitt 4.2).

4.1.2 Online-Distribution aus der Sicht der Kunden

Im Vergleich zum Einkauf in *stationären Handelsgeschäften* resultieren für den Kunden folgende Vorteile (Heise 1996, S. 134; Roll 1996, S. 50 f.):

- die „rund-um-die-Uhr“-Verfügbarkeit des Angebots und damit gleichzeitig die Unabhängigkeit von Ladenöffnungszeiten;
- das Entfallen von Fahrten zum Einkaufsort und damit einhergehend Zeit- und Kostenersparnisse;
- der Zugang zum internationalen Markt;
- die höhere Markttransparenz aufgrund der einfachen und schnellen Vergleichbarkeit von Angeboten.

Auch im Vergleich zum *konventionellen Versandhandel* weist die Online-Distribution für die Konsumenten eine Reihe von Vorteilen auf, welche vor allem in der Multimedialität und Interaktivität des Mediums begründet sind (Gerpott/Heil 1996, S. 1343). So erlauben Online-Medien im Vergleich zu Katalogen, Videobändern oder DRTV-Spots eine authentischere Darstellung mit Bewegtbild und Ton bei gleichzeitiger interaktiver Abrufbarkeit detaillierter Produktinformationen. Gegenüber der CD-ROM ist die unmittelbare Möglichkeit der Online-Bestellabwicklung hervorzuheben; für sog. „Informationsprodukte“ ist darüber hinaus eine sofortige Lieferung via Datennetz möglich.

Als nachteilig erweisen sich zum einen der fehlende persönliche Kontakt zum Verkäufer wie auch die in Online-Medien nur beschränkte Möglichkeit des „Erlebniskaufs“. Weiterhin ist es insbesondere bei grenzüberschreitenden Käufen nahezu unmöglich, Referenzen über Firmen einzuholen, die dem Kunden nicht bekannt sind. Hinzu kommen gerade bei weltweiten Bestellungen u.U. hohe Versandkosten, Zölle und zudem – bei ausgedehntem virtuellen Einkaufsbummel – die hohen Telefongebühren.

4.2 Erfolgsfaktoren der Online-Distribution

4.2.1 Strategische Erfolgsfaktoren

Strategische Erfolgsfaktoren bestimmen die langfristige Wettbewerbsfähigkeit des online anbietenden Unternehmens. Sie haben konstituierenden Charakter, sind jedoch – im Gegensatz zu den strategischen Erfolgsfaktoren des stationären Handels – aufgrund der schnellen und einfachen Veränderbarkeit eines Online-Auftritts vergleichsweise kurzfristig revidierbar. Zu den strategischen Erfolgsfaktoren der Online-Distribution zählen

- das Sortiment,
- die Betriebsform und
- der Standort.

Während die *Sortimentspolitik* bei den klassischen Betriebsformen des Handels eine eher taktische Bedeutung hat, ist sie beim Online-Handel der strategischen Ebene zuzurechnen, da sie die grundsätzliche Stellung des Unternehmens als Marktveranstalter bestimmt. Die überragende Bedeutung der Sortimentspolitik im Rahmen der Online-Distribution resultiert u.a. daraus, daß das Suchverhalten des potentiellen Kunden beobachtbar ist, d.h. es wird ersichtlich,

- welche Informationen
- über welche Produkte
- in welcher Preisklasse

vom Nutzer abgerufen werden. Auf dieser Grundlage ist es möglich, bei der Sortimentsgestaltung individuelle Nutzerpräferenzen zu berücksichtigen.

Die strategische Bedeutung der *Betriebsformwahl* resultiert daraus, daß die Betriebsform sowohl die Stellung des Unternehmens am Markt bestimmt als auch das Potential zur Bedürfnisbefriedigung und eine Abgrenzung der bearbeiteten Märkte bzw. Marktsegmente ermöglicht. Erfolgversprechend sind dabei solche Betriebsformen, die eine hohe Markttransparenz bewirken. Insbesondere für langlebige Gebrauchsgüter und Dienstleistungen ist die – u.a. auch preisliche – Vergleichbarkeit der Leistungen verschiedener Anbieter eine aus Nutzersicht als besonders wichtig beurteilte Komponente (Fantapié Altobelli/Hoffmann 1997, S. 14). Vor diesem Hintergrund sind virtuelle Einkaufszentren und Fachmärkte als besonders geeignete Betriebsformen einzustufen.

Die *Standortwahl* für ein Online-Shopping-Angebot bedeutet die Wahl eines adäquaten Umfelds für die Präsentation der eigenen Waren und Dienstleistungen; grundsätzlich kommen dabei entweder das World Wide Web oder proprietäre Online-Dienste wie CompuServe, AOL oder T-Online in Frage. Im World Wide Web ist die Integration von Produkten bspw. in eine Shopping-Mall uneingeschränkt gegeben; die Kosten hierfür liegen zwischen 500 und 2.500 DM/Monat (Fantapié Altobelli 1997, S. 8). Um bei dem Online-Dienst CompuServe Anbieter in der „Electronic Mall“ zu werden, muß das Unternehmen dem Betreiber ein Konzept vorlegen, das von CompuServe überprüft wird. Darüber hinaus schreibt CompuServe einen Mindestumsatz von 3000 $ monatlich vor. Auch bei T-Online ist die Möglichkeit des Einrichtens einer eigenen Shopping-Mall gegeben. Die Deutsche Telekom fungiert, wie CompuServe, als Inkasso-Unternehmen und vermittelt die Bestellungen; der Kaufpreis wird dem Kunden über die Telefonrechnung in Rechnung gestellt, wobei die Telekom 2% des Kaufpreises als Provision einbehält (Fantapié-Altobelli/Hoffmann 1996, S. 115). Bei später folgenden Bestellungen kann der Kunde unter Angabe einer Kundennummer direkt mit dem Anbieter Geschäfte abschließen.

Welches Online-Medium im Einzelfall heranzuziehen ist, ist situations- und unternehmensabhängig zu entscheiden; die nachfolgende Übersicht zeigt die Vor- und Nachteile des World Wide Web und der kommerziellen Online-Dienste im Vergleich.

4.2.2 Taktische Erfolgsfaktoren

Die taktischen Erfolgsfaktoren der Online-Distribution betreffen

- Gestaltung,
- Vermarktung sowie

- Kontrolle und Optimierung von Online-Shopping-Angeboten.

Eine wichtige Anforderung im Hinblick auf die *Gestaltung* eines Online-Auftritts ist die *Benutzerfreundlichkeit.* Dazu zählen zunächst ein übersichtliches Ausgangsmenu, die Möglichkeit der schnellen und zielgerichteten Navigation durch den Auftritt sowie der sinnvolle Einsatz von Hyperlinks, um den „Quereinstieg“ in verwandte Sachverhalte und damit die Informationssuche zu erleichtern (Fantapié Altobelli 1997, S. 10). Auch Aspekte wie Einfachheit, Schnelligkeit und Sicherheit der Bestell- und Zahlungsabwicklung spielen eine entscheidende Rolle.

Übersicht 2: World Wide Web und Online-Dienste im Vergleich (in Anlehnung an Gerpott/Heil 1996, S. 1346)

	World Wide Web	**Proprietäre Online-Dienste**
Konkurrenz-Situation	Potentiell hoher Wettbewerb, da keine Zugangsbeschränkungen	Je nach Online-Dienst und Branchenzugehörigkeit unterschiedlich hoher Wettbewerb
Nutzerzahlen, potentielle Kunden	Weltweit ca. 40 Mio. Nutzer, in Deutschland ca. 2-3 Mio.	Abhängig von der Mtgliederzahl des Online-Dienstes zwischen 0,2 und 1,5 Mio. in Deutschland
Bekanntheit/Sichtbarkeit des Online-Shopping-Angebots	Tendenziell gering, da kein zentraler „Marktplatz“ vorhanden	Hoch, da die Shopping-Angebote in der Regel in einem Bereich konzentriert sind
Sicherheit von Daten und Zahlungsverkehr	Gering, da noch kein Standard zur Datenverschlüsselung etabliert. Systeme für elektronisches Geld sind in der Entwicklung	Relativ hoch. Nutzer sind registriert: Online-Dienste nehmen in der Regel Inkasso-Funktion wahr.
Gestaltungsfreiheit	uneingeschränkt gegeben	z.T. Vorgaben seitens der Betreiber;Versuch der Einheitlichkeit

Bei der Konzeption von Online-Distributions-Angeboten ist insbesondere die mögliche individuelle Abstimmung auf die Nutzer zu berücksichtigen. Die *Individualisierung* des Online-Angebots betrifft

- die Individualisierung des Informationsabrufs (Interaktivität),
- die Individualisierung der Kommunikation (Dialogfähigkeit) sowie
- die Individualisierung des Leistungsangebots.

Die technischen Voraussetzungen von Online-Medien bieten die Möglichkeit, das Online-Shopping-Angebot individuell auf die einzelnen Nutzer auszurichten. Durch interaktive Anwendungen kann der Interessent die gewünschten Informationen gezielt selektieren. Responsemöglichkeiten, z. B. durch E-Mail, erlauben es dem Anbieter, mit dem Kunden in Dialog zu treten und seine speziellen Bedürfnisse zu erörtern. Weiterhin besteht die Möglichkeit, das eigentliche Leistungsangebot nutzerindividuell zu gestalten (Mertens/Schumann 1996, S. 4 f.): Zum einen können im Wege des Database-Marketing kundenspezifische Daten wie das bisherige Such- und Kaufverhalten erfaßt und bei einen erneuten Abruf gezielt eingesetzt werden. Zum anderen kommt ein Modell der „dynamischen Benutzermodellierung“ in Frage: In einem einführenden Dialog/Fragebogen des Online-Shopping-Angebots werden dem Nutzer einige Fragen gestellt und anschließend zusätzlich sein Verhalten beobachtet. In beiden Fällen kann aus den vorhandenen Daten ein für den Kunden attraktives „Leistungspaket“ zusammengestellt und ein auf seine Bedürfnisse zugeschnittenes Angebot unterbreitet werden.

Ein weiterer taktischer Erfolgsfaktor der Gestaltung Online-Distributionsangeboten ist die *Differenzierung* des eigenen Angebots gegenüber den Wettbewerbern. Aufgrund der leichten Vergleichbarkeit von Online-Angeboten ist es gerade im Rahmen der Online-Distribution erforderlich, die eigenen Leistungen von denen der Konkurrenz abzuheben (Gupta 1997, S. 4). In diesem Zusammenhang sind *Service-Komponenten* von Bedeutung, insbesondere für erklärungsbedürftige Waren und Dienstleistungen. Diese Service-Komponenten umfassen zum einen Pre-Sales-Service wie Produkt- und Finanzierungsberatung, zum anderen After-Sales-Service wie Online-Problemhilfe, interaktive Kundendienstverzeichnisse, Online-Ersatzteilbestellungen u.ä. (Fantapié Altobelli/Hoffmann 1997, S. 240). Weiterhin kann das Online-Angebot durch *Benefit-Komponenten* angereichert werden, welche dem Kunden einen produktnahen Zusatznutzen stiften; zu denken ist an Ernährungsratschläge von Lebensmittel-Anbietern, Reise- oder Städteführer von Touristik-Unternehmen u.ä.. In *Abbildung 2* ist die relative Bedeutung einzelner Gestaltungselemente von Online-Einkaufsstätten bzw. WWW-Anbietern aus Sicht der Konsumenten gegenübergestellt.

Entscheidend für den Erfolg ist die *Vermarktung* des Online-Shopping-Angebots. Insbesondere im Internet kann für den Anwender das beträchtliche Spektrum an Angeboten zur Unübersichtlichkeit führen. Damit potentielle Kunden den eigenen Auftritt aufsuchen, muß der Anbieter für eine ausreichende Bekanntmachung sorgen. Diese sollte zum einen in den Online-Medien selbst erfolgen, z. B. durch Einträge in Search-Engines/Navigationshilfen oder die Plazierung von sog. Bannern bzw. Anzeigen in Online-Angeboten, welche Werbeflächen gegen Entgelt zur Verfügung stellen (so in einer Vielzahl von Online-Zeitungen und -Magazinen, wie z. B. Spiegel online). Erforderlich ist darüber hinaus die parallele Vermarktung in klassischen Medien (Print, TV), vor allen Dingen bei der Einführung neuer Online-Distributions-Angebote. Zum heutigen Zeitpunkt sind allein die klassischen Massenmedien in der Lage, ausreichende Awareness bei breiten Bevölkerungsschichten zu schaffen (Fantapié Altobelli 1997, S. 11). Unterstützend sollte die Adresse der Online-Präsenz auf allen Druckerzeugnissen des Unternehmens (Visitenkarten, Briefbögen etc.) dokumentiert werden.

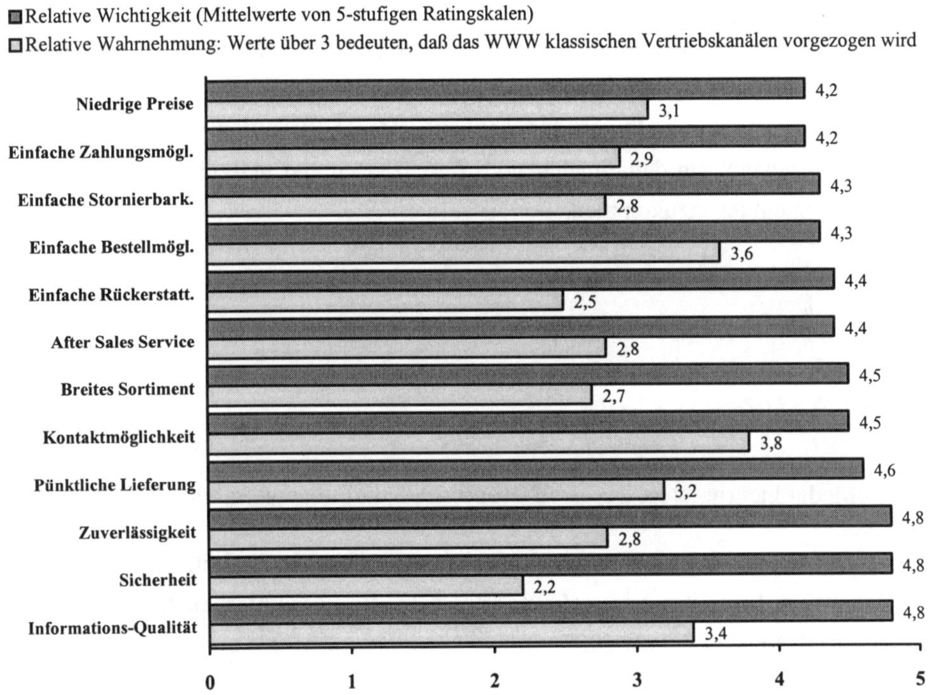

Abbildung 2: Relative Bedeutung der Gestaltungselemente des Online-Shopping (Gupta 1997, S. 3)

Ein weiterer taktischer Erfolgsfaktor ist die *Kontrolle* und – darauf aufbauend – die *Optimierung* des Online-Angebots. Über die Zugriffsprotokolle läßt sich unmittelbar feststellen, welche Rubriken wie häufig abgerufen, für welche Produkte Informationen gesucht und welche Bestellungen getätigt wurden. Diese Informationen bilden eine ideale Grundlage für die laufende Aktualisierung des Distributions-Angebots und eine den Nutzerbedürfnissen entsprechende Optimierung.

5 AUSBLICK

Der Entwicklung neuartiger Online-Distributionstypen sind aufgrund des raschen Fortschritts neuer Internet-Technologien scheinbar keine Grenzen gesetzt. So werden bereits Börsen und Märkte für bestimmte Rohstoffe und Produkte eingerichtet. Das Abhalten von Verkaufsausstellungen oder Messen ist ebenso realisierbar wie das Durchführen von Auktionen bzw. Versteigerungen.

Im Hinblick darauf, daß zukünftig Medien wie TV, Internet und Telefon zu einer neuen Medienform verschmelzen könnten, ist von einer Zunahme der Bedeutung der elektronischen Distribution auszugehen; entscheidend ist jedoch, daß die Anbieter die neuen multimedialen und interaktiven Möglichkeiten der Distribution und des Marketing konsequent nutzen, um den zunehmend differenzierten und individualisierten Kundenbedürfnissen entgegenzukommen.

LITERATUR

ActiveMedia Incorporated, Research Group, 1996, http://www.activmedia.com.

Albers, S.; Peters, K: Die Wertschöpfungskette des Handels im Zeitalter des Electronic Commerce. Manuskripte aus den Instituten für Betriebswirtschaftslehre der Universität Kiel, Nr. 429, Januar 1997.

Alpar, P.: Kommerzielle Nutzung des Internet, Berlin u.a. 1996.

Burke, R. R.: Virtual Shopping: Breakthrough in Marketing Research. In: Harvard Business Review, March/April 1996, S. 120-131.

Cohen, S.; Gadd, M.: Virtual reality shopping simulation for the modern marketer. In: Marketing and Research Today, February 1996, S. 18-26.

Fantapié Altobelli, C.: Online Marketing im deutschsprachigen Raum. In: Thexis, 14 (1997), Nr. 1, S. 5-11.

Fantapié Altobelli, C.; Hoffmann, S.: Werbung im Internet, Unterföhring 1996.

Fantapié Altobelli, C.; Hoffmann, S.: Die optimale Online-Werbung für jede Branche, Unterföhring/Hamburg 1997.

Fittkau, S.; Maaß, H.: WWW-Benutzer-Analysen, W3B Hamburg 1996, http://www.w3b.de.

Gerpott, T. J.; Heil, B.: Multimedia-Teleshopping. Rahmenbedingungen und Gestaltung von innovativen Absatzkanälen. In: ZfB, 66 (1996), S. 1329-1356.

Gräf, H.: Profilierung durch Online Marketing. In: Thexis, 14 (1997), Nr. 1, S. 47-50.

Gupta, S.: Some Trends in Use of the World Wide Web: Implications for Online Vendors. In: Thexis, 14 (1997), Nr. 1, S. 2-4.

GVU: WWW User Surveys. Georgia Tech Research Corporation 1996, http://www.cc.gatech.edu/gvu/.

Hartge, T.: Digitale Geschäfte. In: c't, 1997, Heft 3, S. 178-184.

Heise, G.: Online-Distribution. In: Hünerberg, R.; Heise, G.; Mann, A. (Hrsg.): Handbuch Online-Marketing: Wettbewerbsvorteile durch weltweite Datennetze, Landsberg/Lech 1996, S. 131-155.

MAZ Hamburg GmbH: Die virtuelle Ladenpassage. Presse-Information, Hamburg 22. April 1996.

Mertens, P.; Schumann, P.: Electronic Shopping – Formen, Entwicklungsstand und Ausblick: Vortrag anläßlich der Veranstaltung „Elektronisches Verkaufen“ der MAZ Hamburg GmbH, Mai 1996, unveröffentlichtes Manuskript.

o.V.: Spielend verkaufen? In: absatzwirtschaft, 1996, Nr. 5, S. 115-125.

Plewe, H.: Was geht über den Bildschirm? In: absatzwirtschaft, 1996, Nr. 5, S. 109-117.

Roll, O.: Marketing im Internet, München 1996.

Spar, D; Bussgang, J. J.: Geschäfte im Cyberspace – noch fehlen dem Spiel feste Regeln. In: Harvard Business manager, 1997, Nr. 4, S. 39-47.

Werner, A.; Stephan, R: Marketing-Instrument Internet, Heidelberg 1997.

Interaktive Medien als Kommunikations- und Distributionskanal für Güter und Dienstleistungen: Die Akzeptanz bei Handel und Herstellern[1]

Dietmar Geppert, Köln und Stefan Müller, Dresden

Mit dem Internet, der CD-I sowie in naher Zukunft dem Interaktiven Fernsehen stehen Hersteller und Handel interaktive Medien zur Verfügung, die es ihnen erlauben, mit dem Konsumenten in einen (audiovisuellen) Dialog zu treten. Das zentrale Anliegen der vorliegenden empirischen Studie besteht deshalb darin, diese Medien als Kommunikations- und Distributionskanal in der Tradition der Akzeptanzforschung zu evaluieren. Dabei zeigt sich, daß nach Einschätzung der Entscheidungsträger nur die Online-Dienste über das Potential verfügen, einen ausreichend großen Kreis an Konsumenten anzusprechen und zu gewinnen. Das Electronic Shopping wird sich mittelfristig zu einem attraktiven Vertriebskanal entwickeln und als Betriebsform etablieren können.

1 INTERAKTIVE MEDIEN ALS KOMMUNIKATIONS- UND DISTRIBUTIONSKANAL

Die zunehmende Bedeutung elektronischer Medien für die Ansprache des Konsumenten sowie für den Vertrieb von Waren und Dienstleistungen zeigt sich bspw. am verstärkten Einsatz elektronischer Systeme am Point Of Sale (POS) und am Point Of Information (POI). Die Deutsche Forschungsgesellschaft für Innovationsforschung schätzt, daß 1995 vom gesamten Werbevolumen am POI und POS bereits 15% auf multimediale Anwendungen entfielen, wobei dieser Anteil laut einer Delphi-Studie der Unternehmensberatung BBE noch erheblich wachsen wird (Eggert 1995). Auch hat die Zahl der Unternehmen, welche elektronische Medien zur Kommunikation und/oder Distribution einsetzen, nach einer Untersuchung der Agentur Frey Beaumont-Benett von 1994 bis 1995 um ca. 10% zugenommen. Noch ist kein Ende der Entwicklung abzusehen. Bereits 59% der befragten Handelsunternehmen nutzen elektronische Medien und zusätzlich 23% planen, dies zu tun (o.V. 1996a, S. 60).

Am weitesten fortgeschritten ist der Einsatz von Electronic Marketing für Produktpräsentation und -information. Einige Beispiele für viele:

- Die Karstadt AG hat in einer Reihe von Filialen in den Musikabteilungen die Multimediasäule „Music Master" installiert, die es erlaubt, mehr als 60.000 Titel über Touch-Screen abzurufen.
- Die Mercedes-Benz AG präsentiert ihre Produkte auf CD-ROM und Diskette.
- Meier's Weltreisen stellt ihr Angebot mit dem (stationären) interaktiven Multimediasystem „Reisemulti" vor.
- Mit den verschiedenen Online-Diensten (z. B. AOL, CompuServe, T-Online) und dem Internet stehen neue Datennetze für das Home-Shopping zur Verfügung, die es Hersteller und Handel erlauben, den Konsumenten direkt anzusprechen und mit ihm in einen (audiovisuellen) Dialog zu treten.

Grundsätzlich sind zwei Erscheinungsformen voneinander abzugrenzen: Während der Konsument beim *aktiven* Home-Shopping den Kaufprozeß selbständig steuert, wie dies bei interaktiven Systemen der Fall ist, kann er beim *passiven* Home-Shopping lediglich reagieren, z. B. dann, wenn Fernsehspots gesendet werden, die zu einem Response auffordern (= Teleshopping) (Flegel 1995, Sp. 557 f.; Kruse 1993, S. 304; Tietz 1990, S. 18). Klassifiziert man die verschiedenen Spielarten des aktiven Home-Shopping nach der Art der Kommunikation und dem verwendeten Endgerät, lassen sich anhand der eingesetzten (interaktiven) Trägermedien *vier Grundtypen* des Home-Shopping unterscheiden (vgl. *Tabelle 1*).

- Bei CD-ROM-basierten Systemen (= Typ I) hat der Verbraucher keine Möglichkeit, auf die Werbebotschaft zu reagieren und z. B. Waren oder Dienstleistungen über das entsprechende Medium zu bestellen. Zwar ermöglicht es die CD-ROM dem Nutzer, aktiv zu sein, indem er im elektronischen Katalog blättert; da ein solches Offline-

System es den Anbietern jedoch nicht erlaubt, ihr Angebot fortlaufend zu aktualisieren (Update), läßt sich in diesem Fall nicht von echter, d.h. bi-direktionaler Kommunikation sprechen. Beispiele hierfür sind die CD's der Versandhäuser Otto und Quelle sowie des Elektronik-Versenders Conrad Electronic. Derzeit verfügen hierzulande etwa 4 Mio. PC's über ein CD-ROM-Laufwerk, bis zum Jahr 2000 werden nach Schätzungen der Prognos AG und der MediaGruppe München zwischen 13 Mio. und 15 Mio. Geräte eine Abspielmöglichkeit für CD's bieten (Strahlendorf 1995, S. 33).

Tabelle 1: Die Erscheinungsformen des Home-Shopping via interaktive Medien

		Art der Kommunikation	
		Offline	Online
End-gerät	PC	Typ I *CD-ROM*	Typ II *Online-Dienste incl. Internet*
	TV	Typ III *CD-I*	Typ IV *Interaktives Fernsehen*

- Zu Typ II zählen die nationalen und internationalen Online-Dienste sowie das Internet. Zwar können hier Anbieter und Nachfrager in einen elektronischen Dialog eintreten; aufgrund der eingeschränkten Übertragungskapazität der bestehenden Datennetze kann aber kein Bewegtbild in VHS-Qualität übertragen werden, so daß sich die Präsentation der Angebote noch auf Text und/oder Standbild beschränkt (Furht u.a. 1995, S. 29). In der Bundesrepublik Deutschland verfügten Mitte 1995 etwa 1,8 Mio. Haushalte über einen Zugang zu einem Online-Dienst (Apel 1995, S. 141).

- Zwar erlaubt es Typ III, den Verbraucher audiovisuell anzusprechen, dieser kann jedoch nicht selbst agieren, sondern nur auf Stimuli des Anbieters reagieren. Allerdings bietet die CD-I die Möglichkeit, eine Vielzahl von Waren entweder direkt aus einem alphabetischen Katalog auszuwählen oder zunächst einzelne Produktgruppen aufzurufen. Bekanntestes Beispiel ist die CD-I des holländischen Handelsunternehmens Albert Heijn.

- Das Interaktive Fernsehen (= Typ IV) schließlich stellt eine Weiterentwicklung der oben skizzierten Trägermedien dar. Im Vergleich zu den bestehenden Online-Diensten bietet diese Innovation die Möglichkeit, das Angebot audiovisuell zu präsentieren, während im Vergleich zu Offline-Systemen der zentrale Vorteil in der bidirektionalen Kommunikation zu sehen ist (vgl. *Tabelle 1* und *Tabelle 2*). Insofern ist für dieses Medium der multimediale Dialog zwischen Anbieter und Nachfrager charakteristisch.

In der Praxis werden die einzelnen Varianten der Kommunikation oftmals miteinander kombiniert (Tietz 1993, S. 12). So erfüllt eine Warenpräsentation per CD-ROM natürlich primär dann ihren Zweck, wenn diese über eine Schnittstelle zu einem Online-Dienst verfügt, der Verbraucher also direkt mit dem (Bestell-)Rechner des Anbieters verbunden ist. *Tabelle 2* vermittelt einen Überblick über die Eignung der verschiedenen elektronischen Medien als Kommunikations- und Distributionskanal (Holland/Küppers 1994, S. 29 ff.; Schleuning 1994, S. 89 ff.; Töpfer 1993, S. 53 ff.).

Tabelle 2: Die elektronischen Direct-Response-Instrumente im Inter-Media-Vergleich

Eigenschaften	**Typ I** CD-ROM	**Typ II** Online-Dienste	**Typ III** CD-I	**Typ IV** Interaktives Fernsehen
Kommunikationskanal				
Dialogfähigkeit (*Information*)	eher ungeeignet	geeignet	eher ungeeignet	geeignet
Zielgruppenansprache	geeignet	geeignet	geeignet	geeignet
Akustische Darstellung des Angebots	geeignet	eher ungeeignet	geeignet	geeignet
Visuelle Darstellung des Angebots	eher geeignet	eher geeignet	geeignet	geeignet
Distributionskanal				
Dialogfähigkeit (*Bestellung*)	eher ungeeignet	geeignet	eher ungeeignet	geeignet
Aktualisierung des Angebots (Update)	ungeeignet	geeignet	ungeeignet	geeignet
Marktforschung				
Response-Messung	ungeeignet	geeignet	ungeeignet	geeignet
After Sales Marketing				
Service-/Beschwerde-Management	eher ungeeignet	geeignet	eher ungeeignet	geeignet

Legende: ● geeignet ◕ eher geeignet ◔ eher ungeeignet ○ ungeeignet

Die Erwartungen an den Vertrieb via interaktive Medien sind überaus hochgesteckt. Bis zum Jahr 2000 sollen allein in den USA mit dem Online-Shopping pro Jahr 6,9

Mrd. US $ umgesetzt werden (Forrester Research 1995), und Time Warner prognostiziert dem Electronic Shoppping für den US-Markt ein Potential von 70 Mrd. US $ (Berke/Fuchs/Deysson 1993, S. 50). Übertragt man die dabei getroffenen Annahmen auf die Bundesrepublik Deutschland, so beläuft sich dort das Marktpotential auf ca. 20-25 Mrd. DM (Geppert/Greipl/Müller 1996, S. 166). Die Kölner Unternehmensberatung BBE geht sogar davon aus, daß bereits im Jahr 2005 zwischen 4,0% und 7,5% des gesamten Handelsumsatzes über elektronische Medien erzielt werden, was einem Volumen von 28-52 Mrd. DM entspräche (o.V. 1995a, S. 12).

Angesichts dieser Prognosen erstaunt es kaum, wenn sich auch hierzulande die Anbieter verstärkt dem Electronic Retail widmen. Während die Quelle AG gemeinsam mit der Pro7-Gruppe den Teleshopping-Sender „Home Order Television" (H.O.T.) ins Leben gerufen hat, gründete der Metro-Konzern die Tochtergesellschaft Metronet GmbH, und die Karstadt AG errichtete ein virtuelles Internet-Kaufhaus. Auch die Kapitalbeteiligung der REWE an Pro7 sowie die Teilnahme des Otto-Versands am weltweit größten Pilotversuch zum Interaktiven Fernsehen („Full Service Network" in Orlando/Florida) sprechen dafür, daß die deutschen Handelskonzerne gewillt sind, die technologische Herausforderung anzunehmen. Im Vergleich dazu scheinen sich die Konsumgüterhersteller bislang eher extensiv mit den Chancen, welche die Neuen Medien bieten, auseinanderzusetzen. Dies ist um so verwunderlicher, als gerade Markenartikel für den Televertrieb gut geeignet sind; denn dank ihres Renommees läßt sich leicht das für den Distanzhandel erforderliche Vertrauen der Konsumenten gewinnen (Geppert/Müller 1996, S. 101).

Das *zentrale Anliegen* der vorliegenden empirischen Studie besteht deshalb darin, interaktive Medien als Kommunikations- und Distributionskanal in der Tradition der Akzeptanzforschung zu evaluieren. Insbesondere gilt es dabei zu klären, welchen Stellenwert Handel und Hersteller diesen Medien für die Zukunft beimessen. Basierend auf den prognostizierten Akzeptanzwerten sollen dann das Potential des Electronic Shopping bewertet und Konsequenzen für die Handelslandschaft in der Bundesrepublik Deutschland abgeleitet werden, wobei jeweils auch unsere Erkenntnisse zur Verbraucherakzeptanz Berücksichtigung finden.

2 ANLAGE UND DESIGN DER UNTERSUCHUNG

2.1 Der Bezugsrahmen der empirischen Untersuchung

Im Rahmen dieser Studie betrachten wir Akzeptanz als zweidimensionales Konstrukt, bestehend aus einer *Einstellungs-* und einer *Verhaltenskomponente* (vgl. *Abbildung 1*). Während letztere das offenkundige Verhalten des Unternehmens kennzeichnet (beteiligt sich dieses z. B. an Pilotprojekten zum Interaktiven Fernsehen oder vertreibt es Waren via CD-ROM?), sollen die latenten Variablen den zukünftigen Einsatz interaktiver Medien als Kommunikations- und Distributionskanal prognostizieren bzw. erklären. Dabei gilt es, die Einstellung der Entscheidungsträger und -beeinflusser zu ermitteln, da davon ausgegangen werden kann, daß diese beiden Personengruppen als Promotoren oder Inhibitoren die Adoptionsentscheidung des Unternehmens wesentlich bestimmen, sei es auf der Machtebene oder auf der Fachebene (Gemünden 1981, S. 51). Deshalb richtete sich die Befragung an Unternehmensmitglieder, die entweder über ein großes hierarchisches Potential oder über Expertenwissen verfügen (z. B. Geschäftsführung, Unternehmensentwicklung, Innovationsmanagement).

Neben den personalen Merkmalen der Mitglieder des „Buying Centers", zu denen auch deren einschlägige Erfahrungen mit Neuen Medien zählen, lassen sich drei weitere Gruppen von Faktoren unterscheiden, die für die Akzeptanz interaktiver Medien als Vertriebsschiene maßgeblich sind (vgl. *Abbildung 1*; Chandrashekaran/Sinha 1995; Rogers 1995; Weiber 1992; Schubert 1986; Lutschewitz/Kutscher 1977):

- Merkmale des Unternehmens (z. B. Unternehmensgröße, Finanzkraft),
- Merkmale der Kommunikationstechnik (z. B. Investitionskosten) sowie
- ein vielschichtiges Umfeldsystem, welches mit den zuvor genannten Größen in wechselseitiger Beziehung steht (z. B. Akzeptanz der Konsumenten, Medienrecht, Datenschutz etc.).

2.2 Der Untersuchungssteckbrief

Als Zielgruppe der Studie betrachteten wir alle hierzulande ansässigen Hersteller von Konsumgütern, Versandhäuser und Unternehmen des stationären Einzelhandels. Die Stichprobe wurde nach dem *Cut-off-Verfahren* (Weis/Steinmetz 1991, S. 51; Hüttner 1989, S. 89) gezogen, wobei wir uns auf die „wichtigen" Elemente der Grundgesamtheit beschränkten, in diesem Fall auf die umsatzstärksten Firmen. Dieses Vorgehen ist angesichts der Konzentration im deutschen Einzelhandel, bei dem drei Prozent der Unternehmen zwei Drittel des gesamten Umsatzes erwirtschaften (Krockow 1995, S. 691), inhaltlich berechtigt und forschungsökonomisch sogar unabdingbar. Da der Versandhandel beim elektronischen Vertrieb seit jeher als Promotor fungiert (man denke nur an das Teleshopping oder den Vertrieb via Btx), berücksichtigten wir überproportional viele Versandhändler, insbesondere alle Anbieter mit einem Vollsortiment.

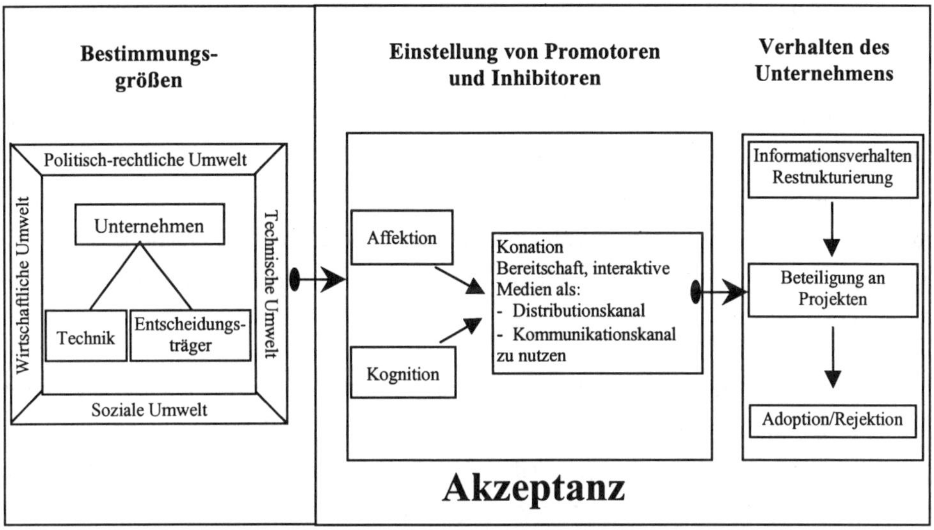

Abbildung 1: Das allgemeine Akzeptanzmodell

Von den 200 im gesamten Bundesgebiet schriftlich befragten Unternehmen sandten 38 den Fragebogen ausgefüllt zurück (vgl. *Tabelle 3*). Aufgrund unvollständiger Angaben wurde ein Fragebogen ausgesondert, was bei n = 37 eine Netto-Rücklaufquote von 18,5% ergab. Analysiert man die *Struktur der Stichprobe*, so tritt der Nutzen des gewählten Vorgehens unmittelbar zutage: Die beteiligten 20 Handelsunternehmen vereinigen mit 95,5 Mrd. DM ca. 14,4% des gesamten Einzelhandelsvolumens auf sich; beim Versandhandel berücksichtigt die Untersuchung mit 18,2 Mrd. DM sogar fast die Hälfte des über diese Betriebsform bewerkstelligten Warenumschlags.

3 DIE AKZEPTANZ INTERAKTIVER MEDIEN BEI HANDEL UND HERSTELLERN

3.1 Der Einsatz interaktiver Medien zur Kommunikation und Distribution

Um die (Verhaltens-)Akzeptanz der Unternehmen umfassend messen zu können, zogen wir neben der tatsächlichen Nutzung Neuer Medien (Online-Dienste, CD-ROM, CD-I) für die Distribution auch vorbereitende Tätigkeiten (z. B. wurden Projektteams gebildet, wird der Markt systematisch beobachtet?) sowie die Teilnahme an Pilotprojekten zum Interaktiven Fernsehen als Indikatoren heran.

Dabei zeigte sich, daß rund ein Drittel der befragten Firmen bereits einschlägige (positive) *Erfahrungen* mit dem elektronischen Vertrieb sammeln konnte, was allerdings *fast ausschließlich* für *Versandhändler* gilt. Dafür ist es nicht maßgeblich, ob diese ein Spezial- oder ein Vollsortiment anbieten, wenngleich die großen Versandhäuser, die in der Regel ein breites Sortiment führen, über intensivere Erfahrungen mit den Neuen Medien verfügen.

Lediglich ein Drogeriemarkt und ein (Möbel-)Hersteller nutzen derzeit interaktive Medien zum Dialog mit dem Kunden. Gerade für diese Branchen aber kommt der elektronische Distanzhandel in Frage, verfügen doch die meisten der in der Drogerie angebotenen Waren aus Sicht der Konsumenten nur über einen geringen Grad an „Touch & Feel". Da der Verbraucher also kein unmittelbares Bedürfnis verspürt, z. B. Fleckensalz, Kräutertee oder Haushaltskerzen real in den Händen zu halten, sind diese Erzeugnisse für den elektronischen Vertrieb geradezu prädestiniert. Auch lassen sich viele Produkteigenschaften von Möbeln am Bildschirm realitätsnäher vermitteln, als dies in einem traditionellen Einrichtungshaus möglich ist. Beispielsweise erlauben es interaktive Medien, die Farbe einer Couchgarnitur per Knopfdruck zu wechseln. Überdies ist vorstellbar, daß der Verbraucher seine „Traumküche" am Bildschirm modular entwirft, was zudem Nachkauf-Dissonanzen reduziert und zu einer stärkeren Kundenbindung beiträgt (o.V. 1996b, S. 35) und im übrigen nichts anderes ist als der vielzitierte Prosumerismus (Davidow/Malone 1993; Toffler 1980).

Über einen Gruppenvergleich läßt sich nachweisen, daß Nutzer interaktiver Medien nicht nur über langjährige Erfahrungen im Direktmarketing verfügen, sondern sich selbst auch als fortschrittliche Distributeure verstehen. Somit treffen auf sie jene Merkmale zu, die gleichfalls die Versandhäuser charakterisieren. Insofern vermag es nicht zu verwundern, wenn die Katalogversender auf diesem Gebiet die Rolle des Innovators übernommen haben. Deren Engagement erscheint zudem plausibel, wenn man bedenkt, daß ihnen diese innovative Vertriebsform die Möglichkeit bietet, neue Zielgruppen zu erschließen, z. B. Jugendliche, die technischen Neuerungen gegenüber aufgeschlossen sind.

Tabelle 3: Der Untersuchungs-Steckbrief

Stichprobenumfang	n = 37
Datengewinnung	Schriftliche Befragung mit standardisiertem Fragebogen 100 Konsumgüterhersteller 70 Unternehmen des stationären Handels 30 Versandhandelsunternehmen
Auswahlverfahren	Cut-off-Verfahren nach den Kriterien Umsatz und Branche
Struktur der Stichprobe	

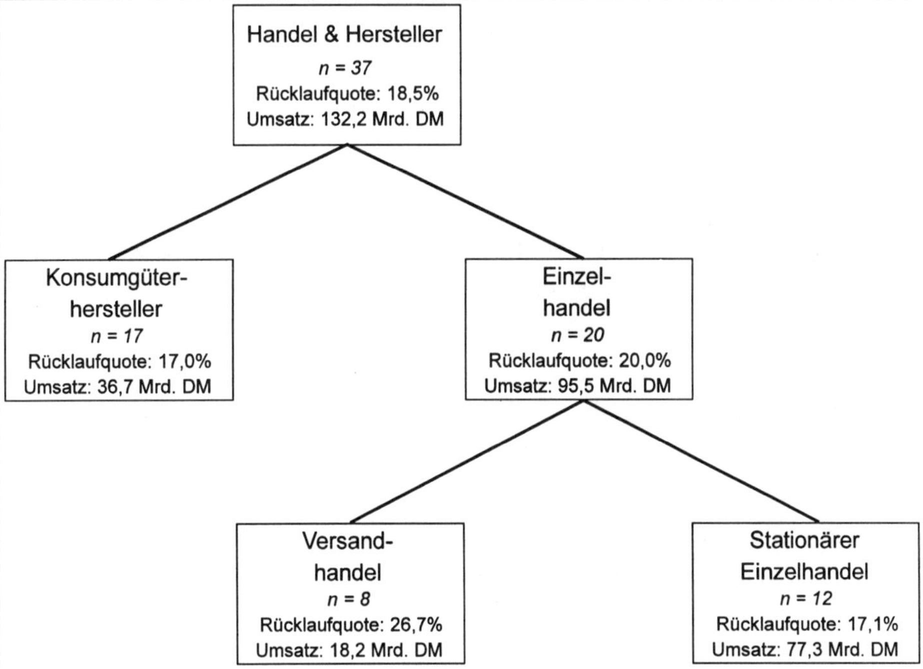

Für die nähere Zukunft ist indessen zu erwarten, daß verstärkt auch Konsumgüterhersteller neue Medien zur Kommunikation und zum Vertrieb nutzen werden. Nahezu jedes siebte der befragten Unternehmen, die bislang über keine Erfahrungen mit interaktiven Medien verfügen, plant mittelfristig deren Einsatz, langfristig sogar mehr als jedes Zweite. Zu den derzeit durchgeführten Maßnahmen zählen vornehmlich die Planung konkreter Projekte (z. B. Aufbau Online-Kaufhaus, Vertrieb via CD-ROM) sowie die Gründung neuer Abteilungen und die Bildung interdisziplinärer Projektteams. Als Informationsquellen dienen neben Fachzeitschriften und der Tagespresse in erster Linie Seminare, Kongresse und Messen (z. B. IFA, CeBIT); interessanterweise nutzen die Entscheidungsträger selbst aber auch die Online-Dienste, um sich über aktuelle Entwicklungen auf diesem Gebiet zu informieren. Der hohe Prozentsatz an (potentiellen) Nutzern ist allerdings angesichts des für die Stichprobenziehung gewählten Cut-off-Verfahrens zu relativieren: Im wesentlichen verfügen nur die — in der Stichprobe überproportional vertretenen — Großunternehmen über die erforderlichen finanziellen und personellen Ressourcen; eine aktuelle Studie des Ifo-Instituts für Wirtschaftsforschung belegt, daß eine zu geringe Umsatzrendite und fehlendes Eigenkapital die wesentlichen Innovationshemmnisse darstellen (o.V. 1995b, S. 4).

3.2 Die Einstellung zum zukünftigen Einsatz interaktiver Medien

Zunächst interessierte uns die Einstellung der Entscheidungsträger zum zukünftigen Einsatz interaktiver Medien als *Kommunikationskanal*. Als Ausdruck ihrer Akzeptanz sollten die Probanden angeben, welchen Stellenwert sie den verschiedenen Medien beimessen. Gemäß der von ihnen subjektiv wahrgenommenen Wichtigkeit sollten sie hierzu insgesamt 20 Punkte auf zehn Medien (vgl. *Abbildung 2*) verteilen. Der wesentliche Vorteil dieses *Konstantsummenverfahrens* liegt darin, daß es die Probanden dazu zwingt, zwischen den verschiedenen Werbeträgern abzuwägen und nur für solche Medien Punkte zu vergeben, die ihnen wirklich wichtig sind. Das alternative Absolutverfahren hingegen erspart den Auskunftspersonen diesen in der Praxis vorzunehmenden Abwägungs- und Entscheidungsprozeß, was dann zur sog. Anspruchsinflation führt: Alles wird als annähernd gleichermaßen wichtig eingestuft (Dichtl/Müller 1986, S. 233).

Wären den Anbietern alle zehn Medien gleich wichtig, so müßte jedes 10,0% der Punktesumme auf sich vereinen, d.h. 2,0 Punkte. Damit können Werbeträger, die einen signifikant größeren Anteil als 10,0% der Punktesumme erhalten, als künftig überdurchschnittlich wichtige Kommunikationskanäle gelten. Gemäß *Abbildung 2* besitzen *Direktmedien*, wie Handzettel, Katalog oder Werbebrief, in diesem Sinn für die Werbetreibenden auch zukünftig die ***größte Bedeutung***, gefolgt von Printmedien (z. B. Annonce in einer Zeitschrift), dem traditionellen Werbefernsehen und der Werbung am POS. Während sowohl Handel als auch Hersteller auf Print- und POS-Werbung setzen, beabsichtigen nur Handelsunternehmen, Direktmedien verstärkt zur Ansprache und Information der Kunden zu nutzen. Das, was maßgeblich für die Akzeptanzprobleme der Werbung sorgt, die Flut von Werbeprospekten in Briefkästen, wird also andauern. Auch bleiben TV-Spots eine Domäne der Konsumgüterhersteller und Fernseh- bzw. Hörfunkwerbung à la Media Markt („Ich bin doch nicht blöd") oder Unger („Schotten-Preise bei Unger") auch zukünftig eher die Ausnahme. Die Gründe dafür sind in den divergierenden Marketingzielen zu suchen: Der Hersteller muß sein Produkt, der Handel hingegen sein gesamtes Sortiment profilieren, wofür sich Kataloge und Beilagen besser eignen als die vielerlei Restriktionen unterworfenen Spots (insbesondere Zeitdauer, Auffassungsvermögen der Adressaten).

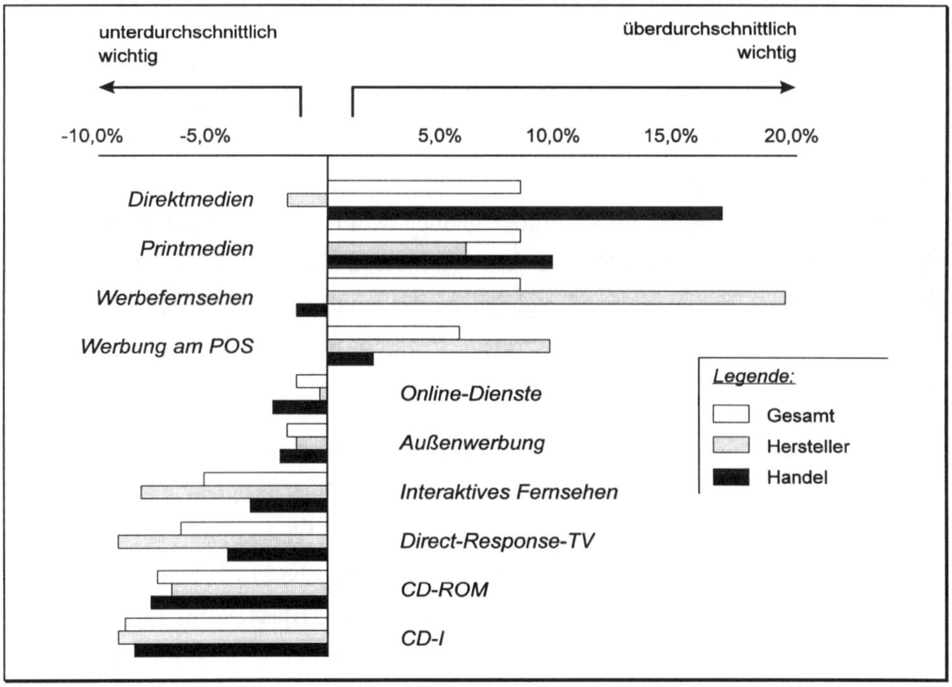

Abbildung 2: Die relative Wichtigkeit der verschiedenen Medien als Kommunikationskanal

Ein Blick auf die als unterdurchschnittlich wichtig eingestuften Medien zeigt, daß *interaktive Systeme* — soweit sie nicht direkt am POS eingesetzt werden — auch in Zukunft nur eine *untergeordnete Rolle* spielen können. Die Anbieter setzen dabei offensichtlich fast ausschließlich auf die Online-Dienste (z. B. Internet). Neuerungen wie Interaktives Fernsehen oder CD-I, welche die kritische Masse (noch) nicht erreicht haben, sind für die Werbetreibenden verständlicherweise uninteressant. Gleichfalls weit hinten auf der Prioritätenliste steht das Direct-Response-TV, was angesichts der Imageprobleme, mit denen das Teleshopping noch zu kämpfen hat (Geppert/Müller 1996, S. 101), durchaus verständlich erscheint. Ihre im Vergleich zu den anderen Medien geringe Bedeutung darf indessen nicht darüber hinwegtäuschen, daß Direct-Response-Spots hierzulande stark wachsen. Rund zehn Jahre nach den ersten Versuchen werden dreistellige Zuwachsraten beim (Werbe-)Umsatz erzielt (Munkelt 1994, S. 132). Des weiteren wird — trotz der Erfolge, die etwa Quelle und Otto mit diesem Medium erzielen konnten — wenig Wert auf die CD als Werbeträger gelegt, was als Beleg dafür gelten kann, daß der Offline-Markt im Vergleich zu den Online-Medien zunehmend an Boden verliert.

Die relative Wichtigkeit von sieben *Vertriebsalternativen* maßen wir ebenfalls mit dem Konstantsummenverfahren. Auch dabei zeigte sich, daß — nach Einschätzung der befragten Entscheidungsträger — von den Neuen Medien nur die *Online-Dienste* über das *Potential* verfügen, einen ausreichend großen Kreis an Konsumenten anzusprechen und zu gewinnen (vgl. *Abbildung 3*). Zur Bewertung diente wiederum ein Intentionsmaß, das nach dem bereits geschilderten Prinzip gebildet wurde. Da zu vermuten war, daß der stationäre Einzelhandel auch künftig den Warenverkauf dominieren wird, sollten die Befragten dessen Bedeutung im Vergleich zu den anderen Vertriebsschienen seperat angeben; denn nur so ist eine differenzierte Betrachtung der im Vergleich zur etablierten Vertriebsschiene „unwichtigen“ Vertriebskanäle möglich.

Wie angemessen diese Verfahrensweise war, zeigt sich daran, daß nur für rund ein Viertel der befragten Unternehmen alle Formen des Distanzvertriebs zusammengenommen eine größere Bedeutung als der stationäre Handel haben und man gleichzeitig bedenkt, daß der Anteil der Versandhändler an der Stichprobe 21,6% beträgt. Aber auch bei diesen rangiert mit Abstand eine klassische Absatzform, der Katalog-Versandhandel, auf dem ersten Platz, so daß mittelfristig der Verkauf mittels interaktiver Medien nur eine Nischenposition einnehmen wird.

Eine Ausnahme bilden allerdings drei Hersteller von Spirituosen und Soft-Drinks, die Online-Diensten eine größere Bedeutung als den klassischen Vertriebskonzepten beimessen. Daß sich deren Produkte, wie auch eine aktuelle Studie der Boston Consulting Group (1995, S. 23 ff.) belegt, für den elektronischen Vertrieb über interaktive Medien gut eignen, ist unmittelbar einsichtig: Weder sind Orangensaft, Bitter Lemon oder Wodka in nennenswertem Maße erklärungsbedürftig, noch ist das Bedürfnis der Verbraucher, die Ware vor dem Kauf persönlich zu begutachten („Touch & Feel"), ausgeprägt.

Neben den Online-Diensten, die Handel und Hersteller gleichermaßen überdurchschnittlich wichtig erscheinen, setzen erstere wie bisher auf den klassischen Katalogversand, letztere auf den Direktvertrieb. Alle anderen innovativen Vertriebskonzepte, etwa der Vertrieb von Waren via Interaktives Fernsehen oder das Direct-Response-TV, spielen in den Überlegungen der Anbieter nur eine untergeordnete Rolle. Offensichtlich haben sich (nach vielen Verbrauchern) mittlerweile auch die Konsumgüterhersteller und die Handelsunternehmen von der „Internet-Euphorie" anstecken lassen, so daß zu erwarten ist, daß das Angebot an Produkten und Dienstleistungen in den diversen Datennetzen rapide wachsen wird.

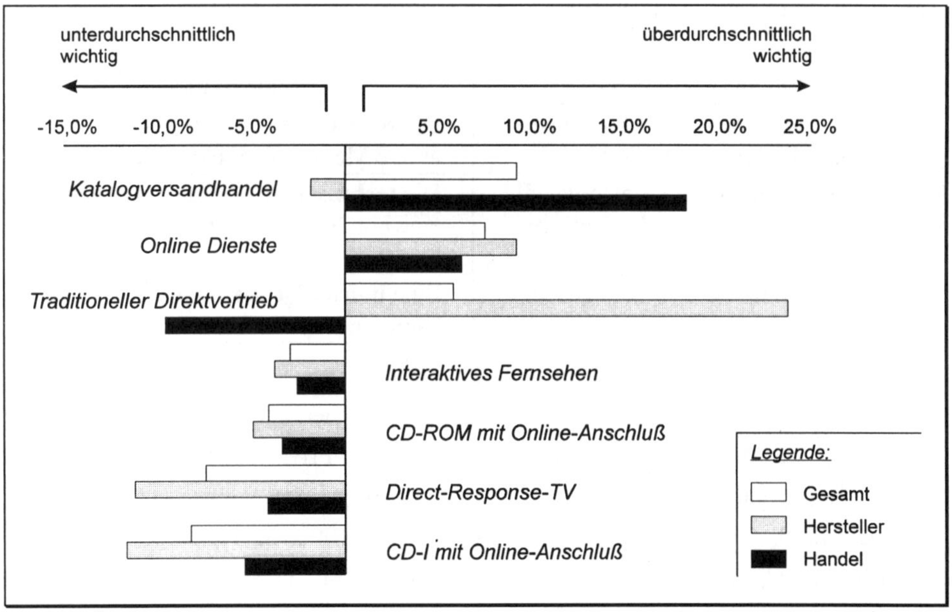

Abbildung 3: Die relative Wichtigkeit einzelner Distributionskanäle

3.3 Voraussetzungen für den Einsatz interaktiver Medien

Damit interaktive Medien bei Handel und Herstellern gewinnbringend eingesetzt werden können, sind nach Meinung der befragten Unternehmen vielfältige Hemmnisse zu überwinden, die sich (faktorenanalytisch) auf zwei Dimensionen zurückführen lassen: *Unternehmensinterne und -externe Voraussetzungen* (vgl. *Tabelle 4*). Zu den vom Unternehmen zu schaffenden Bedingungen zählen organisatorische Veränderungen, die Schulung bzw. Akquisition qualifizierten Personals sowie die Deckung des Investitionsbedarfs, wobei sich nahezu alle Befragten darin einig sind, daß sich diese Hürden vergleichsweise einfach überwinden lassen. Ob ein Unternehmen indessen überhaupt bereit ist, in irgendeiner Form in die neue Technik zu investieren, hängt von der Einschätzung der externen Bedingungen ab: Werden die *Konsumenten* das Medium *akzeptieren*, welchen Verlauf wird die *technische Entwicklung* nehmen, und welche *Kapitalverzinsung* ist zu erwarten? Denn ein Vergleich zwischen der Gruppe der Nutzer und der potentiellen Adopter interaktiver Medien einerseits und den Rejektoren andererseits belegt: Erstere glauben eher, daß der Verbraucher diese Medien als Einkaufsform akzeptieren wird (+0,9 vs. -1,1) und sind auch eher der Ansicht, daß eine befriedigende Kapitalverzinsung erreicht werden kann (+0,1 vs. -0,8; Skalenformat: - 3 bis + 3).

Tabelle 4: Die für eine erfolgreiche Diffusion zu schaffenden Voraussetzungen

Interne Voraussetzungen	Externe Voraussetzungen
Das Unternehmen verfügt über ausreichend **qualifiziertes Personal**.	Die **Konsumenten akzeptieren** interaktive Medien als Einkaufsform
Das Unternehmen kann die notwendigen **organisatorischen Veränderungen** vornehmen.	Die **technischen Voraussetzungen** für eine bundesweite Einführung sind geschaffen.
Der **Investitionsbedarf** kann gedeckt werden.	Eine **befriedigende Kapitalverzinsung** kann erreicht werden.

Die Anbieter werden also erst dann interaktive Medien als Kommunikations- und Distributionskanal nutzen, wenn die Nachfrage ein ausreichend großes Potential erwarten läßt. Interaktive Medien werden aber nur dann für eine Privatperson interessant, wenn das Medium Zugang zu einer Vielzahl attraktiver Programmangebote (= Inhalt, Content) verschafft. Dieser „Circulus Vitiosus" (Weiber 1992, S. 99; Degenhardt 1986, S. 37) impliziert, daß für die erfolgreiche Diffusion eines interaktiven Mediums eine Mindestzahl an Anwendern erforderlich ist, damit die Innovation einem breiten Anwenderkreis attraktiv erscheint (Markus 1990, S. 103). Daß diese kritische Masse bereits heute gegeben ist, belegt eine Studie der TU Dresden (Geppert/Greipl/Müller 1996), wonach der Vertrieb über interaktive Medien ausgesprochen gute Wachstumschancen besitzt, wenn man ihn nicht als eine neue Form des (problembehafteten) Teleshopping, sondern als eine unserer Zeit gemäße Weiterentwicklung des etablierten Versandhandels präsentiert.

3.4 Die Zukunft des Handels: Zwischen Discount-, Smart-, Convenience- und Electronic-Shopping

Home-Shopping via interaktive Medien kann die vielfältigsten Konsequenzen für den Verbraucher, die Industrie, den Handel, die Umwelt und nicht zuletzt auch für die Gesamtwirtschaft zeitigen. So ist vorstellbar, daß die neue Informations- und Kommunikationstechnologie das Konsumverhalten der Verbraucher stark verändert. Auch ist denkbar, daß sich die bereits jetzt abzeichnende Polarisierung des Kaufverhaltens in Versorgungskäufe/Gewohnheitskäufe auf der einen und Erlebniskäufe auf der anderen Seite zuspitzen wird. Denn die regelmäßig benötigten Güter des täglichen Bedarfs können elektronisch via Bildschirm/Computer auf sehr bequeme Weise gekauft werden, während bei Gütern, die speziellere Bedürfnisse befriedigen (z. B. Modeartikel), zunehmend die Erlebnisdimension in die Kaufentscheidung einfließt (Müller/Geppert 1996, S. 88). Auch könnte die erhöhte Markttransparanz dafür sorgen, daß das Smart-Shopping, d.h. die ausgeprägte Preis/Qualitäts-Orientierung der Verbraucher beim Einkauf, weiter an Bedeutung gewinnt.

Um mögliche Konsequenzen für die Handelslandschaft prognostizieren zu können, baten wir die Probanden, Statements zu potentiellen Auswirkungen der interaktiven Medien auf einer siebenstufigen bipolaren Ratingskala zu bewerten. Mittels einer Faktorenanalyse ließ sich das Urteil der Entscheidungsträger anschließend auf *drei* grundlegende *Szenarien* verdichten (vgl. *Abbildung 4*).

Im ersten, für den Handel wünschenswertesten Fall, akzeptiert die Mehrheit der Konsumenten den Einkauf über interaktive Medien. Aufgrund der Anonymität dieser Art des Einkaufens gewinnen gleichzeitig moderne Tante-Emma-Läden, die persönliche Bedienung und Beratung mit Kundennähe verbinden, an Bedeutung. Die bisherigen Hauptausprägungsformen dieser *Convenience*-Stores sind Tankstellen-Shops, Kioske, Läden für Reisebedarf in Bahnhöfen und Flughäfen, Trinkhallen und Imbißstuben sowie ehemalige kleine Lebensmittelgeschäfte. Das Convenience-Marktvolumen, das sich bereits heute auf ca. 30 Mrd. DM beläuft (Greipl 1997, S. 18), dürfte sich nach diesem Szenario in den nächsten Jahren mehr als verdoppeln. Des weiteren entstehen verstärkt Betriebsformen, die durch eine exklusive und aufwendige Ladengestaltung den Einkauf zu einem *Erlebnis* werden lassen. Der Handel übernimmt damit die Rolle eines Kommunikationszentrums, was auch bedeutet, daß er dank der flächendeckend eingesetzten Informationstechnologie unbegrenzte Einsicht in das Konsumverhalten besitzt und so seine Verhandlungsposition gegenüber den Herstellern stärkt.

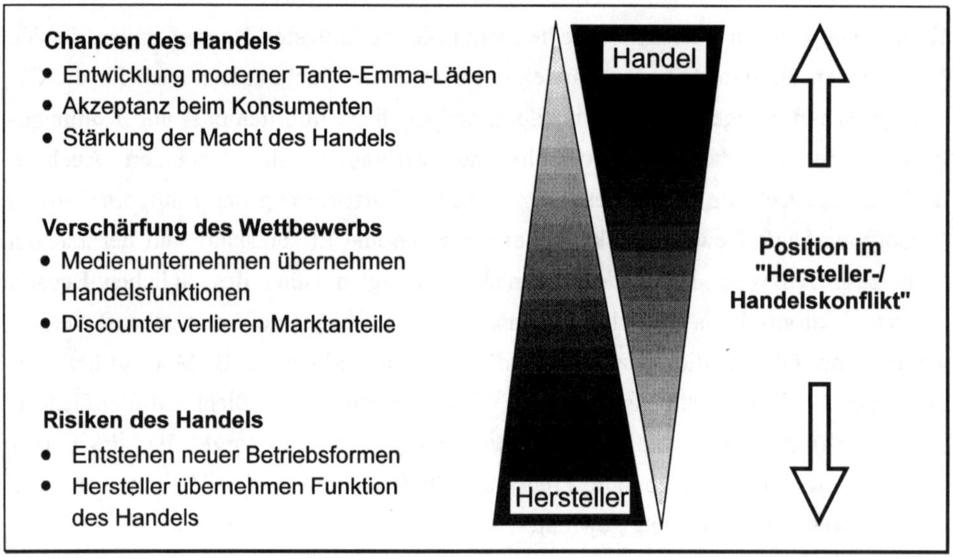

Abildung 4: Die Konsequenzen interaktiver Vertriebsformen für die Handelslandschaft

Das zweite Szenario ist durch eine *Verschärfung des Wettbewerbs* gekennzeichnet, was insbesondere aus dem Versuch der Medienunternehmen, verstärkt Handelsfunktionen zu übernehmen, resultiert. Aufgrund der wachsenden Erlebnisorientierung der Verbraucher wird der sich hier abzeichnende Verdrängungswettbewerb vornehmlich zu Lasten der primär auf aggressive Preispolitik ausgerichteten Betriebsformen des Einzelhandels gehen; denn mehr den je stellt ein günstiger Preis bei angemessenem Qualitätsniveau eine besondere Erlebnisdimension dar (Greipl 1997, S. 17).

Die durch den Einsatz interaktiver Medien begünstigten neuen Formen des Distanzhandels können aber auf lange Sicht auch die *Existenz* des stationären *Handels bedrohen* (= Szenario 3). Da es die neue Kommunikationstechnologie erlaubt, die individuellen

Wünsche der Konsumenten z. B. bei der Produktgestaltung zu berücksichtigen, verschwimmen die Grenzen zwischen Produktion und Konsum. Für die Hersteller eröffnet sich so die Chance, in Zusammenarbeit mit Datenverarbeitern und Logistikunternehmen die Funktion des Handels zu übernehmen.

Was die *Eintrittswahrscheinlichkeit* der einzelnen Szenarien anbelangt, so glauben sowohl die Entscheidungsträger aus dem Handel als auch jene der Konsumgüterhersteller, daß die interaktiven Medien in erster Linie den Wettbewerb verschärfen werden; 41,7% der Nennungen entfielen auf diese Alternative (vgl. *Tabelle 5*). Handelsunternehmen tendieren überproportional häufig zum ersten Szenario (= 27,8%), begreifen die interaktiven Medien also als Chance, ihre Verhandlungsposition gegenüber den Herstellern zu stärken. Umgekehrt wählten die Hersteller die dritte Alternative überdurchschnittlich oft (= 30,5%), sehen ihrerseits also die Möglichkeit, mit Hilfe der neuen Medien angestammte Funktionen des (stationären) Handels zu übernehmen.

Tabelle 5: Die Eintrittswahrscheinlichkeit der Szenarien

	Gesamt	**Hersteller**	**Handel**
Szenario 1	27,8%	12,4%	40,0%
Szenario 2	41,7%	43,8%	40,0%
Szenario 3	30,5%	43,8%	20,0%
	100,0%	100,0%	100,0%

Insgesamt glauben jedoch nur die Wenigsten, daß der Handel eines Tages als Absatzmittler entfällt (Mittelwert = -1,1; Skalenformat: -3 bis +3) und das Gros der Konsumenten interaktive Medien als primäre Einkaufsmöglichkeit akzeptiert (= -1,0). Ebenfalls für sehr unwahrscheinlich halten die Entscheidungsträger, daß elektronische Vertriebsmedien die Bedeutung von Discountern mindern werden (= -0,8). Während sich die Befragten unsicher sind, ob verstärkt moderne Tante-Emma-Läden entstehen (= -0,2), Medienunternehmen versuchen, Funktionen des Handels zu übernehmen (= 0,1) und das Electronic Shopping eines Tages seine Nische verlassen kann (= 0,2), sind sie sich darin einig, daß die Distribution per interaktiven Medien der *Dynamik der Betriebsformen* neue Impulse verleiht (= 1,1), wobei der entstehende Home-Shopping-Markt von Kooperationen aus Versandhändlern, Fernsehsendern und Telekommunikationsunternehmen beherrscht werden wird (= 0,9).

4 ZUSAMMENFASSUNG UND AUSBLICK

Rund ein Drittel der befragten Firmen konnte bereits einschlägige (positive) Erfahrungen mit dem elektronischen Vertrieb sammeln, insbesondere die Katalogversender, die auf diesem Gebiet die Rolle des Innovators übernommen haben. Für die nahe Zukunft ist zu erwarten, daß verstärkt auch Konsumgüterhersteller interaktive Medien zur Kommunikation und zum Vertrieb nutzen werden. Mehr als jedes zweite der befragten Unternehmen, die bislang nicht über Erfahrungen mit dem medialen Vertrieb verfügen, plant langfristig dessen Einsatz. Allerdings wird sich in den nächsten zehn Jahren an der Dominanz der klassischen Werbeträger ebensowenig ändern wie an der des stationären Einzelhandels. Weiterhin werden auch die Versandhäuser den Distanzvertrieb beherrschen.

Sowohl das Gros der Hersteller als auch der Händler vermutet, daß die interaktiven Medien in erster Linie zur Verschärfung der Wettbewerbssituation beitragen; die Promotoren begreifen die interaktiven Medien jedoch als Chance, ihren Ertrag zu verbessern. Von den Neuen Medien verfügen nach Einschätzung der Entscheidungsträger nur die Online-Dienste über das Potential, einen ausreichend großen Kreis an Konsumenten anzusprechen und zu gewinnen.

Befragt nach dem via interaktive Medien für das eigene Unternehmen zu realisierenden *Umsatz im Jahr 2010* glauben immerhin vier von zehn Firmenvertretern, daß er über 100 Mio. DM liegen wird, rund zehn Prozent meinen sogar, mit Hilfe interaktiver Medien die 1 Mrd. DM Umsatzschwelle überschreiten zu können. Bezogen auf den erwarteten Gesamtumsatz ergibt sich folgendes Bild: Während die Hälfte der Befragten die Ansicht vertritt, daß der Anteil, der über interaktive Medien distribuierten Waren 5% nicht überschreiten kann, glaubt etwa ein Drittel, daß er zwischen 5% und 10% liegen wird; 15% der Unternehmen rechnen sogar damit, mittelfristig mehr als ein Zehntel ihres Umsatzes via interaktive Medien zu erwirtschaften. Auffallend ist dabei die unterschiedliche Einschätzung der Konsumgüterhersteller und stationären Einzelhändler einerseits und der Versandhändler andererseits: Erstere erwarten, mit den Neuen Medien im Durchschnitt 4,6% bzw. 7,6% des Umsatzes realisieren zu können, letztere 17,1%! Dies unterstreicht nochmals die Bedeutung, welche die Versandhandelsunternehmen den interaktiven Medien als Kommunikations- und Distributionskanal beimessen.

Zusammenfassend ist somit zu erwarten, daß das „interaktive Angebot“ in Zukunft stark wachsen und der Verbraucher bereits in Kürze vielfältige Möglichkeiten erhalten wird, Waren und Dienstleistungen elektronisch zu ordern. Diese Ausweitung des Sortiments virtueller Malls dürfte wiederum eine verstärkte Nachfrage nach sich ziehen, so daß das Electronic Shopping bis zum Jahr 2010 die für eine breite Diffusion notwendige kritische Masse erreichen kann. Interaktives Home-Shopping wird den stationären Einzelhandel zwar nicht ersetzen, diesen aber verändern und sich selbst zu einem wichtigen und angesichts langfristiger Kostenvorteile attraktiven Vertriebskanal entwickeln.

DANKSAGUNG

1) Die Autoren danken Herrn Dipl.-Kfm Heiko Herrmann für die Erhebung der Daten sowie der Otto-Beisheim-Stiftung, München, für die großzügige Förderung der Studie.

LITERATUR

Apel, P.: Die Mär vom Turnschuh-Onliner. In: absatzwirtschaft, 38 (1995), Heft 11, S. 137-141.

Berke, J.; Fuchs, H.; Deysson, C.: Gläserner Anschluß. In: WirtschaftsWoche, 47 (1993), Heft 25, S. 46-50.

Boston Consulting Group: The Future of Multimedia, Technology Conference vom 22. Juni 1995, Zürich 1995.

Chandrashekaran, M.; Sinha, R. K.: Isolating the Determinants of Innovativeness. In: Journal of Marketing Research, 32 (1995), Nr. 4, S. 444-456.

Davidow, W. H.; Malone, M. S.: Das virtuelle Unternehmen: Der Kunde als Co-Produzent, Frankfurt/Main 1993.

Degenhardt, W.: Akzeptanzforschung zu Bildschirmtext: Methoden und Ergebnisse, München 1986.

Dichtl, E.; Müller, S.: Anspruchsinflation und Nivellierungstendenz als meßtechnische Probleme in der Absatzforschung. In: Marketing ZFP, 8 (1986), Heft 4, S. 233-236.

Eggert, U.: Ariadnefaden im Trendlabyrinth. In: absatzwirtschaft, 38 (1995), Heft 5, S. 48-59.

Flegel, V.: Electronic Shopping. In: Tietz, B.; Köhler, R.; Zentes, J. (Hrsg.), Handwörterbuch des Marketing, Stuttgart 1995, Sp. 555-568.

Forrester Research: Retail's Interactive Future, News Release, June 30, 1995, Cambridge/Mass. 1995.

Furht, B.; Kalra, D.; Kitson, F. L.; Rodrigues, A. A.; Wall, W. E.: Design Issues for Interactive Television Systems. In: Computer, 28 (1995), Nr. 5, S. 25-39.

Gemünden, H. G.: Innovationsmarketing: Interaktionsbeziehungen zwischen Herstellern und Verwendern der innovativen Investitionsgüter, Tübingen 1981.

Geppert, D.; Greipl, E.; Müller, S.: Interaktives Fernsehen als Kommunikations- und Distributionskanal: Kenntnisstand, Interessen und Akzeptanz der Verbraucher. In: Trommsdorff, V. (Hrsg.), Handelsforschung 1996/97, Wiesbaden 1996, S. 165-184.

Geppert, D.; Müller, S.: Teleshopping: Warensortiment und Negativimage als Akzeptanzhürden. In: Deutscher Direktmarketing Verband (Hrsg.), DDV-Jahrbuch Telemedien, Würzburg 1996, S. 100-103.

Greipl, E.: Rahmenbedingungen und Perspektiven des Handels. In: Marktforschung & Management, 41 (1997), Heft 1, S. 15-19.

Holland, H; Küppers, M.: Direktmarketing-Instrumente bei Reiseveranstaltern. In: Response, 5 (1994), Heft 12, S. 26-32, 38.

Hüttner, M.: Grundzüge der Marktforschung, Berlin 1989.

Krockow, A.: Erste Ergebnisse der Handels- und Gaststättenzählung 1993. In: Wirtschaft und Statistik, (1995), Heft 9, S. 688-693.

Kruse, A. H.: Teleshopping in Deutschland: Eine neue mediale Vertriebs- und Einkaufsform. In: Greff, G.; Töpfer, A. (Hrsg.), Direktmarketing mit neuen Medien, Landsberg/Lech 1993, S. 301-319.

Lutschewitz, H.; Kutscher, M.: Die Diffusion von innovativen Investitionsgütern: Theoretische Konzeption und empirische Befunde, München 1977.

Markus, M. L.: Critical Mass Contingencies for Telecommunications Consumers. In: Carnevale, M.; Lucertini, M.; Nicosia, S. (Hrsg.), Modelling the Innovation: Communications, Automation and Information Systems, Amsterdam 1990, S. 103-112.

Müller, S.; Geppert, D.: Interaktives Fernsehen als Promotor des Home-Shopping. In: Wirtschaftswissenschaftliches Studium, 25 (1996), Heft 2, S. 85-89.

Munkelt, J.: Vom Produktmarkt zum Dienstleistungsmarkt. In: absatzwirtschaft, 37 (1994), Heft 10, S. 132-135.

o.V.: Aussichten von Electronic Shopping positiv. In: Direkt Marketing, 31 (1995a), Heft 3, Sonderbeilage „Neue Interaktive Medien“, S. 12.

o.V.: Geringe Rendite behindert Innovationsvorhaben. In: Handelsblatt, Nr. 244/1995b, S. 4.

o.V.: Neue Medien sind kein Luxus mehr. In: Lebensmittel-Zeitung, 47 (1996a), Nr. 5, 2. Februar 1996, S. 60.

o.V.: Multimedia steigert Kundennähe. In: Marktforschung & Management, 40 (1996b), Heft 1, S. 34-35.

Rogers, E.: Diffusion of Innovations, 4. Aufl., New York 1995.

Schleuning, C.: Dialogmarketing. Theoretische Fundierung, Leistungsmerkmale und Gestaltungsansätze, Ettlingen 1994.

Schubert, F.: Akzeptanz von Bildschirmtext in Unternehmungen und im Markt: eine empirische Untersuchung über die Durchsetzung innovativer Kommunikationstechnologien, Münster 1986.

Strahlendorf, P.: Multimedia auf dem Vormarsch. In: Horizont, 13 (1995), Heft 11, S. 33.

Tietz, B.: Der Einfluß neuer Medien auf das Direktmarketing. In: Direkt-Marketing, 26 (1990), Heft 3, S. 18-21.

Tietz, B.: Der Direktvertrieb an Konsumenten: Konzepte und Systeme, Stuttgart 1993.

Toffler, A.: The Third Wave, 2. Aufl., New York 1980.

Töpfer, A.: Erfolgsfaktoren beim Einsatz von Direktmarketing. In: Greff, G.; Töpfer, A. (Hrsg.), Direktmarketing mit neuen Medien, Landsberg/Lech 1993, S. 25-58.

Weiber, R.: Diffusion von Telekommunikation: Problem der kritischen Masse, Wiesbaden 1992.

Weis, H. C.; Steinmetz, P.: Marktforschung, Ludwigshafen 1991.

Konzentration

Evaluation von Konzentrationsprozessen im Konsumgüterhandel — Ein Meßinstrumentarium zur Identifizierung von Austausch- und Verkrustungsprozessen in der Spitzengruppe von hochkonzentrierten Märkten

Rainer Olbrich, Münster

Die anhaltende Konzentrationsentwicklung in vielen Branchen des deutschen Konsumgüterhandels ist Anlaß für die Frage, welche Mechanismen sich hinter dem vordergründigen Anstieg des Konzentrationsgrades verbergen. Als Ergänzung zu den herkömmlichen Maßgrößen zur Beurteilung von Konzentrationsprozessen wird ein neues Meßinstrumentarium entwickelt, mit dessen Hilfe mögliche, sich hinter der Konzentrationsentwicklung verbergende Austausch- bzw. Verkrustungsprozesse innerhalb von Spitzengruppen identifiziert werden können. Der deutsche Lebensmittelhandel steht aufgrund spektakulärer Akquisitions- und Fusionsfälle in den letzten Jahren im Mittelpunkt des vorliegenden Beitrages.

1 ZIELE UND FRAGESTELLUNGEN DER ANALYSE

Steigende Konzentrationsgrade in vielen Branchen des Konsumgüterhandels geben seit einigen Jahrzehnten Anlaß zur Sorge um die Funktionsfähigkeit des Wettbewerbs (vgl. zu einem Überblick über die Diskussion Ahlert/Bergmann/Schröder/Wellmann 1988; Ahlert/Wellmann 1989; Ahlert/Olbrich 1993; Frisch/Sacksofsky 1993; Monopolkommission 1994; zur betriebswirtschaftlichen Analyse des 'Größenwachstums' im Konsumgüterhandel vgl. Olbrich 1994a, b; Olbrich/Reinke 1996). Im Brennpunkt der Betrachtung steht dabei der Lebensmittelhandel, der bereits einen sehr hohen Konzentrationsgrad erreicht hat und in gewissen Abständen für spektakuläre Fusions- bzw. Übernahmefälle sorgt. Nach wie vor ist ein starker Anstieg der Konzentrationsgrade CR-3, CR-6, CR-10 sowie CR-20 zu beobachten. Der CR-X (Concentration Ratio) gibt den Umsatzanteil der X größten Unternehmen am Gesamtumsatz eines Marktes an (vgl. zu der angeführten Entwicklung Monopolkommission 1994, S. 52).

Vor dem Hintergrund der fortschreitenden Konzentrationsentwicklung wird vor allem die Spitzengruppe im deutschen Lebensmittelhandel mit größter Aufmerksamkeit beobachtet. Bezeichnend für die Unsicherheit in der Beurteilung hochkonzentrierter Märkte sind Aussagen, die, ausgehend von der vordergründigen Konzentrationsentwicklung, unmittelbar auf die Gefahr einer sich oligopolistisch verhaltenden Gruppe von Unternehmen schließen. Gleichzeitig können die Fragen, ob Wettbewerb innerhalb der Spitzengruppe herrscht und ob nachstoßender Wettbewerb vorliegt, nur in Form von Wahrscheinlichkeitsaussagen beantwortet werden (vgl. zu den angesprochenen Befürchtungen z. B. Frisch/Sacksofsky 1993, S. 66 f.). Das Bundeskartellamt vermutet, daß von einer Oligopolgruppe "... ein starker Abschreckungs- und Entmutigungseffekt auf die Oligopolaußenseiter ..." ausgeht und daher wettbewerbliche Vorstöße durch neue Vertriebskonzepte in absehbarer Zeit nicht zu erwarten seien (vgl. die von der Monopolkommission 1994, S. 152 ff. zitierten Argumente einer unveröffentlichten Abmahnung der Beschlußabteilung des Bundeskartellamtes).

Mit den nachfolgenden Ausführungen wird der Versuch unternommen, die hinter der vordergründigen Konzentrationsentwicklung ablaufenden Prozesse innerhalb von Spitzengruppen zu erhellen. Gleichzeitig soll ein Beitrag zu einer objektiven und nachvollziehbaren Bewertung wettbewerblicher Prozesse auf hochkonzentrierten Märkten geleistet werden. Damit dient die Untersuchung nicht dem Zweck, den Konzentrationsgrad im Lebensmittelhandel wiederzugeben. Bezüglich dieser Daten sei auf die umfangreichen Berechnungen aus dem Bundeskartellamt und der Monopolkommission verwiesen (Frisch/Sacksofsky 1993, 1994; Monopolkommission 1994, S. 46 ff.). Die vorliegende Analyse gibt vielmehr einen Einblick in die Hintergründe des *'Größenwachstums im Handel'*. Exemplarisch seien schon an dieser Stelle folgende Entwicklungen bei den *Spitzenreitern des Lebensmittelhandels* aufgeführt:

- Im Untersuchungszeitraum (1989 bis 1993) hat sich die Zusammensetzung der Spitzengruppe des funktionalen Lebensmittelhandels verändert. Es sind nicht nur einzelne Unternehmen von anderen Unternehmen der Spitzengruppe übernommen worden (Asko, AVA). Zudem sind unter den größten marktaktiven Unternehmensgruppen zwar bekannte, für die oberste Rangliste jedoch neue Namen aufgetaucht (Edeka, Dohle und Schlecker) (vgl. hierzu noch Abschn. 3.1.). Mit Blick auf die Spitzengruppe verbirgt der nach einem vorübergehenden Dekonzentrationseffekt (Öffnung des ostdeutschen Marktes) wieder steigende Konzentrationsgrad somit nicht allein ein sich verschmelzendes, sondern auch ein sich *erneuerndes Anbieterfeld.*

- Die derzeitigen Spitzenreiter weisen je nach Wachstumsstrategie ein unterschiedliches Umsatzwachstum auf. Unternehmen, die auf internes Wachstum setzen (z. B. Aldi), verzeichnen eine stetige Unternehmensvergrößerung. Diejenigen, die externes Wachstum präferieren, vergrößern sich durch Übernahmen und Fusionen sprunghaft. Interessanter ist es jedoch, daß es einzelnen Unternehmen gelingt, weitgehend auf dem Wege internen Wachstums einen progressiven Anstieg ihres Umsatzvolumens zu realisieren (z. B. Lidl & Schwarz) und dabei in die Domäne klassischer Anbieter (Aldi), die bislang als nicht einholbar galten, vorzudringen.

Die Monopolkommission verzichtet auf die Betrachtung bestimmter Unternehmen oder Gruppen von Unternehmen im Längsschnitt und beschränkt sich im wesentlichen auf die Betrachtung unternehmensübergreifender Daten (z. B. der Konzentrationsgrade) im Zeitablauf. Längsschnittbetrachtungen auf der Ebene bestimmter Gruppen von Unternehmen lassen allerdings für die Bewertung der Konzentrationsentwicklung wichtige Entwicklungsprozesse erkennen. Ein steigender Konzentrationsgrad ist nicht automatisch mit *Verkrustungsprozessen, d.h. andauernd hohen Marktanteilen oder gar Marktanteilsgewinnen einer unveränderten Spitzengruppe* verbunden. Ebensowenig liegen zwingend *Austauschprozesse, d.h. Verluste von Marktanteilen der etablierten Spitzengruppe an das Verfolgerfeld* vor. Auch wenn der Konzentrationsgrad im Zeitablauf das gleiche Niveau aufweist, kann sich dennoch die Zusammensetzung der zu der Spitzengruppe zählenden Unternehmen verändert haben und ein intensiver Wettbewerb bestehen. Bei derselben Entwicklung des Konzentrationsgrades kann aber auch die Zusammensetzung der Spitzengruppe identisch bleiben, was auf einen erstarrten Wettbewerb hindeutet. *Die klassischen Konzentrationsgrade versagen an dieser Stelle.* Sie geben über Austausch- oder Verkrustungsprozesse in der Spitzengruppe keine Auskunft (zur Kritik an der bisherigen Messung der Konzentration vgl. z. B. Böcker 1986; Dahremöller 1986 und 1987; Müller-Hagedorn 1987; Tietz 1987 und 1994, S. 61 ff.). Entscheidend sind deshalb die Fragen, welche unterschiedlichen Phänomene sich hinter einem steigenden, fallenden oder auch gleichbleibenden Konzentrationsgrad verbergen können und inwieweit sie eine differenziertere Betrachtung der Konzentrationsentwicklung erforderlich machen.

Die vorliegende Untersuchung verweist am Beispiel des Lebensmittelhandels auf einige Phänomene, die durch die vordergründige Messung von Konzentrationsgraden nicht erhellt werden können. Liegen in einer Branche wettbewerbliche Einheiten unterschiedlicher Größe vor und weist die Branche einen Prozeß der Unternehmenskonzentration auf, so können kleine Unternehmen, deren Vertriebslinienstruktur erfolgreiche Betriebstypen beinhaltet, nicht nur überleben, sondern durch internes oder auch externes Wachstum in die Spitzengruppe des Konzentrationsprozesses eindringen. Letztlich können sie auf diesem Wege — auch bei hohen und steigenden Konzentrationsgraden — die Spitzengruppe aufbrechen und dazu beitragen, daß etablierte Wettbewerbspositionen erodieren. Innerhalb des hochkonzentrierten Lebensmittelhandels können — wie die nachfolgende Analyse zeigt — Beispiele für dieses Phänomen gefunden werden. Unter der Oberfläche eines permanent ansteigenden Konzentrationsgrades wurden in einem nicht unerheblichen Ausmaß Spitzenreiter im Konzentrationsprozeß von ihren Rangplätzen verdrängt. Eine Besonderheit stellt darüber hinaus die EDEKA-Gruppe dar, die sich aufgrund zunehmender Zentralisationsbemühungen von einem Verbund weitgehend eigenständig agierender regionaler Großhandelsgesellschaften zu einer zunehmend straffer geführten Unternehmensgruppe entwickelt hat. Die Ausführungen zeigen exemplarisch die Konsequenzen auf, die sich ergeben, wenn die EDEKA-Gruppe ab einem bestimmten Jahr zur Spitzengruppe gerechnet wird — auch wenn noch Uneinigkeit über die Frage herrscht, ob sie bereits eine eigenständige Wettbewerbseinheit ist. Die EDEKA-Gruppe wird in dem Datenmaterial von M+M EUROdATA bis 1990 aufgrund der weitgehend autonom agierenden regionalen Großhandelsgesellschaften nicht als eigenständige Wettbewerbseinheit betrachtet. Ab dem Jahr 1991 wird die zunehmend zentralistisch werdende EDEKA-Gruppe als eigenständige Gesellschaft geführt. Eine strengere Vorgehensweise wählt die Monopolkommission: "Die EDEKA-Gruppe kann aufgrund ihrer jetzigen Organisations- und Entscheidungsstrukturen noch nicht als Wettbewerbseinheit im kartellrechtlichen Sinne angesehen werden“. (Monopolkommission 1994, S. 39; vgl. ähnlich Frisch/Sacksofsky 1993, S. 15).

Darüber hinaus sind unter den 10 umsatzstärksten Unternehmen des funktionalen Lebensmittelhandels im Jahre 1993 mit den Unternehmen Dohle und Schlecker zwei weitere Unternehmen vertreten, die im Jahre 1989 dieser Gruppe nicht angehörten. Betrachtet man den Schwerpunkt der Vertriebslinienstruktur der neu hinzugetretenen Unternehmen, so weisen die Unternehmen Betriebstypen auf, die erst in den letzten Jahren zunehmend verbreitet wurden (Dohle: Verbrauchermärkte; Schlecker: Drogeriemärkte).

Für eine genauere Beurteilung der Konzentrationsentwicklung ist nun zu untersuchen, ob innerhalb der Spitzengruppe Austauschprozesse zu beobachten sind, d.h. ob es Anzeichen für *substitutive Effekte* auf der Ebene der größten Handelssysteme gibt, oder ob der Konzentrationsgrad (unaufhaltsam) durch Ausweitung der Marktanteile einiger weniger und immer derselben Handelssysteme steigt (*Verkrustung*).

Um diese möglichen Phänomene meßbar zu machen, ist es allerdings erforderlich, klassische Konzentrationsmaße um ein neues Meßinstrumentarium zu ergänzen. Dieses Instrumentarium muß geeignet sein, unabhängig von dem durch Zusammenschlüsse hervorgerufenen Ansteigen des Konzentrationsgrades und den damit verbundenen Veränderungen der Spitzengruppe Hinweise auf Marktanteilsverschiebungen zwischen etablierten und aufsteigenden Wettbewerbern zu geben.

2 DATENGRUNDLAGEN DER ANALYSE

Die nachfolgend aufgeführten Daten wurden auf der Grundlage von Informationen des Marktforschungsunternehmens M+M EUROdATA zusammengestellt bzw. berechnet (M+M EUROdATA 1990-1994). Diese Datenquellen bildeten unter anderen eine empirische Grundlage des Sondergutachtens *'Marktstruktur und Wettbewerb im Handel'* der Monopolkommission (Monopolkommission 1994, S. 44 ff.). Die von M+M EUROdATA erhobenen Daten beinhalten das gegenwärtig wohl umfangreichste öffentlich zugängliche Material über Strukturdaten (Umsätze, Vertriebslinien, Verkaufsflächen, Outlets usw.) der größten Handelsunternehmen im deutschen Lebensmittelhandel (vgl. zur Erläuterung M+M EUROdATA 1994, S. I, 1 ff.). Der Umsatz im hier betrachteten funktionalen Einzelhandel mit Lebensmitteln enthält nur die Brutto-Umsätze im Food-Bereich (incl. Wasch-, Putz- und Reinigungsmittel, Hygieneartikel, Körperpflegemittel und Drogeriewaren) der Handelsunternehmen (vgl. hierzu die Erläuterungen und Berechnungen der Monopolkommission 1994, S. 46 ff.). Während in den Datenquellen bzgl. der einzelnen Unternehmen fast ausschließlich *Querschnittbetrachtungen*, d.h. Beobachtungen zu bestimmten Zeitpunkten, angestellt werden, beinhaltet die nachfolgende Untersuchung *Längsschnittbetrachtungen* i.S.v. Zeitreihenanalysen.

Die Analyse hat für den funktionalen Lebensmittelhandel den Zeitraum von 1989 bis 1993 zum Gegenstand. Die Wahl der Zeitspanne und der Anzahl an beobachteten Spitzenreitern (hier 10) hängt letztlich vom Untersuchungsanliegen ab. Hier werden Gruppen zu 10 Spitzenreitern im Zeitraum von 1989 bis 1993 betrachtet. Möglich wäre es mit dem Meßinstrumentarium auch, eine andere Anzahl von Unternehmen oder einen anderen Zeitraum zu analysieren. Darüber hinaus könnte eine bestimmte Spitzengruppe mit einem definierten Verfolgerfeld verglichen werden. Im Rahmen der vorliegenden Untersuchung steht die Demonstration des Meßinstrumentariums im Vordergrund, für die die gewählte Zeitspanne und die Anzahl an beobachteten Spitzenreitern ausreichend sind.

3 DIE ANALYSE VON AUSTAUSCH- UND VERKRUSTUNGSPROZESSEN — DARGESTELLT AM BEISPIEL DES FUNKTIONALEN LEBENSMITTELHANDELS

3.1 Die Konzentrationsentwicklung im funktionalen Lebensmittelhandel

Bei der herkömmlichen Berechnung von Konzentrationsgraden für einzelne Jahre werden ausschließlich diejenigen Unternehmen berücksichtigt, die zu der Spitzengruppe der jeweiligen Jahre zu rechnen sind (jeweilige Top 10; vgl. *Tabelle 1*). Um Austausch- bzw. Verkrustungsprozesse identifizieren zu können, muß zusätzlich die Entwicklung der Marktanteile für die Spitzengruppe eines Ausgangsjahres (ehemalige Top 10; in *Tabelle 2*: 1989) und für die Spitzengruppe des aktuellen Jahres (aktuelle Top 10; in *Tabelle 3*: 1993) betrachtet werden.

Einen Überblick über die Definitionen und Interpretationsmöglichkeiten der grundlegenden Maßgrößen des Meßinstrumentariums gibt *Abbildung 1*.

Die Maßgrößen werden durch Differenzen zwischen einzelnen Marktanteilen (MA) definiert. Z. B. kennzeichnet der Wert $MA_x(y)$ den Marktanteil der Spitzengruppe des

Jahres x (hier z. B. für die ehemalige Spitzengruppe: 1989) im Jahr y (z. B. 1993). Die Entwicklung des gesamten Marktanteils der jeweilig 10 größten Unternehmen (CR-10) veranschaulicht lediglich, inwiefern sich der Konzentrationsgrad innerhalb der Branche verändert hat. *Abbildung 1* zeigt den Konzentrationsgrad CR-10 für die Jahre 1989 bis 1993 auf (jeweilige Top 10). Das Ausmaß der absoluten Veränderung dieses klassischen Konzentrationsmaßes kann durch die Strecke C dargestellt werden. Bei der Interpretation dieser Maßgröße (C) muß stets berücksichtigt werden, wieviele der ranggrößten Unternehmen betrachtet werden (hier 10) und in wievielen Jahren, ausgehend vom Ausgangsjahr (hier 1989), sich die Veränderungen ergeben haben (hier nach 1989: 4 Jahre). Insofern kann die Strecke genauer durch den Ausdruck C_4^{10} (hier: $C_4^{10} = 16{,}16$ Prozentpunkte) beschrieben werden.

Tabelle 1 Umsätze und Marktanteile der jeweiligen Top 10 des funktionalen Lebensmittelhandels in Deutschland von 1989 bis 1993

Rang	Top 10 1989	Umsatz '89 in Mio. DM	Top 10 1990	Umsatz '90 in Mio. DM	Top 10 1991	Umsatz '91 in Mio. DM	Top 10 1992	Umsatz '92 in Mio. DM	Top 10 1993	Umsatz '93 in Mio. DM
1	Rewe	21.308	Rewe	24.561	Rewe	30.296	Rewe	30.755	Rewe	34.898
2	Aldi	19.350	Aldi	21.600	Edeka	21.110	Edeka	28.827	Edeka	30.818
3	Tengel-mann	12.657	Tengel-mann	13.473	Aldi	19.184	Metro	26.017	Metro	24.272
4	Metro	11.332	Asko	11.441	Tengel-mann	15.491	Aldi	22.440	Aldi	23.760
5	Asko	9.226	Spar AG	9.910	Asko	12.801	Tengel-mann	16.682	Tengel-mann	18.815
6	Spar AG	7.557	Metro	9.221	Spar AG	10.692	Spar AG	11.285	Spar AG	11.922
7	Lidl	4.090	Lidl	5.217	Metro	9.795	Lidl	9.431	Lidl	10.802
8	Allkauf	2.512	AVA	2.778	Lidl	7.299	KG Dortm.-Ka.	3.771	Dohle	3.901
9	AVA	2.314	Allkauf	2.693	AVA	3.720	Allkauf	3.269	Schlecker	3.801
10	KG Dortm.-Ka.	2.153	KG Dortm.-Ka.	2.666	Allkauf	3.269	Schlecker	3.109	KG Dortm.-Ka.	3.255
Top 10		92.499		103.560		133.657		155.586		166.244
LMH		151.996		176.013		199.295		210.097		215.850
Anteil Top 10		60,86%		58,84%		67,06%		74,05%		77,02%

Die Strecken D bzw. E zeigen an, daß die ehemalige Spitzengruppe innerhalb der letzten vier Jahre insgesamt 0,21 Prozentpunkte Marktanteil verloren ($D_4^{10} = -0{,}21$ Prozentpunkte) bzw. die aktuelle Spitzengruppe innerhalb desselben Zeitraumes um 23,59

Prozentpunkte angewachsen ist ($E_4^{10} = 23,59$ Prozentpunkte). Die Strecke A repräsentiert im Jahre 1989 den Abstand zwischen dem Marktanteil der aktuellen Spitzengruppe und der Spitzengruppe des Jahres 1989 ($A_4^{10} = 7,43$ Prozentpunkte). Die Strecke B zeigt eine Differenz von 16,37 Prozentpunkten zwischen dem Marktanteil der Spitzengruppe des Jahres 1993 (= aktuelle Spitzengruppe) und dem entsprechenden Wert der ehemaligen Spitzengruppe ($B_4^{10} = 16,37$ Prozentpunkte). Offensichtlich hat sich neben dem Marktanteil auch die Zusammensetzung der Spitzengruppe des Lebensmittelhandels im Zeitraum zwischen 1989 und 1993 nicht unerheblich verändert. Die Ursachen dieser Veränderungen werden im nachfolgenden Abschnitt analysiert.

Tabelle 2: Umsätze und Marktanteile der ehemaligen Top 10 des Jahres 1989 des funktionalen Lebensmittelhandels in Deutschland von 1989 bis 1993

Rang	Top 10 1989	Umsatz 1989 in Mio. DM	Umsatz 1990 in Mio. DM	Umsatz 1991 in Mio. DM	Umsatz 1992 in Mio. DM	Umsatz 1993 in Mio. DM
1	Rewe	21.308	24.561	30.296	30.755	34.898
2	Aldi	19.350	21.600	19.184	22.440	23.760
3	Tengelmann	12.657	13.473	15.491	16.682	18.815
4	Metro	11.332	9.221	9.795	26.017	24.272
5	Asko	9.226	11.441	12.801		
6	Spar AG	7.557	9.910	10.692	11.285	11.922
7	Lidl	4.090	5.217	7.299	9.431	10.802
8	Allkauf	2.512	2.693	3.269	3.269	3.186
9	AVA	2.314	2.778	3.720		
10	KG Dortm.-Kassel	2.153	2.666	2.832	3.771	3.255
Top 10		92.499	103.560	115.379	123.650	130.910
LMH		151.996	176.013	199.295	210.097	215.850
Anteil Top 10		60,86%	58,84%	57,89%	58,85%	60,65%

Die AVA wird von M+M EUROdATA ab 1992 der EDEKA-Gruppe zugerechnet, die nicht zu den Top 10 des Jahres 1989 zählt, d.h. die Umsätze wandern aus der ehemaligen heraus in die aktuelle Spitzengruppe. Die Umsätze der Asko-Gruppe werden von M+M EUROdATA ab 1992 der Metro-Gruppe zugerechnet und bleiben damit innerhalb der ehemaligen Spitzengruppe.

3.2. Ursachen für Veränderungen innerhalb von Spitzengruppen eines Marktes

Veränderungen innerhalb der Spitzengruppe eines Marktes können grundsätzlich auf *'Substitutionseffekte'* oder auf *'Sogeffekte'* zurückgeführt werden.

Tabelle 3: Umsätze und Marktanteile der aktuellen Top 10 des Jahres 1993 des funktionalen Lebensmittelhandels in Deutschland von 1989 bis 1993

Rang	Top 10 1993	Umsatz 1989 in Mio. DM	Umsatz 1990 in Mio. DM	Umsatz 1991 in Mio. DM	Umsatz 1992 in Mio. DM	Umsatz 1993 in Mio. DM
1	Rewe	21.308	24.561	30.296	30.755	34.898
2	Edeka			21.110	28.827	30.818
3	Metro	11.332	9.221	9.795	26.017	24.272
4	Aldi	19.350	21.600	19.184	22.440	23.760
5	Tengelmann	12.657	13.473	15.491	16.682	18.815
6	Spar AG	7.557	9.910	10.692	11.285	11.922
7	Lidl	4.090	5.217	7.299	9.431	10.802
8	Dohle	875	931	1.562	1.640	3.901
9	Schlecker	1.892	2.090	2.623	3.109	3.801
10	KG Dortm.-Kassel	2.153	2.666	2.832	3.771	3.255
Top 10		81.214	89.669	120.884	153.957	166.244
LMH		151.996	176.013	199.295	210.097	215.850
Anteil Top 10		53,43%	50,94%	60,66%	73,28%	77,02%

Die Veränderung in der Zusammensetzung der Top 10 kann zunächst daraus resultieren, daß kleinere Unternehmen durch ein vergleichsweise stärkeres Wachstum Unternehmen aus den Top 10 verdrängen (*Substitutionseffekt*). Diese Substitution kann einerseits darauf zurückzuführen sein, daß kleinere Unternehmen durch überdurchschnittliches Umsatzwachstum, das insbesondere bei Zusammenschlüssen außerhalb der Spitzengruppe zu beobachten ist, in die Spitzengruppe eindringen (*aktive Substitution*). Andererseits können kleinere Unternehmen aber auch ohne ein überdurchschnittliches Wachstum in die Gruppe der zehn größten Unternehmen geraten, wenn eines oder mehrere der zehn größten Unternehmen unterdurchschnittliche Wachstumsraten erzielen oder durch Umsatzeinbußen Rangplätze verlieren (*passive Substitution*). Beispielsweise könnte ein Unternehmen im Extremfall sogar trotz sinkender Marktanteile in die Gruppe der größten Unternehmen rutschen, wenn ein anderes Unternehmen der Spitzengruppe einen noch stärkeren Rückgang von Umsätzen bzw. Marktanteilen (auch Konkurs) zu verzeichnen hätte.

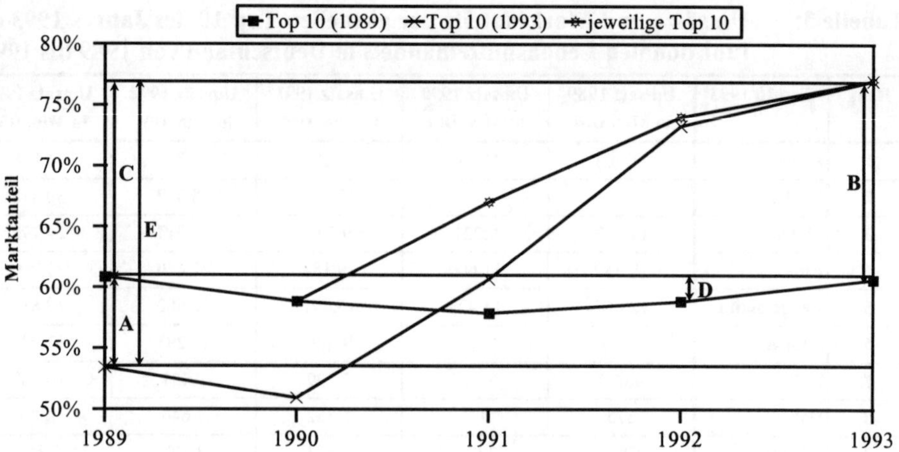

Maßgröße	Berechnung
$A_4^{10}(1989)$	$MA_{89}(1989)-MA_{93}(1989)$ = 60,86% - 53,43% = 7,43 Prozentpunkte
$B_4^{10}(1993)$	$MA_{93}(1993)-MA_{89}(1993)$ = 77,02% - 60,65% = 16,37 Prozentpunkte
$C_4^{10}(1989/1993)$	$MA_{93}(1993)-MA_{89}(1989)$ = 77,02% - 60.86% = 16,16 Prozentpunkte
$D_4^{10}(1989/1993)$	$MA_{89}(1993)-MA_{89}(1989)$ = 60,65% - 60,86% = - 0,21 Prozentpunkte
$E_4^{10}(1989/1993)$	$MA_{93}(1993)-MA_{93}(1989)$ = 77,02% - 53,43% = 23,59 Prozentpunkte

Strecke A: Marktanteil der Spitzengruppe des jeweiligen Jahres abzüglich Marktanteil der aktuellen Spitzengruppe.

Strecke B: Marktanteil der Spitzengruppe des jeweiligen Jahres abzüglich Marktanteil der ehemaligen Spitzengruppe.
Die Strecken A und B weisen auf Verschiebungen in der Zusammensetzung der jeweiligen Spitzengruppe zwischen zwei betrachteten Zeitpunkten hin. Je größer die Strecken A und B, desto stärker ist die Veränderung der Spitzengruppe.

Strecke C: Veränderung des Konzentrationsgrades des betrachteten Jahres gegenüber dem Ausgangsniveau.
C vergleicht die 'klassischen Konzentrationsgrade' unterschiedlicher Jahre und zeigt einen Anstieg bzw. einen Abfall des Konzentrationsgrades in Prozentpunkten an.

Strecke D: Differenz der Marktanteilswerte der ehemaligen Spitzengruppe zwischen zwei Jahreswerten.
D gibt an, wieviel Prozentpunkte Marktanteil die Gruppe der ehemals größten Unternehmen verloren oder gewonnen hat.

Strecke E: Differenz der Marktanteilswerte der aktuellen Spitzengruppe zwischen zwei Jahreswerten.
E gibt an, wieviel Prozentpunkte Marktanteil die aktuelle Spitzengruppe im betrachteten Zeitraum insgesamt hinzugewonnen oder verloren hat.

Abbildung 1: Definition und Interpretation grundlegender Maßgrößen des Meßinstrumentariums am Beispiel des funktionalen Lebensmittelhandels zwischen den Jahren 1989 und 1993

Eine weitere mögliche Ursache für Veränderungen innerhalb der Top 10 besteht darin, daß Unternehmen der Spitzengruppe von anderen Unternehmen der Top 10 akquiriert werden bzw. eine Fusion zweier Top-Unternehmen erfolgt. Solche Zusammenschlüsse erzeugen *Sogeffekte*, die dazu führen, daß zusätzliche Unternehmen zu den Top 10 hinzugerechnet werden, ohne daß dafür Umsätze anderer Unternehmen aus der Berechnung herausfallen (z. B. 1992: Übernahme der Asko-Gruppe durch die Metro-Gruppe). Sogeffekte beruhen demnach immer auf Unternehmenszusammenschlüssen innerhalb der Spitzengruppe. Um eine Doppelerfassung von Umsätzen bei der Berechnung von Marktanteilen der ehemaligen Top 10 zu vermeiden, sind bei Zusammenschlüssen innerhalb der Spitzengruppe ab dem Jahr des Zusammenschlusses die Umsätze des akquirierten Unternehmens nicht mehr gesondert zu berücksichtigen, sondern dem akquirierenden Unternehmen zuzurechnen.

3.3 Meßindikatoren für Austauschprozesse in der Spitzengruppe von hochkonzentrierten Märkten

Die vorgestellten Maßgrößen können zu Meßindikatoren verdichtet werden, um das Ausmaß von Austauschprozessen innerhalb der Spitzengruppe eines Marktes zu ermitteln:

Die Veränderung des Konzentrationsgrades in einem bestimmten Zeitraum (Strecke C) kann — sofern sich die Zusammensetzung der Spitzengruppe verändert — in zwei Teileffekte zerlegt werden:

1) die Marktanteilsveränderung der ehemaligen Spitzengruppe (Strecke D),

2) der Marktanteil derjenigen Unternehmen, die zu der aktuellen Spitzengruppe zählen, aber in der ehemaligen Spitzengruppe nicht enthalten waren, minus dem Marktanteil der Unternehmen, die in der ehemaligen Spitzengruppe enthalten waren, aber nicht zur Spitzengruppe des aktuellen Jahres zählen. Dieser Wert entspricht der Strecke B.

Somit gilt unabhängig von der Richtung der Konzentrationsentwicklung die Beziehung:

(1) $$C = B + D$$

Die Strecke B ist stets größer oder gleich 0, während D sowohl positiv als auch negativ sein kann. Addiert man die absoluten Werte dieser beiden Strecken, so erhält man für einen bestimmten Zeitraum ein Maß für die *Gesamtbewegung* innerhalb der Spitzengruppe, die hier mit dem Ausdruck ω_t^n gekennzeichnet wird, wobei mit *n* die Zahl der betrachteten Spitzenreiter und mit *t* die Anzahl der beobachteten Jahre bezeichnet wird. Ökonomisch interpretiert, beinhaltet die Gesamtbewegung die Summe aus der Marktanteilsveränderung der ehemaligen Spitzengruppe und die Marktanteilsdifferenz zwischen neu hinzugekommenen und ausgeschiedenen Spitzenreitern. In der Gesamtbewegung sind damit nicht die kompletten Marktanteile der hinzugekommenen bzw. aus der Spitzengruppe ausgeschiedenen Spitzenreiter, sondern lediglich die Marktanteilsdifferenzen zwischen den neuen und ehemaligen Top-Unternehmen enthalten. Die Marktanteilsveränderung der ehemaligen Spitzengruppe kann auch darauf zurückzuführen sein, daß ein Unternehmen dieser Gruppe von einem neuen Unternehmen der Spitzengruppe übernommen wird und somit nicht mehr als selbständiges Unternehmen der ehemaligen Spitzengruppe zu beobachten ist. Dieser Fall ergab sich durch die Übernahme des Unternehmens AVA durch die Edeka. Ähnliche Fälle können durch Konkurse und Liquidationen entstehen.

Der Marktanteil der ehemaligen Spitzengruppe ist im funktionalen Lebensmittelhandel innerhalb von 4 Jahren um 0,21 Prozentpunkte gesunken. Gleichwohl ist der Konzentrationsgrad um 16,16 Prozentpunkte angestiegen. Somit sind in der aktuellen Spitzengruppe 16,37 Prozentpunkte Marktanteil enthalten, die nicht von der ehemaligen Spitzengruppe stammen. Die Gesamtbewegung bei den Top 10 beträgt dementsprechend für den betrachteten Zeitraum:

(2) $$\omega_4^{10} = B_4^{10} + \left|D_4^{10}\right| \Rightarrow 16,37 + |-0,21| = 16,58 \text{ Prozentpunkte.}$$

Für die Beobachtung der Veränderungsprozesse in der ehemaligen und aktuellen Spitzengruppe sind weitere Meßindikatoren heranzuziehen. Der Marktanteil, den eine ehemalige Spitzengruppe durchschnittlich pro Jahr verliert oder gewinnt, kann durch den Quotienten ε_t^n ausgedrückt werden. Bei einem Vergleich verschiedener Zeitpunkte oder Märkte kann diese Größe Auskunft darüber geben, zu welchem Zeitpunkt oder auf welchem Markt stärkere Marktanteilsveränderungen der ehemaligen Spitzengruppe stattfinden.

(3) $$\varepsilon_t^n = \frac{D_t^n}{t} \Rightarrow \varepsilon_4^{10} = \frac{-0,21}{4} = -0,0525 \text{ Prozentpunkte}$$

Es kann in diesem Beispiel eine geringfügige Erosion von Marktanteilen der ehemaligen Spitzengruppe festgestellt werden, die aber so gering ist, daß sie nahezu als Stagnation zu interpretieren ist. Die tiefergehende Messung von Austausch- oder Verkrustungsprozessen innerhalb der Spitzengruppe erfolgt über die Maßgröße δ_t^n, wobei gilt:

$$(4) \qquad \delta_t^n = \frac{D_t^n}{\omega_t^n} = \frac{D_t^n}{B_t^n + |D_t^n|} \Rightarrow \frac{D_4^{10}}{B_4^{10} + |D_4^{10}|} = \frac{-0,21}{16,37 + |-0,21|} = -0,0127 \text{ Prozentpunkte}$$

Die Kennzahl δ drückt das Verhältnis zwischen der Marktanteilsveränderung der ehemaligen Spitzengruppe und der Gesamtbewegung innerhalb der Spitzengruppe aus. Durch den absoluten Wert von D im Nenner der Kennziffer wird gewährleistet, daß keine gegenseitige Kompensation der Maßgrößen stattfindet. Die Werte für die Maßgröße δ können von -1 bis +1 schwanken. Negative Werte drücken grundsätzlich eine Erosion des Marktanteils der ehemaligen Spitzengruppe aus, während positive δ-Werte einen Zugewinn für die ehemalige Spitzengruppe bedeuten. Werte von D nahe bei Null deuten auf eine Verkrustung der Spitzengruppe hin, da die Gruppe der ehemals größten Unternehmen weder Marktanteile gewinnt noch verliert. Allerdings kann der Konzentrationsgrad in diesem Falle trotzdem steigen, falls B > 0 ist (vgl. *Tabelle 4*).

Tabelle 4: Ausschnitte aus dem Definitionsbereich und Interpretation des δ-Wertes

Ausschnitt aus dem Definitionsbereich	Interpretation
$\delta = -1$	Die ehemalige Spitzengruppe verliert Marktanteile, wird aber nicht durch neue Unternehmen substituiert oder ergänzt, da B = 0 ist (D < 0).
$-1 < \delta < 0$	Die ehemalige Spitzengruppe verliert Marktanteile, gleichzeitig stoßen neue Unternehmen in die Spitzengruppe vor (D < 0, B > 0).
$\delta = 0$	Der Marktanteil der ehemaligen Spitzengruppe verändert sich nicht, da D = 0 (B kann > 0 sein).
$0 < \delta < 1$	Die ehemalige Spitzengruppe gewinnt Marktanteile, aber gleichzeitig stoßen auch neue Unternehmen in die Spitzengruppe (D > 0, B > 0).
$\delta = 1$	Die ehemalige Spitzengruppe gewinnt weitere Marktanteile und wird nicht durch neue Unternehmen substituiert oder ergänzt, da B = 0 ist (D > 0).

Unmittelbaren Aufschluß über den Anteil der Marktanteilsdifferenz zwischen denjenigen Unternehmen, die zur aktuellen Spitzengruppe neu hinzugekommen bzw. ausgeschieden sind, an der Gesamtbewegung gibt der Koeffizient $\delta_t'^n$, wobei gilt:

(5) $$\delta_t'^n = \frac{B_t^n}{\omega_t^n} = \frac{B_t^n}{B_t^n + |D_t^n|} \Rightarrow \frac{B_4^{10}}{B_4^{10} + |D_4^{10}|} = \frac{16,37}{16,37 + |-0,21|} = 0,9873 \text{ Prozentpunkte.}$$

Grundsätzlich gilt bei positivem δ folgender Zusammenhang:

Solange δ' größer ist als δ, resultiert die Gesamtbewegung innerhalb einer Spitzengruppe mehr aus Marktanteilen derjenigen Unternehmen, die zur aktuellen Spitzengruppe zählen, aber in der ehemaligen nicht enthalten waren. Bei einem negativen δ-Wert gilt der Zusammenhang analog für absolute Werte von δ und δ'.

Im betrachteten Beispiel des funktionalen Lebensmittelhandels ist δ negativ, allerdings δ' positiv, wobei, absolut betrachtet, δ' mit 0,9873 um ein vielfaches größer ist als δ (= -0,0127). Die Gesamtbewegung innerhalb der Spitzengruppe resultiert also nahezu ausschließlich aus Marktanteilen von 'Aufsteigern'. Durch die Interpretation dieser beiden Maßgrößen kann die Konzentrationsentwicklung dahingehend näher gekennzeichnet werden, daß der Marktanteil der ehemaligen Spitzengruppe eine Tendenz zur Verkrustung besitzt, während neu in die Spitzengruppe tretende Unternehmen für den Anstieg des Konzentrationsgrades sorgen.

Um eine Konzentrationsentwicklung tiefergehend interpretieren zu können, bedarf es einer zweistufigen Vorgehensweise, in der zunächst die Veränderung des Konzentrationsgrades (Strecke C) und anschließend die Veränderungsprozesse innerhalb der Spitzengruppe (δ bzw. δ') betrachtet werden.

Ausgehend von der Entwicklung des Konzentrationsgrades können folgende Fälle unterschieden werden:

a) der Konzentrationsgrad steigt,
b) der Konzentrationsgrad stagniert und
c) der Konzentrationsgrad sinkt.

Die Maßgrößen δ und δ' sind in Abhängigkeit von der Richtung des Konzentrationsprozesses unterschiedlich zu interpretieren (vgl. *Abbildung 2*).

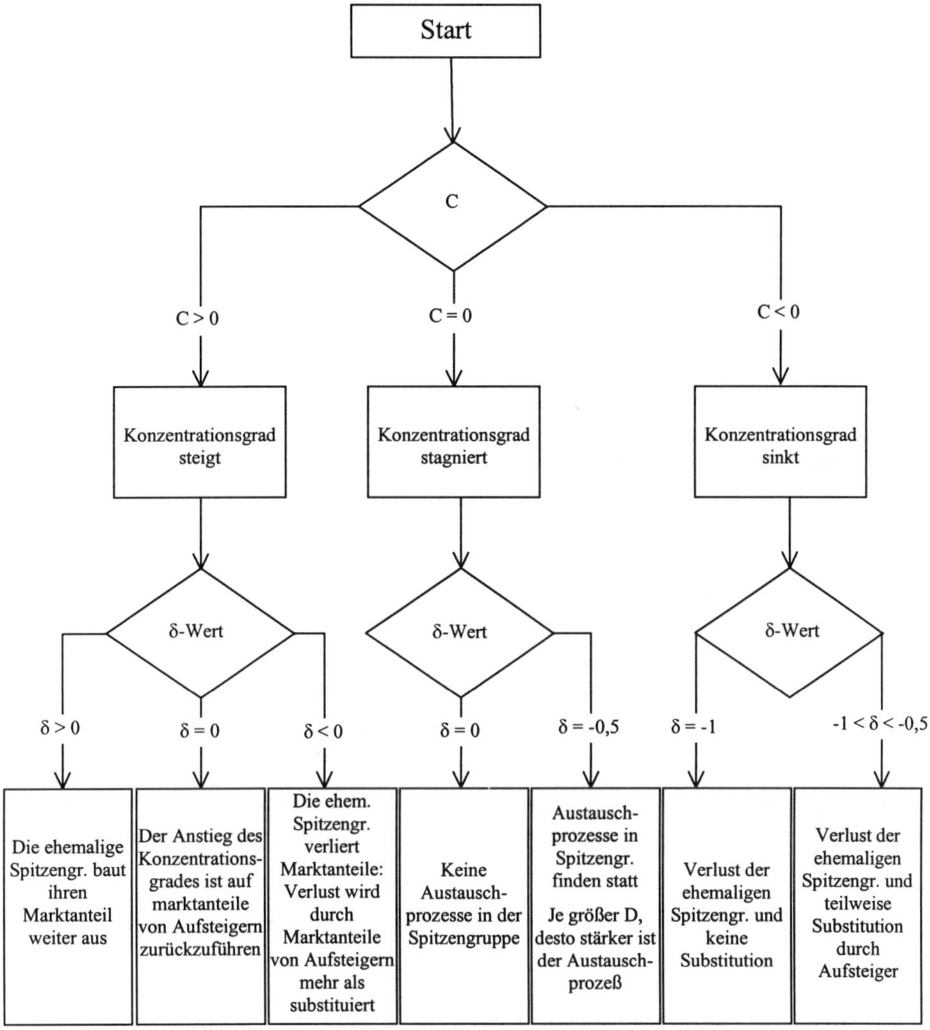

Abbildung 2: Zweistufiges Prüfschema zur Bewertung von Konzentrationsprozessen

a) Der Konzentrationsgrad steigt

Dieser Fall ist das brisante und derzeit in vielen Branchen des Konsumgüterhandels zu beobachtende Phänomen. Es stellt sich die Frage, ob Substitutionseffekte oder durch

Zusammenschlüsse ausgelöste Sogeffekte weitere Unternehmen in die Spitzengruppe 'ziehen' und diese Effekte mit steigenden oder sinkenden Marktanteilen der ehemaligen Spitzengruppe einhergehen.

Bei steigendem Konzentrationsgrad bedeutet ein positiver δ-Wert, daß die etablierten Unternehmen Marktanteile hinzugewonnen und somit ihre Position ausgebaut haben. Liegt der Wert zwischen 0 und 1, so ist der Anstieg des Konzentrationsgrades nicht ausschließlich auf etablierte, sondern auch auf neu in die Spitzengruppe gestoßene Unternehmen zurückzuführen. Ist δ' gleichzeitig größer als δ, so wird die Gesamtbewegung innerhalb der Spitzengruppe mehr durch Aufsteiger als durch Unternehmen der ehemaligen Spitzengruppe erklärt. Liegt δ bei 1, so ist der Anstieg des Konzentrationsgrades ausschließlich auf die ehemalige (und in diesem Falle gleichzeitig auch aktuelle!) Spitzengruppe zurückzuführen.

Bei $\delta = 0$ und somit gleichbleibenden Marktanteilen der ehemaligen Spitzengruppe wird der Anstieg des Konzentrationsgrades durch Substitutionseffekte oder Sogeffekte infolge von Unternehmenszusammenschlüssen verursacht. Der Anstieg des Konzentrationsgrades entspricht in seiner Höhe der Strecke B. In diesem Falle ist der Koeffizient $\delta' = 1$.

Ein negativer δ-Wert zeigt an, daß die ehemalige Spitzengruppe trotz insgesamt steigenden Konzentrationsgrades Marktanteile verloren hat, der Verlust aber durch die δd

Marktanteile der neu in die Spitzengruppe gestoßenen Unternehmen überkompensiert wird. Hinter dem ansteigenden Konzentrationsgrad verbirgt sich nicht zwingend ein Sogeffekt infolge von Zusammenschlüssen. Es liegt allerdings ein Austauschprozeß im Bereich der Spitzenreiter vor, da die ehemalige Spitzengruppe Marktanteile an das Verfolgerfeld verloren hat.

b) Der Konzentrationsgrad stagniert

Ein positiver δ-Wert ist bei einem gleichbleibenden Konzentrationsgrad nicht möglich, da dieses einen Marktanteilsgewinn der Spitzengruppe voraussetzen würde.

Ist $\delta = 0$ und hier somit auch $\delta' = 0$, findet keine Veränderung in der Zusammensetzung der Spitzengruppe statt. Der Marktanteil der Spitzengruppe ändert sich nicht, und es treten auch keine neuen Wettbewerber in die Spitzengruppe ein. Bei dieser Konstellation liegt eine vollständige Verkrustung der Spitzengruppe vor, was auf eine geringe Wettbewerbsintensität hindeutet.

Ein negativer δ-Wert bedeutet hingegen, daß trotz gleichbleibenden Konzentrationsgrades Veränderungen in der Zusammensetzung der Spitzengruppe stattfinden. Ein negativer δ-Wert muß im Falle konstanter Konzentrationsgrade stets -0,5 betragen, da der Verlust der ehemaligen Spitzengruppe exakt die Hälfte der Gesamtbewegung darstellt. Das Ausmaß der Substitution innerhalb der Spitzengruppe zeigen die Maßgrößen B und D an. Ergänzend kann in diesem Falle zur Interpretation die Strecke A herangezogen werden. A bestimmt bei stagnierendem Konzentrationsgrad den Abstand zwischen der Marktanteilskurve der aktuellen und der jeweiligen Spitzengruppe. Je steiler die Marktanteilsfunktion der aktuellen Spitzengruppe verläuft, um so größer ist der Verdrängungswettbewerb im Bereich der Spitzenunternehmen.

c) Der Konzentrationsgrad sinkt

Ein sinkender Konzentrationsgrad ist stets mit Verlusten der ehemaligen Spitzengruppe verbunden, da ansonsten der Konzentrationsgrad ansteigen würde. Der δ-Wert ist in diesem Falle immer negativ. Ein δ-Wert von -1 zeigt an, daß der Marktanteilsverlust der ehemaligen Spitzengruppe auch nicht zu einem Teil durch eine Substitution aufgefangen wird. Je mehr sich die Kennzahl dem Wert -0,5 nähert, desto stärker werden die Verluste der ehemaligen Spitzengruppe durch die aktuelle Spitzengruppe substituiert. Ein δ-Wert von -0,5 ist nicht möglich, da in diesem Falle der Konzentrationsgrad stagnieren würde. Werte zwischen -0,5 und 0 sind in diesem Fall ebenfalls ausgeschlossen, da ansonsten der Absolutbetrag von B größer als derjenige von D wäre und damit der Konzentrationsgrad steigen würde.

4 ZUSAMMENFASSENDE BEWERTUNG DER KONZENTRATIONSENTWICKLUNG IM FUNKTIONALEN LEBENSMITTELHANDEL

Betrachtet man die Konzentrationsentwicklung im funktionalen Lebensmittelhandel, so zeigt sich zunächst, daß der Konzentrationsgrad CR-10 zwischen 1989 und 1993 um 16,16 Prozentpunkte gestiegen ist (vgl. C_4^{10} in *Abbildung 1* sowie *Tabelle 1*). Vor dem Hintergrund der Umsatzentwicklung der ehemaligen Top 10 (1989) erscheint dieser drastische Verlauf allerdings in einem anderen Licht. Es zeigt sich, daß die gesamte Gruppe der ehemaligen Top 10 innerhalb des betrachteten Zeitraums von vier Jahren keine zusätzlichen Marktanteile gewinnen konnte, sondern vielmehr einen leichten Marktanteilsverlust ($D_4^{10} = -0,21$ Prozentpunkte) zu verzeichnen hatte (vgl. *Tabelle 2*). Der Anstieg des Konzentrationsgrades ist demzufolge auf die Marktanteile von Unternehmen der aktuellen Spitzengruppe zurückzuführen, die der ehemaligen Spitzengruppe nicht angehörten (vgl. *Tabelle 3*). Dieses Phänomen darf allerdings auch nicht darüber hinwegtäuschen, daß einzelne Unternehmen, die sowohl der alten als auch der neuen Spitzengruppe angehören, erhebliche Umsatzzuwächse verzeichnen konnten. Gleichwohl schaffte es die Gruppe der ehemaligen Spitzenreiter nicht, ihren Marktanteil auszudehnen. Während die aktuelle Spitzengruppe im Jahre 1989 noch 7,43 Prozentpunkte hinter den ehemaligen Top 10 lag (A_4^{10}), erzielten die aktuellen Top 10 im Jahre 1993 16,37 Prozentpunkte mehr Marktanteil als die ehemaligen Top 10 (B_4^{10}).

Die Konzentrationsentwicklung im funktionalen Lebensmittelhandel kann zunächst unter Berücksichtigung der berechneten Maßgrößen interpretiert werden. Zur weiterführenden Erläuterung können konkrete Veränderungen auf der Ebene einzelner Unternehmen hinzugezogen werden. Es zeigt sich, daß die starke Veränderung des Konzentrationsgrades im funktionalen Lebensmittelhandel nahezu ausschließlich auf Marktanteile derjenigen Unternehmen zurückzuführen ist, die zur aktuellen Spitzengruppe zählen, aber nicht in der alten Spitzengruppe enthalten sind. Bei diesen Unternehmen handelt es sich um Edeka, Dohle und Schlecker.

Das Eindringen von Edeka in die Spitzengruppe, das auf die Konzernierungstendenz dieses kooperativen Handelssystems im sich verschärfenden Wettbewerb zurückgeführt werden kann, ist für einen großen Teil des Anstieges des Konzentrationsgrades verantwortlich (vgl. hierzu die diese Tendenz zu interner Straffung belegende Stellungnahme des Vorsitzenden des Vorstandes der EDEKA ZENTRALE AG Horst Neuhaus in Neuhaus 1995, S. 4 ff., Neuhaus bezeichnet die EDEKA als "Marktführer" im Bereich Nahrungs- und Genußmittel in Deutschland). Mit den Unternehmen Dohle und Schlekker sind allerdings in der aktuellen Spitzengruppe auch zwei neue Unternehmen enthalten, deren Wachstum wesentlich auf der Verbreitung von erfolgreichen Betriebstypen (Verbrauchermärkte bzw. Drogeriemärkte) basiert. Die Konzentrationsentwicklung wird also zu einem nicht unwesentlichen Anteil durch Unternehmen beeinflußt, die in die

Spitzengruppe der Top 10 eindringen und etablierte Unternehmen wie Allkauf oder die KG Dortmund-Kassel überholen.

Die Bedeutung des Vorstoßes neuer Unternehmen für die Gesamtbewegung innerhalb der Spitzengruppe ist daran zu erkennen, daß in dem betrachteten Beispiel des funktionalen Lebensmittelhandels δ' mit einem Wert von 0,9873 wesentlich größer ist als δ (= -0,0127). Bezüglich des Marktanteils der ehemaligen Spitzengruppe kann demnach von einer Tendenz zur Verkrustung gesprochen werden. Dabei muß berücksichtigt werden, daß die AVA aufgrund der Übernahme durch die EDEKA-Gruppe im Jahre 1992 aus der Berechnung der Marktanteile der ehemaligen Spitzengruppe herausfällt. Einschließlich der AVA-Umsätze wäre der Marktanteil der ehemaligen Spitzengruppe allerdings nur geringfügig höher.

Das Vordringen der Unternehmen Dohle und Schlecker mit vergleichsweise innovativen Betriebsformen läßt darauf schließen, daß auf dem betrachteten Markt Verfahrensfortschrittsprozesse stattfinden und vergleichsweise erfolgreichere Konzepte sich auch dementsprechend durchsetzen können. Diese Tendenz kann seit geraumer Zeit auch am Beispiel des Unternehmens Lidl & Schwarz, einem expandierenden Discounter-Filialisten, beobachtet werden, welches von Jahr zu Jahr Marktanteile gewinnen konnte. Die Existenz von Verfahrensfortschrittsprozessen ist wiederum als ein Indiz für funktionsfähigen Wettbewerb auf dem betrachteten Markt zu werten (Grossekettler 1995).

Als Ursachen für die skizzierten Veränderungen können sowohl Substitutions- als auch Sogeffekte identifiziert werden. *Aktive Substitutionsprozesse* sind zunächst durch die EDEKA-Gruppe ausgelöst worden. Durch die Zusammenfassung der selbständigen regionalen Edeka-Genossenschaften zu einer einheitlichen Gruppe wird 1991 die KG Dortmund-Kassel aus der Spitzengruppe verdrängt. Ein weiteres Beispiel für eine aktive Substitution stellt die Verdrängung von Allkauf aus der Spitzengruppe des Jahres 1993 durch das wachsende Unternehmen Dohle dar. Eine *passive Substitution* kann nur insoweit festgestellt werden, als daß die KG Dortmund-Kassel durch Umsatzverluste zwischen 1992 und 1993 von Platz 8 auf Platz 10 zurückgefallen ist. Neben der aktiven und passiven Substitution ist der Anstieg des Marktanteils der jeweiligen Top 10 (= Veränderung des Konzentrationsgrades) auf *Sogeffekte* zurückzuführen, die durch Zusammenschlüsse innerhalb der Spitzengruppe entstanden sind. So resultiert aus den Zusammenschlüssen der Unternehmensgruppen Edeka und AVA bzw. Metro und Asko im Jahre 1992, daß Schlecker in die Top 10 des entsprechenden Jahres vordringen und Allkauf in den Top 10 verbleiben kann (vgl. *Tabelle 1*). Die KG Dortmund-Kassel konnte in diesem Jahr aus eigener Kraft in die Top 10 eindringen.

Die Veränderung innerhalb der Zusammensetzung der Top 10 läßt also insgesamt darauf schließen, daß im funktionalen Lebensmittelhandel zwar Verkrustungstendenzen bei der ehemaligen Spitzengruppe zu konstatieren sind, andererseits jedoch Verfahrensfortschritte für eine Intensivierung des Wettbewerbs sorgen. Interessant ist zudem, daß im funktionalen Lebensmittelhandel trotz insgesamt steigendem Konzentrationgrad von einer (wenn auch geringfügigen) Erosion einer ehemaligen Spitzengruppe ($\delta < 0$) gesprochen werden kann. Diese Aussage darf jedoch nur für die Marktanteile der Gruppe und nicht für einzelne ihrer Unternehmen getroffen werden.

5 KONSEQUENZEN DER ANALYSEERGEBNISSE FÜR DIE BEWERTUNG VON KONZENTRATIONSPROZESSEN

Eine Konzentrationsentwicklung kann nur durch den kombinierten Einsatz mehrerer Maßgrößen interpretiert werden. Die isolierte Betrachtung des Konzentrationsgrades genügt dem Anspruch einer Aufdeckung von Austausch- und Verkrustungsprozessen in der Spitzengruppe eines Konzentrationsprozesses nicht. Aussagen zur Wettbewerbsintensität in der Spitzengruppe eines Konzentrationsprozesses können bei alleiniger Betrachtung von Konzentrationsgraden kaum getroffen werden. Die Kennzahlen δ und δ' geben unter Beachtung der verschiedenen Entwicklungsverläufe des Konzentrationsgrades Hinweise darauf, ob Austausch- bzw. Verkrustungsprozesse existieren.

In Märkten mit steigenden Konzentrationsgraden erscheinen Zusammenschlüsse innerhalb der ehemaligen Spitzengruppe, die von einem negativen δ-Wert begleitet werden, aus wettbewerbspolitischer Perspektive weniger bedenklich, da sie auf eine *Erosion* der Wettbewerbsposition ehemaliger Spitzenunternehmen hindeuten. Eine verstärkte Aufmerksamkeit verdienen hingegen Zusammenschlüsse in Märkten mit steigenden Konzentrationsgraden, die von einem positiven δ-Wert begleitet werden, da hier die Gruppe der etablierten Unternehmen nicht erodiert. In beiden Fällen ist es allerdings unabdingbar, eine differenziertere Analyse der Konzentrationsentwicklung für die betroffenen Spitzenunternehmen (z. B. die Top 3 oder Top 6) und auch für regionale, u. U. gar lokale Märkte vorzunehmen, um Austausch- bzw. Verkrustungsprozesse differenzierter zu identifizieren. Das vorgestellte Meßinstrumentarium eignet sich grundsätzlich auch für derartig differenzierte Analysen. Das hier erarbeitete Meßinstrumentarium kann allerdings eine fallspezifische Prüfung von Zusammenschlüssen unter wettbewerbspolitischen Gesichtspunkten nicht ersetzen, sondern lediglich informatorisch unterstützen. Das Meßinstrumentarium ist vielmehr für die Betrachtung einer Gruppe von Unternehmen über einen längeren Zeitraum konzipiert, um den brisanten Fall ständig ansteigender Konzentrationsgrade in einer Branche tiefergehend zu beleuchten.

Mit den Strecken B und D werden Marktanteilsdifferenzen definiert, die Hinweise auf Veränderungsprozesse innerhalb der Spitzengruppe eines Konzentrationsprozesses geben. In Kombination mit den Meßindikatoren δ und δ' wird transparenter, welche Prozesse sich hinter stagnierenden und sinkenden Konzentrationsgraden verbergen.

Es zeigt sich, daß steigende Konzentrationsgrade auf einem Markt nicht prinzipiell einem Ausbau von Marktanteilen einer Gruppe etablierter Akteure gleichkommen.

Vielmehr veranschaulichen gerade die Beispiele aus dem funktionalen Lebensmittelhandel, daß ansteigende Konzentrationsgrade auch auf Aufsteiger zurückgeführt werden können. Zudem macht die Analyse von Austausch- und Verkrustungsprozessen deutlich, daß sich hinter vordergründig steigenden Konzentrationsgraden vollkommen gegensätzliche Phänomene, wie z. B. lebhafter oder erlahmender Wettbewerb um Marktanteile, verbergen können.

Die Betrachtung von Austauschprozessen auf der Ebene einzelner Unternehmen ermöglicht darüber hinaus, diejenigen Akteure namentlich zu identifizieren, die beim Kampf um Marktanteile neu in Spitzengruppen eines Marktes eindringen. Sofern es sich dabei um Wettbewerber mit vergleichsweise innovativen Unternehmenskonzepten handelt, kann dies als Indiz für einen fortschreitenden Verfahrensfortschrittsprozeß angesehen werden. Die Existenz von Verfahrensfortschritten deutet wiederum darauf hin, daß auf dem betreffenden Markt funktionsfähiger Wettbewerb herrscht. Dagegen müßte auf einen erlahmenden Wettbewerb geschlossen werden, wenn Unternehmen mit traditionellen Konzepten laufend weitere Marktanteile hinzugewinnen würden.

Unternehmenszusammenschlüsse, die sich vor dem Hintergrund verkrusteter Strukturen abspielen, sind aus wettbewerbspolitischer Perspektive demnach anders zu bewerten als Zusammenschlüsse auf Märkten mit starken Austauschprozessen. Ist es auf einem Markt innovativen Unternehmen möglich, aktiv in die Positionen etablierter Unternehmen einzudringen, so folgt daraus im Umkehrschluß, daß es etablierten Unternehmen nicht gelungen ist, ihre Marktanteile gegenüber Angriffen von Außenstehenden zu schützen. Auf Märkten mit derartigen Merkmalen besteht eine geringe Gefahr, daß erlangte Marktpositionen von einer sich kollusiv verhaltenden Oligopolgruppe mit negativen Konsequenzen für den Verbraucher ausgenutzt werden.

DANKSAGUNG

1) Der Autor ist Herrn Dr. Bodo Reinke für seine Unterstützung bei der Aufbereitung und Interpretation des Datenmaterials einen besonderen Dank schuldig.

LITERATUR

Ahlert, D.; Bergmann, G.; Schröder, H.; Wellmann, Th.: Machtkonzentration und dynamische Marktbeherrschung im Handel, Arbeitspapier Nr. 9 des Lehrstuhls für Betriebswirtschaftslehre, insb. Distribution und Handel, Universität Münster 1988.

Ahlert, D.; Olbrich, R.: Strategische Erfolgsforschung im Lebensmittelhandel und ihre Bedeutung für Handelsmanagement, Industrie und Wettbewerbspolitik. In: Trommsdorff, V. (Hrsg.), Handelsforschung 1993/94, Jahrbuch der Forschungsstelle für den Handel, Berlin (FfH) e.V., Wiesbaden 1993, S. 61-75.

Ahlert, D.; Wellmann, Th.: Die Machtkonzentration im Lebensmittelhandel — Ein ungelöstes Problem der Wettbewerbspolitik?. In: absatzwirtschaft, 1989, Heft 6, S. 106-115.

Böcker, F.: Handelskonzentration: Ein partielles Phänomen? — oder: Irreführende Handelsstatistiken. In: ZfB, 56. Jg., 7 (1986), S. 654-660.

Dahremöller, A.: Konzentration im Einzelhandel: Eine Fehlinterpretation? In: ZfB, 56 (1986), Nr. 7, S. 661-674.

Dahremöller, A.: Konzentration: Ein Meßproblem — Ein Beitrag zur Konzentrationsdiskussion. In: ZfB, 57 (1987), Nr. 2, S. 208-222.

Frisch, Th.; Sacksofsky, E.: Die Angebotskonzentration im deutschen Lebensmitteleinzelhandel und die Probleme ihrer kartellrechtlichen Erfassung, HWWA-Report, Nr. 128, Hamburg 1993.

Frisch, Th.; Sacksofsky, E.: Eine Gefahr für den Wettbewerb. In: Lebensmittel-Zeitung, 1994, Nr. 2, 14.01.1994, S. 70-72.

Grossekettler, H.: Die Messung der Funktionsfähigkeit von Märkten mit Hilfe des Konzepts zur Koordinationsmängeldiagnose — Methodenbeschreibung und Anwendung bei einer In-vivo-Inspektion realer Märkte. In: Volkswirtschaftliche Diskussionsbeiträge, Beitrag Nr. 195, 2. verb. Aufl., Münster 1995.

M+M EUROdATA: M+M Top-Firmen, Strukturen, Umsätze und Vertriebslinien des Lebensmittelhandels Food/Nonfood in Deutschland (West und Ost) 1991, 1992, 1993, 1994, 1995, Frankfurt a. M. 1990-1994.

Monopolkommission: Marktstruktur und Wettbewerb im Handel, Sondergutachten der Monopolkommission gemäß § 24b Abs. 5 Satz 4 GWB, Köln 1994.

Müller-Hagedorn, L.: Handelskonzentration: Ein partielles Phänomen? — oder: Irreführende Handelsstatistiken. Weitere Anmerkungen. In: ZfB, 57 (1987), Nr. 2, S. 200-207.

Neuhaus, H.: Die Systemstrategie der EDEKA. In: Der Verbund, 1995, Nr. 2, S. 4-7.

Olbrich, R.: Die Größe der Outlets bestimmt den Erfolg. In: HARVARD BUSINESS MANAGER, 16 (1994a), Nr. 1, S. 101-107.

Olbrich, R.: Erfolgspositionen im Lebensmittelhandel, Ergebnisse und Konsequenzen einer repräsentativen Befragung. In: ZfB, 64 (1994b), Nr. 4, April 1994, S. 425-442.

Olbrich. R.; Reinke, B.: LZ-Schwerpunkt 'Unternehmenswachstum'. In: Lebensmittel-Zeitung, 29, 1996, Nr. 13, S. 66-76.

Tietz, B.: Zum Thema: Konzentration im Handel. In: ZfB, 57 (1987), Nr. 2, S. 196-199.

Tietz, B.: Systemdynamik und Konzentration im Handel, Vortrag anläßlich der wissenschaftlichen Jahrestagung 1994 des Verbandes der Hochschullehrer für Betriebswirtschaftslehre e.V. an der Universität Passau am 27. Mai 1994, Druckfassung.

Literaturdienst

Literaturdienst zur Handelsforschung 1997/98

1 STRATEGISCHE WETTBEWERBSVORTEILE

ACKERMANN, C., **Konzepte der Ladengestaltung. Beitrag zur Profilierung und Rationalisierung im Einzelhandel, Lohmar 1997 (272 Seiten).** In ihrer Dissertation beschäftigt sich Carole Ackermann mit der Entwicklung eines Modells zur Ladengestaltung zur effizienten Marktbearbeitung. Besonderes Augenmerk wird dabei auf die Verknüpfung von Profilierung und Rationalisierung im Einzelhandel gerichtet, wobei die Rationalisierung im Vordergrund steht. Im zweiten Kapitel werden die theoretischen Grundlagen der folgenden Analyse systematisch dargestellt. Beginnend mit dem Grundkonzept der Effizienz als Ziel und deren Messung wird die Bedeutung der Ladengestaltung (2.2), deren Kontexteinordnung (2.3) und die Ladengestaltung als Aufgabe im Handel (2.4) beschrieben. In Kapitel 3. stellt die Autorin die Potentiale zur Rationalisierung und Profilierung aus verschiedenen Gesichtspunkten dar. In Kapitel 4. wird ein Handlungskonzept vorgeschlagen, in dem, aufbauend auf einer Situationsanalyse, konkrete Gestaltungsstrategien resultieren. Auf Basis der Zielformulierungen werden Handlungskonzepte abgeleitet. Das 5. Kapitel bezieht sich auf die Umsetzung eines Ladengestaltungsprozesses anhand eines Phasenschemas. (Oliver Jost)

BARTH, K., **Betriebswirtschaftslehre des Handels, 3. Aufl., Wiesbaden 1996 (427 Seiten).** Dieses Lehrbuch zählt zu den Standardwerken der deutschsprachigen Handelsbetriebswirtschaftslehre. Die dritte Auflage folgt der Struktur der alten Auflage, enthält aber viele zusätzliche aktuelle Aussagen, insbesondere zur Betriebstypenentwicklung unter Einschluß elektronischer Märkte, zur prozeßorientierten Betrachtung des Handelsgeschäfts und über konzeptionelle Trends bei den Warenwirtschaftssystemen. Ein personalwirtschaftliches Kapitel ist hinzugekommen. Der auf langjährigen Erfahrungen des Autors in der Handelsbetriebslehre beruhende, praxisnahe und wissenschaftlich fundierte Text ist ein jetzt voll ausgereifter „state of the art“, der nicht nur Studierenden als Lehrbuch, sondern auch Praktikern zur Weiterbildung sehr anz Herz gelegt werden kann. (Volker Trommsdorff)

BRUHN, M. (Hrsg.), **Handelsmarken im Wettbewerb: Entwicklungstendenzen und Zukunftsperspektiven der Handelspolitik, Stuttgart, Frankfurt a. M. 1996 (208**

Seiten). Die Bedeutung von Handelsmarken im Markenwettbewerb hat seit der Aufhebung der „Preisbindung der zweiten Hand" für Markenprodukte stark zugenommen. Wobei keine kontinuierliche Bedeutungszunahme zu verzeichnen war, sondern einem Aufschwung der Handelsmarke wieder ein Abschwung folgte. Ob der in den 90er Jahren zu erkennende Aufschwung der Handelsmarke von Dauer sein wird oder nicht, erörtert der vorliegende Sammelband mit Beiträgen von Autoren aus Wissenschaft und Praxis. Vorgestellt werden zunächst die theoretischen Grundlagen der Handelsmarkenpolitik, ihre Bedeutung im Markenwettbewerb, Funktionen, Erfolgsbedingungen und Handelsmarkenstrategien. In weiteren Teilen des Sammelbandes werden die Entwicklungen und Perspektiven von Handelsmarken, sowohl im Verbrauchsgüterbereich als auch im Gebrauchsgüterbereich, aus Hersteller- und Handelssicht dargestellt. (Andrea Bookhagen)

DAUTZENBERG, PH., **Management von Verbundgruppen, Thexis, Festschriften zum 70sten Geburtstag von Prof. Dr. Heinz Weinhold, (3) 1997, S. 38-45.** Profilierungs- und Rationalisierungsstreben aufgrund verschärfter Wettbewerbssituation zwingt Handelsmanager von Verbundgruppen, ihre strategische Situation zu überdenken. Der Autor schlägt als strategische Ausrichtungen die Dimensionen „Intensität der Zusammenarbeit zwischen der Zentrale und den Mitgliedern" und „Umfang des zentralen Dienstleistungsangebots" vor. Im Rahmen einer Systemführerschaft der Zentrale erweist sich fehlende Akzeptanz für neue Konzepte als ein Kernproblem. Nach den Vorteilen einer solchen Systemführerschaft stellt der Autor die zentralen Anforderungen zur Stärkung der relativen Machtposition der Zentrale vor, die erfüllt sein muß, um eine erfolgreiche Umsetzung zu gewährleisten. (Oliver Jost)

FELD, C., **Category Management im Handel, Arbeitspapier Nr. 8, Universität zu Köln, Seminar für Allgemeine Betriebswirtschaftslehre, Handel und Distribution, Köln 1996 (55 Seiten)** gibt zunächst einen systematischen Überblick über den Stand der Diskussion zum Catetgory Management und schließt diesen mit einer eigenen Begriffsdefinition ab, um dann die wesentlichen Managementfunktionen des Konzeptes zu verdeutlichen. Die Autorin beginnt mit einer Gegenüberstellung monetärer und nichtmonetärer Zielgrößen des Category Managements, sowohl aus Herstellersicht, als auch aus Sicht des Handelsunternehmens. Es ist offentlichtlich, daß sich die Ziele des Category Managements in erster Linie auf solche Wertschöpfungsaktivitäten beziehen, die handelsseitig gesteuert werden. Untersucht werden dann die zielorientierte Bildung der

Categories sowie ihre prozeßorientierte Steuerung. Die Integration von Einkaufs- und Verkaufsverantwortung innerhalb einer objektorientierten (Category-orientierten) Organisation (die organisatorischen Gestaltungsentscheidungen werden allerdings erst an späterer Stelle vertieft) ist wichtige Voraussetzung der prozeßorientierten Steuerung der Categories. Hinzu kommt die Forderung nach einer Zusammenarbeit zwischen Hersteller und Handel. Dabei wird dem Hersteller Beratungs- aber keine Entscheidungkompetenz zugesprochen. Auf das ECR (Efficient Consumer Response), mit dem Ziel, die Zusammenarbeit von Hersteller und Handel zu optimieren, wird in diesem Zusammenhang ebenfalls eingegangen. Im nächsten Abschnitt des Arbeitspapieres analysiert und bewertet die Autorin alternative Organisationskonzepte des Category Management, denn die Organisationsstrukturen bei Herstellern und Händlern beeinflussen die Kommunikationsstruktur zwischen den Partnern. Abschließend werden die Grenzen des Category Managements als Kooperationsform zwischen Herstellern und Händlern aufgezeigt. (Andrea Bookhagen)

KALKA, R., **Marketingerfolgsfaktoren im Facheinzelhandel, Wiesbaden 1996 (315 Seiten).** Dieses ist eine weitere, auf der bisherigen Forschung aufbauende, sie integrierende und ergänzende Dissertation zum Thema Erfolgsfaktoren im Handel. Nach einer thematischen und begrifflichen Einführung folgt ein langes Kapitel, das lehrbuchartig „das Marketingkonzept im Facheinzelhandel“ darlegt (Marketingforschung, Ziele, Strategien und Instrumente). Das folgende erste wissenschaftlich innovatorische Kernkapitel reanalysiert die bisherige empirische Forschung über Erfolgsfaktoren im Einzelhandel, wobei der Schwerpunkt auf das Marketing gelegt wird. Zwölf deutsche Studien werden bewertet und quasi-metaanalytisch zusammengefaßt, so daß die immer wieder durchschlagenden Erfolgsfaktoren als bereits relativ bewährte Hypothesenssammlung resultiert. Zur Integration dieser Hypothesen in ein System entscheidet sich Frau Kalka leider gegen die inzwischen zum wissenschaftlichen Standard avancierten Kausalanalyse (LISREL) und für ein Regressionsmodell. Das zweite wissenschaftliche Kernkapitel entwickelt dieses auf 24 Hypothesen reduzierte Modell und macht es einer empirischen Prüfung zugänglich. Das dritte wissenschaftliche Kernkapitel enthält diese Prüfung anhand einer Befragung von im Endeffekt 154 bayerischen Facheinzelhandelsunternehmen mit faktorenanalytischer und anschließend regressionsanalytischer Auswertung. Das kondensierte Ergebnis ist ein Einflußgrößenmodell, das durchweg kleine bis mittlere Wirkungen von 21 einzelhandelsspezifischen Marketingvariablen auf zwei Erfolgskriterien (Reputation, monetärer Erfolg) zeigt und 56% der Erfolgsvarianz erklärt. Das in seinen methodischen Grenzen selbstkritisch diskutierte Modell liefert Hinweise darauf, welche Erfolgsdeterminanten des Facheinzelhandels nicht vernachlässigt werden dürfen, aber selbstverständlich ist seine Nutzung kein Garant für individuellen Geschäftserfolg, der ja auch von individuellen, eventuell alleinstellenden Marketingmerkmalen, von Nicht-Marketing-Strategiemerkmalen und von spezifischen Rahmenbedingungen abhängt, die im Hypothesensystem nicht erfaßt sind. (Volker Trommsdorff)

SCHMID, F., **Positionierungsstrategien im Einzelhandel, Frankfurt a. M. 1996 (417 Seiten),** entwickelt in seiner Dissertation entscheidungsorientierte und strategische Konzepte zur Auswahl und Ableitung zielmarktadäquater Positionierungsstrategien für Betriebstypen im Ladeneinzelhandel. Die Arbeit besteht aus einem theoretischen Teil, in dem entscheidungsorientierte Grundlagen sowie alternative Positionierungsstrategien für Betriebstypen im Einzelhandel erarbeitet werden, und einem empirischen Teil. Zunächst stellt der Autor ausgewählte Theorien über die Veränderungen von Betriebstypen im Handel vor und evaluiert diese im Hinblick auf ihren Erklärungsbeitrag für die Betriebstypenpositionierung. Darauf aufbauend wird ein entscheidungstheoretisches Grundmodell der Positionierung entwickelt. Der theoretische Teil schließt mit einem Kapitel, in dem unterschiedliche Wettbewerbsstrategien im Einzelhandel diskutiert werden. Im empirischen Teil der Arbeit wird das ausgearbeitete Modell der strategischen Positionierung an einem konkreten Beispiel angewendet. Dazu verwendet der Autor den Heimwerkermarkt-Bereich im Großraum München. Die Analysen beruhen dabei hauptsächlich auf sekundärstatistischen Daten verschiedenster Quellen. Für sechs Referenzbaumärkte werden Positionierungsempfehlungen erarbeitet. (Marcel Paulssen)

REINKE, B., **Synergiemanagement im Handel, Schriften zu Distribution und Handel, Bd. 21, Frankfurt a. M. 1996 (262 Seiten),** beschäftigt sich in seiner Dissertation mit dem Größenwachstum des deutschen Konsumgüterhandels und hier insbesondere mit den durch Konzentration erzielbaren Synergievorteilen. Hierzu wird zunächst auf Auslöser und Kerngedanken von Synergien eingegangen. Darauf aufbauend wird eine handelsbetriebliche Synergiekonzeption entwickelt und am Beispiel der Asko auf die Messung und Bewertung von Synergieeffekten und -potentialen eingegangen. Anhand einer zehn Jahre umfassenden Bilanzanalyse der Asko überprüft der Autor die Meßbarkeit von Synergien in stark wachsenden Großunternehmen des Handels. Basierend auf einer zusätzlichen, empirischen Analyse des deutschen Konsumgüterhandels werden unter Verwendung von LISREL kausale Zusammenhänge zwischen Integrationsmaßnahmen, negativen Begleiteffekten der Integration, Synergieffekten und Unternehmenserfolg untersucht. Die Arbeit schließt mit Handlungsempfehlungen für das Synergiemanagement komplexer Handelssysteme. (Constanze Hess)

RUDOLPH, T., **Profilierung und Rationalisierung im Handel, Thexis, Festschriften zum 70sten Geburtstag von Prof. Dr. Heinz Weinhold, (3) 1997, S. 12-27.** Die gesamtwirtschaftliche Entwicklung, der zunehmende Druck neuer Konkurrenz durch den europäischen Binnenmarkt und die damit einhergehenden Veränderungen im Konsumentenverhalten, zwingen Handelsunternehmen, Anpassungsschritte zu unternehmen. Die bisher vorherrschenden strategischen Stoßrichtungen der Profilierung oder Rationalisierung, welche überwiegend als alternativ erachtet wurden, liefern allein kaum noch erfolgversprechende Veränderungen. Eine Kombination beider Strategien ist gefragt, um den Herausforderungen der Zukunft gewachsen zu sein. Rudolph nennt den Handelsmanager, der diesen Weg einschlägt, den *effizienten Profilierer*. Anhand zweier Fallstudien wird das Zonenmodell der Verkaufstellenprofilierung vorgestellt, deren einzelnen Schritte sich zu den Kategorien Positionierung, Profilierung und Rationalisierung zusammenfassen lassen. Im Rahmen der Positionierung werden, ausgehend von einer Analyse des Umfeldes und des Marktes, Positionierungsalternativen entwickelt. Die Auswahl der geeigneten Positionierungsstrategie und die zielgruppenspezifische Profilierung bilden den Profilierungsteil dieses Kozeptes. Anschließend finden die Rationalisierungen in der Bewertung der Maßnahmen, der Anpassung der Infrastruktur und der Umsetzung Anwendung. Beachtet werden muß, daß dieses Konzept nur in einem ganzheitlichen Rahmen wirken kann und somit die gesamte Wertschöpfungskette betrifft. (Oliver Jost)

ZENTES, J., **Trends und Erfolgsreserven im Handelsmanagement, Thexis, Festschriften zum 70sten Geburtstag von Prof. Dr. Heinz Weinhold, (3) 1997, S. 88-96.** Basierend auf den pessimistischen Prognosen der Handelskonjunktur im GDI-Monitor werden die wesentlichen Trends dargestellt, die sich aus der Handelsbefragung ergeben: discount shopping und convenience shopping, wobei sich weiterhin ein Trend zum preisbewußten Markenkaufverhalten (smart shopping) abzeichnet. Aus diesen Entwicklungen wird eine strategische Handlungsoption aufgezeigt, welche die marktorientierte (Qualitätsführerschaft) mit der effizienzorientierten Strategie (Kostenführerschaft) verknüpft. Im Rahmen einer Wachstumsstrategie soll eine verbesserte Kundenorientierung mit einer Betriebstypen- bzw. Vertriebstypeninnovation einhergehen. (Oliver Jost)

2 HERSTELLER-HANDELSBEZIEHUNGEN

KRISHNAN, T. V.; SONI, H., **Guaranteed profit margins: A demonstration of retailer power, International Journal of Research in Marketing, (1) 1997, S. 35-56.** Vor dem Hintergrund zunehmender Konzentration im Lebensmittelhandel untersuchen die Autoren spieltheoretisch, ob und wie der Handel die ihm gegebene Marktmacht gegenüber den Herstellern ausnutzen kann. Die vertragliche Garantie von Gewinnmargen des Handels durch die Hersteller ist ein deutliches Zeichen für die unterlegene Position der Hersteller. Die Strukturen in der Lebensmittelindustrie in Frankreich werden der Untersuchung zugrunde gelegt. (Andrea Bookhagen)

MEFFERT, H.; WÖLLENSTEIN, S.; BURMANN, CH., **Erfolgswirkungen des Konflikt- und Kooperationsverhaltens in vertraglichen Vertriebssystemen des Automobilhandels, Marketing ZFP, (4) 1996, S. 279-290,** geben einen Überblick über die Struktur von vertraglichen Vertriebssystemen im deutschen Automobilhandel und über Arten und Ursachen von Konflikten zwischen Herstellern und Händlern. Es wird ein Zusammenhang zwischen dem Betriebstyp des Händlers und der Art der Konfliktbewältigung vermutet. Die empirische Analyse des Konflikt- und Kooperationsverhaltens von 345 Vertragshändlern ergab clusteranalytisch vier Grundhaltungstypen, die differenziert nach Zufriedenheit und Kooperationsbereitschaft beschrieben werden; als wichtigste Zufriedenheitsdimensionen wurden ein marktaktuelles Produktprogramm und endverbrauchergerichtetes Marketing ermittelt. Ein Zusammenhang zwischen den Grundhaltungstypen und den Betriebstypen des Kfz-Handels gemäß der Basishypothese konnte nicht nachgewiesen werden. Auch die Untersuchung der Erfolgswirkung des Konflikt- und Kooperationsverhaltens ergab keine signifikanten Ergebnisse, der Erfolg hängt eher vom Betriebstyp ab. Die Autoren schließen daraus, daß vertikale Konflikte in vertraglichen Vertriebssystemen eine geringe Erfolgswirksamkeit haben. Dennoch fordern sie angesichts der branchenweiten Defizite bei der Zufriedenheit vieler Händler die Schulung und Ausbildung des Außendienstes der Kfz-Hersteller, um auf unterschiedliche Konfliktstile besser eingehen zu können. (Ulrich Koppelt)

MOHR, J. J.; FISHER, R. J.; NEVIN, J. R., **Collaborative Communication in Interfirm Relationships: Moderating Effects of Integration and Control, Journal of Marketing, (July) 1996, S. 103-115,** untersuchen den Einfluß kollaborativer Kommunikation auf unterschiedlichen Integrations- und Kontrollebenen auf den Erfolg von Geschäftsbeziehungen aus Händlersicht. Kollaborative Kommunikation setzt sich aus einer spezifischen Kombination von Faktoren wie Häufigkeit der Kommunkation, Beiderseitigkeit, Formalisierungsgrad und Einflußnahme zusammen. Erfolgsmaß sind das hierdurch beeinflußte Commitment sowie Zufriedenheit und Koordination seitens des Handels. Kollaborative Kommunikation dient dazu, kooperative Einstellungen und Beziehungen der Mitglieder des Distributionskanals zu fördern. Die Autoren leiten zwei Hypothesen ab, die dann empirisch überprüft werden. Erstere besagt, daß kollaborative Kooperation im Falle hoher Integration einen geringen, im Fall niedriger Integration eine hohen Einfluß auf den Beziehungserfolg aufweist. Die zweite besagt, daß im Falle hoher Kontrolle kollaborative Kommunikation einen geringen, im Falle geringer Kontrolle einen hohen Einfluß auf den Beziehungserfolg aufweisen. Zur Überprüfung der Hypothesen wurden nach telefonischer Identifikation der Ansprechpartner insgesamt 557 Fragebögen an Geschäftsführer bzw. Manager im Computerhandel verschickt. Zur Auswertung verblieb ein Sample von 125 Fragebögen. Als Ergebnis stellte sich heraus, daß sich kollaborative Kommunikation generell positiv auf alle drei Faktoren des Beziehungserfolgs auswirkt, zunehmende Integration positiv auf Zufriedenheit und Koordination wirkt, aber keinen Einfluß auf das Commitment der Händler ausübt, wogegen Kontrolle positiv auf alle drei Faktoren wirkt. (Constanze Hess)

3 INFORMATIONSMANAGEMENT

AHLERT, D.; OLBBRICH, R. (Hrsg.), **Integrierte Warenwirtschaftssysteme und Handels-Controlling (3. Aufl.), Stuttgart 1997 (458 Seiten).** Warenwirtschaftssysteme spielen eine Schlüsselrolle in der Konsumgüterdistribution und unterliegen nicht zuletzt aufgrund des technologischen Fortschritts rasanten Veränderungen. Die zahlreichen Beiträge von Autoren aus Wissenschaft und Praxis greifen diese jüngsten Entwicklungen computergestützter Managementtools auf. Neben dem rahmenspannden Beitrag zu betriebswirtschaftlichen Grundzügen der Warenwirtschaft und des Handelscontrolling bilden Einsatz- und Nutzenpotentiale integrierter Warenwirtschaftssysteme einen der Schwerpunkte des Buches. Diese Nutzenpotentiale ergeben sich nicht nur aus der internen Handelsperspektive, sondern auch im Zuge der externen Integration von Handel und Industrie. Mit dem zweiten Schwerpunkt, dem Handelscontrolling mittels computergestützter Warenwirtschaftssysteme, macht das Buch das Problem der Schnittstellenorganisation bewußt. Gezieltes Controlling mit der Koordinations- und Informationsfunktion ermöglicht es, integrierte Warenwirtschaftssysteme nutzenstiftend zu realisieren, wobei das Handelsmarketing als Adressat warenwirtschaftlicher Informationen explizit hervorgehoben wird. Die Beiträge sind mit einer Vielzahl von Beispielen aus der Praxis gespickt. Das Buch schließt mit ausgewählten Fällen aus der Perspektive einzelner Unternehmungen, verfaßt von Experten, die als Vorreiter auf dem Gebiet der computergestützten Warenwirtschaft gelten. Insgesamt bietet das Buch einen sehr praxisnahen und zeitgemäßen Einblick in die moderne Warenwirtschaft. (Margit Binsack)

AGRWAL, D.; SCHORLING, CH., **Market Share Forecasting: An Empirical Comparison of Artificial Neural Networks and Multinominial Logit Model, Journal of Retailing, (4) 1996, S. 383-408,** vergleichen die Vorhersagefähigkeit eines neuronalen Netzes mit der eines multinomialen LOGIT-Modelles. Der Einsatz neuronaler Netze im Lebensmittelhandel ist besonders interessant, da hier regelmäßig große Datenmengen aus Scannerpanels anfallen und genaue Nachfragevorhersagen für den Unternehmenserfolg entscheidend sind. Die Autoren verwenden Scannerdaten für drei Produktkategorien aus dem Lebensmittelbereich. Als Ergebnis läßt sich festhalten, daß das neuronale Netz bessere Prognosen des Marktanteils der verschiedenen Marken der drei Produktkategorien liefert als das multinomiale Logit-Modell. Die Sensitivität des Vorhersagefehlers beider Ansätze wurde bezüglich des Vorhersagezeitraumes und der Clusterung der Haushalte zur Generierung homogener Segmente untersucht. Beide Ansätze sind robust gegenüber diesen Variationen. Insgesamt gleichen die Resultate denen früherer Studien. Neuronale Netze verfügen zwar über teilweise überlegene Prognosefähigkeit, leiden aber an der mangelnden Interpretierbarkeit. Im Fall von Lebensmittelprodukten mit leicht verfügbaren, großen Datenmengen, stellen sie eine nützliche Methode zur Marktanteilsprognose dar. (Marcel Paulssen)

REARDON, J.; HASTY, R.; COE, B., **The Effect of Information Technology on Productivity in Retailling, Journal of Retailing, (4) 1996, S. 445- 464,** gehen in ihrem Artikel der Frage nach, welchen Einfluß der Einsatz von Informationstechnologie auf die Produktivität von Handelsunternehmen hat. Die bisherige Forschung liefert widersprüchliche Befunde zu der Beziehung zwischen Produktivität und dem Einsatz von Informationstechnologie. Dies ist allerdings auf nicht adäquate Methodenwahl sowie Operationalisierungsprobleme zurückzuführen. Zunächst diskutieren die Autoren physische und monetäre Operationalisierungen der von ihnen verwendeten Variablen Produktivität, Arbeit, Kapital- und Informationstechnologieeinsatz. Drei Hypothesen werden entwickelt und getestet. Dazu wird eine Stichprobe von 521 Handelsunternehmen verwendet. Zwei Translog-Produktionsfunktionen werden geschätzt. Die Hypothese, daß Informationstechnologie einen positiven Einfluß auf den Output habe, kann bestätigt werden. Die Hypothese, daß Handelsunternehmen mit konstanten Skalenerträgen operieren, kann ebenfalls bestätigt werden. Abgelehnt wird die Hypothese, daß die Grenzkosten des Informationstechnologieeinsatzes dem Grenznutzen entsprechen. Aus den Ergebnissen leiten die Autoren Handlungsempfehlungen für den Einsatz von Informationstechnologie im Handel ab. (Marcel Paulssen)

4 STANDORT UND INTERNATIONALISIERUNG

GAMPER, A., **Erfolgsfaktoren im internationalen Handel – Das Beispiel europäischer Trading-Houses, Wiesbaden 1996 (300 Seiten),** ist die Buchveröffentlichung einer Innsbrucker Dissertation. Aus dieser groß angelegten empirischen Untersuchung wurde in der Handelsforschung 1996/97 schon ein Aufsatz von Marschner und Gamper publiziert, der wesentliche Ergebnisse enthält. Die jetzt vorliegende Monographie holt bezüglich des internationalen Handels weiter aus (allgemein, aus makroökonomischer Sicht, Entwicklung in Europa, Struktur, Funktionen und Objektbereich), stellt die Modellentwicklung gründlicher und die empirischen Ergebnisse detaillierter dar. Das Buch schließt eine wesentliche Lücke in der Handelsforschung. (Volker Trommsdorff)

KESSLER, H. J., **Internationale Handelsfinanzierung: Strategien für Auslandsinvestitionen und Handel, Wiesbaden 1996 (377 Seiten und Diskette),** wendet sich vor allem an Praktiker, die schnelle und problemorientierte Unterstützung bei der Abwicklung von internationalen Geschäften suchen. Altbewährte Finanzierungs- und Absicherungsarten werden ebenso behandelt wie innovative Formen, die in der Bankenwelt bisher nur wenigen zugänglich sind. Gemäß dem Anspruch, eher als Nachschlagewerk denn als „Lesebuch" verstanden zu werden, nähert man sich dem Werk am besten über das sehr umfangreiche Stichwortverzeichnis. Die einzelnen Instrumente sind knapp und verständlich dargestellt. Besonders hilfreich ist die dem Buch beigefügte Diskette, die in komprimierter Form über 90 Winword-Muster für Verträge, Anträge usw. enthält sowie mehrere Excel-Kalkulationsdatein. Da jedem Kapitel ein umfangreiches Glossar (insgesamt ca. 800 Fachausdrücke) angeschlossen ist, ist das Buch auch für Nichtspezialisten zugänglich. (Ulrich Koppelt)

5 ORGANISATION UND PERSONALPOLITIK

KELLY, S. W.; LONFELLOW, T.; MALEHORN, J., **Organizational Determinants of Service Employees' Expercise of Routine, Creative and Deviant Discretion, Journal of Retailing, (2) 1996, S. 135-158,** untersuchen die Abhängigkeit unterschiedlicher Arten von Ermessensspielräumen Angestellter von der Organisationsform von Dienstleistern. Die Autoren unterscheiden routinemäßiges Ermessen (selbständige Auswahl von Handlungsalternativen aus einer vorgegebenen Menge, z. B. Vorschlag von Anlagemöglichkeiten durch einen Bankangestellten), kreatives Ermessen (Entwicklung eigener Lösungswege für gestellte Aufgaben, z. B. Aufbau einer Verteidigungsstrategie eines Rechtsanwalts) und abweichendes Ermessen (eigene Lösung entgegen der vorgegebenen Norm, z. B. Umtausch gegen Geld durch einen Handelsangestellten, wenn die Geschäftsordnung eigentlich nur Gutschriften zuläßt). An zwei Samples (Bankangestellte und Versicherungsagenten) wurden die Auswirkungen von Formalisierung, Zentralisierung und Unterstützungsbereitschaft der Organisationen auf das Ermessen der Angestellten untersucht. Es ergab sich ein negativer Einfluß von Formalisieung auf abweichendes Ermessen, ein positiver Einfluß von Zentralisierung auf kreatives Ermessen und ein positiver Einfluß von Unterstützungsbereitschaft auf kreatives und routinemäßiges Ermessen. Für das Management von Dienstleistern empfehlen die Autoren die Erleichterung von kreativem und routinemäßigem Ermessen durch moderate Formalisierung und Zentralisation von Entscheidungen sowie die Kontrolle abweichenden Ermessens durch Formalisierung. (Ulrich Koppelt)

BEATTY S. E.; LEE, J.; MAYER, M.; COLEMAN, J. E.; ELLIS, K. J., **Customer-Sales Associate Retail Relationships, Journal of Retailing, 3 (1996), S. 223-248,** gehen auf die Bedeutung des Relationship Marketing im Handel ein, wobei unterschieden wird in Beziehungen zwischen Kunden und Unternehmen (Relationship Marketing) und Beziehungen zwischen Kunden und Verkaufspersonal (Relationship Selling), die hier näher untersucht werden. Als zu untersuchendes Unternehmen wurde eine Modekette mit über 30 Geschäften in acht U.S.-Bundesstaaten ausgewählt, die bekannt ist für ihren Kundenservice und hohe Kundenbindung. Erfolgreiche Verkaufspersonen, die sich mit der Unternehmenskultur vertraut gemacht hatten und sich um das Segment der sogenannten call customers kümmerten, wurden während ihrer Interaktion mit Kunden beobachtet. Daraufhin wurden Tiefeninterviews mit ihnen geführt. Telefonische und persönliche Interviews mit den Kunden schlossen sich an. Ergebnis ist ein mehrphasiges Beziehungsmodell für den Handel. Außerdem wurden Schlüsselfaktoren für erfolgreiches Verkaufspersonal identifiziert und Anforderungen an Auswahl und Schulung dieser Mitarbeiter formuliert. Kernaussage ist, daß Händler zukünftig auch nach Kunden segmentieren sollten, die intensive Beziehungen zum Unternehmen wünschen. (Constanze Hess)

6 PRODUKT- UND SERVICEPOLITIK

HEDDERICH, R., **Innovation, Imitation und Selektion im Handelsbetrieb, Zeitschrift für Betriebswirtschaft, (5/6) 1997, S. 541-560,** analysiert die Aktions- und Erwartungsvariablen von Waren-, Service- und Geldprozessen (Transaktionsprozessen) einschließlich der Werbung unter Berücksichtigung der jeweiligen Marktstellung. Diese Variablen stellen in Verbindung mit Kapazitätsfaktoren (z. B. Kapital, Raum, Personal) den Mix handelsbetrieblicher Instrumente dar. Durch die Einbeziehung aller Variablen und deren Wechselwirkung wird die Analyse der gebotenen Gesamtsicht strategischen Handelns gerecht — eine Voraussetzung für simultane und effiziente Gestaltung des absatzpolitischen Mix. Der Autor untersucht je nach Absatz- und Beschaffungsmarktstruktur, über welche Variablen der Waren-, Service- und Geldprozesse der Handel bzw. sein Marktpartner nach Art und Umfang bestimmt und ob Werbung unter den gegebenen Spielräumen adäquat einsetzbar ist. Mit Einbeziehung der Kapazitätsparameter, Kosten und Erlöse, erklärt er die Wirkungsbreite betrieblicher Entscheidungen. Durch eigene bzw. von außen bezogene Neuerungen (Innovationen und Imitationen) erfahren die Variablen eine kontinuierliche Veränderung, deren Folgen in der Entscheidungssituation nicht absehbar sind. Deshalb, so Hedderich, bilden Erfahrungen, Lernprozesse und die Orientierung an individuellen Anspruchsniveaus die Grundlage der selektiven Anpassung in der operativen Planung. Innovationen, Imitationen und Selektion der Variablen kennzeichnen damit die gestalterische Anpassungsfähigkeit des Unternehmens, doch macht deren unvorhersehbare Wirkung die fortlaufende Kontrolle aller Variablen unverzichtbar. (Margit Binsack)

SPRENG, R. A.; MACKOY, R. D., **An Empirical Examination of a Model of Perceived Service Quality and Satisfaction, Journal of Retailing, (2) 1996, S. 201- 214.** Wahrgenommene Servicequalität und Zufriedenheit werden in der Regel unterschiedlich konzeptionalisiert, wobei die genaue Abgrenzung unklar ist. Die Autoren untersuchen, ob die Konstrukte einander so sehr ähneln, daß auf eines verzichtet werden kann. Ein Kausalmodell (Satisfaction/Service Quality Model von R. L. Oliver) wird mit LISREL anhand von 273 bei Marketingstudenten erhobenen Fragebögen geprüft. Die Ergebnisse lassen auf eine gute Unterscheidbarkeit der Konstrukte schließen, wobei Servicequalität durch die Übereinstimmung von Wünschen und erhaltener Leistung, Zufriedenheit dagegen durch die Enttäuschung von Erwartungen (auch an die Servicequalität) erklärt wird. (Ulrich Koppelt)

7 KOMMUNIKATIONSPOLITIK / WERBEBUDGETIERUNG

FAM, K. S.; MERRILEES, B., **A promotion mix budgeting model of retailing, The International Review of Retail, Distribution and Consumer Research, (4) 1996, S. 373-394.** Die Studie (Datensatz: 327 Befragungen australischer Manager) modelliert die Beziehung zwischen Effektivität einzelner Werbeinstrumete aus subjektiver Handelsperspektive (Einstellungskomponente) und der Budgetallokation über diese Instrumente (Verhaltenskomponente). Die Werbeinstrumente wurden zunächst faktoranalytisch auf vier Hauptfaktoren reduziert: 1) Werbung über Massen-Medien, 2) Verkaufsförderung am Point of Sale, 3) Direkt-Mailing, 4) Persönliche Verkaufsgespräche. Regressionsanalytisch wurde der Einfluß von kulturellen Faktoren, Strategie des Handelsgeschäftes, Eigentumsverhältnissen, Organisation der Ladenkette und Promotion-Intensität auf die Einstellung zu den jeweiligen Werbemaßnahmen geschätzt. Um Substitutionsbeziehungen zwischen den Medien schätzen zu können, wurde die Budgetallokation produktionsfunktions-theoretisch modelliert, wobei die Budgethöhe der vier Medien die Faktoreinsatzkombinationen repräsentieren. Fam und Merrilees kommen zum Ergebnis, daß z. B. Werbeintensität mit Budgetierung von Direkt-Mailing und Massenmedien hoch korreliert, d.h. wenn das Gesamt-Budget gesenkt bzw. erhöht wird, wirkt sich das überproportional auf beide Instrumente aus. Die Niedrigpreisstrategie hat einen signifikanten Einfluß auf Verkaufsförderungsaktivitäten am Point of Sale, hochpreisige Handelsbetriebe investieren dagegen verstärkt in Werbung durch Massen-Medien. Kollektivistische Mentalität beeinflußt die Intensität des Einsatzes von Verkaufspersonal, Maskulinität wirkt positiv auf Verkaufsförderung am PoS. Schließlich konnten komplementäre und substitutive Beziehungen zwischen den Werbeinstrumenten identifiziert werden. Verkaufssförderung und Direkt-Mailing werden eher substitutiv, Verkaufsförderung und Massen-medien eher komplementär eingesetzt. (Margit Binsack)

KALL, D., **Werbeetat- und Werbemittel-Planung im Handel, Wiesbaden 1996 (230 Seiten).** Der Autor betrachtet in seiner Dissertation die Darstellung von Entscheidungshilfen zur Werbeetat- und Werbemixplanung im Handel. Aufgrund der zugrundeliegenden Komplexität der Entscheidung wird eine siebenstufige Werbeplanung mit zyklischer Anpassung anstelle einer Simultanplanung vorgeschlagen. Im dritten Kapitel erfolgt eine Systematisierung und Beurteilung alternativer Entscheidungshilfen zur Werbeetat- und Werbemixplanung. Auf Basis einer Trennung nach heuristischen und Optimierungsansätzen werden verschiedene Entscheidungen zur Etatplanung betrachtet. Innerhalb der Optimierungsansätze wird weiter zwischen verschiedenen Charakteristika unterschieden. Anschließend werden Entscheidungshilfen zur Werbemix-Planung dargestellt. Diese Darstellung erfolgt im wesentlichen anhand der Kriterien, die auch zur Beurteilung der Werbeetatplanung herangezogen wurden. Schließlich werden einige Verfahren der simultanen Werbeetat- und Werbemixplanung referiert. Im zweiten Teil der Arbeit erfolgt eine Entwicklung von Entscheidungshilfen für den lokalen Automobilhandel. Nach einer kurzen Darstellung der werblichen Situation im lokalen Automobilhandel wird eine normative Prozeßstrukturierungshilfe entwickelt, gefolgt von der Anwendung der vorher beschriebenen Methoden auf das gewählte Beispiel. (Oliver Jost)

SÜHLING, V. I., **Public Relations für Handelsunternehmen, Grundlagen, Strategien und Konzeption eines integrierten Kommunikations-Managements, Göttinger Handelswissenschaftliche Schriften Band 4, Göttingen 1996 (265 Seiten),** ist die Veröffentlichung einer Dissertation an der Universität Göttingen. Das Buch gibt zunächst einen Überblick über die Bedeutung und die (medialen, gesellschaftlichen, rechtlichen und internen) Rahmenbedingungen der PR von Handelsunternehmen. Es folgt ein Kapitel mit theoretischen Grundlagen der PR (Begriffsbestimmung, Theorieansätze, Funktionen und Rolle der PR in der integrierten Kommunikation). Den Kern der Arbeit bildet ein Kapitel, das die Entwicklung einer PR-Konzeption für den Handel von der Situationsanalyse über die strategische und operative Planung der PR bis zur PR-Kontrolle normativ und sehr detailliert beschreibt. Der PR-Manager kann das als Anleitung und Checkliste verwenden. Die Arbeit schließt mit einer Betrachtung zur

Entwicklung eines PR-Rahmenkonzeptes für Handelsunternehmen, in welchem es besonders um die organisatorische Einordnung (bzw. Ausgliederung) der PR-Funktion im Handel geht. Die Arbeit enthält zwar keine eigene empirische Untersuchung, ist aber theoretisch fundiert, sehr systematisch, verständlich und praxisrelevant geschrieben. Den unzeitgemäßen Fußnotenapparat muß man in Kauf nehmen. (Volker Trommsdorff)

SWOBODA, B., **Interaktive Medien am Point of Sale, Verhaltenswissenschaftliche Analyse der Wirkung multimedialer Systeme, Wiesbaden 1996 (439 Seiten),** entstand als Dissertation an der Universität des Saarlandes, Saarbrücken. Nach einem knappen Überblick über den technischen Stand interaktiver Medien erarbeitet der Autor die verhaltenstheoretischen Grundlagen für Einsatz und Wirkung von interaktiven Medien. Damit schließt er eine Forschungslücke, die vorliegende (eher deskriptive) empirische Studien bislang nicht schließen konnten. Eine eigene konfirmatorische Feldstudie führt zu Aussagen, die aufgrund ihrer theoretischen Fundierung als relevant für Forschung und Praxis angesehen werden können. Der Autor verdichtet seine Erkenntnisse in konkreten Empfehlungen für die Handelspraxis. Dieser neun Seiten umfassende Teil dürfte für den Praktiker am interessantesten sein, die Arbeit wendet sich in erster Linie an den wissenschaftlich interessierten Leser. Sie liefert einen wertvollen Beitrag zur Theoriebildung in einem aktuellen und aufgrund rasanter kommunikationstechnischer Entwicklungen schwer überschaubaren Forschungsfeld. Leider wird die Lesbarkeit der an sich systematischen und präzise formulierten Arbeit im theoretischen Teil durch sehr umfangreiche Fußnoten stark eingeschränkt. (Ulrich Koppelt)

8 PREIS- UND KONDITIONENPOLITIK / SONDERANGEBOTSPOLITIK

DESAI, P. S.; SRINIVASAN, K., **Aggregate versus Product-Specific Pricing: Implications for Franchise and Traditional Channels, Journal of Retailing, (4) 1996, S. 357-382**. Normalerweise verlangt der Franchisegeber vom Franchisenehmer eine Franchisegebühr und laufende Lizenzgegühren für alle verkauften Produkte des Franchisenehmers. Da fast sich fast alle Franchise-Systeme auf mehrere Produkte beziehen und die Nachfrage für einzelne Produkte unterschiedlich ist, scheint eine produktspezifische Festlegung der Lizenzgebühren optimal. Die gängige Praxis steht dazu allerdings im Widerspruch. Die Autoren entwickeln ein analytisches Modell der Franchise-Beziehung, in dem für unterschiedliche Produkte unterschiedliche Nachfragepotentiale bestehen. Die Gewinne des Franchisegebers werden mit produktspezifischen Franchise- und Lizenzgebühren und einmaliger Franchisegebühr in Verbindung mit gleichen Lizenzgebühren für alle Produkte untersucht. Ergebnis der spieltheoretischen Modellierung ist, daß der Franchisegeber unter bestimmten Bedingungen seine Gewinne maximiert, wenn er keine produktspezifischen Franchise- und Lizenzgebühren verlangt. Dies ist insbesondere dann der Fall, wenn erstens der gleiche Franchisenehmer nicht für beide Produkte über die geringere Nachfrage verfügt, wenn zweitens Nachfrageunterschiede zwischen zwei Franchisenehmern auf der Produktebene größer als insgesamt sind. Hauptaugenmerk in Wissenschaft und Praxis lag bisher bei der Aufspaltung der Franchisegebühren in fixe und variable Bestandteile. Die Ergebnisse dieser Studie zeigen, daß Franchisegeber ebenfalls abwägen sollten, ob sie produktspezifische oder aggregierte Franchisegebühren verlangen. (Marcel Paulssen)

DILLER, H.; BRIELMAIER, A., **Die Wirkungen gebrochener und runder Preise, Zeitschrift für betriebswirtschaftliche Forschung, (7/8) 1996, S. 695-710,** faßt die Ergebnisse einer theoriegeleiteten empirischen Analyse zusammen. Gegenstand ist der Einfluß der Aufrundung gebrochener Preise bei Reinigungsmitteln und Gesundheitsprodukten in Drogeriemärkten. Ein kontrolliertes EBA-CBA Experiment in acht Drogeriemärkten läßt die weite Verbreitung gebrochener Preise paradox erscheinen: Preisaufrundungen auf glatte Preise (also auf den nächsthöheren 10-Pfg.-Betrag) hatten keine negativen Absatz- und Umsatzwirkungen, glatte Preise wurden meist nicht schlechter beurteilt als gebrochene und das Preisimage der Geschäfte wurde eher positiv als negativ beurteilt, weil runde Preise als „ehrlicher" empfunden wurden. Dazu kommt ein nicht unbeträchtlicher Umsatzausfall, der durch ein einfaches Rechenexempel belegt wird. Dennoch wird in der Praxis an gebrochenen Preisen festgehalten, woraus die Autoren schließen, daß Preisschwellen in den Köpfen der Wissenschaftler und Manager möglicherweise stärker verankert sind als in den Köpfen der Konsumenten. Eine Untersuchung dieses Phänomens auch in anderen Branchen wird empfohlen und vor einem unkritischen Beharren auf der Verwendung gebrochener Preise gewarnt. (Ulrich Koppelt)

SCHINDLER, H., **Marktorientiertes Preismanagement im Fachhandel, Thexis, Festschriften zum 70sten Geburtstag von Prof. Dr. Heinz Weinhold, (3) 1997, S. 76-87.** Im Lichte sich verschlechternder Situationen im Fachhandel hat sich der Preis als ein wesentlicher Wettbewerbsfaktor herausgestellt, jedoch wird bei der Auswahl des

Fachgeschäftes weniger auf die objektiven Preisunterschiede, vielmehr auf subjektive Preisunterschiede, das sogenannte Preisimage, zurückgegriffen. Hintergrund ist der Versuch der Kunden, Preisunterschiede zwischen Fachhändlern aufgrund einiger Indikatoren schnell zu ermitteln. Der Aufbau eines Preisimages wird aufgrund seiner Beständigkeit und geringen Sensibilität gegenüber Konkurrenzaktionen der einzelnen Preisaktion vorgezogen. Der Autor gibt eine detaillierte Darstellung des Vorgehens beim Management des Preisimages, die sich u.a. am Stufenkonzept der Verkaufsstellenprofilierung orientiert. (Oliver Jost)

SHANKAR, V.; KRISHNAMURTHI, L., **Relating Price Sensitivity to Retailer Promotional Variables and Pricing Policy: An Empirical Analysis, Journal of Retailing, (3) 1996, S. 249-272,** untersuchen die Auswirkungen von Preisstrategien und verkaufsfördernden Maßnahmen auf die Preiselastizität. Händler treffen strategische Entscheidungen bezüglich der Zusammensetzung des Produktangebotes und der Preise. Bei den Preisstrategien wird in Everyday Low Pricing (EDLP) Policy und in High-Low Pricing (HLP) policy unterschieden. Darüber hinaus werden taktische, verkaufsfördernde Maßnahmen wie Sonderangebote, Displays und die Betonung von Produkteigenschaften untersucht. Es werden drei Hypothesen aufgestellt, die anhand von Händlerdaten von A.C. Nielsen überprüft werden. Die erste Hypothese geht davon aus, daß Low-Involvement-Produkte in Geschäften mit vielen Displays und hoher Betonung von Produkteigenschaften unabhängig von der verfolgten Preisstrategie (EDLP oder HLP) eine geringere Preiselastizität aufweisen als High-Involvement-Produkte. H2 nimmt an, daß Produkte in Geschäften mit größeren temporäreren Preissenkungen ebenfalls unabhängig von der zugrundeliegenden Preisstrategie eine geringere Preiselastizität aufweisen. H3 unterliegt der Annahme, daß die reguläre Preiselastizität für Produkte in Geschäften mit EDLP-Preisstrategien höher ist als in Geschäften mit HLP-Preisstrategien. Empirisch untersucht wurde die Produktkategorie Mundspülungen: Es wurden 104 einwöchige Beobachtungen je Geschäft durchgeführt, Daten wie Abverkäufe, reguläre Preise und Sonderangebotspreise sowie verkaufsfördernde Variablen erhoben. Für den strategischen Bereich ergab sich, daß EDLP-Geschäfte preiselastischere Käufer, HLP-Geschäfte preisunelastischere Käufer anziehen. Die Untersuchung verkaufsfördernder Maßnahmen ergab, daß die häufige Demonstration von Produkteigenschaften und Displays einer bestimmten Marke das Consideration Set verkleinert, was zu einer Konzentration der Käufer auf diese bestimmte Marke führt und somit zu einer geringeren Preiselastizität. Wurden hingegen Produkteigenschaften und Displays von Produktgruppen dargeboten, erhöhte sich die Preiselastizität durch zunehmenden Vergleich der Marken, und damit vergrößerte sich das Consideration Set. Sonderangebote wirkten sich weder in EDLP- noch in HLP-Geschäften auf die Preiselastizität aus. (Constanze Hess)

9 VERHALTENSWISSENSCHAFTLICHE HANDELSFORSCHUNG

PHILLIPS, H.; BRODERICK, A.; THOMPSON, P., **Perception, selectivity and decision making at the point of sale, The International Review of Retail, Distribution and Consumer Research, (1) 1997, S. 79-90,** fokussiert die Beziehung zwischen selektiver Wahrnehmung und kognitiven Entscheidungsprozessen am Point of Sale. Mittels einer Befragung von 276 Käufern von CD-Playern identifiziert der Beitrag spezifische Abfolgen der Stimuliwahrnehmung und Entscheidungsstrategien im Kaufprozeß. Nach Ansicht der Autoren etablieren die Konsumenten über die Zeit infolge von Lernprozessen individuelle selektive Entscheidungsstrategien, die in drei maßgebliche zusammengefaßt werden: Entscheidungsbaum-, Kategorisierungs- und Trade-off-verfahren. Im Enscheidungsbaumverfahren werden die Produkte schrittweise kategoriesiert und selektiert, zunächst in abzulehnende und nicht abzulehnende Produkte, letztere werden dann selektiv in mehr oder minder präferierte kategorisiert, das am stärksten präferierte Produkt wird schließlich gewählt. Das Kategorisierungsverfahren erfolgt nach entscheidungsrelevanten Kriterien wie Farbe, Form oder Existenz bestimmter Produktattribute. Entspricht das Attribut der jeweiligen Kategorie den Anforderungen, so kommt es in die engere Wahl. Der Trade-off-Prozeß ist wesentlich aufwendiger. Grundsätzlich in Frage kommende Produkte werden nach ihrem relativen Nutzenbeitrag bewertet und gegenseitig verglichen, wobei der Konsument selten zu einer idealen, sondern viel mehr zu einer zufriedenstellenden Kaufentscheidung kommt. Diese erlernten Prozesse sind nach Meinung der Autoren kulturell beeinflußt und geschlechtsspezifisch ausgeprägt. So stellen die Autoren fest, daß Frauen im Vergleich zu männlichen Konsumenten effizientere kognitive Entscheidungsprozesse heranziehen, daß der Konsument seine Entscheidungsprozesse über die Zeit effektiviert und daß ineffiziente Prozesse, wie das Trade-off-Verfahren, kaum zum Einsatz kommen. (Margit Binsack)

RAFIQ, M.; COLLINS, R., **Lookalikes and customer confusion in the grocery sector: an exploratory survey, The International Review of Retail, Distribution and Consumer Research, (4) 1996, S. 329-350.** Nachahmungen von etablierten Marken durch Handelsprodukte sind Blickpunkt kontroverser Diskussionen. Aus Herstellerperspektive führen Ähnlichkeiten zwischen Handels- und Herstellermarken zu Verwirrungen der Konsumenten bezüglich ihrer subjektiven Markenbilder und demzufolge auch zu Marktanteilseinbußen der Originalmarken. Für den Handel, der keine Beeinträchtigung der Unterscheidungskraft des Konsumenten sieht, sind sich ähnelnde Verpackungen für die Wahrnehmung und Bekanntheit ihrer hauseigenen Produkte wünschenswert. Die Untersuchung bekräftigt die These, daß Nachahmung Verwirrung bei den Konsumenten stiftet. Das Ausmaß der Verwirrung variiert aber nach Geschäft, Einkaufsfrequenz, Produkt und Häufigkeit des Handelmarkenkaufs. Die Markenbilder verschwimmen umso mehr, je höher die Einkaufsfrequenz ist und je seltener der Befragte handelseigene Imitate erwirbt. Signifikante Unterschiede bestehen im Anteil der Handelsmarken am Gesamtsortiment. Je höher dieser Anteil ist, desto geringer ist die Gefahr der Verwechslung. Deutliche Unterschiede zeigen sich auch bei Produkten, die am stärksten durch Imitationen attackiert werden, etwa Coca-Cola oder Head & Shoulders, bei denen die größten Verwirrungen auftreten — im Gegensatz zu Produkten, die kaum bzw. nicht imitiert werden. (Margit Binsack)

SPIES, K.; HESSE, F.; LOESCH, K., **Store atmosphere, mood and purchasing behavior, International Journal of Research in Marketing, (1) 1997 S. 1-17,** untersuchen empirisch, aber theoretisch fundiert, die Zusammenhänge zwischen der Atmosphäre eines Geschäftes, der Stimmung des Kunden, dessen Zufriedenheit und dessen Kaufverhalten. Die Atmosphäre wird u.a. bestimmt durch die Ladengestaltung, insbesondere die Präsentation der Produkte, Verkaufsbedingungen (helle oder dunkle Farbgestaltung), aber auch den wahrgenommenen Informationsgrad. Letzterer wird operationalisiert als Menge und Anordnung der in einem definierten Zeitraum präsentierten Stimuli. Die Menge der erforderlichen Stimuli, die notwendig ist, um einen bestimmten Informationsgrad zu erreichen, sinkt mit der Erleichterung der Wahrnehmung der Stimuli, z. B. durch helle Beleuchtung. Die Gefahr der Informationsüberlastung wird selbstverständlich erkannt. Eine als angenehm empfundene Ladenatmosphäre beeinflußt die Stimmung des Kunden positiv, eine als unangenehm empfundene Atmosphäre negativ. Die Kunden, denen ein Geschäft gefällt, sind dann auch eher mit dem Geschäft zufrieden und geben mehr Geld aus für Spontankäufe als Kunden, denen das Geschäft nicht gefällt. (Andrea Bookhagen)

VAN DEN POEL, D.; LEUNIS, J., **Perceived risk and risk reduction strategies in mail-order versus retail store buying, The International Review of Retail, Distribution and Consumer Research, (4) 1996, S. 351-372,** untersucht das wahrgenommene Risiko als abhängige Variable beim Versandkauf im Vergleich zum Ladenkauf, differenziert nach Produktkategorien. Angesichts der kritischen Rolle des wahrgenommenen Risikos im reinen Versandgeschäft werden explizit verschiedene Typen von Risikoreduktionsmöglichkeiten analysiert. Mittels einer Befragung von 282 belgischen Konsumenten konnte die Studie zunächst die generellen Annahmen bekräftigen, daß Versandkauf gegenüber persönlichem Kauf im Fachgeschäft ein erheblich höheres empfundenes Kaufrisiko induziert und daß die empfundene Risikohöhe stark vom Einkaufswert des Produktes abhängt. Das Risiko variiert ferner in verschiedenen Segmenten, etwa nach sozialer Schicht oder versandbezogenem Einkaufsverhalten. Reinen Versandhäusern empfielt sich der Einsatz von Maßnahmen zur Risikoreduktion, doch deren Effektivität variiert erheblich. 'Geld-Zurück-Garantie' und 'Verkauf von Produkten mit positiver Bewertung von Verbraucherorganisationen' gehören zu den besten Maßnahmen, gefolgt von 'positiver Mund-zu-Mund-Werbung' und 'Ware vor dem Kauf gegenständlich sehen können'. Maßnahmen, wie 'Konzentration der Sortimentspolitik auf bekannte Markenware' oder 'Firmenreputation' rangieren in der Mitte. Dagegen haben 'hohes Preisniveau' und 'hohes Katalogangebot' kaum Einfluß auf die Risikoreduktion. (Margit Binsack)

10 GESELLSCHAFTLICHE FRAGEN

HEDTKE, R., **Der Einzelhandel in der Umweltkrise, ökologische Strategien und Politiken von Handelsbetrieben Frankfurt/Main, New York 1996 (461 Seiten),** stellt fest, daß Handelsbetriebe sich den ökologischen Unsicherheiten und Ansprüchen verschiedener Interessengruppen stellen müssen und untersucht, ob und wie sich dadurch das Aufgabenfeld des Handels ändert und wie dieser auf die Änderungen reagieren kann. Die Analyse erfolgt aus soziologischer Perspektive. Ausgehend von der Annahme, daß nicht alle Branchen und damit nicht alle Handelsunternehmen in gleichem Umfang und mit gleichen ökologischen Unsicherheiten derselben Interessengruppen konfrontiert werden, untersucht der Autor die verschiedenen Strategiealternativen für Handelsunternehmen zunächst kultursoziologisch und risikosoziologisch. Da nach Ansicht des Autors eine Diskussion des Handels unter ökologischen Gesichtspunkten auch eine Diskussison der allgemeinen gesellschaftlichen Funktionen des Handels mit sich bringt, folgt eine dienstleistungssoziologische Betrachtung der Funktionen des

Einzelhandels. Organisationssoziologisch werden die Beziehungen des Unternehmens zu seiner Umwelt betrachtet. Anschließend stellt der Autor kurz die für den Handel interessanten Strategien, die Strategie der Generierung von Firmenvertrauen und die der Verbesserung des Informationsflusses im Rahmen der Warenwirtschaft, mit dem Ziel der Vergrößerung des Umweltgestaltungspotentials, vor. Aussagen zur Eignung in Abhängigkeit vom Betriebstyp werden getroffen. Der Autor listet die aus seiner Sicht „wichtigen handelsbetrieblichen Ökologiepolitiken" auf, die dem Einzelhandel umweltpolitischen Aktionsspielraum eröffnen. (Andrea Bookhagen)

Autorenverzeichnis

Autorenverzeichnis

BARTH, Klaus, Prof. Dr., Lehrstuhl für Allgemeine Betriebswirtschaftslehre, insbesondere Absatzwirtschaft und Handel, Fachbereich 5 Wirtschaftswissenschaft, Gerhard-Mercator-Universität Gesamthochschule Duisburg

BASTIAN, Antje, Dipl.-Kffr., Wissenschaftliche Mitarbeiterin, Institut für Marketing und Innovationsmanagement, Universität Rostock

BECK, Petra, Dipl.-Kffr., Wissenschaftliche Mitarbeiterin, Lehrstuhl für marktorientierte Unternehmensführung, Fakultät Wirtschaftswissenschaften, Technische Universität Dresden.

BECKER, Jörg, Prof. Dr., Institut für Wirtschaftsinformatik, Lehrstuhl für Wirtschaftsinformatik und Informationsmanagement, Westfälische Wilhelms-Universität Münster

BENKENSTEIN, Martin, Prof. Dr., Direktor des Instituts für Marketing und Innovationsmanagement, Lehrstuhl für ABWL: Absatzwirtschaft, Wirtschafts- und Sozialwissenschaftliche Fakultät, Universität Rostock

BRUHN, Manfred, Prof. Dr., Lehrstuhl für Marketing und Unternehmensführung, Wirtschaftswissenschaftliches Zentrum der Universität Basel

ESCH, Franz-Rudolf, Prof. Dr., Lehrstuhl für Marketing — Betriebswirtschaftslehre I, Justus Liebig-Universität Gießen

FANTAPIÉ Altobelli, Claudia, Prof. Dr, Institut für Marketing, Fachbereich Wirtschafts- und Organisationswissenschaften, Universität der Bundeswehr Hamburg

FITTKAU, Susanne, Dipl.-Kffr., Wissenschaftliche Mitarbeiterin, Institut für Marketing, Fachbereich Wirtschafts- und Organisationswissenschaften, Universität der Bundeswehr Hamburg

GEPPERT, Dietmar, Dipl. Wirtsch.-Ing., Projektleiter „Interaktive Medien", Innovationsmanagement, Kaufhof Warenhaus AG, Köln

GREINER, Harald, Dr., REWE-Zentral-Aktiengesellschaft, Köln

HAEDRICH, Günther, Prof. Dr., Institut für Marketing, Lehrstuhl für Konsumgüter- und Dienstleistungsmarketing, Fachbereich Wirtschaftswissenschaft, Freie Universität Berlin

HANSEN, Hans Robert, Prof. Dr., Institut für Informationsverarbeitung und Informationswirtschaft, Abteilung für Wirtschaftsinformatik, Wirtschaftsuniversität Wien

HOFFMANN-LINHARD, Adolfo, Dipl.-Kfm., Wissenschaftlicher Mitarbeiter, Institut für Marketing, Lehrstuhl für Konsumgüter- und Dienstleistungsmarketing, Fachbereich Wirtschaftswissenschaft, Freie Universität Berlin

MARENT, Christian, Dipl.-Kfm., Wissenschaftlicher Mitarbeiter, Institut für Informationsverarbeitung und Informationswirtschaft, Abteilung Wirtschaftsinformatik, Wirtschaftsuniversität Wien

MARSCHNER, Hubert F., Prof. Dr., Institut für Handel, Absatz und Marketing, Universität Innsbruck

MATTMÜLLER, Roland, Prof. Dr., Lehrstuhl fuer Betriebswirtschaftslehre, insbesondere Marketing und Handel, EUROPEAN BUSINESS SCHOOL, Schloss Reichartshausen, Oestrich-Winkel

MEYER, Gerhard, Prof. Dr., Professor für Betriebswirtschaftslehre i.R.

MEYER, Jörn-Axel, PD. Dr., Technische Universität Berlin

MÖHLENBRUCH, Dirk, Prof. Dr., Wirtschaftswissenschaftliche Fakultät, Betriebswirtschaftslehre — Marketing und Handel, Martin-Luther-Universität Halle-Wittenberg, Halle (Saale)

MÜLLER, Stefan, Prof. Dr., Lehrstuhl für Marketing, Fakultät Wirtschaftswissenschaften, Technische Universität Dresden

OLAVARRIA, Marco, Dipl.-Kfm., Wissenschaftlicher Mitarbeiter, Institut für Marketing, Lehrstuhl für Konsumgüter und Dienstleistungsmarketing, Fachbereich Wirtschaftswissenschaft, Freie Universität Berlin

OLBRICH, Rainer, Dr., Wissenschaftlicher Hochschulassistent, Lehrstuhl für Betriebswirtschaftslehre, insbesondere Distribution und Handel, Westfälische Wilhelms-Universität Münster

SCHENK, Hans-Otto, Prof. Dr., Lehrstuhl für Betriebswirtschaftslehre, Absatz und handel, Fachbereich 5 Wirtschaftswissenschaft, Gerhard-Mercator-Universität Gesamthochschule Duisburg

SCHMÄH, Marco, Dipl.-Wi.-Ing., Wissenschaftlicher Mitarbeiter, Fachbereich Wirtschaftswissenschaft, Institut für Allgemeine Betriebswirtschaftslehre, Freie Universität Berlin

SCHRÖDER, Hendrik, Prof. Dr., Lehrstuhl für Marketing und Handel, Fachbereich 5 Wirtschaftswissenschaften, Universität Gesamthochschule Essen

SCHÜTTE, Reinhard, Dipl.-Kfm., wissenschaftlicher Mitarbeiter, Institut für Wirtschaftsinformatik, Lehrstuhl für Wirtschaftsinformatik und Informationsmanagement, Westfälische Wilhelms-Universität Münster

STOFFL, Michaela, Dr., Wissenschaftliche Hochschulassistentin, Lehrstuhl für Allgemeine Betriebswirtschaftslehre, insbesondere Absatzwirtschaft und Handel, Fachbereich 5 Wirtschaftswissenschaft, Gerhard-Mercator-Universität Gesamthochschule Duisburg

SWOBODA, Bernhard, Dr., Habilitand, Institut für Handel und Internationales Marketing, Universität des Saarlandes, Saarbrücken

TENBERG, Ingo, Dipl.-Ökonom, Wissenschaftlicher Mitarbeiter, Lehrstuhl für Marketing und Handel, Fachbereich 5 Wirtschaftswissenschaften, Universität Gesamthochschule Essen

THELEN, Eva, Dr., Universitätsassistentin, Institut für Handel, Absatz und Marketing, Leopold-Franzens-Universität Innsbruck

TÖPFER, Armin, Prof. Dr., Lehrstuhl für marktorientierte Unternehmensführung, Fakultät Wirtschaftswissenschaften, Technische Universität Dresden